좌담회로 읽는 『국민문학』

| 역자 |

문경연 경희대 강사
서승희 이화여대 국어국문학과 박사과정 수료
양승모 인천대 국어국문학과 박사과정 수료
이경미 서울대 외교학과 박사과정 수료
이종호 성균관대 국어국문학과 박사과정 수료
임미진 서울대 국어국문학과 박사과정
전지니 이화여대 국어국문학과 박사과정 수료
정실비 서울대 국어국문학과 박사과정
최정옥 성균관대 동아시아 학술원 연구원

좌담회로 읽는 『국민문학』

초판 인쇄 2010년 10월 10일 **초판 발행** 2010년 10월 20일
옮긴이 문경연 서승희 양승모 이경미 이종호 임미진 전지니 정실비 최정옥
펴낸이 박성모 **펴낸곳** 소명출판 **출판등록** 제13-522호
주소 서울시 서초구 서초동 1621-18 란빌딩 1층
전화 02-585-7840 **팩스** 02-585-7848 **전자우편** somyong@korea.com **홈페이지** www.somyong.co.kr

값 41,000원
ISBN 978-89-5626-486-8 93810

Reading *Kukminmunhak* through the round－table talks

좌담회로 읽는 『국민문학』

문경연, 서승희, 양승모, 이경미, 이종호, 임미진, 전지니, 정실비, 최정옥 역

소명출판

제국 일본과 식민지 조선 사이, 그 비전의 상극(相剋)

그러나 이런 불길에서는
빛이 아니라, 도리어 어둠이 잘 보인다.
—존 밀턴, 『실락원』

잡지 『국민문학』은 식민지 말기인 1940년대 조선문단의 흐름을 투영하고 있는 압축파일이다. 그 중에서도 '좌담회' 기사는 당시 제국과 식민지 문화인들의 직접적 발화상황을 상상하고 목격하게 하는 특별한 텍스트이다. 1941년 11월호부터 1945년 2월호까지 게재된 좌담회 기사 전편(全篇)을 관통하는 키워드는 '문학과 정치'라고 할 수 있다. 총력전 체제하에서 일본과 조선의 담론공간을 가로지르며 소환된 '문학'은 '시국'과

'국책'에 협력하며 '국민 만들기' 기획의 근간이 되었던 '정치적 행위'이자, 필연적으로 정치와 연동될 수밖에 없는 지(知)의 영역이었다.

좌담회는 토론과 합의를 지향하며 자유롭게 의견을 교환하는 담론공간을 전제로 한다. 그러나 좌담회의 실상을 면밀히 살펴보면 그것이 얼마나 실현되기 어려운 이상인지를 실감할 수 있다. 『국민문학』이 주최한 좌담회는 궁극적으로 조선인의 동원(動員)과 일본으로의 동화(同化)를 유도하는 전략적 장치였다. 그런데 기사를 통해 재현되는 좌담회는 표면적으로는 대등한 언설의 교환으로 보이지만, 실제적으로는 한 쪽의 언어가 눌리거나 깨지고 서로 다른 두 개의 벡터가 충돌하는 변곡점을 그려내는 불화의 공간이었다. 혹은 서둘러 논의가 종결되거나 아슬아슬하게 봉합되는 불안한 복수성(複數性)의 공간이기도 했다. 제국과 식민지의 문학인, 문화종사자, 교육자, 학자, 정책 입안자 등 복수의 분절적 아이덴티티를 가진 좌담회 참석자들의 국가관과 전쟁관, 역사의식이라는 에네르기 충돌은, 결국 제국과 조선이 꿈꾼 역사적 비전의 조우불가능성을 보여준다고 할 수 있을 것이다. (『국민문학』과 '좌담회'에 대한 좀 더 상세한 서술은 따로 '해설'의 글을 통해 덧붙이려고 한다.)

『국민문학』의 '좌담회' 번역작업은 2007년 초에 시작된 연구공간 수유+너머의 '국민문학 좌담회읽기 세미나'에서 시작되었다. 세미나 팀원들은 2년여에 걸쳐 잡지에 수록된 '좌담회' 기사와 주요 '평론'을 강독하였다. 『국민문학』이 일본어잡지였기 때문에, 매주 개인적인 번역작업이 우선되고 함께 모여서 강독을 해야 하는 세미나였다. 이런 특성상 정말 많은 사람들이 세미나에 접속되었다가 또 흩어져 갈 수밖에 없었다. 그 중에서 지속적으로 세미나에 참여했던 원년 멤버들이, 애초에 계획했던 『국민문학』 좌담회 읽기 세미나를 종결지으면서 번역작업에 뜻을 모았다. 그리고 2009년 여름, 좌담회 출간을 위한 본격적인 작업에 돌입했다. 9명의 번역자들은 여름방학 동안 25편 좌담회 원고번역의 2차 수정을 마쳤다. 일주일에 이틀을 통째로 할애해야 하는 두통의 시간이었다.

그런데, 그 여름에 나는 개인적으로 여든이 넘은 한 원로 연극인의 구술사 채록작업을 동시에 진행했었다. 인터뷰시간은 마치 지나간 과거를 발굴하고 있는 듯한 묘한 즐거움을 주기도 했다. 하지만 녹취문을 작성해야 하는 후속작업은 전혀 다른 것이었다. 인터뷰어인 내 말의 두서없음과 비문(非文)의 연속, 연세 드신 구술자의 마침표 없는 문장들 속에서 끝도 없이 당혹스러웠다. 두 사람의 언어는 자연스럽게 하나의 키워드 아래 어울리기도 했지만, 너무나 빈번하게 소통의 회로를 이탈하기도 했다. 그리고 좌담회 번역은 흡사 이런 구술 녹취작업의 연장처럼 느껴졌다. 하나의 언어를 다른 언어로 번역하는 작업이든, 동일한 언어체계 안에서의 번역이든, 매번 옮겨지지 않은 '잉여'를 경험해야 했기 때문이다.

본격적인 출간작업이 진행된 1년의 시간. 낯선 언어를 우리말로 번역해야 하는 어려움, 도무지 속도가 나지 않는 시간과의 싸움, 영인본 잡지 특유의 뭉개지고 사라진 문자들 사이에서, 오래된 현기증은 익숙한 것이 되어가고 있었다.

특히 『국민문학』 '좌담회' 기사는 참석자들의 구어를 거의 그대로 기록한 것이기 때문에, 이론적이고 학술적인 글을 읽어내는 것보다 몇 배는 더 곤혹스러웠다. 좌담회 토픽은 문학, 미술, 영화 등의 문화 영역과 다양한 정책 및 법령, 일본 고대사와 근세사 등을 넘나들고 있기 때문에 모자라는 지식에 허덕이기도 했다. 좌담회 분위기와 발화 맥락의 변화 등 좌담회 컨텍스트를 읽어내는 상상력은, 하나의 언어를 다른 언어로 변환하는 기술적인 번역 능력과 비교할 수도 없는 고난도의 지적 통찰을 필요로 했다. 일본인 참석자가 원로와 선배의 위치에서 교묘하게 반말을 사용하고, 깍듯한 경어체 말투 뒤에 조롱이나 무시가 숨어있기 때문이었다. 상대의 주장을 표면적으로는 인정하고 있지만 실은 급하게 논의를 마무리짓기 위함이거나, 고조된 분위기를 흩뜨리기 위해 의도적으로 우스개를 사용하는 상황 등을 읽어내는 것은 번역의 번역의 번역이었다.

1940년대 대동아공영권 건설이라는 미래적 청사진 아래 시도된 무수한 문화횡단의 행위들과, 좌담회 번역이라는 우리의 중층적 문화번역의 시도가 오버랩되면서 만감이 교차하는 순간도 있었다. 그런데 번역 불가능성 혹은 의사소통의 불가능성을 인정할 수밖에 없었던 시간들이 흘러가는 와중에, 어느 순간 제국 일본인과 식민지 조선인들이 적대적 긴장관계가 공존하는 양상을 발견할 수 있었고, 협력의 언설들 사이에서 미묘하게 제국의 문화통합에 저항하는 반문화적(counter-cultural) 시도들도 감지할 수 있었다. 그리고 세미나 팀원들 사이에는 1940년대 조선의 문화지형도를 읽어내는 공통감각이 만들어져 갔다. 그것은 한편으로 지난한 작업을 함께 한 동지애이기도 했고, 연구자의 삶이라는 긴 항해를 함께 할 사람들이라는 무한한 신뢰이기도 했다. 이 번역의 미흡함 역시 함께 나누어지기로 했다.

맨 처음 '국민문학 좌담회 읽기 세미나'라는 깃발을 꽂았던 분은 정선태 선생님이다. 세미나를 함께 한 것은 6개월 정도였지만, 이후에도 지속적으로 정신적인 버팀목이 되어주셨고 이 번역서가 출간되는 데 많은 도움을 주셨다. 감수를 맡아주신 정선태 선생님께 감사드린다. 세미나와 번역이 지지부진할 때 결정적인 도움을 주곤 했던 가미야 미호 선생님도 떠오른다. 박사논문 때문에 세미나를 끝까지 함께 하지는 못했지만, 초보적인 번역자들이 다음 문턱을 넘어설 수 있게 도움을 주었던 분이다. 세미나 초반에 든든한 실력자였던 우연희 선생님, 일본에서 연구중이신 조은미 선생님과 신지영 선생님, 지금은 미국에서 새 삶을 계획중인 정소영 선생님도 떠오른다. 출간작업에 함께 하지 못했지만 이 분들과의 초반 접속이 있었기에, 긴 시간 달릴 수 있는 동력을 비축할 수 있었다.

그리고 국민문학 좌담회 번역의 마침표를 함께 찍어준, 8명의 번역팀원에게 진심으로 감사드린다. 덕분에 혼자서는 결코 만들 수 없는 선명한 마침표를 찍을 수 있었다. 이들과 오랫동안, 앎과 삶을 나누고 싶다. 마지막으로 매번 좋은 책을 만들어주시고 독려해주시는 소명출판 박성모 사장님께 진한 감사를 드린다.

2010년 6월
역자들을 대표하여
문경연 씀

해설

잡지 『국민문학』과 '좌담회'라는 공론장

1. 1940년대 신체제와 『국민문학』의 탄생

1940년 7월 22일에 출범한 제2차 고노에[近衛] 내각은 8월 1일 「기본국책요강」을 발표하면서 '신체제(新體制)' 수립이라는 목표를 선포하였다. 이를 통해 제국 일본은 새로운 세계 질서의 출현을 고지하는 한편, 국방국가체제의 완성을 통한 대동아신질서 건설을 선언하였다. 내지 일본을 정점으로 하여 조선, 대만, 만주, 중국 등을 아우르는 정치 · 경제 · 사회 · 문화 블록의 형성, 즉 대동아공영권 건설이라는 청사진이 제시된 것이다.

이런 흐름 속에서 조선의 문단 상황도 급변하기 시작했다. 우선 중일전쟁이 한창 진행되던 1939년 10월, 조선총독부 학무국의 주선으로 '조선문인협회'가 결성되었다. 이광수(李光洙)가 회장으로 취임한 이 단체는

"새로운 국민문학의 건설과 내선일체의 구현"을 창립 취지로 내세우며, 중일전쟁 총력지원을 위한 문인의 대동단결과 문필보국을 꾀하고자 했다. 한편 신체제 수립 직후인 1940년 8월 10일에는 『동아일보』와 『조선일보』가, 이듬해 4월에는 『문장』, 『인문평론』 등의 문예지가 강제 폐간되었다. 문예지 폐간은 조선총독부 경무국의 주도로 이루어졌다. 용지 절약을 표면적인 이유로 내세웠지만 좀 더 근본적인 이유는 잡지 통제를 통한 조선문단의 혁신에 있었다. 이 과정에서 생겨난 "조선 유일의 문예잡지"가 바로 『국민문학』이었다.

『국민문학』은 태평양전쟁이 발발하기 한 달 전에 창간되었다. 총 235쪽에 달하는 창간호의 판권 정가란을 보면, 1941년 11월 1일 발행, 정가 70전, 송료 3전, 편집 겸 발행인은 최재서(崔載瑞), 발행소는 경성부 광화문통 210번지에 위치한 합자회사 인문사(人文社)라는 정보를 확인할 수 있다. 한편 종간을 밝히지는 않았지만, 당시 전쟁 상황과 용지·인쇄 사정 등을 고려해 볼 때 1945년 5월호가 종간호였을 것으로 추정된다. 종간호 판권을 보면, 1945년 5월 1일 발행, 정가 70전, 송료 5전, 편집 겸 발행인이시다 고조[石田耕造], 발행소는 경성부 종로구 이화정 26의 1에 위치한 주식회사 인문사였고, 총 78쪽으로 이루어져 있다. 여기서 이시다 고조는 최재서의 창씨개명이다.

인문사는 1942년에 합자회사에서 주식회사로 전환하였고, 주식회사 인문사의 취체역(取締役) 사장은 최재서였다. 3년 6개월 동안 월간으로 발행된 『국민문학』은 두 차례 휴간(1941년 12월호, 1942년 9월호)되었으며, 한 차례 합병호(1942년 5월·6월호)를 발행하였다. 한편 1945년 4월호의 경우는 실물이나 휴간과 관련한 사실을 확인할 수 없어 발행 여부가 불분명한 상황이다. 따라서 현재 실물을 확인할 수 있는 『국민문학』은 모두 39호이다.

『국민문학』은 편집인으로 최재서(崔載瑞)를 내세웠지만, 각 방면의 전문가들로 구성된 위원회가 공동 편집하는 체제를 취하였다. 총 7개의 항목으로 구성된 편집요강 내용은 ① 국체관념의 명징, ② 국민의식의 앙양, ③ 국민사기의 진흥, ④ 국책에의 협력, ⑤ 지도적 문화이론의 수립, ⑥ 내선(內鮮)문화의 종합, ⑦ 국민문화의 건설 등으로 이루어졌다. 이를 통해 이 시기 문학이 담당해야 했던 정치적 역할을 단적으로 확인할 수 있는데, 시기와 주제 그리고 논자에 따라 그 요강을 해석하는 방식과 강조점이 조금씩 달라지기도 했다. 가령, 『국민문학』의 편집진이었던 최재서와 김종한이 유일하게 조선적 흔적이 남아 있는 항목 ⑥에 관심을 기울인 데 반해, 군 관계자나 총독부 관리들은 문학예술 본연의 기능보다는 문학의 정치적 역할에 집중하는 식이었다.

다만 잡지의 표제어인 '국민문학'이 모든 논의의 출발점을 이룬다는 사실만은 명백했다. '국민문학'이란 조선인에게 일본 국민으로서의 정체성과 사명감을 함양하기 위해 고안된 문학이었으며, 조선의 민족주의는 물론 근대문학의 정신인 자유주의와 사회주의를 부정함으로써 성립 가능한 것이었다. 그러나 조선에서 '국민문학'은 결코 순조롭게 진행되지 않았다.

최재서의 말을 빌리자면 『국민문학』에서 언어 문제는 '고민의 씨앗[苦悶の種子]'이었다. 1년에 일본어판 4회(1,4,7,10월), 조선어판 8회 발행을 내세운 『국민문학』의 방침은 조선어 창작의 영역이 대폭 축소됨을 알리는 동시에, 일본어 창작의 점진적 확대를 의미하는 것이었다. 게다가 1942

년 5월 · 6월 합병호 이후로는 조선어판이 전면 중지되면서 대부분의 조선인 작가들은 지면을 잃게 되었다. 일본어를 자유롭게 구사할 수 있는 조선인 작가는 소수였고, 쓸 수는 있다 하더라도 조선적인 '맛'을 일본어로 살릴 수 없다는 점에서 대부분의 작가들은 일본어 글쓰기에 적극적으로 뛰어들지 못했다. 물론 일본어 창작에 대한 거부감도 적지 않았다. 따라서 1942년 신년호 편집후기는 "솔직히 말해 원고가 모이지 않아"서 조선어판을 내지 못했다고 밝히기도 한다. 그러나 일본어가 문단의 공통어로 점차 자리잡게 되면서 일본어 구사 능력은 '국민문학' 창작의 전제 조건이 되었다.

『국민문학』은 권두언 및 편집후기, 창작(시, 소설, 수필), 비평(시국 · 문화 · 문학 비평, 영화 · 연극 시평 등), 연재물(일본고전 소개, 국어보급 현지보고 등), 문단소식, 좌담회 등으로 구성되었다. 표면적으로는 문예잡지의 기본 형식을 취하고 있었지만, 내용에 있어서는 전쟁과 일본 국가주의가 선험적 틀로 작용하고 있었다. 따라서 급변하는 시국에 민감한 반응을 보였는데, 권두언과 비평란도 그리했지만 특히 좌담회에서 두드러지게 나타났다.

1941년 12월 8일 '대동아전쟁'이 발발하자 일주일 후, 전황의 정보와 향후 방향을 짚어보는 「일미개전(日米開戰)과 동양의 장래」 좌담회가 신속히 개최되었다. 1942년 5월 조선인 징병제 실시가 발표된 후 바로 「군인과 작가, 징병의 감격을 말한다」라는 좌담회가 열렸고, 징병제 실시와 연동하여 발표된 '국어보급 운동요강'에 따라 '국어문제 회담' 설문을 돌린 것도 비슷한 맥락에서였다. 이런 점에서 『국민문학』 좌담회는 시국동원의 구체적 내용과 이에 대한 조선 지식인 · 문화인들의 반응과 인식을 생생하게 보여주는 통로 역할을 했다.

2. 『국민문학』 좌담회의 주제

좌담회는 근대 초기부터 저널리즘의 애호를 받은 형식이었다. 여러 사람이 합의를 도출함으로써 논의의 진정성을 확보할 수 있고, 다소 어려운 내용도 일반적인 말로 풀어서 전달하기 때문 친근감을 불러일으킨다는 것이 좌담회의 최대 장점이었다. 따라서 여론 환기나 대책 마련이 필요한 정책적 주제에서부터 일상적 교양과 상식을 전달하는 가벼운 주제에 이르기까지 좌담회의 스펙트럼은 매우 다채로웠다.

1940년대에 이르러 좌담회는 새로운 의미망을 획득하게 된다. 태평양 전쟁을 전후하여 『조광』은 좌담회 수를 대폭 늘렸고, 『신시대』 역시 창간(1941.1) 이후 1년 동안 13회의 좌담회를 수록했다. 이 시기 종합잡지의 좌담회는 총후 국민의 자세를 독려하는 한편, 총력전체제 관련 정책사항을 확실히 각인시키는 장소였다. 시국 논설이 딱딱하고 이론적인 데 반해, 좌담회는 이론에 구체성과 실감을 입힘으로써 조선인들에게 성전(聖戰)의 필연성과 협력의 당위성을 쉽게 전달할 수 있었다.

『국민문학』은 총 39호를 발간하는 동안 좌담회를 24회 게재함으로써 좌담회 열풍의 선두에 섰다. 24편의 좌담회에는 2편의 정담(鼎談)이 포함되어 있다. 본 번역서는 24편의 좌담회와 1943년 1월호에 수록된 「국어문제회담」이라는 1편의 회담(會談)을 추가하여 총 25편의 원고를 번역·수록하였다. 그런데 종합잡지 『조광』, 『춘추(春秋)』, 『신시대』 등에 실린 좌담회들과 『국민문학』 좌담회는 그 구성과 동력을 달리한 것으로 보인다. 물론 좌담회는 수록 매체와 예상 독자, 참석자, 주제 설정 등에 따라 다종다양한 요구와 입장을 반영하는 형식이므로, 총력전 시기에조차 그 성격과 역할이 동일했다고 단정 짓긴 어렵다. 그러나 종합잡지들이 주로 국책을 일상화하는 데 초점을 맞춘 좌담회를 기획했다면, 『국민문학』은 대중을 상대로 국책을 문화적 · 사상적 차원으로 환원하여 논의하는 데 집중했다. 바로 이 점이 『국민문학』 좌담회만의 고유한 특질이라 할 수 있다. 편의상 표제어를 중심으로 『국민문학』 좌담회들을 분류해 보자면 다음과 같다.

1) 문학

'문학' 관련 좌담회는 총 8편으로 『국민문학』의 좌담회 중 가장 많은 빈도를 차지한 주제였다. 주로 '국민문학'이라는 새로운 목표와 사명에 대해 논의하는 자리였다.

「조선문단의 재출발을 말한다」와 「문예동원을 말한다」에서는 조선문학 혁신 및 문단 재건 방안이 논의되었고, 징병제 실시 발표 후 개최된 「군인과 작가, 징병의 감격을 말한다」에서는 징병제 실시를 계기로 문학 혁신과 전쟁의 연관성을 모색하고자 했다. 「국민문학의 1년을 말한다」와 「시단의 근본 문제를 말한다」에서는 조선문학의 지위와 로컬컬러 문제를 둘러싸고 재조(在朝) 일본인 작가들과 조선인 작가들의 논쟁이 벌어지기도 했다.

한편 조선문단 외부의 시각을 통해 '국민문학'의 방향을 점검하기도 했는데, 「신반도문학에의 요망」은 일본에서 열린 좌담회로, 조선문학의 진로를 둘러싼 일본 작가들의 의견과 조언이 제시되고 있다. 그 밖에 남방에 다녀온 종군작가들을 초대한 「전쟁과 문학」에서는 전쟁문학을 통해 국민의 일상과 전쟁을 연계시키는 문제가 논의되었다.

조선인 작가들만 참석한 유일한 좌담이었던 「문학정담」에서는 조선 작가의 생활문제라든지 평론계 상황과 제재 문제 등 조선문학 전반에 대한 주제들이 다루어졌다.

2) 문화

문학 논의에서 더 나아가 '문화' 전반을 다루는 좌담회도 중요한 비중을 차지했다. 넓게는 '대동아문화'에서 좁게는 '지방문화'에 이르기까지 문화 관련 좌담회는 대동아문화권의 크고 작은 사안들을 다루었다.

거시적인 관점에서 대동아문화의 문제를 다룬 좌담회로는 「대동아문화권의 구상」, 「북방권 문화를 말한다」, 「국민문화의 방향」 등 3편이 있다. 이 중 「대동아문화권의 구상」과 「북방권 문화를 말한다」는 대동아문화권을 북방권과 남방권으로 구획하는 인식을 보여준다. 남방이 새로운 개척지이자 개발의 대상이라면, 북방은 대동아의 이끌어갈 문화적 중심이라는 의미를 획득했다. 한편 「국민문화의 방향」은 대동아문화권의 정신적 근원이 될 '국민문화'의 정수를 일본 정신에서 찾았다.

지방문화라는 관점에서 조선문화를 조명한 좌담회로는 「평양의 문화를 말한다」와 「농촌 문화를 위하여」가 있다. 전자의 경우 고대 평양 문화에서 내선일체의 연원을 추적하는 한편, 현재 기독교 문화가 우세한 평양 지역의 혁신 방안을 논의했다. 후자는 영화 배급사 및 연극 관련 인사들이 참석하여 조선 농촌문화의 실태를 알아보고 문화 활성화 방안을 모색한 좌담회였다.

3) 예술

'예술' 관련 좌담회에서는 영화와 미술 등 관객에게 가장 직접적으로 호소할 수 있는 매체를 통해 시국예술의 가능성을 물었다.

「내일의 조선영화를 말한다」에는 영화신체제 이후 영화계의 변모와 목표, 영화인의 연성 문제, 기술력 문제 등 영화 혁신과 관련된 다양한 주제들이 등장했다. 「〈젊은 모습〉을 말한다」와 「군과 영화」에는 영화 제작진들이 참석해 그 취지를 밝히고 있는데, 전자의 경우 국책 영화의 재미 문제, 일본적 강점을 살리는 방안 등이, 후자의 경우 군 영화 제작의 의미 및 조직적인 관객 동원 방안 등이 추가로 논의되었다.

미술 관련 좌담회는 「결전 미술의 동향」 1편으로, 화가들이 참석하여 미술계의 새로운 동향과 소재와 수법 전환 문제 및 결전미술의 방향에 대해 의견을 나누었다.

4) 종교, 언어, 교육

'종교'와 '언어', '교육' 문제는 여러 좌담회에서 지속적으로 언급되는 주제이면서, 집중적인 논제로 다루어지기도 했다.

종교 관련 좌담회인 「반도 기독교의 개혁을 말한다」는 기독교의 일본화 문제를 논제로 삼았는데, 참석자들은 종교는 국가와 분리될 수 없다는 신념을 전제로 하면서 기독교의 황국신민화라는 목표를 제시하였다.

언어 문제를 다룬 「국어문제회담」은 작가, 교장, 총력연맹 문화부장 등 국어 관련 전문가들을 찾아서 의견을 구하는 문답 형식을 취하였다.

조선인 국어 교육의 특징과 문제점, 학생들의 국어 사용 문제, 교과서 문제 등에 대한 질문과 답변을 통해 바람직한 국어보급 방안이 도출해냈다.

교육 관련 좌담회에서는 미래의 주역이 될 학생들을 제국이 원하는 인재로 키워가는 방안이 논의되었다. 현직 교육자들이 대거 참석한 「반도 학생의 여러 문제를 말하다」는 조선인 학생들의 학습태도나 의식구조를 살펴봄으로써 지도방침을 세우는 자리였으며, 국어교육 문제가 비중있게 다루어졌다. 또한 경성제대 교수 및 본부 교학관 등이 참석한 「의무교육이 될 때까지」에서는 조선에서 의무교육이 지니는 의미 및 징병제와의 관계, 바람직한 가정교육의 방향 등이 논의하였다.

5) 사상

「일미개전과 동양의 장래」, 「총력운동의 신구상」, 「처우개선을 둘러싸고」는 표제어에 명시되어 있지는 않지만 「사상전의 현단계」와 함께 '사상' 관련 좌담회로 분류할 수 있다.

태평양전쟁 발발 직후에 열린 「일미 개전과 동양의 장래」에서는 앞으로의 전쟁이 사상전이자 문화전으로 전개될 것이라는 예상 아래, 전쟁을 완수하기 위한 준비와 지식인의 자세 등을 거론하였다. 나머지 좌담회 3편은 전쟁 막바지에 이르러 개최되었는데, 당시 조선 사회의 분위기를 짐작하게 해준다. 「총력운동의 신구상」에서는 총력운동의 의의와 존재방식을 재점검함으로써 승전의 의지를 다지고 있으며, 「처우개선을 둘러싸고」는 서구와 변별되는 일본 식민정책의 특이성 및 우수성과 더불어 조선인 처우 문제를 논의하였다. 『국민문학』에 게재된 마지막 좌담회인 「사상전의 현단계」는 사상전의 중요성을 역설하며, 적의 동요에 대한 사상적 대응 방안을 모색하였다. 참석자들은 미국 민주주의의 허상을 폭로하고 내선(內鮮)간의 분열을 책동하는 무리들을 경계하며, 언론의 총력을 총결집해서 적의 선전모략을 봉쇄하자는 주장에 합의하였다.

3. 제국과 식민지의 만남

『국민문학』 좌담회에는 편집진인 최재서와 김종한을 비롯하여 외부 인사 총 120명이 참여하였다. 조선인 참석자가 40여 명, 일본인 참석자가 80여 명으로 일본인이 조선인의 2배에 달했다. 참석진 비율만 보더라도 당대 조선문단은 재(在)조선 일본인과 조선인이 함께 활동하는 문학장(場)으로 재편되기 시작했음을 알 수 있다.

최재서는 총 24회에 이르는 좌담회 중에 세 번을 제외한 총 21회의 좌담회에 참석하여 논의를 이끌어갔다. 대동아문학자 대회로 인해 참석하지 못한 「문학정담」(1943.9), 미술과 영화 관련 좌담회인 「결전미술의 동향」(1944.5), 「군과 영화」(1944.6)를 제외한 모든 좌담회에서 최재서는 사회를 맡았다. 최재서와 공동편집을 맡고 있던 김종한은 1942년 7월호에 게재된 「군인과 작가, 징병의 감격을 말한다」를 시작으로 총 8회 참석했다.

때때로 최재서와 김종한은 주최측의 입장을 떠나서 조선문단의 대변자이자 기획자로서 논쟁에 참여하기도 했다. 좌담회 곳곳에서 조선문화의 지위와 역할을 적극적으로 모색해보고자 하는 이들의 시도를 확인할 수 있다. 최재서는 평론가로서, 김종한은 시인으로서 국민문학 이론과 창작을 실천하는 입장에 있었기에 주도적으로 관여할 수 있었던 것으로 보인다.

조선인 참석자들은 주로 작가와 평론가, 언론인 등 문화예술인이었는데, 그 중에서도 국민문학의 대표 작가로 일컬어졌던 이석훈, 조선 문인 중 몇 안 되는 일본어 능통자 중 한 사람이었던 유진오, 평론가 백철 등이 가장 높은 참석률을 보인다.

한편 일본인 측에서는 조선총독부나 총력연맹 관계자, 경성제국대학 교수 등 제국의 이데올로기를 대변하는 인사들이 대거 참석했다. 가라시마 다케시[辛島驍], 곤도 도키지[近藤時司], 고노 로쿠로[河野六郎]등 경성제국대학 교수 및 관계자가 16명, 오카다 준이치[岡田順一], 혼다 다케오[本多武夫]등 조선총독부 관리가 11명, 국민총력조선연맹 관계자 4명, 군 관계자 6명 등이 확인된다.

이밖에 소설가, 시인, 화가, 영화인 등 문화예술인들도 주요 참석진을 이루었다. 재조선 일본인 작가로 다나카 히데미쓰[田中英光], 미야자키 세이타로[宮崎清太郎] 등의 소설가와, 경성제대 교수로 최재서의 은사인 사토 기요시[佐藤清], 사토 교수의 제자들인 데라모토 기이치[寺本喜一]와 스기모토 나가오[杉本長夫] 등의 시인들이 참석했다. 종종 일본 본토의 작가나 종군작가가 참석하기도 했다.

일본인 참석자 중에서는 가라시마 다케시와 데라모토 기이치가 총 4번으로 가장 높은 참석률을 보였다. 이들을 비롯한 경성제대 법문학부 관계자들은 『국민문학』 좌담회에 자주 모습을 드러냈다. 가령 「북방권 문화를 말한다」(1942.10)는 경성제대 법문학부 교수들의 좌담회였으며,

「시단의 근본문제」(1943.2)는 사토 교수와 최재서, 데라모토, 스기모토 등 경성제대 영문과 출신들이 논의를 이끌어갔다.

경성제대 교수 및 졸업자들은 최고의 지식인으로서 탁월한 전문지식과 정보를 제공했지만, 일본 제국을 넘어서는 사고를 보여주지는 못했다. 총독부 당국자나 군 관계자들이 단적으로 제시하는 슬로건이나 정치적 목표를 이론적으로 뒷받침하고 학문적으로 증명해내는 것이 이들의 역할이었다. 이는 경성제국대학이 총력전 시기 제국의 지식 생산에 어떤 식으로 기여했는지 살펴볼 수 있는 단서를 제공한다.

요약해보건대 국민문학 좌담회의 모든 참석자들은 각자의 입장에서 국민문화의 표상을 창출해 내고자 했다. 당대에 국민문화는 문화적 내선일체를 통해 일본의 전쟁 완수에 기여하고 장차 대동아공영권의 정신적 지주 역할을 하게 될 것으로 선전되었다. 즉 국민문화는 장차 발명하고 발견되어야 할 것이었으므로, 식민당국으로서는 조선 문화인들의 협력과 지지가 절대적으로 필요했다. 조선인들의 참여와 발언을 요구하는 좌담회는 이런 목적에 충실히 부응하는 장치였으며, 감시와 회유, 요구의 내용을 지상 중계함으로써 식민당국의 의도를 폭넓게 전달하는 효과도 있었다. 따라서 『국민문학』 좌담회에는 기본적으로 모범적인 결론이 존재했다고 할 수 있다.

그러나 발언의 평등성과 현장성을 존재 근거로 삼는 좌담회에서는 예기치 않은 갈등이 빚어지기도 했다. 이는 근본적으로 식민지 조선이 처한 이중적 위치에서 비롯된 갈등이었다. 식민지를 포섭하는 동시에 경계를 늦출 수 없는 제국 일본의 입장과, 민족주의를 포기하되 민족적 특수성만은 보존하려 했던 식민지 지식인의 입장이 완벽히 일치되기는 어려웠다. 물론 이러한 갈등의 순간은 서둘러 차단되거나 봉합되기 마련이었으나, 이 과정에서 어떤 기대와 좌절, 가능성과 불가능성 사이를 오가는 기획들이 부각되기도 했다. 그러므로 『국민문학』 좌담회에는 조선 문화계의 핵심을 관통하는 키워드는 물론, 이를 둘러싼 경합의 흔적까지 뚜렷이 드러난다. 좌담회를 통해 식민지 말기 조선 문화계의 지형도를 보다 다채롭게 그려볼 수 있을 것이다.

차례_

조선문단의 재출발을 말한다

1941년 11월 창간호

참석자

가라시마 다케시辛島驍 1) ———— 경성제국대학 법문학부 교수
데라다 아키라寺田瑛 2) ———— 경성일보 학예부장
백철白鐵 3) ———— 매일신보 학예부장
요시무라 고도芳村香道 4) ———— 조선문인협회 간사장
이원조李源朝 5) ———— 평론가
최재서崔載瑞 6) ———— 본사측

---

1) 가라시마 다케시(辛島 驍, 1903~?)는 경성제국대학 법문학부 교수로, 조선문인협회(1939) 핵심 간부, 조선연극문화협회(1942) 초대 회장, 조선문인보국회(1943) 이사장 등으로 활동했다.
2) 데라다 아키라(寺田 瑛)는 경성일보 학예부장으로, 조선문인보국회 상무이사로도 활동했다.
3) 백철(白鐵, 1908~1985)은 문학평론가로, KAPF에서 활동하다가 전향한 후 조선문인협회에 참가하고, 국민연극연구소에서 강사를 맡았으며, 조선문인보국회의 평의원으로 가담했다.
4) 박영희(朴英熙, 1901~?)의 창씨개명. 박영희는 시인, 소설가이자 문학평론가로, 프로문학의 대표적 이론가로 활동하다가 전향한 후, 1938년 전향자대회에 참가했다.
5) 이원조(李源朝, 1909~1953)는 문학평론가이자 언론인으로, 일본에서 유학생활을 마친 후 기자로 활동했고 조선문인보국회에 참여했다.
6) 최재서(崔載瑞 = 이시다 고조(石田耕造), 1908~1964)는 문학평론가이자 영문학자로, 경성제대에서 영문학을 전공했으며 영미 모더니즘 이론을 조선문단에 소개함으로써 평론 활동을 시작했다. 『인문평론』과 『국민문학』의 주간을 맡았으며, 조선문인보국회 이사를 지냈다.

——— 혁신의 목표

최재서 조선문단의 전환이라고 할까요, 혁신이라고 할까요. 이 긴박한 정세 속에서 조선문단은 한시 바삐 체제를 정비하여 직역봉공職域奉公을 해야 한다는 소리가 여기저기에서 들리고 있습니다. 이런 분위기를 북돋우려는 의미에서 『국민문학』이 탄생한 것이지요. 그러나 실행하는 과정에는 여러 가지 문제가 있다고 봅니다. 전환의 목표는 극히 당연한 것이지만, 일단 이 자리에서 확실히 의식하고 결정한 후에 방법이라고 할 만한 것을 말씀해 주시면 좋겠습니다. 조선문학 혁신의 목표에 관하여 가라시마 씨부터 한 말씀씩 부탁드립니다.

가라시마 조선문학의 전환은 이미 2년 전에 문인협회[7]가 결성된 때부터 시작되었다고 봅니다. 그런 의미에서 이것은 요시무라 씨에게 묻는 편이 적당할 겁니다. 요시무라 씨, 어떻습니까?

요시무라 그러면 간단히 말씀드리죠. 목표라고 하면 모두 알고 계시겠지만, 저는 이렇게 생각해요. 그저 막연하게 문학이 국가를 위해 온 힘을 다해야 한다는 것은 흔히 말하는 목표라고 할 수 있는데, 더 자세히 말하자면 그것을 두 가지로 나눌 수 있지 않을까 싶습니다. 하나는 단지 사회, 혹은 사회의 시대성을 그대로 반영하는 것이 문학이라고 보는 경향입니다. 다른 하나는 그것만으로는 만족할 수가 없다, 왜냐하면 적어도 오늘날 시국에서

---

7) 조선문인협회(朝鮮文人協會)는 1939년 10월 29일 경성 부민관(府民館)에서 문인 200여 명이 모여 결성하였으며, 발기인으로는 이광수, 김동환, 유진오, 이태준 등이 참여했다. 국민문학의 건설, 내선일체의 구현, 총력전 수행의 적극적인 협력을 목적으로 건설된 단체이다.

는 임전체제臨戰體制를 취하고 있기 때문에 문학이 다른 방면으로부터 영향을 받는 것이 아니라 스스로 나아가겠다는 입장, 그런 자각 하에서 향후 우리들의 문학운동을 전개해야 한다는 견해입니다.

그래서 단지 사회성 혹은 시대성에 영향을 받는 문학이라는 미온적인 것이 아니라 과거의 문학적인 방식에서 보면 뭔가 부족한 점이 있을지도 모르겠지만, 그런 형식문제는 차치하고 실제로 우리들이 우리의 붓으로 나라를 위해 얼마나 힘쓸 수 있을지, 문학의 기능을 최대한 이용利用해서 일한다는 마음으로 문학을 창작하거나 혹은 기타 예술방면에서 활동해야 한다고 생각합니다. 이에 관해서는 다양한 방법이 있겠는데요, 먼저 여러분들의 의견을 듣고서 덧붙이기로 하겠습니다.

최재서 요컨대 진정한 국민적인 문학으로 만들자는 것, 말하자면 결국 당연한 듯하지만, 향후 우리들의 목표는 거기에 있다고 봅니다. 백철 씨, 어떤가요? 평론에서도 혁신이나 전환의 목표를 확실히 규정해 두는 편이 좋지 않을까요?

백철 어려운 문제이긴 하지만 결정하는 편이 좋겠지요. 지금까지 조선문학이 어떤 상태에 놓여 있었는가를 말씀드리자면, 이 점은 내지문학도 대체로 같은데, 결국 개인주의적 경향이 농후해서 한편으로는 신변소설적인 경향이 강했는가 하면 다른 한편으로는 세태묘사의 문학이 유행하기도 했습니다. 그러나 지금 우리들은 일단 이런 것을 비판하고 새로운 목표를 결정해야 합니다.

최재서 뭐, 그런 국민적 입장에 의한 자기반성 같은 문제는 나중에 말씀해주시기로 하고, 우선 그 목표를 제시해주시겠습니까?

백철 새로운 국민문학의 목표는 개인주의적인 입장을 부정하고, 전체적인 입장에서 국책에 부응하는 문학을 수립하는 것입니다. 그러므로 국책을 민중에게 선전하고 그것을 계몽해 가는 것이 새로운 국민문학의 과제이자 또 새로운 가치이기도 합니다. 다만 시국은 너무나 급격하게 진전하기 때문에 그것을 일일이 따라간다면 도저히 문학은 이루어질 수가 없지요. 역시 깊은 의미의 시대적 흐름을 파악해서 대동아공영권의 확립을 영원한 목표로 삼고, 그것을 자신의 문학관으로 수립해서 그 거대한 주제 하에서 시국의 단편을 포착해 나간다면, 비로소 진정한 국책문학이 생겨날 것이라 봅니다. 그러므로 우선 이 시기에 국민으로서 대동아공영권의 세계관이 어떠한 입장에서 어떠한 의미로 이루어지고 있는가를 확실히 이해하는 것이 국민문학의 출발에 있어 가장 올바른 기초적인 입장이 될 것입니다.

——— 선전문학인가 국책문학인가

가라시마 작가가 대동아공영권 확립의 의의를 지적知的으로 파악하는 것을 신문학 출발의 전제로 삼는 것에는 전적으로 동감합니다만, 동시에 지적으로 파악한 것을 자기의 생활 속에서 융화시키고 감정으로까지 축조해내서 그 혼연한 신시대의 의식을 가지고 현실에 맞서야 합니다. 이렇게 하면 작가는 지금까지의 의식으로는 찾아내지 못했던 새로운 감동의 장場을 발견할 수 있고 여기에서 진실한 의미의 문학이 생겨날 것입니다. 처음부터 의식적으로 계몽선전의 국책문학을 생각하는 것은 언뜻 도리에 맞는 듯하지만, 너무 비근한 사고방식은 아닐까요. 결과적으로 보면 내가 말하는 새로운 문학도 넓은 의미의 계몽이기도 하고 선전이기도 합니다만, 문학의 본령은 이런 손쉬운 목표를 지향하는 것이 아니라, 우선 작가가 비상시국 하에서 진정한 일본신민으로서의 철저한 정신을 갖추고, 그 정신을 바탕으로 현실과 맞서 본래의 길로 맥진驀進해야 한다고 생각해요.

백철 저도 역시 그런 의미로 말한 셈입니다. 방금 제가 말한 것이 지적으로만 국책을 파악하라는 식으로 받아들여졌을지도 모르겠지만, 그렇지는 않습니다. 본래 문학이란 감정이 뒷받침되지 않으면 안 되니까요. 선전계몽의 문학을 주장하는 것이 아니라 결과적으로 보면 그렇게 된다는 말이었습니다. 국책에 도움이 된다고 할 경우에 문학이 선전계몽의 역할을 하지 않는다면, 국가가 문화정책을 세워서 문학을 장려할 의미가 없습니다. 여기에 문학의 역할이 있는 것인데, 다만 문학자가 그것을 너무 직접적으로 일상화해서는 안 되겠지요.

가라시마 국책에 떠밀리는 기분으로 선전이나 계몽에 고개를 숙이는 경우가 있어서는 안 됩니다. 작가는 우선 시대의 사상과 감정을 자기 안에서 형성하기 위해 노력해야 합니다. 어려운 길이지만, 역시 그런 방향으로 나아가야 합니다.

요시무라 방금 백철 씨가 대동아공영권 확립에 목표를 두어야 한다고 하셨는데, 지당한 말씀입니다. 그렇다면 실제로 우리들은 나라를 위해 문학으로 무엇을 해야 하는가 라는 문제가 당연히 제기될 것입니다. 우리들이 문학자로서의 역사적 자존심이나 지적인 방면을 그대로 유지할 수 있다면 물론 좋겠지요. 과거의 문학사적인 입장에서 보면 어쩌면 벗어난 것일지도 모르겠지만, 지금 해야만 한다는 불타는 일념으로 우리 자신이 어찌됐든 할 수 있는 것이라면 하겠다는 마음으로 해야 합니다. 예를 들자면 집을 설계하는 것이 아니라 기와 한 장 벽돌 한 장이라도 자기 손으로 쌓아 올리는 역할을 해야 한다는 거지요. 거대한 국가적 이상을 실현하기 위해서 우리들은 우선 밑바닥부터 시작해야 합니다. 우리가 하는 일을 스스로 비판하면서 하는 것이 아니라, 그것에 대한 비판과 문학적 역사적 측면은 또 언젠가 다른 사람이 나타나서 이론을 만들어간다는 의미로, 뭐랄까, 일개 문학적 노동자라는 생각으로 새로운 것을 개척한다는 마음가짐이 없다면, 이 일은 좀처럼 하기 어려울 것입니다.

이원조 백철 씨와 가라시마 씨의 말씀을 듣고 제가 느낀 바를 말씀드리면, 백철 씨는 지금 시국에서 문학은 반드시 국책적이어야 한다, 그러나 국책적이라고 해도 현 시국은 걷잡을 수 없이 빠르게 전환하고 있기 때문에 그것을 매번 쫓아가기만 해서는 진정한 문학이 나올 수 없다, 그것보다도 시야를 넓혀서 멀리 보아야 한다, 예를 들면 대동아공영권이라든가 역사적인 문학을 수립해야 한다고 주장한 것으로 보입니다. 가라시마 씨는 이에 대한 보충설명으로, 물론 역사적인 문학을 세우는 것은 필요하지만, 그것을 작가 자신의 혼의 세계, 독자와의 혼의 접촉, 그런 측면으로까지 뻗어가야만 한다는 의견을 말씀하신 걸로 이해했습니다만, 만약 제가 이해한 것이 틀리지 않다면, 두 분의 의견을 종합해서 새로운 문학을 창조할 수 있지 않을까요.

—— 과거에 대한 반성

가라시마 현실에서는 이미 대동아공영권 확립을 위한, 또한 새로운 국민문화 건설을 위한 생활이 진행되고 있습니다. 그런데 과거의 이념과 감정을 가지고 있는 사람은 새로운 현실에 마음이 끌리지 않을 거예요. 그러나 새로운 건설적 지성과 동시에 감정을 획득한 사람은 새로운 현실을 향해 혼을 움직여 그것을 그리지 않고는 견딜 수 없는 문학적 감회를 품을 수 있을 겁니다. 그리하여 새로운 감동의 장을 발견하고 새로운 혼으로 그것을 그린 것이 오늘날의 진정한 국민문학이라고 생각합니다. 이런 것을 건설하는 일이 앞으로의 작가의 임무일 겁니다. 이를 위해서는 작가 자신이 새로운 세계관을 파악하려는 지적인 수업修業과 함께 일상생활을 실천적으로 바꿔 나가는 자세를 수양해야 한다고 봅니다. 이것이 오늘날 문학자로서 가져야 할 삶의 방식이 아닐까요.

최재서 말씀을 들어보니 결국 작가로서 앞으로 어떻게 나가야 할 것인가라는 원칙적인 문제가 주로 이야기되고 있는 것 같은데, 우리들에게는 그보다 더 절실한 문제가 있지 않을까요. 즉 지금까지 조선문학은 조선만의 문학으로 존재해 왔지요. 그러나 이제부터는 한층 더 넓은 일본문화의 일익一翼으로 재출발한다는 점에 사실은 대단히 중요한 문제가 있는 것 같은데, 이 점에 대해 여러분의 의견을 듣고 싶습니다. 데라다 씨부터 한 말씀 해주십시오.

데라다 전환하여 새로운 출발을 한다는 것은 조선문학에만 한정된 것이 아니라 내지문학에서도 마찬가지입니다. 그리고 지금 내지 쪽 또한 서서히 전환해가고 있습니다. 다만 내지와 조선이 다른 점은 조선은 이제까지 조선적이랄까, 향토적이랄까 그런 식으로 조선문학이 성장해왔는데 지금 급격하게 넓은 의미의 일본적 혹은 국책적 문학으로 전환해야 한다는 점입니다. 제가 국책적이라는 말을 별로 좋아하지 않아서 그런지, 국책國策이 아니라 국시國是적이라고 말하면 좋겠습니다. 어쨌든 그런 식으로 전환하는 것이 지금 조선인들에게는 약간 무리일지도 모르겠네요. 그러나 이미 상황이 그렇게 되어 가는 이상, 언제까지나 조선적이라는 것만으로 인정받을 수는 없습니다. 똑같이 조선적인 것이라 하더라도 그것은 일본적인 것 속에서 존재하는 조선적인 것이어야 한다는 식으로 바뀌고 있습니다. 그러므로 방금 가라시마 씨가 말씀하신 것처럼 지성과 감정이 하나가 되어 문학을 문학으로서 표현하기 위해 작가 자신이 실천의 고통을 겪어야 하는 것은 당연한 일입니다.

종종 이런 말을 듣습니다. 우리도 시국적인 것을 쓰고 싶은데 우리에게는 그런 일본적인 경험이 없다, 예를 들어 군대에 대해 쓰고 싶어도 군대 경험이 없다, 그래서 시국적인 것을 쓰는 데 머뭇거릴 수밖에 없다, 라고 말이죠. 물론 지당한 말입니다만, 시국적인 것을 쓰기 위해 반드시 군대와 관련된 것을 써야 하는 것은 아닙니다. 동네 어딘가에서 과일을 팔고 있는 할머니, 할아버지들의 생활에도 시국의 물결이 밀려오고 있다면, 그들의 생활을 써도 시국적인 것이 됩니다. 지금은 전환기니까 군대문학을 쓰고 싶은데 쓸 수 없다는 초조한 마음도 이해하지만, 그것을 하나의 도피처로 삼는 것은 비겁하다고 생각합니다.

얼마 전에 『국민문학』 창간 모임에서도 언급했었던 것인데, 쇼와 13년1938 10월에 내지의 문인과 조선의 문인이 한자리에 모여 좌담회를 열었을 때 내지 측 문인들이, 당신들은 이제 일상회화를 훌륭한 국어로 할 수 있으니 창작도 국어로 하시죠, 그러면 당신들의 작품은 내지 시장에도 진출할 수 있지 않겠습니까, 그렇게 되면 당신들을 인정하는 사람은 지금보다 많아질 것이고, 또 당신들의 생활 자체도 풍요로워지지 않겠습니까, 라는 식으로 이야기를 했습니다. 그 때 거의 대부분의 사람들이 조선문학이 가장 조선적이어야 하는 이유를 말했는데, 언어문제는 묵살默殺되었기보다 소살笑殺되었던 것으로 기억합니다. 그러나 그 후로 겨우 3년도 지나지 않은 오늘날, 어쨌든 중앙의 문학잡지에 국어로 작품을 발표하는 사람들이 늘어난 것이 사실입니다.

이처럼 3년 전에는 불가능이라기보다 무모하다고 여겼던 국어문제조차도 이렇게 변했습니다. 시국은 점점 절박해졌고, 또 지금 이상으로 긴박해지겠죠. 이런 상황에 놓여 있다면, 사실 서로의 생활에서 이미 조선적이라는 것은 허용되지 않으므로 과거 자신의 명성이나 지위, 좀 더 자세히 말하면 생활이 될텐데, 과거의 생활을 지나치게 고집하면 안 될 것입니다. 좀 허심탄회하게 전향이라고 말하면 어폐가 있을지도 모르겠으나, 서로 조금 더 시국 쪽으로 실천해 나가는 것이 바람직하다고 봅니다.

—— 국민문학으로서의 조선문학

최재서 지금 여러 가지 문제가 나왔는데, 첫 번째로 과거에 지나치게 구애받고 있다는 점에 대해서 말하고 싶습니다. 그것은 당연히 오늘날의 현실에 적합하지도 않고 허용되지도 않습니다. 그러나 조금 전 말씀하신 조선적이라는 것, 요컨대 조선만을 고립시킨 조선적인 것이 아니라 넓은 일본문화 속의 일익으로 조선적인 것을 생각할 때, 새로운 각도에서 조선적인 것이 검토되어야 할텐데, 그것은 어떤 것일까요? 문제를 완전히 새로운 입장에서, 새로운 각도에서 재고해야 하지 않을까요?

요시무라 물론 그렇습니다만, 제 생각에는 자칫 잘못하면 이상한 것이 될 것 같습니다.

최재서 그렇기 때문에 그만큼 신중해야겠지요.

요시무라 정군[8]과 같은 이들이 말하는 로컬컬러와도 조금 다릅니다. 근본은 대체로 비슷하지만, 로컬컬러가 점점 확장되면 결국 그것만의 것이 되어버릴 것 같은 생각이 듭니다.

가라시마 당면한 작가가 진정한 일본인이 되는 것에 철저하다면 나무랄 데가 없을 것입니다. 결국 거기에 달려 있는 거죠.

요시무라 그러나 막연하게 단지 사소한 로컬컬러의 의미에서 조선적이라든지 특수성이 있다든지 말을 하게 되면 이상한 방향으로 치달을지 모른다는 생각이 듭니다. 지금 이 시국에 처음 등장한 작가라면 문제가 없습니다. 그러나 적어도 예전부터 문학을 해온 사람은 아무래도 이전의 문학적 자존심에서 좀처럼 벗어날 수 없는 경우가 있습니다. 제 말은, 그런 생각을 갖고 있어서는 입으로 아무리 새로운 문학을 외쳐도 진실한 생활을 받아들이지 못한다는 겁니다. 따라서 우리들은 지금까지의 이론은 모두 던져버리고, 국가를 위해 힘을 다하고 있는 모든 보통 사람들과 같은 마음가짐으로 펜을

---

8) 좌담회 앞부분에 정씨에 대한 언급이 없으므로 누구를 말하는지 명확하지 않음.

들고 나라를 위해 힘써야 합니다. 지금 저금주간貯金週間을 선전하고 있으니 작가도 그런 방면으로 가야 합니다. 혹은 국민이 모두 일해야 하는 경우에는 작가들도 하나가 되어서 작품을 통해 국민을 안일한 생활에서 깨어나게 해야 합니다.

현 시국에서 국책적인 것을 실천하고자 한다면 지금까지의 문학처럼 높은 곳에서 사람들의 생활을 내려다보는 입장에서 벗어나 자기 자신을 좀 더 낮춘 겸손한 마음으로, 자신도 국민의 한 사람이라는 마음으로 실천해야만 진정한 의미의 국책문학을 실천할 수 있습니다. 목표는 대동아공영권의 확립일지라도 미세한 부분에서부터 시작해야 해요. 나라를 위해 이런 것을 하자는 식으로 일정한 방향으로 전진해 가야 합니다. 시대는 나날이 변하고 있습니다. 이것만으로는 실제로 문학이 안 된다고 생각하기 쉽지만, 지금은 그것을 극복해야 합니다. 그렇게 하면 한 단계 더 넓은 세계가 전개될 겁니다. 거기서 재출발하지 않으면 진정 나라를 위한 문학이라는 것은 이상일 뿐 실현하기 어렵지 않을까요. 이야기가 좀 극단적일지 모르지만 실제 방법으로는 이것밖에 없으리라 여겨집니다.

최재서 요컨대 국가의식을 체득하는 하나의 단계로서는 당연히 그렇겠지요. 결국 실천을 통해 될 수 있으면 일상생활에서부터 시작하는 것이 마땅하지만, 앞서 여기서 문제가 된 것은 이제부터 넓은 일본문화의 일익으로 조선의 문학이 재출발하는 것입니다. 이 경우 말이 상당히 다를텐데, 로컬 컬러라고 해도 저는 불만족스럽습니다. 특수성이라는 것도 그다지 적절한 말이 아니라고 생각합니다. 오히려 조선문학의 독창성이라고 할까요, 그런 면에 고려할 점이 있지 않을까 싶습니다.

가라시마 제가 아까부터 거듭 말했듯이, 독창성을 추구하기 이전에 새로운 감정을 발견하는 것, 그것에 맥진驀進해야 할 것입니다. 그러는 과정에서 저절로 조선에 있는 맛味, 즉 조선의 독창성이 자연히 배어 나온다고 봅니다.

이원조 아까 데라다 씨가 말씀하신 것처럼 문학이 재출발한다는 것은 조선문학에만 한정된 일이 아니라 내지문학에서도 마찬가지입니다. 그런 경우에 조선문학은 내지문학의 일익일환一翼一環으로 간주되지만, 이때 조선적인 것은 단적으로 표현하면 어떤 것일까요? 지금까지의 문학은 국민적 의식, 국민적 감정을 조직화하거나 국가 목적에 집중시키기 위해 노력하기보다는 한층 개인적이었다는 의미에서, 내지문학과 조선문학 모두 똑같이 전환해야 하는 것은 분명합니다. 이때 조선적인 것을 좀 더 단적으로 표현한다면 어떤 것이 될까요?

데라다 저는 조선어를 읽을 수가 없기 때문에 작품을 읽지 않았는데, 이 점 미리 양해를 구하고 싶네요. 그래서 결국은 주워들은 이야기와 쇼와 13년1938의 좌담회 석상에서 들은 이야기가 바탕이 되는데, 단적으로 말하면 특수성이나 로컬컬러, 독자성이라는 말이 있지만, 일본문학의 일익으로서가 아니라 솔직히 말해 조선은 조선에만 틀어박힌다고 할까, 조선만을 깊이 파고 들어가야 한다는 분위기가 있었던 것 같아요. 제가 도무지 말주변이 없어서 요령부득입니다만.

백철 확실히 그런 면은 있지요.

최재서 그렇지만 우리는 거기에 얽매일 필요가 없습니다. 이제까지 그런 면이 있었던 것은 분명히 인정할 수 있고, 실제로 예전의 좌담회에서 명확히 드러나기도 했는데요, 그러나 앞으로는 거기에 얽매이고 싶지 않습니다.

데라다 그것에 얽매여 있다고는 말하지 않았는데요.

최재서 그렇습니까. 실제로 조선의 문학이 그것에 얽매이지 않고 일본문화의 일익으로서 재출발하게 되면, 지금까지의 일본문화 그 자체가 역시 일종의 전환을 하게 되는 셈이죠. 좀 더 넓은 것이 되겠지요. 조선문화가 전환함으로써 지금까지 내지의 문화에 없었던 어떤 하나의 새로운 가치가 부가될 것입니다. 그렇게 되지 않는다면 진정한 의미는 없다고 생각합니다.

백철 최재서 군의 말은 이를테면 조선문학이 일본문화의 일익으로 출발하는 경우에 그것이 무엇인가 새로운 가치를 추가해서 일본문학을 풍부하게 하지 않는다면 아무런 의미도 없다는 것인데, 이것은 당연한 얘기입니다. 그렇지만 앞서 데라다 씨가 말씀하신 문제가 있습니다. 결국 조선문학에는 하나의 분위기가 있고, 좀처럼 그 분위기를 깨뜨려서 밖으로 나가려고 하지 않는다는 점입니다. 예를 들어 여기에 강이 하나 있는데 그 유역에는 자연적으로 아름다운 풍경도 있고, 그 강의 흐름 자체도 굉장히 아름답습니다. 문학자는 당연히 그 강의 특수성을 여러 가지로 묘사해야 하는데, 단지 문제는 그 강의 흐름이 좀처럼 커다란 하나의 바다로 이어지지 않는다는 점입니다. 제가 주장하고 싶은 것은 그 강의 흐름을 묘사하기 전에 먼저 바다 쪽에서 그 강의 흐름을 바라봐야 한다는 것입니다. 지금까지 하류河流만의 분위기 속에서 보고 느낀 것을, 바다를 보고 이해하는 입장에서 다시 바라보았을 때 거기서 진정한 특수성도 파악할 수 있을 것입니다. 조선문학의 특수성이라는 것도 그런 식으로 주장되어야 합니다.

최재서 결국 앞서 말했듯이 새로운 각도에서 다시 보자는 말씀이네요.

가라시마 오늘날 조선적인 것을 일본문학에 특별히 추가하려는 의식을 강조할 필요는 없다고 생각해요. 그런 점을 강조하는 데는 뭔가 과오가 있다고 봅니다.

요시무라 그도 그렇지만, 구체적인 실례가 없으면 오해받기 쉽지요.

가라시마 자연스럽게 진실로 국민적 작가가 되려고 하는 작가로서의 수업修業과 각오를 쌓아 가는 것이 먼저입니다. 그 가운데서 일본문학은 풍부해질 것입니다. 처음부터 조선적인 것을 의식적으로 강조하는 것 자체에 주의해야 할 필요가 있습니다.

최재서 저는 그것을 의식할 뿐만 아니라 가능하면 이론화해야 한다고 생각합니다. 요컨대 예술가가 국민화할 경우에 그 사람은 구체적으로 어떤 일을 목표로 해야 할까, 즉 자신이 하늘로부터 부여받은 소질을 잘 살려서 나라의 문화를 풍부하게 한다는 높은 목표가 없다면 예술을 생산하는 힘찬 정열은 생겨나지 않겠지요. 아직 예술가의 국민적 의식이 부족하고 과거의 색채가 남아있는 단계에서는 정말 경계하고 주의해야 하겠지만, 일단 그 사람이 충분히 의식적으로 국민이 되기만 한다면 앞서 말한 정도로까지 신경 쓸 필요는 없습니다.

가라시마 충분히 국민이 된 사람으로부터 자연스럽게 우러나오는 것이라면 오히려 괜찮겠지요. 그러니까 오늘날 특별히 이 문제를 제의할 필요는 없다고 봅니다.

요시무라 그렇습니다. 그것을 일부러 지금 확대할 필요는 없습니다.

최재서 왜 이 문제가 제의되어야 하는가를 말씀드리자면, 앞으로 조선문학에 대해서는 두 가지 방향을 생각할 수 있습니다. 하나는 조선적인 성격, 자신이 하늘로부터 부여받은 것을 완전히 없애 버리지 않는다면 국민화할 수 없다는 사고방식입니다. 다른 하나는 아니, 그렇지 않다, 조선적인 것을 살리는 것이야말로 결국엔 나라를 위한 일이 되지 않겠냐는 것인데, 그것이 추상적일지도 모르겠지만 구체적으로 나타나는 경우도 있습니다. 이것을 일단 지도이론으로 생각해둬야 하지 않을까, 이런 생각도 듭니다.

이원조 가라시마 씨가 말씀하신 것과 일맥상통하는 면이 있군요.

가라시마 그런가요.

최재서 실제로 그런 구체적인 작품이 있으면 그것을 앞에 두고 논의하는 것이 가장 좋은데, 영국의 작가 중에 콘래드Joseph Conrad[9]라는 사람이 있습니다. 이 사람은 네덜란드인으로,[10] 나이 들어서 영어를 배우고 마침내 영

---

9) 조세프 콘래드(Joseph Conrad, 1857~1924)는 본래 폴란드 사람이었으나, 1884년 영국에 귀화하였다. 작품으로는 「로드짐」, 「태풍」 등이 있다.

10) 최재서는 콘래드를 네덜란드인으로 착각한 듯하다.

국에 귀화해서 결국에는 영국작가로 남았는데, 영국인으로서는 좀처럼 쓸 수 없는 새로운 경지를 영문학 안에서 개척했습니다. 그러니까 역시 지금까지 조그맣게 뭉쳐있던 조선의 작가가 일본문학의 일익으로 일어설 경우, 결국 일본문학 속에 어떤 새로운 분야를 개척할 수 있는 그런 큰 의미에서의 공헌을 하게 되지요. 그것을 지나치게 평이하고 평면적으로 생각하면, 결국 지금까지 자기가 지니고 있던 모든 것을 버려야만 하는가 라는 의문을 품게 됩니다. 이는 지금의 젊은이들이 크게 고민하고 있는 문제일 거라고 생각합니다. 그런 사람들에게는 역시 어떤 확고한 목표와 자신감을 주는 것이 특히 필요합니다.

가라시마 아까부터 말하고 있듯이, 오늘날의 조선작가는 그런 특수한 성격을 특별히 제기하려는 노력보다도 먼저 시대를 공부하고 시대의 감정을 획득하는 데 모든 정력을 쏟아야 합니다. 그 과정에서 그런 것이 자연스럽게 생겨나겠지요.

최재서 실제로 그렇게 될지도 모르겠네요. 그럼 다시 국민문학의 입장에서 자기비판을 해볼까요. 이것도 결국에는 필요한 단계라고 봅니다.

―― 자기비판

백철 방금 최재서 씨의 말씀은 젊은이들이 일단 지금까지 가지고 있던 것을 모두 버려야 한다면 대단히 나쁜 영향을 미칠 것이라는 이야기였습니다. 그러나 우리가 몸에 익힌 교양이나 기술의 대부분이 근대적인 것, 신변소설적인 것이기 때문에 일단 그런 것들을 떨쳐내야 하지 아닐까요?

최재서 교양 문제와는 다소 다릅니다. 한마디로 말하자면 이 시기 반도 작가의 예술적 특질은 크게 북돋아 주어야 하지 않을까요. 물론 그것은 국책과 관련된 얘기지만요. 국민화하는 경우, 지금까지의 문화를 모두 없애야 하는 것처럼 받아들여지고 있기 때문에 그것이 오히려 장애가 되는 것 같습니다.

백철 그런 욕망을 과감하게 잘라 버리고 이제부터 새로운 문학을 하고자 할 경우, 지금까지 몸에 밴 것을 하나하나 아까워해서는 진정한 문학이 탄생할 수 없습니다. 그렇기 때문에 새로운 입장에서 해나가지 않으면 안 됩니다. 자신은 지금 일본에서 대작가가 되지 않아도 괜찮다, 장래의 문학을 위해서 사석捨石이 되겠다는 각오로 임하지 않는다면 새로운 문학을 수립할 수 없습니다.

요시무라 제가 말한 게 그겁니다. 과감하게 자신을 낮춰야 해요.

이원조 그 문제와는 조금 다른 면이 있지 않나요? 예를 들어 풍토적인 것, 혹은 풍속적인 것, 이런 것은 어떻습니까?

요시무라 결국 우리의 생활을 되돌아보면 여러 가지 특수한 것들이 있습니다. 그러나 미래에 그런 것들은 점점 사라질 것입니다. 생활양식을 보더라도 이미 사라진 것들이 꽤 많습니다. 그러니까 특수한 것만 신경 쓰고 있어서는 새로운 의미에서 출발하려는 사람들을 괜히 망설이게 만들 것입니다.

이원조 조선의 예를 끌고 오지 않더라도, 내지에서도 큐슈九州, 간토關東, 간사이關西의 풍속습관이 각각 다르지요. 그것을 도쿄東京 중심으로 걸러내야 한다고 하면 문제가 발생합니다.

최재서 요컨대 지방문화와 국민문화라는 문제가 되겠군요.

요시무라 물론 여러 문학작품에서 구상이 제각각 다를 거라고 봅니다. 예를 들면 언어에서도 방언이 사용되지만, 그것이 문제는 아닙니다. 어떤 형식을 통해서라도 결국 우리들이 목표로 하는 곳에 나아간다면 그걸로 괜찮지 않겠어요. 따라서 다양한 방법이 있겠지만, 그 부분만을 들어 크게 확대하면 문제는 어려워집니다. 그것을 자연 그대로, 우리들이 각자의 사상을 표현하고 목적을 향해 전진하기 위해서 사용한다면, 그걸로 좋은 게 아닐까요?

이원조 나는 최재서 군의 생각을 이렇게 해석합니다. 하나의 목적을 향해 나아갈 때, 그 표현방식 중에는 당연히 배제해야 할 것도 있겠지만, 조선만의 독자적인 것 중에 좋은 것도 있습니다. 그것을 살려야 한다는 게 아닐까 합니다.

요시무라 물론 그것을 부정하는 것은 아닙니다. 그런 문제는 당연히 있는데, 다만 그것을 지나치게 고려하면 이상한 것이 된다는 말입니다. 예를 들어 비상소집을 할 때 내지인도 조선인도 같은 장소에 모입니다. 그러다 보면 국민복 차림으로 오는 사람도 있고 조선옷 차림으로 오는 사람도 있고 일본옷을 입고 오는 사람도 있겠죠. 그러나 언젠가 이들의 복장은 통일될 것입니다. 미래에는 통일되어야 한다는 의미보다도, 현재에 어떤 옷을 입고 있든 간에 그 사람들이 같은 목적을 향해 나아가는 것만으로 좋은 게 아니겠어요?

최재서 거기까지 간다면 앞으로 이런 문제가 일어날 겁니다. 장래의 일본문화를 생각할 때 획일적인 것으로 만들 것인가, 그렇지 않고 다양한 변화성이 있는 문화를 포용할 어떤 통일 원리에 의해서, 다시 말해 일본정신에 의해서 다양한 문화를 통합함으로써 일본문화를 만들어 나갈 것인가, 결국 문화정책적인 문제로까지 전개될 것이라 생각하는데 ……. 자유주의적 교양이라든가 하는 것들은 거론할 문제조차 못 됩니다.

요시무라 매우 비근한 예로, 이번에 시골에 가보니 옛날에 조선 부인들의 신발은 꽃무늬가 그려진 예쁜 것들이었데, 지금은 전부 사라지고 내지인과 같은 게다를 신고 있더군요. 그 점을 우리들이 작품에 쓸지 말지는 작가의 자유입니다. 너무 그런 점만을 봐서는 안 되지만, 오히려 옛날에 그런 신발을 신었던 부인들의 어리석음을 그려야 한다고 생각합니다.

백철 반도에 있는 영탄적인 무언가를 표현하기 위해 꽃무늬 고무신을 묘사하는 것으로 조선적인 것을 표출하고자 하는 특수한 태도를 부정하려는 건가요?

요시무라 그건 변해가는 것이니까 ……. 즉 새로운 감정을 품는다면, 영탄적인 것으로 우리의 마음을 움직일 것이 아니라, 그것을 쓰고 싶어도 이를 꽉 물고 참아내서 하나의 게다로 통일하는 것. 그런 경우에도 계속해서 변하고 있는 새로운 장면에서 우리는 자연스럽게 감동할 것입니다. 그렇게 생겨난 것이 진정한 국민문학이라는 것입니다. 따라서 작가 자신이 변한다면 굳이 로컬컬러의 문제를 시시콜콜 논할 필요도 없지요. 다만 다른 입장에서 생각할 때, 자연스럽게 아무 문제도 없이 솔직한 마음으로 꽃무늬 고무신을 그릴 수 있는 시대가 올 겁니다. 그런데 그것을 특별히 로컬한 것으로 강조하려는 마음이 있다면, 그 자체는 강조하지 않는 편이 좋다고 생각합니다.

가라시마 그것으로 문제는 해결된 겁니다. 다시 이 문제를 거론할 필요는 없겠습니다.

——— 작가와 시대의 고통

백철 그렇지만 이 문제는 일단 구체적으로 거론하는 편이 좋지 않을까요? 작가는 현실적으로 고뇌해야 합니다. 알면서도 일단 입을 다물고 가만히 생각하면서 고통스러운 생활을 겪어봐야 하는 겁니다. 지금 우리들이 이 문제를 중심으로 이야기를 나누는 것도 문제의 해결을 위해 고심하는 모습이라 생각할 수 있으니까요. 그러니까 이런 논의는 결코 헛되지 않을 것입니다.

요시무라 현 단계가 갖는 하나의 특수성에서 말하자면, 지나치게 받아들이기만 해서는 안 됩니다. 즉 능동적이어야 합니다. 우리들의 사명은 국가가 시키니까 어쩔 수 없이 한다는 식이 아니라, 국가의 정신, 즉 일본정신 하에서 위로부터의 명령이 없어도 자진해서 나아간다는 마음, 이것이 이 시대에 살고 있는 우리 작가에게 부과된 임무라는 사실을 이해해야 합니다.

백철 가라시마 씨가 실천하는 과정에서 고심해야 한다고 하신 것과 요시무라 씨가 그런 것을 파악한 후에 출발해야 한다고 하신 것은 결국 같은 이야기가 되겠지요.

요시무라 고통이라는 것도 지나치면 어폐가 있는데, 시대의 고통은 겉으로 드러낼 필요가 없습니다.

최재서 하지만 그래서는 안 됩니다. 당신처럼 말하면 너무 피상적인 문학 밖에 안 됩니다.

요시무라 그건 어쩔 수 없습니다. 우선은 개척자라는 마음으로 해야 합니다.

최재서 그런 논의야말로 얽매여 있는 것이지요.

요시무라 우리가 그런 시대를 만들지, 아니면 다음 시대의 사람들이 만들지는 모르겠습니다. 그러나 한때 러시아에서도 슈프레히콜Sprechchor[11]을 문학이 아니라고 했는데, 그 당시로서는 어쩔 수 없었습니다. 우리가 모여

11) 슈프레히콜(Sprechchor)은 연극의 한 양식을 가리키는 용어로 시의 낭독과 합창, 연극을 하나로 통합한 예술 형식이다. 시구나 대사 같은 것에 일정한 억양 또는 음정을 넣어 낭독하듯이 공연하며, 간단한 몸짓이 수반되기도 한다. 제1차 세계대전 후 독일의 좌익연극에서 정치적 슬로건을 효과적으로 전달하기 위한 극작 및 연출 방법으로 사용되었다.

서 이런 논의를 하는 것도 시국이 긴박하기 때문이고, 40, 50년 후의 사람들이 이런 것을 쓰는 사람이 있었다고 비웃어도 어쩔 수 없지요. 그런 인식도 있어야 합니다.

가라시마 슈프레히콜의 문제는 백철 씨가 말한 선전 계몽의 국책문학과 관련된다고 보는데, 문학을 최대한 넓게 보면 그런 것도 충분히 문학이겠죠. 그러나 문학의 본도本道는 따로 있다고 생각합니다.

백철 제 이야기가 앞뒤에 모순이 있는 것처럼 들릴 수도 있기 때문에 여기서 일단 양해를 구하겠습니다. 앞서 제가 계몽문학이나 선전문학을 입에 올린 것은 결과적으로 그렇게 된다는 의미이지, 제 자신이 선전문학이나 계몽문학을 제창하는 것은 아닙니다.

요시무라 지금 출발하여 점점 발전한다면 새로운 의미에서 본도가 될 것입니다.

이원조 요시무라 씨의 말은 백철 군과는 약간 다르지 않을까요. 고통이라고 말할 경우, 정말로 고통스러운 것이 아니라 고통 속에서 즐거움을 느끼는 고통이라고 생각하는데, 예술이나 위대한 시대가 탄생하는 전야의 고통, 이렇게도 말할 수 있습니다.

백철 요시무라 씨가 말한 것은 현실적인 얘기일지도 모르겠네요. 지금은 진정한 문학을 써도 인정받을 것 같지도 않으니까 ……. 그런 진정한 시대의 구체적인 것은 쓸 수 없습니다. 그 고통을 통해서 목적에 도달해야만 합니다. 그러나 진실한 문학을 수립하기 위해서, 가령 생활양식이 현재 통일되어가고 있는 때라면, 있는 그대로의 과정을 묘사하는 것이 진실한 것이겠지요. 현실의 과정을 너무 비약해서 통일된 것으로 넘어가버린다면 추상적인 문학밖에 되지 못할 것입니다.

——— 국민화의 구체적 방책

최재서 문학을 국민화하는 구체적인 방책에 대해 누가 정리해서 말씀해 주셨으면 합니다. 박영희 군이 말한 것처럼 우선 실천적인 부분에서부터 능동적으로 참여해서 정신을 확실히 파악하는 것, 결국은 이것이 근본이 되리라 생각합니다만…….

이원조 제 이야기가 적당한 답이 될는지 모르겠지만, 평소에 이런 생각을 하고 있었습니다. 새로운 문학이 발생할 경우 두 가지 경향으로 진행됩니다. 하나는 이론이 앞서고 생활이 뒤에 오는 경우이고, 또 하나는 그 반대로 생활이 앞서고 이론이 확립되지 않은 경우입니다. 이는 문학이 새롭게 수립되는 경우에 흔히 있는 예인데, 문학의 진정한 존재방식은 역사적으로 일정한 문학관 위에 있으며 그 시대의 구체적인 성격과 정열이 번성하지 않으면 건전한 문학이라고 할 수 없습니다. 이것을 문학의 이상으로 삼고 지금의 내지 혹은 조선문학을 볼 경우, 국민생활이 앞서가고 문학은 오히려 뒤처져 있습니다. 문학보다도 문학이론이 뒤처져 있는 경향은 조선뿐만이 아니라 내지문단에서도 볼 수 있는데, 작가가 국민생활의 뒤를 따라가는 데 급급할 경우에 진정한 문학의 창조적인 역할을 다할 수 없습니다. 이렇게 말하면 지나친 표현일지도 모르겠지만, 문학은 마땅히 국민생활을 지도해나가야 합니다. 그 경우 국민감정의 조직, 국민심정의 통일, 이런 것들을 작가가 담당하기 위해서는 작가 그 자신이 역사적인 문학관을 수립해야 한다고 봅니다. 최근 조선문단에서도 작가들의 국민생활은 소재적으로는 충분한 토대를 갖추고 있습니다. 이를 작품화하기 위해서 일정한 관점, 일정한 문학관을 수립해야만 합니다. 따라서 새로운 문학을 국민화하는 것보다도 작가 자신이 새로운 문학관을 수립해야 하는 것입니다.

가라시마 동감입니다. 그래서 문인협회의 문학 부문에서는 될 수 있는 한 작가나 비평가 분들이 자주 모여서 지도이론의 수립에 맥진驀進하려고 합니다.

최재서 여러 가지 구체적인 방책이 있겠지만, 결국 국민의식을 확실히 획득하는 것이 근본 문제가 되겠군요.

이원조 문인협회가 활동을 좀 더 활발하게 해주시지요.

가라시마 예, 작가 분들에게 광산이나 농촌, 수산학교 등지에 가서 생산부문에 최대한 접촉할 기회를 만들어주려고 생각중입니다. 체험에서 새로운 것이 생겨나겠죠. 그 결과는『국민문학』에도 자연스럽게 나타나게 되리라 생각합니다.

——— 작가의 조직과 동원의 문제

최재서 그렇다면 구체적인 방법으로 작가의 조직과 동원이 문제가 되겠군요. 지금처럼 흩어져 있어서는 큰 효과를 거둘 수 없을 텐데, 작가의 조직과 동원을 문인협회와 결부시켜서 진행하는 건 어떨까요?

데라다 저는 극단적인 의견을 말할 수는 있겠는데요.

최재서 간사들을 좀 닦달해야겠군요. (웃음)

요시무라 결국 작가가 지금 이 시대를 잘 표현하고 동시에 국가를 위한 목표를 향해 나아가는데, 이론이 아니라 실천을 해나가고 있다면 문제는 없습니다. 시국을 곁에서 바라보기만 하는 태도로는 안 됩니다. 이것 또한 비근한 예지만 사실이니 어쩔 수 없습니다. 마을상회常會나 애국반상회와 같은 말단의 사람들이 일하는 생활양식을 비롯해서 다양한 시국적인 활동이나 국민으로서의 의무와 책임을 작가 스스로 실천해 주기를 바랍니다. 거기서부터 실감이 나오지 않을까요. 예전처럼 상상만으로는 부족합니다. 실제 지금의 생활을 묘사하려 한다면 우선 작가 자신이 작가로서가 아니라 국민으로서 체험해야만 합니다. 구체적인 방법은 별개 문제이지만, 그런 의미에서 협회가 작가를 실천적으로 동원하는 것보다도 우선 각각의 사람들이 그런 마음가짐으로 임해야 합니다.

최재서 그런 것과는 다른 문제지요. 각자에게 반성을 촉구하고 책임감을 갖게 하는 것도 꼭 필요한 문제지만, 조직은 당연히 있어야 합니다.

요시무라 그렇다면 그 문제로부터 하나의 조직이 만들어지겠지요.

가라시마 작가 각자가 애국반의 일원이라는 것은 말씀드릴 필요도 없지만, 그 외에 문인협회의 조직이 있습니다. 그러면 거기에 함께 모이거나 동원됨으로써 인간이 가지고 있는 뇌동성雷同性이랄까, 모방성이랄까 그런 통일된 분위기 안에서 또 다른 새로운 추진력이 생겨날 것이라 생각합니다. 따라서 조직은 역시 필요합니다. 조선신궁朝鮮神宮의 대전大前에서 모두가 함께 맹세한 것, 또한 지원병 훈련소를 견학하거나 관병식觀兵式에 참석하거나 호국신사護國神社에서 근로 봉사한 것도 모두 충분히 의미 있는 일이었다고 봅니다.

각자가 책상 앞에서 공부하여 새로운 세계관을 수립하는 것도 물론 필요하지만, 그것과 함께 행동과 실천 속에서 확실하게 의식을 형성하는 기회를 가지는 것도 절대적으로 필요합니다. 다양한 경우에 몸을 던짐으로써 새로운 시대의 작가적 정열을 불태울 기회를 스스로 포착할 수 있지 않을까요. 인문사人文社도 이런 기회를 만드는 데 협력해 주십시오.

최재서 물론입니다. 그래서 저는 문단인의 한 사람으로서 또한 편집자로서 느낀 바를 말씀드리는 건데요. 현재 시인이든 작가든 평론가든 자신의 집필태도에 대해 반성하지 않는 사람은 한 사람도 없다고 봅니다. 다만 명확히 확신을 얻은 사람이 있는가 하면 아직 거기까지 나아가지 못한 사람도 있습니다. 그래서 문제가 되는 것이 작가의 조직입니다. 우선 모두가 헤매고 있는 것처럼 보이고, 뭔가 전진하고 싶다는 열렬한 희망은 있어도 여전히 헤매고 있습니다. 역시 조직의 힘이 있어야 합니다. 즉 문인협회의 경우 조직을 갖추고 확실한 방향을 제시하면서 이끌어가야 합니다. 그러기 위해서 일단 명확한 지도이론을 준비해야 합니다. 그것이 모든 경우에 꼭 들어맞기를 바랄 수는 없지만, 몇 가지 강령이나 목표, 즉 곧바로 문학적으로 번역될 수 있는 구체성과 사실성을 갖는 지도이론을 마련하여 조직체를 운영해야 합니다.

개개인의 작가들에게 반성을 촉구할 필요도 있지만, 하나의 조직체를 구성하는 것이 국민운동의 어떤 측면으로나 통할 수 있습니다. 다만 문학 방면은 성가시고 이런저런 말들이 많다는 이유로 손을 대지 않는데, 그러다가는 세월이 아무리 흘러도 전혀 효과를 거두지 못합니다. 여기저기서 전쟁이 벌어지고 작가를 동원하지 않는 나라는 없는 상황인지라 내지에서도 조선에서도 그렇게 하고 있는데, 조선에서는 명확함이 부족하다고 할까요. 앞으로는 서로 그런 방면으로 노력해야 하지 않을까요.

백철 여태까지 문인협회의 조직성이 상당히 미약했다는 것은 사실입니다. 하지만 따로 조직형태를 만들 수는 없으니, 문인협회를 강화하는 것 외에 달리 방법이 없습니다.

최재서 저는 문인협회를 논할 경우에 두 가지 측면이 있다고 생각합니다. 하나는 작가들이 흔히 도피적 태도를 취해왔다는 점, 또 하나는 문인협회가 널리 전부를 조직화하는 데까지 나아가지 못했다는 점입니다. 이 두 측면에서 접근해간다면 활동력 있는 단체가 되지 않을까 싶습니다.

백철 우리 문인협회 측에서는 겸손한 태도로 미약했다고도 이야기하지만, 문화인들 측에서 협회를 따르지 않았던 경향도 있지 않았나요?

요시무라 제가 이런 말을 하는 것도 좀 이상하지만, 작가들이 자발적으로 나오지 않는 경우 협회가 아니라 연맹이 움직인다고 해도 따라오지 않는 자들은 별 수 없습니다. 하지만 지금까지의 상태를 솔직히 말하면 그 정도로 무책임한 사람들은 없었습니다. 물론 협회 스스로도 힘이 부족했다고 할 수 있지만, 작가들이 상당히 무관심했던 것도 사실입니다. 최근엔 약간 나아졌지만요.

최재서 역시 문인협회 안에서도 세 가지 정도의 부문을 두면 어떨까요? 별개의 단체가 아니라 문인협회 안에서 작가는 작가들끼리 모이고, 시인은 시인들끼리 공통된 문제를 해결해나가는 식으로 말입니다.

가라시마 실행해보지요. 모두가 파벌성을 버리고 함께 한다는 마음만 가진다면 아무런 문제도 없습니다. 실은 문인의 집필태도에도 불안을 느끼고 있었는데, 오늘 이 자리에 와보고 상당히 확신하게 됐습니다. 이제 서로 분발하도록 합시다. 솔직히 말씀드려 그 점 대단히 기쁘게 생각합니다.

백철 이 좌담회를 통해서 수필을 써줄 사람들에게 부탁하고 싶은 것이 있습니다. 어쨌든 수필을 써오긴 하는데 날파리가 많아서 귀찮다는 식의 신변적인 것이 많아서 편집자들이 곤란해 하고 있어요.

최재서 원고를 의뢰할 경우에 편집자로서는 그런 것이 곤란하다는 말을 못합니다. 따라서 그런 것은 문인협회가 작가들을 모았을 때 부탁할 수밖에 없습니다. 데라다 씨 한 말씀 해 주시죠.

데라다 협회 자체가 미약했고, 회원 자신이 권리와 의무만을 주장하여 따르지 않았으며, 협회가 미력했기 때문에 손을 쓰지도 못했지만, 지금까지 활동무대가 없었다는 것도 어쩔 수 없는 일이었습니다. 음악, 영화, 연극, 연예협회는 화려하게 활동하고 있는데 문인협회는 뭘 하고 있냐는 말을 하지만, 그쪽 사람들은 그런 곳에 나가는 것 자체가 일이니까 ……. 조직으로 문인협회가 만들어져도 일로서는 역시 개인적인 것이지요. 그 개인이 따라오지 않는다면, 공연히 다른 협회와 비교해 보았자 소용없습니다. 근로봉사만이 문인협회의 일은 아니고, 결국 무대가 있어서 사람들에게 써달라고 해야 합니다. 그러나 그런 무대가 없을 경우에, 예를 들어 신문 등에서 부탁하러 갔을 때 별로 협력하지 않습니다. 상업적으로 들리겠지만 사실입니다.

최재서 러시아의 방식도 모방해야 할 점이 있습니다. 잘은 모르지만 거기서는 작가대회를 열어서 여러 문제를 토론합니다. 그렇게 해서 논의의 여지가 없는 목표가 생기고 나면, 그것을 어떻게 문학적으로 평가하고 표현할 것인가를 연구합니다.

데라다 이제부터 잘되지 않겠어요. 그래도 따라오지 않으면 낙오되겠죠.

——— 작가의 활동과 발표기관

최재서 문인협회가 생겼을 때는 아직 임전체제臨戰體制가 아니었기 때문에 여러 가지 문제가 있었습니다. 그리고 또 이것은 『국민문학』과 직접 관련이 없을지 모르지만, 용지 절약으로 잡지가 점점 줄어들기 때문에 작가의 생활과 발표기관의 문제 등이 생겨났습니다. 논의해도 소용이 없는 문제겠지만 주어진 조건을 가능한 한 효율적으로 살리는 것도 결국 하나의 사명이라고 생각합니다. 그 점에 대해서 데라다 씨께서 한 말씀 해 주시죠.

데라다 특별할 것도 없는 당연한 이야기입니다만, 오늘날 잡지는 『국민문학』밖에 없는데, 그렇다면 글을 쓰기 위해서는 『국민문학』에 실릴 수밖에 없겠지요. 그런 경우 누구나 다 되는 것은 아니고 여기에 실리기 위해서는 인선人選이 필요합니다. 이 인선에서 어떤 사람들을 선택해야 하느냐 하면, 계속 얘기한 것처럼 지금 시국에서는 저쪽을 보고 있는 사람이 아니라 이쪽을 보고 있는 사람을 받아들여야 합니다. 그리고 그들에게 적어도 기존보다 더 많은 원고료를 지불하면서, 모든 기회에 모든 사람을 치우침 없이 동원해야 합니다. 그렇게 해서 젊은이들도 발탁하는 것입니다. 이것은 전혀 특별할 것이 없는 당연한 것이지만요…….

이원조 그 구체적인 방책으로 아까도 요시무라 씨와 이야기했는데, 문학상이라든지 문화상과 같은 상금 제도를 장려하는 게 좋을 것 같습니다.

가라시마 그렇습니다.

최재서 실제로 편집방법이 바뀌어서 솔직히 제 자신이 갈피를 못 잡고 있지만, 어쨌든 1호 잡지를 편집하기 위해 각 방면의 권위자를 망라한 위원회에서 합의를 통해 결정한 것은, 사실 지금까지 꿈에도 생각하지 못한 것이었습니다. 이것이 실질적으로 문단에 영향을 주고 이상적으로 진행되면 좋은 결과를 낳지 않겠어요. 왜냐하면 지금까지 잡지를 만들어보니 여러 가지 이상적인 편집 구상이 머릿속에 충분히 있어도, 그것이 잡지에 구현되었는가 하면 그렇지 않았습니다.

그 이유를 곰곰이 생각해 보니까, 스스로 편견에 구애받았던 점은 분명 인정합니다만 그 외에 우연적인 요소가 작용해서 글을 의뢰했다가 받지 못하기도 하고, 생각대로 잘되지 않았어요. 이전의 자유주의 시대에는 많은 원고료를 지급해야 좋은 작가를 확보할 수 있었는데, 이렇게 하나로 통합되어 중지衆知를 모아 편집하면 대단히 괄목할 만한 결과가 나타나리라 봅니다. 따라서 발표기관도 이제까지와는 다른 정책적 성격을 갖게 될 것 같습니다. 즉 지금까지는 어느 한 사람의 의도에 의해 편집되었던 것이, 앞으로는 많은 사람들의 합의에 따라 편집 가능하도록 바뀔 테니까요.

가라시마 모든 것이 총력總力의 시대로 접어들었습니다. 다만 모처럼 작가가 새롭게 일어서서 진지한 작품을 쓰더라도 그것을 발표할 기회가 점차 제한될까 염려하고 있습니다. 신문잡지도 면수面數를 줄이고 있지요. 거기에 협력해야 하지만, 문학이 지닌 임무의 중요성을 느끼면 느낄수록 면수를 줄이는 것만이 국가 목표에 따르는 것이 아니라고 봅니다. 상황에 따라서 어떤 것은 오히려 면수를 늘릴 필요가 있겠지요. 낭비와 역효과를 가능한 한 줄이고 효과적인 부분을 중점적으로 증원하는 일을 여기서 강구해야 합니다. 그 밖에 문학이 바로 영화나 연극, 연예 혹은 라디오 등의 방면으로 진출하는 것도 필요하겠죠.

이원조 그것은 새로운 방식이네요.

데라다 저쪽에서는 대단히 관계를 맺고 싶어 합니다. 반드시 협력해달라고 문인협회에 요청하고 있지요.

백철 문학청년란 같은 것이라도 마련하면 어떻습니까? 매일신보에서 직장문학職場文學을 모아보았더니 각지의 농촌, 회사, 공장에서 일하는 사람들로부터 꽤 좋은 작품이 모였습니다. 새로운 문학을 시작할 때는 요시무라 씨가 말했듯이 국책적 생산에 종사하고 있는 사람의 글 등을 참고로 하는 것이 대단히 중요하다고 생각합니다.

가라시마 신인을 인정하는 것도 반드시 필요한 일입니다. 그리고 선전계몽의 문학 역시 부정하지 말고 이번에 크게 강화해야 합니다. 선전계몽문학에 참여하면서 문학을 비하하지 않고, 말하자면 양날의 칼을 사용한다고 할까요, 그렇게 해나가야 할 것입니다.

최재서 긴 시간 동안 대단히 감사합니다.

일미日米개전과 동양의 장래

1942년 1월

참석자(50음순)

구로키 고이치 黑木剛一[1] ―――― 재경성(在城) 해군무관
구라시마 이타루 倉島至 ―――― 총독부 정보과장
시로야마 아오키 白山青樹[2] ―――― 삼천리사 사장
스즈키 다케오 鈴木武雄[3] ―――― 경성제대 법문학부 교수
심명섭 沈明燮[4] ―――― 기독교 조선감리교회 조선본부 주사
후루카와 가네히데 古川兼秀[5] ―――― 경무국 보안과장
유진오 俞鎭午 ―――― 보성전문 법과과장
최재서 ―――― 본사측

---

1) 구로키 고이치(黑木剛一)는 해군대좌로 1941년 국민총력 조선예수교장로회 총회연맹 여자부 결성을 기념한 시국강연회에서 '세계 대세와 아(我) 해군'이라는 제목의 강연을 했다.
2) 김동환(金東煥, 1901~1958)의 창씨개명. 시인이며, 주요 작품으로 「적성(赤星)을 손가락질하며」(1924), 「국경의 밤」(1925)이 있다. 1929년에는 종합잡지 『삼천리』를 창간했다.
3) 스즈키 다케오(鈴木武雄, 1901~1975)는 경성제대 교수로 대륙병참기지론을 전개했는데, 전후에는 대장성(재무부에 해당) 재외재산조사회에서 중심적인 역할을 했다.
4) 심명섭(沈明燮, 1898~1950) : 소설가 심훈의 둘째 형이며 감리교회 목사・기독교 신문협회 이사 와 기독교 신문 편집위원을 역임했으며, 이후 개신교 교파의 합병 작업에 참여한 인물이다.
5) 후루카와 가네히데(古川兼秀)는 총독부 도서과장으로서 출판물 검열 업무를 하다가 총독부 경무국 보안과장으로 취임했다. 이후 내선일체의 구현에 앞장섰다.

◎ 쇼와 16년(1941) 12월 15일 반도 호텔에서

—— 아메리카의 독선

최재서 자, 이쯤에서 좌담회를 시작하도록 하겠습니다.

후루카와 지금까지도 꽤 좋은 이야기들을 했잖아요.

구로키 그런 작전으로, 말하면 안 되는 이야기들을 지금까지 다 한 거지요.(웃음)

최재서 신문을 보면 런던 시민들이 비로소 일본의 실력을 확인했다는 기사가 실렸는데, 지금까지는 역시 일본을 얕잡아보고 있던 걸까요.

구로키 잘 모르기 때문에 얕잡아봤던 것이겠죠. 아메리카에 가서 구스노키 마사시게楠木正成[6]를 아냐고 물어보니 꽤 알 법한 사람도 모르더군요. 이에 반해 일본에서는 어릴 때부터 워싱턴George Washington이 어떤 인물인지, 프랭클린Franklin Delano Roosevelt이 무엇을 한 사람인지, 아메리카의 군함이 어떤 것인지 정도는 모두 알고 있지요. 저쪽 인간들은 다른 나라의 일 따위는

6) 구스노키 마사시게(楠木正成, 1294~1336)는 일본 역사상 가장 뛰어난 군사 전략가 가운데 한 사람이다. 천황에게 희생적인 헌신과 충성을 바친 전설적인 인물로서, 1868년에 황권이 회복된 뒤, 그가 죽은 자리에 훌륭한 사당이 세워졌다.

전혀 모릅니다. 일본의 군비軍備에 대해서도 무엇이 얼마나 있는지, 수적인 것 말고 내용적인 것은 몰라요. 그것을 알고 있는 자는 꽤 훌륭한 사람이에요. 그런 점에서 보면 독일은 정말로 훌륭하지요. 수나 통계 같은 것뿐만 아니라 내용과 질적인 것까지도 많이 연구했다고 하잖아요. 어떤가요, 스즈키 씨?

스즈키 그렇습니다. 히틀러는 일본의 군함 이름을 전부 외웠을 뿐 아니라 무엇이 몇 만 톤이라는 것까지 책을 안 보고도 말할 수 있을 정도라잖아요.

후루카와 독일에서는 약 2십 년 전부터 무관들이 고등 스파이로서 일본에 대해 조사하고 있었다고 합니다. 이른바 히틀러 유겐트Hitler-Jugend[7] 등도 옛날의 글방塾이나 도장, 사쓰마 건아사薩摩建兒社와 백호대白虎隊 등을 통해 일본의 청소년 교육, 나아가 일본 정신 그 자체를 연구해서 독일의 재건을 이루었던 것이지요. 그것을 내지 쪽에서는 표면만 흉내 내고 있는 건 가소롭지 않느냐고들 한다더군요.

구로키 구스노키 마사시게를 모르는, 그런 인식 정도로는 말도 안 되지요.

후루카와 막연히 '그까짓 것 별 거 없어'라는 우월감을 가지고 얕잡아봤던 것이죠.

---

7) 아돌프 히틀러가 청소년들에게 나치의 신조를 가르치고 훈련시키기 위해 만든 조직.

최재서 말하자면 그것이 이번에 당하게 된 주된 원인이겠네요.

스즈키 독선이라는 말이 가장 어울리겠지요.

구라시마 그것은 전쟁 전 외국 신문의 논조를 보면 알 수 있습니다. 일미교섭의 경과에 대해서도 '일본은 절대로 전쟁을 일으키지 못하겠지'라는 시각으로 보았었지요. 또한 만약 일본이 양보하지 않으면 루스벨트의 감정이 누그러지지 않을 거라는 둥 뭐라는 둥 쓰기도 합니다.(웃음) 루스벨트 개인의 감정문제로 보고 있는 것이죠. 일본에서는 사활이 걸린 문제를 말이에요. 그런 태도는 전적으로 저쪽아메리카이 자기중심적이랄까, 뭐 독선적인 것이죠. 자기만 위대하다고 생각하는 겁니다. 동아공영권이나 동아신질서의 건설이라는 참된 모습은 전혀 이해하지 못하고, 경제적인 압박만 가하면 일본은 주저앉을 거라고 생각했던 것이죠. 무력으로는 못 당하지만 경제적인 압박을 가하면 반드시 항복할 거라는 생각이 꽤 있었던 것 같아요. 그런 것이 신문 논조에 잘 나타나 있습니다.

스즈키 확실히 그런 게 있었지요.

구로키 얼마 전 부민관에서 미타라이御手洗 군이 이야기한 것처럼 분에 넘치는 것을 하다보면 언젠가는 반드시 위기에 빠집니다. 일본은 지금과 같은 방식으로 해나간다면 괜찮습니다. 지난 유럽 전쟁[8] 이후 유태인에 의해 황폐해진 독일과 같은 상태가 되면 반드시 악성 인플레이션이 일어날 겁니

8) 구주대전(제1차 세계대전)을 의미하는 듯.

다. 그러므로 경제에서 애국심이라는 것이 대단히 필요하지요.

——— 아메리카의 해군은 간판 해군

최재서 언젠가 좌담회에서 일본의 해군은 처음부터 아메리카를 목표로 준비하고 있다는 이야기를 들은 적이 있는데, 아메리카에서도 일본에 대해 그 정도로 열을 올리고 있었던가요.

구로키 그야 아메리카에도 우수한 장교가 있으니까 그런 사람들이 대일對日작전을 연구하고 있었겠지요. 아메리카의 작전 목표는 일본이라는 이야기를 자주 해요. 윙포메이션Wing Formation을 만든다든지, 어디에 기름을 저장해두고 어떻게 전쟁을 한다는 식으로 준비는 하고 있었던 겁니다. 그런 걸 열심히 하는 사람은 있었지만, 대통령과 정치가는 이른바 '부자는 싸우지 않는다'는 사고방식으로 해군력을 정비하려 했지요. 이는 뭐든 돈으로 해결하자는 사고방식입니다. 군함을 많이 만들어서 늘어놓으면 피 흘리는 전쟁을 하지 않아도 상대방이 항복할 거라는 생각이죠. 다른 말로 하자면 '간판해군'입니다.(웃음) 그래서 질보다도 양으로 나가려 하는 건데, 그런 해군으로는 여차할 때 도움이 안 됩니다. 이쪽은 목숨 걸고 하니까요. 내가 군사학교兵學校에 들어가던 무렵부터 그랬습니다. 이제 보니 벌써 3십 년이나 되었네요. 여기에 큰 차이가 있는 겁니다.

아메리카도 일본을 겨냥해서 할 건 하고 있었지만 정말로 전쟁을 할 생각은 아니었습니다. 간판으로 위협하려는 방식이었죠. 그렇기 때문에 이번에 상하이에서도 영국의 패트리얼호는 깨끗하게 격침당했지만, 아메리카의 웨이크호는 그 정체를 확실하게 드러내며 곧바로 우리에게 항복했던 겁니다. 무엇보다도 이런 데서 그 나라의 정체가 명확하게 드러나는 것이죠. 그때 영국 함장의 머릿속에는 자신이 만약 여기서 항복한다면 본국에 돌아가도 사회가 인정하지 않을 것이다, 일가친척까지도 사회의 비난을 받아 몰락할 것이다, 설령 패배한다 해도 항복할 수 없다는 생각이 스쳐지나갔을 겁니다. 반면 아메리카는 저쪽은 커다란 군함이고 이쪽은 작으니까 항복하는 게 당연하다, 다시 말해 "손들어Hold up"라는 명령에 손을 드는 것이나 마찬가지로 전혀 이상할 것 없다고 생각했겠죠.(웃음) 아주 간단합니다. 이기지 못할 것 같아서 항복했다, 그것 때문에 국가의 체면이 구겨지는 것은 아니라는 생각입니다. 양쪽 사회를 실로 명백히 보여주고 있는 것 같네요.

——— 아메리카의 약점

후루카와 대체로 아메리카인은 상식적으로 본국이 침략을 받으면 일어난다, 제일선을 지키기만 하면 그만이지 특별히 나서서 싸움을 할 필요는 없다, 개인의 생활이 더 중요하다는 식으로 생각하는 게 아닐까요. 그래서 반전운동이 활발해지고 있는 거고요. 이른바 감리교도가 육백만 명인가요, 그 중에서도 이번 구주대전歐洲大戰 참전에 찬성한 사람은 극히 소수입니다. 여성 중에서도 어머니들은 대부분 반전론자입니다. 아메리카는 물자가 풍부한 부자 나라라고들 종종 말하고, 아메리카인 자신도 그렇게 생각하고 있는지 모르지만, 만주사변 이래 아메리카의 대일공세가 노골화됨에 따라 일본은 아메리카의 여러 가지 약점에 대해서도 많이 연구해왔습니다. 그것이 국민 전체에 별로 널리 알려지지 않았기 때문에 공미恐米사상, 하다못해 숭미崇米사상도 자연히 강해진 것 같습니다. 아메리카의 사상적 약점이라든지 육해군의 약점, 혹은 지리적 약점, 또한 국방자재에도 상당한 결함이 있다는 것, 노동쟁의도 굉장히 많고 민족분리의 위험성도 있다는 것, 국가를 생각하기 전에 먼저 개인의 생활을 중시한다는 것, 이른바 가진 나라도 고민이 있다는 것, 이런 점들을 좀 더 널리 알릴 필요가 있습니다.

예를 들어 경제봉쇄도 지금은 오히려 자승자박自繩自縛이 되어 곤란한 형편입니다. 자동차는 수출할 수 없어서 엄청나게 감산減産하고 있습니다. 밀도 사는 이가 없어서 어쩔 수 없이 불태워 버리고 있고, 버리기 아까우니 기관차의 연료로 쓰는 방법 등을 연구하고 있습니다. 커피도 마찬가지입니다. 생산물이 비싸고 매물도 비싸기 때문에 상당히 곤란해 한답니다. 이런 일들을 국민에게 충분히 알릴 필요가 있을 것 같네요. 단지 막연하게 아메리카는 뭐든지 세계최고라고 생각하며 두려워하는 사람들이 좀 있는 것 같습니다.

심명섭 후루카와 씨의 말씀대로 제1차 구주대전 때는 기독교 신자도 반전론을 주장했던 모양입니다. 만약 자기 나라가 직접 당했더라면 아무리 기독교 신자라 해도 참전했겠지요. 그러나 유럽을 돕기 위해서 아메리카가 희생한다는 결로는 명분이 서지 않았던 것이겠지요.

후루카와 이번 전쟁에서도 영국을 위해 불 속의 밤을 줍지 말라는[9] 목소리가 상당히 있었습니다.

---

9) '火中の栗を拾う(불속의 밤을 줍는다)'는 말은 원숭이의 부추김을 받은 고양이가 화로 속의 밤을 줍다가 크게 데었다는 라 퐁텐(Jean de la Fontaine)의 우화에서 유래한 일본의 속담. '자신에게 이익이 되지 않지만 남을 위해 위험을 무릅쓰다'는 뜻.

최재서 그러나 이번엔 자기 나라가 당하고 있는 거니까요.

후루카와 그러니까 그것을 기대해서 얕봐서는 안 되겠지만, 그런 허약한 점을 알려서 공미관념恐米觀念을 일소할 필요가 있습니다.

구라시마 제 경험에 비추어 봐도 아메리카는 매우 독선주의적인 나라라고 생각합니다. 저는 학생 시절 3년간 아메리카인 영어 교사에게 배운 적이 있었는데, 그는 바로 요전 구주대전 때 굉장히 흥분했었지요. 일본과 아메리카를 비교하는 데 신문의 가짓수 따위를 들고 나왔을 정도였으니까요. 아메리카는 신문이 이만큼 있는데 일본은 이것밖에 없지 않은가, 아메리카는 정의와 인도의 나라이기 때문에 이번 구주대전 직후 징병제도를 폐지했지만 일본은 모두가 반대한 징병제도를 폐지하지 않았다, 이는 일본이 나쁘기 때문이다, 또 병영 앞을 지나갈 때 일본 병사들이 자신을 증오의 눈초리로 바라본다는 말까지 했거든요.

대체로 아메리카는 굉장히 물자가 풍부하고, 그곳으로 이주한 이래 아직까지 역경을 겪은 적이 없었지요. 그래서 아메리카인들은 자만심에 빠진 부잣집 도련님 같습니다. 먼저 적을 아는 것이 싸움의 가장 중요한 조건일 텐데, 아메리카는 일본의 정신도 실력도 몰랐습니다. 일본은 아메리카의 군비에 대해서도 모조리 알고, 36년 동안 준비도 하고 연구도 해왔습니다. 일본에서는 아메리카를 두려워 할 정도로 잘 알고 있지만, 아메리카는 일본을 알지도 못하고 얕보고 있습니다. 이런 정신적인 요소를 고려할 때 이번 전쟁은 일본이 반드시 이긴다고 봅니다. 이번 전쟁은 애초부터 이기고 있습니다. 일본이 당연히 이길 겁니다. 대체로 아메리카인은 무인으로서의 소질이 없습니다. 저쪽은 댄스나 스포츠의 나라지요.(웃음) 전쟁이 스포츠라

면 좋겠지만요. (웃음)

최재서 헤밍웨이Ernest Miller Hemingway[10]의 소설을 보면 제1차 구주대전 때 아메리카의 젊은이들은 유럽의 황실 스포츠에 참여한다고 신나서 나갔다는 이야기가 나오지요. (웃음)

후루카와 맞아요. 하지만 아메리카에도 역시 식견 있는 사람이 있다고 생각했던 것은 아시다시피 린드버그Anne Morrow Lindbergh 부인[11] 때문입니다. 그녀는 루스벨트에게 실로 옳은 이야기를 했습니다. 아메리카 시민이 물자가 많고 인구가 많고 돈이 많다는 이유로 세계 제일이라고 자랑하고 있는 동안에 시대는 크게 움직이고 있다, 이런 세계의 움직임을 알지 못하면 아메리카는 끝내 패배하고 말 것이다, 우리는 일본, 독일, 이탈리아와 싸우고 있는 것이 아니라, 그 그늘에 가려져 있는 커다란 시대의 파도와 싸우고 있음을 인식하라고 말했습니다.

구로키 훌륭하군요. 신문에 나온 이야긴가요.

후루카와 어떤 책에서 봤습니다.

---

10) 어니스트 헤밍웨이(Ernest Miller Hemingway, 1899~1961)는 미국의 소설가로, 제1차 세계 대전 때 종군한 경험을 바탕으로, 현실과 용감하게 싸우고 패배하는 인간의 모습을 간결하고 힘찬 문체로 묘사하였다. 1954년에 노벨 문학상을 받았다. 대표작으로는『노인과 바다』,『무기여 잘 있거라』,『누구를 위하여 종은 울리나』 등이 있다.

11) 앤 모로 린드버그(Anne Morrow Lindbergh, 1906~2001)는 미국 여성으로서는 최초로 비행 면허를 취득했다. 남편과 함께 북태평양 횡단 비행에 성공하는 등 비행사로 유명하며, 시인이자 수필가이기도 하다. 그녀의 남편은 대서양을 비행기로 횡단한 미국의 비행기 조종사 찰스 린드버그이다.

구라시마 그건 린드버그가 훌륭한 거지요. 전쟁이 시작되기 전까지는 절대 싸우지 말라고 했었는데, 이미 이렇게 된 이상 끝까지 싸우라고 말했습니다. 그녀는 확실히 무인武人이라고 생각합니다.

최재서 그녀는 시에서도 쓰고 있지요. 패배가 확실한 싸움이라는 것을 말이에요.

―――― 아메리카의 인종적 약체성弱體性

구로키 아메리카의 군함을 본 게 대여섯 번 정도였던가, 아무튼 아메리카 해군과 교제해 보면 인종이 다양하다는 사실에 놀라게 됩니다. 머리가 검은 저 남자는 뭐냐고 물어보면 유태인이다, 저 사람은 어디 어디서 왔다는 식으로 아주 다양합니다. 저 사람은 좀 다르지 않냐고 물어보면 저 사람은 스페인 사람이라는 식으로 말입니다. 일본인 중에서는 장교가 된 사람이 없지만, 아메리카 해군에는 다양한 인종이 있지요. 세탁소를 하는 사람이나 이발사, 요리사는 대부분 지나인이고 아마 반도인 중에서도 해군에 들어간 사람이 있을지도 모릅니다.

유진오 지난 대전 때는 결속이 잘 되었나요?

구로키 잘 된 모양입니다.

후루카와 그 때는 기간이 짧기도 했고 여러 가지 사탕발림으로 국민을 회

유했으니까요. 그 밖에 군수공업 등은 상당히 타격을 받아서 삐걱대고 있었죠. 그래서 이를 수습하기 위해 루스벨트가 대통령이 되었지만, 실업계 무리들이 말을 안 들어서 지금도 곤란을 겪고 있습니다.

구로키 인종이 다양하긴 하지만 그렇다고 그들이 멋대로 소란을 일으키는 건 아닙니다. 아메리카에 살면서 공동의 이익을 얻고 있기 때문에 비교적 사이좋게 지내는 것이겠지만, 다만 단일한 민족과는 달라서 열심히 하는 방식에 차이가 있는 것이겠지요.

후루카와 더욱더 상황이 곤란해지면 여러 사건이 일어나겠지요. 공산당 등도 움직이기 시작하고 있으니까요.

유진오 필리핀의 누구던가요. 아메리카에 자본가와 노동자가 협조해 나가야 한다는 내용의 전보를 쳤던 사람 말입니다.

후루카와 필리핀의 고등판무관[12]일 겁니다. 얼마 전에도 ZQ의 5만 3천명이 쟁의를 일으켰는데, 그것이 부근의 광산 3십만 명에게도 번질 가능성이 있다고 무력진압을 하고 있습니다. 결국 비상시 태세를 취하고 있는 와중에 임금을 올리라는 말들이 나와서는 일이 잘 풀리지 않겠죠.

스즈키 어쨌든 서전緖戰의 큰 패배는 루스벨트에게 책임이 있습니다. 루스벨트에 대한 세간의 불만이랄까요, 그런 게 있는 것 같습니다. 거봐라, 일

---

12) 주권국에서 피보호국, 종속국, 피점령국에, 혹은 후자로부터 전자에 파견하는 상임 사절. 특히 조약 체결이나 외교 교섭 따위의 직무를 수행하며, 대개 외교 사절에 준하는 특권을 갖는다.

본이 그렇게 말했는데도 자신이 있다면 모를까 그것을 거절했고 전쟁에서 지기까지 하지 않았냐는 불만이 아메리카 안에서도 꽤 있는 것 같습니다. 뭐랄까, 앞으로 모략전에서 그것을 이용하여 아메리카 국민의 불만을 부추기는 방책을 고안할 필요가 있지 않을까요. 히틀러는 영국과 싸우면서 영국이 아니라 처칠 정권과의 싸움이라는 점을 거듭 강조하고 있습니다. 그런 방법도 생각해 볼 필요가 있겠지요.

후루카와 그런 점에 대해서 저쪽은 그다지 개의치 않는 모양입니다. 상황이 나빠져서 실각失脚이라도 한다면 침도 뱉지 못하게 될 걸요. 루스벨트 입장에서 본다면 지금까지는 대체로 모두 말을 잘 들었지만, 일본만은 공갈과 회유가 먹히지 않았다고 생각하며 후회하고 있을 겁니다.

구로키 태평양함대 사령장관 킴멜Husband E. Kimmel을 군법회의에 회부하든가 폐하자는 논의들이 있는 모양인데, 그가 실각하면 온건한 사람이 나올 겁니다. 이런 인사 분규 때문에 큰 변화가 생길 거고요. 지금까지는 친영파가 관청과 군사령부를 꽉 잡고 있었는데, 그들이 한꺼번에 물러나게 된다면 여러 가지 내부 갈등이 벌어지겠지요.

후루카와 유태인도 꽤 많으니까요.

스즈키 구주대전으로 상당수가 아메리카로 망명했지요.

—— 10대 6의 역전

최재서 아메리카는 태평양함대의 주력 3척을 잃고 붕괴되었다고들 하는데, 그 비율은 어느 정도인가요.

구로키 3척이 침몰하고 3척이 크게 파손되었으니 모두 여섯 척을 잃은 셈입니다. 따라서 주력함은 이제 11척만 남게 되었죠.

유진오 양으로 봐도 일본이 더 많게 된 건가요.

구로키 물론 일본이 많지요. 지금까지는 수가 많다는 둥 어떻다는 둥 위세를 부렸지만, 그것이 1시간도 안 돼서 역전되었습니다. 10대 6으로 간신히 일본과 겨룰 만한 정도였던 것이 역전되었으니 상대도 안 되지요. 이제는 그쪽에서 동양으로 싸우러 온다는 도양진공渡洋進攻작전은 완전히 불가능해진 겁니다.

구라시마 불가능하더라도 할까요, 안 할까요.

구로키 당연히 올 겁니다. 나와주기만 한다면 고맙다고 어뢰를 쏘는 자들은 기뻐하겠지요. (웃음) 나와주지 않는다면 썩어버릴 테니까요.

후루카와 그 놈들을 어떻게든 유인해야겠네요.

구로키 기왕이면 아메리카의 대서양함대와 영국함대가 함께 나와 주면

더 고마운데. (웃음)

구라시마 누군가 아메리카에 가서 그쪽의 부인을 단단히 화나게 하는 겁니다. 그러면 부인이 쫑알거리며 일본을 해치워달라고 할 테니, 소란이 커지면 아메리카 해군이 견디다 못해 나오겠지요. (웃음)

최재서 태평양함대의 격멸도 역시 예상하고 싸웠던 거네요.

구로키 해군은 항상 1년 정도는 앞서 바라보고 있습니다. 그 점은 우리가 걱정할 필요가 없어요.

——— 전국戰局의 귀추

시로야마 일부 반도인은 전쟁의 승부가 어떻게 날지 판단할 수 없어서 헤매고 있는 듯한데 …….

구로키 영미英米가 일찍 머리를 숙여서 끝나거나, 그렇지 않으면 4, 5년은 계속될 거라고 누군가가 말했는데, 결국 그렇게 되겠지요.

후루카와 길게 끈다 해도 지나사변과는 달리 즐거움이 있을 겁니다. 남방에서 경공업의 자원輕源을 가져오는 거니까요.

구로키 확실히 다르지요.

시로야마 주력함이 줄어들었는데 왜 시간이 오래 걸린다는 건지 의문스럽습니다만…….

구로키 저쪽은 그만큼 당했으니 하와이에서 이쪽으로는 올 수 없어요. 싱가포르도 공격해서 남방공영권을 일본의 무력 안에 넣고 동시에 건설을 시작하는 겁니다. 석유도 나오고 철도 나오고 고무도 나오게 되면, 일본을 중심으로 하는 공영권에는 부족한 것이 없게 됩니다. 니켈도 남방공영권 외에는 칼레도니아에서만 생산됩니다. 우선 전쟁에 필요한 것은 대체로 갖춰졌습니다. 저쪽에서는 좀처럼 손을 댈 수 없을 겁니다. 그러나 어쨌든 면목상面目上 최후의 병사 한 사람까지 싸우겠다, 앞으로 3년만 지나봐라, 군함을 많이 만들어서 세력을 키워 되갚아주겠다고 말하고 있습니다. 그때까지는 이쪽에 손을 대지 못할 테니까 우리도 샌프란시스코나 로스앤젤레스를 폭격할 수는 있어도, 군대를 데리고 미대륙에 직접 쳐들어가지는 못할 겁니다.

결국 바다를 사이에 두고 저쪽은 저쪽대로, 이쪽은 이쪽대로 한다는 전쟁상태가 계속될 겁니다. 장기전은 우선 그런 식으로 되리라 생각합니다. 양쪽의 잠수함이 뒤얽혀서 빈번히 배를 침몰시키는 일도 상상할 수 있을 겁니다. 그리고 마침내 군함이 다 만들어지면 비행기도 몇 만 대 만들어서 다시 한번 제대로 붙을지도 모르겠습니다. 혹은 누군가의 판단처럼 일단 평화협정을 맺어놓고, 양쪽이 손을 잡고 있는 사이에 열심히 준비해서 또다시 싸우게 되는 일도 상상할 수 있을 겁니다. 그러나 어찌됐든 지금의 상태로 간다면 십중팔구 동아공영권은 비대해지면서 거기까지 뻗어나갈 수 있을 겁니다. 괜찮을 겁니다. 서전緒戰에서 이겼으니 그걸로 승부가 확실해졌다고 할 수는 없지만, 저쪽이 싸우러 오지 않는다면 이쪽은 애초에 갈 생각이 없었으니 승부가 난 거나 마찬가지예요. 저쪽이 남방을 돌아서 온다고 해도 먼 곳이기도 하니 좀처럼 잘 되지 않을 겁니다.

후루카와 잠수함은 잠복해 오겠지요.

구로키 그렇겠죠. 그러나 이런 상태가 3,4년이나 계속되면 결과적으로 어느 쪽이 먼저 항복하게 되는가가 중요하겠지요. 틀림없이 저쪽이 먼저 항복할 겁니다. 왜냐하면 애국심이 없는 경제는 비참한 거니까요. 이기심이 강한 민중이 많은 곳의 경제가 어려워지는 것과, 국가를 위해서라면 뭐든지 하려 드는 애국심에 충만한 사람들이 겪는 경제의 어려움은 전혀 다릅니다. 저쪽은 지금도 물자가 너무 많아서 곤란해 하고 있습니다. 장기전이 되면 저쪽이 먼저 항복할 거라고 생각합니다.

——— 상황을 보는 관점이 변했다

스즈키 상황을 보는 관점도 12월 8월[13] 이후로는 완전히 바뀌어야 합니다. 이제까지는 영미와 대립하지 않으면서 어떻게든 동아공영을 키우고자 했었죠. 그러나 마침내 영미와 결전을 하게 되었고 더구나 그만큼의 전과를 거둔 이상, 오늘날 물자에 대한 사고방식은 전환될 필요가 있습니다. 지금까지와 같이 어떤 의미에서는 꾹 참아내야 했던 상황은 완전히 끝났다고 봐도 좋습니다. 그렇다고는 해도 아직 반년 정도는 어려움을 참아내야 하

13) 1941년 12월 8일은 일본의 진주만 공습이 있었던 날로, 이 공습을 계기로 태평양 전쟁이 시작되었다.

겠지만, 이제 양양洋洋한 앞길이 열렸다고 생각해도 될 겁니다. 그런 점에서 아메리카는 설령 미주米洲만으로 자존自存 경제를 해나간다고 해도 동아공영권과는 물자 문제에 있어서도 근본적인 차이가 있습니다. 지금까지 아메리카는 군수물자만 보더라도 부족한 것이 21개나 있었는데, 그 중 12개를 동아공영권에서 가져왔습니다. 그러므로 장기전이 되면 될수록 저쪽은 점점 더 곤경에 빠질 겁니다.

최재서 게다가 중요한 시장을 잃게 될 테니까요.

후루카와 따라서 물건을 싸게 팔고, 비싸게 사게 되겠지요.

구로키 아메리카인들은 국가가 어려워진다 해도 할복하면서까지 구하려는 마음이 없습니다. 특히 유대인들은 상황이 어려워지면 어디 편한 곳으로 옮겨가지요.

후루카와 어쨌든 우리에겐 전망이 밝은 장기전이네요.

스즈키 굉장히 밝은 장기전이지요.

구로키 하와이와 말레이시아에서 겨우 여섯 척의 전함을 파손시켰고 그밖에 다른 일들도 있었는데요, 그것만으로 이렇게까지 난리를 칠 만한 가치가 있는지 하는 의문이 들기도 했지요. 하지만 결국 그것으로 마닐라나 보루네오, 수마트라, 싱가포르, 미얀마로 편하게 나갈 수 있는 계기가 만들어졌습니다. 그렇지 않았다면 어려웠을 겁니다. 이쪽이 장기의 한 수를 두었으니

다음엔 저쪽 차례입니다. 테니스를 할 때도 상대편이 서브를 하면 이쪽은 받을 차례니까요. 그런데 지금은 한 쪽만이 플레이를 하고 있는 상황입니다.

최재서 우리들이 어렸을 때부터 세계에서 가장 불행한 일이라고 생각해 왔던 것이 어이없게 끝나 버렸으니 정말 꿈만 같습니다.

시로야마 아메리카 육군을 백만 명인가 동원한다는 계획이 있는 것 같은데요. 그것은 일본군이 태평양을 건너 아메리카 본토를 공격하러 온다는 예상 아래 세워진 계획인가요. 아니면 동양을 공격할 생각으로 동원한다는 계획인가요.

후루카와 구주歐洲로 가는 경우도 있겠고 하와이 쪽으로 오는 경우도 있겠지요. 얼마 전에도 구주를 향해 나갔었고 …….

——— 철저한 고도국방국가 체제로

심명섭 저쪽은 물질주의이기 때문에 히노마루 벤또日の丸辨當[14]로 일러전쟁에서 승리한 일본과는 매우 다르겠지요.

구로키 생활수준이 높다는 것은 고도국방국가의 측면에서 보면 가장 곤

---

14) 일장기형 도시락. 이 벤또의 고안자는 메이지 시대의 장군 노기 마레스케(1849~1912)로, 패전 직후 일본인들은 배고플 때 이것을 즐겨먹었다. 밥 중간에 우메보시(매실 장아찌)를 한 개만 박아 넣는다.

란한 것입니다. 우리도 앞으로 잘 돼서 완전한 동아공영권이 이루어지고 그 리더가 되더라도 현재 고도국방국가 체제는 끝까지 존속해야만 합니다. 사치에 빠지지 말고 절약하면서도 칼로리만은 확실히 섭취하는 식으로.(웃음) 부자는 사치부리지 못하게 하고 빈민은 칼로리를 잘 섭취하도록 해서 그 둘의 차이를 없앰으로써 국민의 힘을 길러놔야 합니다. 동아공영권이 이루어져봤자 '원망이 쌓인다'고 생각하는 자들이 어딘가에 있을 테니까요…….

구라시마 부자가 강했다면 옛날 로마는 망하지 않았을 겁니다. 예로부터 가난한 나라일수록 강한 듯합니다.

구로키 그렇습니다. 반드시 같은 궤도 위를 걸어서 같은 곳에 가는 겁니다. 사치의 정거장을 출발하면 반드시 멸망의 마을에 도착합니다.(웃음) 그런 길을 걷지 않도록 해야 합니다. 그런 노력을 하지 않으면 과거 다이쇼 10년1921 때처럼 정당파政黨屋들이 나와서 국가가 점점 불건전해질 겁니다. 가난하게 살면 그만이에요.

후루카와 전쟁에 관한 일은 모두 군대에 맡기고 우리는 총후를 단단히 굳혀나가야 합니다.

——— 사상전思想戰이자 문화전文化戰이다

최재서 야나베矢鍋[15]씨가 보내준 인쇄물에 이번 전쟁은 사상전이자 문화전이라는 점이 표명되어 있었습니다. 지금까지는 영미문화에 지나치게 의

존해온 경향이 있었지요. 그러나 8일 이래로 사고방식이 상당히 바뀌고 있습니다.

구로키 그렇습니다. 동아공영권은 수립했어도 여전히 영미문화를 흉내내고 있어서는 소용이 없잖아요. 대동아문화에 독특한 무언가를 만들어내야 합니다. 그런데 그것은 정신적인 것만으로는 안 되고, 어떻게든 과학 위에 토대를 구축해야 합니다. 이제까지 동양문화는 그다지 과학이라는 것을 생각하지 않았고 상당히 신비로운 것이 많았는데, 이런 정신적 방면은 동양문화의 특징이니 부르지 않아도 올 겁니다. 물론 이것을 버려서는 안 되겠지만 어찌됐든 과학 위에 서 있지 않으면 안 됩니다. 나는 이번에 해군이 비교적 성과를 거둔 것도 과학 때문이라 생각합니다. 해군은 어디까지나 과학에 토대를 두고 있고 게다가 정신력도 상당히 연마했지요. 일러전쟁 때 도고東鄕[16]대장의 전황 보고와 상주上奏[17]를 보아도 '천우신조神佑天助'라든지 '천황의 위광에 의해서'라는 말이 여기저기 씌어져 있는데, 그 말은 결코 하나의 수사로 사용된 것이 아닙니다. 진정한 신념이 거기에 나타나 있지요. 젊은 시절에는 나도 이를 이해하지 못했지만 지금에 와서는 절실히 느낍니다. 대단히 심리적이면서도 충분히 과학에 기초를 두고 있습니다.

어쨌든 무슨 일이건 극단적으로 치우치는 경향이 있어서, 지나치게 정신적으로 기울면 신비로운 것을 획득할 수 없지요. 이를 조화시켜 나갈 필요가 있습니다. 그런 일은 우리들 동아인이 비로소 이룰 수 있는 일이라 생각합니다. 다만 유감스럽게도 동아는 과학 쪽이 뒤처져 있기 때문에, 일본

---

15) 야나베 에사부로(矢鍋永三郎)는 국민총력 조선연맹의 문화부장이다.

16) 도고 헤하치로(東鄕平八郎, 1848~1934)는 러시아 발트함대를 무찔러 러일전쟁을 승리로 이끈 해군 대장이다.

17) 임금에게 말씀을 아룀.

이 중심이 되어서 과학을 쑥쑥 키워나가야 합니다. 그러기 위해서는 거대한 연구기관을 도처에 설치하고 교육기관을 철저하게 정비해서 교육해나가야 합니다. 전쟁이 시작되고 나서 과학기술을 응용하는 공장들이 굉장히 많아졌다고 하지만 이정도로는 멀었습니다. 더욱더 분발해야 합니다.

심명섭 따라서 서전緖戰에서 크게 이겼다고 기뻐하는 것도 좋지만, 우리들 지방에 있는 문화관계자는 진실로 힘차게 우리의 문화를 앙양하고 선전하는 것을 중대한 임무로 삼아야 합니다. 로마는 그리스를 점령했지만 문화에서는 그리스에 패했지요. 그렇게 되어서는 안 됩니다. 우리가 지닌 정신문화를 토대로 그것을 더욱더 발전시키기 위해 노력해야 합니다. 그러기 위해서는 각 문화관계자는 좀 더 통일성 있게 행동하고, 대담하게 우리의 주장을 펼쳐나가야 합니다.

최재서 그것에 대해서는 우리도 충분히 책임을 느끼고 있습니다. 일본은 세계에 확실히 태도를 보여줬으니 문화방면에서도 뭔가 중심이 되는 것을 제대로 수립해야 합니다.

——— 동아문화 건설은 10년 정도로

구로키 우리 해군은 독일도 하지 못했던 일을 해냈습니다. 독일은 세계에서 가장 우수한 비행기를 가지고 있으면서도 바로 코앞에 있는 영국 함대를 물리치지 못했습니다. 그것을 일본은 식은 죽 먹기로 해냈고, 멀리 하와이까지 나가서 적을 때려 부쉈습니다. 독일한테는 좀 미안하지만요.(웃음)

그런 일을 해내는 데 백 년도 2백 년도 걸리지 않았던 겁니다. 겨우 2십 년 될까 말까 하는 정도였거든요. 그것도 비행기에 관해서만 말입니다. 다른 것은 훨씬 더 일찍, 경우에 따라서는 십 년 만에 완성했습니다. 뇌격기雷擊機[18] 같은 건 비교적 새로운 겁니다. 오늘도 총독이 훈시를 내리셨는데, 멍하게 있으면 천 년이 지나도 완성할 수 없을 테지만, 마음먹고 열심히만 하면 3년 안에도 가능합니다. 최근에 말하는 문화향상과 동아문화 확립도 정부와 민간, 그리고 모든 기관이 열심히 하면 반드시 실현될 겁니다. 일본 해군은 짧은 기간에 이만큼이나 완수했습니다. 독일은 그토록 극심한 상태에서 오늘날 재기하여 영국이든 프랑스든 소련이든 닥치는 대로 다 쓰러뜨리고 있지요. 그렇게 되기까지 2십 년 밖에 걸리지 않았습니다. 이로 미루어 보건대 부지런히만 한다면 십 년 안에 동아문화의 기초 정도는 확립할 수 있을 겁니다. 그래서 마침내 세계 각지의 유학생들이 동아로 찾아오게 해야 합니다.(명랑한 웃음)

구라시마 좋은 말씀입니다.

심명섭 전쟁에 바로 이어서 건설이 실행되어야 합니다.

구로키 지금 하고 있지요. 한 손으로 전쟁을 하면서 다른 한 손으로는 건설을 하고 있습니다. 이렇게 재미있는 전쟁은 없을 겁니다. 지나사변이 이미 그랬지요. 그것이 오늘날의 성과로 나타나고 있는 것이고요. 앞으로도 한 손으로는 전쟁, 다른 한 손으로는 건설로 나가야지요. 그것으로 대동아

18) 제2차 대전 때 사용되었으며, 어뢰로 적의 배를 공격하는 비행기를 말한다.

공영권을 건설하는 겁니다.

최재서 그런 사상은 이른바 조선의 동학東學에도 있습니다. 태양은 원래 동양에서 뜬 것이지만 그것이 점점 서양으로 돌아가서 지금 그 석양을 받고 동양이 빛나고 있다, 그런 가운데 또한 동양으로부터 반드시 해가 뜰 때가 올 것이라 했습니다. 그것이 확실히 오늘이라고는 생각하지 못했을 테지만 …….

—— 일본의 우수성

구라시마 그건 뭐랄까 역시 팔굉일우八紘一宇라고 생각합니다. 즉 앞으로는 국민투쟁이기 때문에 일본국민물론 조선도 포함한의 우수성이 다른 국민에게 영향과 감동을 주어야만 동아신질서가 완성될 것입니다. 그런 일본의 우수성을 확실히 찾아내야 합니다. 그런데 우리가 스스로 우수하다고 자신할 수 있는 두 가지가 있습니다. 하나는 국체國體입니다. 천황폐하의 어전御前에 목숨을 바치는 정신, 이것은 세계 어느 곳에도 없습니다. 국가사상이라면 어디에나 있지요. 지나 국민에게는 국가사상이 없다는 말을 종종 듣는데 나는 그렇지 않다고 봅니다. 물론 국가보다 먼저 자신을 생각하는 일은 있겠지만, 장제스蔣介石가 5년 동안 시행한 항일교육은 지나인에게 국가사상을 상당히 길러줬습니다. 아메리카라 해도 국가사상이 없다고는 할 수 없습니다. 그러나 일본인이 가지고 있는 국체사상은 다른 곳에는 결코 없습니다. 이것은 우리 스스로가 자랑할 수 있는 것입니다. 이것이 바깥을 향하면 팔굉일우로 나타나는 것입니다.

또 하나 우수한 점은 과학정신입니다. 일본은 확실히 서양으로부터 과학을 받아들였지요. 그러나 일본인에게 그만큼의 소양이 없었더라면 오늘날과 같은 진보는 이루지 못했을 겁니다. 시일에 있어서는 서양의 과학문명이 한 걸음 앞섰지만, 현재 수준에 있어서는 일본이 앞서갈지언정 뒤처지지는 않습니다. 이는 그만큼 일본인에게 서양문화를 소화할 수 있는 소양이 있었기 때문입니다. 아메리카는 매달 천 대의 비행기를 제작한다고 들었는데, 오늘날 일본의 비행기 월별 생산량이 몇 대인지를 생각하면 실로 경이롭습니다. 잠수함 또한 마찬가지입니다. 이처럼 팔굉일우로 나타나는 근본정신과 과학의 힘, 이것이야말로 일본인이 확신을 가지고 다른 국민에게 자랑할 수 있는 우수한 점입니다. 나는 베이징에 1년 반 체류하는 동안 세계 각국이 지나를 식민지로 삼고자 투쟁하는 모습을 보면서, 일본이 지나 4억의 맹주로 나아갈 때 어디에서 우수성을 찾아내야 할지 생각해보았습니다. 결국 우리들은 이상以上과 같은 두 가지 점에 매진할 필요가 있습니다. 그 힘이야말로 다른 국민에게 압도적으로 영향을 미치고 그들을 감화시킬 수 있는 것이라고 확신했습니다. 나는 이런 두 가지 측면에서 일본인이 명랑하게 대동아건설에 매진할 능력을 갖고 있다고 확신합니다.

최재서 좌담회를 기록하는 것은 이 정도에서 마치겠지만, 이후에도 마음껏 이야기를 나눴으면 합니다.

문예동원을 말한다

1942년 1월

참석자

가라시마 다케시 辛島驍1) ———— 경성제국대학 법문학부 교수
시마모토 스스무 嶋元勸2) ———— 경성일보 편집국장
데라다 아키라 寺田瑛3) ———— 경성일보 학예부장
쓰다 쓰요시 津田剛4) ———— 녹기연맹 주간
나가사키 유조 長崎祐三5) ———— 경성보호관찰 소장
배철 ———— 매일신보 학예부장
후루카와 가네히데 古川兼秀6) ———— 총독부 보안과장

1) 가라시마 다케시(辛島驍, 1903~?)는 경성제국대학 법문학부 교수로, 조선문인협회(1939) 핵심 간부, 조선연극문화협회(1942) 초대회장, 조선문인보국회(1943) 이사장 등으로 활동했다.
2) 시마모토 스스무(嶋元勸)는 『경성일보』 편집국장을 역임한 인물로, 1941년에 『조선재계의 사람들(朝鮮財界の人人)』, 『조선농업의 도(朝鮮農業の道)』 등의 저서를 발표했다.
3) 데라다 아키라(寺田瑛)는 『경성일보』 학예부장을 지낸 인물로, 조선문인보국회에서 상무이사로 활동했다.
4) 쓰다 쓰요시(津田剛)는 녹기연맹 주간, 국민총력조선연맹 홍보부장 등을 지낸 인물로, 저서 『생활철학개설』(1941)이 있다.
5) 나가사키 유조(長崎祐三)는 일본 교토대학을 졸업하고 조선에서 보호관찰소장을 지낸 인물로, 사상범으로 검거된 조선인을 대화숙(大和塾)에서 전향교육 하는 일에 종사하기도 하였다.
6) 후루카와 가네히데(古川兼秀)는 총독부 도서과장으로, 출판물의 검열에 관여하다 경무국 보안과장으로 취임했다. 이후 내선일체의 구현에 앞장섰다.

혼다 다케오 本多武夫7) —————— 총독부 도서과장
호시노 소고 星野相河8) —————— 녹기연맹
마쓰모토 야스오 松本泰雄9) ———— 총독부 보안과
야나베 에이자부로 失鍋永三朗10) —— 총력연맹 문화부장
야하타 마사나리 八幡昌成11) ———— 방송국 제2방송부장
임화 林和12) ————————— 평론가
최재서 ————————————— 본사측

◎ 쇼와 16년 9월 27일 반도호텔에서

——— 문예동원의 의의

최재서 아시다시피 지금 국민개로운동國民皆勞運動이 전개되어 총후의 개인생활에 큰 변혁이 일어나고 있습니다. 쉽게 말해 전선前線에서의 군대와 마찬가지로 총후에서는 과학적인 기술과 노동력이 동원되고 있는 모양입니다. 그렇다면 남은 것은 문예방면의 지력智力인데, 좀 더 정확히 말하면 창조적인 지력이 남아있습니다. 이러한 시기에 문예계에서도 한 사람의 유

7) 혼다 다케오(本多武夫, 1905~?)는 1932년 조선에 건너와서 충청북도, 함경남도 등에서 학무과장을 지냈으며, 1942년 당시에는 조선총독부 경무국 도서과장 및 학무국 학무과장으로 재직했다.

8) 배상하(裵相河)=호시노 소고(星野相河, 1906~?)는 녹기연맹(1933), 조선언론보국회(1945) 등에서 활동했던 인물로, 『국민문학』 1942년 4월호에 「생활철학개론을 읽는다(生活哲學概論を讀む)」라는 글을 썼다.

9) 마쓰모토 야스오(松本泰雄)는 총독부 보안과에서 근무했고, 1942년 『국민문학』 신년호에 「성지순배기(聖地巡拜記)」라는 글을 발표했다.

10) 야나베 에이자부로(失鍋永三朗)는 국민총력조선연맹 문화부장과 조선문인보국회 회장을 지낸 인물로, 조선작가들의 동원에 주력했다.

11) 노창성(盧昌成)=야하타 마사나리(八幡昌成, 1898~1955)는 방송인으로 도쿄 공업고등학교를 졸업한 후 1920년대에 경성방송국 설립에 참여했다. 중일전쟁 이후에는 국민총력조선연맹, 조선임전보국단(1941) 등에 가담했다. 해방 후 제1공화국의 대한민국 공보처 방송관리국장에 임명되었다.

12) 임화(林和, 1908~1953)는 시인, 문학평론가, 사회주의 문예운동가로 『조선신문학사』를 저술하고, 시집 『현해탄』을 간행했다.

휴자遊休者없이, 한 사람의 낙오자도 없이, 모두 국가에 봉사해야만 합니다. 문인 각자가 반성하고 열의를 보여야 함은 말할 것도 없습니다. 그와 함께 조직과 동원의 문제도 엄연히 존재합니다. 그런 문제를 중심으로 문예동원의 목표와 방법에 대해, 오늘은 주로 당국에 계신 여러분들의 의견을 듣고자 자리를 마련했습니다. 솔직하고 기탄없는 의견을 들었으면 합니다.

그럼 문예동원의 의의에 관한 것에서부터 시작하겠습니다. 먼저 가라시마 선생님께서 말씀해주시죠.

가라시마 문예동원이란 말할 것도 없이 문예가文藝家를 고도국방국가건설에 동원하는 것인데, 조선의 현재 상황에서는 두 가지 방면에서 생각해봐야만 합니다. 원래 문예동원의 본분은 문필을 통해 자기의 정신을 대중에게 전하고 대중을 지도해 가는 것에 있다고 생각합니다만, 오늘날의 경우 단순히 쓰는 것 이외에도 더 해야 할 여러 가지 일이 있지 않겠어요? 문예가의 동원에서는 '쓰는' 것 이외의 일도 포함해야 합니다. 우선 문예가가 이 시대의 지도자인 경우와 이제부터 지도자가 될 수업修業을 해야 하는 경우, 이 두 가지 경우가 있겠죠. 첫 번째 경우, 그 작가가 강력한 건설적 정신을 가지고 대중을 이끌어 갈 훌륭한 작품을 발표하는 일은 자연히 동원에 참가하는 것이 되겠죠. 그와 더불어, 혹은 지방에 가서 글이 아닌 말을 통해 자신의 정신을 역설하는 것 또한 일종의 동원에 참가하는 방법이겠죠. 또 지방, 특히 생산부문에 몸소 뛰어 들어가서, 거기서 활발히 활동하는 국민의 진지한 자세를 신시대의 작가적 기백을 가지고 포착하여 그것을 소설이나 시가로 표현함으로써, 다른 대중을 고무시키는 방법도 있을 것입니다. 또는 이동극단을 따라다니며 지방의 문화상황을 중앙에 보고함으로써 좀더 적절한 문화정책을 수립하는 데 기여하는 방법도 있겠습니다. 이상은 작가가 시대의 지도정신을 품고 한결같은 문필보국의 열의를 가지고 있는 경우에 해당한다고 할 수 있습니다. 두 번째는 당면한 작가가 국민적 의식을 형성하는 데 자기 수업修業을 더욱 필요로 하는 경우입니다. 내지의 성지순례 여행에 참가한다든지, 현지의 병영생활을 해본다든지, 근로봉사에 참여한다든지, 지원병훈련소를 견학하거나 신사참배를 한다든지 하는, 여러 경우와 방법이 있겠지요. 결국 대중을 지도하고 계발啓發하는 입장에서의 동원과 자기수양과 자기재건을 위해서 수행해야 하는 동원, 이 두 가지 방식을 문예동원에서 생각해봐야 할 것입니다.

최재서 결국 문예동원은 넓은 의미의 시국동원에 포함된다고 할 수 있습니다. 다만 과학자를 동원하는 경우와 문예가를 동원하는 경우에는 자연히 차이가 있습니다. 그 다른 점을 어떻게 처리할지도 문제입니다. 그 점에 대해 어떻게 생각하십니까.

——— 동원과 자기수양

가라시마 동원을 통해 곧바로 효과를 얻으려고 해서는 안 됩니다. 문예가의 경우에는 즉각적으로 적용할 수 없는 동원도 필요합니다.

시마모토 가라시마 씨께서 아주 좋은 말씀을 하셨습니다. 요컨대 문예동원은 동원된다는 느낌을 갖느냐, 그렇지 않으면 자발적으로 동원에 참여한다는 느낌을 갖느냐에 따라 큰 차이가 발생합니다. 그 차이에 따라 이른바 대중에게 정신적인 감화를 주고 영향을 끼치는 것도 저절로 결정됩니다. 제가 특히 이곳 조선의 경우에 강조하고 싶은 것은 이런 것입니다. 남지나南支那에 가서 거기에 살고 있는 여러 조선인들과 자주 만나 여러 차례 이야기를 했습니다. 지금까지 외국에서의 경험에 비추어 보면, 한 발짝만 조선을 벗어나면 어디를 가더라도 반도인의 나쁜 면을 먼저 듣게 되고, 좋은 면은 나중에 듣게 되는 우리 자신을 발견합니다. 그런데 남지나에서는 어딜 가도 반도인은 칭찬을 받습니다. 이것은 실제로 칭찬받을 만한 훌륭한 행동을 하고 있기 때문입니다. 거기에는 반도인을 도와주는 회령會寧 사람이 있습니다. 그 회령 사람이 지금까지 남양南洋에서 20년간 살면서 가장 감동했던 일은, 반도의 한 거두巨頭가 전향했다는 소식을 들었을 때였는데, 그때 서로 포옹하고 눈물을 흘렸다고 하더군요. 그 사람은 해외에 살고 있어서 일본의 고마움을 몸소 느끼고 있답니다. 그래서 그는 어떤 이유로 반도에서 그런 사상운동이 일어났는지 매우 유감스러웠답니다. 그러다가 반도의 거두가 전향했다는 소식을 들었을 때는, 너무 기뻐 서로 얼싸안고 눈물을 흘렸고, 그리하여 비로소 일본인으로서 체면이 서는 것 같았다고 합니다. 이처럼 사상운동은 견고한 것인데, 문예운동도 그래야 할 것입니다. 이른바 동원되는가, 자원하는가 하는 문제는 문예가 자신의 시국인식, 소위 일본인으로서의 강인한 정신력과 웅대한 기백에 따라 저절로 결정될 것입니다. 가라시마 씨가 말씀하셨던 후자의 문제는 이런 의미라고 생각합니다.

가라시마 문예가 동원의 경우, 문예가를 지도자의 입장에서만 생각하려는 방식은 아직 시기상조이겠죠. 문예가 자신의 자기건설 문제가 그 앞에 가로놓여 있음을 고려해야 합니다.

최재서 그것은 결국 실제로 이루어질 경우에는 양쪽이 맞물려야 한다는 의미입니까? 어느 한 쪽이 부족하면 다른 한 쪽이 완성되지 않는다, 즉 문예가 자신이 자각하지 않으면 아무리 동원해도 소용없다는 의미입니까?

가라시마 문예가를 자각시키기 위해 동원하는, 그런 동원도 있다는 의미지요.

최재서 실제로 그렇지 않을까요. 동원됨으로써 문예가의 자각이 한층 촉진되겠지요.

가라시마 문예가의 동원이 대중에게 영향을 미치는 경우, 상당한 고려가 필요합니다.

최재서 그 말씀은 어떤 의미입니까.

가라시마 이 시대를 건설해야 하는 총후의 작가 자신이 올바른 지도적 입장에서 대중을 대한다면 그것으로 충분합니다만, 조금만 실수해도 크게 잘못될 위험이 있습니다. 거기서 정확한 판단을 하지 않으면 안 됩니다. 문인협회가 일찍이 작가를 지방 강단에 파견했던 것은 어느 정도 지도적 역할을 완수할 수 있을 것이라는 생각에서 동원했던 것입니다. 또 지원병 훈련소를 견학하거나 근로봉사를 한 것은 작가 자신의 수양과 그에 따르는 감득感得을 통해 작가 자신이 다시 새롭게 전진할 수 있도록 하려는 것입니다. 동원은 제2의 자기 수양이라는 점에서 기획된 하나의 예입니다만, 동원은 이 두 가지 측면에서 고려되어야만 합니다. 자기수양의 측면에만 집중하는 것은 너무나 비굴한 사고방식이고, 또 지도적 역할을 해낸다는 안이한 태도로만 사고하는 것도 위험합니다.

최재서 그러면 동원에 앞서 작가의 자기수양이라는 단계가 필요하다는 것이네요.

가라시마 아니죠. 자기수양을 돕기 위해서 동원하는 것도 하나의 동원이라는 말입니다. 그런 것이죠.

최재서 결국 포함되는 것이 아닙니까.

가라시마 두 가지 경우를 포함해서 생각하면 좋겠죠.

최재서 결국 상대에 따라 방식이 변하는 거네요.

가라시마 그렇습니다. 그러나 누가 되었든 수양하지 않아도 괜찮다는 것은 아닙니다. 그것은 확실합니다.

최재서 다른 분이 이 문제에 대해서 …….

——— 조선문단의 움직임

후루카와 별로 자세히 분석해 보지는 않았지만, 어쨌든 동원이라고 하면 보통의 사태와는 다릅니다. 용기를 내서 돈이 있는 사람은 돈을, 물건이 있는 사람은 물건을, 재능이 있는 사람은 재능을 내주시기 바랍니다. 이렇게 하는 게 좋을 것 같습니다. 그런데 아무래도 저의 인식부족 때문인지 모르겠지만 문예인에 대해서는 좀 미흡하다는 생각이 듭니다. 가장 머리가 좋고 민중의 마음을 잘 알고 있는 사람, 시대에 대해서 가장 민감한 사람이, 뭐랄까, 용기가 없는 게 아닐까요. 용기가 없기 때문에 용기를 얻기 위해 자기수양을 주로 했던 동원도 필요한 것이고, 또 그런 의미에서 가두운동이나 근로봉사도 하는 것입니다. 본인이 황민인식과 시국인식을 가지고 잔존하는 민족사상을 일소一掃할 필요가 있습니다. 그와 동시에 그 사람이 그렇게 하는 행위 자체가 대중에 대해 하나의 지도적 역할을 하는 것입니다. 어느 쪽이 근본이 되는지 모르겠지만, 두 가지 모두가 필요하겠지요. 정말로 세상을 지도해야 할 사람이 앞뒤를 재고 퇴영적退嬰的입니다. 떨치고 일어나 거리로 나가지 않고, 무언가를 한다고 동료들에게 비난받을까봐 두려워합니다. 그리고 누군가가 진심으로 국가운동이나 애국운동을 하면 비판만 하고 욕을 합니다. 그렇게 되면 오히려 지도해야 할 쪽이 시국에 뒤처진 사람이 되는 게 아니겠어요. 갖고 있는 재능을 살려주시기 바랍니다.

최재서 전적으로 지당하신 말씀이고, 실제로도 그렇게 생각합니다.

후루카와 요즘 문예인이라고 하면 범위가 매우 넓은데, 그런 의미에서 영화, 연극, 연예에 종사하는 사람들은 대단한 결심을 하고 있는 것 같습니다. 그런데 어쩐지 문인 쪽에서는 부족하다는 생각을 수 년 전부터 해왔습니다.

가라시마 최근 〈너와 나君と僕〉를 촬영했던 고협高協의 심영 군은 군속軍屬으로 지원병훈련소에서 생활하면서, 이런 시국 하에서 연극인으로서의 새로운 길을 발견하고 과감하게 행동을 했다고 하더군요. 심영 군은 〈너와 나〉를 촬영하기위해 훈련소에 동원되어 새로운 자기를 건설하였고, 어떤 계기

가 예술가를 분기奮起시키는지 느꼈습니다. 작년 문인협회의 지방 강연에 참가했던 작가 가운데 한 사람이, 여러 가지 마음의 동요를 극복하고 마침내 열차에 올라탈 때가 되어서 '나의 길을 결정했어'라며 새로운 자각과 희망을 가졌다는 내용이 이번 『국민문학』 창간호에 창작 작품으로 게재되었습니다. 연극인이나 문예가든 계기가 있다면 진정한 일본국민으로서 궐기할 수 있다고 확신합니다. 그런 계기를 문예가에게 부여하는 것에서부터도 그들의 동원 문제를 생각할 수 있지 않을까요.

후루카와 좀 전에 제가 한 이야기는 그런 사람이 많다는 것이지 전반적으로 그렇다는 것은 아니고, 3년 전에 비해 변했다는 의미입니다. 그런데 특히 문인 쪽에서 냉담한 태도를 가진 사람이 있습니다. 제가 잘 모르긴 하지만, 예를 들어 국책을 토대로 『국민문학』이 만들어졌습니다. 거기에 대해 아마도 많은 사람이 냉담한 생각을 갖고 있다고 봅니다. 여러 사정이 있겠지만 오늘 모임에 안내장을 받고도 오지 않은 사람이 있는 것 같습니다. 오히려 우리 입장에서는, 생각하는 바가 있다면 솔직하게 드러내고 부딪쳐서 얻어내는 게 좋지 않을까 라고 생각합니다. 이 좌담회의 내용이 인쇄물이 된 후에 뭔가 생각해보겠다는 심사라면, 저는 대단히 유감입니다.

야나베 아까부터 조선문단의 전환이 문제가 되고 있는데, 예전에 비해 조금도 변하지 않았다는 의미에서 현재의 상황을 보면, 매우 구태의연한 느낌이 들지도 모르겠습니다. 앞에서도 여러 이야기가 있었듯이, 특히 문인은 감각이 매우 예민한 사람들이라 세상의 움직임에 대해서도 보통 사람보다 훨씬 먼저 느낍니다. 이에 따르는 변화도 상당하지 않겠냐며 이것을 변화하고 있다고 말하는 입장에서 검토해보면, 최근 수년 간 조선의 문예 경향은 엄청나게 변하고 있다고 생각됩니다. 과거의 문예와 추상적으로 이래야 된다는 표준을 세워놓고, 이 둘을 비교해서 그 표준으로부터 매우 벗어나 있지 않다는 식의 관점을 취한다면, 조선의 문예는 조금도 진전하지도, 변화하지도 않았다는 느낌을 강하게 받지않을까요. 하지만 그 정도의 극단적인 예를 들지 않고 변하고 있는 부분을 주의 깊게 살펴보면 실제로는 상당히 변하고 있습니다. 다만 통상적인 경우에 변화는 매우 극단적인 지점으로까지 나아가지 않으면 발견할 수 없기 때문에 문예도 변화하고 있음에도 불구하고 그 변화를 아직 발견할 수 없고, 또한 비교의 기준이 지나치게 높아서 아직 거기에 도달하지 못했다는 느낌을 받는 것입니다. 어떤가요?

최재서 대단히 좋은 지적을 해주셨습니다. 정말로 이상을 목표로 해서 말하면 매우 절망적인 느낌이 들지만 또한 변화한 듯한 느낌도 듭니다.

야나베 당연히 모든 사람들은 가능한 한 이상이나 표준적인 지점까지 나아갈 수 있도록 노력해야 합니다.

후루카와 나는 절망적으로 보지 않습니다. 오히려 3년 전과 비교해 보면 매우 많이 바뀌어 좋아졌습니다. 그러나 단지 요즘 취체取締에 걸리지 않는다고 하는 것만으로는 부족합니다. 취체에 걸리지 않을 작정으로 취체선상取締線上을 방황하는 것만으로는 부족하고, 좀 더 적극적인 태도가 필요한 것은 아닐까요. 적극적인 자세를 취하지 않는 데는 여러 원인이 있겠지요. 어쩌면 시국이 좀 더 혹독해진다면 그때 하겠다는 생각을 마음속에 담고 있는 건 아닐까요. 그렇다면 좀더 기운을 내면 좋겠는데 좀 굳세지 못한 것 같아요. 어떤 것도 말할 수 없는 시대다, 자유 따윈 없다고 처음부터 결정해 버리려는 것 같아요. 그런 점은 다시 생각해 볼 수 있을 겁니다.

혼다 지금 절망적이지는 않다고들 하시는데, 실은 최재서 씨가 『국민문학』을 창간한다고 해서, 업무와 관계된 최재서 씨의 생각을 물어봤습니다. 솔직히 과거 검열 당국의 입장에서 보면, 과거 『인문평론』 혹은 『문장』 등은 신문으로는 『조선일보』, 『동아일보』와 비슷한 느낌이라고 해도 과언이 아닙니다. 결국 작년에 있었던 언문신문 통제에 의해 두 신문이 없어지고 정말로, 새로운 『매일신보』가 생겨났습니다. 형식은 동일하지만 내용적으로는 새롭게 태어난 아이입니다. 훌륭한 아이로 자랄지 어떨지는 앞으로 상호간의 노력에 달렸다고 봅니다. 이런 의미에서 최재서 씨가 새롭게 잡지에서의 『매일신보』라고 할 수 있는 『국민문학』을 새롭게 만들고, 게다가 문인 전체가 뜻을 모아 만들어가겠다는 이야기를 듣고, 우리들은 매우 공감했습니다. 적어도 『국민문학』은 문예인을 동원하는 데 하나의 계기가 될 것이라고 확신했습니다. 그런데 그것에 대해 최근 여러 방면에서 이야기를 듣고 있습니다. 문인협회가 조직을 개편했는데 한두 명의 간부만 활동하고 있는 것이 아닌가, 혹은 『국민문학』이 문인총동원을 위해서 창간되었다고는 하지만 우리 모두의 일은 아니지 않은가 라는 의견이 여전히 지금 문인들 사이에서 거론되고 있다는 것을 듣게 됩니다. 하지만 결국 최재서 씨가 『국민문학』으로 조선 문인의 총동원을 도모할 작정이라면, 그런 맥락에서 『국민문학』의 탄생에 관여한 이상, 최재서 씨의 의도와 『국민문학』 자체를 독려해서 문인총동원의 한 수단이 되도록 적극적으로 돕고 싶습니다. 최근 종이가 매우 부족해지고 발표기관이 줄어드는 것이 문예동원에 지장을 초래하리라 생각합니다. 종이가 부족해지는 것은 국가 자원이 어쩔 수 없이 절약을 요구하기 때문입니다. 결국 적은 자원으로 어떻게 좋은 것을 만들어 갈 것인지가 앞으로 문인에게 매우 중요한 문제가 아니겠어요. 이 기회를 한층 더 진정한 총동원으로 나아가는 가장 중요한 계기로 삼아야 할 것입니다.

—— 자유주의의 청산

나가사키 제 생각을 솔직하게 말씀드리면, 문예가는 지금까지 자유주의적인 교육을 받았기 때문에 준비가 되어 있지 않았던 것 같습니다. 국가보다 영원한 것, 국가 이상의 무언가가 있다는 생각을 가지고 있기 때문에 바로 밀어붙이지 못한 게 아닐까요. 자신을 지나치게 높게 평가하고 있기 때문에 그런 것 같습니다 …….

후루카와 그것이 문제니까 지금 가라시마 선생님이 말씀하신 것처럼 자기 수양을 위해 동원할 필요도 있습니다. 장사꾼다운 생각일지도 모르겠지만, 어쩐지 자신들만이 최후의 진영이라는 긍지를 가지고 있고, 또 자신들이 태도를 누그러뜨리거나 전향하게 되면 자기 존재가 없어지기 때문에 스스로를 지켜야 한다는 식의 나약함이 있습니다. 그런 점을 떨치고 일어서기 위한 동원도 필요합니다.

최재서 좀 전에 이야기하신 국가보다 영원한 것이 있지 않은가 라는 사고방식에 대한 반성과 비판 등에 대해 임화 군의 생각은 어떻습니까, 작년 연말 무렵부터 그런 작업을 하고 있지 않습니까? 논문이나 그런 비슷한 것으로 발표된 글들을 보면 말이에요.

나가사키 자유주의 시대의 교육을 받았던 우리들이 사물을 보는 방식이 그렇게 유별나지는 않습니다. 문인이 묵묵히 10년 정도 자기수양을 하는 게 좋다는 사상은 신시대에는 맞지 않기 때문에, 거기에서 좋은 예술은 나올 수가 없습니다. 우리는 법률적 사고방식이 매우 자유주의적이어서 고민하고 있습니다. 아마 문인도 그렇지 않을까요. 그래서 역시 문예동원은 앞서 말한 것처럼 최고의 고도국방국가 건설이라는 목적에 집중해야 합니다. 그 외에 문예가를 동원할 필요는 없습니다. 사상을 선도하는 입장에서 제가 느꼈던 점을 말씀드리겠습니다. 최근 하야시 후사오林房雄의 「전향자에 대해서轉向者について」라는 논문을 읽었는데, 아시다시피 하야시는 우리와 비슷한 시기에 학교를 졸업한 사람으로 심파sympathizer[13]로 명성을 떨친 남자입니다. 그 사람이 말하기를, 나는 일본주의를 설파하며 다녔다, 그러나 진정한 일본주의를 설파하게 되기까지는 10년이 걸렸는데, 형무소를 나와 10년간 좌선坐禪을 하고 여러 책을 읽고 고심한 끝에 겨우 일본정신을 알게 된 듯하다, 그래서 전향하기까지는 적어도 10년이 걸린다고 하더군요. 제 자신도 진정으로 보호감찰소 일을 하고 일본정신을 고취하는 데 신념을 갖고 말할 수 있게 된 것은 지극히 최근입니다. 이런 점에서 보더라도 우리들 같은 바보들에게도 자유주의 같은 사상이 매우 깊숙이 들어와 있는데, 보통 사람 이상으로 신경이 예민한 천재적인 문인 쪽은 더 심각하지 않을까요. 그것을 벗어버리기 위해서 문인은 피나는 노력을 해야 할 것입니다. 제가 공산주의자가 되었던 원인을 생각해보면, 공산주의 책을 읽었기 때문이라든지, 가와카미河上[14] 선생의 유물사관론을 읽었기 때문이라고 말씀드릴

---

13) 좌익운동의 동조, 후원, 지지자를 일컫음

14) 가와카미 하지메(河上肇, 1879~1946)는 마르크스주의 경제학을 연구한 일본의 경제학자로, 1932년 공산당에 입당하여 지하활동에 들어갔다가 이듬해 검거되어 5년의 징역형을 선고받았다. 석방 후에는 자서전 등의 집필에 전념했다. 일본이 패망하던 해 지병이 악화되어 사망했다.

수 있겠지만, 정말로 진지하게 생각해보면 그보다는 오히려 우리들이 소설을 읽어서 그렇게 된 것이 아닐까 합니다. 우리들이 공산주의에 흥미를 가졌던 이유는 이렇습니다. 고등학교 때 자연주의 문학이 꽤 유행했는데, 사물을 적나라하게 관찰하는 것이야말로 진정한 시각이며, 인간은 개돼지와 같은 생식의 노예라는 식으로 보아, 고귀한 사람일지라도 아무 것도 아니라는 식의 생각이 있었지요. 때문에 모든 사회나 국가와 같은 윤리적인 것을 전부 부정했던 것입니다. 공산주의자에 도달하는 인간의 도정은 오히려 사물을 적나라하게 관찰하는 자연주의적인 시각에서 비롯된 것이 아주 많았던 것이 아닐까요. 실제로 우리들의 시각은 인간을 인간답게 보라는 것입니다. 나는 문학은 거짓말이어도 상관없다고 말했는데, 그것은 문학의 진실이라는 것은 자연 상태로 봤을 때, 붉은 것을 붉다고 믿지 않고, 붉은 것을 희다고 보아도 좋은 경우가 있다고 생각하기 때문입니다. 일본인의 입장에서 보면 그런 것은 아무래도 좋습니다. 그러므로 문인은 자연주의적인 시각을 배격하는 것도 생각해봐야만 합니다. 지금 일반 문인들은 사물에 대한 인식방법을 바꿨습니다. 조금 전에 말씀드린 것처럼, 신들린 듯한 초자연적인 인식방법으로 예술은 영원하다는 식으로 말하면 모순됩니다. 하지만 저는 예술가의 양심을 지닌 작가라면, 설사 국가주의적인 인식방법을 취하더라도 정말로 혼을 울리는 깊이 있는 작품이라면 괜찮다고 생각합니다. 온갖 소설을 읽어도 우리의 혼의 울림이 없는 것은 작가에게 진실성이 없고, 깊은 양심이 없기 때문입니다. 보름 정도 전에 부민관에서 『국민문학』의 피로연을 했을 때, 경무국의 누군가가 문인은 매우 옹색한 입장에 처해 있다는 식으로 말했었습니다. 하지만 결코 옹색하지 않습니다. 글을 쓰는 사람이 진정으로 국가주의나 일본정신을 파악하는 데 깊이가 없기 때문에 글이 천박해지는 것이고, 다른 것을 쓰려면 더 쓸 수 있겠지만 일본정신을 쓸 수 없다는 의미에서 옹색하게 되어버렸다고 말한 것이라고 봅니다. 요컨대 문인이 깊이 있는 체험이나 국가주의적인 체험, 일본정신의 체험을 전정으로 파악하고 있지 않기 때문에 그런 언어가 나올 수 없는 것입니다. 별 것 아닌 내용을 말했는데, 지금 국어강습회의 발회식에 가지 않으면 안 되기 때문에 여기서 실례하겠습니다.

——— 국가와 문예

혼다 나는 작년 말에 일본출판협회에서 발간하는 『일본독서신문』을 읽었는데, 독일 점령 후 파리의 문화생활이라고 하는 제목으로 여러 가지가 쓰여 있어서 잠깐 훑어보았습니다. 결국 독일에 점령된 파리의 일반적인 문화는 매우 음울해졌다, 다만 유행하고 있는 것은 연예장寄席인데 거기서 옛날 십 수 년 전 파리에서 유행했던 것을 공연하고 있다, 결국 새로운 맥락의 문화는 생겨나지 않아서 영화관에 가보아도 새로운 영화는 전혀 없고 옛날 영화를 다시 상영하고 있다, 그리고 또 소설도 종래 유명한 프랑스 작가의 새로운 작품은 없고 설사 출판할 준비가 되어도 검열로 인해 중지되는 매우 음울한 상태이다, 또 작년 겨울에는 연료가 거의 없어서 가정이나 극장 등에서 스팀이 없는 곳에서는, 사람의 온기나 훈기를 찾아 모두가 모여드는 비참한 상황이다 라는 내용이었습니다. 그것을 읽고서, 며칠 전에 마부치馬淵 보도부장이 나라가 망하면 문화가 있겠는가, 조국이 망하면 문화는 없다고 한 말이 매우 통절히 떠올랐습니다. 좀 전에 조선의 문인이 지금 완전히 완성되었는지, 시국 하에서 민중의 지도나 자기의 수양이라는 것이 정말 가능한 것인지 등의 문제가 제기되었습니다. 그런데 실제로 생각해보면 전쟁이 시작된 지 5년이 되어 모든 방면이 동원되고 있는데 조선의 가장 높은 계급에 있는 문인이 아직도 궐기하지 않았습니다. 이에 대해서는 서로 좀 더 생각해 볼 필요가 있는 것이 아닐까요. 물론 우리 검열의 입장에서 최근의 문예방면을 보면 단속해야 할 것은 매우 줄었습니다. 확실히 문인, 문예가가 전체적으로 분발하고 있다는 느낌이 듭니다. 하지만 과거의 소위 자유주의적인 또는 민족주의적인 색채가 농후했던 시대에 활발하게 활동하며 조선의 모든 방면, 특히 젊은 청년층에 커다란 영향을 미쳤던 사람이, 과연 오늘날에도 과거와 같은 정열로 젊은 청년층을 지도하고 있는지 살펴보면, 검열의 좁은 범위에서 봐서 잘은 모르겠지만 뭔가 부족한 것 같습니다. 그런 의미에서 이른바 오늘날 완성되지 않은 사람이 있다면 그 사람 스스로 완성되도록 노력하고, 완성된 사람은 지금처럼 완성되지 않은 사람을 견인해 가는 것이 좋지 않을까 라고 검열의 입장에서 생각해 봅니다.

최재서 쓰다 씨, 한 말씀해주시지요.

쓰다 지금까지는 대체로 문화인, 특히 문학과 국방이나 국책은 관계가 없다고 일반인들은 생각했던 것 같습니다. 특히 문화인들 중에는 어느 정도 국방과 관계없는 것을 문인의 본질이라고 생각한 사람이 매우 많았습니다. 그래서 이제 국가 총력을 받들어 궐기해야 할 때, 문학 방면의 느린 움직임이 지나치게 눈에 띄는 것 같습니다. 결국 문단인은 고도국방국가 체제 하에서의 문화에 대한 사고방식을 근본적으로 바꿔야 합니다. 대체로 종래의 문학이란 것은 자연주의 문학이든 공산주의 문학이나 사회주의 문학이든, 사회의 움직임을 민감하게 느끼고 시대의 흐름을 가장 빠르게 반영해 왔습니다. 문학이 가장 먼저 사회의 동향을 반영하고 사회를 지도해 왔던 것입니다. 그러므로 문학은 사회전환의 선도적인 역할을 하기 위해 힘써야 하는데, 이번에는 문학의 선도성을 잃어버린 것 같습니다. 그 점은 조선뿐만 아니라 일본 전체 문단의 결점이라고 생각하는데, 그것을 어떻게 고칠 것인지가 문제입니다. 문단인 자신이 어떤 문화관을 지니고 있는지, 이른바 자기수양을 통해 오늘의 총력체제의 수준에 도달하도록 하는 것이 문제입니다. 또 대체로 문학은 어떤 시대에도 사회의 추이를 본능적으로 포착하고 묘사하는 경우가 많은데, 이런 시기에 문학의 선도성을 잘 활용하는 것이 문화동원의 가장 중대한 사안이 아닐까 합니다. 어제 독일문학 연구가에게 최근 독일의 작가는 어떤지 물었더니 아무래도 잘 모르겠다고 해서 좀 실망했었는데, 러시아의 경우도 그런 것 같습니다. 그래서 오늘 요즘 독일과 러시아의 문학계가 어떤 상태에 처해 있는지 전문가분들께 여쭤보고 싶은데, 어느 분이 그 점에 대해 말씀해 주시지 않겠습니까. 최근 영화중에 선전대에 속한 사람이 탱크를 타고 가면서 그 위에서 찍은 것이 서부전선의 〈승리의 역사〉라고 들었습니다. 역시 국가총동원이라는 입장에서 본다면, 병사가 전쟁에서 철포를 메고 가는 것과 마찬가지로 문인 역시 그런 곳까지 진출해야만 총력국가에서의 문단을 형성할 수 있지 않을까 합니다. 만약 그런 국가적 목적에 도달할 수 없다면, 문단 전체가 불행한 입장에 처해도 어쩔 수 없다고 말한 사람도 있습니다. 이런 문제를 둘러싸고 매우 긴박해져가는 일본 사회의 정세에 대해서, 특히 특수한 사정에 처한 조선문단이 어디까지 진출할 것인지, 얼마나 능동적으로 좋은 문단을 조직할 수 있는지가 앞으로의 중요한 문제입니다. 그 점에 대해서는 가능한 한 큰 탈피작용이 이루어져야만 할 것입니다.

가라시마 원칙론으로서는 대단히 훌륭한데, 저는 다만 지금 시기가 시기인만큼 활용할 수 있는 것은 최대한 활용하고 싶습니다. 그래서 고도국방국가 건설에 한 사람이라도 참여하길 바랍니다. 그렇게 하는 것이 더욱더 고도의 국방국가를 건설하는 길이라고 생각하기에, 그것을 염원하고 노력할 뿐입니다. 대체로 이렇게 동원의 개략적인 방향을 살펴보았는데, 인재를 활용할 수단과 방법에 대해서 좀 더 논의를 해보면 어떨까요.

최재서 아까 가라시마 선생님이 말씀하셨듯이 동원일변도여서는 안됩니다. 역시 자기수양이라는 문제도 있습니다. 그러나 자기수양은 동원의 범위에 속한다고 생각합니다. 원칙적으로 전체를 효과적으로 활용해야 합니다. 이제부터 그 실천에 대해서 말씀해주시면…….

호시노 실천에 대한 논의로 넘어가기 전에 한 가지 말씀드릴 것이 있습니다. 지금 대체로 여러분의 이야기를 들으면, 문예는 동원하려 해도 제대로 되지 않는다, 특히 조선의 문예는 그렇다는 것이 결론이었습니다. 다시금 그것을 어떻게 하면 좋을지에 대한 방법론으로 논의를 옮겨가려고 하는데, 그 중간에서 왜 문예는 제대로 동원되지 않는지, 특히 왜 반도의 문예는 그러한지, 그 원인을 생각할 필요가 있습니다. 이것은 오래 전부터 좀 생각하고 있었던 것인데, 앞서 최재서 씨가 문예의 동원이라는 것도 결국 지식동원의 일부분이라고 말씀하신 것은 지당합니다. 지식 동원의 일부로서 먼저 문예동원에 대비해서 과학동원을 생각할 수 있는데, 과학동원은 비교적 잘 이루어지고 있습니다. 그럼에도 불구하고 문예동원은 어쩐지 제대로 되지 않습니다. 왜 그런가 하면 과학은 과거부터 서서히 진보해 온 특수성을 지니고 있지만, 문예에서는 그런 진화나 진전이 현저히 드러나지 않기 때문입니다. 그 결과 현대인은 문예는 아주 먼 옛날의 것도 동경하는 마음을 갖게 됩니다. 즉 단적으로 말하면 회고적인 것이 되었습니다. 옛것에 빠져드는 특수성이 있습니다. 그리고 또 하나, 과학은 대체로 객관적인 목적을 가지고 그 목적을 위해 연구를 해나가지만, 문예는 객관성을 지니고 있기는 하나 대체로 창조하는 사람의 주관, 즉 그것을 만들면서 즐기는 주관성이 농후합니다. 이 두 가지 원인 때문에 문예동원은 복잡하고 괴기한 길을 걷고 있는 것이 아닐까요. 앞서 쓰다 씨가 말씀하셨듯이 그것에 더해 반도에는 이중, 삼중으로 그런 성질이 고착되어 있습니다. 따라서 그것을 청산하기 위해서는 아주 커다란 고통과 노력이 필요한데, 이런 회고성과 주관성이 들러붙어 있어서 문예동원을 어렵게 하는 커다란 원인이 된다고 봅니다.

——— 동원의 방법과 목표

최재서 그것은 결국 방법론의 문제인데요. 동원되기 위해서는 문인 자신의 철저한 자각이 있어야 하는데, 요컨대 동원이라는 것은 국가가 필요한 곳에 필요한 인원을 배치하는 것으로, 과학의 경우는 주관성이 희박하기 때문에 비교적 간단히 이뤄지고 또한 목표도 확실히 수립되어 있습니다. 그래서 오늘날과 같은 과학동원이 가능한 것입니다. 그러나 문학의 경우는 주관적인 요소도 많은데다가 그런 목표가 수립되어 있지 않기 때문에 점점 뒤처지는 것 같습니다. 따라서 양쪽 면을 보면서 해나가야 합니다. 거기서 그 목표가 절실히 연구되어야만 할 것입니다.

호시노 문예동원의 목표는 지금 새삼스럽게 검토하지 않더라도 지금 우리가 직면해 있는 객관성이 목표가 아닐까요.

최재서 아, 그것은 전체적인 목표이고 문예동원에도 좀 더 구체적인 개조箇條식의 목표가 필요합니다.

백철 앞서 야나베 선생과 보안과장의 말씀을 듣고 느낀 것인데, 물론 이상적으로는 우리들이 서두르고 있는 곳까지 곧장 이야기를 진행시키고 싶습니다. 행동으로도 옮기고 싶습니다. 다만 그 경우 앞서 최재서 씨도 말씀하셨듯이, 제가 학예부 업무를 하면서 느낀 것은, 조금 심하게 말하면 문화인들은 먼저 위축되어버리는 경향이 있는 것 같습니다. 문인들이 지금까지의 개인주의와 자유주의적인 경향을 청산하고 새로운 국가관념 아래 고도국가체제의 일익一翼으로서 전진하려면, 거기에 아주 커다란 열의와 그만큼의 실천이 수반되지 않으면 진정한 실적을 거둘 수 없습니다. 그런데 그 전에 문인들을 거기까지 지도해 갈 방법과 수단을 생각해야만 합니다. 저는 그 경우에 일단 평범해 보이는 과제를 문인 앞에 건네주고, 그 다음 진정으로 문화인다운 실적을 올리면 되지 않을까라고 생각합니다. 그것을 위해서 구체적인 방법으로 지방문화의 건설을 고려해보고 싶습니다. 제가 전에 연극협회에서 이동극단을 할 때 시골에 가보고 실제로 느낀 것인데, 시골 사람들은 문화와 오락에 심하게 굶주려 있어서 이동극단이 내용적으로나 형식적으로 별로 우수하지 않았는데도 민중들은 기뻐했고, 가는 곳마다 매일 밤 초만원의 성황을 이루었습니다. 그래서 지금 지방 사람들이 어느 정도로 문화와 오락에 굶주려 있는지 직접 보고 왔는데, 우리들은 그런 민중을 접해보고 스스로가 뒤처져 있다는 사실을 절실히 느꼈습니다. 또 지금까지의 문화가 민중생활과 분리되어 개인주의적이었던 것은 문화가 도시에 편중된 경향이 있었기 때문입니다. 그래서 진정으로 국민문화를 일으키기 위해서는 지방문화 진흥의 문제에 일단 주의를 기울여야 합니다. 물론 큰 결의와 행동을 해나가기 위해서는 자기 수양과 지도적 행동을 민중에게 보여주는 것이 반드시 필요합니다. 그런데 그 경우에도 또한 구체적인 임무를 통해서 행동으로 옮기지 않는다면, 진정한 실적을 올리지는 못할 것입니다. 지방문화와 직장에 종사하며, 국가적인 생활에 관련된 사람들을 통해 문화를 가르쳐주고 배우는 것에 의해서, 진정으로 문화적인 사업이 구체적으로 진행되어 나갈 것이라 생각합니다.

최재서 지금 백철 선생님이 말씀하신 테마는 실제로 중요한 문제입니다. 이 점에 대해 방송국[15] 쪽에서는 어떤 의견이 있습니까? 야하타 씨 말씀해 주시죠.

야하타 요컨대 방송국으로서의 문예는 각 방면과 관련되어 있습니다. 문예의 어떤 방면이 필요하고 어떤 방면이 불필요한 것은 아닙니다. 따라서 문예 전반에 걸친 동원이라고 하면 어폐가 있을지 모르겠지만, 거의 모든 방면에서 문예인에게 도움을 받지 않으면 안 되는 내용으로 이루어져 있습니다. 방송편성의 성격을 고려하여 우리들이 고민하고 있는 점은 같은 문예라고 하더라도 하나의 테마가 필요하다는 것입니다. 즉 테마로 편성하는 것과 순문예로 편성하는 두 가지 종류가 있다는 겁니다. 그러나 테마를 부여하면 순문예 방면의 작가는 문예로서 가치가 떨어진다고 말합니다. 진정한 문예 그 자체에서 생각하면 그렇습니다만, 그러나 소위 국민문화 혹은 국민문예라는 것이 되려면 테마가 없어서는 안 됩니다. 그래서 우리들의 입장에서 문예인에게 바라는 점은 다소 자신을 죽이더라도 주어진 테마에

15) 원문은 攻送局으로 표기. 放送局의 오식인 듯.

따라 제작해 주셨으면 한다는 것입니다. 결국 그것이 동원의 안목이 아니겠습니까. 국가의 필요에 응해서 다소 자신의 마음에 들지 않더라도 해주기를 바라며, 그런 의미에서 각 방면의 문예인에게 도움을 받고 싶은 것입니다. 동원하기 위해서 어떻게 하면 좋을지 말해보자면, 국민문예에 어떤 목표를 부여해야 합니다. 목표가 결정되면 비로소 동원이 가능해지기 때문에 먼저 목표를 정할 필요가 있습니다. 그리고 문예 내용에 있어서 목표가 정해지면 우선 그것을 세 단계로 고려해야 합니다. 즉 남자를 위한 국민문예, 부인을 위한 국민문예, 그리고 학생 문예, 물론 학생도 남녀가 있지만 대체로 이 세 가지로 구분해서 생각해 볼 수 있습니다. 그리고 이것은 제 생각인데, 역시 지금은 전시이기 때문에 전쟁문학이 어느 정도 대중의 마음을 사로잡고 있습니다. 예를 들어 이것은 군인이 아니면 쓸 수 없을지 모르겠지만 사쿠라櫻井 중좌의 『육탄肉彈』이라든가 지금 『경성일보』에 오랫동안 연재되고 있는 「삼국사三國史」와 같은 문예는 이른바 전시이기 때문에 건전한 사기를 고무한다는 의미에서 의의가 있습니다. 그처럼 재미있으면서 사기를 고무하는 것이 역시 국민문예라고 할 수 있지 않을까요.

최재서 예를 들면 외국에서는 우리들의 입장에서 보자면 성전聖戰의 목적과 같은 것을, 문인을 동원해서 몇 주 동안 연속적으로 강연하고 있습니다. 장래에 그런 필요한 테마를 선정하고 적당한 사람을 뽑아서 집중적으로 효과를 거두는 일도 고려해 볼 수 있을 텐데, 그럴 경우 방송국으로서는 어떻게 하실 생각입니까?

야하타 그럴 경우는 물론, 방송국의 입장에서도 가능한 한 협력하겠습니다.

최재서 지금 실천 항목과 관련해서 말씀하시는데, 총력연맹의 실천항목으로서 몇월 몇일부터 국민개로國民皆勞를 실시한다고 결정했던 것이 한참 전이었던 것 같습니다. 그 경우에 문인협회 혹은 문화협회에서는 사전에 이런 일을 이런 취지에서 하겠다는 사실을 알리고, 상당 기간 문인에게 연구하도록 하는 겁니다. 그래서 평론을 쓰는 사람은 평론을, 작품을 쓰는 사람은 작품을, 시를 쓰는 사람은 시를 연구하게 해서, 쉽사리 만족스럽게 이루어지지 않을지도 모르지만, 거기서부터 점진적으로 해나가는 것도 한 방법이라고 생각합니다. 그래야 동원된 작가도 비로소 국가의 의사와 일체가 되어 일하고, 그런 구체적인 사업에서 국민의식을 체득하는 것도 가능하리라 생각합니다. 여러 방법이 있겠지만, 그것도 하나의 방법인 것 같습니다.

야나베 그렇습니다. 결국 문인 사이에도 병적인 것이 있어서, 어떻게 해서든 병적인 것은 배제해야만 합니다. 가라시마 씨가 말씀하셨듯이, 그렇지 않은 것은 자기수양을 해야 합니다. 그러나 또 자기수양만으로 만족할 수는 없습니다. 다양한 관계와 그 외의 방법을 통해 적극적으로 동원해야 하는 경우도 있습니다. 문인협회와 국민문학, 혹은 미술협회, 음악협회 등과 같은 여러 단체의 통제 조직이 생겨난 목적은 어디에 있을까요. 한편으로는 국가가 어떤 것을 생각하고 있을까, 혹은 총력연맹이 어떤 것을 생각하고 있을까 라는 것에 대해 충분히 연락을 주고받는 것이 중요한 목표입니다. 국가나 연맹이 지금 어떤 점에 중점을 두고 있는지 충분히 파악하고, 그것에 순응하여 문예인이 행동하는 것이 비로소 문예동원의 목적을 달성하는 거라고 생각합니다. 지금 말씀드렸듯이 연맹에서는 국민개로운동을 열심히 실행하고 있습니다. 그러나 문인 쪽에서는 도무지 그것에 대해 언급하지 않는데, 그것은 바람직하지 않습니다. 연맹이 그렇게 실행하고 있을 때 문예인은 스스로 행동할 뿐만 아니라, 그런 목적을 지향함으로써 문예가 나타나면 좋겠습니다. 문인 자신도 그렇게 생각하고, 또 연맹 측에서도 연락망을 취해줘야 합니다. 또한 그렇게 하도록 시키지 않으면 안 됩니다.

최재서 이 문제에 대해서 마쓰모토 씨는 어떻게 생각하십니까.

마쓰모토 지금까지는 문인들을 어떻게 변화시킬지에 대해 당국에서 이렇다 할 지도방침을 세우지 않았던 것 같습니다. 즉 사상의 근저가 될 만한 방침을 수립하지 않으면 문인은 좀처럼 따라오지 않습니다. 조선의 문인은 아시다시피 앞에서도 말씀하셨지만 수동적이라고 할까요, 혹은 나쁜 의미에서는 영웅주의적입니다. 그들은 여러 가지 감정적인 응어리도 있을 겁니다. 또 체면과 같은 것도 있겠지요. 그러나 비상시국에서 정말로 그들을 국방문학의 전위로서 활용하려면, 지나친 말일지도 모르겠지만 우선 그들이 적극적으로 나설 수 있게 당국이 속내를 드러내야 할 것입니다. 조선의 문인에게 어느 정도 현실 생활과 일치하는 문학, 즉 향토문학을 인정해 주고, 형식적으로는 그런 형태를 취하고 내용적으로는 어디까지나 황도정신, 내선일체를 주입하도록 만드는 방식이 좋겠어요. 지금까지는 사상적으로 전과前科가 있으면 의심하거나, 그런 사람의 작품을 대단히 위험하다고 보고, 또 그런 사람에게 펜을 들게 하는 것을 위험하다고 생각했는데, 가장 인기 있는 조선문학인 중에는 그 방면에 관련된 자가 많습니다. 정말로 그들을 국방문화의 중진으로 활용하기 위해서는 어느 정도까지 당국이 적극적으로 그들에게 펜을 들게 해서, 지도할 점은 지도하고 시정할 점은 시정하여 진정으로 문필봉공文筆奉公에 매진할 수 있게 하는 편이 가장 현명한 방법일 것입니다.

백철 현실이 작가보다 앞서 있는 것은 분명합니다. 당국에서 작가를 지도하는 일도 필요합니다만, 직접 시골에 가서 민중의 생활을 실제로 경험하고 함께 생활하게 함으로써 그곳에서 감격할 수 있도록 하는 편이 더욱 필요합니다.

――― 종합기획

최재서 결국 지금까지 문인협회, 문화부에서 해온 것은 문예동원이었고, 또 신문잡지에서 문인들에게 시국 관련 기사를 쓰게 한 것도 어떤 의미에서는 문예동원이었다고 생각합니다. 다만 지금 목표는 결국 같은 곳에 있기 때문에 종합적이고 계획적으로 해보고 싶습니다. 물론 문인이라도 365일 그것만 외치는 것이 아니라, 이를테면 문인이 아닌 사람들이 국민개로에 임할 때와 같은 마음으로 문예가도 동원[16]에 적극적으로 참가해야 할 것입니다. 이런 것을 전제로 해서 하는 말입니다만, 그것을 종합적으로 기획하여 어떤 방면으로 움직여 갈 것인지를 정리하여 연구하는 작업이 필요하지 않을까요.

후루카와 종합적인 조직이 만들어진다면 좋겠습니다만.

최재서 『매일신보』도 『삼천리』도 움직이고, 그 외 잡지도 움직이게 하는 겁니다. 실제 해보려고 하면 각 출판기관과도 연락을 취해야 하는데, 실제

16) 원문은 勤員으로 표기되어 있는데 動員의 오식인 듯하다.

로 어떤 테마를 주는 겁니다. 이런 것을 일본에서 가장 잘 하고 있는 곳은 의학계인 것 같습니다. 순수한 의학자의 연구와 비교하는 것은 잘못임을 잘 알고 있습니다만, 방법상으로는 공동 기획을 해서 하나의 테마를 정하고 적재적소에서 실행한다면 비교적 좋은 효과를 올리지 않을까요. 때문에 그것을 위해 특별한 기관을 설치하기보다는 종합적으로 기획하는 편이 좋습니다.

임화 금융조합연합회에서 작가를 5, 6명 파견했었습니다. 여러 가지 질책을 받아서 면목이 없습니다만, 제 느낌을 솔직하게 말씀드리겠습니다. 물론 경우에 따라 질책도 받고 고려할 점도 많습니다만, 앞서 가라시마 씨가 말씀하셨듯이, 파견된 사람들이 쓴 문장은 대단히 훌륭했습니다. 작가는 결국, 사용방법이라고 하면 어폐가 있을지 모르겠지만, 움직이는 방식에 따라 염려하는 것보다는 좋은 것이 나올 수 있다고 봅니다. 우리 문학자들의 입장에서 생각해 보면, 시국에 대한 문학관은 근로봉사를 행하는 것에 한정되지 않습니다. 일반 국민이 전시 하에 애쓰고 있는 것을 문학자가 힘써 행하는 것은 쉬운 일이라고 생각합니다. 그러나 오늘 저녁의 테마도 그런 의미의 동원보다는 지적인 동원, 즉 문학자가 가진 기능을 지금의 경우에 좀 더 유효하게 사용하는 동원이 주안점이라고 생각합니다. 그렇다면 좀 더 개입해서 우선 문학의 실체를 생각하는 일이 무엇보다도 먼저 필요합니다. 일반 국민의 경우를 생각해 보면, 즉 애국반원으로, 관청의 관리로, 학교 교원으로 일하고 있는데, 이렇게 직장에 근무하고 있는 사람들처럼, 작가도 그런 의미에서 여러 가지를 생각하면 결코 부끄러워 할 일은 아닙니다. 다만 자신이 지닌 기능을 가장 효과적으로 사용할 수 있는 방법, 거기에 이르면 누구라도 응당 생각해보지 않을까요. 문제를 조금 다른 측면에서 생각해 보면, 무슨 이유에서인지 내지문단과 조선문단, 특히 조선문단에서 최근 4,5년간 시국적인 색채를 지닌 문학작품도 있었지만, 유감스럽게도 좋은 작품을 써내지 못했습니다. 결국 좋은 문학을 만들지 못했다는 것은 이런 좋은 작품, 즉 광범한 의미의 국민문학을 만들어 내기 위해 물론 작가의 자기수양도 있어야 하고, 또 일반 국민의 충실한 생활도 필요하다는 것을 의미합니다. 그러나 가장 중요한 것은, 지금보다는 더욱 새로운 국책에 근접할 어떤 길을 생각해야 한다는 점입니다. 그것은 옆에서 보면 빈둥빈둥 놀고 있다는 오해를 받기 쉬운 점도 꽤 있습니다만, 실제로는 그런 한가한 일은 아닙니다. 그런 의미에서 효과도 있으면서 지금 가능한 방법은, 앞서도 여러 이야기가 나왔던 것처럼, 작가를 파견하는 것입니다. 즉 그들이 국민으로서 부끄럽지 않은 생활을 하려고 노력하고, 그로 인해 지금보다는 커다란 문학이 생겨날 수 있는 지반이 점차로 성장해 가는 것도, 문학의 건설적인 한 측면이라고 생각합니다. 저는 이 기회에 스스로도 자각하면서 또한 당국에도 부탁하고 싶습니다. 동원의 방법은 뒤에서 구체적으로 이야기하겠지만, 단순히 누구나 할 수 있는 임무 이외에, 작가에게 상응하는 임무나 방책을 우선 고려하여 실천 항목을 생각해 주신다면 대단히 좋을 것입니다.

야나베 동원을 통해서 문학의 매력이 상실하게 되는 것, 그것이 어려운 문제죠.

최재서 강권해서 문예를 동원하면 실패합니다.

야나베 문예의 매력을 발휘하는 것이 가장 필요한데, 그 힘을 말살하게 된다면 큰 문제죠.

최재서 당국이 명령하고 문인은 그것에 복종한다는 사고방식으로는 진정한 문예동원은 불가능합니다. 결국 종합적인 기획, 종합적인 목표를 수립하고 그것에 협력해 가야 합니다.

임화 자발적으로 협력하게 하기 위해서 어떠한 계기를 만들어야만 하지 않을까요?

백철 행동해 보는 일이 필요합니다.

야나베 어설프게 하면, 문예의 매력을 죽여서 사용하는 꼴이 될테니까요.

최재서 지금 문제가 되는 것은 그것이 아닙니다. 일일이 명령에 의해 문학이 움직이는 것처럼 해석한 것은 적절치 못합니다.

쓰다 이 점에 관해서 주목할 만한 경향으로 내지에서는 아마추어素人 문학이 성행하고 있습니다. 새로운 암중모색이 일종의 아마추어 문학의 흐름을 만들었다고 봅니다. 예를 들어 「병원선病院船」과 같은 기성문인 이외의 작품이 하나의 분위기를 가지고 등장하고 있습니다. 그들이 앞으로 과연 문인으로 성장할 지의 여부는 알 수 없지만, 조선에서도 그런 동원을 해 보는 것이 동원 방법이 될 것입니다.

가라시마 그 문제를 최후의 카드로 남겨두었습니다만, 나는 지금 그것에 대해서 진지하게 고려중입니다.

쓰다 그리고 또 한 가지, 조선문단은 좀 더 모험을 할 필요가 있습니다. 예를 들어 프로문학의 발흥기에는 작품으로서의 정감도 없었고, 예술적 수준도 낮았고, 그런 시대가 지속되었습니다. 프로문학 초기에 정열만 앞서서 문학작품으로 보기 어려운 작품이 횡행했었지만, 그것을 넘어서서 프로문학을 그 정도로까지 진전시킨 것은 작가들의 노력이 아니었을까요. 지금 반도에는 또 다른 의미와 목적을 가지고 그런 노력이 이뤄지고 있습니다. 여러 가지 의미에서 각도가 다르기 때문에, 오래된 여유가 있는 차분한 문학에서 볼 때 거칠어 보이거나 막돼 보이는 점은 과도기에는 어쩔 수 없습니다. 그것을 극복하여 새로운 고도국방국가체제 하에 문단을 재건하기 위해서 모험이나 노력을 맹렬히 실행해야 하는 때가 도래하고 있습니다.

최재서 지당한 말씀이고, 결국 그렇게 될 것입니다. 그것은 사태의 이면裏面에서 커다란 목표로부터 그렇게 될 것이지만, 조선문단은 긴급하게 동원[17]을 행해야 할 필요가 있습니다. 그런 원칙적인 대국론大局論도 필요하지만 당장 동원하는 구체적인 방책도 실제로 생각하지 않으면 안 됩니다. 그 경우에 일단 쓰다 씨가 말씀하신 것과 같은 일을 항상 염두에 두고, 거기서부터 새로운 정열과 새로운 견해를 섭입攝入해서, 그것을 하나의 청량제로 삼아 새로운 기운을 만드는 일도 물론 필요하다고 봅니다. 그러나 현재의 문단을 어떻게 할지도 상당히 절실한 문제입니다.

---

17) 원문은 勤員으로 표기되어 있는데, 動員의 오식인 듯하다.

—— 조직의 문제

혼다 조직의 문제에 대해서 말해보자면, 우리들도 문화부에 속해 있지만 공부가 너무 부족해서 얼굴을 내밀 기회도 없었습니다. 문화부가 중심이 되어 조직 문제도 여러 가지로 계획하고 있는데, 그와 관련하여 실은 저희 쪽에서 조선출판문화협회를 설립하기 위해 준비하고 있습니다. 아시다시피 내지에 전국의 출판업자들을 회원으로 일본출판문화협회를 설립하고 그 하부기구로 출판배급주식회사를 만들었는데, 조선에서도 서적배급통제와 관련된 여러 가지 계획을 추진해서 가까운 시일 내에 배급기구 문제도 해결할 단계에 이르게 될 것입니다. 그것과 관련해서 조선에 출판문화협회를 만들고 내지의 출판문화협회와 긴밀한 연락을 취해, 소위 출판을 통해서 국방국가 건설에 기여하는 일을 시작하기로 대강의 방침을 정했습니다. 다만 조선에 출판문화협회를 만들 경우에 내지처럼 출판업자만을 회원으로 해서 성립할 수 있을지는 의문인데, 이 문제 역시 여러분의 지혜를 빌어 설립해나가고자 합니다. 가까운 시일에 설립하기로 대강의 방침이 정해졌기 때문에, 조직의 한 수단으로서 어떻게 조직을 꾸려 나갈지, 그것의 활용방식이나 내지와의 연락방법 같은 문제를 이 자리에서 이야기하는 것은 좀 적절치 못하지만, 여러분들께 연구를 부탁해서 훌륭한 조직을 만들어 가려고 합니다. 참고하시라고 말씀드렸습니다. 저는 용무가 있어서 이쯤에서 실례하겠습니다.

데라다 저는 아직 한 마디도 하지 않았으니 하나만 말씀드리자면, 동원문제는 조직 문제나 그 밖의 여러 방면에서 말할 수 있지만, 결국 문인 자신이 좀 더 적극적으로 궐기하는 모습을 실천으로 보여주어야 할 것입니다.

궐기하려는 마음으로 일어선 이상 주위의 잡음은 이차적인 것으로 간주하고, 그것을 문학적 실천으로 옮겨주기 바랍니다. 최근에 어떤 조선 문인에게 이야기한 내용인데, 우리 신문은 국어신문이지만 조선 측 사람의 작품을 대단히 환영하기 때문에 당신이 뭔가 시국적으로 체험한 것이라도 써달라고 부탁했습니다. 그러자 그는 "솔직히 나는 국어로 말하는 것보다 글을 쓰는 편이 더 분명하게 뜻을 밝힐 수 있을 것 같아서 쓰고 싶다는 생각은 있다. 하지만 두 언문신문이 있을 때라면 괜찮았겠지만, 언문신문이 사라진 후에 지금 새삼스럽게 국어신문에 등장하는 것은, 내가 직장을 잃어서 국어신문에 등장한 것처럼 생각될 것 같다. 양해해 달라"고 말했습니다. 이것은 자기 자신을 너무나 비굴하게 생각하고 주위의 잡음에 지나치게 신경을 쓴 결과라고 생각합니다. 누군가 어떤 일을 하면 그것을 이렇다 저렇다 비평하는 사람이 있습니다. 그러나 그런 것에 구애받지 않고, 좀 더 구체적이고 적극적으로 해 준다면 동원과 관련된 세세한 일들은 제쳐두고 비교적 쉽게 실천할 수 있지 않을까요.

최재서 지금 한 가지 예를 들어 말씀하셨는데, 그것은 극단적인 예입니다. 조선 문필가 전체가 그러하다는 것에는 도저히 찬성할 수 없습니다. 제가 모르는 곳에 그런 사람이 있을지도 모르지만, 제 자신이나 주위를 살펴볼 때 그것은 너무나 극단적인 예인 것 같습니다.

데라다 평범한 것으로는 예를 들 수 없어서 극단적인 것을 언급했지만, 전부 그렇다고는 말하지 않았습니다. 하지만 지금까지 우리 신문에 조선 측에서 등장한 사람은 없으니까요.

호시노 동원의 방법론에 대해서 제가 생각하고 있는 것을 솔직히 말씀드리겠습니다. 앞서 임화 씨와 최재서 씨의 의견을 들으니 문예라는 것은 지나치게 시국적인 것을 추종해서는 안 된다, 본래의 자기 색깔을 잃어서는 안 된다, 거기에 그런 델리케이트delicate한 관계가 있다, 두 가지 모두를 키워나가고 싶다는 생각이 있으신 것 같습니다. 이것을 아주 간단히 표현하면 동원된 문예는 주관으로, 동원을 촉발하는 시국의 거대한 흐름은 객관으로 볼 수 있습니다. 즉 주관과 객관의 관계가 되는 것이지요. 그렇다면 문예라는 주관과 문예가 아닌 거대한 객관은 어떤 관계를 맺어야 할까요. 물론 그 두 가지가 대립하지 않고 혼연일체 되어야 한다는 것을 누구도 부정할 수 없을 것입니다. 하지만 그 두 가지가 일체되는 경우 주관과 객관이 반반씩 되어도 괜찮은 지는 의문입니다. 지금 우리가 직면하고 있는 객관은 우리 선조가 아직 경험한 바 없는 대단히 큰 객관이라고 생각합니다. 그것이 크면 클수록, 그것과 일체가 되어야 할 주관은 작아지는 것이 아닐까요. 그렇다고 해서 문예라는 주관성을 완전히 없앨 수는 없지만, 가능하면 주관을 축소해서 객관 속에 몰입시킬 필요가 있다고 강하게 주장하고 싶습니다. 몰입시킨다는 것은 반드시 시국에 편승하면 어떻게든 될 것이라는 의미는 아닙니다.

마쓰모토 한 마디 덧붙이겠습니다. 이번에 문인협회가 조직이 개편되어 새로운 진용을 갖추고 문예동원에 관여하고는 있지만, 지금까지 문인협회가 해온 것을 생각해보면 자칫하면 행사에 무게를 두기 십상인 듯합니다. 마땅히 본연의 자세로 돌아가 지식인을 동원하여 그 사명을 다해주셨으면 좋겠습니다. 매우 주제넘은 말씀을 드렸습니다만, 저는 문예인이 아닌 입장에서 희망적입니다.

데라다 그렇게 해 나갈 심산으로 재정비한 것입니다. 과거 일 년 반 동안 아무 일도 하지 않은 것도 사실입니다. 그러나 솔직히 말씀드리면, 세간에서 자주 "문인협회는 무엇을 하고 있는가"라고 묻는데, 그럴 때 영화인협회나 연극협회나 연예협회 등을 예로 들어 대답합니다. 영화인협회, 연극협회는 관객 앞에 서는 것을 본령으로 삼고 있고, 또 성격상 단체 행동을 취해야만 하기 때문에 그들이 그렇게 일을 하면 대단히 화려하게 보입니다. 하지만 문인은 표면상 개인적이고, 최근 일 년 내지 일 년 반 사이에 문인의 활동무대는 점차 좁아졌으며, 앞서 말씀드렸듯이 문인 각 개인이 적극적으로 움직여 오지 않았다는 염려도 있었습니다. 시국이 이렇게 되었으니 이제 문인협회는 과거의 문인협회여서는 안 된다는 의미에서 이런 조직개편을 하게 되었던 것입니다. 그래서 지금까지는 주로 간사회가 중심이 되어 행사 등 여러 가지 안건을 내놓았지만, 이제부터는 주로 실천에 무게를 두어 기획부에서는 다양한 행사 사업을 주관하고, 문학부에서는 연구와 수양, 지도를 해 나가기로 했습니다. 개조된 지 한 달 정도 밖에 되지 않았고, 그 일에 관계하고 있는 사람들이 직업을 가지고 있는 경우가 대부분이라 아직 가시적인 성과는 없지만, 최근에 기획부에서도 재빠르게 운동과 관련된 논의가 이루어지고 있습니다. 그러나 결국 협회의 간사가 아무리 애써도 회원 전체가 움직이지 않는 한 소기의 목적을 달성할 수 없기 때문에, 이 기회에 이것이 『국민문학』에라도 게재되어, 회원 각자의 반성이라고 하면 어폐가 있을지도 모르겠지만, 협력을 얻게 된다면 점차 눈부신 움직임이 나타날 것입니다.

최재서 그럼 이쯤에서 마치겠습니다. 긴 시간 동안 좋은 말씀 해주셔서 대단히 감사합니다.

대동아문화권의 구상

1942년 2월

참석자

아키바 다카시 秋葉隆[1] ―――――― 경성제대 교수
가라시마 다케시 辛島驍[2] ―――――― 경성제대 교수
쓰다 쓰요시 津田剛[3] ―――――― 녹기연맹 주간
모리타 고로 森田梧郎[4] ―――――― 총독부 편집과
최재서 ―――――― 본사측

◎ **장소 : 기쿠이 다실**(喜久井茶寮)
일시 : 쇼와 17년(1942) 1월 31일

---

1) 아키바 다카시(秋葉隆, 1888~1954) : 사회학자이자 민속학자. 『조선무속의 연구』, 『조선 무속의 현지연구 조선민속지』 등의 저서를 남겼다.
2) 가라시마 다케시(辛島驍, 1903~?) : 경성제국대학 법문학부 교수. 조선문인협회(1939) 핵심간부, 조선연극문화협회(1942) 초대회장, 조선문인보국회(1943) 이사장 등으로 활동했다.
3) 쓰다 쓰요시(津田剛) : 녹기연맹 주간, 국민총력조선연맹 홍보부장 등을 지낸 인물로, 저서 『생활철학개설』(1941)이 있다.
4) 모리타 고로(森田梧郎) : 1931년 경성제국대학 법문학부 수료. 도키에다 모토키의 제자로 그의 영향을 받아 '국어문제'에 관심을 갖게 되었다. 총독부 편수서기와 편수관을 역임했다.

―― 대동아공영권내의 민족과 문화

최재서 대동아공영권의 정치적 경제적인 기초가 거의 완성되어가고 있는 이즈음에, 문화적인 기초도 당연히 그 구상안에 들어가야 한다고 생각합니다. 그래서 오늘은 대동아문화권이라는 말을 가지고 여러분들의 의견을 듣고자 합니다. 먼저 예비지식 차원에서 간략하게 대동아문화권 내의 민족의 종류와 그들의 문화상태 등에 대해 아키바 선생의 말씀을 듣고 싶습니다.

아키바 정말 중요한 문제인데요. 부탁하신 것에 대해 지금 당장 여러분이 만족할 만한 이야기를 해 드릴 수는 없을 것 같습니다. 근데 방금 떠오른 생각입니다만, 대동아문화권이라는 것은 이제부터 만들어 가야 할 목표이지 않겠어요. 이상理想이겠지만, 그 이상을 실현해 나가는 데는 두 가지 측면이 있을 것 같습니다.

그 하나로, 지나사변이 일어난 후 갑자기 우리 일본인들 사이에서 지나열이 고조되었습니다. 그전에 우리는 지나를 너무 모르고 있었습니다. 가라시마 선생처럼 잘 아시는 분도 있었지만, 일반적으로 지나의 진정한 모습을 알지 못했습니다. 지금부터 공부해도 이해가 안 되는 문제가 꽤 있을 것입니다. 지나를 넘어 '대동아'라는 것이 되고보니 남방에 대한 지식이나 이해가 정말로 부족합니다. 그래서 이제부터는 남방에 대해 공부하지 않으면 안 됩니다.

또 하나는 남방 사람들을 교육시킬 다양한 문화시설을 설치하는 등 그쪽에 베풀어야 하는 측면입니다. 그들을 아는 것과 동시에 남방 사람들을 우리의 동지로 삼기 위해서는 여러 가지를 베풀고 일본을 이해시켜서, 서로 함께 거대한 문화권을 형성할 수 있는 문화정책을 수립해야 합니다.

먼저 그에 대한 가장 기초적인 지식으로, 남방 사람들이 어떤 식으로 사고하고 행동하는지에 대해 알아야 합니다. 그래서 현재 여러 연구기관들이 도쿄 부근에 여기저기 만들어지고 있습니다. 그 중 하나가 남아세아문화연구소南亞細亞文化研究所입니다. 내각 정보국의 원조를 받아 릿쿄立敎대학 안에 만들어졌고 그 방면의 소장 학자들이 모여 있는데, 아주 대단한 곳입니다. 특히 태국에서는 매우 일찍부터 남방에 대해 공부해왔던 것 같습니다. 경성 쪽에도 그런 연구기관이 하나 생긴다면 매우 좋지 않을까요.

그 쪽 남방 민족에 어떤 부류連中가 있냐 하면, 일본 민족과 대단히 비슷한 부류가 상당히 많습니다. 일본 민족의 구성에 대해서 여러 가지 논의가 있는데, 일본 민족에게는 몽골의 피도 퉁구스의 피도 들어 있습니다. 그와 함께 남방의 피도 상당히 섞여 있습니다. 그러니 인종적으로도 체질적으로도 비슷하지 않을까요. 이렇게 말해도 별문제는 없을 것 같은데, 그와 동시에 민족개념의 주요한 측면인 종교, 풍속, 습관과 같은 문화적 면에서 봐도 실제로 비슷한 것이 있습니다. 좀 더 구체적으로 말하면, 벼농사를 짓고 밥을 먹는 것도 북방보다는 오히려 남방에 가까운 하나의 현상이 아니겠어요. 벼농사를 지어 밥을 먹는 경제생활만으로 일괄하는 것은 불충분하지만, 일본에서도 생활의 일부분으로 벼의 영혼을 숭배하며 이세신궁伊勢神宮에서 도요우케 오우카미豊受大神[5]를 모시는 것처럼, 그런 본원적, 원시적 신앙과도 공통된 것이 있습니다.

원시문화는 보편적으로 어디서나 같다는 주장이 있지만, 인간의 생활은

5) 이세신궁은 일본 미에현 이세시에 있는 신사로, 6㎞를 사이에 둔 내궁(內宮)과 외궁(外宮)으로 이루어져 있다. 내궁은 일본 황실의 창시자이자 태양의 여신인 아마테라스 오미카미(天照大神)를 모시고 있다. 외궁은 음식, 집, 옷의 수호신으로 일컬어지는 도요우케 오미카미(豊受大神)을 기리고 있다.

결코 동일하지 않습니다. 이질적이기 때문에 역시 서로 다릅니다. 그런 점을 고려한다고 해도 대동아문화권의 성립은 가능합니다. 요컨대 벼농사를 짓는 민족이라는 점입니다. 조선은 남쪽에서 벼농사가 들어왔다고 말합니다. 일본 내지도 역시 남쪽에서 들어와 북으로 전파되었습니다. 근원은 역시 남방에 있습니다. 필리핀에서도 태국泰에서도 베트남安南에서도 네덜란드령 인도네시아蘭印에서도 모두 벼농사를 짓습니다. 이런 점이 우리가 눈으로 확인할 수 있는 가장 근본적인 현실에서의 공통점입니다. 그리고 그 위에 형성된 신앙이나 생활에 공통된 점이 있습니다. 그런 의미에서 이미 하나의 문화권이 형성되었다고 해도 좋지 않겠습니까. 종교에 한해서 말하면 회교, 불교 같은 것은 나중에 들어온 것이고, 한편에서 그 이전에 종교적으로 거대한 동아권이라는 것이 성립되어 있었습니다. 대동아를 육성하는 입장에서 우리는 문화건설의 한 토대가 이미 구축되어 있었다고 생각해도 좋습니다. 대동아문화권 건설에 대해 아주 강한 희망을 가져도 좋다고 봅니다.

최재서 역시 문화의 경우도 장차 중심이 되는 것은 일만지日滿支겠지요. 경제방면에서는 남방공영권이 생겨나면서 여러 문제가 있는 것 같습니다. 역시 중심은 일만지라는 주장이 있던데, 어떻게 된 것입니까?

가라시마 앞서 아키바 선생의 말씀을 통해 대동아문화권 건설에 대한 근본적인 희망을 학문적으로도 가질 수 있어서 큰 용기와 기대가 생깁니다. 지금 최재서 씨가 말한 것처럼 근본이 되어 중핵체로서 그것을 지도하는 것은, 결국 비교적 문화 수준이 높고 이번 전쟁 이전부터 깊이 결속되어온 일만지의 굳은 제휴를 통해서 이루어져야 한다고 생각합니다. 근래 남방의 문제가 사람들의 관심을 끄는 것과 동시에 자칫하면 가장 중심이 되어야 할 일만日滿 등의 문제가 점점 잊혀지는 형세에 대해 대단히 주의해야 합니다. 예컨대 해군의 굉장한 공적 혹은 남방 파견 육군의 위대한 전과에 대해서 당연히 감사해야 합니다. 동시에 북만주의 광야 혹은 북지나 산간에서 그들의 토지 방어와 건설에 노력하고 있는 황군의 존재 역시 결코 잊어서는 안 됩니다. 일반적으로 새로운 것에 쉽게 달아오르는 일본인의 성격상, 이럴 때일수록 주의를 기울여 아주 차분히 건설해나가야 합니다. 이렇게 말하는 것은 어디까지나 남방 문제를 괄호 속에 묶어두고자 함이 아닙니다. 일만지를 중심으로 큰 스케일의 새로운 구상을 해야 한다고 생각합니다.

최재서 문화의 수준에서 보자면 일만지가 중심의 중추적 위치에 있고, 남양 쪽은 문화적으로 거의 언급할 것이 없다고 보는데, 그 중간에 있는 것이 태국과 베트남 정도가 아닐까요.

아키바 도조東條[6] 수상의 성명에도 있듯이 적어도 독립할 만한 곳은 존중해야 합니다. 태국, 베트남은 물론이고 다른 지역도 우리 일본이 지배하는 것을 고려해야 합니다. 힘보다는 문화가 더 중요할 것입니다.

최재서 공영권 내에는 얼마나 많은 민족이 있을까요. 인도에도 40 여 민족이 있다는데 …….

아키바 대단하죠. 필리핀에도 4~50여 민족이 있으니까요.

---

6) 도조 히데키(東條英機, 1884~1948) : 군인이자 정치가. 1938년 육군 차관이 되었고, 1941년 일본의 40대 수상이 되어 1944년까지 태평양 전쟁을 주도하였다. 거듭되는 패전으로 1944년에 사직하였고, 전후(戰後) 극동군사재판에서 전범으로 사형에 처해졌다.

가라시마 남방에 독립이 인정되는 곳이 있다고 해서, 조선이 그것을 모방하려는 생각은 정말 주의해야 합니다.

최재서 그런 일은 아마 없을 겁니다.

가라시마 그런 의미에서 조선은 일본이라는 입장에서 모든 것을 고려해야 합니다. 그런 독립에 대한 생각에서부터 여러 가지 문제도 발생하는 것입니다.

쓰다 대동아공영권 내에서 내선일체의 의의를 다시 한 번 생각해야겠네요.

――― 대동아공영권의 지도원리

최재서 이렇게 많은 민족을 공영권 내에서 통일해갈 지도원리, 지도정신은 어떤 것입니까, 쓰다 군.

쓰다 참 난처하네요.

최재서 쓰다 군은 여러 해 동안 이 방면의 연구를 해 왔으니까요.

쓰다 대동아공영권 또는 문화권이 어떤 식으로 구축되어 왔는가, 혹은 구축되어 갈 것인가 하는 문제에 대해 좀더 역사적으로 고찰할 필요가 있습니다. 물론 그렇다고 수천 년 수만 년을 거슬러 갈 필요는 없습니다. 극히 최근 일부터 말씀드리면, 만주사변이 이번 대동아공영권의 출발점이 되었다고 생각합니다. 만주사변에서 지나사변까지 6년을 대동아건설의 제1기로, 지나사변이 시작되고 이번 대동아전쟁까지 4년 정도를 동아공영권 건설의 제2기로 나눌 수 있습니다. 그리고 이번 전쟁이 시작되면서 이름도 대동아전쟁으로 바뀌고, 대동아공영권의 이념 또는 그 건설을 위한 전쟁이라는 대의명분이 명료해졌습니다. 만주사변 해결에 6년, 지나사변 처리에 4년, 그리고 이번의 대동아전쟁을 두고 내각 측에서는 10년 정도 걸릴 것이라고 말합니다. 이것들을 합하면 20년인데, 그것을 제1차 계획이라고 말하지는 않지만, 대체로 그렇게 제1기, 2기, 3기라는 식으로 구분하고 있습니다.

그런 새로운 건설은 독일에서도 하고 있습니다. 제1차 4개년 계획이 쇼와 8년1933이었고, 그 이후로 제2차 4개년 계획을 세워 실행했고, 그것이 끝날 즈음 구주대전이 일어났습니다. 유럽 신질서 건설에 결국 14년이 걸렸습니다. 러시아의 건설은 좀 지지부진한데, 쇼와 4년1929에 제1차 5개년 계획을 실행하고, 이어 제2차, 제3차로 실행했습니다. 모두가 큰 구상을 통해 거대한 공영권을 만들고 있습니다. 일본의 거대한 공영권과 독일의 레벤스라움Lebensraum[7], 러시아의 공산주의적 건설은 결국 10년, 20년에 걸친 하나의 구상 아래 실행되고 있습니다. 성공할지 어떨지는 이데올로기에 의해 결정되는 것이지 결코 우연적인 일은 아닙니다. 지나와의 관계가 악화되어 갑자기 지나사변이 일어났다든지, 남방문제가 일어나서 갑작스레 남방으로 간다고 생각하면, 대동아공영권 저변의 흐름을 파악할 수 없습니다. 그

7) 나치에 의해 만들어진 독일인의 생활권.

런 식으로는 대동아공영 건설의 윤곽을 잡을 수 없습니다. 일본의 건설, 독일의 유럽 건설, 또 러시아가 만들고자 하는 구상은 종래의 앵글로색슨이 건설했던 세계 제패를 무너뜨리려는 것이며, 앵글로색슨과는 방향이 다릅니다. 지금 이렇게 세 개의 경향이 나타나고 있습니다. 이런 경향 안에서 동아공영권이 어떤 위치와 사명을 가지고 있는지에 대해 적극적으로 인식할 필요가 있습니다.

최재서 그렇다면 결국 어떤 원리에서 해나가야 합니까?

쓰다 바로 황도皇道입니다. 앞서 말했던 것처럼 금세기에 세 가지의 새로운 구도가 있고, 그 중 황도가 가장 우수하다는 주장이 일본의 입장입니다. 따라서 대동아공영권을 관철시키는 것은 황도일본의 구도를 명확히 그리는 것이라 생각합니다. 가령 황도생활권이란 것을 생각해보고 싶은데, 황도에 기초하여 황도문화권 내의 여러 민족을 어떤 식으로 자리매김시킬지, 그것이 문화권의 근본문제가 아닐까요.

가라시마 있을 곳에 있게 하는 것이 근본문제겠죠.

쓰다 황도에는 천양무궁天壤無窮이라는 순수한 측면과 팔굉일우八紘一宇라는 무한히 확대할 수 있는 측면이 있습니다. 구심력과 원심력이라는 두 측면입니다. 이런 의미에서 공영권 건설과 문화건설은 표리일체입니다. 안으로는 천양무궁, 밖으로는 팔굉일우의 측면을 이제부터 어떻게 건설해 갈 것인가, 문화이념이라든지 모든 문제가 거기에 달려있습니다. 또 그것이 새로운 문화인의 임무가 될 것입니다.

가라시마 지금부터 구체적으로 건설해 나가는 것이 필요합니다.

쓰다 그렇게 다른 사회를 어떻게 화합시키느냐가 문제입니다. 내선일체는 국내의 문제이지만, 그렇게 다양하고 다른 것이 함께 화합和의 정신을 극도로 발휘한 것이 내선일체입니다. 그런 의미에서 동아공영권에 황도가 발현되어 내선일체가 밖에서도 실현된다면, 확고한 화합和의 정신을 입증하는 것이겠지요. 이 점을 놓치지 말아야 합니다. 필리핀을 독립시켰으니 조선도 그렇게 하는 것이 어떠냐고 하는 것은 황도가 무엇인지도 모르는, 문제 삼을 것을 것도 없는 폭론입니다. 그리고 다른 지역은 각각의 계기와 문화의 정도에 따라 점차로 움직여 갈 것이고, 그 원리는 구체적으로 각기 다를 것이라고 봅니다.

가라시마 문제는 항상 구체적으로 생각해야 하지, 추상적으로 사고한다면 묘한 방향으로 나가지 않을까요.

최재서 현재는 블록 이론으로 정리되는 듯한데, 러시아 블록, 구주 블록 등과 대동아공영권이 근본적으로 다른 점은 무엇입니까? 경제적으로 본다면 광역 경제가 되겠지만, 문화 쪽에서 이야기하자면 지도원리에 따라 아주 달라질 거라고 생각합니다.

쓰다 거기에 황도의 특징이 나타나 있습니다. 러시아적 원리를 따르면 몽고와 같은 비참한 현실이 생길 것입니다. 앵글로색슨적 원리에서 해보면 일단은 서로 존중하는 듯 보여도 실제로는 방치하게 되서 결국 가까이 할 수 없게 됩니다. 황도의 경우 다행히 전체적으로 일본문화가 형성되어 있기 때문에, 진정한 일본문화는 지금부터 진수를 발휘할 것입니다. 지금까지는 형성의 시대였습니다. 아무튼 전부를 일본이 흡수하고 있습니다.

태국, 미안마는 대단한 불교국인데, 이번에 태국 군대가 미얀마를 침공했습니다. 그러자 태국에서 기도를 시작했다는 내용이 신문에 나왔는데, 그런 깊은 신앙을 일본문화가 받아들여 어느 수준까지 육성하고 있습니다. 그것을 가져다가 태국의 장점을 생생하게 발전시키고 육성시켜 간다는 점에 황도문화의 특징이 있지 않겠습니까. 네덜란드령 인도네시아蘭印 쪽은 잘 알지 못하지만, 필리핀은 지금 완전히 아메리카화되어 버렸습니다. 이번에는 지리적 경제적인 현실에 입각하여, 필리핀을 진정한 의미에서 무한히 진전시켜 가야 합니다. 그럼에도 불구하고 아메리카 문화는 나쁘기 때문에 필리핀을 전부 다른 것으로 바꾼다는 뜻은 아닙니다. 일단 흡수한 아메리카 문화의 나쁜 점은 철저하게 근절하고, 좋은 문화재文化財는 장래 필리핀 문화재의 일익一翼으로 흡수해 가는 것이 비로소 일본문화 안에서 가능할 것입니다. 과거의 문화 흐름이 세계 속에 얼마나 있을까 하는 문제는 아키바 선생의 전문입니다만, 발굴된 세계의 문화재는 일단 일본문화에 의해 육성되면서 비로소 새로운 광채를 띠고 각 지역 곳곳의 특징을 생성시켜 갑니다. 그것에 의해 천황의 위엄을 각각의 지역 사람들이 받들게 되는 것입니다. 거기에서 우리들의 생활이, 즉 분쟁없는 철근콘크리트의 생활공영권이 생겨나는 것은 아닐까요. 거기에는 볼세비키나 앵글로색슨이나 혹은 나치스가 만들려고 하고, 일본의 학자가 추종하는 나치스의 민족론 등을 초월한 불가사의한 황도의 힘이 있습니다. 그것을 육성하는 것이 문화인의 책임입니다.

——— 우선 물질적인 문화에서부터

아키바 찬성입니다. 황도 이데올로기로 간다는 것에는 전적으로 찬성합니다만, 문화가 뒤처진 민족과 문화가 발전한 민족이 접촉할 때에는 하나의 사회학적 법칙이 작동합니다. 이것이 정설입니다. 요컨대 우수한 문화의 민족과 열등한 문화의 민족이 접촉할 때, 물질적인 문화와 정신적인 문화 중에서 먼저 유입되는 문화의 흐름은 물질적인 문화입니다. 이렇게 문화를 물질적인 것과 정신적인 것으로 나누는 것에 대해 약간의 의문이 있을 수 있겠지만, 종래의 학설에서는 물질문화가 우수한 민족에서 열등한 민족에게로 흘러간다고 합니다. 황도정신은 넓고 커다란 정신문화입니다. 그런데 이 정신을 전파하는 데 물질문화가 먼저 유입된다는 점을 어떻게 활용해야 할지가 구체적인 문제인 것입니다.

가라시마 바로 그 점입니다.

아키바 지금까지 앵글로색슨은 물질문화를 기반으로 여러 훌륭한 도로를 만들거나 건물을 세웠습니다. 그런데 일본인이 그들보다 물질적인 면에서 조금이라도 뒤처지게 되면, 주민의 이해가 굉원宏遠한 황도정신까지 도달하지 못할 것이기 때문에 거기에는 섬세한delicate 기술이 필요합니다. 황도정신을 주장하는 것에는 대찬성이지만, 물질적인 면을 어떻게 사용할지, 기술의 문제를 깊이 고려해야 합니다.

쓰다 그것이 출발점이겠지요.

아키바 그렇습니다. 그것이 출발점입니다.

——— 종교 문제

최재서 그런 지도원리가 문화의 각 방면에 어떻게 나타나는가의 문제로 귀착한 것 같습니다. 여러 가지가 있지만 우선 종교, 문학, 대중적인 영화, 대체로 이 세 방면에 한해서 구상을 정리해보고자 합니다. 종교는 어떻습니까, 국내에서도 문제가 좀 있는데요. 대동아공영권에서 주요 종교는 대체로 신도, 불교, 회교, 기독교 등입니다만 …….

아키바 인도교도 있습니다. 민족 고유의 세속 신앙이지요.

최재서 사실 우리는 이 방면에는 관심을 갖지 않았습니다. 지금 와보니 아키바 선생의 노트를 공부해 두었다면 좋았을 거라는 생각이 듭니다.(웃음)

아키바 터부라든가 토템이라든가 하는 말은 일반적으로 듣기 어려웠는데, 최근에는 소설에까지 나옵니다. 안목이 상당히 변했지요.

쓰다 종교에서 가장 많은 것은 불교입니까?

아키바 그렇습니다. 회교도 꽤 많습니다.

모리타 프랑스령 인도차이나佛印는 기독교입니까?

아키바 불교도 많습니다. 필리핀에는 기독교가 많지만, 정확히 말하자면 역시 토속적인 형태의 종교가 많습니다. 불교와 기독교를 어떻게 재건할지가 문제입니다.

쓰다 불교와 기독교를 어떻게 재건할지가 문제로군요. 그런 의미에서 우선 일본 내의 문화를 재편성하는 것이 역시 출발점이 될 것입니다.

아키바 기독교의 일본화는 아주 어렵습니다. 기독교가 대단한 순수성을 지닌 것이라서 ……. 그런 경향을 마호메트교도 갖고 있어서 마호메트교는 다른 종교를 배척합니다. 불교는 그런 점에서 포용적인데, 여러 민간 세속 신앙까지도 흡수합니다. 그래서 절에서도 종종 불교 이외의 것을 섬기는 일이 있습니다. 마호메트교와 기독교는 그런 성향을 갖고 있지 않습니다. 순수성은 신앙으로서는 좋지만 한편으로 매우 편협해집니다. 그래서 종교를 재편성하는 데는 역시 불교가 비교적 쉬울 거라고 봅니다.

쓰다 일본은 3천년 동안 일본정신으로 일관해왔습니다. 불교, 기독교 등 여러 종교가 들어왔지만 그 정신을 잃지 않았습니다. 예를 들어 불교는 불교의 근저에 토대ground가 되는 문화지반을 제공하고 있습니다. 다른 나라에서는 그런 현상이 발생하기 않습니다. 어떤 종류의 종교가 들어오면 종래의 정치 종교가 모두 뿌리째 뽑히고, 새로운 것이 들어오면 완벽하게 뒤집혀버립니다. 일본 정신은 그 점에서 다릅니다. 갑자기 동아공영권에 여러 가지 종교가 들어와도, 일본은 그 본질을 잃지 않고 더욱 더 일본정신을 풍부하게 해나가고 있습니다. 거기에서 종교재편성의 원리가 나오는 것입니다. 그런데 일본의 문화인은 그런 일본적 성격을 충분히 연구하지도 않았고, 성공하지도 못했다고 생각합니다.

최재서 언젠가 도쿠토미 소호德富蘇峰[8] 선생이 "종교가는 믿는다. 학자는 연구한다. 정치가는 이용한다"고 말했습니다. 역시 공영권 내에서도 제일 먼저 주목해야 할 점이 아닌가 생각합니다.

가라시마 그러한 경우를 저 역시 여러모로 고려하고 있습니다. 순수성을 가진 종교에 급속하게 어떤 변화를 부여한다면 여러 가지 곤란에 빠질 수 있습니다. 문제는 그것들을 급속히 어떤 형태로 편성, 대체하는 것이 아니라, 그것을 그 상태로 새롭게 발전시키는 것입니다. 그와 동시에 종교를 믿는 한결같은 마음으로 대동아건설을 향하게 하면 좋을 것입니다. 일본문화의 위대함이라는 것을 마음으로부터 이해하고 이것을 중심으로 자신들도 함께 신문화 건설에 매진하겠다는 결심을 품도록 만듭니다. 거기에 정책의 근본이 있습니다. 이런 식으로 생각하면 어떨까요. 이외에도 아직 여러 가지를 고쳐야겠지만, 현재는 그 정도로 생각하고 있습니다.

아키바 또 하나 제가 말해두고 싶은 것은 종교가 순수성을 지니고 있다 해도 결국 인간이 믿는 신앙이라는 것입니다. 만주, 지나, 혹은 서양에서 종교가 각각 색채를 달리하며 들어왔지만, 일본에 들어오면 순수성을 잃게 됩니다. 그 점에서 종교가 황도정신 밑으로 들어올 가능성이 있다고 생각합니다. 같은 기독교를 신앙으로 삼아도 일본인이 믿으면 달라집니다. 일부러 정책을 쓰지 않아도 자연

---

8) 도쿠토미 소호(德富蘇峰, 1863~1957) : 역사가이자 비평가, 언론인. 일본 최초의 종합지인 『고쿠민노토모(國民之友)』를 발행했다. 제국주의 일본을 지지하는 호전적 국가주의자였으며, 1910~17년까지 조선총독부의 기관지인 『경성일보(京城日報)』의 감독을 역임했다.

히 일본 전통에 영향을 받을 수밖에 없습니다. 이와 비슷한 것이 지나에도 네덜란드령 인도차이나蘭印에도 필리핀에게도 있을 것입니다. 서양인이 파악한 기독교와 필리핀인이 파악한 기독교는 다릅니다. 거기에 일본의 황도정신이 있습니다. 신도 부처도 믿는 것이 서양인에게는 불가능하지만, 우리는 가능합니다. 일본인 이외의 동양인에게도 그런 전통이 있지 않을까요.

가라시마 동아인적인 자각을 지닌다면 자연히 종교 그 자체도 변혁을 가져오게 되겠지요.

쓰다 순수한 종교에서는 천국을 지상에 실현하고자 합니다. 일본의 역사와 국체가 무너지지 않은 세계를 실현하고 있으니, 종교가 그리는 천국이나 세계와 딱 들어맞는다고 할 수 있습니다.

아키바 서양에서는 그렇지 않습니다. 교회church가 사회state보다 위에 있기 때문에 그만큼 순수한 점이 있습니다.

최재서 독일이 애를 먹고 있는 것은 기독교의 국제성입니다. 히틀러를 중심으로 철학자들이 각고의 노력을 기울여 독일적 기독교를 건설하고 있고, 점점 번성해가고 있습니다.

쓰다 황도에는 여러 민족이 그리고 있는 이상향, 종교적인 지상 낙원으로 동아공영권이 발전해나갈 가능성이 있습니다.

최재서 얼마 전 부민관에서 열린 문인협회 주최의 강연회에서 사토 기요시 선생의 말씀을 들었습니다. 그에 따르면 불교는 일본 국가와 완전히 결부되면서 그 본질은 변했지만, 대신 안전하게 살아남았고, 지나에서는 불교의 순수성은 지켰지만 불교가 약화되었다고 하더군요.

가라시마 그런 일본의 소화消化·융합融合의 자세를 통해, 사람들은 앞으로 스스로가 해야 할 일을 깨달을 것입니다. 이제부터 일본의 존재방식을 대동아에 널리 알리는 일이 근본이 될 것입니다.

아키바 문화가 뒤처질수록 생활과 종교가 결부되기 쉽고, 종교전문가가 매우 관념화되는 경우가 꽤 있습니다.

최재서 교회를 위한다면 나라를 버려도 괜찮다는 사고방식이 동양인에게는 없어서가 아닐까요. 동양에서는 그런 것이 불가능하고, 종교는 국체國體에 부수적으로 존재하면서 신앙화됩니다.

쓰다 국가사회학을 하시는 선생님이 계신 앞에서 이런 말을 하면 꾸짖으실지 모르지만, 흔히 국가라는 개념을 서양의 국가개념과 혼동하는 사람이 있는데, 일본의 국가는 하나의 생활공동체이며 서양의 국가와는 다릅니다. 불교가 국가와 결부되어 있다고 하지만 실은 국가가 아닌 생활과 결부된 것입니다.

최재서 실제로 조선의 기독교를 예로 들면, 분명 조선의 환경에 맞지 않는데도 그대로 옮겨 실행한 것이 조선의 교회입니다. 한결같은 점은 있지만 역시 관념적입니다. 그것을 시정해 나가고 있습니다.

—— 국어의 문제

가라시마 그 점에서 조선이 새로운 방향으로 나아가길 기대하고 있습니다. 아까도 얘기하셨듯이 일본의 문화 선양宣揚이 점점 실행되고 있습니다. 소위 문화 선양의 전제 조건 중 하나로 국어가 문제가 된다면, 문학이나 영화와 같은 문화적인 것을 당연히 다루어야 한다고 생각합니다. 모리타 씨, 동아의 국어정책은 어떤가요…….

모리타 제게 너무 어려운 질문이네요.

가라시마 모리타 씨는 작년 도쿄에서 열린 각지의 국어정책문제 모임에도 참여하신 조선전문가이시니까 편하게 한마디 해주시죠.

모리타 작년의 일인데, 잘 아실테지만 문부성에서 주최한 국어대책협의회가 열려서 각지의 국어교육 및 국어보급 상황을 들을 기회가 있었습니다. 앞서 쓰다 씨가 대동아공영권의 건설과정을 제1기, 제2기, 제3기라는 식으로 나눠서 말씀하였는데, 일본어의 해외진출이라는 문제도 대체로 세 단계를 밟아가고 있는 것 같습니다. 지나사변 후 대륙경영의 측면에서 일본어 보급 문제가 크게 거론되자 문부성이 국어대책협의회를 개최했는데, 이것이 제2기입니다. 제1기는 언제부터인지 확실히 말씀드릴 순 없지만, 국제문화협회라는 것이 있어서 일본어의 해외보급을 도모하는 일을 했었습니다. 머지않아 런던의 대학에 일본어 강사가 진출할 것이라는 내용이, 만주사변 후 신문과 잡지에 대서특필된 적이 있었습니다. 그 시대가 일본어 해외진출의 제1기였다고 봅니다. 그리고 이번에 새로운 대동아전쟁이 시작되면서 공영권 내의 일본어 진출을 고려하게 되었던 것이 제3기라고 여겨집니다. 제2기 일본어의 대륙 진출은 한 손에 칼을 들고 한 손에 법전을 든 마호메트와 같았습니다. 전쟁을 하는 한편에서는 선무반宣撫班이 서서히 대륙 속으로 파고 들어가서 일본어를 보급했습니다. 그렇게 시급을 요하는 실정이었기 때문에 제2기의 일본어 진출은 졸속이었다고 말할 수 있을 것 같습니다.

그렇지만 이번에는 일본이 대동아공영권의 지도자이자 동아의 맹주로서 일본문화를 공영권 내에 세울 수 있게 되었습니다. 결국 문화의 근저를 만드는 것은 언어입니다. 그런 의미에서 이번에는 제2기 때보다 더욱 신중하게 근본적인 대책을 수립해야만 합니다. 앞서 아키바 선생이 우선 공영권 내의 민족을 알고 상대를 이해하는 것이 근본문제라고 하셨는데, 일본어의 문제도 마찬가지입니다. 저는 우선 공영권 내에서 사용하고 있는 여러 언어를 연구, 조사하는 것이 선결문제라고 봅니다. 또 한 가지는 프랑스령 인도차이나에서 프랑스가 이제까지 어떤 언어정책을 취했는지, 태국에서 영국이 어떤 정책으로 영어를 보급했는지 연구함과 동시에, 유럽 국가들의 언어정책도 연구, 조사해야 합니다. 앞서 종교 문제에서 봤듯이, 필리핀처럼 기독교가 성행했던 곳, 회교가 성행했던 곳에 대한 종교적 대응방식은 각각 그 지역에 입각한 방식이어야 한다는 점입니다. 일본어의 대응방식도 그 지역의 사정을 충분히 연구한 다음에 구체적인 정책을 세우는 것이 좋다고 봅니다.

가라시마 당연합니다. 어떤 사람들은 이미 연구하고 있겠지만, 우리가 아직 그 문제를 충분히 연구하지 않은 것은 심히 애석한 일입니다. 문화인 전체가 현실적인 대동아 건설의 진전과 더불어 박차를 가해 진력하지 않으면 안 된다는 것을 절실히 느끼는 바입니다.

쓰다 이 문제의 근본은 일본어의 재편성에 있습니다. 이것을 해결해 주셨으면 하는데, 가나 표기법의 문제, 한자의 문제 등 여러 가지 문제가 있습니다.

모리타 대단히 중요한 문제입니다. 국내에서 국어를 정리, 통일하는 것과 공영권 내로 가지고 나갈 일본어를 정리, 통일하는 문제를 똑같이 취급해야 할지, 아직 저도 그 점은 확신할 수 없습니다…….

가라시마 종래에는 서로 별개였지요.

모리타 우리는 그것을 국어교육과 일본어교육이라고 구별해서 부르는데, 방법상으로는 조금 달라야 하겠지만, 국어의 정리 · 통일문제를 생각하면 그래도 좋은 건지 아닌지, 저도 확신하기가 어렵습니다. 제 미숙한 생각을 말하자면, 뭐랄까 현재의 국어를 그대로 보급하는 것에는 여러 문제가 있는 것 같습니다. 예를 들어 가나 표기, 문자사용 등 다양한 문제가 있습니다.

가라시마 국어의 정리문제는 국내적으로 노력하더라도, 지금 시기에는 역시 아까 말씀하신 졸속주의적인 수단이 필요하지 않을까요.

모리타 현재 정리되지 않은 일본어가 상당히 보급되어 있습니다. 지금까지 많은 일본인이 진출해 있으니까요. 그것에 대해서도 정리, 통일할 수단이 필요하지 않겠습니까. 그런 일은 최재서 씨가 전문인데요. 지나 곳곳에서 퓨전 잉글리시Fusion English라는 왜곡된 영어가 꽤 사용되고 있습니다. 국어의 경우도 왜곡된 일본어가 현재 보급되고 있다고 생각하는데, 졸속임을 감안하여 보급하면서 정리 · 통합하는 방안을 강구해야 합니다.

가라시마 그 경우에 문학의 문제가 상당히 중요할 것입니다.

최재서 이건 만주국 관리에게 들은 이야기입니다만. 만주국에는 순수한 국어를 보급하려는 그룹과, 다소 순수함을 잃더라도 합리적인 국어, 소위 문법서 한 권만 있으면 쉽게 익힐 수 있는 국어를 보급하자는 그룹이 있어서 서로 논쟁하고 있다더군요.

아키바 그럼 에스페란토[9]와 같은 것이 되겠군요.

최재서 거기에 대해 국학자들은 불같이 화를 내면서, 복잡함이 일본어의 특징인데 그것을 없애면 일본정신은 사라져버린다고 하더군요. 그 다음은 방언의 문제인데 언어가 방언화되면 문화도 지역화된다는 점을 고려해야 합니다. 그리스의 문화는 식민지에 가서 언어의 방언화와 더불어 대단히 퇴폐적인 문화가 되어버렸습니다. 소위 코이네koine[10]가 되고 말았습니다. 언어가 방언화되면 그것만으로 끝나는 것이 아니라, 문화가 지역화되어 퇴폐적인 문화가 생깁니다. 그런데 그것이 본국으로 다시 역수입되는 거죠.

---

9) 에스페란토어는 국제적 의사소통을 위해, 배우기 쉽고 중립적인 언어를 목표로 하여 만들어졌다. 에스페란토라는 이름은 1887년 발표한 국제어 문법 제1서에 쓰였던 라자로 루드비코 자멘호프의 필명인 '에스페란토(희망하는) 박사'에서 유래하였다. 원래는 국제어(Lingvo Internacia)라고 불린다.

10) 코이네(Koine) : BC 4세기부터 유스티니아누스 황제 시대(AD 6세기 중엽)까지 그리스와 마케도니아 및 헬레니즘 문명에 동화된 일부 아프리카와 근동지방에서 사용된 언어이다. 주로 아테네 방언에 바탕을 둔 코이네는 고대 그리스의 여러 방언 중에서 우수한 방언을 중심으로 여러 방언을 모아 만들어졌고, 2세기까지는 다른 고대 그리스어 방언들을 완전히 몰아냈다.

민중은 어렵고 딱딱한 문화를 싫어하기 때문에 식민지 풍으로 지역화된 문화가 역수입되는 것입니다.

가라시마 이런 때에는 양적인 진출이라는 것도 상당히 필요합니다. 경제건설을 이루기 위해서는 신속한 의사소통이 필요한데, 그러기 위해서는 양적인 진출도 고려해야 합니다. 그것을 문학이라든가 여러 새로운 부문에 의존하면서, 혼탁함을 제거하고 급속히 전개시키는 정책이 필요합니다.

모리타 결국 공영권에 일본어를 진출시키는 문제를 생각하면, 한편에서 당연히 학교 교육을 떠올리게 됩니다. 그러나 학교 교육 외에 일본어를 진출시키는 것이 현실적인 문제입니다. 또 이제부터는 종전보다 더한 기세로 해나가야 할 것입니다. 요컨대 남방으로 이주한 사람들, 즉 남방공영권 내의 사람들과 접하는 한 사람 한 사람이 모두 일본어 지도자라는 자각을 가졌으면 합니다.

가라시마 대찬성입니다.

모리타 고도국방적 일본어, 이상한 말입니다만 고도국방국가를 완성하려 했다면 지나사변도 아주 달라졌을 것입니다. 동시에 문화도 고도국방국가에 상응하는 것으로 변화시키면 완전히 달라질 것입니다. 국어 문제도 고도국방국가와 관련이 있습니다.

최재서 국어를 국내적으로 정리하는 것도 반드시 필요합니다. 얼마 전까지 조선에서 사용한 국어도 대개 규슈 계통이었습니다. 지금도 꽤 남아있는데, 그때 이런 자각이 있어서 표준어가 확립되었다면 혼란을 피할 수 있었겠지요.

가라시마 따라서 진출해 있는 사람들의 문화수준과 일본 전체의 문화 수준을 높이는 데 속력을 내는 것이 총후의 임무 중 하나입니다.

모리타 지금까지 국내에서 국어교육은 한 쪽에 치우쳐 있었습니다. 그래서 이번 국민문학의 국어교육의 문제가 등장한 것입니다. 개정된 국민학교의 교육, 특히 국어교육은 매우 개혁적입니다. 종래의 국어교육은 문자교육에 지나치게 치중해 있었기 때문에, 음성, 언어구사, 회화 교육 등을 등한시하였습니다. 그래서 문자를 통한 의사교환은 아오모리青林와 가고시마鹿兒島에서도 충분히 가능하지만, 일단 만나서 이야기를 나누게 되면 같은 내지이면서도 아오모리 사람과 가고시마 사람 사이 의사소통은 정말 곤란했습니다.

이번 국민학교 국어교육에서는 문자언어는 물론이고 음성언어 교육을 충분히 해야 한다는 지도원리를 제시하고, 작년 4월부터 새로운 독본을 문부성에서 제작했습니다. 그것은 일본의 국어독본 편찬사의 신기원epoch이라고 생각합니다. 문자가 전혀 없는 교재를 회화교재라고 부르는데, 내지에서 태어나 국어 안에서 자란 내지인을 위한 독본에 문자가 없는 교재를 포함시키는 편찬법을 취한 것입니다. 이것을 일본 문부성이 최초로 편찬했습니다. 조선에서는 국어의 입문 시기임을 고려하고 일종의 외국어로 취급해야 하기 때문에, 구어부터 배우는 편찬법을 택한 것입니다. 문부성이 그렇게 한 것은 결국 종래 교육에 대한 대대적인 시정인 셈인데, 앞으로 일본이 철저히 교육한다면 공영권에 사투리나 방언, 혼탁하고 왜곡된 일본어가 전파될 걱정은 없을 것 같습니다. 지금 제가 쓰고 있는 말도 대체로 그다지 순수한 것은 아닙니다. 일반적으로도 우열은 있겠지만, 음성언어 상으로는 순정한 국어 영역에 도달하지 못한, 그런 교육을 받고 그런 환경에서 생활했던 사람들의 대부분이 지금 남방에 가 있는 실정이니까요.

가라시마 국어 교육을 바로 세울 필요가 있습니다. 그러기 위해서는 학교 교육에서나 일반에서도 라디오를 최대한 이용해야 합니다. 더 나아가 문학이나 토키영화[11]와 같은 다양한 것들을 이용해서 국어 교육에 박차를 가할 필요가 있습니다.

——— 언어의 교류

최재서 일본어를 공영권의 공통어로 고려할 경우, 우선 영어가 상업어로서 세계에 보급되었던 것처럼 경제적인 기초 위에서 국어를 대동아공영권의 공통어로 삼는 것이 충분히 가능하다고 봅니다. 또 문학어와 학술어에 있어서도, 동아공영권 내에서 일본어를 공통어로 삼는 것을 염두해야 합니다. 영어와 독일어가 학술어로서 편리한 것은 그 중 하나라도 알고 있으면, 어떤 나라의 저술도 영어나 독일어로 번역되어 있어서 읽을 수 있기 때문입니다. 앞으로 서양의 여러 학술 저서 혹은 문학작품을 일본어로 번역한다면 일본어를 학술어로 확립하는 데 필요한 힘이 될 것 같은데, 어떻게 생각하십니까.

11) 발성영화(유성영화)

가라시마 필요하지요. 동시에 앞으로 일본어로 쓴 독자적인 발표가 많이 나올 것입니다. 지금까지는 일본에서 학술 자체에 대해 생각하는 방식이 흔히 외국의 학술은 대단히 훌륭하고 일본의 학술은 아주 수준이 낮다는 식이었는데, 이번 전쟁에서 군사적으로 어뢰와 비행기, 그 외 모든 점에서 우수함이 입증되었습니다. 다른 부문도 발표한다면, 아주 훌륭한 것이 있을 것 같습니다. 그것을 학자가 국어로 발표해 나갈 필요가 있습니다. 또 말씀하신 것처럼 외국의 유산을 번역해서, 일본어를 알고 있으면 전 세계 문화를 접할 수 있게 되는 것도 바람직하겠지요.

최재서 제가 그런 말을 한 것은 무턱대고 외국 작품을 번역해서도 안 되지만, 전 세계의 문화를 일본어를 통해서 이해할 수 있게 된다면, 일본어 보급은 강요하지 않아도 확립될 것이라는 생각에서 였습니다.

모리타 지나 청년들이 독일어 · 프랑스어 · 영어에서 일본어로 전환하고 있는 것은 그런 의미에서 일본어를 통해 세계 사상과 문화를 이해하려는 것이겠지요.

가라시마 그렇게 되고 있는 것을 일본에서 모르고 있었을 뿐입니다.

최재서 논문의 술어術語 등은 대개 일본어에서 차용한 것이 많지 않나요.

가라시마 어법 등도 점차 일본적인 어법이 되어가고 있습니다.

최재서 앞으로 그런 점을 좀 더 강하게 추진해 간다면…….

가라시마 동시에 번역할 대상이 새로운 대동아공영권의 건설에 부합해야 하는데, 그 점에서 번역국飜譯局과 같은 것을 설치하고 큰 계획을 세우는 것이 필요합니다.

아키바 오늘날은 번역서 범람의 시대라고 말할 정도입니다. 그러나 오역도 많습니다.(웃음) 그것 때문에 문화협회 등이 대단히 골치아파하고 있지요. 이것을 하나로 정리해야 한다고 말하더군요.

모리타 동아공영권 내에서는 일본어만 알고 있으면 세계의 문화를 이해할 수 있도록 해야지 …….

아키바 그러나 네덜란드어를 읽을 수 있는 사람이 과연 일본에 몇 명이나 있을까 생각해보면, 극히 비관적입니다.

모리타 저는 학교 강습회 등에서, 조선에서 국어교육을 철저히 하려면 역시 조선어를 알아야만 진정한 국어교육을 할 수 있다고 말합니다. 마찬가지로 남방의 언어를 공부하지 않으면 안 될 것입니다.

가라시마 네덜란드어 공부를 모든 사람이 할 필요는 없습니다. 번역에 관여하는 특수한 사람이 특수한 공부를 하는 그런 기획이 있어도 좋겠네요.

쓰다 석탄과 시멘트는 통제회統制會가 있어서 거기에서 여러 일을 합니다. 그처럼 독일문화 수입회 같은 것이 있어 그런 일을 맡으면 좋겠습니다.

최재서 거기에 관청의 통제와 민간의 창의를 결부시키면 가장 이상적이겠지요.

아키바 현재 번역료가 너무 낮습니다. 번역은 저작권이 있고 국제관계상 문제도 있습니다. 저작권으로 너무 비싼 돈을 지급하지 않는다면 출판사에서도 번역료를 많이 지급할 수 있겠지만 지금으로서는 채산이 맞지 않는 듯합니다. 그 점에 대해 노력하고 있는 것 같더군요.

최재서 서양문화 숭배의 잔재는 아니지만, 공영권 내에서 아직 뒤쳐져 있는 사람들에게 서양 문화를 소개하는 것이 문화 수준을 높이는 하나의 길이라고 생각합니다.

가라시마 선택적으로 해 나가야겠지요. 제도를 통해 선택권을 확립할 필요가 있습니다.

쓰다 도쿄제국대학의 총장이 번역국의 총재를 겸하면 되겠네요. 좀 벗어난 얘긴가요?(웃음)

——— 대동아문학권

최재서 지금 동아공영권 내에는 어떤 문학이 있습니까. 일본문학, 그 안에 조선문학, 만주문학, 지나문학이 있고, 베트남도 있는 것 같은데, 다른 곳에는 어떻습니까?

가라시마 인도네시아[12]도 포함하면, 인도네시아에도 어느 정도 있겠네요.

최재서 대부분은 영어겠군요. 하지만 신문을 발간하는 토착어만 해도 네댓 개는 되기 때문에 토착문학도 꽤 있겠네요. 그 중에서도 타고르가 처음 시를 썼던 뱅골어[13]는 우수한 편입니다.

모리타 영국은 태국에 영어를 보급하려고 아주 애쓰는 것 같더군요.

최재서 그런 것 같습니다. 영국은 인도의 영어 정책에 대해 맥콜리Macaulay[14] 시대부터 의회에서 논의했습니다.

아키바 그런 곳은 이제 어떻게 될까요? 일본 세력이 들어가면 점차 변해가겠지요.

가라시마 이제는 신문도 신문이지만 라디오와 토키도 많이 활용해야 합니다.

아키바 라디오 아나운서의 영향은 상당합니다.

모리타 라디오를 듣는 일본인은 언어에 대한 감각이 점점 더 예리해지지 않을 수 없습니다.

---

12) 네덜란드령과 프랑스령을 합한 지리적 인도네시아 전체를 말함.
13) 인도이란어 계통의 언어.
14) 맥콜리 (Thomas Babington Macaulay, 1800~1859) : 영국의 문호이자 정치가.

최재서 이건 제 이야기인데, 저번에 『후쿠오카니치니치신문福岡日日新聞』 기자가 와서 갑자기 '대동아의 봄에 바친다'라는 제목으로 이야기를 좀 해 달라고 해서 당황한 적이 있습니다. 그때 제 이야기는 이렇습니다. 우리는 앞으로 구미문화를 모방하고 즐겨서는 안 된다, 어떻게 해서라도 우리 자신의 문화를 세워나가야 한다, 그러기 위해서는 우선 문화를 장려할 기관이 있어야만 한다, 서양에서는 노벨상이 실제로 매우 큰 힘을 발휘하고 있다, 저들의 판단 기준은 모두 유럽 중심이지만 앞으로는 그것에 필적할 만한, 오히려 저들을 능가할 만한 것을 동아공영권내에서만이라도 설치하자는 것이었습니다.

가라시마 찬성입니다.

최재서 작품은 가능하면 일본어로 발표하는 게 좋겠지요. 그러나 꼭 용어에 구애되지 않고 공영권 내에서 발표된 작품 중에 권위있는 것에 최고 문학상을 주자는 의견입니다.

가라시마 아주 좋은 의견입니다. 대단한 경의를 표합니다.

최재서 이렇게 하면 자연히 모든 대동아 민족의 이상이 문학의 테마로 채택될 것이고, 그에 따라 동양의 문학도 아주 변해갈 것입니다.

가라시마 이제 노벨상에 일희일비一喜一悲 할 필요는 없을 테니까요.

최재서 문화를 향상시키기 위해서는 국가에서 문화인을 우대해야 합니다. 현재로서는 일본이 가장 우대하고 있지만 아직 멀었습니다.

아키바 실제로 〈군함행진곡〉[15]의 세토구치[16] 씨에게는 문화훈장을 줘도 좋겠습니다.

최재서 그렇습니다. 정말로 동상이라도 세우든지 해서, 어릴 때부터 위대한 시인이라든지 극작가가 되겠다든지 하는 야심을 갖게 해야 합니다.

가라시마 그런 식으로 일본이 문화의 옹호자임을 보여줄 필요가 있습니다.

쓰다 『만엽萬葉』이나 『선집選集』에도 훌륭한 것이 있었으니까요.

최재서 지금까지 퇴폐적인 문학이 나타났던 것은 작가가 불우했기 때문이었습니다. 그러므로 훌륭한 작품을 쓰면 사회적으로 높은 지위를 주어야 합니다.

가라시마 새로운 문학상에 대해서 대찬성입니다. 오늘 나눈 얘기 중 가장 반가운 것이네요.

모리타 국가는 아직 문화상文化賞에 관여하고 있지 않습니다. 『아사히朝日』가 하고 있을 뿐이지요. 국어 문제를 통일하려면 프랑스의 아카데미 같

---

15) 군함행진곡은 미국의 〈성조기여 영원하라〉, 러시아의 〈붉은군대 행진곡〉과 더불어 세계 3대 행진곡으로 꼽힌다. 과거 일본의 제국주의 근성이 강하게 나타나는 군가이며, 현재는 일본해상자위대에서 배가 항구를 떠날때 불린다.

16) 세토구치 도키치(瀨戸口藤吉)

은 것이 일본에도 생겨야 합니다.

최재서 그렇게 하지 않으면 결국 또 서양문화가 들어올 겁니다.

——— 영화의 문제

최재서 그럼 다음으로 영화에 관해서 가라시마 선생께서 한 말씀…….

가라시마 저는 그 방면의 전문가가 아니기 때문에(웃음)……. 앞서 아키바 선생이 문화가 유입될 때 정신보다도 물질적인 면이 먼저 들어온다고 말씀하셨는데, 그것이 큰 힌트가 됩니다. 영화는 정신적인 것인 동시에 극히 물질적인 토대 위에서 건설됩니다. 일본의 필름이 세계에서 우수한 필름이면 좋겠지요. 더욱 확대하자면, 우수한 기술과 기계를 사용하여 가장 적절한 정신을 가장 적절한 형식으로 각 지역에 배급해 가는 일을 하는 것이 영화라고 생각합니다. 특히 대중성을 지닌 영화의 임무는 대동아건설을 위해 매우 중요한 의의가 있음을 염두에 둬야 합니다. 그와 동시에 국어정책에도 당연히 영향을 끼치는 라디오가 함께 새로운 임무를 담당하고 있지요. 단지 이 경우에 배급할 작품은, 앞서 종교의 경우 문제가 되었던 것처럼 각각의 지역적 성격을 잘 조사하여 그에 적당한 것이어야 합니다. 섣부른 독선에 빠진 작품은 효과를 충분히 발휘할 수 없기 때문에 일단 경계할 필요가 있습니다. 그리고 영화가 문학적인 작품일 경우, 아주 뛰어난 작품이 아니면 역시 효과를 발휘할 수 없습니다. 그런 점도 충분히 고려해야 할 것 입니다.

문제를 조선에 국한시키면, 조선 영화계는 대동아공영권 건설에 대한

두 가지 임무를 가지고 있습니다. 첫째, 조선의 영화는 국내의 입장에 입각하여 가능한 한 빨리 조선을 대동아의 지도자다운 지위에 설 수 있도록 모든 사람을 교육시켜야 합니다. 그 경우에 문화의 현 실정에 맞추어 조선어 사용도 충분히 고려해야 합니다. 둘째, 훌륭한 영화를 제작해서 조선의 현실을 알림으로써 대동아공영권 내에 새로운 지도 영화를 배급할 임무가 있습니다. 게다가 현 상황에서는 필름 자체가 극히 제한되어 있기 때문에, 아주 엄정한 기획 하에서 매우 진지한 영화인이 최대의 노력을 기울여 새로운 영화 제작에 참가해야 합니다. 이윤주의적인 영화는 이미 생각할 수 없는 시대가 되었습니다. 한 편의 문화영화, 극영화 자체가 대동아건설에 최고도로 공헌할 수 있게 만들어야 합니다. 이 점에서 조선 영화계의 책임도 점점 커지고 있습니다.

그와 동시에 좀 더 넓은 입장에서 보면, 지금까지는 영미계 영화, 주로 아메리카계의 영화가 대동아공영권 내에 아주 범람했습니다. 거기에 감화된 지나영화가 또 남양 쪽에서 대단한 인기를 얻고 있습니다. 이것들을 몰아내고 진정으로 훌륭한 영화를 배급하는 것이 일본 영화계의 새로운 임무입니다. 영화를 통해 일본 문화가 널리 확대될 것입니다. 대동아공영권에서 일본의 책임은 실로 중대합니다. 선불리 회사가 난립하여 자유주의적인 경쟁을 한다든지, 슬쩍 신자유주의적 냄새를 풍기며 오도해서는 안 된다는 것을 통감하고 있습니다. 영화에 대해 더 엄정한 사회적 비판이 있어도 좋겠습니다. 그렇다고 해서 영화의 오락성을 전적으로 배제하는 것은 의미가 없습니다. 지도성이 없어서는 안 되지만 그와 동시에 넓은 의미에서 문화를 풍부하게 하고 건전하게 만드는 것이어야 합니다.

최재서 긴 시간동안 대단히 감사합니다.

반도 기독교의 개혁을 말한다

1942년 3월

참석자(오십음 순)

가쓰라기 히로키 葛城弘基[1)] ——— 연희전문 교수
전필순 全弼淳[2)] ——— 조선장로회
심명섭 沈明燮[3)] ——— 조선감리교본부
니와 세이지로 丹羽淸次郞[4)] ——— 조선기독교연맹
하라구치 미쓰구 原口貢[5)] ——— 본부 보안과 사무관
마쓰모투 다쿠오 松本卓夫[6)] ——— 연희전문학교 부교장
마쓰모토 야스오 松本泰雄[7)] ——— 본부 보안과

---

1) 갈홍기(葛弘基, 1906~1989)의 창씨개명. 갈홍기는 1937년 창영교회 초대 담임목사이자, 1943년 일본기독교 조선감리교단 연성국장이었다. 심명섭과 더불어 대표적인 친일 목회자로 꼽힌다.
2) 전필순(全弼淳, 1897~1977) : 장로교 목사. 1922년 고베신학교(神戶神學校)에 유학, 1926년 연동교회 전도사로 부임했으며, 1927년에는 묘동교회 전도사였다, 1931년 『기독신보』 기자로 일했고, 1943년에는 일본기독교 조선혁신교단의 통리(統理)를 맡았다.
3) 심명섭(沈明燮, 1898~1950) : 소설가 심훈의 둘째 형이며 감리교회 목사. 기독교 신문협회 이사와 기독교신문 편집위원을 역임했으며, 이후 개신교 교파의 합병 작업에 참여한 인물이다.
4) 니와 세이지로(丹羽淸次郞, 1865~1957) : 일본 YMCA 운동가. 1938년 조선기독교연합회를 결성하고 회장을 맡았으며, 일본기독교청년회의 경성 지부라고 할 수 있는 경성기독교청년회 활동을 했다.
5) 하라구치 미쓰구(原口貢) : 조선총독부 경무국 보안과 사무관을 지낸 일본관료.
6) 마쓰모토 다쿠오(松本卓夫) : 신약성서학자로 연희전문학교 부교장을 역임했다.
7) 마쓰모토 야스오(松本泰雄) : 총독부 보안과에서 근무했고, 1942년 『국민문학』 신년호에 「성지

최재서 ——————————— 본사측

◎ 반도호텔에서

최재서 반도 기독교계가 이제까지의 구미歐美 의존주의로부터 벗어나서 차근차근 일본화를 실현해가는 것에 일반 국민들은 몹시 경탄하고 있습니다. 한편으로 이젠 일본화라는 말도 적합하지 않으니 일본 기독교라고 해야 한다는 주장까지 조금씩 나오고 있습니다. 일본 기독교를 건설하는 과정에서 여러 가지 문제가 있을 터인데, 오늘은 그런 문제들에 대한 고견高見을 듣고자 좌담회를 개최하게 되었습니다. 우선 마쓰모토 다쿠오 선생님께 어떤 문제가 있는지 청해 듣고, 거기서부터 하나하나 이야기를 풀어나가겠습니다. 마쓰모토 선생님 말씀해 주시죠.

마쓰모토 다쿠오 처음으로 지명해 주셔서 몸 둘 바를 모르겠습니다. 이미 최재서 씨가 문제가 무엇인지 시사해 주셔서, 저는 그것을 어느 정도 부연하는 수준으로 말씀드리겠습니다. 방금 말씀하셨고 여러분도 잘 아시다시피 이제까지의 기독교는 대체로 외국 선교사에 의해 전해졌습니다. 말하자면 구미 선교사의 체험이나 해석이 섞여서 우리에게 전파된 것이지요. 지금까지 문화의 모든 방면에서 구미의 것이라면 훌륭하다고 여겨지고 환영받았듯이, 기독교에 대한 해석이나 관점도 역시 딱히 잘못되었다는 생각도 없이 오히려 고마워하며 받아들이는 경향이 다분했습니다. 그러나 지각 있는 사

순배기(聖地巡拜記)」라는 글을 발표했다.

람들 중에는 처음부터 우리 동양인, 우리 일본인의 체험에 기반해서 이것을 새롭게 다시 체험하고 재해석해서 수용해야 한다는 입장을 가진 자도 적지 않았습니다.

역사적으로 말씀드리자면, 사실 내지에서 최초로 기독교를 수용한 사람은 일본의 무사와 무사의 자녀들이었습니다. 한편 메이지 초기를 전후해서도 사무라이가 기독교를 수용했다는 사실에 대해서 확실히 주목할 필요가 있습니다. 기독교 안에는 일본의 사무라이에게 호소할 만한 무언가가 있었다고 생각합니다. 이 점에 대해서는 나중에 여러 가지로 이야기될지도 모르겠지만, 어쨌든 그들은 기독교를 모르는 채로 그대로 수용했던 것만은 아닙니다. 일본인의 체험과 정신, 즉 야마토 정신大和魂으로 기독교를 해석해서 받아들였지요. 그런데 점차 시간이 지나면서 오늘날 말하는 일본적인 기독교 해석은 희미해졌고, 대체로 저쪽에서 전해준 것을 그대로 검토 없이 수용하는 경향이 나타났습니다. 하지만 국민이 점차 개명開明하고, 특히 오늘날 대동아전쟁이 발발하고 나서는 영미의 경멸할 만한 모략들이 아주 명백해졌습니다. 다른 한편으로는 일본인으로서의 자각도 매우 명확해지고 또한 강해지고 있지요. 이런 때에 기독교 스스로 영미의 냄새를 없애버리고 진정한 의미에서 일본인의 기독교를 확립해야만 하는 단계에 도달한 겁니다.

여기에는 여러 가지 문제들이 있을 텐데, 우선 사상 방면과 실천 방면의 문제가 있을 수 있겠지요. 또 관점을 달리 해서 보면 기독교 내부에서 기독교 혁신을 자각하고 개혁해야 한다는 의욕의 문제도 있을 테고, 기독교에 동정을 느끼거나 기대를 지니고 있지만 기독교도는 아닌 분들로부터 여러 가지 희망이나 주문이 있을 수도 있겠지요. 이런 측면에서 오늘날의 기독교가 문제가 되고 있고, 이밖에도 신중하게 여러 측면을 고려해야겠지요.

이상으로 대강의 문제점을 말씀드렸습니다. 이 점에 대해서 여러분의 의견을 듣고 싶습니다.

——— 기독교는 아시아에서

니와 벌써 30년도 더 지난 일입니다만, 미국의 학생대회에 나간 적이 있었습니다. 그때 미국 동부의 아모르스라는 유명한 대학의 전前교장이 저에게 일본의 기독교는 지금 어떻게 나아가고 있는지 알고 싶다고 묻더군요. 그래서 저는 그게 어떤 의미냐고 되물었더니, 그는 다음과 같이 말하는 것이었습니다. 기독교는 바로 아시아에서 일어났다, 그것이 서쪽으로 전해져서 유럽과 아메리카에 들어왔다가 다시 아시아로 전해졌다, 원래는 아시아의 것이므로 구미 사람보다도 동양사람, 특히 일본 사람은 한층 깊이 기독교를 이해할 수 있을 것이다, 그래서 일본인과 만날 때마다 큰 기대를 품고 기독교의 현재 상황들을 물어본다는 것이었습니다. 그 때는 상당히 흥미로운 생각을 지닌 사람이라고 생각했지만, 지금 와서 생각해보니 그것은 일본적 기독교란 어떤 것인지를 묻는 것이었다고 할 수 있습니다.

처음에 구미 선교사가 기독교를 일본에 전해준 이래로, 말할 필요도 없이 일본 기독교는 점점 일본적이라는 것에 대해 생각하게 되었지요. 그것은 우선 일본인의 손으로 교회를 지배하고 건립해야 한다는 생각이었습니다. 여기에는 사상적인 이유는 물론이고 나아가 재정적인 면에서도 서양인에게 의존해서는 안 된다는 생각이 포함되어 있었습니다. 그 때 우리 기독교회 사람들에게 많은 자극을 주었던 사람은 오사카의 교회 목사였던 사야마 폴 Sayama Paul 씨입니다. 이 사람은 미국에서 공부하고 돌아온 대단한 수재였죠. 그는 친구와 친척, 선배의 기대를 저버리고 정치가도 학자도 아닌 예수교의 전도사가 되어 돌아왔습니다. 이 전도사는 식견이 있어서 그 당시에 교회의 독립을 주창했지요. 당시만 해도 교회의 세력이 대단히 약해서 월급도 4엔, 5엔 정도 밖에 못 받았기 때문에 독립을 시도했던 것이죠. 오늘날까지도 일본 기독교회의 독립, 특히 경제적 독립 문제를 생각할 때면, 사야마 폴 씨의 이름이 떠오릅니다. 사상적으로나 경제적으로나 일본인은 일본인으로서 생각하고, 일본인으로서 외국에서 받아들인 것을 완전히 소화해왔지요. 불교도 유교도 그랬습니다. 기독교 역시 마찬가지입니다. 그 때는 그렇게까지 생각하지는 못했지만, 자연스럽게 그렇게 되었지요. 그래서 점점 일본적 기독교 혹은 일본 기독교라는 말이 사용되면서 오늘날에 이르게 된 것입니다. 그런데 방금 이야기가 나온 대로 지나사변, 나아가 대동아전쟁이 일어난 이래, 우리의 기독교 신앙도 일본적이어야 한다고 생각하게 되었습니다. 일본에서는 유교가 일어난 지나보다도, 불교가 일어난 인도보다도, 유교와 불교 둘 다 모두 매우 발전했습니다. 이런 점에서 예전에 구로키黑木 대좌가 하신 말씀[8)]이 떠오르네요. 그 분은 일본 해군이 영국에서 배운 영국의 제자지만 지금은 제자가 선생인 영국 해군보다 더 앞서게 되었다고 말씀하셨지요. 기독교의 경우에도 구미에게서 배운 일본의 기독교가 더 앞서야 한다고 봅니다. 일본인이 스스로 기독교를 소화해서 경제적으로나 사상적으로나 일본의 기독교를 수립해나가야 하며, 기독교에 관한 일본인 특유의 해석을 지니고 있어야 한다고 봅니다. 특히 일본 기독교는 진정한 그리스도의 마음을 나타내는 것이어야 한다고 생각합니다.

---

8) 『국민문학』 1942년 1월호에 수록된 좌담회 「일미개전과 동양의 장래」에서 구로키가 발언한 내용을 가리킨다.

재정적 독립

최재서 지금 이야기를 나누셨듯이 역시 우선 재정적으로 구미 의존에서 벗어나는 일이 첫걸음이군요. 이와 관련해서 반도의 교회는 어떤 상태인가요?

전필순 외람되지만 제가 한 말씀드리겠습니다. 실례되는 말이지만 실은 이 안내장을 받고 『국민문학』잡지를 경영하고 있는 최재서 씨 쪽에서 이런 기획을 세운 것을 도저히 이해할 수 없었습니다. 하지만 한편으로는 기독교 신자로서 매우 부끄러움을 느꼈고 훌륭한 기획이라고 경탄했습니다. 이런 자리를 마련해서 기독교 개혁에 대해서 평소 생각하고 있던 것을 말씀드릴 기회를 주시니 너무나 기쁘고 감사할 뿐입니다.

저는 20년 전부터 이 문제에 대해서 생각하고 있었는데, 그것은 구미인에 대한 반감과 같은 작은 문제가 아닙니다. 지금도 여러 가지 이야기가 나오고 있지만, 대부분 내지 기독교의 거물이라 일컬어지는 우에무라 마사히사植村正久[9] 씨나 우치무라 간조内村鑑三[10] 씨의 글에서 영향을 받은 것입니다. 어쨌든 기독교는 구미에서 처음 전해진 것이지만, 사상 방면으로든 실천 방면으로든 우리 자신의 손으로 해나가야만 한다고 생각합니다.

---

9) 우에무라 마사히사(植村正久, 1857~1925) : 목사. 일본의 프로테스탄트 교회의 형성과 확립에 지도적 역할을 한 인물로, 외국의 전도협회가 일본에서의 기독교 포교를 주도하는 와중에 그는 1904년 도쿄신학사를 설립해 일본 기독교회의 목사를 양성하고 또 일본 기독교의 노선을 교회중심주의로 이끌었다.

10) 우치무라 간조(内村鑑三, 1861~1930) : 종교 사상가이자 비평가. 1882년 외국 선교사의 도움을 거절하고 스스로의 힘으로 독자적인 교회를 세웠다. 1884~1888년 미국에 가서 공부를 계속한 뒤 일본에 돌아와 학생들을 가르쳤다. 1891년, 천황의 교육칙어 봉독식에서 '불경사건'을 일으켜 사직했다. 저서로 『기독교도의 위안(基督信徒の慰め』, 『나는 어떻게 해서 기독교도가 되었나(余は如何にして基督信徒となり乎)』 등이 있다.

방금 질문하신 재정 문제에 대해서는 장로파라 해도 여러 개가 있기 때문에 일괄적으로 말씀드리긴 어렵지만, 조선의 교회는 정확히 31년 전 하나로 합쳐져서 조선 장로파로서 총회를 창립하고 일종의 교파로 성립되었습니다. 교회 운영에는 구미의 보조를 받지 않았습니다. 다만 교육, 의료, 자선 사업에서는 약간 보조를 받았는데 그것도 사변 이후에는 독립했습니다. 아마 쇼와15년1940부터라고 생각되는데 교회 방면은 재정적으로 완전히 독립해서 자체적으로 경비를 충당할 수 있게 되었습니다. 지나사변 전까지는 선교사들이 자기 돈을 들여 지방 선교를 하던 일도 있었지만 그것도 사변 후에는 완전히 없어졌습니다. 다른 방면에 대해서는 심명섭 씨가 이야기해주실 것입니다.

심명섭 갑자기 부르셔서 생각이 정리되지 않았지만, 평소에 생각하고 있던 것을 참고로 말씀드리겠습니다. 재정 문제는 지금 전필순 씨가 장로파의 경우를 말씀해 주셨듯이 다른 교파에서도 큰 문제는 아닙니다. 제가 관계하고 있는 감리교회 쪽에서도 도시의 큰 교회는 거의 예전부터 자립했고, 각 파는 모두 시골에 가서 처음으로 전도를 시작했거나 작은 교회만 원조해 주고 있어서, 교회 경영 자체로는 그다지 곤란을 겪지 않습니다. 도리어 1년 동안의 경향을 보면, 지금까지 조금이라도 직간접적으로 원조를 받고 있었기 때문에 자기 힘을 충분히 발휘하지 못했던 것 같습니다. 다소 의존적인 생각 때문에 발전하지 못했던 교회가 '이제부터 우리 스스로 하자, 교회는 우리의 것이다'라고 자각한 결과, 대단히 발전해서 오히려 경제적으로 풍부하게 된 실례가 많습니다.

물론 교육, 의료, 사회사업으로 돈이 꽤 들어오고 있고, 또 교회의 간접사업인 단체서적 출판이나 기타 여러 가지 사업을 통해서도 상당한 돈이 들어오고 있기 때문에 간접적으로는 영향을 받고 있습니다. 하지만 이런 방면에서도 사업의 일부를 그만둬 버렸지요. 학교에는 학교대로 이제부터는 우리의 학교라는 의미로 거액의 기부를 받기도 해서, 교회와 관계있는 학교도 독립해서 발전하고 있습니다. 의료 쪽은 처음부터 자립 경영을 해 왔습니다. 이렇게 된 것을 보면 누군가 말했듯이 선교사와의 경제적 관계를 좀 더 일찍 끊었다면 조선 교회는 지금보다 더 발전했을지도 모릅니다. 어린 아이가 2살, 3살이 되어도 계속 젖을 먹고 있으면 도리어 발육이 나빠지는 것처럼, 선교사의 경제적 지원이 발육과 발전에 다소 영향을 끼친 게 아닐까요. 따라서 지금은 경제적으로 크게 힘들지 않습니다. 다만 우리가 지금 힘써야 하는 것은 5, 60년에 걸쳐서 선교사로부터 받아들인 교회의 형식이나 사상을 혁신하는 문제입니다.

이에 덧붙여 생각나는 것은 약 4백 년 전 독일에서 일어난 루터의 종교개혁입니다. 그때까지 교회는 오히려 국가 위에 있었고, 성직자는 특권 계급이었습니다. 그 특권을 가진 자가 세계 각국으로 기독교를 가지고 가서 그 국가와는 무관하게 교회를 창시했던 것입니다. 로마 교황은 모든 교회를 지배할 뿐만 아니라 정치에까지 손을 뻗쳐, 어떤 의미에서는 세계를 종교적으로 지배하고 있었습니다. 이를 루터가 독일인의 입장에서 개혁하고 성서도 자기 나라의 언어로 번역하여 독일 정신으로 이것을 크게 발전시킨다는 입장을 취해서 재래 교회의 의식과 습관을 타파했습니다. 지금 생각하면 당연한 일처럼 생각되지만 당시로서는 대단히 어려운 일이었습니다. 이런 점에서 생각해보면 현재 우리나라 기독교의 혁신은 제2의 종교개혁이라고 할 수도 있습니다. 미국의 기독교였던 것이 구미를 거쳐 우리에게 전해졌기 때문에 자연히 구미식이 되었던 것은 사실입니다.

그러나 여기서 특별히 그리스도와 기독교를 분리해서 생각하자고 말하고 싶습니다. 그리스도 자신은 동서고금을 통틀어 유일한 분이십니다. 그러나 기독교는 나라에 따라, 민족에 따라, 문화의 정도에 따라, 모두 제각각입니다. 따라서 독일인이 신봉하는 기독교라면 독일의 기독교이고, 일본인이 신봉하는 기독교라면 일본의 기독교라고 할 수 있지요. 이것은 학문적으로 말하면 어렵겠지만, 극히 상식적으로 생각해 보면 그리스도와 기독교를 함께 취급했기에 여러 가지 오해를 낳았던 것은 아닐까요. 따라서 우리가 그리스도를 있는 그대로 숭배하고 그리스도의 가르침을 따르겠다는 확실한 목표를 정하는 것은 어려운 일도 아닐뿐더러 주저할 필요도 없습니다. 이렇게 우리는 우리의 입장에서 일본인으로서 그 가르침을 힘차게 실행해 간다면 일본 종교로서의 사명을 훌륭히 완수할 수 있을 것입니다. 불교와 유교가 일본에서 크게 발전하고 성장했던 것처럼 기독교를 우리나라에서 바르게 발전시키고 그 가르침 안에서 우리 국체國體와의 일치점을 찾아내서 그것을 정신문화의 일대 원동력으로서 삼아가는 것이 무엇보다도 필요합니다. 그러므로 교회의 형식과 내용을 크게 개혁하여 일본 기독교로서의 입장을 확실히 하고, 그리스도의 가르침을 바르게 다시 전파하는 것이 우리가 짊어진 책임입니다.

——— 국가와 기독교

최재서 지금 독일에 대한 이야기가 나왔으니 말씀드리는 건데, 실제로 나치스 진출 이후 어떤 문화 정책을 채택하고 있는지 자료가 손에 들어오는 대로 읽고 있는데, 역시 종교 문제가 가장 중요한 것 같습니다. 여러분 앞에서 이런 말씀드리기가 좀 겸연쩍지만, 힘러[11]나 루덴돌프[12] 그리고 로젠베르크[13]가 히틀러를 중심으로 루터의 정신을 부활시켜서 독일적 기독교를 주장하고 있더군요. 이 때 가장 크게 문제됐던 것은 세계주의의 타파로, 정치적으로 말하면 국제주의를 타파하고 기독교에서의 독일국가주의를 확립하려는 것입니다. 그것은 지금 문학에서도 가장 중요한 문제가 되고 있습니다. 지금까지 예술은 국가와 분리되어야만 예술적 가치가 있다고 막연하게 혹은 명확하게 생각해 왔던 것 같습니다. 그런데 예술의 가치가 영원하다고 할 경우에는 자칫 초국가주의의 사고방식으로 치달을 수 있습니다. 이런 문화주의나 예술지상주의에 대해서 최근 상당히 강렬한 반성이 더해져서 문학과 국가의 결부 속에서 가치를 발견하려는 시도가 이루어지고 있습니다. 요컨대 국가를 통하지 않고서는 문학의 가치가 발휘될 수 없다는 식으로 문예론도 변하고 있습니다. 기독교 역시 세계주의적 사고방식을 청산하고 국가와 어떻게 맺어질 것인지가 문제라고 봅니다.

가쓰라기 최재서 씨가 지금 말씀하셨듯이 세계주의 문제는 결국 국가를 부정한 세계의식, 혹은 국가를 초월한 세계의식을 비판하는 것이라고 생각합니다. 세계로 통하는 길은 역시 국가 안에 있다는 깨달음이 있어야만 문제 해결의 단서를 잡을 수 있습니다. 독일에서 일어난 세계주의에 대한 문제 제기도 바로 이런 것이었다고 봅니다. 그리고 종교적 입장에서 말씀드리면 기

---

11) 하인리히 루이트폴트 힘러(Heinrich Luitpold Himmler, 1900~1945) : SS로 약칭되는 친위대 전국지도자로, SS와 게슈타포를 지휘했으며, 유대인 대학살의 실무를 주도한 최고 책임자였다. 전후 연합군에 의해 주요 전범으로 체포되자 자살하였다.

12) 에릭 루덴돌프(Erich Ludendorff, 1865~1937) : 제1차 세계대전 후반 독일의 군사 정책과 전략을 주도한 프로이센의 장군이다. 전후에는 반동 정치운동의 지도자가 되었으며, 나중에는 나치당에 가입했다.

13) 알프레드 로젠베르크(Alfred Rosenberg, 1893~1946) : 나치스 독일의 정치가이자 이론가이다. 초기 나치스 운동을 지도한 그는 나치스 외교정책국장을 지냈다. 그는 독일 민족의 세계정복 정당성을 주장하였으며 전범으로 처형되었다.

독교는 하나의 보편적인 것을 가지고 있고 또 그런 보편적인 심리를 조장합니다. 아까 심명섭 씨도 있는 그대로의 그리스도를 믿는 순수한 기독교에 대해서 말씀해주셨는데, 거기에도 역시 보편적인 요소가 들어 있는 것 같습니다. 그런데 그것이 구체적으로 현실에서 나타날 때에는 반드시 국가와 국민을 통해서 나타난다는 것을 인식해야 우리의 문제를 해결할 수 있습니다. 결국 우리가 가지고 있는 국가 의식을 통해서 그것을 어떤 식으로 구체화할 것인지가 문제인 것이죠. 따라서 기독교의 일본화는 우리가 올바른 국체관과 바른 국민 의식을 가질 때 비로소 가능해진다고 할 수 있습니다. 또한 우리나라 역사에서 드러나는 영원한 생명이나 영원한 정신, 그것은 요컨대 보편적인 성격을 지닌 것인데, 그 생명을 종교적으로 사랑하는 것이 하나의 종교라고 믿습니다. 두서없이 말했지만 저는 이렇게 생각하고 있습니다.

마쓰모토 다쿠오 가쓰라기 선생님이 아주 적절하게 문제를 해결해주셨기 때문에 같은 문제에 대해서 말하는 것은 사족이 되겠지만, 듣다보니 상당히 흥미가 생겨서 제 생각을 좀 말씀드리겠습니다. 실제로 보편인이나 세계인이라는 추상적인 것은 존재하지 않습니다. 우리는 구체적인 존재입니다. 일본이라는 나라에서 태어나고 자랐으며, 또한 일본이라는 나라를 사랑하고 일본이라는 나라에서 살아가고 있는 일본인입니다. 구체적인 입장이나 운명에서 분리된 우리라는 것은 있을 수 없습니다. 그러므로 우리가 무언가를 체험할 때, 일반인이나 세계인으로서 체험하는 것은 불가능합니다. 종교는 따로 이론이나 교리가 있어도 결국은 체험인 것입니다. 신을 믿고 신에 의지하고 기원하는 것만큼 밀접한 체험은 있을 수 없습니다. 체험은 자신이 놓여 있는 구체적인 입장에서 하는 것이므로 단지 추상적으로 보편적인 심리를 체험한다는 것은 불가능합니다.

학문에는 국경이 없지만 학자에게는 조국이 있듯이, 기독교는 추상적으로 말하자면 보편적이지만 크리스천에게는 조국이 있습니다. 조국을 떠난 종교는 없습니다. 따라서 사상과 국가 생활 사이에 연결점이 있고 해결 방법이 있지 않을까요. 국가를 부정한 국제주의나 보편주의는 있을 수 없습니다. 그러나 자신이 놓인 구체적인 국가라는 지반 위에 서서 국가인國家人으로서 체험함으로써, 국가를 통해 세계의 종교에 호소하거나 그것을 보편화할 수 있습니다. 일본 기독교의 창설도 그렇게 이루어져야 합니다.

우오키 다다카즈魚木忠一 교수가 『기독교의 일본적 유산』이라는 책을 쓰셨는데, 우오키 선생님은 그 책에서 촉발이라는 말을 쓰고 있습니다. 모든 종교가 그렇지만 기독교는 특히 촉발에 의해 성립되는 종교입니다. 이것은 오늘날 일반적으로 사용하는 체험이라는 말에서도 드러납니다. 그러므로 구체적 현실과 분리되어서는 아무래도 내용과 생명이 있는 종교가 성립할 수 없습니다. 지금까지 기독교는 단순하게 초국가적이고 국가 부정적인 세계주의를 주장했는데, 그것은 국가 관념이 아직 희박한 사람들이 그랬던 것입니다. 우리는 그런 잘못된 사상을 버려야 합니다.

가쓰라기 기독교가 반드시 국민성을 통해서 나타난다는 것은 역사가 증명해줍니다. 예를 들어 기독교 안에는 여러 종류의 기독교가 있습니다. 그것은 국민성을 기초로 결정된 것입니다. 그것을 방금 마쓰모토 선생님이 언급하신 우오키 씨는 유형이라고 말하고 있습니다. 즉 유형적으로 나타난다는 것이지요. 게다가 그 유형은 역사적인 국민성의 기초 위에 나타납니다. 지금까지 우리나라에서 믿어온 기독교는 불교나 그 밖의 종교에 비해 아직 얼마 되지 않았기 때문에, 외래성과 이식성에서 완전히 탈각하지 못했습니다. 그러므로 우리는 이제부터 그것에서 벗어나기 위해서 계속 노력해나가야 합니다. 기독교 역사에서 보든 순수한 학문적 입장에서 보든 기독교는 반드시 국민 의식을 기초로 나타난다고 생각합니다.

——— 기독교의 일본적 현현顯現

최재서 말씀하시는 도중에 죄송하지만, 일본적 현현이란 구체적으로 어떤 것입니까?

니와 일본의 크리스천은 현재나 장래에 반드시 일본 정신을 나타내야 한다는 것입니다. 또는 진무천황神武天皇[14] 이래 역사적으로 나타났던 황실중심주의, 즉 우리는 천황上等一人을 받들어 신의臣節를 다해야 한다는 정신을 기독교를 통해 한층 더 연마하고 올바르게 발휘하여 나가는 것이 일본적 기독교의 길이라고 생각합니다. 특히 외국과 비교해보면 일본은 외국의 역사에는 없는 황통연면皇統連綿한 황실을 받들고 있습니다. 어쨌든 일본 국민은 천황을 받들어 황실중심주의로 오늘날에 이르렀습니다. 그런 국민이 기독교를 믿을 때에는 곧 신의를 다하기 위해서 기독교를 믿는 것이어야 합니다. 이것이 오늘날 가장 중요합니다.

지금 이런 말을 하는 게 이상하긴 하지만, 예전에 읽었던 책 중에 오카와 슈메이大川周明[15] 씨가 쓰신 『아시아의 건설자』라는 책이 있습니다. 거기서 터키에 대해서 쓴 것 중에 확실히 메이지 36년이라고 기억이 나는데, 그 당

---

14) 진무 천황(神武天皇, BC. 711~BC. 585) : 초대 천황. 본명은 가무야마토이와레비코노미코토라고 전하는 인물이다.

15) 오카와 슈메이(大川周明, 1886~1957) : 사상가. 근대 일본의 서양화에 반대하고 일본주의와 아시아주의를 주창한 인물로, 코란 전문을 번역한 이슬람 연구가로도 알려져 있다.

시 대학에서 고등학교 선생님으로 독일인을 채용했다는 내용이 있었습니다. 그런데 그 독일인이 문학박사 미카미 산지三上參次[16] 선생님에게 일본 학교는 일본 역사를 가르치지 않는다고 지적했다고 합니다. 그리고 고등학교에서 일본 역사를 가르치지 않아도 과연 괜찮은가, 독일에서는 독일 역사를 국민에게 가장 중요한 것으로써 가르친다, 국민의 국민다운 정신을 양성하고 그 성격을 형성하는 데 그 나라의 역사 교육만한 것은 없다고 말했다고 합니다. 그래서 미카미 씨가 알아봤더니 실제로 일본 역사 교육이 부족해서 그 시간을 점점 늘리도록 했다고 씌어져 있었습니다.

저도 마찬가지로 일본이 외국 사상을 받아들여 일본의 진보와 발달을 도모해서 얻은 것이 많았지만, 자기 처지를 잊어버리고 저쪽만 바라보고 있었기 때문에 일본의 역사를 잊었다고 생각합니다. 저만 해도 학교에서 배운 것은 주로 서양 역사였습니다. 서양 역사는 잘 알고 있지만 일본 역사는 『일본외사日本外史』[17]를 통해서 알고 있는 정도입니다. 생각해보면 크리스천뿐만 아니라 일반인들도 자신이 일본 국민임을 잊고 있었다고 해도 과언이 아닙니다. 그리고 오늘날까지 우리는 자유주의와 개인주의로 살아 왔습니다. 그러다가 진심으로 깨달아서 일본이라는 나라는 이런 나라다, 세계에서 비할 바가 없는 나라다, 특히 우리는 황실중심주의로 천황을 받들고 일신을 바쳐서 신의를 다한다, 이런 것이 일본의 크리스천뿐만 아니라 일반인들에게도 비로소 인식된 것입니다. 그런 점에서 저는 우리 크리스천이 우리의 역사를 한층 더 깊이 알아보고 일본 국가의 의의를 확실히 체득하여, 어디까지나 일본 국민의 입장에서 기독교를 연구해가는 것이 중요하다

16) 미카미 산지(三上參次, 1865~1939) : 사학자. 『메이지천황기(明治天皇紀)』를 편집했으며 1932년에는 사학회를 창설했다.

17) 『일본외사(日本外史)』는 에도 시대 라이산 요우(賴山陽, 1780~1832)가 저술한 역사서이다.

고 생각합니다. 짧은 역사를 살펴봐도 크리스천 중에서 상당히 많은 애국자가 배출되었습니다.

우치무라 간조는 죽기 전에 유명한 말을 남겼습니다. "나는 일본을 위해서, 일본은 세계를 위해서, 세계는 신을 위해서"라고 말입니다. 특히 니이지마 조新島襄[18] 씨에 대해서는 최근에 연구가 이루어져 작년에는 도쿄와 오사카에서 유물 전람회가 열렸습니다. 열렬한 크리스천인 니이지마 씨가 구미에서 돌아왔을 때 사람들은 그가 관리가 되기를 바랐습니다. 그의 부모도 그것을 희망했고 구미에서 니이지마 씨를 도와주었던 사람들도 그가 꼭 관리가 되기를 원했습니다. 하지만 그는 전도를 통해서 이 세상을 사랑하는 것이 가장 큰 일이라고 믿었습니다. 최근 저도 그가 얼마나 일본을 사랑하고 있었는지 알게 되었습니다. 그의 서한집이 나왔는데, 이타가키 다이스케板垣退助,[19] 오쿠마 시게노부 백작大隈伯爵,[20] 기도 다카요시木戸孝允[21]에게 보낸 천 매가 넘는 편지 속에 열렬한 애국심이 나타나 있었습니다. 그것을 통해 얼마나 그가 기독교를 통해서 세상을 구하려고 했는지 알 수 있었습니다. 이런 점에서 크리스천뿐만 아니라 일반인들도 일본 역사를 살펴보고 진실로 일본 정신을 배워서 진실로 팔굉일우八紘一宇[22]의 정신을 체득하는 것이 일본인으로서 또한 크리스천으로서 중요하다고 생각합니다.

---

18) 니이지마 조(新島襄, 1843~1890)는 에도시대에 기독교 포교에 힘쓴 메이지 6대 교육가의 한 사람으로 알려져 있다.

19) 이타가키 다이스케(板垣退助, 1837~1919) : 정치가. 일본 최초의 정당인 자유당의 창립자이다.

20) 오쿠마 시게노부(大隈重信, 1838~1922) : 정치가이자 교육자. 제8대, 제17대 내각총리대신을 역임했으며 와세다 대학의 전신인 도쿄 전문학교를 설립한 인물이다.

21) 기도 다카요시(木戸孝允, 1833~1877) : 정치가. 조슈(長州)번 출신으로, 사쓰마(薩摩)번의 오쿠보 도시미치(大久保利通)와 사이고 다카모리(西郷隆盛)와 함께 '유신3걸(維新三傑)'이라고 불렸다. 메이지유신의 지도적 인물이다.

22) '팔굉일우(八紘一宇)'는 천황제 군국주의의 핵심 사상으로, 태평양전쟁 시기 일본이 세계 정복을 위한 제국주의 침략 전쟁을 합리화하기 위해 내세운 구호이다. "온 세계가 하나의 집"이라는 뜻이다.

마쓰모토 다쿠오 요컨대 진정한 일본인이 되는 것이 선결 문제이군요. 완전한 일본인이 되지 않고서 일본 기독교를 설명하는 것은 그 자체로 모순입니다. 일본을 진정으로 사랑하고 마음을 다하여 천황을 받드는 일본인이 된다면 저절로 이 기독교 문제는 해결될 것입니다. 물론 교리상의 문제가 있겠지만 그것은 굳이 말하자면 나중 문제입니다. 아이들은 부모를 사랑해도 그 사랑을 분석해서 여러 가지로 설명하지 못하며, 하물며 체계적으로도 말하지도 못합니다. 그렇기 때문에 부모자식의 관계가 원만하고 아름다운 것입니다. 그러므로 우선 일본인이 된다면, 그리고 일본을 진정으로 사랑하고 일본을 위해 마음을 다하는 충성스런 신민이 된다면, 교리에 대한 설명을 요구받을 때 말문이 좀 막혀도 상관없습니다. 결국 신학이나 교학은 그 사람이 경험한 것을 반성하고 분석해서 체계를 세우는 것에 지나지 않는 것으로, 양쪽의 리스트를 만들고 열거해서 합친 후에 이루어진다고 봅니다. 역시 내지에서 태어난 자와 반도에서 자란 자를 불문하고 진정한 의미에서 완전히 일본인이 되는 것이 선결 문제입니다.

최재서 이것으로 목표가 확실해졌습니다. 그러면 이제 다음 문제로 넘어갈까요.

――― 반도 기독교의 개혁

전필순 지금까지 반도 기독교의 개혁이 그다지 논의되지 않았고, 그래서 좀 부족하다는 생각을 하고 있었습니다. 반도 기독교의 개혁 문제는 반도에서 태어나서 반도에서 신자 생활을 했던 사람에게는 결코 쉬운 문제가 아닙니다. 저는 굳이 내선을 구별하는 것은 아니지만, 마쓰모토 선생님이나 니와 선생님이 내지인의 입장에서 조선의 어떤 방면을 개혁해야 한다고 생각하시는지 말씀해 주시면 좋겠습니다.

마쓰모토 야스오 여기에서 중심으로 삼아야 할 것은 반도 기독교의 일본화입니다. 지금까지 여러 선생님들이 말씀하신 것은 반도 기독교를 대상으로 삼았다고는 볼 수 없습니다.

최재서 그 점에 대해 좀 말씀해주시겠습니까?

마쓰모토 야스오 재작년 가을, 장로파와 감리파는 혁신요강성명革新要綱聲明을 발표하였습니다. 그런데 벌써 1년 반이나 지났는데도 구체적으로 얼마나 혁신되었는지 듣지 못했습니다. 이 자리에는 장로파도 있고 감리파도 있으니 그것에 대해 묻고 싶습니다. 물론 반도 기독교는 일본 기독교의 일부분이지만, 특별히 반도에는 내선일체라는 중대한 문제가 있습니다. 내선일체의 이념을 철저히 하고 잘못된 민족적 사고방식을 완전히 청산하는 것이 무엇보다도 중요한데, 내지인이 완전한 일본인이 되는 것과 조선인이 완전한 일본인이 되는 것에는 차이가 있기 때문에 어려운 부분이 있습니다. 그 점을 조금 더 철저하게 생각해보면 기독교의 위대한 감화력으로 조선 민중을 바르게 지도하고 황국신민화 운동에 한층 박차를 가하는 것이 조선 기독교의 사명일 것입니다.

하라구치 그 전에 잠깐 제가 말씀드리고 싶은 것이 있습니다. 결국 마쓰모토 선생님이 말씀하신 것처럼, 기독교의 일본화는 궁극적으로는 기독교의 황국신민화로 귀착될 것이라고 생각합니다. 그러나 그 목표에 도달하는 과정에 여러 문제가 있습니다. 반도 기독교 개혁도 여러 방면에서 문제시되겠지요. 언젠가 얘기한 적이 있는데 일례로 유교 문제를 보면 일본 지식 계급은 거의 모두 『논어』나 『맹자』를 읽었습니다. 그 중에서도 『맹자』는 지나의 혁명 사상, 특히 역성혁명易世革命 사상을 담고 있습니다. 덕이 있으면 군자가 되고 덕이 없으면 새롭게 덕이 있는 자가 하늘의 명을 받아 천하를 가진다는 것입니다. 그런 것을 읽으면 옛 지나에 그런 것이 있었다는 정도로만 생각합니다. 그런데 일본 역사에 대한 지식이나 체험이 적은 경우에는 그런 가르침을 충분히 비판할 수 없게 될지도 모릅니다. 그러므로 마쓰모토 선생님이 말씀하신 것처럼 기독교의 일본화 문제는 결국 기독교도의 황국신민화 문제로 귀착될 것입니다

그러나 우리가 직책을 통해서나 다른 사람에게 들은 이야기를 종합해보면, 기독교의 일본화에 대해서 기독교 내부의 지도자들과 기독교와 관련된 관청, 그리고 그 밖의 부문에서 상호 자각과 상호 이해의 태도로 노력해야 할 문제가 많습니다. 특히 우리 쪽에서는 기독교에 종사하고 있는 수십, 수백 명의 지도자들이 학문적 방면에서 현재 기독교에 대해 어떤 견해를 갖고 있는지 생각해야 합니다. 상당히 중요한 문제이지요. 전全 조선의 50만 기독교도를 이끌어가는 분들이 현재 대략적으로 어떤 단계에 있는지, 또 과거 영미의 선교를 어떤 과정을 거쳐 받아들였는지, 현재 어떤 단계까지 왔는지 여러 사실들을 통해 살펴보면, 우리의 희망과는 달리 아직까지 관계자가 상당히 노력해야 된다는 것을 알 수 있을 겁니다. 특히 50만 기독교도의 지식 수준도 그다지 높지 않아서 단순히 일본화라고 말해서는 이해하지 못합니다.

우리가 우선적으로 생각하게 되는 것은, 조선통치 방침은 애초부터 확실했지만 여러 가지 사정으로 아직 기독교를 수용할 주체가 확실하지 않았

는데도 기독교가 수용됐다는 점입니다. 그런 과도기적인 현상 때문에 기독교 그 자체가 기독교도의 머릿속에 잘못 각인되었고, 그런 사고방식이 아직도 남아 있습니다. 그리스도 재림, 최후의 심판, 말세론, 그 밖에 교의教義에서의 인생관, 사회관, 국가관이 상당히 잘못 받아들여졌습니다. 그런 경향을 우리는 다양한 사건 이면에 숨은 사실을 분석하고 비판할 때 강하게 느끼게 됩니다. 이것은 상당히 과도기적 현상으로, 우리 스스로도 반성해야 합니다. 예를 들어 일본 도쿠가와德川 말기에 유교를 받아들였던 때에도 한편으로 그런 경향이 있었습니다. 특히 우리의 학창 시절에는 사회주의가 과도기에 들어와서 상당한 폐해를 남겼는데, 조선의 기독교에도 과도기에 수용되었던 찌꺼기가 아직 남아 있는 것을 부정할 수 없습니다. 그러므로 정말로 선택받은 소수의 지도자가 학문적으로 기독교의 일본화나 기독교의 일본적 해석에 힘을 기울이는 것이, 우선 지도자로서 풀어야 할 중요한 문제라고 할 수 있습니다.

그런데 우리 입장에서 보면 그보다 더 중요한 문제는 이곳에서 지도받는 50만 신도들을 하루라도 빨리 황국신민화하는 일입니다. 따라서 명랑하고 확실한 마음가짐을 갖도록 교화해나가면서 여러 가지 구체적인 문제들, 예를 들어 신사참배 문제나 예배일을 사흘에서 이틀로 줄이는 문제 등 일상적인 문제를 항상 다루는 것이 필요합니다. 양쪽이 함께 해나가지 않으면 아무리 기다려도 성과를 낼 수 없습니다. 그와 함께 우리는 기독교도에 대한 여러 가지 지도 및 기타 시설, 재정상의 문제 등 행정적인 면에서 열의를 가지고 협력해야 합니다.

가쓰라기 그것과 관련해서 지도자 양성 문제가 있습니다. 50만 신도를 지도하기 위해서는 결국 지도자를 양성하지 않으면 안 됩니다. 따라서 이것은 신학교의 문제이기도 합니다. 한편으로는 반도에서의 기독교 개혁은 단순한 개혁이 아니라 내용을 일본적으로 개혁하는 것이기 때문에 내선일체 이념을 철저하게 하는 문제이기도 합니다. 결국 이 두 가지 문제가 반도의 기독교 혁신의 중심이라고 봅니다.

심명섭 아까 마쓰모토 씨가 반도에서 기독교 혁신이 얼마나 이루어졌는지 물으셨는데요. 그것에 대해 일반적으로 말할 수는 없지만, 아시다시피 저희 감리교회는 작년 3월 10일에 일본적 기독교로서 제도, 의식, 기구 등 모든 것을 개혁해서 영미식이었던 기존의 것들을 없애버리고 일본화했습니다. 마침 내일이 1주년입니다. 이 1년 동안 내부 제도 변혁에 수반되는 모든 정비 문제나 인사 문제 등의 사안에서 일반적인 인식을 철저히 하는 데 상당한 무게를 두었습니다. 그러나 더욱 큰 문제는 실질적인 것으로 지금까지 영미를 통해 들어 온 때 묻은 기독교를 순화하는 일입니다. 그것은 하루 이틀로 될 일이 아니어서 지금 이 문제를 위해서 대단히 노력하고 있습니다. 방금 전에도 이야기가 나왔듯이 세계주의는 자칫하면 우리가 하늘에 계신 신의 아들이라는 식으로 기독교 신앙을 일방적으로 발전시킵니다. 따라서 우리가 일본인이라는 사실을 대수롭지 않게 여기게 되는 것이죠. 일본인으로서의 자각이 부족하다는 점에서, 어떤 방면으로는 오해받기도 했고 또 실제로 그 때문에 잘못한 적도 있었습니다.

이것을 좀 더 구체적으로 말하자면, 그리스도가 말씀하신 세계동포일가世界同胞一家 사상은 마쓰모토 선생님이 말씀하셨듯이 결코 나라를 버리고 세계인이 된다는 식의 추상적인 것이 아닙니다. 이른바 조국肇國정신인 팔굉일우八紘一宇의 이상과 그리스도의 세계동포주의, 박애정신 안에서 일치점을 발견할 수 있습니다. 일본화는 단순히 기독교 신자에게만 부과된 것이 아닙니다. 우리는 반도의 50만, 60만 기독교 신자들이 일반인들보다 앞장서서 황국신민으로서의 책무를 다하게 하는 것이 교회가 해야 할 중요한 일이라고 생각합니다. 감리교회는 그 점에 상당히 무게를 두고 차근차근 나아가고 있습니다. 좀 전에 하라구치 사무관도 말씀하셨듯이 사상 문제, 특히 50만, 60만의 신도를 사상적으로 선도하여 나가는 것은 매우 중요한 문제여서, 이것이야말로 장래 우리가 주력해야 할 영역이라고 생각합니다.

전필순 장로파는 감리파와 경향이 좀 다르고, 형태상으로 각양각색의 제도를 지니고 있기 때문에 한마디로 말할 수는 없습니다. 그 대신 개인적으로 한 교회 혹은 한 지방의 측면에서 말하자면 상당히 변해왔다고 할 수 있습니다. 하지만 솔직히 말씀드리자면 반도 기독교가 왜 개혁을 필요로 하는지 살펴볼 필요가 있을 것 같습니다. 역사를 거슬러 올라가 보면 아까 마쓰모토 선생님이 말씀하셨듯이 내지에서는 사무라이가 제일 먼저 기독교를 수용해서 오늘날에 이르렀습니다. 그와 달리 조선은 이른바 하층계급에 수용되어 점차 지식계급으로 올라가는 경향이었습니다.

이를 좀 더 솔직히 말하자면 조선 기독교는 애국심이 희박합니다. 따라서 합병된 순간, 내용은 차치하고 형식적으로는 국민이 되었지만 정말 완전한 일본인이 되지는 못했습니다. 따라서 반항적인 사상이 나타났고 아무래도 일본을 자기 나라로 사랑할 수 없다는 경향이 생겨난 것이지요. 과거에 이런 민족주의가 결국 독립 운동으로 이어진 경우도 있어서 종교와 민족 운동이 복잡하게 얽힌 것이 순수한 기독교인양 지금까지 전해져 내려온 것을 부정할 수는 없습니다. 그런 과거가 있기 때문인지 기독교가 지금도 여러 가지 방면에서 비난받고 종교 단체가 아닌 사상 단체라는 말까지 듣는 것입니다.

기독교를 개혁하는 과정에는 세 가지 원칙이 필요합니다. 첫 번째는 학學의 힘, 두 번째는 행行의 힘, 세 번째는 정치기능의 힘입니다. 좀 전에 말씀하신 신학의 문제도 그런 복잡한 사상 위에서 만들어진 종교철학인 이상, 전체주의 혹은 황도주의를 기초로 삼아 발달시켜야 할 때에는 그 종교철학을 근본적으로 뒤집어엎어야 합니다. 그 때는 학學의 힘, 학교의 힘을 빌려야 합니다. 다음으로 행行은 신사참배를 예로 들어 말하자면, 처음에는 목적도 알지 못하고 싫어할지라도 몇 번 하다 보면 어쨌든 참배해야겠다고 생각하게 되겠지요. 이런 것이 필요하지 않을까요.

최재서 저는 이 방면에는 문외한이라 좀 거칠게 말하는 것일 수도 있습니다만, 지금 기독교의 순화라고 하셨는데 순화만으로는 뭔가 부족한 것 같습니다. 영미적인 사고방식, 자유주의, 개인주의는 청산해야 하는데 여전히 그것만으로는 부족합니다. 영국도 필연적으로 고도국방국가를 건설해야 하기에, 이제 개인주의의 근원인 영국에서도 개인주의는 소용없는 것이 되었습니다. 이제 영국에서도 개인주의는 문제가 되지 않습니다. 내지 사람도 자유주의와 개인주의를 청산하지 않으면 황국신민이 될 수 없습니다. 물론 우리도 마찬가지입니다. 이것을 청산하지 않는다면 이야기가 되지 않지요. 그러나 내지인은 그것만으로도 황국신민이 될 수 있다고 생각하겠지만, 우리에게는 또 하나의 단계가 있습니다. 그것은 결국 천황귀일天皇歸一의 정신, 즉 신념입니다. 내지인은 태어날 때부터 천황을 숭배하는 신념이 있습니다. 우리에게는 솔직히 말하자면 그것이 없었습니다. 그렇게 없던 신념을 심으려고 할 때 종교를 떠올리게 되는 것입니다. 우리가 기독교 개혁을 생각할 때 기독교의 힘을 빌려서 민중에게 천황귀일의 정신을 심어주고자 하는 것이 가장 중요하지 않을까요. 기독교는 기독교의 진리를 통해서 천황귀일의 정신을 체득하도록 해야 합니다. 그것이 기독교의 진가가 일본에서 발휘될 유일한 기회라고 생각합니다.

——— 지도자의 소질 문제

마쓰모토 다쿠오 정말 그렇습니다. 결국 가쓰라기 선생님이 말씀하신 지도자 문제가 되겠네요.

최재서 그 문제에 대해 한 말씀해 주시지요.

마쓰모토 다쿠오 물론 지금 논의되었듯이 여러 가지 점에서 일본적 기독교가 되어야 한다는 게 확실한 결론입니다. 그런데 그것을 어떤 식으로 50만 크리스천에게 고취할 것인가는 지도자 문제가 됩니다. 이것에 대해서 구체적으로 듣고 싶은데요. 어디선가 받은 이 표에 따르면, 지금은 상당히 달라졌겠지만, 쇼와 15년1940 3월 말 조사에서 장로회 쪽은 대략 그 수가 3,236명이고 그 중 목사가 515명, 전도사가 677명인데 목사와 전도사를 합하면 1,000명 이상입니다. 요컨대 우리가 묻고 싶은 것은 신자들 중에서 국어를 이해하는 사람이 몇 퍼센트나 되는지, 또 국어를 공부하는 기관을 특별하게 장려하고 있는지 여부입니다. 이에 대해 구체적으로 듣고 싶습니다.

전필순 1퍼센트 정도 되지 않을까요?

마쓰모토 다쿠오 그럼 그런 사람들에게 국어를 장려하기 위한 방법을 마련하고 계십니까?

전필순 경성 부근에서는 좀 하고 있지만 시골에서는 거의 하고 있지 않습니다.

마쓰모토 다쿠오 구체적으로 그런 것부터 시작한다면 어떤가요?

심명섭 감리교회에서는 농한기를 이용해서 부인, 아이들, 어른을 상대로 국어 강습회를 열고 있는데, 거기에 참여하는 간부 중에도 국어를 못하는 사람이 있고 예순이 되어서 하는 사람도 있습니다.

마쓰모토 다쿠오 우선 목사와 전도사에게 국어를 가르쳐야 하지 않을까요. 그리고 다음으로는 지식 수준을 봐야 합니다. 즉 현재 사정이나 일본 정신을 얼마나 이해하며 전도하고 있는지 살펴보아야 합니다. 학문적으로 말하면 지금과 같이 문화가 발달한 시대에 민중은 어설픈 지식을 전혀 거들떠보지 않으므로, 민중을 이끌어나갈 경우 지식의 수준을 끌어올리기 위해 상당히 노력해야 합니다. 그래서 전도자 양성 기관이 필요합니다.

심명섭 조선 교회로서 부끄러운 점은 지금까지 선교 등의 일을 신학교 출신의 선교사가 주로 해왔기 때문에 영어는 가르쳤지만 국어에는 중심을 두지 않았다는 겁니다. 그것이 교회의 큰 결함인데, 그 때문에 감리교에서는 작년부터 신학교를 접고 학생도 전부 중등학교 졸업생 이상만 받아서 학교 안에서도 충군애국 정신, 조상숭배 정신, 일본 정신을 주된 교육방침으로 삼아 군사교련까지 하며 훌륭한 전도자를 양성하기 위해 노력하고 있습니다. 어쨌든 이제 막 시작한 것이라 빈약합니다.

하지만 이런 분야로 힘을 기울여서 앞으로는 재단도 만들고 학교도 크게 확장하고 싶습니다. 어쨌든 어느 사회에서나 인물이 부족한 이 시기에 자각한 교육자가 나온다면 좋겠지만 5년, 10년은 걸릴 것 같습니다. 지금 국어를 제대로 구사하지 못하는 교육자가 있기는 해도, 때때로 강습회를 열거나 본부 쪽에서 시골로 가거나 하며 될 수 있는 한 시국 인식을 심화시키려고 열심입니다. 하지만 최근 국어를 잘 못하는 교육자가 점점 물러나고 있는 것이 가장 곤란합니다. 경성도 그렇지만 지방에서도 언어가 통하지 않으면 당국자가 상대해주지 않습니다. 스스로 책을 읽을 수도 없어서 자연히 국어를 잘 못하는 사람은 싫어도 점점 아래로 내려갈 수밖에 없습니다. 4, 50대가 국어를 1년 안에 배우는 것은 쉬운 일이 아니어서 모두 힘들어 하고 있습니다.

전필순 사변 이래의 변화가 마치 15년을 한 순간에 훌쩍 뛰어넘어 버린 것 같습니다.

심명섭 15년이 아니라 100년도 더 지나버린 것 같습니다.

최재서 나라 전체가 내달리고 있으니 좌담회도 질주하고 있는 것 같네요. 끝날 시간이 제법 임박했지만 한 가지 더 조선 기독교파의 합동에 대해 듣고 싶습니다. 이런 문제는 아마도 외부 사람이 들쑤셔주지 않는다면 말이 나오지 않겠지요.(웃음) 폭탄을 던지는 것 같은 문제입니다.

—— 조선 기독교파의 합동

전필순 작년에 언젠가 장로파에서 그런 제안을 했었지만 그리 쉬운 문제가 아니라서 연구라는 명목으로 1년 뒤로 미뤘었지요. 하지만 가능하면 하루라도 빨리 실현되었으면 합니다. 만주에 뒤처지는 것은 치욕이라고 생각해서 감리파 측과 만날 때마다 설명하고 있습니다만.

심명섭 10년 전에 『기독교신보基督教新報』에서 합동 문제를 논의한 적이 있습니다. 결국 지금까지 합동이 실현되지 않은 까닭은 각 파 선교사들 사이의 이해 관계나 감정 문제가 가장 큰 원인이라고 할 수 있습니다. 재작년에 선교사들이 돌아갔기 때문에 이 문제는 서둘러 진척되어야 하며 또 실제로도 진척되고 있습니다. 이 자리에 연합회장님도 계시는데 연합회에서 노력해서 두 파의 감정을 융합하여 구체적으로 통합 문제에 대한 이야기를 나눌 수 있는 날이 왔으면 좋겠습니다. 인도의 경우, 영국이 정치적인 의도에서 종교를 가능한 한 여러 파로 뿔뿔이 나누고 당파적으로 분쟁하게 만들어서 갖가지 착취를 했다고 합니다. 그래서 인도 문화가 발전하지 못했다고 하네요.

그러나 조선의 경우, 당국은 가능한 한 통합을 희망하고 있었지만 선교사가 중간에서 방해를 했기에 이룰 수 없었죠. 그래서 우리 자신의 부족함을 통절하게 느끼는 것입니다. 하지만 이제부터 당국의 지도도 있을 것이고, 우리도 적극적으로 각 파의 통합 문제에 진력하고자 합니다. 따라서 지도자 양성 문제에 대해 생각해봐야겠지요. 남북의 장로회나 4개의 교회가 통합된 것은 좋은 일이지만 신학교는 확실히 통합되지 않았습니다. 감리파에도 2개의 교회가 있는데 이것이 합쳐져서 ○○[23] 신학교가 만들어지고 있습니다.

이렇게 같은 곳에서 배운 사람들이 하나가 되어 나아가는 것이 선결문제이지 않을까요. 스기모토 선생님도 신학교 통합이 의미 있는 일이라고 생각해서 좀 더 훌륭한 신학교를 만들려는 열의를 보여주셨지만, 그것을 완성하지 못한 채 조선에서 손을 떼신 것은 매우 유감스럽고, 또 무책임하게 느껴지는데요. 선생님에게는 무리한 제안이겠지만 한마디 해둡니다.(웃음)

니와 합동 문제는 누구나 찬성해야 하며, 또 찬성하고 있습니다. 내지에서도 합동이 이루어졌는데, 그곳에서는 예전부터 합동에 대한 의견 교환이 자주 있었는데도 몇십 년이 걸려서야 실현되었습니다. 그 중 한 경우를 살펴보면 종교단체법안이 의회를 통과하는 데 삼십 몇 회나 걸렸으며 당시 문부대신이었던 아라키 사다오荒木貞夫[24] 육군대장이 통과시켰습니다. 그래서 그 종교단체법안에 의해 모든 기독교가 통합되었고, 거기에 따르지 않으면 교회는 지세地稅와 조세를 전부 지불해야 해서 크게 손해를 보는 경우도 있습니다. 문부성이 열심히 지도 편달하여 통합은 완성되었지만 아시다시피 블록이 생겨서 여러 파가 아직 남아 있습니다. 그러나 문부성에서는 반드시 3년 안에 합동을 이루어야 한다고 말하고 있어서, 다소 고심하고 있습니다. 하지만 달리 말하자면 총독부의 방침이 제대로 정해져서 총독부가 합동을 염두에 두고 지도해야만 합동이 실현될 것입니다. 모두 합동이 좋다는 것은 알고 있으니 총독부의 지도가 있어야 할 것입니다.

최재서 그럼, 긴 시간 동안 여러모로 감사했습니다.

---

23) 원문에도 ○○으로 표기되어 있다.

24) 아라키 사다오(荒木貞夫, 1877~1966)는 제2차 세계대전 이전, 제국 육군의 장군이었으며 이후 극우 민족주의 정치 이론가로 활동했다. 그는 일본 정치군인들 중에서도 가장 급진적 분파의 지도자였다.

반도 학생의 여러 문제를 말한다

1942년 5월 · 6월 합본호

출석자

기야마 헤이케이 木山炳奎 ───── 휘문중학교장

후루카와 가네히데 古川兼秀[1] ───── 본부 보안과장

혼다 다케오 本多武夫[2] ───── 본부 학무과장

호리우치 도모 堀内朋[3] ───── 경복중학교장

히가시하라 인쇼 東原寅燮[4] ───── 연희전문학교 교수

마쓰즈키 히데오 松月秀雄[5] ───── 경성제국대학 교수

마스다 미치요시 增田道義[6] ───── 경성법학전문학교장

---

1) 후루카와 가네히데(古川兼秀) : 총독부 도서과장으로 출판물의 검열에 관여하다 경무국 보안과장으로 취임했다. 이후 내선일체의 구현에 앞장섰다.

2) 혼다 다케오(本多武夫, 1905~?) : 규슈(九州) 제국대학 법무학부를 졸업한 후 관료가 되어 1932년 조선에 건너왔다. 충청북도, 함경남도 등에서 학무과장을 지냈으며, 1942년 당시에는 조선총독부 경무국 도서과장 및 학무국 학무과장으로 재직했다.

3) 호리우치 도모(堀内朋, 1898~?) : 교육자. 1918년에 조선공립중학교 교사가 되어 조선에 건너왔다. 1930년대에 조선공립실업학교, 강경상업학 등에서 교장을 지내다가 1942년 당시에는 경복중학교 교장으로 재직했다.

4) 정인섭(鄭寅燮, 1905~1983)의 창씨개명. 문학평론가, 번역문학가, 영문학자로 어린이 운동 부분에서도 활동했다. 1920년대에는 해외문학연구와 평론 활동을 펼쳤고 1940년대에는 조선문인협회의 간사, 상무간사 등을 지냈다.

5) 마쓰즈키 히데오(松月秀雄) : 문학박사. 도쿄이과대학(東京理科大学) 학장과 경성제국대학 법문학부 부장을 역임했다.

최재서 ———————————— 본사측

4월 10일 오후 7시 기쿠이초 다방(喜久井茶寮)에서

——— 옛날 학생과 요즘 학생

최재서 이제까지 학생 문제가 오늘날만큼 중요한 문제로 부각된 적은 없었던 것 같습니다. 이는 대동아 건설을 진정으로 이끌어 나갈 자가 앞으로 성인이 될 지금의 학생들이라는 점에서 비롯된 필연적 결과이겠지요. 그 중에서도 반도 학생이 앞으로 짊어져야 할 사명은 매우 중요하므로, 반도의 학생 문제를 단순한 교육 문제가 아니라 중요한 사회 문제와 국가 문제로서 주목해야 할 것입니다. 제가 먼저 한 말씀드리자면 요즘 학생을 옛날 학생과 비교해볼 때 그 태도와 정신이 상당히 변한 것 같습니다. 옛날이라고는 해도 대략 우리가 중등학교에 다니던 때를 가리키는 것이지만요. 실제로 훈육을 하고 계신 호리우치 선생님과 기야마 선생님께서 학생들의 변화에 대해서 서두를 열어 주시면 좋겠습니다.

기야마 공립학교에서는 예전부터 계속 교련을 해왔지만 사립학교에서는 약 3년 전부터 교련을 시작했습니다. 교련이 도입된 이후, 복장 상태나 경례 동작이 매우 좋아져서 모든 학생들이 제대로 하게 되었지요. 가장 많이 변한 것은 훈육 방면입니다. 예전에는 공부하는 시간에도 사상적이라고나

6) 마스다 미치요시(增田道義) : 경성법학전문학교 교장을 지낸 인물.

할까요. 여러 가지 이상한 생각을 하는 학생들이 있었지만 최근에는 대다수 학생들이 매우 성실하게 하고 있습니다. 또한 운동 방면을 보더라도 예전에는 쓸데없이 소란을 피우고 운동을 하면 공부는 안 해도 된다는 경향이 강했지요. 하지만 학교 당국에서 가능한 한 운동을 골고루 하도록 지도했고, 학생들 자신도 신체를 튼튼히 하는 정도로만 운동을 하게 되면서 운동에만 열중하는 경향은 줄었습니다.

히가시하라 전문학교 학생들도 확실히 변했습니다. 이전에는 교실이나 회합에서 종종 반항적으로 격렬하게 논쟁을 벌이며 야유하거나, 모임을 열어서 떳떳하게 비난하는 것이 자부할 만하고 기개 있는 태도로 받아들여졌지만 최근에는 그런 태도가 전혀 보이지 않습니다. 그리고 또 한 가지는 선생님에 대한 경례입니다. 이전에는 길에서 만나면 도망치거나 못 본 체 하는 학생들이 있었는데 최근에는 학생들이 절도 있게 거수경례를 합니다. 그래서 오히려 선생님 쪽에서 겸연쩍어 하는 현상이 나타나고 있지요. 이것이 표면적으로 나타난 변화의 예라고 할 수 있습니다.

호리우치 지금 외적인 변화를 이야기해주셨는데 저는 학생들과 매일 접하면서 내적인 변화에 대해 생각을 해봤습니다. 예전에, 그러니까 방금 주최자가 말씀하신 시기의 중학생은 요즘과 달랐던 것 같습니다. 그 당시에는 사상적으로 꽤나 탈선적인 경향이 강한 학생들이 많았고 한편으로는 학습에 대한 열의가 높고 아주 성실한 학생들도 많았습니다. 그 후 계속해서 여러모로 변천을 거듭해 왔겠지만, 그 동안 제가 다른 일을 했기 때문에 그런 변화에 대해 언급하는 것이 조금 조심스럽기도 하고 위험하다는 생각도 드네요. 그래서 제 자신의 경우를 말씀드리려 합니다. 제가 최근 반도인만 받는 학교에 가서보니, 과거처럼 극단적으로 사상적인 태도로 교사를 애먹이는 학생은 별로 없지만, 학습 태도도 예전만 못하고 학교의 계획에 따르는 열의도 다소 옅어진 것 같았습니다. 그 원인이 무엇인지 속단하기는 어렵습니다만, 외형적인 정비가 진척되어 똑같이 해나가려는 경향이 강해진 나머지 특별한 성향을 가진 학생이 나타나지 않는 게 아닐까요. 앞으로 상당히 발전할 것이라는 느낌을 주는 학생이 줄었기 때문에 그런 분위기가 약해지는 것 같기도 합니다.

혼다 그런 경향이 나타난 이유는 무엇일까요.

호리우치 저는 이렇게 해석하고 있습니다. 제 생각이 틀릴 수도 있습니다만, 그 무렵부터 중등학교의 졸업생 수가 대폭 증가했고 그에 따라 상급학교도 수용력을 상당히 늘렸지요. 굳이 말하자면 경쟁이 극심해져서 명랑함을 잃었다고 할까요. 죽도록 노력해봤자 반드시 보상받을 거란 확신이 없어서 불안해하는 것이 하나의 원인이라고 봅니다. 그러나 훈육이라는 관점에서 보자면 지금 이야기한 대로 교사를 애먹이는 학생이 전혀 보이지 않기 때문에 이는 결국 조선 통치의 진전을 말해준다고 생각합니다.

최재서 한때 학생의 무기력함이 떠들썩하게 이야기된 적이 있는데 지금은 어떤가요. 반도인 학생의 태도는 최근 무척 활발해졌지만 역시 아무래도 무기력하다는 것이 제가 받은 솔직한 인상입니다. 특히 여자학교에 가보면 그런 것을 강하게 느낍니다. 어떻습니까?

기야마 그렇긴 하죠. 용감하게 부딪혀 가는 마음가짐이 부족하지요. 그런데 어땠나요. 최 선생님 시절에는 중학교를 졸업하고 나서 근로봉사를 하지는 않았죠?

최재서 안 했지요.

호리우치 그렇군요. 그 점은 확실히 변했네요. 학생들도 근로봉사를 해야 한다고 생각하고 학부형이나 사회에서도 그것을 당연한 것으로 여기게 된 것 같습니다.

——— 향학심

최재서 아까 호리우치 선생님께서 규율의 측면으로 보면 학생들이 바람직하게 변했지만 학문적으로는 열심히 하는 학생이 줄어들었다고 언급하셨는데 이것은 아주 중요한 문제입니다. 마쓰즈키 선생님은 어떻게 생각하십니까.

마쓰즈키 저는 오늘 꾸어다 놓은 보릿자루 같다고 생각하고 있었습니다.(웃음) 학생들과 실제 문제로 직접 대면할 기회가 별로 없고 평교수라서 적절한 내용을 말씀드릴 능력이 없거든요. 하지만 지금 이 문제에 대한 제 생각을 말씀드려 보겠습니다. 요즘 일반적으로 학교 방침에 따라 학생을 통제하는 경향이 강해지고 있습니다. 그래서 방금 말씀하신 것처럼 선생님을 애먹이는 학생이 줄긴 했지만 그렇게 획일적으로 나가다 보면 자연히 자발성도 줄어들게 되지 않을까요. 또한 요즘 정세 때문이기도 하지만 일반 학생의 훈육이나 여러 가지 사상 문제에 대해 사회적인 압력이 아주 강해지고 있습니다. 그러다보니 내부에서 자발적으로 발전하려는 힘이 상당히 억압받고 있는 듯합니다. 그러나 이는 결코 기뻐할 만한 일이 아니지요. 학문적으로, 특히 자연과학적인 분야에서 학생들이 정말 스스로 해보겠다는 열의를 갖고 공부할 수 있도록 오히려 장려해 나가야 합니다.

히가시하라 방금 나온 무기력에 관한 문제에 덧붙이고 싶은 말이 있는데요. 과거에는 대체로 전문학교 졸업생이면 지도자가 될 수 있고 좋은 지위를 얻어서 지도권을 가질 수 있다고 생각했습니다. 그런데 최근 학생들은 하나의 국가 방침을 믿고 지도자를 따르면 된다고 생각하기 때문에 개개인의 자유주의나 영웅주의는 사라지고 있습니다. 그런 추세에 따른다는 의미에서 지도자가 되겠다는 야심찬 기력이나 기개를 가질 필요도 없고 생뚱맞게 기력을 낼 필요도 없다는 입장을 자각하고 있습니다. 그래서 저는 여러분이 말씀하신 것과 같은 의미가 아니라 국가를 위해서 순전히 순응한다는 의미에서 학생들의 무기력을 생각할 수 있다고 봅니다.

그리고 학문 분야에 대해서 말하자면 예전에는 학자가 되고 싶다는 마음으로 열심히 파고들어 깊이 연구하는 학생들이 있었지만 최근에는 여러분이 말씀하셨듯이 그런 태도가 줄어들었습니다. 그래서 자기가 좋아하는 책을 읽기보다는 학교에서 배우는 것이나 교과서를 어느 정도 잘 익히는 것만으로도 충분하다고 생각하는 것 같습니다. 상급학교에 갈 수 없는 탓도 있겠지요. 예전에는 능력이 없는 사람들도 누구나 대학에 가고 싶어 했습니다. 그런데 최근에는 똑똑한 사람만 대학에 가려고 하고 대다수 사람들은 사회에 나가서 일하고자 합니다. 이런 태도 때문에 학문적으로 깊이 파고들지 못하는 게 아닐까요. 학자가 되지 않아도 대졸이라는 경력을 갖지 않아도 얼마든지 성공할 수 있다고 생각하는 것이지요. 즉, 국가가 모든 사람을 고용해줄 것이라고 안심하기 때문에 자기 돈을 써가며 학문을 할 필요가 없다고 여기는 것입니다.

최재서 향학심 같은 것은 어떻게 드러날까요. 최근 상급학교 입학 지원자가 확실히 늘어나고는 있지만 단순히 그것만으로 파악할 수 있을까요? 좀 더 내용적으로 보면 어떨지 궁금하네요.

후루카와 상급학교 지원에는 역시 향학심이 가장 큰 이유가 되겠지요. 그 밖에 경제력이 상당히 늘어났다는 점도 있고요. 또한 사상적으로 보면 지원병 제도나 노동력 공출이나 체력검사 때문에 전문학교 입학 지원자가 늘어나지 않았나 싶습니다. 이것이 꼭 반도만의 문제는 아니지만 올해 특히 상급학교 지원자가 급증한 까닭은 그런 데 있다고 봅니다. 오늘은 반도의 학생 문제만 논하는 자리니까 설명하기가 좀 곤란하지만 최근 활기가 없어진 것을 학생들만의 문제라고 할 수는 없습니다. 그렇게 시세가 변해 온 게 아닐까요. 말하자면 뭐든지 눈치가 보이거나 움츠러들게 된 것이지요. 하면 안 되는 것도 많고 말하면 안 되는 것도 많아서, 섣불리 말을 할 수도 없다는 상황이 아주 큰 원인이라고 봅니다. 좋게 말하면 점차 현실을 깨닫게 된 거라 할 수도 있겠지만…….

마쓰즈키 저도 그런 뜻으로 말씀드린 것입니다.

후루카와 좋은 의미에서의 순진함, 좋은 청년의 특질은 좀 다른 방면에서 발랄하게 나타나고 있지 않습니까.

—— 학문에 대한 신념

최재서 결국 그동안 학교 밖에서 이루어진 지식계급의 지도가 잘못되었다는 게 큰 원인인 것 같습니다. 학생들이 지식을 신뢰하지 않는 경향이 강해졌지요. 예전에는 지식인을 무조건 찬미하고 배우려고 했습니다. 나중 일은 개의치도 않았지요. 그런데 요즘 학생들은 찬미하는 마음이 대부분 식은 것 같습니다.

후루카와 학생 전체의 마음이 식은 것이 아니라 그런 사람이 늘어난 것이 아닐까요. 예전에는 교육비가 적었기 때문에 선발되면 열심히 공부할 사람이 학교에 갔지만 지금은 누구나 학교에 가지요. 평균적으로 보면 그런 분위기가 눈에 띌지도 모르지만 전부가 그런 것은 아니라고 봅니다.

마쓰즈키 제가 잘못 봤을지도 모르지만 대학 졸업 후에도 학교에 남아서 상당히 깊게 연구하는 사람도 있습니다. 그런데 현실적으로 국가의 문제를 다루어 비상시 일본의 장래에 대해, 이른바 신新일본 건설의 한가운데에 뛰어들어 공헌하려는 연구가 아니라, 나쁘게 말하면 도피라고 할까요. 제가 곡해한 것일지도 모르지만, 국가와 전혀 무관한, 혹은 현실 사회와 유리된 세계에 연구라는 명목으로 도피하여 일종의 즐거움을 느끼는 사람이 있는 것 같습니다. 저는 반도 청년이 황국신민으로서 희망으로 가지고 학문을 연구하고 그리고 앞장서서 새로운 일본을 건설해나가는, 이른바 동아공영권의 지도자로서의 소질을 충분히 갖추기 위해 노력하는 사람이 되기를 진심으로 바라고 있습니다.

그런 점에서 말씀드리자면 인생관이나 세계관, 황국신민으로서의 자각

등 근본적인 사고 방식이 불분명한 사람이 있는 것 같습니다. 표면적으로 말할 때나 글로 쓸 때는 오히려 내지 학생보다 황국신민다운 것을 더 능숙하게 표현할지 모르지만 감정의 측면에서 보면 아직 불충분합니다. 가령 싱가포르가 함락되었을 때, 진정으로 마음 깊은 곳에서 올라오는 기쁨의 감정이 충분치 않은 것 같더군요. 그런 점에서 상급학교 학생도 이론적으로 철저해지기 위해 깊이 생각하고 고민하고 마음 깊은 곳에서부터 진정한 황국신민이 되도록 좀 더 노력해야 합니다. 철학이나 다른 무언가를 연구하는 것도 참 좋은 일이지요. 하지만 단순한 코스모폴리탄적 철학이 아니라 진정한 일본적 철학을 성실하게 연구해서, 불분명한 사고 방식을 지닌 채 헤매고 있는 어른이나 중학생들을 만족스럽게 제대로 지도할 수 있는 지도자가 최고학부 졸업생 중에서 나오기를 바랍니다. 이론적인 측면에서는 이렇습니다. 최재서 씨가 관계하고 있는 문학 분야에서는 감정과 의지의 측면을 심화시켜서 정말 전인적全人的으로 황국신민다운 신시대의 반도인 지도자가 나오면 좋겠습니다.

최재서 지금 말씀하신 것이 결국 문제의 핵심인 것 같습니다. 제가 보기에 성실한 학생은 옛날식의 학문을 배워서는 안 된다는 생각은 있지만, 그렇다고 이른바 신일본 건설에 스스로 뛰어들어야겠다는 데까지는 나아가지 못하고 있는 것 같습니다. 그래서 결국 무기력해지는 것이죠. 요컨대 성실한 학생이 방황하게 되는 것입니다. 이 점에 대해서 마스다 선생님께서는 어떻게 보시는지요.

——— 이 학생을 보라!

마스다 저는 2년 전까지 행정관으로 일했기 때문에 교육자로서는 문외한입니다. 제가 몸담고 있는 곳은 경성법학전문학교라는 일개 학교에 불과하지만, 사실 선생님들의 이야기를 듣고 있다 보니 정말 의외라는 생각이 들었습니다. 제가 반도 학생들에게 지나치게 큰 희망과 광명과 기대를 갖고 있는 것인지도 모르겠지만 오늘 여러분의 이야기를 들어보니 완전히 다른 세계에 와 있는 것 같습니다. 어떤 분께서는 당신 학교만 그렇다, 그것만으로 전반적인 상황을 추정하는 것은 신중해야 한다고 말씀하셨는데, 제가 경험한 바로는 확실히 그렇다고 말할 수 있습니다. 오늘도 낮에는 학생들과 함께 맨몸으로 체조를 했고, 2시간 동안 검도 수업도 했습니다. 학생들과 가장 많이 만나고 그들과 함께 흙투성이가 되어 지내는 사람은 제가 아닐까 합니다. 학생들은 모두 270명인데, 저는 이 학생들의 얼굴과 이름을 모두 외우고 있습니다. 제 견해는 하나의 작은 사실에 불과하지만, 여러분께서 엄연한 사실로서 생각해 주실만한 가치가 있다고 봅니다.

무로후세 고신室伏高信[7]은 그다지 마음에 드는 사람은 아닙니다만, 그가 수년 전에 이런 말한 적이 있습니다. 옛날에는 학생들이 존경을 받았고 그 다음에는 공포의 대상이 되었으며 그 후에는 멸시를 받았는데 지금은 멸시받는 시대이다, 즉 사회적으로 존경을 받던 학생들이 사상 사건으로 공포의 대상이 되었고, 지금은 무기력해져서 멸시받고 있다는 말입니다. 하지만 이것은 수년 전의 관찰이고 요즘 학생들은 아주 기대를 받고 있는 상황입니

---

7) 무로후세 고신(室伏高信, 1892~1970) : 평론가이자 저술가이다. 1934년에서 1943년까지 잡지 『일본평론(日本評論)』의 주필을 맡았으며, 만주사변 이후에는 자신의 광신적인 국수주의 사상에 군부와의 깊은 결탁으로 대동아전쟁을 찬미했던 인물이다. 전후 공직에서 추방당한 그는 신생사(新生社)를 창립해서, 잡지 『신생(新生)』을 발간했다.

다. 지난번 입학식 때도 학부형님께 말씀드렸습니다만, 흔히들 학교에 대해서 말할 때 건물이 좋다든지, 예산이 많다든지, 교장 선생이 좋다든지 나쁘다든지 하는 것으로 학교를 판단하는데, 그래서는 안 됩니다.

니체의 책 중에『이 사람을 보라』라는 책이 있습니다. 저는 법학전문학교 270명 중 어떤 학생이라도 좋으니 '이 학생을 보라'고 말하고 싶습니다. 그 학생이 진정으로 희망을 지니고 적극적으로 공부하고 있는지, 그리고 군국君國을 위한 지성진충至誠盡忠의 정신을 가지고 있는지, 이런 것으로 그 학교를 판단해야 합니다. 저희 학교는 빈약하고 교장인 저는 난폭하며 교육자로서의 경험도 정견도 없습니다. 하지만 저희 학교 학생을 보십시오. 주변 학교 선생님들로부터 법학전문학교 학생은 희망에 가득 찬 눈으로 고개를 들고 힘차게 걷는다는 말을 듣고 정말 기뻤습니다. 저희 학교 학생들만 그런 것일지도 모르겠지만, 이제 회의적이라든지 도피적이라든지 침체 상태라고 하는 것은 적어도 12월 8일까지의 이야기입니다. 그 이후 판단력 있는 조선의 지식 계급이라면 모두 훌륭한 황국신민이 되었습니다. 암울한 분위기나 이런저런 회의는 깨끗이 사라졌을 것입니다. 아직도 남아있는 자가 있다면 그는 구체제의 유물로, 참으로 안타까운 사람입니다.

지금 여러분이 하신 이야기는 수년 전의 학생 문제이거나, 아니면 요즘 학생들의 현실은 모르는 채 수년 전 일을 걱정하면서 흐려진 시선으로 학생들을 보고 있는 게 아닐까요. 제가 만나본 학생들은 20세 전후의 청년들로 아주 순진하고 온화합니다. 그 순진한 학생 앞에 동아의 맹주인 일본을 중심으로 지금까지의 작은 지도에서는 볼 수 없었던 커다란 세계가 열리고 있습니다. 메이지 유신 때 하층 무사와 조닌町人은 크나큰 희망을 가지고, 출세하려는 마음뿐만 아니라 단지 일본을 위해서라는 국체國體에 대한 자각을 가지고 모두 뛰어나갔습니다. 그리하여 어떤 사람들은 메이지 유신의 고귀한 희생자가 되어 쓰러졌고, 나머지 사람들은 출세했습니다. 요즘 학생들이 무언가 얻으려고 하거나 출세하려는 생각이라면 몰라도, 전신전령全身全靈을 나라에 바치겠다는 마음이라면 이보다 더 커다란 세계는 없을 겁니다. 이 자리에서 여러 선생님들께서 학생들이 회의하고 있다느니 도피하고 있다느니 말씀하셨는데 그것은 논의의 초점을 잘못 짚고 있는 게 아닐까요.

12월 8일에 조칙이 선포되었고, 3월 6일에는 특별 공격대가 발표되었습니다. 이런 사태가 젊은이들 앞에 전개되고 있습니다. 이런 상황에서 요즘 학생들에 대한 관점을 조금 바꿔 긍정적인 측면에서 현실을 바라본다면 어떨까요. 나이 든 우리가 걱정하거나 의심할 필요는 없습니다. 이것을 치안의 측면에서 여러모로 살펴볼 필요가 있을지도 모르지만, 후루카와 보안과장은 제외하고 우리는 그저 긍정적이고 밝은 측면에서 학생들을 바라보면 됩니다. 걱정스러운 일은 후루카와 군에게 부탁하고(웃음) 우리는 안심하고 차근차근 앞에서 이끌어 가면 좋지 않을까요. 관점이 다를지도 모르겠지만 제가 몸담고 있는 세계는 이렇습니다.

후루카와 어쨌든 신용도 필요하지만 지도하는 사람이 희망을 갖는 것도 필요하겠지요. 이는 지도 방식에 따라 굉장히 다르게 나타납니다. 민감하게 연관되니까요. 하지만 낙관할 수만은 없습니다. 그렇게 간단한 문제가 아니니까요.

마스다 그러니까 제가 다른 학교 교장이라면 그럴지도 모르겠지만, 적어도 저희 학교에 대해서는 이렇게 생각하고 있다는 것이지요. 좋은 일이지 않습니까.(웃음) 2년 동안 신경쇠약이 될 정도로 잠도 못 자고 고민했으니까……. 법학전문학교 학생을 대강으로라도 보신 다음에 그 학생들에 대해 말씀해주셨으면 좋겠습니다.

호리우치 지금 말씀하신 것과 같은 점이 분명히 있기 때문에, 저도 예전과 최근을 비교해서 노골적으로 말씀드렸던 것입니다. 물론 지금은 12월 8일 이후의 국운에 따라 가능한 한 학생들에게 밝은 희망을 줄 수 있도록 이끌고 있습니다. 그러다가 전승 소식을 듣게 되자 학생들은 기뻐하면서 자신들도 대동아공영권 중핵체中核體의 일원이 되겠다는 움직임을 확실히 보여주고 있지요. 그렇지만 주최자 측에서 비교론을 거론했으니 솔직히 말하자면, 옛날 학생과 비교해서 요즘 학생이 무기력하다고 하셨는데 다소 그런 경향은 있는 듯합니다.

——— 밝은 지도

마스다 조선 학생에게서 최근 특별히 느낀 점을 말씀드리겠습니다. 제가 있는 학교에서는 겨울에 맨몸 체조를 하는데요. 제가 작년 12월에 건강이 나빠져서 12월과 1월에는 맨몸으로 하지 못했지요. 교장이 맨몸으로 하고 있으니 14,5명의 학생이 아무리 해도 셔츠를 입으려고 하지 않더군요. 이것이 조선 학생입니다. 어떤 학생들은 어제 감기에 걸려서 쉬었지만, 다음 날에는 다시 알몸으로 맨몸 체조를 했습니다. 더군다나 1월 중 제일 추운 때였는데, 결국 감기를 이겨내서 더 나빠지지 않았습니다. 오늘도 검도를 했는데, 필사적으로 맞붙으려고 해서 검을 거의 떨어뜨릴 뻔 했습니다. 그 정도로까지 진지하게 하는 것이지요. 그러니까 지도하는 대로 다 된다고 생각합니다. 목표는 확실히 정해져 있기 때문에 거기에 도달하기까지 잘만 이끌어주면 아무 것도 문제될 게 없습니다. 그러나 방향을 확실히 정하지 않아서 선장이 흔들리면 모두가 흔들리게 되지요. 그러므로 결국 학생이 어떤지 묻기보다 우리가 학생을 어떻게 지도해야 하는가에 주안점을 두는 게 오히려 학생들에게 더 좋지 않을까요.

제가 있는 곳은 법률학교라서 상당히 까다로운 학생들이 모여 있는데, 그럼에도 참으로 무난하게 따라와 줍니다. 교련의 분열分列 행진도 3시간 동안 쉬지 않고 합니다. 교장 역시 한 걸음도 움직이지 않습니다. 불평 한 마디 하는 자가 없습니다. 법학전문학교가 솔선수범이 되자고 학생들 모두 기쁘게 합니다. 그러니까 지도하는 대로 무엇이든 되는 것입니다. 학생이 나쁜 것은 학생 자신이 나빠서가 아니라, 우리 교육자들이 나쁘기 때문입니다. 교육자가 나쁘지 않다면 학무 행정에 종사하는 사람이 나쁜 것이고요. 이런 식으로 서로 반성하며 젊은이들을 탓하지 않고 쭉 이끌어가야 하지 않을까요. 지금 헤매고 있는 사람은 바보 같이 한심한 사람이지요.

후루카와 그 한심한 사람들이 아직 있습니다.(웃음)

마스다 좋은 쪽은 보지 않고 나쁜 쪽만 보기 때문에 그런 겁니다.(웃음)

후루카와 그렇지 않아요.

최재서 선생님의 말씀을 듣고 솔직히 감동했습니다. 다만 그런 경우 학생들에게서 점차 사상이 사라지고 있는 것은 아닐까요? 이것도 회의적으로 보는 나쁜 버릇인지 모르겠지만요.

마스다 사상이 없는 것은 아닙니다. 훌륭한 국가주의입니다.

최재서 학생들이 그것을 확실히 갖고 스스로 일어나서 활발하게 움직인다면 정말 낙관할 수 있겠습니다만.

마스다 결코 사상이 없는 것이 아닙니다. 지금은 훈련주의로 나가고 있으니, 아무렇게나 억누르는 것이 아니라 뒤에서 밀어주는 것, 말하자면 좋은 점을 끌어내 주는 것이지요. 예를 들어 맞은편에서 기차가 오는데도 그것을 모르고 선로에 서 있는 사람이 있다면, 그 사람을 확 밀어주는 것이 좋습니다. 위험으로부터 구해주는 것이지요. 어떤 점에서는 획일적으로 보일지도 모르겠지만 교육자의 입장에서 보자면 저희 학교는 학생이 특히나 적어서 그런지는 몰라도 한 사람 한 사람을 다 기억해야 합니다. 법학전문학교 학생에 대한 근본 방침을 말씀드리자면 진정한 황국신민으로 만드는 연성鍊成 교육은 교육칙어[8]의 취지를 목표로 270명 하나 하나를 매일 다른 방법으로 가르쳐 나가는 것입니다.

——— 학생의 사상 경향

최재서 전반적으로 요즘 학생들의 사상 경향은 어떤가요?

---

8) 교육칙어(「교육에 관한 칙어」)는 1890년 천황제 교육의 기본적인 틀이 성립하는 과정에서 만들어져서 국민교육의 대방침으로 확립되었다. 일본에서는 1891년부터 일본의 각 학교에 하달되어 조회 등의 각종 행사에서 봉독되었다. 조선에서는 1911년 10월에 천황의 이름으로 "짐이 교육에 관해 말하는 바를 이제 조선총독에게 내린다"고 하여 조선에 적용할 것을 분명히 했으며, 다음 해 1912년 1월 교육칙어 등본을 관공사립 각 학교에 배포하였다.

후루카와 많이 변했습니다. 우리가 보기에는 아주 잘 돼가고 있습니다. 특히 12월 8일 이후로는 굉장히 크게 변했는데, 다만 이것은 예전과 전반적으로 비교해봤을 때 그렇다는 겁니다. 나아졌다고 하면 내지인보다 좋아진 것처럼 보고, 나빠졌다고 하면 다이쇼 8년1919 때처럼 보는 것은 아주 잘못된 시각입니다. 공통적으로 부족한 점은 희망이 확고하지 않다는 것입니다. 어딘가 방관적인 태도가 보이고 좀처럼 감격하지 않습니다. 이를테면 제3자적인 태도를 취하는 것이지요. 결국 시국 인식이 부족해서 무지한 것이고, 진정으로 내선일체 이념에 철저하지 못해서 희망을 갖고 있지 않은 것입니다. 학생들뿐만 아니라 사회도 전반적으로 그렇습니다.

그러므로 우리가 언제나 학교 관계자들에게 바라는 것은 학문만 가르치는 것이 아니라 지금처럼 좋은 점은 끌어내고 나쁜 점은 부모의 마음으로 거리낌 없이 고쳐주라는 것입니다. 그렇게 신념을 불어넣어 갈 필요가 있습니다. 그러므로 학문 외에 다른 방면에서도 거대한 세계의 변천과 일본의 진정한 통치에 대한 희망을 알려주면 좋을 것입니다. 가령, 학생의 사상을 시험해 보면 시국을 잘 모릅니다. 굳이 말하자면 학교에서 그런 것을 가르치기를 꺼려하는 듯합니다. 학생은 세간의 일은 몰라도 그만이고 단지 공부만 하면 된다고 여기기에, 그런 방면에는 중점을 두지 않고 다른 데만 주력하고 있는 것이 아닐까요. 선생님이 잘 가르쳐 주면 학생도 잘 알아듣습니다. 따라서 진정 확신과 희망을 가질 수 있도록 해 준다면 아주 효과적일 것입니다. 학생들뿐만 아니라 일반 청년들 중에서도 최근에는 자각과 확신을 가지고 행동하는 자가 늘었습니다.

마쓰즈키 저도 좀 부정적인 시각을 가진 것처럼 보일지도 모르겠습니다만, 아까 회의적인 사람들이 있다는 말이 나와서 그런 사람이 없지는 않을 것이라고 말씀드린 겁니다. 전반적으로 다 그렇다고 할 수는 없겠지요. 역시 교육자가 진정으로 밝은 인생관을 갖고, 특히 중심적인 인물이 밝은 분위기를 강력하게 조성할 필요가 있습니다. 그 아랫사람도 똑같은 마음으로 그런 분위기를 만들어서 스스로 감화된다면 청년은 민감하니까 그 감화력이 클 것입니다. 또 개개의 학생은 아주 복잡한 사정이나 개성을 갖고 있습니다. 때때로 친구들과의 관계에 따라 여러 가지로 생각이 변하기도 할 것입니다. 방금 전에 마스다 교장선생님도 이야기하셨지만, 역시 학생 한 사람 한 사람의 이름을 알아두고, 실제 문제에 맞닥뜨렸을 때 이름을 부르면서 적당한 지도를 해 나가며, 처음부터 끝까지 공들여 교육할 필요가 있다고 생각합니다. 저희 대학에서도 학생 몇 명과 선생님 몇 명이 모여서 도나리구미隣組[9]를 만들고, 서로 사회나 학문에 대해 이야기하면서 함께 정진해 나가고자 노력하고 있습니다. 장래에 대한 희망을 갖고 또 학생을 부정적인 시선으로 보지 않으며 밝게 지도해 가는 것이 교육자적 태도라고 생각합니다.

특히 저는 창립 이래로 계속 유도부 부장을 맡고 있습니다. 유도와 검도는 모두 일본 무도武道의 특색을 보여주는 것인데, 반도 학생들도 몇 명인가 부원으로 있습니다. 그 학생들을 보면 아주 밝아서 내지인과 조선인을 구별하지 않을 뿐더러, 석연찮은 기분 따위도 전혀 없습니다. 대학에 들어가고 나면 일본 전통 무도를 적극 장려해서 단순히 논리로만이 아니라 전통적인 일본 무도의 정신을 통해서 일본 정신을 길러갈 필요가 있습니다. 당국의 원조와 여러 회사의 기부로 대학에 일본식 무도장武道場이 생기고 운동장에 새로운 풍경이 나타나게 된 것은 참으로 기쁜 일입니다. 그런 쪽으로도

9) 제2차 세계대전 당시, 일본의 대정익찬회가 1941년에 국민 통제를 위해서 만든 최말단 지역 조직을 말한다. 도나리구미는 도쿠가와 시대의 이웃 조직을 본뜬 것으로 국민 화합을 강제하는 강력한 정치 조직으로 발전했다.

반도 학생을 많이 유치해서 진정으로 황국신민다운 밝은 기분을 자연스럽게 길러주기 위해 노력해야 할 것입니다. 다소 아전인수我田引水격이지만, 저는 그런 생각을 갖고 있습니다.

——— 사회의 분위기

최재서 학교 다닐 때는 학생들이 순수해서 대체로 내지인과 조선인을 그다지 구분하지 않고 지내지만, 일단 사회에 나가면 이를 의식하게 만드는 요인들이 꽤 있습니다. 그 점은 학교의 힘만으로는 어찌할 수 없는 문제라서 무척 곤란합니다.

마쓰즈키 사회의 전반적 분위기는 학교나 가정의 분위기와는 다릅니다. 그런데 학교는 물론, 사회라 해도 내지인이 섞여 있는 곳과 반도인만으로 이루어진 곳의 분위기가 달라서는 안 됩니다. 그러므로 학교의 전반적 교풍을 교장의 인격이나 인생관 또는 신념으로 만들어나가듯이, 사회도 그런 식으로 통일해 갈 필요가 있습니다. 조선 가정에서는 부모님들이 어떤 사고방식을 갖고 있는지 모르겠지만, 이는 사회 교육이라든지 계몽적인 분야에서 교육하는 것 뿐 아니라 정치나 여러 가지 것들이 전부 결부되어야 비로소 진정한 지도가 가능해집니다. 그렇게 되면 이는 단순히 중학교만의 문제가 아니라 국민 교육의 문제이기에, 대학에 가서는 이런 것이 거의 문제가 되지 않도록 해야 합니다.

최재서 그런 사회적 분위기를 만드는 것이 근본 문제이겠지요. 그런데 학교 당국이 반드시 생각해 주셨으면 하는 것이 하나 더 있습니다. 졸업하기 전까지는 정말 순수한 마음으로 해나가지만, 마침내 졸업해서 사회에 나갈 때는 그렇지 않습니다. 솔직히 내지인은 친척이나 아는 사람이 있어서 그렇게 고생하지 않고도 쉽게 취직할 수 있습니다. 하지만 반도인은 그런 편의가 없기 때문에 학교에만 의존하게 됩니다. 그런데 학교는 힘에 부쳐서 한 사람 한 사람을 충분히 도와줄 수 없습니다. 그런 일들 때문에 차별을 느끼는 경우가 과거에는 있었는데, 이런 것을 학교에서 충분히 해주신다면 좀 더 효과를 거둘 수 있지 않을까요.

마쓰즈키 입신출세주의의 영향이기도 하지요.

최재서 그렇긴 하지만 현실적인 문제이기 때문에 그것을 빼놓고는 생각할 수 없겠지요.

호리우치 지금 마쓰즈키 선생님께서 언급하신 분위기는 정말 큰 힘을 갖고 있습니다. 아주 최근에 그것을 통감한 적이 있었지요. 요즘 총독 각하의 생각도 그렇고, 당국에서 국어를 상용하라는 엄중한 지시도 있어서 저희도 적극 노력하는 중인데요. 상급 학교의 일은 제쳐놓더라도 제가 직접 관계하고 있는 곳에서 저는 열심히 노력하고 있습니다. 그런데 학교 안에서는 소극적 · 적극적 방책을 강구하여 아주 철저하게 하고 있지만, 학교 밖에 나가면 아무래도 자신이 없네요. 국어 사용에 대한 공립학교 학생의 의기意氣와 자부심을 보여주기 위해 노력하고 있음에도, 분위기라는 측면에서는 유감스러울 때가 있습니다.

예를 들어 어떤 학부모는 사회적으로 매우 높은 지위에 있고 국어도 정말로 능숙하게 구사할 수 있습니다. 그 가정에는 최고 학부學府를 나온 자녀가 있고, 현재 중학교에 재학 중인 아이와 국민학교에 다니는 아이도 있지요. 이런 사람이 모였을 때, 우리와 무릎을 맞대고 이야기를 나눌 때는 국어로 말합니다. 하지만 우리가 잠깐 용무로 자리를 비웠다가 돌아와서 보면 조선어로 말하고 있더군요. 더군다나 국어 사용을 엄격하게 규정하고 있는 교내에서 조선어를 쓰는 장면을 봤습니다. 상당히 교양 있고 지도자적 위치에 있는 사람인만큼 한심스럽다는 생각이 들었지요. 이래서는 하루 종일 소리 높여 떠들어 봤자 별로 큰 효과가 없겠다는 생각을 최근에 하게 되었습니다. 가정 일에 대해서 왈가왈부할 순 없지만, 그들은 시정의 평범한 사람이 아닙니다. 그러니 그런 사람부터 우선 가정이 아닌 곳, 즉 학교에 와서 말할 때는 능숙하게 국어를 사용할 수 있는 분들이니 국어로 말해 주었으면 좋겠습니다. 결국 이것은 분위기의 문제라고 봅니다. 학생이 무기력하다고들 하지만 분위기라는 것도 대단히 중요한 문제이지요.

——— 청년의 자발성과 지도자 의식

최재서 마스다 선생님께 지금 그 점에 대해서 여쭙고 싶습니다. 교육뿐만 아니라 언론 지도에서도 항상 고민하는 문제인데요. 학생을 지도할 때는 여러 가지 입장이 있습니다. 우선 처음부터 내지인과 반도인을 구별하는 의식을 완전히 초월해서 명랑하게 키워나가려는 입장이 있습니다. 또한 일단 반도인이라는 것을 고려해서 여러 가지 의문들을 철저하게 해소해 주려는 입장이 있고, 반대로 이제 와서 새삼스럽게 그런 것을 말할 필요가 없다는 입장도 있습니다. 이것은 언론 지도의 측면에서 보자면 여러모로 문제가 됩니다. 가령 과거에 일어난 사실을 납득시키기 위해서는 다양한 방식으로 역사를 활용할 필요가 있겠지요. 그러나 이제 와서 그런 기억을 심어 줄 수 없는 것은 아닐까, 도리어 역효과를 불러일으키는 게 아닐까 고심하게 됩니다.

최근에 대화숙大和塾 주최로 연극 「북진대北進隊」[10]가 공연되었습니다. 상연 전에 당사자로부터 연극을 하게 된 동기와 취지를 들었습니다. 오늘날 내선일체의 이상이 일부 반도인에게는 고통을 주고 있다, 고통을 느끼는 이유는 자신들이 힘으로 지배당하고 있다고 생각하기 때문이다, 그런데 30여 년 전의 북진대의 활동을 보면 그것은 강제가 아니었다, 그 당시 반도에서 최대의 정치적 세력이었던 100만 일진회 회원이 시국에 눈을 뜨고 자발적으로 운동을 일으켜서 결국 합병에 이르렀다, 그것이 오늘날 내선일체의 연원이 되었음을 잘 알게 되었다, 그런 역사를 직시한다면 오늘날의 내선일체가 얼마나 필연적인 것인지 스스로 이해하게 될 것이라고 그는 말했습니다. 저 역시 그렇다고 생각했습니다. 학생들에게, 적어도 전문학교 이상의 학생들에게는 그런 역사적이고 비판적인 교육을 해야 한다고 봅니다.

히가시하라 저도 동감합니다. 전문학교 학생에 대한 지도는 더욱 조직적으로 연구해야 합니다. 예를 들어 전문가를 모아서 법률이면 법률, 공민公民이면 공민, 수신修身이면 수신, 이런 식으로 과목마다 위원을 임명하고 최소한의 교수 요목 같은 것을 만들어서 그것에 따라 명령적으로 해나가야 합니다. 최근에 학교로 사람을 불러 시국 강연을 했는데, 끝나고 나서 학생들에게 감상을 물었더니 신문 기사를 스크랩해주는 것 같다고 하더군요. 중학교

10) 유치진 작, 주영섭 연출. 경성대화숙 주최로 1942년 4월 4일에서 7일까지 부민관에서 공연되었다. 러일전쟁 당시 이용구를 비롯한 일진회 회원의 활약상을 다루고 있는 작품이다.

학생은 어떨지 몰라도, 전문학교 학생은 이성과 학문적 양심에 호소해서 납득시켜야만 합니다. 지리 과목을 예로 들자면, 남방공영권의 장래에 대해 탐구하는 연구회를 조직하게 해야 합니다. 그 근본 방침은 학무과에서 정해서 각 학교에 배포하고, 학교에서는 연구회를 열어서 지도자와 함께 연구합니다. 단지 국민이니까 황국신민이니까 이런 이론 아래 이렇게 해야 한다고만 하지 말고, 황국신민으로서의 자각을 바탕으로 더 구체적으로 그 내용을 제시해야 합니다. 그렇지 않으면 전문학교 학생의 감정이나 이성에 호소하는 교육은 불가능할 것입니다.

그리고 또 한 가지 문제는 국책에 따라 적극적으로 연구를 시키고 싶다고 생각해도, 남양이나 북지北支로는 조선 학생을 전혀 보내지 않는다는 것입니다. 만주 쪽에서는 반도 학생의 취직을 아예 거절하고 있다고 합니다. 이런 상태로는 청년들이 연구해봤자 별 수 없다고 생각할 수도 있겠지요. 그건 국책의 문제가 되겠지만 가령, 상당히 유망한 형제 2명이 있다고 해 봅시다. 한 사람은 피 흘리며 싸우는데 다른 한 사람은 그것을 될 대로 되라는 식으로 바라만 보면서 단물만 빨아먹겠다는 건 말도 안 되는 일이지요. 바로 이것이 우리가 주의해야 할 점입니다. 이에 저는 어디까지나 죽을 각오로 가는 것이 당연하다고 말한 적이 있는데, 실은 지금 조선의 학생에게는 자기 희생은 되도록 적게 치르고 나중의 이익은 평등하게 취하려 하는 모순된 마음이 있습니다. 잘못된 마음가짐이지요. 물론 그 정도까지는 아니라 해도, 남양이나 북지 등지로 가고 싶어 하는 마음은 있습니다. 그런데 세간에 못 간다는 소문이 있고, 실제로도 그렇게 되면 대동아전쟁이 자기와 직접적인 관계가 있는지, 그것이 자기 생활의 피가 되고 살이 될 것인지 따지고 있는 것처럼 보입니다. 반도인이라도 유망한 청년은 남양에 가게하고, 반도청년시찰단이라도 좀 보내서 민중에게 호소할 수 있었으면 좋겠습니다.

최재서 좀 더 근본적인 문제는 청년의 자발성입니다. 받들지 않는 자를 받들게 만드는 것이 일본 정신의 일면이기는 하지만, 반도에서만은 그래서는 안 된다고 봅니다. 목표가 이미 정해져 있고 거기에 끌려간다면 과연 국민적인 획일성은 생기겠지요. 그러나 청년 자신이 자발적으로 그렇게 되는 것이 요점이 아닐까요. 도중에 제자리걸음을 하는 자가 있어도 그것을 스스로 해결하게 해야 합니다. 그런 과정을 빼버리면 결국엔 속빈 강정이 되지 않을까요.

마스다 어쩌면 제가 잘못 파악하고 있는지도 모르겠지만, 방금 최재서 씨의 물음을 이렇게 해석할 수 있을 듯합니다. 요컨대 저희 학교는 내선공학이라서 내지인도 있고 조선인도 있지요. 이런 말씀을 드리고 싶진 않지만 이들을 통틀어서 획일적으로 이야기하면 실제로 조선인 학생이 따라오지 못하는 경우가 생깁니다. 따라서 그런 교육을 받으면 난관에 부딪쳤을 때 좌절할 우려가 있습니다. 이럴 경우 내선 학생에게 어떤 태도를 취할 것인가에 대한 문제 제기라고 받아들여도 좋을까요?

최재서 그렇습니다.

마스다 그건 무척 어려운 문제라서 조금만 잘못해도 큰 문제가 됩니다. 가장 안전한 방법은 완전한 내선 평등의 형식으로 그런 것을 건드리지 않고 가는 것이겠지요. 하지만 그렇게 한다면 최재서 씨가 말씀하셨듯이 뱃속까지 스며드는 연성鍊成 교육이 되지 않아서 실제 문제에 봉착했을 때 곤란할 것입니다. 저는 아까도 말씀드렸듯이 270명의 학생을 지도하고 있지만 그들의 개별적인 특징까지 거의 기억하고 있고, 나아가 그들이 어느 지방 어느 중학교에서 왔고 가정 형편은 어떤지까지도 가능한 한 파악하려고 합니다. 개개인의 학생들과 만날 때 그 전부를 염두에 두고 한 명 한 명을 대합니다. 교육 현장에서 이야기할 때에는 상대가 내지인인지 조선인인지 전혀 생각하지 않습니다. 다만 이 학생이 머리가 좋은지 나쁜지 혹은 이 문제를 얼마나 이해하고 있는지 만을 생각해서, 어떤 경우에는 고급 일본어를 구사하고, 어떤 경우에는 알기 쉽도록 이야기 수준을 낮추기도 합니다. 이것이 정말 재미있어서 교육 현장에서는 이 학생이 내지인인지 조선인인지조차 잊어버리고 신이 나서 이야기합니다.

그런데 원래 저희 학교는 조선색이 짙은 학교로, 관립전문학교 중에서 조선인 학생의 비율이 가장 높습니다. 지금도 그런 특색이 남아 있는데, 황국신민교육을 철저히 하기 위해서는 종래의 조선색에 사로잡혀 있으면 안 됩니다. 그래서 올해 입학시험에서는 황국신민으로서의 지성진충至誠盡忠 정신이 얼마나 있는지에 주안점을 두고 닷새 동안 학술은 물론, 교문으로 들어와 나갈 때까지의 일거수일투족을 빠짐없이 살펴보았습니다. 물론 본격적인 문제부터 교장 선생님의 내신서內申書까지 아주 자세히 살펴보았습니다만. 어느 학교라서 어떻다기보다는 앞으로 아주 높은 수준의 충량유위忠良有爲한 황국신민을 기르기 위한 교육을 할 텐데 그 교육을 과연 견뎌낼 수 있을까 라는 점을 기준으로 보았지요. 그렇게 보니까 이번에 시험을 치른 학생 중에는 특별공격대조차 모를 정도로 낮은 수준의 교육을 받은 학생도 있었고, 출신 중학교에서 국어 상용에 대해 수없이 들었을 텐데도 조선어를 사용하는 학생도 있었습니다. 그런 학생이 어느 학교에서 몇 명 왔는지 기억하고 있는데, 그런 학생들이 있기 때문에 후루카와 보안과장이 걱정하는 것도 무리는 아닙니다. 또한 712명 중 90명, 즉 약 8분의 1의 학생을 뽑았는데, 그 중 20명은 조건부 합격입니다. 부모가 반대하면 뽑지 않습니다. 90명, 100명을 받아야 하는 것이 아니기 때문에 70명은 대체로 무조건 입학시키고, 나머지 20명은 조건부로 입학시킵니다.

그렇게 해서 선발된 학생들은 실제로 조금도 회의하거나 비관하거나 헤매지 않습니다. 그래서 비상시국에 진정 군국君國을 위해서 자신을 내던져 대동아공영권 건설을 담당하고자 하는 의욕을 갖게 됩니다. 그 중에는 졸업 후에 바로 지원병이 되겠노라 약속한 학생도 있습니다. 그 정도까지는 아니더라도 3년 동안 교육을 받으면 매우 우수한 내지인 수준으로 완전한 일본인이 될 수 있다고 자신하는 학생도 이번에는 있었습니다. 그는 꽤 대단한 가정의 자제이지요. 이렇게 되면 고도로 충량유위한 황국신민을 기르기 위한 교육이 제법 가능하리라고 봅니다. 여기서 말하는 수준은 교육 현장의 분위기에 따라 결정됩니다. 그러나 개개인을 대상으로 하게 되면, 260여 명 각각을 고려해서 이야기합니다. 따라서 차별받는다는 느낌은 전혀 없습니다.

이번 입학시험 때에도 재학생 중 우수한 학생들을 10명 정도 뽑아서 돕게 했습니다. 그러면 수험생은 닷새 동안의 시험 기간에 어떤 재학생이 있는지 알게 됩니다. 재학생 중에서 경기중학을 나온 기특한 학생이 있었는데, 그 학생에게 아마노 데이유天野貞祐[11] 선생님의 『학생에게 주는 글』을 주려고 했습니다. 혹시나 그 책을 갖고 있을까봐 물어봤더니, 아마노 선생

11) 아마노 데이유(天野貞祐, 1884~1980)는 다이쇼, 쇼와 시기에 활동했던 철학자이자 교육자로, 경성제대 명예교수를 역임했다. 제2차대전 후에는 제1고등학교장, 문부대신을 지냈고, 돗쿄대학(獨協大学)을 창립했다.

님의 이야기를 듣고 바로 샀다고 하더군요. 그래서 우치무라 간조内村鑑三 선생님의 『대표자 일본인』을 주려고 했더니 그것도 갖고 있다고 했습니다. 그러면 슈바이처의 『나의 사상과 생활』은 갖고 있냐고 물었더니, 그건 없다고 해서 그 책을 주었더니 무척 기뻐했습니다. 그리고 다른 내지인 학생은 『학생에게 주는 글』을 갖고 있지 않다고 해서, 그 책을 주었습니다. 한 학생에게는 『학생에게 주는 글』을 주고 또 다른 학생에게는 슈바이처의 『나의 사상과 생활』을 주어도 아무도 차별대우 받았다고 생각하지 않습니다. 이런 식으로 개개인마다 전혀 다르게 교육합니다.

저는 가끔 학생을 때려서 난폭하다는 소리를 듣기도 하지만, 정학이나 퇴학은 시키지 않습니다. 특별한 경우에 일 년에 두세 번 정도 때리는데, 제가 어릴 때부터 기독교 교육을 받아서 형제애가 있어서 그런지, 그럴 때에도 내지인과 조선인을 전혀 구분하지 않습니다. 제가 자식이 없어서 자식에게 쏟아야 할 애정이 남아 있어서 그것을 우리 학생들에게 주는 건 아닌가 하고 생각할 때가 많습니다. 그래서 교육 현장에서 이뤄지는 일들은 완전히 분위기에 따라서 합니다. 내지인 학생들만 대할 때보다 수준이 떨어질지 모르지만 현장의 분위기와 너무 동떨어져도 좋지 않기 때문에 어쩔 수 없다고 생각합니다.

히가시하라 아주 친하게 교제하고 있는 학생은 없습니까. 모든 비밀을 털어놓을 정도로.

마스다 그렇게까지 친해지지 않아도 됩니다. 저는 검도부에서 가르치는데, 반도 학생들은 검도를 그다지 잘하지는 못하지만 자주 나오는 학생은 특별히 아껴주고 있습니다. 다른 학교에서는 이런 일이 좀처럼 지속되지 못하지만, 저는 계속 하려고 하고 있습니다.

최재서 저 자신의 예를 들자면 학교를 졸업하기 전까지는 전혀 의식하지 않았습니다. 특히 쓰다津田 군 등과 몇 년간 아주 친하게 지냈기 때문에 실제로 내지와 조선을 의식하지 않고 지냈지요. 그러다가 학교를 졸업한 후에 문단에 관계하면서 거기에 조선 문화가 있다는 것을 알게 되었고, 그 밖에 갖가지 문제를 접하게 되었습니다. 그렇게 처음으로 조선이라는 것을 의식하게 되면서 얼마나 고통스러웠는지 모릅니다. 제가 과거에 받았던 교육이 상당히 취약했다는 것을 이제 와서 느낍니다. 차라리 학생 시절에 그런 문제와 맞닥뜨렸다면 좋았을 것 같습니다.

마스다 저는 이렇게 가르치고 있습니다. 사회 분위기라든지 졸업과 동시에 어떤 문제에 부딪혀도 내가 올바르다고 생각하라고 말이지요. 하지만 올바르다는 것만으로 밀고 나가서는 안 됩니다. 올바르다는 마음과 함께 고통스러운 방향으로 나아가도록 가르쳐 왔습니다. 저는 인간의 존엄성은 올바르게 있기 위해서 고심하는 것, 즉 자신이 하나의 희생이 되는 것에 있다는 인생관을 가지고 있습니다. 그래서 저는 학생들에게 법학전문학교에서 교육받았기 때문에 편안한 길을 가라든지 순풍에 돛단 듯한 길을 걸으라고는 하지 않습니다.

호리우치 선생님이 좀 전에 걱정하시는 것도 무리는 아니라고 생각합니다. 저는 조선에서 조선의 명사라고 일컫는 사람들과 자주 만나는데, 이들을 반드시 완벽한 조선 지도자라고는 할 수 없습니다. 제가 정말 기대하는 사람은 현재의 지도자들이나 지식 계급이 아니라, 저희의 교육을 받은 학생들입니다. 그 학생들이 진정 조선의 지도자가 되어서 일본 정신을 널리 알리고 황국 일본을 건설하기를 바랍니다. 그 과정에서 여러 가지 수난과 장애물을 만나겠지만 이를 통해 학생들은 더욱 연마되고 성장할 것입니다. 일단 사회에 나가면 내선차별을 받을 때도 있겠지요. 그러나 그것은 과거의 역사적 환경이어서 어쩔 수 없습니다. 그것을 극복해가는 것이 학생들의 임무입니다. 저는 주변이 어떻든 자기 신념을 향해 나아가는 것이 존귀한 일이며, 그것이 바로 학생들이 나아가야 할 길이라고 가르칩니다. 이렇게 저는 지도자적 의식을 대단히 강조하고 있습니다.

이런 국가 흥망의 기로에 섰을 때는 가장 힘든 곳으로 몸을 던지는 자가 필요합니다. 어느 사회에서나 구군신九軍神[12]이 필요합니다. 지도자란 사회적 지위가 높고 돈이 있는 사람을 말하는 것이 아닙니다. 가장 고통스러운 곳으로 뛰어들어 모두를 이끌어 나가는 사람이 진정한 지도자이지요. 그런 진정한 지도자가 되라고 언제나 말하고 있는데, 이런 일로 좌절해서는 안 되지요. 저번에도 제가 가르쳤던 학생이 현재 근무하는 곳에 대한 불만을 호소해 왔습니다. 저는 네가 그 곳에서 분발해준다면 너는 물론 앞으로 후배들도 인정받게 되지 않겠냐고 했지요. 그러니 이러쿵저러쿵 불평하지 말고 너의 후배들을 위해서, 법학전문의 명예를 위해서 일하라고 말해주었습니다. 지금은 그런 마음으로 일하고 있는지 그 뒤에 소식이 없어서 모르겠지만요.

졸업생과 취업 문제를 이야기할 때 저는 법학전문학교 학생을 뽑아 달라고 부탁합니다. 좋은지 나쁜지 보아 달라, 그리고 그에 상응하는 대우를 해 달라고 말하고 있습니다. 또한 학생들에게는 기대에 어긋나지 않게 해 달라고 당부하고 있습니다. 처음부터 좋다 나쁘다 말하지 말고 법학전문학

12) 태평양전쟁 때 일본은 진주만을 공격하면서 5척으로 이루어진 특공대를 편성해서 참가시켰다. 이 특공대에서 단 1명만이 생존하여 미군의 포로가 되었고, 나머지 9명 전원이 전사했다. 이후에 이들 9명은 2계급 특진하고 특별공격대 구군신(九軍神)으로 불렸다

교의 학생들을 보라, 그리고 나서 후배들을 평가해 달라고 말하고 있는데, 내 말을 들어주지 않아도 어쩔 수 없는 일이지요. 저는 이런 식으로 2년 간 하다가 거의 병자나 다름없이 되었는데 요즘 겨우 회복하고 있습니다. 교장은 약해졌어도 학생들은 대단히 건강해졌습니다.

——— 용어의 문제

최재서 아까 호리우치 선생님이 말씀하셨던 국어 문제에 대해 이야기해 보도록 하죠. 요즘 제가 고민하는 것은 8회에 걸쳐 『국민문학』 언문판을 내는 일입니다. 학무과장께서 도서과장으로 계셨을 때, 조선의 언문 문예 잡지를 통합해서 『국민문학』을 창간하게 되었습니다. 그 때 국어판 4회, 언문판 8회를 내기로 했지만, 지금은 그때와는 상황이 많이 달라져서 결국 언문판을 없애는 것이 어떻겠냐는 이야기도 점점 나오고 있습니다. 이런 경우 솔직하게 생각해봐야 하는데, 한편에서는 국어를 열심히 보급하고 있습니다. 저도 아이들을 학교에 맡기고 있기 때문에 그런 점을 충분히 의식하고 있습니다. 그런데 보통의 가정이나 사회에서는 아직 조선어가 사용되고 있습니다. 이처럼 조선어가 구어인 이상, 그것을 표현하는 문학도 나올 것입니다. 바로 이 때문에 언문 문학은 큰 딜레마에 처하게 된 거죠. 따라서 문인들의 고민 역시 그 점에 있습니다. 실제로 『국민문학』에서도 심각한 문제가 되고 있는데, 우선 평론란의 경우 쓰는 사람이나 읽는 사람이나 수준이 상당히 높기 때문에 전부 국어로 하려고 생각하고 있습니다.

호리우치 그 점에 대해서 말씀드리자면, 조선의 옛 습관 때문에 아랫사람이 윗사람에게 국어로 말하지 못하는 경우가 있는 듯합니다. 사실 이런 일을 겪은 적이 있습니다. 운동부 학생들이 조선어로 말하고 있길래 왜 조선어를 쓰냐고 물었더니, 전문학교 학생이 있어서 국어를 사용할 수 없다고 하더군요. 전문학교 학생이 코치로 와 있었거든요. 그래서 그 전문학교 학생에게 그런 식으로 하려면 내일부터 오지 마라, 본교에 와서 본교 학생에게 조선어를 하게 만드는 코치는 더 이상 필요 없다고 했더니, "아, 죄송합니다"라며 사죄하더군요. 졸업생이었지요. 아까 제가 언급한 사람들도 쟁쟁한 지도자 계급에 속한 사람들인데, 그런 사람들이 먼저 국어로 말해 주면 그들과 대화하는 사람들은 자연히 국어를 사용하게 될 것입니다. 그들은 본교 졸업생이며 전문 교육을 받았고 사회적 지위도 상당히 높습니다. 아무리 장유유서長幼有序의 예를 따라서 조선어를 사용해야 한다 해도 지위가 높은 사람이 국어로 말해준다면 좋지 않을까요. 가정은 별개로 하더라도 학교나 관공서에서는 지도적 위치에 있는 사람이 먼저 국어를 사용해 주셨으면 합니다. 그렇지 않으면 아무리 소리 높여 말해도 안 될 것입니다

히가시하라 그렇습니다.

후루카와 언문판의 독자층은 누구입니까?

최재서 대부분 지식 계급입니다.

후루카와 거의 국어를 아는 사람들만을 상대로 하는 거군요.

마스다 당연히 그렇겠네요.

후루카와 국어판으로 하는 편이 좋지 않을까요. 일시적으로 독자가 감소하더라도…….

최재서 결국 그렇게 나아가겠지요. 하지만 거기에는 기술적인 문제도 많습니다. 국어로 집필 가능한 소설가가 역시 20~30명쯤 되지 않으면 어렵기 때문이죠. 항상 같은 필자의 소설을 싣기는 어려우니까요. 지금까지의 상황으로 보면 국어로 쓸 수 있는 소설가는 거의 다 망라됐기에 국어판에서 반도인 작가를 동원하는 것은 더 이상 어려울 것 같습니다. 그래서 도쿄 등지에서 한두 명 불러들이고는 있지만, 조선문단의 전환과 혁신을 목표로 하고 있기 때문에 가능하면 반도인 작가의 작품을 게재하고 싶습니다. 오늘날 만족스럽게 국어로 소설을 쓸 수 있는 작가는 너댓 명 정도로, 아무래도 새로운 작가, 새로운 시인이 나오지 않으면 안 됩니다. 그렇게 하려면 상당한 시일이 필요합니다. 어쨌든 논문은 소설과는 좀 달라서 생경한 언어로도 가능하다고 생각했기 때문에 논문만은 전부 국어로 의뢰했습니다. 창간 당시와는 사정이 완전히 달라져서 이제 가장 중요한 문제는 국어판과 언문판의 문제가 되어 버렸습니다. 그래서 언문판을 일단 철폐하고 소설란만이라도 언문판으로 하면 어떨지 제 쪽에서 정식으로 의견을 내야 하겠지만, 대강 그 정도로 생각하고 있습니다.

후루카와 그것은 당신들만의 문제가 아니죠. 언문이 아니면 쓸 수 없는 사람도 있으니까요.

최재서 단지 언어 문제 때문에 우수한 작가가 매장당하는 것은 저희들의 입장에서 보자면 참을 수 없는 일입니다. 내용이 좋은데도 국어로 쓰지 않았다고 매장해 버린다면 말이죠.

혼다 이제까지 직접 교육을 담당하고 계신 선생님들께서 말씀해 주셨는데, 저는 간접적으로 지도하는 입장에서 여러모로 생각해봤습니다. 가령 『국민문학』은 옛날의 언문 잡지를 통괄해서 새로운 시대에 즉응卽應하는 국민문학을 만든다는 취지에서 출발했고, 최재서 씨가 상당히 열의를 가지고 지금까지의 사고 방식을 철저하게 전환했다고 하셨습니다. 그러나 원래 12회로 예정되었던 언문판 중에서 4회는 전체 면수를 국어로 하기로 하고 탄생했습니다. 그런데 탄생한 지 3, 4개월이 지난 오늘날, 지금 말씀하신 대로 전부 국어로 하는 편이 좋겠다는 이야기가 나오고 있습니다. 『국민문학』이 큰 전환기에 직면하게 된 것이지요. 따라서 국어상용을 더욱 철저하게 고려하는 것이 좋지 않을까요. 방금 논의했듯이 관습어라서 무의식적으로 나오는 것은 어쩔 수 없다는 마음가짐으로는 국어상용이 도저히 불가능할 것 같습니다.

또한 현재 대동아공영권의 용어로 국어가 고려되고 있습니다. 최근에도 필리핀의 군 사령관이 원주민에게 일본어를 교육하자고 제안한 것으로 알고 있는데, 그렇게 되면 조선에서도 어정쩡한 마음을 버리고 아주 철저하게 할 필요가 있습니다. 선생님들에게도 그 점을 강조하고 있습니다. 특히 경성에서 국어상용을 철저하게 한다면 조선 전체의 국어상용도 아주 철저해지지 않을까요. 게다가 경성의 중학교 이상의 학생이 학교 안팎을 불문하고 국어상용을 철저히 하면 경성은 조선 전체에서 국어상용의 중심이 될 것입니다. 그런 마음가짐을 선생님이 학생들에게 확실히 지도할 필요가 있습니다. 동시에 이론적으로 여러 가지 문제가 있겠지만, 결국 우리의 생각은

1억 국민이 대동아전쟁의 완수를 위해 필승불패의 신념을 견지해야 한다는 점에 있음을 반도 학생들에게 가르쳐야 합니다. 대동아전쟁이 막 시작되었을 때는 어쩌면 질지도 모른다고 생각하거나 필승불패의 신념을 갖지 못한 자들이 있었던 것도 사실입니다. 하지만 그 후의 전과戰果에 따라 오늘날에는 필승불패의 신념을 갖게 되었다고 일단은 생각할 수 있습니다. 아까 후루카와 씨의 말씀대로 전체적으로 학생의 사상 문제가 그런 경향인 것은 당연히 있을 수 있는 일입니다. 또 앞으로도 다양한 학생 문제가 산적해 있는 것도 사실입니다.

그러나 필승불패의 신념을 가진 황국신민을 연성하기 위해서는 우선 교육자가 필승불패의 신념을 가져야 합니다. 특히 조선의 선생님이 이런 신념에 철저하다면 학생들을 훌륭한 황국신민으로 지도할 수 있습니다. 내지의 선생님들이 조선인 교육을 수년 간 해왔지만 아무래도 잘 되지 않았습니다. 내면에서부터 바꾸어나가야 하기 때문에 조선인 교육은 어렵다, 어느 정도 했는데도 이런 결과가 되었다면서, 결국 자신의 노력 부족을 깨닫지 못했거나 혹은 조선인을 지도함에 있어 희망을 버린 경우도 있지 않을까요. 이래서는 대동아공영권의 지도자가 될 황국신민을 연성할 수 없습니다. 결국 필승불패의 정신을 갖는 것이 중요합니다. 학생이 나쁜 것은 제 생각에는 결국 선생이 나쁘기 때문입니다.(웃음) 선생님에게 그런 마음이 있다면, 즉 선생님이 미래에 대한 희망을 가진다면 학생도 희망에 불타오를 것입니다. 선생님들을 면전에 두고 이런 말씀을 드려서 면목 없습니다만, 선생님의 시국 인식이 아직 부족한 것 같습니다. 아까 법학전문학교 교장 선생님께서 입학시험에서 구군신 이야기를 모르는 수험생이 있었다고 말씀하셨는데, 이는 마침 입학시험을 앞두고 신문을 차분히 보지 못했기 때문이라고 생각합니다. 모든 학생들이 매일 신문을 보고 있는 것은 아니니까요. 결국 선생님이 지도하지 않으면 안 되겠지요. 학생이 모르는 것이 아니라 선생님이 몰랐던 것은 아닐까요.(웃음) 좀 극단적이지만 저는 그렇다고 봅니다. 결국 선생님의 시국 인식이 철저하지 않았기 때문입니다. 황국신민의 문제도 국어 문제도 그런 신념이 없다면 불가능하겠지요.

최재서 그러면 이 정도로 마치겠습니다. 오랜 시간 동안 대단히 감사합니다.

군인과 작가, 징병의 감격을 말한다

1942년 7월

참석자

아사이 중좌 淺井中佐 ———————— 조선군참모

마스기 소좌 馬衫少佐

마키 히로시 牧洋[1] ———————— 작가

아오키 히로시 靑木洪[2]

기노시타 슌 木下俊[3]

다나카 히데미쓰 田中英光[4]

최재서 崔載瑞 ———————— 본지측

김종한 金鍾漢[5]

쇼와 17년(1942) 5월 22일 체신사업회관(遞信事業會館)

---

1) 이석훈의 창씨개명.

2) 홍종우의 창씨개명.

3) 기노시타 슌(木下俊) : 조선에서 활동한 일본인 작가.

4) 다나카 히데미쓰(田中英光, 1913~1949) : 「올림포스의 과일(オリンポスの果実)」(1940)로 제7회 이케타니상池谷賞을 받았으며, 일제 말기 경성체험을 바탕으로 「취한 배(酔いどれ船)」가 1949년 고야마서점(小山書店)에서 출판되었다.

5) 김종한(金鍾漢, 1914~1944) : 함경북도 경성 출생의 시인이자 언론인. 니혼(日本)대학 예술과를 졸업했으며 『매일신보』 기자로 근무했다. 『인문평론』과 『국민문학』에 활발히 참여했다.

——— 드디어 실시되었다

최재서 5월 11일에 징병제를 실시한다는 발표가 있고 나서, 반도의 민심은 정말로 감격하고 있습니다. 당연한 것이지만 기쁨을 금할 수 없더군요. 그러므로 문필에 종사하는 우리들은 이 커다란 국민적 감격을 받아들이고 그것을 기념하여 의미있게 만들며, 나아가 영구한 것으로 만들기 위해 노력해야 합니다. 오늘 저녁은 특별히 군에서도 나와 주셨으니, 우리의 감격을 전하는 동시에 군 당국의 생각과 희망을 듣고 교훈이나 참고로 삼고 싶습니다. 좀 서두르는 것 같지만 여쭙고 싶은 것이, 여러분은 그 뉴스를 어디서 들으셨습니까? 그리고 제일 먼저 든 생각은 무엇이었습니까?

마키 저는 신문에 발표되기 2시간 정도 전에 총독부에 가 있었습니다. 그래서 정보과로부터 그렇게 될 것 같다는 소식을 미리 들었는데, 어쩐지 아주 어깨가 으쓱해지고 갑자기 제 자신이 훌륭해진 듯한 기분이 들었습니다.

기노시타 저는 신문에서 보고 비로소 알았는데요, 아마도 가까운 시일 내에 그렇게 되리라고 짐작하고 있었기 때문에 드디어 올 것이 왔다고 생각했습니다.

마키 이것은 나중에 든 생각이지만 저는 의무교육이 먼저 실시될 것이라고 생각했습니다. 의무교육이 쇼와 22년1947에 실시될 예정이라고 했으니까, 상식적으로 징병령은 쇼와 22년1947에 실시될 거라고 생각했어요. 그런데 굉장히 빨리 실시되어서 우리의 지위가 급속히 향상된 것처럼 느껴졌습니다.

김종한 모두 그렇게 생각하고 있었던 것 같네요.

마키 어떤 사람들은 징병에서 국어를 아는 자와 그렇지 못한 자를 구별하지 않을까라는 의문을 가지고 있는데, 어떻습니까?

다나카 저는 신문에서 처음에 보았는데요, 고마운 일입니다. 그와 동시에 입에 발린 고마움이어서는 안 된다고 생각했습니다. 고마워하는 생각이 있다면 역시 무엇인가 해야겠다는 마음도 생겨야겠지요. 예를 들어 조선인 중에 국어를 이해하는 사람은 25%에서 30%정도라고 하는데요, 국어상용 문제나 장래 자식을 양육해야 할 가정의 상황, 즉 조혼과 축첩 문제 등을 빨리 해결해야 합니다. 그 밖에 쇼와 19년1944까지 준비해야 할 문제로, 좀 더 강한 체력을 기르는 것도 중요하지만 그 근본이 되어야 할 정신을 심기 위해 반도인들은 물론 우리 문필종사자들도 무언가 노력해야 할 것입니다.

김종한 그 때 저는 경성 호텔 앞을 걷고 있었는데요, 최재서 주간이 맞은편에서 다가오더니 저를 보고 갑자기 "들었습니까?"라고 물었어요. "무엇을요?"라고 되묻자 "징병제 말입니다"라고 하더군요. 갑자기 아무 말도 나오지 않아서 1분 정도 꼼짝 할 수가 없었습니다. 그러고 있다가 최재서 주간이 "오늘 아이들을 보니 사랑스러워서 견딜 수 없다"고 하더군요. 그 말을 듣고 저도 문득 아이를 소재로 시를 쓰고 싶다는 생각이 들었습니다. 그 때 떠올랐던 것을 다듬어서 얼마 후에 「유년」[6]이라는 시를 써봤습니다.

---

6) 「유년－징병의 시(幼年－徵兵の詩)」는 본 좌담회가 실린 『국민문학』 1942년 7월호에 실렸다.

최재서 마침 그날 보도부장 각하가 신문잡지의 편집자를 소집해서 간담회를 열었습니다. 그 때 대강 이런 발표가 있을 것이라는 얘기가 나와서 미리 알았는데, 그 당시에는 아무 생각도 떠오르지 않더군요. 그냥 단편적인 생각이 머릿속에 휙휙 지나갔습니다. 간담회가 끝나고 조광사의 이갑섭李甲燮군과 가만히 있을 수 없다, 지금부터 뭔가 해야 한다는 등 여러 가지 이야기를 나누면서 귀가했는데, 돌아가는 길에 아이들을 보니 너무나도 사랑스럽더군요.

다나카 그럴 만도 하네요.

최재서 지금까지 아이들을 걱정하지 않았던 것은 아니지만, 그것은 주로 공부에 관한 것으로, 상급학교 입학에 대한 것이 대부분이었지요. 따라서 단련이나 훈련 같은 것은 거의 염두에 두지 않았었죠. 그래서 지금부터는 훈련을 잘해야 한다는 생각이 제일 먼저 들었습니다. 그러고 나니 진심으로 아이들이 사랑스럽다는 생각이 들었습니다.

―― 국어를 모르는 사람도

마스기 잠깐 말씀 좀 드리겠습니다. 방금 전의 국어 문제에 대한 것인데요, 국어를 아느냐 모르느냐는 전혀 문제되지 않습니다. 국어의 이해 여부는 징병 자격과 전혀 상관이 없습니다. 실제로 류큐琉球[7]에서는 국어를 모르는 사람도 많이 뽑혔습니다. 그리고 그들은 군대생활을 정말 잘하고 있

7) 오키나와현(沖縄県)의 옛 지명이다.

습니다. '차렷'이나 '발사' 정도는 바로 알아들으니까요. 군대에 들어오면 다들 열심히 합니다. 초년병 때는 정말 순진하니까요. 어쨌든 언어를 모르는 것은 걱정할 바가 아닙니다. 그러나 언어를 모르면 본인이 힘든 것은 사실이겠지요. 그렇기 때문에 조금이라도 빨리 국어를 배우면 좋습니다.

마키 국어를 모르는 사람만 별도로 모아서 가르치는 방법은 생각하고 있지 않습니까?

마스기 지금으로서는 어떻게 될지 모르겠지만, 어떻게든 조치를 취할 겁니다.

다나카 징병제에서 제일 먼저 준비해야 하는 문제는 무엇입니까?

마스기 역시 언어지요. 그와 동시에 징병령은 메이지 5년1872에 나왔는데, 현재는 병역법으로 되었지요. 이 병역법은 가장 공평하게 국방의 의무를 부담하자는 법률입니다. 이를 위해서는 호적 정비가 최대 급선무입니다. 그런데 유감스럽게도 반도인들에게는 호적이라는 관념이 거의 없습니다. 그저 밭 갈아서 먹고 사는 생활을 하니 호적이 있든 없든 아무 상관없다는 사람도 있지요. 하지만 넓은 사회에 나가려고 하면 호적이 문제가 됩니다. 의무교육을 시행하려면 가장 먼저 호적이 문제가 되므로 차차 정비되겠지만, 산 속에서 사는 사람은 그다지 호적의 필요를 느끼지 못합니다. 현재 무적자無籍者가 170만에서 180만 명이나 됩니다.

최재서 특히 만주에 많은 것 같더군요.

마스기 호적이 정비되지 않으면 징병 기피의 단초가 될 수 있습니다.

최재서 그나저나 징병이 실시되기까지 군 쪽에서 대단한 노력을 하고 고심했을 텐데 마침내 실시가 결정됐을 때의 소감은 어떠셨나요?

―― 징병과 군軍의 감격

김종한 그건 정말로 알고 싶은 점인데요, 군 쪽에서는 우리들을 어떻게 보고 있습니까?

마스기 징병제 실시는 단지 시간문제였지 실시 여부는 문제가 아니었습니다. 총독이 내선일체를 주창한 이래, 점점 그 결실을 거두어왔습니다. 더구나 대동아전쟁이 시작되었는데 내지인에게만 제일선을 맡긴다는 것은 반도인으로서는 면목이 없는 일이고, 장래에 아무 말도 할 수 없게 될 겁니다. 이건 상당히 큰 핸디캡입니다. 그러므로 지금 징병제가 선포된 것은 여러모로 보아 일시동인一視同仁이라는 천황의 대어심大御心이 발현된 것으로, 시기적으로도 지금이 가장 좋습니다. 역시 황송한 대어심으로 좋은 시기에 베풀어주셨다고 생각합니다. 만약 이것이 시기를 놓치고 전쟁이 끝나버린 후였다면 고개를 들 수 없었을 것입니다. 정말로 좋은 시기에 베풀어주셨습니다.

최재서 결국 군인칙유軍人勅諭[8]에서 '너희들을 고굉股肱같이[9] 의지한다'고 말씀하신 대어심에 감격했습니다. 실로 단순한 말이지만 그 안에서 무한한 감격을 느낍니다.

마키 역시 조선의 청년, 조선인들이 신뢰를 받아왔다는 사실이 구체적으로 나타난 거죠.

——— 무조건 '만세'

다나카 징병제 시행이 앞으로 문학이나 시에 다양한 영향을 끼치지 않을까요?

최재서 그럴 겁니다.

마키 저는 겸양謙讓한 마음을 가지자고 경성일보에 썼습니다만.

다나카 맞아요. 권리라고 생각해서는 안 됩니다. 오히려 영광을 받은 것으로 생각해야 합니다.

마스기 반드시 그래야 합니다. 우리가 3천 년 동안 이어온 병역은 자연스러운 정情으로, 어버이를 대하는 자식의 정과 같습니다. 국가를 지켜야 하기 때문에 죽는 것이 아닙니다. 그저 폐하가 가라고 하신 곳에 가는 것으로, 그 마음은 오직 무아無我라고 표현할 수밖에 없습니다.

---

8) 1882년 메이지 천황이 육해군에게 내린 칙유.
9) "수족처럼"의 의미.

다나카 옛날에 반도인들이 간토關東에 이주했을 때 사키모리防人[10]로서 대단히 용감하게 싸웠다고 하더군요.

최재서 저는 듣지 못했지만, 지난번 부민관에 있었던 청년웅변대회에서 예과 학생이, "고구려 시대에 당나라 군대를 물리쳤던 그 뜨거운 피는 지금도 우리 반도청년의 혈관을 흐르고 있다. 이것을 폐하를 위해 바치자"고 토로했다고 하더군요. 정말로 훌륭한 말이었다고 생각합니다.

마스기 내선일체는 지금 시작된 것이 아니라 역사적인 색채를 띠고 있는 것이기 때문에 새삼스럽게 말할 필요가 없겠죠. 지금까지 지나나 구미의 사상이 들어와서 반도인 쪽도 오염되었을 겁니다. 그래서 반도인들이 완전히 순화되었을지는 의문이지만, 일단 그런 경향이 있다고는 할 수 있습니다. 우리가 전장에서 죽을 때는 정말로 '만세'를 외치게 됩니다. 무조건 '만세'가 입 밖으로 나옵니다. 죽을 때 거짓말 하는 사람이 있으면 어지간히도 대단한 사람이겠지만, 우리들은 진실로 '만세'를 외칩니다. 우리가 폐하의 적자赤子라면 폐하는 어버이 같은 분이고 진정한 신神樣이라는 사실이 거짓 없이 느껴지기 때문입니다.

다나카 흙먼지가 일어나는 속에서 떠오르는 것은 오직 천황폐하 뿐이겠지요.

---

10) 고대 중국과 일본에서 아스카 시대와 헤이안 시대에 행해진 군사제도이다. 일본에서는 주로 기타큐슈(北九州) 지방의 요지를 경비하던 병사를 말하며, 이들은 지금의 관토(關東)지방에서 많이 배출되었다.

마스기 정말 그렇습니다. 김종한 씨, 뭔가 쓰고 계시지 않습니까?

최재서 「유년」이라는 시를 쓰고 있지요.

아사이 방금 전에도 얘기했듯이, 조선도 내지와 일체一體된 이상, 언젠가 징병제가 선포되리라는 것은 합병 때부터 이미 메이지 천황의 대어심으로 칙어에 명료하게 제시되어 있었다고 생각합니다. 언젠가 반드시 선포될 것이었죠. 그러므로 지금 선포하는 편이 좋다든가, 지금 선포해야 한다는 탄원이 있어서 선포한 것이 아니라, 처음부터 있었던 일시동인의 대어심이 지금처럼 가장 좋은 시기에 발로하여 선포된 것입니다. 게다가 반도인들이 진정한 황국신민이 되기 위해 걸어온 발자취가 굉장히 두드러집니다. 그것이 징병제 선포 시기를 앞당긴 첫 번째 원인이지만, 아직 완전하다고는 볼 수 없습니다. 하지만 우리는 반드시 완전해질 때까지 기다렸다가 이제 아무런 불안도 걱정도 없어졌으니 징병제를 선포한다는 식으로 못 믿는 사이가 아닙니다. 사람이 부부가 될 때에도 서로가 처음부터 모든 것을 다 아는 것은 아닙니다. 잘 모르는 사이에 부부가 되는 경우가 많아요. 그러고 나서 정말 서로를 믿게 되면서 일체가 되어 갑니다. 그것과 마찬가지로 결국 징병제를 실시하는 것이 내선일체를 실현하는 가장 좋은 방법이 되는 겁니다. 대동아건설이라는 적절한 시기에 반도 민중에게 중대한 임무가 주어졌습니다. 민중으로서 이만큼 감격스러운 시기도 없습니다. 이런 이유들로 징병제도가 선포되었다고 생각합니다. 그 결과 반도의 일반 민중들이 협력적이 된 것을 잘 알고 있고, 우리 군의 입장에서도 이 감격적인 광경에 감동하고 있으며, 앞으로 정말로 내선일체가 이루어지리라는 기대가 생겨서 기쁩니다.

기노시타 조선인은 키가 크고 가슴둘레가 작다고들 하는데, 그런 것도 입대하면 점차 나아질 것입니다. 우리들도 학교에 들어가기 전에는 몸이 튼튼하지 않아도 괜찮았는데 내지인은 입대하면 원하든 원하지 않던 몸이 좀 더 좋아질 기회를 갖습니다. 하지만 조선에서는 그런 기회가 없는 것을 아쉽게 생각했었는데, 역시 앞으로 몸이 상당히 달라지겠죠.

——— 문화는 어떻게 변할까

다나카 오늘 제가 반도의 한 작가를 만나서 징병제와 문학이 어떤 관계에 있는지 물었더니, 관계가 깊다고 말하더군요. 지금까지의 결혼이 집안과 집안의 결혼이었다면 앞으로 우리 아이들은 황국의 방패가 될 자격을 가지고 태어나는 것이니 차이가 있을 것이다, 따라서 문학과의 관계도 크게 변할 것이라고 말하더군요. 저는 그 점이 굉장히 흥미로웠습니다.

최재서 그렇게도 말할 수 있겠죠, 하지만 저는 다른 견지에서 징병제로 인해 문화가 크게 변해갈 것이라고 생각합니다. 징병제 선포로 인해 문화인으로서의 생활이나 일을 하는 데 있어서 대단히 큰 목표가 주어진 것은 확실합니다. 그러므로 모든 것이 변할 것입니다. 어쩐지 적절한 말이 떠오르지 않지만, 지금의 심정으로는 조국관념이 확실히 생겼다는 말로 표현하면 좋을 것 같습니다. 지금까지도 그래왔다고는 생각했지만, 아무래도 불확실한 부분이 없지 않았습니다. 그런데 징병이 선포되자 드디어 조국관념이 확실해진 것입니다. 역시 피로써 나라를 지킨다는 생각이 없으면 진실로 조국관념은 생기지 않나 봅니다. 그 길이 열렸기 때문에 문화에 있어서도 커다란 목표가 생겼다고 할 수 있습니다.

다나카 가장 어려운 것은 조국이라는 관념입니다. 즉 아메리카인에게도 프랑스인에게도 러시아인에게도 조국은 있습니다. 그런데 그 조국은 그저 조국에 불과합니다. 일본인의 조국이란 천황폐하 한 사람에게 있습니다. 이런 점은 이론으로는 이해하기 어렵지요.

마스기 저들이 생각하는 조국은 반드시 개인, 즉 자기를 포함한 조국입니다. 그러나 우리가 생각하는 조국은 조국 그 자체입니다. 자기는 없는 것입니다. 이러한 생각은 뭐랄까, 자기 존재를 인정하지 않는 것은 아니지만, 자기는 없는 것입니다. 요컨대 조국 안에서 혼연일체를 이루는 것입니다. 조국이 자기와 떨어져 있는 것도 아니고, 조국 안에 자기가 있는 것도 아닙니다. 이런 점은 말로 표현하기가 어려운데, 오로지 조국만이 있다는 것입니다. 이런 사고는 유물사상과 전혀 다른 것이지요.

다나카 저들의 말로 하면 조국은 '사랑해야만 하는 것'이지만, 우리의 말로 하면 '그저 조국을 사랑한다' 입니다. 이론이 아닌 신앙이고 신념인거죠.

마스기 반대로 말하면 저들에게는 자기 이익에 반하는 조국은 조국이 아닙니다. 그러나 일본인은 이해利害도 무엇도 없습니다. 조국은 자기가 융화된 것입니다. 이러한 사고는 동양인이 아니면 알 수 없지요. 동양인은 철학적으로 대단히 뛰어난 민족으로, 서양의 유물적 사고로는 이런 감정을 이해할 수 없습니다. 우리가 말로는 표현할 수 없지만 사실이니 어쩔 수 없습니다.

다나카 저들은 체념하고 전쟁에나 가지만, 일본인은 용감하게 죽음으로 돌진합니다. 무사도란 죽음을 향하는 것, 바로 그것입니다.

마키 그 점을 반도의 청년들이 확실히 파악해야겠군요.

——— 신화와 역사

마스기 저는 천황의 본질에 대해 말로 잘 표현할 수 없지만, 『고지키古事記』, 『니혼쇼키日本書紀』를 빌려 말하면 '신'입니다. 그러면 『고지키』가 어떻게 만들어졌는지가 문제가 되는데, 어떤 사람은 지나에 있는 역사가 일본에는 없었기 때문에 일본에서도 기록을 남기고자 만든 것이 『고지키』와 『니혼쇼키』라고 합니다. 가령 그렇게 만들어졌다고 하더라도 기록하려고 했던 사상적 근거가 무엇인지 생각해봐야 합니다. 이것은 위대한 국민적 감정의 현현顯現이기 때문입니다. 태어나면서부터 지니고 있던 신념이 『니혼쇼키』이고 『고지키』라고 할 수 있습니다. 역사는 사람이 만든 것이 아니고, 국민정신이 드러나는 흐름이 역사인 것이지요. 『고지키』에 보면 우선 처음에 아메노미나카누시노카미天之御中主神가 계십니다. 아메노미나카누시노카미는 육체가 없는 신입니다. 여기서 천天이란 대우주를 말합니다. 그러므로 대우주의 중심인 신, 달리 말하면 우주창조의 신이라 할 수 있습니다.

다나카 서양의 시조는 여호와라든가 뭐 그런 자라고 하는데, 모두 인간과 대립시켜서 생각합니다. 하지만 아메노미나카누시노카미는 어디에나 존재하는 신이지요.

마스기 그렇게 아메노미나카누시노카미에서 7대를 거쳐 이자나기伊邪那岐・이자나미伊邪那美에 이릅니다. 이자나기의 나기那岐는 양陽, 이자나미의 나미那美는 음陰을 의미합니다. 하나로서의 아메노미나카누시노카미가 둘이 되면 음양이 생겨납니다. 만물이란 음양이 생겨야 비로소 생성되는 것으로, 하나로는 아무 것도 안 됩니다. 부부도 음양의 조화를 보여주는 것이고, 천지는 모두 음양으로 이루어져 있습니다. 이 모습이 혼연일체가 되어 이자나기・이자나미 미코토尊[11]의 나라가 만들어졌습니다.

수리고성修理固城이란 떠도는 땅을 모아 나라를 굳건히 만든다는 말입니다. 그러나 이것은 이념의 세계이지 현상이 아닙니다. 즉 이념신理念神의 세계에서 만들어진 것입니다. 그 후에 나타난 것이 바로 황실의 선조인 아마테라스오미카미天照大神입니다. 아마테라스오미카미는 현상계의 태양으로, 태양의 이념을 현현하고 있는 신입니다. 그 아마테라스오미카미의 자손이 폐하이십니다. 폐하의 육체는 인신人神이십니다. 아울러 그 폐하의 몸 안에 흐르고 있는 것은 아마테라스오미카미입니다. 현상적으로 인신御人身이지만, 진정한 모습은 신입니다. 이것은 너무 당연한 이야기입니다.

또한 세계적으로 보면 기독교에서 말하는 '여호와'라는 것은 '민족'이고, '엘로힘'[12]의 '엘로'는 '사람'으로 복수複數입니다. 근본이 같은 사상인 거죠. 회교에서의 '알라'도 '엘로'와 같은 근원으로 '빛'이라는 뜻입니다. 인도에는 대일여래大日如來・비로자나毘盧遮那가 있는데, 이것은 모두 추상명사로 고유명사가 아닙니다. 또한 지나에서 말하는 '천天'과 같습니다. 빛은 대근원大元을 나

11) 미코토(尊)는 신이나 귀인의 이름에 붙이는 높임말이다.

12) 엘로힘 [Elohim] 헤브라이어로 하느님이다. 이름은 그의 본성과 인격적 성품을 나타내기 때문에 성서에서 하느님의 이름은 하느님을 이해하는 데 핵심적인 요소이다. 『구약성서』에 나오는 야훼는 계약적인 이름이고, 엘로힘은 일반적인 이름이며, '강한', '앞에 있다'는 뜻이 있다. 형태상으로는 복수이지만, 구문에서는 단수를 취한다.

타냅니다. 모든 종교, 사상의 근원은 빛, 아마테라스오미카미인 것입니다.

따라서 일본천황의 이념은 세계 사상의 근원이기도 하고 생활의 근원이기도 합니다. 틀림없이 모든 신의 어버이인 거죠. 그렇기 때문에 세계의 천황, 세계를 통급統給하는 미코토尊입니다. 이것은 하나의 이론으로 보이기도 하지만, 사실을 보면 알 수 있는 것입니다. 역사가 몇 만 년인지 알 수는 없지만, 적어도 분명히 3천 년 동안 일본은 번영해왔습니다. 그 간에 황실이 쇠퇴御衰微한 적도 있었지만, 한 점 먹구름도 없이 무가武家가 세력을 떨쳤어도, 황실 없이는 번영할 수 없었습니다. 그들의 목적은 교토京都에 올라가 천황폐하를 모시고 일본에 패권을 선포하는 것이었습니다. 아무리 세력을 떨치더라도 폐하에게 임명받은 세이이다이쇼군征夷大將軍[13]에 불과했던 것이지요.

최재서 아메노미나카누시노카미에 대해서 항상 궁금했던 것인데요, 신대神代 7대의 아마쓰카미天津神는 일본의 황계皇系를 열었던 선조신입니다. 이 아마쓰카미를 우주신으로 생각해서는 안 된다는 사람도 있습니다. 그러나 저는 오히려 황실의 조상이면서도 동시에 우주신이고, 우주신으로 계시면서 일본의 황실을 연 것이라고 해석하고 싶습니다.

마스기 그렇게 생각해도 좋고, 또 이런 해석도 있습니다. 다카미무쓰비노카미高皇産靈神, 가미무스비노카미神皇産靈神는 음양을 나타냅니다. 구니토코타치노미코토國常立尊, 오토노베노미코토大戶之邊尊, 우히지니노미코토埿土煑尊, 스히지니노미코토沙土煑尊, 쓰노구이노미코도角機尊, 이쿠구이노미코도

13) 세이이타이쇼군(征夷大將軍)은 일본의 영외관(令外官) 장군직의 하나이다. 일본의 조정을 통제하고 무가를 거느렸기 때문에 대외적으로는 일본왕으로서의 대우를 받는 것이 통례였지만, 세이타이쇼군의 정통성을 부여해 줄 수 있는 것은 천황이었다. 따라서 천황의 칙령 없이 세이타이쇼군은 권력을 잡거나 관직을 얻을 수 없었다.

活機尊는 일본의 국민성을 나타내는 사상이라고 합니다. 즉 아메노미나카누시노카미의 모습을 일곱 신의 이름으로 나누어서 서술하고 있는 것입니다. 이 점이 대단히 재미있습니다.

최재서 아마쓰카미가 일본의 신일뿐 우주의 신이 결코 아니라는 것은 편협한 생각입니다. 우주신으로 보는 편이 더 좋지 않을까요?

마스기 그렇게 봐도 상관없습니다. 반드시 작은 일본으로 구획을 지을 필요는 없지요. 유대인은 여호와 신이 선택한 선민으로서, 유대인 밑에 세계의 왕들이 엎드려야 한다고 말합니다. 이것은 기독교에 상당한 영향을 미쳤는데, 결국 모략인 것입니다. 부끄러운 이야기이지만, 실제로 내지인 중에서도 기독교를 믿고 있는 사람은 아무리 일본에 충의를 다하더라도 천황 위에 여호와 신이 있다고 생각하는데, 이것은 잘못된 생각입니다.

다나카 완전히 일본화할 필요가 있겠네요.

마스기 일본에서 나온 것은 결국 일본으로 돌아오기 마련이니까요.

——— 제재題材가 변하고 있다

기노시타 조금 전 아사이 씨가 부부는 처음부터 서로 남편과 아내로서 자격을 완전히 갖추었는지 알고 결혼하는 것이 아니라고 하셨는데, 정말 동감입니다. 반도인들 역시 앞으로 자신에게 그만한 자격이 있는지 반성해야 할 것입니다. 반드시 좋은 아내가 되겠다는 마음으로 열심히 해나갔으면 합니다. 가령 그것이 잘되든 안 되든 열심히 하겠다는 마음 앞에서는 그 무엇도 이길 수 없습니다. 작가로서 어떤 각오를 지니고 있는지 아직 정리된 답을 드릴 수 없지만, 어쨌든 그런 점을 잘 살펴서 작품을 쓰고 싶습니다.

마키 작가의 입장에서 보면 정말로 제재의 세계가 넓어졌습니다.

다나카 반도의 문학으로 「춘향전」이나 「심청전」 등이 있습니다. 일본의 경우 「추신구라忠臣藏」,[14] 「진노쇼토키神皇正統記」,[15] 「니혼가이시日本外史」[16] 등이 있는데, 이것들은 역사 같기도 하지만, 일본의 문학입니다. 어쨌든 목적이 다른 것입니다. 반도에서도 애국문학이 나와야겠지요. 물론 반도에도 있기는 하지만 좋은 작품이 나오지 않은 것 같습니다.

김종한 작가로서 자신의 생활에 대한 사고방식이 상당히 변할 것 같습니다. 예를 들어 저는 지금까지 혼자 지내는 쪽이 더 편하고 좋았는데, 징병령 실시 이후로 부인도 있어야 하고, 아이도 있어야 한다는 식으로 생각이 많이 변했습니다. 이건 정말이에요.(웃음) 어떻습니까, 마키 씨는 아이가 몇 명 있나요? 아이에 대한 부모의 생각도 변하지 않습니까?

---

14) 일본 에도시대의 대표 가부키(歌舞伎)이다. 1701~1703년에 47명의 사무라이가 할복한 사건을 극화한 것으로 총11막으로 구성되어 있다. 매년 영화, 드라마, 소설 등의 소재로 사용되고 있는 일본 문학의 고전이다.

15) 일본이 남북조로 갈라졌을 때 남조의 정통성을 주장한 책. 14세기 일본 남조의 유력한 정치 지도자였던 기타바타케 치카후사(北畠親房)가 쓴 책으로, 메이지 이후에는 '우익 황국사상가에게 성전시(聖典視)'되었고, 일본의 '제국주의 발전을 보강하는 사상으로 이용'되었다.

16) 에도시대 후기 시인인 라이 산요(賴山陽)가 1826년에 쓴 역사서로, 총 22권에 달한다. 통속적인 역사서인 『니혼가이시(日本外史)』는 힘차고 생기 넘치는 문장으로 널리 사랑을 받았고 후세의 사람들에게도 큰 영향을 끼쳤다.

마키 아까 최재서 씨의 말처럼 아이가 믿음직해졌다는 점은 확실합니다.

다나카 결혼에 있어서도 좀 더 진지해지고 책임이 무거워진 것이군요. 기노시타 씨, 아이가 있습니까?

기노시타 저는 자식이 3명 있는데 한 아이는 대장이 될 소지가 있습니다.(웃음) 또 한 명은 저처럼 약해서, 군대를 보내 단련시켜야 할 것 같습니다.

—— 징병, 알고 싶은 이야기

마키 징병제가 실시되면 조선인도 내지인과 함께 훈련합니까?

아사이 물론입니다. 국민 모두가 병역의 의무를 지는 것이죠. 징병만큼 일시동인一視同人을 확실하게 보여주는 것도 없습니다. 군대에 들어가면 어떤 구별도 없습니다. 외국의 식민지군대와 같은 것으로 생각하면 큰일납니다.

마키 아직까지 그 방면에 어둡기 때문에…….

최재서 내지 출신의 병사와 함께 훈련을 받을 수 있을지에 대해서 의문을 품고 있는 사람도 많은 것 같습니다.

아사이 그런 구별만큼은 절대로 없다고 단언할 수 있습니다. 국어를 전혀 모르는 사람의 경우, 그대로 입대시켜도 좋지만 그렇게 하면 본인이 고

생하기 때문에, 군에서 배려차원으로 입영 전에 3개월 내지 5개월 정도 국어를 확실히 가르쳐줄 지도 모르겠습니다. 하지만 그건 어디까지나 군의 자비심 차원에서 하는 것입니다.

다나카 국어를 몰라도 된다고 해서 방치해두면 안 되겠지요.

최재서 군에 입대할 정도의 나이라면 본격적으로 2년 정도만 배우면 거의 완벽에 가까울 정도로 국어를 말할 수 있게 되지요.

아사이 하녀를 부려 봐도 2, 3개월 지나면 간단한 말은 알아듣더군요.

김종한 앞으로 '국어'를 이해하려는 마음가짐이 달라질 테니, 곧 내지를 따라잡을 겁니다. 그러나 지금까지는 그냥 막연하게 있었기 때문에 …….

아사이 쓸데없는 것을 배워야 한다고 생각하는 사람도 있었을 테니까요. 그리고 가정에 대해서 한 말씀 드리자면, 제가 특별지원병을 24시간 담당하면서 느낀 것은 젊은이들은 순진한 마음으로 열심히 하려고 하는데 오히려 가정에서 나이든 사람이 불안해한다든지, 아이들에게 좀 배우고 만다든지, 싫은데 끌려온다든지, 반대하는 사람이 의외로 많습니다. 이것은 정말 문제입니다. 여러분이 이런 분위기를 잘 파악해서 충분히 깨달을 수 있도록 지도해 주셔야 합니다.

최재서 지금은 지원병 때와 분위기가 다릅니다. 이것은 제가 여러 가지 보고 들었기 때문에 확실히 알고 있는 것인데, 나이든 사람들 사이에서는 전쟁이라고 해도 폭탄 한 발 맞지 않고 이렇게 편하게 생활을 할 수 있어서 그저 황송해하는 마음이 농후합니다.

마스기 내지에서 징병령이 선포되었던 메이지 5년1872 무렵에도 병역을 두려워하는 경향이 있었습니다. 한편에서는 정부에 반대하는 사람들이 병역을 혈세血稅라고 칭했고, 심지어는 시골의 젊은이들을 뽑아서 머리를 도려내고 피를 빼내 외국인에게 마시게 한다고 말하는 사람도 있었습니다.(웃음) 징병을 곧 죽음, 고생, 학대로 생각했던 것입니다. 사실을 모르는 가정에 있는 사람들, 특히 여자들은 감정적으로만 생각하기 때문에 그런 경향이 있었습니다. 그러나 병역은 절대로 그런 것이 아닙니다. 이것을 알게 되면 군대가 인생 대학이라는 사실을 깨닫게 될 겁니다. 내지 사람 중에 군대를 두려워하는 사람은 한 명도 없습니다. 그렇기는커녕 오히려 군대에 갔다 오라고 하고, 특히 이런 시대에 군대에 가지 않으면 면목이 없다고 생각하는 풍조가 있습니다. 조선에서도 자연히 그렇게 될 것입니다. 체격에서도 단련하고 안하고는 큰 차이가 있습니다. 특별지원병 전형 검사를 보니 시골 사람은 단련이 안 되었더군요. 신체는 거짓말을 안 하기 때문에 단련하지 않으면 약해지기 마련입니다. 실제로 내지인과 비교해서 체구는 결코 뒤떨어지지 않습니다. 단지 단련이 부족할 뿐입니다. 가정에서는 병역을 두려워하지 말고, 병역을 통해 젊은이들이 진정 강한 사람이 되는 거라고 잘 가르쳐 주셨으면 합니다.

(작가 아오키 히로시青木洪 씨가 좌담에 참석하기 위해 멀리 황해도 시골에서 올라왔습니다. 원래 기차를 놓치는 바람에, 경성역에 내리자마자 뛰어와서 출석했습니다.)

김종한 아오키 씨, 경황이 없으시겠지만 이번 징병제 실시의 감격을 단적으로 말씀해주시겠습니까?

아오키 저도 국민의 한사람으로서, 마침내 징병제가 실시되었다는 것에 감격을 금할 수 없습니다. 구체적인 얘기는 바로 떠오르지 않지만 아무튼 대단히 감격하고 있습니다.

——— 농촌 사람들의 심정

최재서 시골에서는 어떻습니까? 신문이 배달되고 나서 …… 어디든 별 차이는 없을 것 같지만요.

아오키 그거야 전부터 실시될 줄 알았기 때문에 그리 놀라지는 않았습니다. 저도 도쿄에서 10년 만에 돌아와 농촌 청소년의 분위기를 살펴볼 수 있었는데요, 철저한 자발성은 없는 듯했지만 군대에 가고 싶다는 희망을 지니고 있는 사람은 많습니다. 제 고향에서도 4명이 지원해서 2명만 합격했습니다.

김종한 그런 분위기가 있습니다. 저도 잠시 고향에 돌아갔었는데요, 친척 중 한 사람이 지원했다 떨어졌습니다. 그는 매우 비통해 했습니다. 젊은 사람이라 더 진심인 것 같았는데, 이 정도까지 변한 것이 참 대단하다는 생각을 했습니다.

다나카 젊은이들에 대해서는 걱정할 필요가 없지 않을까요. 저도 출장

갔을 때 소학생을 붙들고 이야기를 해보았는데요, 장래 무엇이 되고 싶은지 물어봤더니 지원병이 되겠다고 대답하더군요. 그들은 지원병이라는 것을 순수한 마음으로 열렬히 동경하고 있었습니다. 걱정되는 것은 중년층 이상, 특히 여자들입니다. 마스기 소좌가 언급하신 메이지 6년1873의 혈세소동 만큼은 아니지만, 다소 그런 경향이 있는 것 같습니다.

아오키 지금 마스기 씨가 말씀하신 대로, 가정의 부인들은 어느 정도 그런 불안을 가지고 있습니다. 그래서 저희들이 잘 알아듣게 말하고는 있습니다만.

김종한 그렇긴 하지만 뭐랄까, 불안이라고 해도 소동을 일으킬 만한 불안은 아닌 것 같습니다. 따라서 실제로 때가 되면 그것은 그다지 문제가 되지 않으리라 봅니다.

아사이 2,3년이 지나고 정세를 알게 되면 그런 불안은 자연히 해소될 것입니다. 지원병 관련자들은 좀 알고 있는 것 같은데 진심에서 지원한 자는 일부에 불과하고, 지도적 입장에 있는 사람이 별로 지원하지 않기 때문에 보급이 잘되지 않고 있습니다. 저도 이번에 실제로 해보면서 알았습니다. 예전에 류큐琉球의 군대가 들어왔을 때도 그랬는데, 그들은 언어와 풍속도 모두 달랐고, 내지보다 지나라는 생각을 가지고 있었습니다. 그럼에도 불구하고 어떤 차별도 없이 군인으로 뽑았기 때문에, 처음에는 걱정이 아주 많았습니다. 하지만 얼마 후 익숙해지자 금세 내지의 군인들과 융화되었습니다. 그러니 지금 군이 그런 것을 걱정하지 않아도 괜찮을 것 같습니다.

——— 주춧돌土臺石은 주춧돌로

마스기 저는 초년병 교관과 중대장 일을 하면서 병사들이 진정 내 아우이자 내 자식과 같았고, 또 나를 지켜 주는 사람이라는 느낌을 받았습니다. 즉 일체감입니다. 제가 아무리 혼자서 애써도 병사가 움직여주지 않으면 일을 할 수 없습니다. 동시에 병사는 지휘관이 없으면 아무것도 할 수 없습니다. 이런 관계가 일체一體가 되면 즐겁게 전쟁을 치를 수 있습니다. 연습할 때 병사들은 힘들다고 투덜투덜 불평하지만, 전장에서는 절대로 불평하지 않습니다. 정말로 일체가 됩니다.

다나카 그것은 일본의 군대가 가족주의라는 말씀이군요.

마스기 그렇습니다. 혼연일체渾然一體, 야마토大和 정신입니다. 모두가 일체가 됩니다. 항상 이런 마음을 갖고 있습니다. 군대만큼 공평한 곳은 없습니다. 어떤 사람은 군대의 계급차별을 철폐하자고 말하지만, 차별이라는 것에 대해서는 신중히 생각해봐야 합니다. 차별이 있기 때문에 평등한 거니까요. 지붕의 기와와 아래의 주춧돌, 벽을 모두 나란히 늘어놓는 것이 일체는 아닙니다. 지붕기와는 지붕기와, 주춧돌은 주춧돌이기 때문에 질서가 유지됩니다. 장교, 하사관, 중대장, 소대장, 분대장의 차별은 있지만 일체입니다. 이것이 혼연일체를 이루고 있는 것입니다.

김종한 즉 직역봉공職域奉公이라는 말씀이시네요.

마스기 인간의 본성은 '주는 것'에 있습니다. 인간은 빼앗으면 빼앗을 수록 외로워집니다. 다른 사람에게 기쁨을 주는 것이 행복이므로, 만약 빼앗으려고만 한다면 인간은 불행해집니다. 서로에게 전력을 다하는 것이 자유이고 평등입니다. 평등을 자기 멋대로 행동하는 것이라고 생각하는 것은 잘못이기 때문에 근본적으로 고치지 않으면 안 됩니다. 자기 능력을 마음껏 발휘하는 것은 자유입니다. 그것 또한 인간의 본성입니다. 자신의 직역職域에서 완전히 능력을 발휘하는 것, 이것이야말로 평등입니다.

——— 문학과 군인숭배

최재서 요컨대 병역에 대한 공포심 내지 오해가 있는 것 같은데요, 저처럼 문학에 종사하는 사람이 해야 할 일이 그것입니다. 즉, 군인숭배 정신을 키우는 데는 문학이 제일 좋다고 생각합니다. 예를 들어 나치 독일의 철학자 뒤르크하임Karlfried Graf von Dürkheim은 그 사람이 「왜 독일인은 일본인을 이해할 수 있는가」라는 논문에서 첫 번째로 군인숭배를 말하고 있습니다. 영국인이나 프랑스인은 군대가 개인의 자유를 속박한다고 보고 될 수 있는 한 군대의 범위를 제한해야 한다고 생각하지만 일본과 독일은 근본적으로 사고방식이 다르다, 군인은 목숨을 걸고 민족이나 국가의 가치를 옹호하기 때문에 가장 존귀한 존재라는 사고방식을 지니고 있어서 독일인은 일본인을 이해할 수 있다는 것입니다. 그래서 떠오른 생각인데요, 좀 전에 조선 고전에 대한 이야기가 있었는데, 군기물軍記物[17]이 없지는 않지만, 대부분 공리주의가 농후한 것들입니다. 출세미담出世美談이지요. 출세의 목표는 대체

17) 군기물(軍記物은 중세 말기부터 근세 초기까지 전국(戰國)의 무장(武将)이나 근세의 무훈(武勳)이나 무공(武功)에 대해서 이야기 형식으로 기술한 서적이다.

로 대장이 되는 것입니다. 그래서 대장을 찬미하는 마음이 있는데, 군대는 존중하지 않는 경향이 있습니다. 이것은 모순된 것입니다. 결국 지나 사상에서 온 것이지요. 요컨대 목숨을 걸고 나라의 가치를 옹호하는 조국 관념을 글로 써서 널리 알리는 것이 앞으로 우리가 할 일이라고 생각합니다.

다나카 서양 문학은 군인을 경멸하고 군은 문인을 경멸하는 풍조에서 생겨난 문학이지만, 일본 문학은 문무양전文武兩全입니다. 이런 점에서 다른 게 아닐까요.

최재서 뒤르크하임도 그렇게 말했습니다. 영국인과 프랑스인은 독일인을 군국주의적이라고 하지만, 결코 그런 것이 아니라 오로지 조국의 가치를 수호하기 위해서 싸우는 것 뿐이라는 것입니다.

마스기 방금 말씀하셨듯이 병역은 숭고한 의무입니다. 권리에 대한 의무가 아니라 무조건적인 의무입니다. 오로지 국민으로서 최선을 다하려는 마음가짐, 이것이 병역의 본질이어야 합니다. 또한 이것이 일본의 진정한 본질입니다. 그런데 외국은 그렇지 않습니다. 국가는 자신을 보호하는 존재라고 생각하기 때문에 자신의 권리가 보호되지 않으면 병역의 의무 따윈 쓸모가 없는 것입니다. 일본의 병역은 절대적으로 숭고한 의무입니다. 이것을 분명히 해야 합니다. 좀 전에도 말했지만 군대에서의 평등이라는 것은 부자든, 화족華族의 아이든, 대장의 아이든, 가난한 사람이든 모두 똑같이 별 하나입니다. 한 명의 상등병을 뽑기 위해 어떻게 하는가 하면, 모두가 계속 주시하고 있다가 중대장이 회의를 열어 각 반장하사관부터 조장曹長, 특무조장特務曹長 즉 준위准尉들, 그리고 교관, 중대부中隊付들이 각각 지켜본 바를 서로 이야기해서 결정합니다. 이렇게 하기 때문에 한 명의 상등병을 결정하는 데 있어서 실수는 절대로 없습니다. 이처럼 공평한 눈으로 군대를 구축하고 있습니다. 그러므로 불평이 나올 리가 없습니다. 불평을 하는 사람은 대부분 제멋대로 하고 싶어서 그러는 겁니다. 스스로 자신의 무덤을 파면서 고생을 하는 거죠. 이른바 자유를 잘못 알고 행동하는 겁니다.

다나카 그것이 일본 군대의 장점입니다. 서양에서는 돈으로 사기도 하니까요.

——— 일본의 전쟁문학

마키 다나카 씨가 말씀하신 것처럼 외국에서는 군인을 경시합니다. 그런 점이 문학에 상당한 영향을 끼치고 있습니다. 온통 패전문학 뿐이고…….

다나카 독일에 『베르댕Verdun전투의 7인』[18)]이라는 책이 있습니다.

최재서 그건 최근에 나온 거죠.

다나카 번역이 된 건 최근이지만, 전쟁 당시의 작품입니다.

최재서 독일에서조차 먼지에 덮여 있었나 보군요.

---

18) 1916년 제1차 세계대전 때 프랑스의 소도시 베르댕에서 프랑스군과 독일군이 치른 전투로 제1차 세계대전 때 가장 격렬했던 전투로 불릴 만큼 치열했다. 이 전쟁에서 막대한 사상자를 내면서 패한 독일은 1차 세계대전의 내리막길로 치닫게 되었다.

마키 예를 들면 레마르크Erich Maria Remarque의 『서부 전선 이상 없다』를 읽으면 그런 전쟁이 끔찍하게 느껴져서 ……. 염전厭戰사상이 드러나 있습니다.

다나카 일본에서는 일러전쟁 당시에도 사쿠라이櫻井 씨의 『육탄肉彈』이라든가, 해전海戰에 관한 것으로 『격멸擊滅』인가, 그런 것들이 나왔는데, 여기에 차이가 있지 않을까요?

마키 일본 문학은 조국과 함께 조국이 가는 길을 똑바로 따라간다는 전쟁의 목적과 국민이 가야 할 길을 명확히 제시하고 있지만 외국 문학은 전쟁을 비판합니다.

최재서 다나카 씨는 모르셨겠지만 사변 이후에 조선작가는 고민이 많았습니다. 당국에서는 잡지에 전쟁에 관한 기사가 없다고 지적하고, 작품을 읽어도 전쟁이 어디 나타나 있는지 모르겠다며 따지는 형국이었고, 이래서는 안 된다고 말했습니다. 물론 작가는 전쟁에 관한 글을 쓰고 싶어합니다. 하지만 집안에서 병사가 나온다든지, 생활에서부터 우러나오는 그런 체험이 없기 때문에 아무리 애써도 쓸 수 없다는 고백을 작가들에게서 많이 들었습니다. 하지만 오늘 이후부터는 그런 것들이 싹 사라질 것 같습니다.

마키 언젠가 제가 잡지에 제일선에 나가지 않아도 전쟁문학을 쓸 수 있다고 했더니, 어떤 사람이 강하게 반박하더군요.

다나카 총후銃後문학은 쓸 수 있습니다. 총후가 없으면 전선도 없으니까요.

최재서 아오키 씨, 오랫동안 도쿄에 계시면서 총후생활을 보셨을 텐데요, 이곳으로 돌아오니 어떤 느낌이 드시나요?

——— 아픈 부분이지만

아오키 내지와 조선 청년을 비교해 보면 조선 청년이 훨씬 더 태만합니다. 그 이유가 민족적 전통에도 있겠지만 또 하나 군대정신이 결여되어 있기 때문이 아닌가 생각합니다. 저는 정말로 군대정신을 강하게 주입시켜야 한다고 생각합니다.

마키 저도 자기반성의 차원에서 말씀드리자면 조선의 청년에게는 선배라는 관념이 없습니다.

다나카 개인주의의 영향이겠지요.

마키 그런 관념도 입대해서 훈련을 받으면 생겨날 겁니다.

우마쓰기 특별지원병을 보고 느낀 것은 평상시에는 참 좋은데 연습이 조금 힘들어지면 뒤쳐진다는 점입니다. 평소에 단련하지 않은 결과가 나타난 거죠. 역시 정신적 단련이 부족합니다.

마키 스포츠에서도 야구 시합을 보면 3회 정도까지는 괜찮지만 5,6회가 되면 엉망이 되고 지리멸렬해집니다. 끈기가 부족한 거죠.

최재서 조선의 장정이 입대해서 훈련을 받으면 단결심이나 책임감 부족 등 지금까지 여러 가지로 지적되었던 결점이 점차 시정될 겁니다. 그것이 사회전반의 기풍에 영향을 미쳐서 자질이 향상되기도 하겠지요. 지나 사상이 공리주의였고 거기에 외국 사상이 들어와서 그것들이 몸에 배었습니다. 아마 내지인보다 더 완벽하게 받아들였던 것이 아닐까요. 우선 이 합리주의를 청산해야 합니다. 그리고 현실주의로 일관하는 것을 시정해야 합니다. 예를 들면 조선의 일반 가정에서는 아침저녁으로 신불神佛에 참배하지 않습니다. 그러므로 징병제 실시의 준비로 조선의 가정생활에 종교를 주입하는 것을 고려해야 합니다. 오히려 형식이 우선이 되면, 기도하는 과정에서 신앙심이 만들어지지 않겠어요. 나쁜 짓을 했을 때 부모가 자식과 함께 기도하는 것, 그 점에서는 기독교신자가 부럽습니다.

마스기 신기하게도 고맙다는 생각을 거듭하다 보면 정말로 고마움이 느껴집니다.

김종한 마지막에는 고마움의 본질도 알게 된다는 거군요. 흥미롭네요.

―― 전쟁문학도 쓸 수 있다

김종한 아까 전쟁문학에 대한 이야기가 나왔는데, 조선에서도 총후생활을 취재한 정인택 씨의 「청량리 교외淸涼里界隈」와 마키 씨의 「고요한 폭풍靜かなる嵐」과 같은 작품이 있습니다. 그런 것을 좀 더 전개해 나가야 합니다. 즉 징병제까지 선포되었으니, 작가는 그 앞날을 파악할 수 있을 정도의 힘이 있어야 하지 않겠어요?

마키 구체적으로 말하자면 「고요한 폭풍」은 2편까지 썼습니다. 3편은 12월 8일까지의 일을 썼는데요, 4편을 쓰게 된다면 12월 8일 이후의 상황과 징병제 실시 이후의 상황을 쓰고 싶습니다.

다나카 옛날 문학자들에게는 전쟁문학을 뒷전에서 편승주의적 문학이라고 말하는 나쁜 경향이 있는데요, 이는 결코 솔직한 태도가 아닙니다. 여전히 어떤 껍데기에 갇혀있는 증거라고 생각합니다. 좀 더 솔직해져도 괜찮을 텐데요.

김종한 현 시국에서 우리같은 젊은 사람들이 비로소 말할 수 있는 것일지도 모르겠지만, 한국韓國병합 이후 30년 동안 조선 지식인의 사상은 부유浮遊하고 순례順禮하는 것이었습니다. 게다가 항상 마음의 고향을 갈구했습니다. 그것이 어느 시기에는 좌익이기도 했고, 데모크라시이기도 했고, 모더니즘이기도 했습니다.

다나카 내지 사상계의 영향을 많이 받아서 내지가 흔들릴 때는 조선도 흔들리고 내지가 확고하면 조선도 확고해집니다.

김종한 징병제가 선포되자 확실히 마음의 고향을, 조국을 얻었다는 생각이 듭니다. 그러니까 이제 부유하지도 순례하지도 않겠지요.

—— 말해도 좋다

마스기 일본인은 원래 말이 많은 국민이 아닙니다. 이론을 내세우지 않는 국민입니다. 그렇기 때문에 요즘처럼 이론을 내세우는 시대에는 아무래도 뒤쳐지게 됩니다. 그런 점에서 일본이 명백하게 구분되어 왔는데, 그건 안 됩니다. 이런 시대에는 오히려 더 강하게 말해야만 합니다. 이 점에서 여러분은 일본을 가장 잘 이해하고 계시고, 더욱 더 이해하려고 노력하시기 바랍니다. 진정으로 일본을 이해하고, 그것을 모든 방면에 전파시키려는 노력이 정말로 필요합니다. 요시카와 에이지吉川英治[19]인가요, 그 사람의 작품은 자유주의 문학에서 상당히 벗어나 있는 것처럼 보입니다. 정말 알아야 할 것을 제대로 파악하기만 한다면, 여러분이 활력을 얻는 것은 물론이고 다른 사람에게도 활력을 줄 수 있습니다. 그 점에서는 우리 내지인도 매우 부끄럽게 느끼는 것이 있습니다. 그것은 바로 메이지 유신 이래 주입된 서양사상, 특히 유대사상입니다. 정말로 이것에 매료되었습니다. 그 흔적은 아직도 모든 방면에 남아있습니다. 일본인의 본질을 알게 된다면 반도가 어떻게 존재해야 하는지를 명확하게 알게 될 것입니다.

—— 국민문학과 외국문학

최재서 좀 전의 이야기인데요, 프랑스에는 폐병파肺病派란 것이 있었습니

19) 요시카와 에이지(吉川英治, 1892~1962) : 1926년 『나루토히초(鳴門秘帖)』로 작가의 지위를 확립하였고, 사무라이 미야모토 무사시의 생애를 그린 『미야모토 무사시(宮本武藏)』(1936)가 폭넓은 대중적 독자층을 획득하였다. 일본의 국민작가로 불린다.

다. 일부러 폐병에 걸린 사람도 있었지요. 천재가 되기 위해 ……. 내지에도 꽤 있지 않았습니까?

다나카 다다이즘Dadaism이라는 놈이 극도로 쇠락해졌던 것이죠. 조이스James Augustine Aloysius Joyce의 『율리시즈Ulysses』는 의식을 해부해서 구석구석까지 파고들어 갔지만, 결국 해부하다가 지쳐버렸습니다. 복잡해졌다든지 고급스러워졌다고 하지만 그 실상은 병이 깊어진 문학입니다. 한때 일본 문학자도 그쪽에 심취했었죠.

최재서 우리도 환자 중 하나였으니까요.(웃음)

다나카 직감적이고 구체적인 것이어야 한다고 생각합니다.

마키 그 점에서는 저희 문단이 내지 문단보다 앞서갈 것으로 보입니다. 그 병세가 가벼운 만큼 …….

최재서 저도 학교에 있을 때 외국문학 이론만 배웠는데요, 학교를 졸업하고 문단에서 활동하면서 어떤 문제에 부딪히면 학교에서 배운 이론으로 설명하게 되더군요. 그런데 일단 국민문학에 관계하고 보니 어느 것 하나 정견定見을 내세울 수 없었습니다. 국민문학이 무엇인가에 대해서는 하나도 배우지 않았던 겁니다. 그만큼 철저한 외국문학 교육도 없었지만, 이런 문제에 부딪혀보니 전혀 설명할 수가 없었습니다. 결국 스스로 개척해 나갈 수밖에 도리가 없었습니다.

마키 영문학의 경우에는 한 부분만 알아도 괜찮지만 진정으로 이해해야 하는 일본의 고래古來문학은 그렇게 해서는 파악할 수가 없다는 의견이 최근에 나오고 있습니다.

다나카 '국민문학은 이래야 한다'는 것을 배워도 소재가 없으면 쓸 수 없습니다. 역시 스스로 발견하고 자신을 연마하는 소재가 우선이지 않을까요.

최재서 쓰고는 싶지만 본보기가 없습니다.

마키 야스다 요주로保田與重郎[20] 씨의 작품은 야마토 민족의 피의 순결성을 지킨다고 하지만 지나치게 편향된 사고방식인 것 같아서 …….

다나카 글을 쓸 때에는 반도인, 대만인 등을 의식하지 않고 쓰기 때문이겠지요.

최재서 그다지 신경 쓸 필요는 없습니다. 내지에 있는 비평가나 작가는 잘 모를테니까요. 염두에 두지 않는 것입니다.

다나카 야스다 요주로 씨는 큰 강연회에 반도인이 없을 거라고 생각해서 그렇게 말한 것입니다.

---

20) 야스다 요주로(保田與重郎, 1910.4~1981.10)는 문예평론가이다. 일본 낭만파 동인으로 활약하였다. 1936년 처녀작인 「일본의 다리日本の橋」가 제1회 이케타니 신자부로상(池谷信三郎賞)을 수상하면서 비평가로서의 지위를 확립하였다.

마키 하지만 그런 사람이 쓰면…….

최재서 그러니 그런 것은 우리가 해야겠지요. 실제로 일본 정치는 이미 만주에서 시험을 끝냈습니다. 문화든 산업이든 무엇이든 자아도취는 아니어도 자신감은 가져야 할 것입니다. 오히려 혁신적 문학은 경성 쪽에서 나올 것이라고 생각해야 합니다.

——— 남방에 가고 싶다

다나카 내지 작가 상당수가 보도반으로 남방에 파견되어 활약하고 있는데요, 반도 작가를 동원한다는 말은 없습니까?

마스기 전혀 없는 것은 아닙니다.

김종한 정말 가고 싶습니다.

다나카 가능한 한 위험한 곳에서 활동하면 연성鍊成이 되겠지요.(웃음)

마스기 하늘을 향해 원하는 바를 크게 말하면 반드시 들어주실 겁니다.

김종한 그렇게 한, 두 사람이 전선에 갔다 오면 설령 아무것도 하지 않더라도 갔다 왔다는 것만으로 큰 영향을 끼칠 것이라 생각합니다.

최재서 그런 주장은 『국민문학』에서 하면 좋겠네요.

아사이 많이들 그렇게 해주십시오. 특히 지금 여러분의 주장이 필요합니다. 당장 입대 할 수는 없으니 진실한 마음을 보고 듣고 주장하는 것이 중요합니다.

최재서 그러면 이쯤에서 …… 오랜 시간 동안 감사했습니다.

북방권 문화를 말한다

1942년 10월

참석자

도리야마 기이치 鳥山喜一[1] ———— 경성제국대학 교수
후지타 료사쿠 藤田亮策[2] ———— 경성제국대학 교수
스에마쓰 야스카즈 末松保和[3] ——— 경성제국대학 조교수
고노 로쿠로 河野六郎[4] ———— 경성제국대학 교수
최재서 ———————— 본사측

1) 도리야마 기이치(鳥山喜一, 1887~1959)는 동양학자이다. 1928년 경성제국대학 교수로 부임하여 1945년까지 법문학부장으로 재직했다. 한만사(韓滿史)를 연구했으며 저서로는 『발해사고(渤海史考)』, 『동양사관(東洋史觀)』이 있다.

2) 후지타 료사쿠(藤田亮策, 1892~1960)는 고고학자이다. 1924년 조선총독부 편수관을 지냈고, 1926년에 경성제대 조교수가 되어 법문학부에서 재직했다. 1941년 경성제대 법문학부장이 되나 1943년에 해임됐다.

3) 스에마쓰 야스카즈(末松保和, 1904~1992)는 역사학자이다. 조선총독부 조선사편수회에서 활동했으며 1933년 경성제국대학 조교수로 부임, 1939년부터는 동(同)대학 교수로서 재직했다. 주로 조선고대사와 고대한일관계사를 연구했다.

4) 고노 로쿠로(河野六郎, 1912~1998)는 언어학자이다. 경성제국대학 조선어과 조교수로 재직했다. 저서로는 『조선방언학시고(朝鮮方言學試攷)』가 있다.

북방문화권의 범위

최재서 남방권에 정신이 팔려 북방권을 등한시해서는 안 된다는 이야기가 요즘 자주 거론되고 있습니다. 국방적 측면에서뿐만 아니라, 특히 문화적 측면에서도 북방권에 대해 모두 좀 더 관심을 가져야 할 것입니다.

바로 본론으로 들어가 보죠. 문화권文化圈으로 볼 경우에 북방권에는 어디까지 포함될 수 있습니까. 이에 대해 한 말씀씩 해 주시죠…….

도리야마 여러 가지를 생각할 수 있겠지만 현재의 지리로 보면, 북지나北支那와 몽고, 만주 그리고 남부 시베리아 등을 포함한 지역을 북방권으로 생각할 수 있지 않을까요. 북방권 내에는 민족적으로, 그리고 문화적 성질상으로 다른 점이 상당히 많이 있는 것 같지만 공통점도 적잖게 있는 것 같습니다. 북지나라고 하면 대단히 넓은 지역이지만 황하의 북쪽이라고 생각한다면, 하나의 통일적인 것을 생각해 볼 수 있지 않을까요. 북방권을 한정해 보면, 그 정도의 범위로 생각해 볼 수 있을 겁니다.

스에마쓰 서역西域은 포함되지 않습니까?

도리야마 글쎄요. 서역은 북방권에 들어가기 힘들지 않을까요.

고노 연해주沿海州는 어떻습니까?

도리야마 글쎄요. 그런 식으로 말하면 동부 시베리아라고 하는 편이 좋을지도 모르겠네요.

고노 남부 시베리아는…….

도리야마 북부 시베리아를 문화권으로 생각할 필요는 없습니다. 남부 시베리아에는 서역도 다소 포함되겠지요.

스에마쓰 북방문화권은 현재의 문화권보다 고대의 역사적 요소가 많다고 생각합니다. 그렇기 때문에 몽강蒙疆[5])을 좀더 서쪽으로 확장해서 천산남북로天山南北路를 포함시키는 편이 좋을 것 같아요. 북방권 문화는 현재보다 오히려 과거로 거슬러 가는 편이 내용 면으로 볼 때 풍부할 것 같습니다만…….

후지타 북방권과 북방문화를 하나로 보고 있기 때문에 그런 말씀을 하시는 듯한데…….

저는 언제나 북방문화에 대해서 말해왔습니다. 제가 최초로 북방문화에 대해서 언급한 것 같은데, 제가 말하는 북방문화란 북구北歐의 스웨덴과 핀란드에서 북부 러시아를 경유해, 시베리아 남부를 거쳐 알래스카까지 관류貫流하는 최고最古의 문화 흐름이라는 것이죠. 이 북방문화는 그렇게 흘러가는 사이에 조선과 만주에도 들어왔습니다. 그리고 또 하나의 문화의 흐름은 중앙아시아 사막을 따라 몽고로 들어가거나 북지나로 들어갑니다. 이렇듯 북방문화는 문화의 흐름이기 때문에 북방권과 관계가 있지만 구별하지 않으면 혼잡스러워지지요.

스에마쓰 그러면 북방권이라는 개념은 어떻게…….

---

5) 몽강(蒙疆)은 지금의 내몽골 자치구 일대에 있던 나라이다. 당시 만주국 차하 주와 수이유엔 주를 통치 범위로 했으며, 수도는 장자커우(張家口)였다. 몽강국은 만주국의 영향 아래 있던 사실상의 일본 식민지였다.

후지타 도리야마 씨가 말한 구역으로 봐도 괜찮을 겁니다.

도리야마 제 생각으로는 현재 상황에서 봐도 좋지만, 대체로 역사적 흐름으로 구별해도 크게 틀리지 않을 겁니다. 스에마쓰 군이 말한 대로 천산남북로를 포함시키면, 후지타 군이 말한 이른바 북방문화의 흐름에서는 북로 쪽은 관계가 있지만 남로 쪽은 관계가 없습니다. 문화의 흐름과 문화권을 어느 정도 융합할 수 있지 않을까요. 남로를 통해서 온 문화는 지나의 중심에 퍼져 있기 때문에 북쪽에는 그다지 영향이 없을 겁니다.

최재서 보통 북방권, 남방권이라고 말할 경우에는 다분히 정치적 의미가 담겨져 있습니다. 요컨대 일본을 중심에 놓고 남방권, 북방권이라고 말하고 있지요. 그러면 북방문화권이라고 할 경우에, 정치적 북방권과 문화권이 통일적으로 자연스럽게 일치되어야 한다고 봅니다. 이런 의미에서 지금 말씀하신 북방권은 양자가 모두 일치하는 겁니까?

도리야마 정치적인 의미에서 말하는 건지 생산적인 의미에서 말하는 건지 확실히 판단할 수는 없지만, 굳이 북방권과 남방권을 일본을 중심으로 해서 나눈다면, 지나는 대체로 북방권에 속하지 않을까요. 아주 작은 부분을 포함시킨다면 남방권에 속할지도 모르죠. 그러나 지금은 정치적으로도 사상적으로도 지나는 역시 그 개념에 속하지 않습니다. 별도로 취급해야 하지 않을까요.

최재서 그건 대단히 애매하죠. 사상적인 문제를 별개로 하고 남방권이라고 할 경우, 인도가 남방권에 속하는지, 그렇지 않은지는 애매합니다. 보통은 남방권에 포함되지 않는데, 남방권 문화라고 하면 결국 불교문화 등이 주류를 이루기 때문에, 그 경우 포함될지 어떨지 의문입니다만…….

스에마쓰 인도의 문화가 그렇게 남쪽에 영향을 주고 있을까요. 북쪽에도 상당히 전파되었습니다만, 그 정도로 퍼져 있지는 않지요. 어쨌든 인도문화는 문화적으로 독특하기 때문에 다루기가 쉽지 않습니다.

도리야마 한 문화의 흐름이 남양 제도로부터 인도차이나 반도에 영향을 줬던 것은 확실하지만, 실제로 남아있는 것은 별로 없습니다. 특히 인도에 전해진 것은 남양문화가 아니라 이슬람문화였기 때문에 인도를 남방권에 포함시키지 않아도 좋지 않을까요. 다만 동아東亞라는 말은 동아시아라는 의미로, 여기에는 남부 아시아도 들어갑니다. 남부 아시아를 포함한 커다란 전쟁을 대동아전쟁이라는 말로 표현하고 있는 이상, 전쟁이 확대되어 인도를 대상으로 하는 전쟁이 되어도 대동아전쟁이라고 할 수 있을 겁니다. 그런 경우 남방권도 그 의미에 따라 확대될 것입니다. 제 입장에서 역사적으로 보았을 때, 그런 것들은 그다지 깊이 생각하지 않아도 괜찮을 것 같습니다.

——— 일본문화의 위치

최재서 그러면 대동아권을 남방권과 북방권으로 나눌 경우에 일본은 어느 쪽에 들어갑니까.

도리야마 실제로 융합된 곳이죠.

고노 접합점이군요.

도리야마 비율상으로 반반이 될지 어떨지 모르겠습니다. 일본은 어쨌든 접합점이고, 융합점입니다. 그러니까 앞으로는 반대로 이곳을 중심으로 뻗어 나가지 않을까요.

스에마쓰 부채의 중심이라는 말씀이군요.

최재서 니시무라西村 박사는 일본 문화가 주로 북방적이라고 발표했습니다만 …….

스에마쓰 메이지 시대에는 북방기원설北方起源說에 진력했기 때문에 남방 방면으로는 미개척된 것이 많습니다. 그래서 앞으로 기존 연구가 진척된다면, 지금처럼 일본 안에 포함되어 있는 남방 계통은 많아지면 많아졌지 결코 적어지지는 않을 겁니다. 이것은 전적으로 제 생각입니다.

도리야마 한때 메이지 30년1897 초엽에 누마타 라이스케沼田頼輔 씨가 『일본인종신론日本人種新論』[6]이라는 책에서 일본인은 남방에서 왔다고 강력하게 주장했습니다. 누마타 씨의 『일본인종신론日本人種新論』은 한때 대단히 많은 사람들이 읽었지요.

후지타 건축 방면에서도 남방론이 상당히 많았습니다. 북방론이 나왔던

6) 沼田頼輔, 『日本人種新論』, 東京, 嵩山房, 1903(明治36).

것은 시라토리白鳥 선생 등이 등장하고 난 이후이지요. 스에마쓰 군의 말대로 앞으로 남방연구가 진척되면 어떻게 될지 모르죠.

도리야마 만주사변 전까지 일본이 대륙에 매료되도록 했던 일종의 정책 언론이 있었는데, 그것은 학자와 같은 여러 사람들이 이야기를 꺼낸 것에 불과합니다. 앞으로 일본이 남쪽으로 뻗어나간다면, 그런 사람들은 또 남쪽으로 전향할 겁니다. (웃음) 하지만 그런 일들을 통해서 점차 진실을 판단할 수 있을 겁니다. 특히 고노 군이 하고 있는 언어 방면의 연구가 한층 더 심화되지 않을까요. 마쓰오카 시즈오松岡靜雄[7]의 「남방 언어 연구」에는 일본인을 남쪽으로 끌어들이려는 의도가 다분히 있는 것 같습니다.

고노 그렇군요. 잘 기억나진 않습니다만, 호리堀 아무개라는 사람이 있습니다. 그 사람은 일본어 남방기원설南方起源說을 주장했지만, 나는 역시 북방이라고 생각합니다.

후지타 순연純然한 북방인가요.

고노 그것은 모르겠지만, 모체는 북방입니다.

---

7) 마쓰오카 시즈오(松岡靜雄, 1878년 5월 1일~1936년 5월 23일)는 해군군인, 언어학자, 민족학자이다. 1897년 12월에 해군사관학교(25기)를 졸업하였고, 해군에서 최종적으로 대령으로 근무하다가 1921년 5월에 퇴역하였다. 언어학, 민속학을 연구해 많은 저작을 남겼다.

——— 북방문화의 내용

최재서 북방권 문화의 내용과 그 특질은 무엇입니까?

도리야마 후지타 군이 실질적인 고고학 측면에서 말해 주면, 구체적이지 않을까요.

후지타 오래된 것은 어떻게라도 말할 수 있기 때문에 ……. 좀 전에 제가 말씀드렸던 북방문화의 흐름은 확실합니다. 그것은 석기시대부터 북쪽에만 퍼졌던 문화의 흐름이었습니다. 조선이나 내지는 지나支那문화를 받아들이지 않은 적이 없지만, 그 전에는 아무래도 북방의 영향을 매우 많이 받았다고 종종 생각했지요. 여기서는 상세히 말씀드리기가 어렵지만, 석기시대의 북방문화는 덴마크에서부터 발틱해를 끼고 노르웨이 · 핀란드 · 러시아 북쪽, 그 주변에서 시베리아 남방을 통해서 연해주로 들어왔고, 만주 중부가 아니라 만주의 동북부 간도 주변을 통해서 조선에 들어왔지요. 이 중 완전히 일치하는 점이 있습니다. 그것이 어디에서 어디로 흘러갔는지에 대해서는 사람들마다 논의가 분분하지만, 그 가운데 어느 누구도 부인할 수 없는 것이 있습니다. 그것은 우리가 말하는 즐목문櫛目文 토기, 즉 빗살로 새긴 듯한 문양을 가진 토기입니다. 그것과 함께 석기石器라든가 골기骨器 등도 출토되었는데, 빗살무늬櫛目文토기만 봐도 덴마크 주변에서 조선까지 같은 계통임을 알 수 있지요. 이것이 연해주에서 조선으로 들어왔고 내지에도 금방 건너왔습니다. 더구나 이 계통의 토기는 지나支那와 만주 중부에서는 발견되지 않았습니다. 불행히도 연해주에서 동부 시베리아 부근은 조사가 불충분해서 알 수 없습니다.

그런데 비슷한 토기가 북아메리카에서 조금 출토되었습니다. 적어도 석기시대에 유라시아 대륙 북쪽에서 퍼진 문화의 한 흐름이 있었다고 할 수 있겠죠. 그리고 중앙아시아의 사막을 건너 온 문화가 하나 더 있습니다. 이 주변에서 출토된 석기는 5치寸[8] 내지 6치 정도의 무거운 석기가 아니라, 부싯돌火打石이나 흑요석黑曜石[9]을 잘게 깨서 사용하는 석기입니다. 이른바 세석기細石器[10]라는 것으로, 5푼分[11] 내외의 것들이지요. 세석기는 가볍고, 또 상당히 예리해서 유목민족에게 가장 알맞았을 겁니다. 이런 문화는 이집트의 구석기시대에도 있었고, 아프리카 사막에도 있었던 것 같습니다. 그런데 비슷한 것이 중앙아시아의 고비사막에도 있는 걸 보면, 내외몽고와 시베리아 남부를 거쳐 북만주에서 조선의 북부 근처로 전파되었다고 짐작할 수 있지요. 이처럼 북방에만 퍼졌던 문화 흐름 말고도, 중간 사막지대를 흐르던 문화가 있었다는 사실에 주의할 필요가 있습니다. 이것이 도리야마 씨가 말한 서방西方의 문화가 나중에 유입된 경로가 아닐까요. 고대의 석기시대에도 이러한 두 가지 흐름을 볼 수 있는 듯합니다. 일찍이 우리가 생각하지 못했던 북방에 퍼졌던 북방문화와 사막지대를 통과해 온 유목민 문화를 분명히 구분할 필요가 있습니다. 따라서 조선이나 내지로 건너온 문화를 모조리 지나支那문화로 보는 사고방식은 수정되어야 합니다. 북방문화를 석기시대

---

8) 1치(寸)는 3.030303cm이다.

9) 규산이 풍부한 유리질 화산암으로 오브시디안, 흑요암이라고도 한다. 색깔은 흑색, 회색, 적색, 갈색을 띤다. 석기시대에는 칼, 화살촉, 도끼로 사용이 되었으며 가열하면 팽창하는 성질이 있어 내화연료 등 공업용 원료로 이용된다. 또한, 연마하여 장신구로도 이용한다.

10) 중석기시대에 주로 사용되었던 뗀석기의 하나로 좀석기 · 잔석기라고도 한다. 대체로 길이는 40㎜ 이하, 두께는 4㎜를 넘지 않는다. 지역에 따라 차이가 있지만, 이런 작은 크기의 석기는 구석기시대 말기와 중석기시대에 제작되었는데 특히 중석기시대에 많이 나타난다. 대부분 돌날격지에 가파른 잔손질을 가해서 만들었다. 세모꼴 또는 반달 모양을 하고 있는 기하학 모양의 잔석기는 유럽 서북부에서 주로 나타난다. 잔석기는 복합도구의 구성요소 가운데 하나로서 이용되었고, 활촉이나 창의 끝부분에 끼워 사용되었던 것으로 보인다.

11) 1푼(分)은 3.030303mm이다.

에도 많이 받아들였다는 사실을 고려하면 후대에도 비슷한 일이 있지 않았을까요. 그렇기 때문에 저는 북방문화를 별개로 생각하고 있습니다.

——— 북방 문화의 흐름

스에마쓰 석기 시대에 북방에 퍼진 문화는 대단히 오랫동안 지속된 듯한데, 그것이 동에서 서로 흘러 간 것인지 아니면 서에서 동으로 흘러간 것인지, 그 방향에 대해서는 모르겠습니다. 그건 중요한데, 비전문가인 우리가 보기에는 그 흐름은 중앙에서 시작되어 좌우로 퍼진 것 같습니다. 근원지策源地가 서쪽에 있었는지 동쪽에 있었는지 밝혀졌습니까?

후지타 오늘날의 고고학자는 서에서 동으로 퍼졌다고 하는데, 이는 동쪽으로 흐르면서 발달이 이루어졌기 때문입니다. 실제 연대年代도 후대이지요. 지금의 스칸디나비아 근처는 같은 석기 시대라 해도 연대가 오래 되었습니다. 따라서 역시 서에서 동으로 흘러 온 것 같습니다. 정중앙 경로를 통해서 흘러 온 사막 문화를 고고학자는 세석기細石器 문화라고 부르는데, 이런 세석기microlith도 이쪽에서 흘러갔다기보다 역시 저쪽에서 흘러온 것 같습니다.

스에마쓰 비전문가가 보기에는 중앙에서 시작되어 좌우로 흘러갔다고 하니 상당히 흥미롭습니다.

후지타 그것은 시베리아 등지에 대해서 좀 더 알게 되면…….

고노 현재 왜 스칸디나비아가 오래 되었다고 하는 겁니까?

후지타 북구가 비교적 잘 알려져 있기 때문입니다. 사실 석기시대, 청동기시대, 철기시대라는 세 시기를 규정한 사람도 스칸디나비아의 학자들입니다. 가령 스칸디나비아의 어느 지역에서 그리스의 은화가 발견되었기 때문에 무슨 연대다, 어느 시대의 청동기가 발트해에 들어와 있기 때문에 무슨 연대다, 이와 같은 식으로 연대를 비교해 왔습니다. 그래서 오늘날 선사고고학의 시대 구분은 스칸디나비아의 학자가 규정했다고 봐도 좋습니다. 따라서 스칸디나비아의 석기시대가 비교적 잘 알려져 있는 것이지요. 북구의 신석기 시대가 대략 기원전 오천 년에 시작되었다는 주장도 이로부터 연원한 것입니다. 이를 기준으로 삼아 지구상의 여러 지역의 석기시대 연대를 비교 · 연구해 보면, 러시아 북부의 석기시대와 시베리아 남부 · 만주 · 조선 북부의 석기시대는 북구의 석기시대보다 훨씬 시기적으로 늦습니다. 이렇게 시대 순으로 보아도, 시기가 오래 된 곳에서 쭉 흘러 온 것이 아닌가 합니다.

——— 인종적 분포

최재서 북방권 내의 인종적 분포는 어떻습니까?

도리야마 오래된 기록은 지나支那의 문헌을 통해서 살펴 볼 수밖에 없습니다. 즉 선진先秦[12)]시대와 전한前漢 초기 무렵의 서적에 나타나 있는 지나인이 붙인 명칭으로 생각해볼 수밖에 없지요. 오래된 서적으로 『산해경山海

經』이 있는데, 여러 가지 내용을 담고 있어서 어떤 사람은 지리서로 생각하기도 하는데, 지지地誌와 민족사로 보아도 무방합니다. 또한 이것이 쓰인 연대에 대한 설도 분분한데, 주나라 말기에서 전한 초기에 지금과 같은 체제가 갖추어졌다고 보는 편이 무난하겠지요. 이 책에 의하면, 흑룡강 아래쪽으로 생각되는 곳에 현고玄枯 혹은 모민毛民이라는 나라가 있었다고 합니다. 거기에서 좀 더 이쪽으로 오면 숙신肅愼[13]이라는 나라가 있었는데, 지금의 지도에서 어디어디라고 어렵지 않게 대응해 볼 수 있지요. 즉 숙신보다 현고가 북쪽이고, 현고보다 모민이 북쪽에 있었던 것으로 여겨집니다. 이런 식으로 민족을 추정해 보는 것이지요. 이것을 지금의 인종에 대응시키면 어떻게 될지에 대해서는 다음에 말씀드리겠습니다. 한漢나라 이후의 문헌에 따르면 바이칼 호수에서 고비 사막에 걸쳐 고거高車[14]나 혹은 그 유명한 흉노匈奴족이 나타납니다. 그리고 만주와 몽고 사이에 동호東胡 민족이 기록되어 있습니다. 이는 『사기史記』와 『한서漢書』에도 등장합니다. 서양인들 중에도 연구한 사람이 있지만, 우리는 누구보다도 선각자인 시라토리 선생의 영향을 받았습니다. 이런 점으로 미루어 보건대 바이칼 호수, 즉 남부 시베리아의 동쪽에는 고거高車라는 투르크 계통, 흉노匈奴라는 몽고계, 동호東胡라는 퉁구스와 몽고민족이 있었음을 알 수 있습니다. 그리고 또한 선진시대의 서적인 『중용中庸』에 나오는 박狛이라는 민족도 퉁구스인데, 다소 몽고의 피가 들어가 있는지도 모르겠습니다. 또 북쪽에 숙신으로 알려져 있는 종족도 있습니다. 인종적으로는 의문이지만, 이로부터 구舊아시아인이

12) 기원전 221년 진(秦)나라에 의해 통일되기 이전의 시기를 말한다. 즉 주(周)나라 초기부터 춘추전국시대까지의 시기이다.

13) 고조선 때에 지금의 만주와 연해주 지방에 살던 퉁구스족. 고구려 서천왕 때에 일부가 복속되었고 광개토대왕 8년(398)에 완전 병합되었다.

14) 4~5세기 몽골의 중가리아분지에서 활약한 투르크계(系) 유목민족국가.

라고 하는, 보통 인종학자가 이적夷狄에 속한다고 말하는 길략크Gilyak[15]와 같은 종족이 기원전에 존재했음을 알 수 있지요.

지나인이 기록한 명칭은 변해 왔지만, 그 분포를 살펴보면 만주에 대체로 몽고인이 있었고 그 북쪽에 고古아시아인이 있었고, 바이칼 호수 쪽에 투르크인이 있었으며, 몽고 사막에 동호東胡인이 있었습니다. 6세기 정도까지는 변동이 없었지만, 그 후에 투르크인의 이동이 발생하여 서쪽으로 나아갔습니다. 지금 후지타 군이 말했던 북방문화의 흐름은 고거高車와 같은 투르크인에 있어서는 불확실하지만, 역시 흉노匈奴는 스키타이 청동기 문화를 확실한 증거로 가지고 있지요. 그리고 또 한 가지는 지나 문화가 유입되어 발생한 새로운 문화 융합입니다. 이런 것은 역사적으로나 고고학적으로 설명할 수 있지요.

―― 스키타이 문화와 낙랑樂浪 문화

후지타 지금 이야기된 스키타이 문화는 본래 남부 러시아의 흑해 연안에서 발달했습니다. 이전부터 스키타이 문화가 내몽고와 북지나 주변에도 많이 유입되었다는 사실을 알고 있었습니다. 스키타이 문화는 조선에도 큰 영향을 주었지요. 지금 평양에서 발굴 작업이 진행되고 있는데, 평양부근의 낙랑 유적에는 상당히 뛰어난 순수한 스키타이계의 유물이 출토되고 있습니다. 용산龍山의 이토 마키오伊東槇雄라는 사람이 동銅 박판제薄板製 행엽형杏葉形의 기묘한 유물을 갖고 있습니다. 말이 뒤를 향해있는 모양이 우치다

15) 아무르 강 어귀와 사할린 섬 가까이에 살고 있는 동(東)시베리아 민족.

시기법[16]으로 되어 있죠. 이것은 분명히 스키타이 계통입니다.

요즘 화제가 되고 있는 것은 흑해 북쪽 해안 근처에 살았던 스키타이족들의 가장 뛰어난 장기長技인 동물 문양입니다. 같은 계통의 양식이 천산북로에서 몽고를 거쳐 북지나로 유입되었습니다. 장쟈커우張家口에서 베이징北京 부근에까지 많이 유입되었습니다. 그러나 그것이 어느 만큼 조선에 영향을 주었는지에 대해서는 지금까지 알 수 없었는데, 이번 발굴로 낙랑 유적에 명확히 스키타이계로 보이는 양식이 유입되었음을 알게 되었지요. 이토 씨가 갖고 있는 말과 동일한 양식의 유물이 많이 출토되었는데, 순록馴鹿이 도드라지게 표현한 유물은 대단히 세련되게 제작되었습니다.

낙랑은 알고 계신 대로 한사군漢四郡의 하나이기 때문에 당연히 지나 한대漢代 문화라고 생각하고 있었습니다. 그런데 거기에서 순수한 스키타이 유물이 많이 출토되었지요. 따라서 한대 문화에 예상 외로 서방문화가 많이 유입되어 있었다는 사실을 증명하게 되었습니다. 물론 그쪽에도 지나支那문화가 많이 유입되었을텐데요, 역시 왔다 갔다 했던 거겠죠.

고노 말은 어디에서 온 것입니까?

후지타 말은 석기시대부터 있었습니다. 내지에 말이 언제 들어왔는지는 다소 의문이지만 상당히 옛날부터 있었습니다. 조선에도 물론 석기시대부터 있었습니다. 그 외에 소나 개가 언제 들어왔는지는 모르겠지만, 개는 가축 중에 가장 오래되었고 소나 말은 그 다음입니다. 하지만 순록을 형상화한 장식은 누가 뭐래도 스키타이계의 것이지요.

---

16) 종이, 얇은 금속판을 안쪽에서 두드려서 무늬가 겉으로 도드라지게 하는 기법.

대표적 민족과 그 문화

최재서 북방권에서 중요한 인종은 대체로 몇 종류나 됩니까.

도리야마 대체로 크게 투르크인, 몽고인, 퉁구스인 세 가지로 보면 되겠네요. 그리고 다소 섞이기도 했겠지만, 지금 지나의 옛 시대에 현고라든가 모민이라는 명칭으로 전해져오는 고古아시아인과 지금의 길랴크나 코랴크 Koryak[17] 등은 대체로 흑룡강 하류에서 사할린樺太에 걸쳐 있었지요. 석기시대에 어떤 인종이 있었는지 모르지만, 별로 대단치 않았을 겁니다. 그래도 가령 『산해경』에 나오는 현고에 대한 내용을 살펴보면, 의어衣魚라는 표현을 발견할 수 있습니다. 길랴크 등이 연어 가죽으로 텐트, 옷이나 신발을 만들었다고 합니다. 이를 통해서 지나인이 상당히 오래 전부터 그들에 대해서 알고 있었다고 짐작할 수 있으며, 또한 그들은 그런 고유문화를 가지고 있었다고 볼 수 있습니다.

최재서 그 세 인종의 대표적 문화는 어떻습니까?

도리야마 대체로 지금 말한 것처럼 석기시대부터 오랫동안 영향을 받았고, 특히 스키타이 문화 등의 영향도 받았겠지요. 그렇기는 하지만, 역사를 다루는 제 입장에서 역사 속의 그 민족을 생각해보면, 적지 않게 한인漢人문화의 영향을 받았고 그것에 의해 변동해 온 것처럼 보입니다. 『사기史記』에 주나

---

17) 주로 캄차카 반도 북부지역의 코랴크 자치관구에 사는 종족. 이들의 언어는 고(古)시베리아어군의 루오라웨틀란어에 속한다. 코랴크족은 원래 오호츠크 해의 북동부 해안지대에서 살다가 동쪽으로 확산된 것으로 추정된다.

라 무왕武王이 은殷나라 주왕紂王을 죽인 칼이 나오는데, 그것을 경려輕呂라든가 경로經路라고 부릅니다. 투르크인 가운데에는 이것을 투르크어라고 주장하는 사람이 있습니다. 이들은 자신들의 독특한 단검을 지나인이 받아들였다고 보는 것이지요. 그러나 전체적으로 종합해 보면 어떤 것을 가지고 있었는지는 기록되어 있지만 자세히는 알 수 없습니다. 다만 그런 것이 민족으로 발전해갈 때에 대체로 지나문화에서 상당한 영향을 받았다고 할 수 있습니다.

후지타 북방 생활을 한 시기에는 고유한 요소를 다소 소유하고 있지만, 점점 큰 나라를 형성하게 되면 지나문화를 반드시 받아들이지요.

최재서 다시 말해 문화생활을 할 경우, 한민족漢民族의 영향을 받았다는 것이군요.

도리야마 투르크, 퉁구스, 몽고에 대해서도 그렇게 말할 수 있겠군요.

고노 신문화를 수용할 때에 경향推移 같은 것은 없습니까. 몽고인이라면 이렇고, 투르크인이라면 이렇다는 식의 경향 말이에요.

도리야마 공식적으로 충분히 조사하면 말할 수 있을지도 모르겠지만, 어떻다고 말하기는 좀 어렵군요.

최재서 결국 유럽의 라틴문화처럼 각자의 특이성이 있어도 큰 나라가 될 경우에는 지나문화를 들여왔다는 것이군요.

도리야마 대충 그렇게 말해도 괜찮지 않을까요.

후지타 그런데 일단 큰 나라가 되어도 무너지면 다시 그 고유문화로 돌아가는 점이 신기하군요. 그러니까 결국 자기 자신의 문화는 잃어버리지 않고 있는 것이지요.

——— 언어계통

최재서 지금 지역 내의 언어계통은 어떻습니까?

고노 아까 도리야마 선생이 말씀하신 내용과 대체로 비슷합니다. 주지하듯이 인종과 언어는 본질적으로 다른 문제이기 때문에 동일한 인종이 반드시 같은 언어를 가진다고 할 수 없습니다. 하지만 대체로 같은 종족種族은 같은 언어를 갖고 있다고 할 수 있습니다. 그래서 조금 전에 말씀하셨듯이, 언어로는 투르크, 몽고, 퉁구스를 포함한 알타이어 그리고 언어적으로 같은 계통에 속하는지 알 수 없지만 길랴크는 투르캄차달Kamchadal[18] 등의 언어가 있습니다. 알타이어는 보통 우랄 알타이어라고 말하는데, 사람에 따라 분류상의 차이가 있지만 우랄 알타이어는 보통 서쪽으로는 헝가리나 핀란드 등의 언어를 포함하고, 투르크, 몽고, 퉁구스까지 포함합니다. 그런데 최근 들어서고 언어적으로 핀우고르Finno-Ugric어[19]와 알타이어로 나누어 논하

18) 캄차달(Kamchadal)족은 캄차카반도 남부의 원주민이다. 고(古)아시아(구시베리아) 종족의 하나로, 이텔멘(Itelmen)족이라고도 한다.
19) 핀우고르 제어(諸語, Finno-Ugric languages). 우랄어족에 속하는 언어군으로 북유럽, 동유럽, 시베리아 북서부에 분포한다. 헝가리어, 핀란드어, 에스토니아어 등을 포함한다.

기도 합니다. 그리고 또 하나, 북방권어 중 가장 신기한 것은 에니세이Enesai 강 유역의 오스탸크Ostyak라는 곳에 한어漢語계에 속하는 언어가 있다는 사실입니다. 이른바 단음절 언어가 …….

후지타 바이칼 호수의 북쪽에서 지나의 옥그릇玉器이 많이 출토된다고 합니다. 어디에서 왔는지가 의문인데요. 고고학적으로 보자면 석기시대 말기의 유물인데 왜 지나의 유물이 거기에 있는지가 의문입니다.

고노 지나인이 이동한 적은 없지요.

도리야마 그런 일은 전혀 생각할 수 없는데 …….

최재서 언어학적으로 보자면, 국어國語는 종합된 것입니까?

고노 남방의 언어를 모르면 뭐라고 말할 수가 없겠네요.

최재서 어원을 분명히 알고 있기 때문에 그런 식으로 해나가면 알 수 있을 것 같습니다.

고노 그렇지 않아요. 언어가 제일 어려워요.

도리야마 비전문가에게 가장 적합한 방식이지요. 그토록 실수하기 쉬운 것도 없지요. 조금 비슷하다 싶으면 곧장 견강부회牽强附會하지요.

고노 언어라는 것은 대상이 남아있으면 알 수 있지만, 대개는 대상이 없어지고 말로만 남기 때문에 알 수 없게 됩니다.

최재서 국어와 조선어의 경우는 어떻습니까?

고노 문장 구조상으로는 공통점이 많습니다. 그런데 문장의 구성요소인 단어의 형태는 어째서 이다지도 다를까, 라고 생각될 정도로 상이합니다. 제 생각에는 조선어는 오히려 만주어에 가깝습니다. 그것을 점점 확신하게 됩니다.

후지타 그렇다고 해서 조선어가 국어 이상으로 만주어와 가깝다고 할 수는 없겠지요. 인골人骨을 조사하고 나서 이마무라今村 씨도 이렇게 말했습니다. 조선과 일본의 옛날 인골은 완벽하게 같지는 않지만 가장 닮았다고 말입니다. 다르기는 해도 그 이상으로 닮은 것은 없을 정도입니다. 조선의 것과 만주의 것은 많이 비슷하지만 같지는 않습니다. 상당히 일찍 분화되었다고 볼 수 있고, 또 다른 요소가 유입되었다고도 할 수 있지 않을까요.

고노 모든 언어는 항상 근본적으로, 결국에는 혼합 언어일 수 밖에 없지만 조선어는 그 혼합의 정도가 심한 것 같습니다. 일본어 자체를 퉁구스 계통이라고 볼 수 있지만 거대해지기 전까지 그런 혼합이 이루어지고 있는 것이 아닐까요.

도리야마 조선어와 국어의 문장적 효과는 같지만 한 구절 한 구절의 발음은 전혀 다릅니다.

고노 몽고어, 만주어, 국어, 조선어를 관통하는 특징이 하나 있는데, 'R'이 첫음절에 오지 않는다는 점입니다. 이것은 이상하지요. 그것은 말의 첫소리에 결함이 있었음을 알려줍니다. 일찍이 국어에도 탁음濁音이 확실히 없었지요. 조선의 언어는 연락連絡이 심해서 단어 사이의 '보ポ'라든가 '비ビ'가 점점 탈락해갑니다. 그런 현상이 일어나는 것을 보면 서로 매우 비슷하다고 할 수 있지요.

——— 신앙계통

최재서 아키바秋葉 선생을 뵙게 되면 물어보려고 생각하고 있었습니다. 몽고, 만주, 조선으로 선을 이어 보면 신앙계통은 확실하다고 생각됩니다만…….

도리야마 보통 말하는 샤머니즘이지요. 그것이 어떻게 드러나는지 그 방식은 모르겠습니다만.

후지타 지금 샤머니즘은 세계적인 현상이 아니라 도리야마 씨가 말한 북방권에서만 강하게 나타나죠. 일찍이 도교를 받아들인 곳은 도교적으로 되고, 불교를 받아들인 곳은 불교적으로 되고, 이런 식으로 다소 여러 방향으로 변해왔습니다. 하지만 원래는 신神을 부른다거나 하늘을 숭배한다거나 하는 동일한 것이었겠죠. 그렇기 때문에 샤머니즘에 대한 연구가 왕성해졌습니다.

최재서 지나의 천天숭배는 확실히 샤머니즘과는 다르지요. 처음부터 합리적이지는 않았던 것 같은데요. 그렇기 때문에 천명사상天命思想도 생겨나지 않았을까요.

도리야마 대체로 북방권 민족에게는 공통적이라고 생각됩니다.

후지타 지나의 천명사상과 가족제도는 일찍부터 발달했지만 발달하기 전에는 북방과 꽤 비슷했겠지요.

——— 문화의 교류

고노 이적夷狄이니 서융西戎이니 하는 무리는 다른 민족입니까.

도리야마 다르다고 봐도 괜찮겠지만, 어떤 것은 같은 지나인이라도 문화 정도가 다르다는 의미에서 그렇게 불렀다고 생각할 수도 있습니다. 특히 산동山東에 있었던 무리 중에는 퉁구스 계통이 많았습니다. 확실하지는 않아도 산동성山東省의 지명에는 한자漢字의 지명으로 보기에 이상한 거야鋸野 등과 같이 다른 민족의 말을 번역한 듯한 것이 남아 있습니다.

고노 그것이 퉁구스인지 어딘지는 알 수 없는 거군요.

도리야마 확실히는 알 수 없지만 산동반도, 요동遼東반도는 지리적으로 보자면 역시 그쪽에 넣는 편이 좋지 않을까요. 다만 옛 문헌에는 남방 혹은 남지나에서 온 게 아닐까 하는 의견도 있습니다. 융戎과 이夷는 민족 관계입니까. 고고학에서는 어떻게 봅니까.

후지타 적어도 융은 이보다 나중에 침입해 들어왔지요.

도리야마 하지만 이가 그 당시 있었는지는 모르겠습니다. 다만 이夷의 임금이 『사기』 등에 나오는데 그것과 결부시켜도 괜찮지 않을까요 …….(웃음) 실제로 그 당시에 있었는지, 『사기』에 나와 있듯이 재판을 존중했을는지는 다소 의문입니다. 하지만 융이 이의 지배하에 있었다는 것은 추정할 수 있습니다.

도리야마 그 추정을 도무지 이해하지 못하겠는데요.(웃음)

후지타 그러나 북방 종족이 남쪽에 상당히 많이 들어와 있었을 것이라는 말은 우리 쪽에서도 할 수 있습니다. 가령 조금 전에 살펴보았듯이, 스키타이 문화는 시베리아에도 있었고, 러시아의 남쪽 부근으로 내려온 경로도 알려져 있습니다. 확실히 중앙아시아를 통해서 온 것이 아니라 천산북로를 통해서 왔습니다. 그런 것이 지나 근방에는 많지요. 주나라 말기 전국시대에 북방민족이 혼재해 있었다고들 하는데, 그때 매우 많이 나옵니다.

그렇다면 문화에서도 다분히 혼재해 있었던 것이 아닐까요. 낙랑에 스키타이 문화가 유입되어 있었다는 사실은 한나라 문화 속에 이미 서쪽의 문화가 유입되어 있었다는 증거입니다. 한漢민족이 처음부터 가지고 있었던 문화가 아니라 확실히 서쪽에서 가지고 온 문화입니다. 가령 도금鍍金은 서쪽이 훨씬 빨랐고, 세금세공細金細工이나 누금세공鏤金細工 등은 옛날 아시리아Assyria, 바빌로니아Babylonia 때부터 있었지요. 그것이 출토된 시기는 한나라 초기입니다. 앞에서 도리야마 씨가 언급하신 검劍도 같은 무렵에 나왔습니다. 그런 식으로 제가 말씀드린 구리그릇銅器의 형태에서도 지나 본래의 것이 아니라고 할 만한 것이 많이 나왔습니다. 그래서 생각 외로 황하 부근에 북쪽 사람들이 상당히 많이 들어와 있었다고 생각하게 됩니다.

우리는 지나支那문화가 동부 아시아 문화의 근본이라고 생각하는데, 지나支那문화 속에는 의외로 서쪽의 문화가 많이 들어와 있습니다. 지나인의 문화는 우리가 생각하는 것 이상으로 오래 전에 다양한 문화를 받아들여 발달해 왔습니다. 문화는 다른 문화를 받아들이지 않으면 발달할 수 없습니다. 지나支那문화도 반드시 독자적인 문화라고 할 수는 없지요. 그것을 우리 동방의 여러 민족들이 다시금 받아들였습니다. 그래서 우리는 지나支那문화도 받아들이고, 북방문화도 받아들이며, 또한 서방 문화도 받아들이고 있습니다. 그런 문화들을 합쳐서 조선에서도 내지에서도 그 이상으로 변화된 문화를 점차 만들어낼 수 있지 않을까 합니다.

고노 지나支那문화라고 말하는데, 지나支那의 독특한 문화가 존재했던 것일까요.

후지타 요컨대 지나支那에는 있지만 다른 곳에는 없는 문화가 지나支那의 독특한 문화이지요. 지나支那의 구리그릇銅器은 다른 곳에서는 유례가 없습니다. 특히 백동동기白銅銅器 등은 한漢민족 특유의 것으로 특수하게 발달시킨 것이지요. 하지만 동고문양銅鼓文様 같은 경우에는 남방적인 형태와 문양을 지니고 있으면서 황하방면의 고문화와는 다르며 심지어 어떤 특색을 지니고 있습니다.

고노 지나支那 원주민의 문화는 알겠는데, 그것과 지나支那문화를 어떻게 구별하는지 …….

도리야마 동고銅鼓는 연대기적으로 후대의 것이겠지요. 신기하게도 그것은 태평양의 알래스카 부근에서 나온 것과 같은 모양입니다. 어떤 사람이 그런 것만을 모아 연구했다고 하는데, 그게 가능했을지는 모르겠습니다. 실제로 그런 것만 골라내다 보면, 거기에서 뭔가 발견할 수 있겠지요.

고노 이것이 남지나南支那의 원주문화인지 알 수 없기 때문에 그 지점이 공백blank으로 남아 있지요.

후지타 지금 알고 있는 수준에서 북지나北支那와 남지나南支那의 문화는 매우 다른 점이 많은 것 같습니다.

——— 퉁구스족의 문화

최재서 민족의 성쇠와 더불어 문화가 변천해가면서 각 시대의 족적이 남게 된다고 생각합니다. 현재 퉁구스족이 남긴 것은 무엇입니까?

도리야마 고구려, 발해, 금, 투르크 민족의 문화에는 계단契丹, 요遼의 족적이 남았겠지요.

고노 그런 것이 결국 지나支那문화입니까?

도리야마 대체로 지나支那문화이기는 하지만, 순수한 지나支那문화는 아닙니다.

최재서 그러면 문화적 의미가 전혀 없겠군요.

후지타 커지기 위해 지나支那문화를 받아들여 점점 규모를 부풀려 갔다고 해서, 순수한 것이 없었다고는 할 수 없죠.

최재서 퉁구스족의 문화로서 세계에 자랑할 만한 것은 무엇입니까?

후지타 어느 민족에도 그런 것은 없습니다. 다른 것을 받아들이기 때문에 좋은 문화가 생겨나는 것이죠. 그래서 자기의 것을 끝까지 유지하려고 하면 쇠퇴하게 됩니다. 그 점에서 고구려는 자랑할 만한 문화를 만들었다고 봅니다. 고구려는 지나支那문화를 많이 수용했지만, 벽화나 그 밖의 발굴된 의복 등을 보면 지나支那의 것 그대로가 아닙니다. 상당히 우수한 것을 스스로 지니고 있습니다. 그래서 이른바 지나支那문화를 수용한 고구려 문화가 생긴 것입니다. 그러므로 지나支那문화라고 생각하는 것은 잘못입니다. 나아가 그것을 지방색이라고 해석하기보다는 지나支那문화를 수용해 고구려다운 것을 만들었으므로 지나支那의 것과는 다르다고 보아야 합니다. 그렇지 않으면 조선 문화도, 아무것도 없다고 말해야겠지요.

고노 그것은 고구려 때부터 쭉 이어져 온 것입니까?

후지타 제가 한 말씀 드리자면, 그런 문화 발달이 조선 후대에까지 영향을 끼쳤을 겁니다. 발해문화도 직접 고구려를 계승했고, 그 외에 지나와 일본으로부터도 받아들였습니다. 그것이 흥미로운 점이 아닐까요. 단순히 고구려 문화를 그대로 옮기면 좋지 않게 되는데, 그렇게 하지 않고 역시 발해다운 문화를 만들었다는 점이 흥미롭습니다. 좀 다른 얘기지만, 백제 문화는 고구려 문화와 다릅니다. 같은 지나 문화를 수용했는데도 이렇게 다를 수 있을까 라고 생각할 정도로 다르지요. 고구려는 지나支那의 북쪽 문화를 수용했고, 백제는 양자강 주변의 문화를 많이 수용했기 때문에 상당히 다른 겁니다. 그렇다고 해서 백제가 양자강 주변의 문화를 그대로 모방한 것은 아닙니다. 오늘날 발굴되는 백제의 여러 유물을 보아도, 백제는 스스로 독특한 문화를 만들었음을 알 수 있지요. 그렇지 않으면 발전할 수 없습니다.

도리야마 모방이 없으면 안 되지만, 결국 자신의 문화가 있어야 나라가 발전할 수 있을 것입니다.

후지타 모방을 그런 의미로 생각한다면 문화라고 할 것도 없지요, 로마 문화는 그리스에 있습니다. 그리스의 문화는 이집트에도 있고, 또 서아시아의 고古왕국에도 있으며, 에게해 문화의 영향으로 생겨났지요. 에트루스키Etruschi의 문화에도 그리스의 것이 많습니다. 그러나 그리스 문화 그대로는 아닙니다. 그리하여 이러한 고전문화들이 유럽문화의 근본이 되었다고 해도, 영국으로 건너간 문화와 프랑스로 들어간 문화는 달라서, 반드시 로마의 모방이라고는 할 수 없지요. 그래서 나는 교과서에 있는 문물의 동점東漸이라는 그 장章을 정말이지 없애버리고 싶습니다.

─── 일본으로의 길

최재서 결국 북방문화가 내지에 유입된 경우, 반도를 통해서 간 것 외에 다른 경로가 있었을까요? 전부 반도를 통해 간 것은 아니겠지요. 연해주 부근부터 배를 타고 간 경우는 없을까요?

도리야마 있을 수 있겠지만, 아직 확실한 것은 알 수 없습니다.

스에마쓰 예를 들어 배가 캄차카부터 남쪽으로 건너갔다는 이야기가 오래 전에 있었는데, 그런 경로도 당연히 생각할 수 있겠죠. 일본에서 인정되는 북방계통의 문화가 반드시 만주, 지나, 조선을 경유해 들어온 북방문화가 아니라, 오히려 알래스카, 캄차카에 그 뿌리를 두고 있을지도 모르지요.

최재서 비전문가인 우리들이 『고지키古事記』를 읽으면 다카마가하라高天原[20]가 북쪽에 있는 것처럼 상상하게 되는데, 이 부분은 결국 어떻게 해석해야 하나요?

후지타 어려운 문제입니다. 옛날 사람들은 북쪽이라고 생각하지 않았을지도 모릅니다. 『고지키』가 편찬된 시기에는 남쪽을 중시했던 것 같습니다.

스에마쓰 남지나南支那와의 관계는 어떻습니까.

---

20) 다카마가하라(高天原)는 일본 신화에서 천손(天孫)이 강림한 곳으로 일본 개국의 신들이 등장하는 신비로운 장소로 알려져 있다. 하늘과 땅이 가장 가깝다는 지역으로 일본 개국 신화에 등장하는 신(神)들의 활동무대로서 일본건국의 새로운 역사의 장을 열어가는 관문이기도 하다.

후지타 상당히 많을 것입니다. 제가 한 말씀 드리자면, 석기시대의 것이라도 남지나, 조선, 내지 등에서 유입된 것이 있습니다. 특히 난류暖流를 타고 기타큐슈北九州로 많이 들어왔지요. 예를 들어 쌀의 원산지가 서쪽이라고 주장하는 사람도 있고, 서西아시아나 좀 더 먼 곳에서 왔다고 주장하는 사람도 있습니다. 그러나 적어도 우리가 생각하기에 남지나 내지 남방공영권南方共榮圈에서 쌀이 많이 나기 때문에, 쌀이 북쪽에서 온 것 같지는 않습니다. 최초로 쌀의 형태를 인식한 곳은 기타큐슈나 김해金海, 경주慶州 부근으로, 난류를 타고 남쪽에서 상당히 많이 온 것 같습니다. 오래 전의 금속문화도 모두 조선반도를 통해서 전래되었다고 하지만, 지나에서 규슈九州쪽으로 건너온 것도 있습니다. 기타큐슈에는 아까 말씀하신 검이나 거울이 남조선南朝鮮보다 훨씬 많지요.

따라서 역시 지나支那에서 직접 건너온 경로가 있다는 점도 염두에 두어야 이해할 수 있겠지요. 물론 북쪽에서 주로 왔겠지만 남쪽에서도 왔을 것입니다. 오도五島[21] 부근에서부터 남경南京으로 가는 길이 열려있고, 양자강 하구에서 전라남도로 통하는 길은 백제 시대부터 열려있었지요. 그 길이 가장 가까운 길로, 원래 황하의 하구河口인데, 그 부근까지 올라오는 것 같습니다. 그래서 이틀 만에 흑산도에 도착하지요. 대단히 짧은 거리이지 않습니까. 정확히 동북쪽으로 부는 바람을 따라 가면 그렇게 갈 수 있지요. 잘못하면 제주도나 기타큐슈에 닿기도 하지만, 대체로 흑산도에 도착합니다. 이것은 꽤 오래된 길인 것 같습니다.

---

21) 오도열도(五島列島)의 약칭. 일본 나가사키(長崎)시의 서북 쪽 바다에 있는 열도.

—— 북방문화의 특질

최재서 북방문화의 특색은 무엇입니까.

후지타 글쎄요. 샤머니즘도 물론 특색이기는 하지만, 그런 종교는 차치하고 인종에 대해서 말한다면, 몽고나 퉁구스, 투르크 등 여러 가지가 있는데, 조선을 거쳐 내지까지 무덤墓의 형태가 대단히 비슷합니다. 이런 것은 신앙과도 관계가 있겠지만, 옛날의 풍속이라고 할 수 있겠지요. 가령 구슬로 장식한다든지 귀고리를 한다든지, 관冠을 쓴다든지 하는 것 말입니다. 특히 관은 어디에서나 쓰지만, 우리가 보기에 그 형태가 고구려, 신라, 백제, 일본 모두 거의 비슷합니다. 지나支那에서 들어온 관과는 전혀 다릅니다. 따라서 조상에게 제사를 지내는 방법도 당연히 그렇지 않았을까요. 그중 고구려가 지나支那에 가장 가깝기 때문에 고구려가 지나支那의 영향을 가장 많이 받았습니다. 다음으로 백제가 남지나南支那의 영향을 받았지요. 신라는 그 다음이라서 두 가지 모두를 받아들여 다소 달라졌기 때문에 차이는 있습니다. 내지에 가면 신라 · 고구려 · 백제와 대단히 닮았지만 독특한 것이 있습니다. 그러나 만주 · 조선 · 내지에 걸쳐서 거의 구별할 수 없게 되었지요. 그런 식으로 기초적인 풍속이나 제사는 물론이고 무덤을 만드는 방식까지 상당히 유사합니다.

지나支那문화를 받아들인 방식에 따라, 어떤 것은 많이 받아들이고, 어떤 것은 그것 대신 다른 것을 받아들임으로써 지방색이 만들어졌던 것이 아닐까요. 그런 것이 기초적인 것과 하나가 되어 점차 변해 왔다고 생각합니다. 원래는 하나의 공통적인 것을 가지고 있었다고 할 수 있지요. 그것은 구체적인 사물로 설명해야 이해할 수 있는 것으로, 추상적으로 말하면 이해할 수 없을 것입니다…….

도리야마 몽고나 투르크는 차치하고, 퉁구스에 한정해서 말해보면, 흰옷은 줄곧 이어지고 있습니다. 일본에서도 그랬기 때문이지요. 조선에서만 흰옷을 입은 게 아니죠. 지나의 기록에 의하면 지나, 고구려, 일본에서도 염색하지 않은 옷을 입었던 것 같습니다.

후지타 조선의 흰옷이 상복이라는 이야기는 터무니없어 보이네요.

도리야마 흰 것을 숭상한다고 말하기보다 염색제가 없었기 때문에 염색을 하지 못했고, 결국 그게 취향이 되었다가 숭상하거나 즐기게 되었다고 보는 게 좋지 않을까요.

고노 태양숭배 문화는 어디에 있습니까.

도리야마 남쪽에 있는 것 같아요.

최재서 북방이 아닌 것 같군요.

후지타 북방에서도 동일합니다.

——— 북방의 무武와 남방의 문文

스에마쓰 시라토리 선생님은 북방의 무와 대조되는 남방의 문에 대해 이야기하셨지요. 그 중에 일본은 근본적으로 북방의 무의 계통을 이어받았고 거기에 남방의 문이 더해졌다고 말씀하셨습니다. 그래서 학창시절에는 일본이 앞으로 이루어야 할 것은 남방의 문이며 북방의 무는 일본에만 있다고 배우기도 했습니다. 이처럼 남방과 북방을 대조하는 선생님의 말씀은 여기서 논의하는 북방권과 남방권과는 차이가 있긴 하지만, 어느 정도 진리라고 생각합니다. 그러니까 일본문화에 남아있는 북방적인 것이란 무엇이냐고 할 때, 구체적으로 말할 수 있는 것은 적습니다. 오히려 구체적인 것은 모두 남방계통 내지는 지나적인 것들이 색채가 강하지요. 그렇지만 정신형태라든지 아까 이야기가 나온 신에게 제사지내는 방법이나 마음 등, 이런 근본적인 것들에는 북방계통의 문화가 다분히 포함되어 있습니다. 아무래도 일본인 안에 남아있는 것은 북방계통의 문화를 추구하는 정신, 즉 문보다도 무를 숭상하는 정신이 아닐까요. 그런 상무尙武의 정신이 필요하다는 사실을 추상화하지 않고 구체적으로 상무라든지 무용武勇이라는 말로 찾는다면, 신라와 고구려, 나아가 더 옛 시대에도 온전하게 무가 남아있었다고 할 수 있습니다. 그러나 그 후 무는 남방의 문에 밀려서 사라졌습니다. 조선 같은 경우에는 일찍이 있었던 무가 남방의 문에 정복되었던 것이 아닌가, 따라서 북방의 무를 보존했던 것은 일본뿐이지 않나, 시라토리 선생님의 학설에 따르면 이렇게 말할 수 있겠지요.

최재서 반도의 경우에도 그렇다고 생각합니다. 고구려 시대의 상무尙武정신은 이후 철저한 지나화로 인해 약해졌지요.

스에마쓰 오늘날과 같은 시국에 북방문화권을 생각하거나 거론하는 일은 오히려 북방의 상무尙武정신을 회복한다는 현실적인 면에서 의의가 깊다고 생각합니다.

최재서 북방문화권이 오늘날 문제가 되는 현실적인 이유는 정치적, 경제적인 것입니다. 북방권이 전통적인 문화적 북방권과 여전히 일치하는지, 그렇지 않은지가 문제죠. 아니 일치하지 않으면 의미가 없다고 생각합니다. 지금 여러 모로 이야기를 들어보니 양자는 상당히 일치하는 것 같군요.

후지타 제가 말씀을 드리자면, 북방문화라는 것이 있다고 해도, 그것은 지나 문화를 받아들여서 대단히 많이 변했습니다. 그러나 본질적인 것은 틀림없이 이어지고 있어요. 앞서 말씀 드린 천天숭배 등을 그 예로 들 수 있지요. 즉, 자신들의 조상이 하늘로부터 왔다는 생각은 지금 언급한 북방권의 여러 무리들 사이에서 가장 강력한 것이 아니었을까요. 고구려에서는 시조왕을 천신天神의 자손에 비유합니다. 이것은 신앙이자 고구려를 만든 근본이기 때문에 흔들려서는 안 되었지요. 그래서 고구려는 이후에도 계속해서 조상의 묘에 제사를 지냈습니다. 즉 천손인 신에게 제사를 지내는 거지요.

가와노 그 대상은 태양입니까.

후지타 그렇습니다. 태양이 아니면 햇빛이 비칠 리가 없지요.

고노 조선에서는 신이 태양인 것이군요.

후지타 신라의 시조왕은 나루에 제사를 지낸다고 합니다. 나루라는 것은 조선어로는 태양입니다. 신궁을 나루로 만들어 역대왕이 그것을 제사지내고 있지요.

고노 마에마前間[22) 선생도 나루는 태양과 관련이 있다고 했지요. 몽고어로는 '나란'이라고 합니다.

최재서 신라의 어느 시기에는 임금을 '마립간'이라고 불렀습니다. 즉 정사를 듣는 곳이라는 의미죠.

후지타 마에마 씨는 '말총'이라고 말씀하십니다. 『삼국유사』에 의하면, 신라에서도 하늘로부터 보라색 구름이 내려왔는데 그 아래로 가보니 백마가 울고 있고, 그 아래에 남자 아이가 있어서 그를 왕으로 삼았다고 전해지고 있습니다. 아무래도 하늘로부터 강림했음을 나타내 보이는 거죠. 하늘은 곧 해입니다. 그리고 그곳을 '나루'라고 한 거죠. 거기에 신궁神宮을 만들어 제사를 지냅니다. 따라서 태양신 신앙은 조상이 하늘에서 내려온 태양신의 자손이라는 것을 나타냅니다. 김金 씨의 조상도 그랬지요. 보라색 구름이 흔들리고 있었다고 하니까 아무래도 해를 먼저 보아야 하지요.

최재서 하늘이 만민萬民을 낳는다는 관념이군요.

---

22) 마에마 교사쿠(前間恭作, 1868~1942)는 일본 조선어학자이다. 조선총독부 통역관을 지냈고, 조선에 있는 동안 조선의 고서 수집과 연구에 전념해 수천 권의 고서를 해제(解題)했다. 고려어 및 조선 초기의 언어 연구에 큰 성과를 올린 『계림유사여언고(鷄林類事麗言攷)』, 조선의 고서를 해제한 『고선책보(古鮮冊譜)』, 「용비어천가」에 나타난 고유어 어휘 해석 및 문법을 연구한 『용가고어전(龍歌古語箋)』, 조선어 학습서인 『한어통(韓語通)』 등의 저술이 있다.

후지타 우리를 다스려 주시는 분은 하늘에서 내려온 태양신의 자손이라고 생각하는 거지요. 그래서 우리는 태양신의 말씀을 등지고 있다[23]는 관념이 있는게 아닐까요. 땅속에서 나왔다기보다, 높은 곳에서 내려왔다는 의식에서 그렇게 말한 것으로 보입니다. 이 태양신 신앙은 우리나라에서 가장 순수하고 또한 숭엄한 것과 관련되어 있는데, 태양신을 숭배하는 관념은 전체 북방권 사람들에게 걸쳐있는 굳센 관념이 아닐까요.

그런 의미에서 북방권에는 공통 문화가 있다고 말할 수 있겠지요.

최재서 오랜 시간 정말 감사했습니다.

23) '背く'는 '(태양을) 등지다'라는 뜻과 '(명령을) 위반하다'는 뜻을 함께 지니고 있다.

국민문학의 1년을 말한다

1942년 11월

참석자

모리 히로시 森浩[1] ―――――― 조선총독부 도서과장
유진오 兪鎭午[2] ―――――― 작가
백철 白鐵 ―――――― 평론가
스기모토 나가오 杉本長夫[3] ―――――― 시인
미야자키 세이타로 宮崎淸太郎[4] ―――――― 작가
다나카 히데미쓰 田中英光[5] ―――――― 작가

---

1) 모리 히로시(森浩)는 총독부 경무국 보안과 사무관과 총독부 도서과장을 역임했으며 1938년 『조광』에 「사변 하에서의 기독교」란 글을 발표했다.
2) 유진오(兪鎭午, 1906~1987)는 소설가, 법학자, 정치가로 호는 현민(玄民)이다. 경성제대 법문학부를 졸업하고, 동반작가로서 「갑수의 연애」, 「여직공」, 「빌딩과 여명」 등을 발표했다. 해방 후 제헌헌법을 기초하고, 초대 법제처장과 국회의원 등을 역임했다. 대표작으로는 「김강사와 T교수」, 「창랑정기」, 「화상보」 등이 있다.
3) 스기모토 나가오(杉本長夫, 1909~?)는 시인으로, 경성제대 법문학부를 졸업했으며 사토 기요시의 제자이다.
4) 미야자키 세이타로(宮崎淸太郎)는 작가로, 경성에서 일본어와 영어 교사로 재직한 경력이 있다. 조선에서 문학 활동을 시작했고, 사소설의 변형인 신변소설을 썼다. 『국민문학』 1944년 4월호에 「그의 형(その兄)」이란 소설을 발표했다.
5) 다나카 히데미쓰(田中英光, 1913~1949)는 작가로, 와세다대학을 졸업했다. 올림픽에 조정선수로 출전했으며 경성의 고무회사에서 근무했다. 「올림포스의 과일(オリンポスの果実)」로 문단에 데뷔했고, 1948년 경성체류 경험을 바탕으로 「취한 배」를 발표했다. 다자이 오사무(太宰治)가 자

마키 히로시 牧洋[6] ——————— 작가
최재서 崔載瑞 ——————— 본사측
김종한 金鐘漢 ——————— 본사측

——— 시국을 파악하는 방법

최재서 더운 날씨에도 이렇게 모여 주셔서 감사합니다. 이번 10월로 『국민문학』 창간 만 1주년을 맞이하게 되어서, 오늘은 총결산을 할 요량으로 이렇게 좌담회를 개최했습니다. 『국민문학』이 창간된 이후에 국민문학론이 매우 활발하게 전개된 것 같은데, 우선 이 문제부터 검토해 보죠. 백철 씨는 어떻게 생각하십니까?

백철 글쎄요. 지난 1년을 돌이켜 보면, 작가들은 제재에 끌려 다니는 것이 고작이었던 것 같습니다. 즉 작품 전체적으로는 오히려 수준이 떨어진 듯한 인상을 받았습니다. 그 원인으로는 여러 가지가 있겠지만, 앞으로는 조선문학의 의의를 생각해서 일본문학이면서 동시에 조선문학으로서의 새로운 가치를 찾아가는 데 좀 더 눈을 돌려야 할 것입니다. 신인들이 『매일신보』[7]에 다양한 원고를 보내오지만, 너무나 시국적인 제재에 구애받고 있어서, 조금 더 광범위한 곳으로 눈을 돌려야 한다는 생각이 듭니다.

살한 이듬해 그의 묘 앞에서 자살했다.

6) 이석훈(李石薰, 1908~?)의 창씨개명. 이석훈은 평양 정주 출생의 언론인, 극작가, 소설가로, 호는 금남(琴南)이며 극예술연구회 동인으로 활동했다. 일제 말기 일본어 소설을 다수 발표했으며, 1950년에 납북되었다.

7) 백철은 1940년에 총독부 기관지였던 『매일신보』 학예부장으로 발탁되어 문필활동을 하고 있었다.

마키 그건 지당하신 말씀입니다. 하지만 역시 일단 시국에 부딪쳐 본 뒤에야, 어떤 평정平靜한 단계가 오지 않을까요. 국민문학은 역시 시국적인 것을 테마로 다루어야 합니다.

다나카 그런 것을 너무 개념적으로만 이해해서 시국적인 것이 이 세계 바깥에 있다고 생각하니까 안 되는 것입니다. 결국 시국적인 것을 쓰려고 하지 않아도 지금 시국의 영향을 받아 자연발생적인 것을 쓰면 가장 시국적인 것이 됩니다.

백철 저는 시국을 파악하는 방법을 말한 겁니다.

——— 생활자로서의 작가

다나카 시국이 어딘가 다른 곳에 있는 것처럼 생각하여, 일부러 시국적인 것을 개념적으로 만들어내려고 한 지금까지의 태도에 잘못이 있었던 게 아닐까요.

마키 하지만 작품이 많이 나오지 않았고, 그 중에는 시국 때문에 경직된 작품도 있긴 합니다만, 이 정도면 괜찮지 않습니까.

다나카 대체로 『국민문학』에 실린 작품 중에 특별히 시국적이라고 할 만한 것은 없는 것 같네요.

최재서 조금 전에 백철 씨가 말한 것처럼 시국적인 것을 취급했기 때문에 작품의 수준이 떨어졌거나 작품이 조잡해진 경우는 없었던 것 같습니다. 어딘가 시국적인 것이 드러나 있으면, 그걸로 괜찮다고 생각했기 때문에…….

백철 읽다보면 역시 조잡하게 느껴집니다. 정말로 자신의 윤리적인 입장을 찾아내려고 하는 발랄함이 결여되어 있는 것 같습니다. 그런 점에서 제재를 좀 더 폭넓게 생각할 필요가 있습니다.

다나카 풋과일이 익기를 기다리고 있는 셈이네요.

유진오 정치적인 소설은 있으면 좋지만, 생활과 분리되면 제대로 된 소설이라 할 수 없지요. 그런데 작가들은 필요 이상으로 정치성으로부터 도피했습니다. 아까 다나카 씨가 말한 것처럼 정치가 생활 속에 스며들어 있어야 합니다. 그러면 생활을 그려나가는 과정에서 저절로 정치성을 갖게 될 것입니다. 그러나 정치와 생활을 분리해 생각한 결과, 그런 아쉬움이 생긴 게 아닐까요. 정치적인 것이기 때문에 안 된다는 것도 아니고, 정치적인 것을 쓰지 않아서 나쁘다는 것도 아닙니다. 작가 자신의 근본적인 태도가 어떠한지가 결국 문제입니다.

다나카 그런 것 같습니다.

최재서 다나카 씨는 국민문학론을 어딘가에 발표하셨지요?

다나카 네, 썼습니다. 지금 언급하신 정치성이나 그 무엇도 생각하지 않고 생활에 충실한 것을 예술적이고 세련되게 쓰면, 그것이 그대로 국민문학이 된다고 그 글에서 이야기했습니다. 예를 들어 『만요슈萬葉集』[8]를 보면 작자 미상의 노래가 있는데, 그런 것은 훌륭한 국민문학이지요.

최재서 요컨대 생활에 충실하다면 국민문학이라는 말씀이시군요.

다나카 그렇지요.

최재서 생활에 충실하다는 것은 결국 어떤 생활을 말하는 건가요.

다나카 실제 생활이 아니라 윤리로서의 생활이지요.

최재서 마키 씨도 『녹기綠旗』[9]에 두세 번 쓰셨던 것 같은데요.

——— 낭만정신과 조잡

마키 한 시대에서 다른 시대로 옮겨갈 때, 작가가 즉시 그것을 자신의

---

8) 『만요슈(萬葉集)』는 일본에서 가장 오래된 가집(歌集)이며, 4,563수의 노래가 수록된 일본사상사 및 생활사 연구의 귀중한 자료이다. 이 가집은 일관된 방침 아래 한 사람 또는 몇 사람에 의하여 만들어진 것이 아니라 역대 선인들의 뒤를 이어 보충 · 정리된 것으로 이름이 밝혀진 작자만도 수십 명에 이른다.

9) 『녹기(綠旗)』는 녹기연맹(綠旗聯盟)이 1936년 1월부터 발행한 기관지 겸 사상교양지이다. 1933년에 출범한 녹기연맹은 '사회교화단체'를 표방하며 재조일본인 및 그 2세들에게 국체관념을 강화시키는 것을 목적으로 했으나, 37년 이후 '내선일체'의 이념과 실천을 중심목표로 설정하고 정치적 색채를 강하게 띤 활동에 나서게 된다. 이후 창씨개명, 특별지원병제, 징병제 등 시국의 변화상황에 따라 국책에 적극 협력하며 사상운동을 전개했다.

것으로 만들 수 있다면 괜찮겠지만, 시대를 받아들여서 충분히 소화하지 못하면 작품이 조잡해질 수밖에 없습니다. 그러나 역시 과도기적 현상이니까 조잡해도 좋겠지요. 그렇게 해서 그것을 헤쳐 나가면 정말로 자신의 것이 생겨날 것입니다. 방금 정치성의 문제가 언급되었는데, 역시 조선에서 시대는 역사적으로 매우 중대한 시대이기 때문에, 작가가 어느 정도 정치성을 강조해야 합니다. 그렇게 써서 너무 정치성에 치우쳤다는 질책을 받기도 했지만, 그런 과정 없이 계속 비판의 대상으로 남겨둬서는 안됩니다. 작가는 극단에서 극단으로 달려보지 않으면 안 됩니다. 그것을 겪어내지 않고 냉정하게 생각만 하고 있으면 실천은 없습니다. 다소의 오류나 지나침이 있더라도, 나중에는 안정될 것입니다. 이런 과정을 통해 작가는 진짜 자신의 것을 쓸 수 있겠지요.

다나카 역시 작품이 달리는 지점을 어디에 둘 것인지가 문제인 것 같습니다. 과거에는 순문학 작품의 현실성이나 자연성만을 거론하는 태도가 있었지요. 그런 태도로 보자면 마키 씨가 말씀하신 것은 리얼리즘의 시대보다는 로맨티시즘의 시대에 해당합니다. 그러므로 지금까지처럼 자연적이지 않다든가 현실적이지 않다는 식으로 비평하는 것은 조금 적합하지 않다고 생각합니다. 물론 자연적이고 현실적인 것도 중요하지만, 작가의 의욕을 포용하는 분위기가 있으면 좋을 것 같습니다.

마키 역시 작가의 그런 의욕은 이제까지의 단순한 리얼리즘만으로는 충족될 수 없다고 봅니다. 지금 시대에는 뭔가 거대한 로맨티시즘이나 꿈 같은 것이 고취되어야 할 것입니다.

백철 제가 조잡하다고 말한 것은, 리얼리즘 문학이라서 정밀하고 로맨티시즘 문학이기 때문에 조잡하다는 의미는 아니었습니다. 전장戰場의 일을 노래하고 그리는 것도 좋지요. 하지만 전장에서도 잠깐의 여유는 있습니다. 그런 여유가 결여되어 있는 게 아닐까요.

다나카 물론 전장에서도 아름다운 것을 볼 수는 있지요. 그렇지만 역시 용감하게 나아가지 않으면 죽어버릴 수도 있으니까요. (웃음)

——— 또 하나의 근본적 문제

미야자키 이야기가 좀 되돌아가는 것 같습니다만, 국민문학 작품의 현재 상태에 대해 말씀드리자면, 국민문학 운운하면서부터 작품의 질은 오히려 떨어지고 조잡해진 것 같습니다. 조선작가의 작품이든 내지 작가의 작품이든, 진정한 의미에서 좋은 문학이라 할 만한 것은 작품으로 봐서는 아직 나오지 않은 것 같습니다. 그 원인은 여러 가지로 말할 수 있겠지만, 그 가운데 하나는 윤리를 파악하지 못한 점입니다. 지금까지는 국민문학이 무엇인지 알고 있는 작가도 그런 윤리성을 파악하지 못했고, 황국신민이라는 훌륭한 개념이 있어도 문학적인 작품으로 쓰지 못했습니다. 이런 것이 우리의 문학교양 가운데 있었던 게 아닐까요. 왜냐하면 우리가 배워온 문학교양을 바탕으로 쓰여진 기존의 좋은 작품에서는, 국민문학이 요구하는 건설적이고 적극적이며 명랑한 인물을 미처 제대로 그려내지 못했기 때문입니다. 오히려 그 반대로 소극적이고 연약한 인물을 표현해왔지요. 일일이 예를 들 필요는 없지만, 일본의 메이지 시대 이래의 문학을 보더라도, 그런 문학이 전부라고 해도 좋을 정도로 모두 소설적인, 이른바 몽유인夢遊人 타입의 인간이 아름답게 그려져 있습니다. 결국 우리가 이런 문학적 교양을 바탕으로 '문학이란 이런 것이다'라는 분위기 속에서 자라온 것이, 지금 좋은 문학을 만들 수 없는 커다란 원인이 아닐까요. 우리는 방금 전에 언급한 윤리관을 확실히 가지고 있기는 하지만, 막상 쓰려고 펜을 들면 기존의 교양이 가로막아서 작품성이 떨어지는 것 같습니다. 전쟁이 시작되자 국민문학을 요청하는 목소리가 커져서 국민문학을 만들어야 하는 상황이 되었습니다. 하지만 이런 상황을 문학에만 한정해서 보면, 기존의 것을 모두 청산하고 윤리의 또 다른 측면인 명랑함을 담은 작품을 만들어야 한다고 생각하면서도 실행하지 못하고 있다가, 외부에 선수를 빼앗긴 꼴이라고 할 수 있습니다. 즉, 건설적이고 명랑한 것을 쓰려는 의식이 개념적으로는 있었지만, 쓸 수 없었던 게 아닐까요.

다나카 저는 두 가지 점에서 고다마兒玉 씨의 의견에 반대합니다. 문학은 책을 읽거나 스스로 쓰면서 배우는 것이라기보다 오히려 자신의 생활 속에서 배우는 것이지요. 본보기가 되는 작품을 그대로 따라서 쓴다고 문학이 되지는 않습니다. 도스토예프스키가 이렇게 썼으니까 나도 이렇게 쓰겠다는 식으로는 안 됩니다. 옛 고전을 읽어도 당시 생활에 대한 사고방식이나 관점을 본보기로 삼아야지, 글쓰기 방식이나 소재를 본보기로 삼아서는 안 됩니다.

최재서 국민문학 작품의 질적 저하나 조잡함은 내년이나 내후년에 거론할 만한 문제입니다. 무엇보다도 국민문학이 우선해야 했던 일은 전환이었습니다. 그러므로 내지에서 국민문학이 거론되는 것과 여기서 거론되는 것은 경우가 다릅니다. 지금까지 비非국가적이라는 준열한 비판을 받고 있던 조선문학을 국민문학이라는 이름에 걸맞은, 국가목적에 즉응卽應하는 문학으로 만들어야 했습니다. 그래서 잡지로서의 국민문학이 아니라 진정한 국민문학이 만들어진 것입니다. 따라서 우선은 국민문학이라는 이름에 어울리는 문학이 생겨났는지, 작가의 집필 태도가 어떻게 변했는지를 문제 삼아야 합니다. 작품의 조잡함은 기술적 문제이자 지속적으로 따라오는 문제이기는 해도, 그것을 지금 논의하는 것은 시기상조인 것 같습니다.

마키 최재서 씨의 말씀에는 동감하지만. 내지의 국민문학론과 조선의 국민문학론은 역시 근본적으로 다릅니다. 우리가 지금까지 국가의식을 가지지 않았다는 것, 그것만으로도 차이가 있습니다. 이런 시대가 되고나서 국가의식을 가진다는 것부터가 이미 내지의 국민문학과 어느 정도 성질이 다른 것입니다.

――― 일본적 세계관의 흐름

유진오 과거의 문학, 르네상스 정신은 언제나 부정적이고 비판적인 것이 특징이었지요. 그 시대의 세계관이 그랬고 그 시대 사람들의 생활이 그랬습니다. 그러다가 갑자기 그 생활관과 세계관이 모두 변하면서 문학에 대한 태도와 이제까지의 문학정신 그 자체도 전환해야만 했습니다. 우리도 그렇게 전환해야 한다고 생각하는데, 지금까지의 문학 작품은 아직 성숙하지 못한 것 같습니다.

다나카 일본 고전을 보면, 『고지키古事記』[10], 『니혼쇼키日本書紀』[11], 『만요슈萬葉集』, 그리고 『겐지 모노가타리源氏物語』[12] 같은 것이 있는데, 그런 문학은 불교가 들어오기 전까지는 굉장히 올바르고 건전하며 소박한 것이었습니다. 그러다가 불교가 들어오고 유교가 들어왔으며, 또 사상이 바뀌어 패도覇道정신이 들어왔습니다. 그 중에는 일본문학의 자양분이 된 것도 많았지만, 부정적인 인생관도 있었습니다. 하지만 그 밑바닥에는 일본문학의 전통인 밝음과 건강함이 자연스럽게 흐르고 있습니다. 그것이 어떤 경우에는 『요쿄쿠햐쿠반謠曲百番』[13]이 되고, 어떤 경우에는 바쇼芭蕉[14]의 하이쿠俳句나 아케미曙覧[15]의 노래가 되면서 쭉 흘러온 것이지요. 주된 흐름을 바꾸는 것이 아니라, 일본문학의 밑바닥에 흐르고 있던 것을 떠오르게 하는 것이라고 할 수 있겠지요. 그런 점에서 『보리와 병정麥と兵隊』[16]은 고전이라 할 수 있습니다.

---

10) 『고지키(古事記)』는 『니혼쇼키(日本書紀)』와 함께 일본의 가장 오래된 역사서이다. 신화와 전설 및 황실의 개창(開創)에서 스이코 천황(推古天皇)의 통치 시대(628)까지의 역사가 실려 있으며, 신도 사상의 상당 부분이 이 책에 바탕을 두고 있다. 당시는 가나(假名)가 없었던 시기였기에 한자의 음과 훈을 빌어 일본어를 표기하였다.

11) 『니혼쇼키(日本書紀)』는 신화시대부터 697년까지를 기록한 역사서로, 중국식으로 새롭게 정비된 황실이 주도가 되어 중국의 연대기에 버금가는 역사서를 지향하여 편찬한 것으로 720년에 완성되었다. 『니혼쇼키』는 6국사(六國史)의 첫 번째 책인데, 6국사는 황실의 명령을 받고 887년까지 편찬된 6권의 역사서를 말한다.

12) 『겐지 모노가타리(源氏物語)』는 일본 헤이안시대(平安時代)의 장편소설이다. 여류작가 무라사키 시키부(紫式部)가 지은 것으로 황자(皇子)이면서 수려한 용모와 재능을 겸비한 주인공 히카루겐지(光源氏)의 일생과 그를 둘러싼 일족들의 생애를 서술한 54권의 대작이다.

13) 요쿄쿠(謠曲)는 노가쿠(能樂)의 대사와 그 음악을 의미한다. 주로 고전이나 전설을 각색했으며, 일본 고유의 와카(和歌)나 유명한 시구를 대사에 인용한 것이 많다. 요쿄쿠햐쿠반은 요쿄쿠 100편을 모은 것이다.

14) 마쓰오 바쇼(松尾芭蕉, 1644~1694)는 일본 에도시대 전기의 하이쿠(俳句) 작가이다. 전국 각지를 여행하여 많은 명구와 기행문을 남겼다. 주요 저서로는 『노자라시 기행(野晒紀行)』, 『사라시나 기행(更科紀行)』 등이 있다.

15) 다치바나 아케미(橘曙覧, 1812~1868)는 에도(江戸) 말기의 가인(歌人)이자 국학자이다.

16) 『보리와 병정(麥と兵隊)』은 히노 아시헤이(火野葦平)의 작품으로, 일본의 대표적인 전쟁문학이다. 히노 아시헤이는 아쿠타가와상을 수상한 것을 계기로 중지파견군(中支派遣軍) 보도부에 전속되어 서주회전(徐州會戰)에 종군했다. 『보리와 병정』은 이때의 수기를 바탕으로 하여 쓴 작품으로, 조선어로도 번역되었다.

마키 아까 최재서 씨가 말씀하셨듯이, 작품의 완성도보다는 작가의 태도가 예전에 비해 어떻게 달라졌는지가 문제입니다.

스기모토 작가의 태도를 전환하는 일만 어려운 게 아니라, 한데 뭉쳐 움직이고 있는 것을 갑자기 전환하는 것이 어려운 일입니다. 작가의 경우는 특히 그렇다고 할 수 있겠지요. 그러므로 저는 국민문학을 형성하는 근본 원인이 되어야 할 정신을 작가가 잃어버렸다고는 결코 생각하지 않습니다. 그런 정신을 가지고 있었지만 희미해진 것이지요. 따라서 이제 작가들이 나서야 할 때가 된 것입니다. 지금까지는 너무 소극적이었기 때문에 적극적인 면이 보이지 않았을 뿐입니다.

——— 태세의 문학

최재서 아무도 말씀을 안 하셔서 제가 말씀드리겠습니다. 제 생각은 이런데요. 1년 동안의 작품을 보면 태세의 작품이 많이 나오고 있는 것 같습니다. 마키 씨의 작품 역시 작가의 태세를 보여주는 것이며, 그런 의도로 쓴 것 같습니다. 그러나 승부의 문학을 쓰지 못한다면 제대로 된 것이 아니겠죠. 이는 「고요한 폭풍静かな嵐」 마키 히로시[17]도, 「아이와 함께子と共に」 미야자키 세이타로[18]도 마찬가지입니다. 그렇다고 해서 승부의 문학이 하나도 없었던 것은 아닙니다. 가령 조용만 씨의 「배 안船の中」[19]은 승부의 문학이죠. 그리

17) 「고요한 폭풍」은 『국민문학』 1941년 11월호에 1부가, 1942년 5 · 6월 합병호에 2부가 게재됐고, 3부는 『녹기』 1942년 11월호에 발표됐다. 「고요한 폭풍」은 1943년 6월에 매일신보사에서 소설집으로 간행했다.

18) 『국민문학』 1942년 7월호에 발표.

고 다나카 히데미쓰 씨의 전쟁물도 매섭게 파고들어간 작품입니다. 그런 식으로 단계적으로 보면, 1년간의 족적足跡은 그리 가볍게 볼 것이 아닙니다. 그런데 승부의 문학이라는 말이 적합할까요.

미야자키 방금 말씀하신 것은 결국 저에 대한 이야기가 되겠군요. 그런데 우리는 태세의 문학이 아닌 승부의 문학을 쓰려고 했습니다. 하지만 쓰지 못했지요. 그것은 윤리관이 부족해서가 아니라, 지금까지 가지고 있었던 문학적 교양이 거기까지 발전하지 못해서 쓰지 못한 것입니다.

최재서 거기에 대한 불만을 말하자면 끝이 없겠지요. 그것을 국민문학으로는 해결할 수 없다는 말을 들어도, 국민문학을 쓸 작정으로 확실히 태세를 갖추고 있다는 것을 인정한다면 그걸로 괜찮지 않을까요. 그 이상으로 욕심을 내봤자 그렇게 갑자기 해결되지는 않겠죠.

스기모토 가장 완벽한 태세는 남한테 쳐들어올 틈을 주지 않는 것이겠지요. (웃음)

마키 태세의 문학도 역시 빈틈없는 완전함을 지니고 있다고 생각합니다. 그것이 있는지 없는지는 …….

---

19) 『국민문학』 1942년 7월호에 발표.

―― 태세에도 종류가 있다

스기모토 태세라고 하면 그저 형식으로만 간주하는데, 태세에도 쳐들어갈 틈이 없는 문학과, 단지 태세를 갖추라고 하니까 준비하는 꼭두각시 같은 문학이 있습니다. 그것은 개념에 의해 만들어진 문학이지요. 그런 게 아니라, 진정으로 국민적 생활 속에서 준비된 문학이어야 합니다.

최재서 듣고 보니 잠깐 생각나는 것이 있는데요. 소설의 태세에 따라 소설이 존재하는 것일 텐데, 싱가포르 함락에 대한 축하시 같은 것도 모두 태세의 문학에 해당될까요?

스기모토 그런 의도에서 시로 쓴 것이겠지요. 시에서 축하는 가장 표현하기 쉬운 것 같습니다. 소설과 달리 시는 매우 직접적이니까, 그 사람의 시적 감동이 정말로 진실하다면 직접적으로 표출되겠지요. 저는 김종한 씨의 작품이 그런 의미에서 좋은 것 같습니다.

다나카 스기모토 씨의 시도 좋지 않습니까.

마키 역시 넓은 의미의 국민문학은 태세의 문학이 아닐까요. 언제까지나 준비만 하고 있어서는 안 되겠지만 ……. 독일 작가 크리체[20]의 「노도怒濤」라는 작품을 연구할 작정으로 읽어보았는데, 이 작품도 태세의 문학인 것 같습니다.

---

20) 독일 나치스의 문학자 프리드리히 크리체를 가리킨다. 이석훈은 『국민문학』 1942년 10월호에 「불굴의 도이치 정신–크리체의 노도를 읽고」라는 비평을 수록하기도 했다.

——— 자연성과 문화성

김종한 유진오 씨의 「남곡선생南谷先生」[21]에 대한 비평을 최근에 다시 생각해보고 있는데, 나치 독일의 국민문학 중에도 그 작품처럼 합리주의적인 문화성에 대항해서 피와 땅에 뿌리내린 자연성과 신화성을 강조하는 것이 있는 듯합니다. 어떤가요. 작자께서는 의식적으로 그것을 강조하려고 그 작품을 쓰신 건가요?

유진오 꼭 그런 것은 아닙니다. 실은 어떻게 하면 무리 없이 우리의 새로운 방향을 보여주는 작품을 쓸 수 있을지 생각했었지요. 꽤 오래 전부터 그런 주제에 관심을 갖고 있었습니다. 일반 조선인들의 현재 생활을 보면, 아주 오래 전부터 좋은 인정人情이나 아름다운 정신이 없었던 게 아닌가 싶기도 하지만, 반드시 그렇지도 않습니다. 풍부하게 가지고 있었지요. 그런 것을 우리의 현재 생활에 되돌아오도록 끌어낸다는 의미에서 쓴 것입니다. 제 작품이 시국적인 테마를 직접적으로 다루지도, 않았고 특히 자연성을 포착하지도 못했다고 비평하는 사람들도 있지만, 저는 정반대의 의도에서 쓴 것이었습니다.

최재서 작가가 작자로서 주석을 좀 더 달았어야 했다고 봅니다. 이렇게 읽어야 한다는 것을 어딘가에 암시해서 반성할 수 있도록 써줬다면, 좀 더 좋지 않았을까요. 다시 말해 있는 그대로 써놓고 독자에게 내놓은 것이나 마찬가지였던 거죠. 그랬으니까 독자는 여러 가지로 해석했던 겁니다. 작중 주인공

21) 『국민문학』 1942년 1월호에 발표.

에 대한 해석이 작품에 좀 더 확실히 드러나 있었다면 좋았을 것 같습니다.

김종한 얼마 전에도 다나카 씨 등과 이야기했는데, 로컬컬러를 나쁘다고는 생각하지 않습니다. 읽으면 누구나 기분이 좋아집니다. 다만 로컬컬러를 위한 로컬컬러로는 만족스럽지 않다는 것이죠. 「남곡선생」은 그렇지 않은 것 같습니다.

——— 다시 태세에 대해서

백철 방금 전에 나온 이야기이지만, 태세라는 것이 문학에 들어갈까요?

김종한 우리 경험에 비추어보면, 이번 사변事變이 발발하고 나서 작가가 어떻게 해야 할지 준비하게 된 것은 확실한 사실입니다.

백철 그것은 개인의 문제이지 작품의 문제는 아닌 것 같습니다.

다나카 태세의 문학이라는 것을 예를 들어 설명해 보죠. 경치를 보고 어떤 각도에서 그릴지 구도는 잡았지만, 아무리 해도 색감이나 형태를 제대로 정할 수 없는 때가 있지요. 그런 경우 어쨌든 구도는 잡았으니까 태세를 갖추었다고 할 수 있는 겁니다.

백철 그것은 태세라기보다 이념인 것 같습니다.

다나카 데생도 그림의 범주에 들어가니까요.

최재서 조잡함에 대한 불만이 나오고 있는데요. 제1차 구주대전이 끝나고 10년이 지나서야 전쟁문학이 나온 것을 감안한다면, 지금 우리 사회의 분위기가 내일 바로 문학작품으로 만들어질 수 있다고 보는 것은 아마추어素人적인 생각인 것 같습니다.

미야자키 이런 식으로 해석하면 어떨까요. 즉 작가가 이래서는 안 된다는 마음가짐을 갖는 것은 좋지만, 태세라는 것을 한정해서 보는 겁니다. 작가가 제재를 다룰 때 이런 것은 안 된다는 기준을 갖고, 자신이 묘사하려는 주인공의 행동에서 부정할 만한 것은 부정하는 것이 태세라는 식으로…….

――― 조선문학의 지위

최재서 반도에도 국민문학이라는 체제가 생겼으니 그에 따라 반도문학의 지위가 재검토되어야 할 것 같습니다. 그 점에 대해 생각하는 바가 있으신지요.

다나카 좋은 작품을 쓰면 지위는 저절로 정해질 것입니다.

김종한 좋은 작품을 써야 한다는 것은 대의명분 같은 것이겠지요. 그보다는 좋은 작품이 나올만한 분위기를 어떻게 만들 것인지가 문제의 핵심인 것 같습니다.

최재서 지방문학으로서의 조선문학의 지위가 어떠해야 할까의 문제이지요.

다나카 조선의 자연 생활의 아름다움, 인정의 아름다움을 보다 깊게 그려낸 것이 나와야 할 것입니다.

김종한 유진오 씨가 어디에선가, 내지에 없는 무언가를 창조해서 일본문화에 부가附加하는 역할을 해야 한다는 이야기를 했었는데, 그건 구체적으로 어떤 것인가요?

유진오 일본문학의 틀 밖에 단순히 로컬컬러를 중심으로 한 조선문학이 있다고 보는 기존의 사고방식은, 앞으로는 아무래도 허용될 수 없다, 이제부터 단순한 로컬컬러의 지방문학으로는 안 된다, 무언가 철학적인 새로움과 가치를 가진 것이어야 한다는 이야기를 했었지요. 좋은 것을 살려 나가는 방식을 취하는 것이 좋다는 의미에서 …….

스기모토 최재서 씨가 이번 달 『국민문학』에 게재한 논문에서 조선문학은 내지의 규슈九州 문학이나 홋카이도北海道 문학과는 조금 다르다고 했는데, 그것과 같은 사고방식이군요.

최재서 대체로 비슷한 것 같습니다.

백철 그런 것 같네요. 여러 가지 청산해야 할 것도 있겠지만, 아름답고 가치 있는 것은 살려나가는 게 좋겠지요.

스기모토 그렇겠네요.

——— 내지 출신 반도작가

김종한 사토 기요시佐藤清[22] 씨의 시집을 이번에 저희 인문사人文社에서 간행하게 되어서 원고를 읽어보았는데, 재미있었습니다. 반도에 있는 내지인으로서의 생활이 역시나 몸에 배어 있고, 게다가 고도로 예술화되어 있더군요. 반도의 자연에 대한 세심한 애정, 풍속이나 고미술에 대한 감상방식이 반도인 시인과는 조금 다른 감각으로 결정結晶되어 있습니다. 앞으로 조선문학이라는 개념 속에는 반도 땅에서 안심입명安心立命하려는 내지인 작가도 포함될 텐데, 그럴 경우 반도 생활에 철저할 각오로 참여했으면 합니다. 그렇지 않으면 의미가 없겠지요. 만약 반도 땅에 철저할 용기가 없다면 역시 도쿄에서 해야 할 것입니다. 류큐琉球[23]의 민예民藝가 우리를 얼마나 즐겁게 해주는지를 생각해보면 알 수 있습니다. 게다가 류큐의 민예는 이제 류큐만의 것이 아니지요.

다나카 저는 조선에서 쓰든, 전쟁터에서 쓰든, 도쿄에서 쓰든, 하나의 전통이 몸에 배어있습니다. 미야자키 씨의 작품은 조선에 와있는 내지인의 대표적인 타입을 다루고 있다고 생각합니다. 저도 조선에서 활동하고 있는

---

22) 사토 기요시(佐藤清, 1885~1960)는 시인이자, 영문학자로, 경성제대 법문학부 영문과 교수를 역임했다. 1942년 인문사에서 그의 여섯 번째 시집 『벽령집』을 출간했으며, 45년 2월 경성제대 은퇴 후 일본으로 돌아가 도요(東洋)대학 영문학과 교수로 취임했다.

23) 오키나와의 옛 명칭. 오키나와는 1879년 일본에 병합되기 전까지 류큐라는 이름의 나라로 왕조 체제를 유지했다.

내지인 작가의 한 타입이라고 할 수 있지요. 그래도 조선에서 계속 살고 있는 내지인에게는 조선에 뿌리를 둔 아름다움이 있다고 생각합니다. 그것이 커다란 일본문학의 일익一翼으로서 나아간다는 것에 차이가 있는 것 같습니다. 내지 출신 작가가 반도에서 문학하는 의미를 김종한 씨가 분류한 적이 있습니다. 반도인의 생활을 쓰는 것, 조선에 사는 내지인 작가의 특수한 생활감정을 쓰는 것, 내선문화의 교류, 이렇게 세 가지로 구분하셨지요. 그것이 원칙으로서는 타당하다고 생각하지만 어디까지나 그것은 원칙으로서만 그렇습니다. 저는 그렇게 보지는 않습니다.

마키 다나카 씨는 조선생활이 몸에 배어있지 않아서 조선을 그려내지 못하는 것입니다. 예컨대 펄 벅은 지나인 이상으로 지나를 형상화하고 있지요. 지나인처럼 쓰지 못하는 부분도 있지만.

유진오 지나의 대학을 나온 사람들은 그의 작품에 찬성하지 않았지요.

다나카 쓸 수 있습니다. 쓸 수 있지만, 조선에서 오랫동안 살았던 사람이 아니면 쓰기 어려운 부분도 있습니다.

——— 특수성의 문제

유진오 조선의 옛 소설에는 유머라는 것이 있지요. 내지문학에서는 볼 수 없는 대륙적인 느긋한 유머가 있습니다. 그런 것을 살리는 것은 정말 좋다고 봅니다. 오래 전으로 거슬러 올라가면 신라시대의 전설처럼 굉장히 방순芳醇한 것이 많습니다. 우리가 지금처럼 전면적인 각오를 하고 있을 때 그런 것들을 골라내서 채택한다면, 큰 의의가 있을 겁니다. 왜냐하면 이제까지 문학이 가지고 있던 껍데기를 버리고 일본문학으로서 재출발한다고 할 때, 자칫하면 조선적인 것을 완전히 버리고 내지적인 것만 받아들일지도 모르기 때문입니다. 그렇게 되면 결국 작품을 쓰는 것도 도쿄를 재탕하는 수준에서 늘 만족하게 될 것입니다. 그것은 도쿄의 작가가 되기 위한 하나의 준비에 지나지 않는다고 생각합니다. 그래서는 의미가 없습니다. 도쿄에 내놓아도 뭔가 의미 있는, 특수성을 지닌 작품을 써야 합니다.

김종한 그런 것을 발견해 나가지 않으면, 반도작가의 존재 이유가 없지요.

유진오 다만 작자의 태도가 갖추어져 있는지 여부를 전제로 해야 합니다. 내지에서 동떨어진 의미의 조선적 아름다움을 찾는 것이 아닙니다.

백철 1년 전의 좌담회에서, 특수성을 볼 경우 바다를 보기 전에 바다로 통하는 강을 보라, 즉 강만을 보는 것이 아니라 바다도 보고 강도 보라, 그렇게 특수성을 살려야 한다는 이야기를 했던 적이 있습니다만.

——— 역사소설 시비是非

김종한 조용만 씨의 「배 안船の中」을 읽어보셨습니까? 어땠습니까.

다나카 재미있었습니다. 소재도 재미있고, 아까 언급된 태세의 문학으로서도 좋은 것 같습니다. 하지만 색깔이 좀 약합니다.

스기모토 제가 보기에는 감정이 좀 지나치지 않았나 싶습니다.

마키 재미있게 읽었지만, 작품으로서는 역시 무언가 미완성인 듯합니다.

다나카 그런 방향으로 조선작가가 나아가는 경향은 아주 좋다고 생각합니다.

백철 조선작가가 채택한 것 중에서는 가장 좋은 것 같습니다. 그만큼 감정의 흐름도 부자연스럽지 않게 술술 흘러가서 친근하게 느껴집니다.

마키 다른 사람을 비방하는 것 같긴 하지만, 작품으로서의 완성도는 차치하고 쓴다는 점에서만 생각해보면, 역사를 쓰는 것은 현실을 쓰는 것보다 오히려 쉽지 않을까요?

다나카 역사소설론이 되겠네요.

마키 내지작가들이 일단 역사로 도망치고 있는 것은 역시 일종의 도피라고 할 수 있지요.

다나카 도망치는 것이 아니라, 이런 시대가 되면 역시 선조先祖를 생각하게 되는 것이지요. 도망친다는 것은, 작품이 안 써지니까 유머소설을 쓴다는 식의 낡은 사고방식과는 다릅니다. 선조의 역사에 대해서 예전보다 훨씬 더 많이 생각하게 된 것이라고 할 수 있습니다.

마키 역시 의외로 쉬운 것이 아닐까요.

다나카 오히려 선조가 무엇을 했는지 생각해보고 선조로부터 배울만한 점을 발견하려는 진지한 마음가짐이라고 봅니다.

백철 맞아요. 조용만 군의 경우 도망쳤다고 할 수는 없지요.

마키 도망친 것은 아니지만, 굳이 따지자면 작가의 태도로서는 부차적인 태도이지 근본적인 태도는 아닌 것 같습니다.

최재서 「아이와 함께」 미야자키 세이타로는 어떻습니까?

스기모토 「아이와 함께」와 「여행지로부터의 소식旅の便り」 요시카와 기미코[24)]두 작품 모두 아이에 대한 애정을 다룬 문학으로서 특필할 만합니다. 단순한 애정의 측면에서가 아니라 더 큰 측면에서 다뤄보면 배울 점이 상당히 많은 작품입니다.

최재서 2년 후에는 우리 아이들이 징병될 것이므로, 배울 점이 상당히 많았고 깊은 감명을 받았습니다.

---

24) 요시카와 기미코(吉川江子, 1911~?)는 도쿄에서 태어났고, 니혼대학 예술과를 졸업했다. 「장부일지(お帳場日誌)」(『藝術科』 1938년 12월호)로 제8회 아쿠타가와상(芥川賞) 후보에 올랐다. 『국민문학』 1942년 8월호에 「여행지로부터의 소식(旅の便り)」을 발표하였다.

백철 잘 정리된 단편입니다. 하지만 그것을 읽고 매우 피곤했습니다. 왜 그런지 여러 가지로 생각해봤는데, 작품에 신문 기사나 뉴스가 지나치게 많이 나왔기 때문인 듯합니다.

최재서 그 점에 대해 작자가 해명해주시겠습니까?

미야자키 일종의 편법이었지요. 결국 전쟁에 나가 보지 못한 사람이 쓴 작품이에요.

마키 작품으로서 좀 더 테마가 있었으면 합니다.

——— 시단의 경우

최재서 조선시단의 움직임은 어땠습니까. 무언가 새로운 시도는 없었나요? 국민적 행사를 축하하는 시는 많았던 것 같습니다만.

스기모토 그러나 그것도 내지만큼 많지는 않은 것 같습니다.

백철 『매일신보』를 읽지 않아서 그러시는 거예요.

스기모토 저는 연맹聯盟에서 시를 선정하고 있는데, 싱가포르가 함락되었을 때는 투고 작품이 많았습니다. 그런 것만 보아도 반도인이 얼마나 국민적 감격을 느꼈는지 알 수 있습니다.

최재서 그런데 그런 축하식이 끝나고 나서, 국민적 감격이 없어지거나 줄어드는 것은 시인으로서 생각해봐야 할 대목이 아닐까요.

스기모토 그것은 단순한 감격일 뿐, 제대로 객관화되어서 하나의 시적 가치로까지 고양된 것은 아닌 듯합니다.

최재서 시라는 것은 흥분이 가라앉은 뒤에 돌이켜보면서 쓰는 것이므로, 흥분했을 때 쓴 것은 시가 아니라는 말도 있습니다. 싱가포르 함락으로 흥분했지만 그 흥분이 오랫동안 감동으로 이어지지 못한 채 축하식이 끝난 후에 사라졌다면, 그건 시가 아닌 거죠.

스기모토 그것은 결국 부르짖음에 지나지 않습니다. 그래서 실제로 훌륭한 작품이 나오지 않았던 것 같습니다. 김종한 씨의 논문을 보고 말하는 것이 아닙니다만, 저는 실은 김종한 씨에 대해 잘 알지 못하고 단지 시[25]를 통해서만 김종한 씨의 사고방식을 여러모로 상상하고 있었습니다. 그런데 이번에 김종한 씨가 보여주신 시적 태도가 제가 지금까지 상상하던 것과 정확히 일치하더군요. 그것은 가네무라 류사이金村龍濟[26] 씨의 방법과는 반대인데, 저는 생활을 파악해서 생활 그 자체를 채택해 나가는 방식이 진실되다고 봅니다. 우리가 감동받는 것을 단적으로 파악하지 못하면 진정한 시는 나오지 않습니다. 우리는 언어를 연마하고 있기 때문에 관념적으로 언어를 구사할 수는 있지만 생활 속에서 파악한 것이 아니면 안 됩니다. 그것이 김종

---

25) 김종한은 『국민문학』에 「합창에 대하여(合唱について)」(1942년 4월호), 「풍속(風俗)」(1942년 5 · 6월호), 「유년」(1942년 7월호) 등의 시를 발표했다.
26) 김용제(金龍濟)의 창씨개명이다.

한 씨의 시에는 잘 나타나 있습니다. 언뜻 드러나 있지 않은 것처럼 보이는 것에도 참된 진실성이 있습니다. 예를 들어 아이가 글라이더를 날리는 것을 그린 「유년幼年」에는 침착한 정조 속에 진실성이 담겨 있습니다. 굉장히 간단한 표현이었지만, 정말 좋았습니다.

김종한 이거 참 송구스럽군요. 기억에 남는 시인으로는 가와바타 슈조川端周三[27]가 있습니다.

최재서 도서과장님께서도 뭔가 의견이나 희망을 말씀해주셨으면 합니다.

──── 당국자로서

모리 의견이랄 것까지는 아니지만, 아까부터 이야기를 들어보니, 처음에는 국민문학이 조잡하다는 이야기가 나왔고, 다음으로는 태세의 문학에 대한 이야기가 나왔습니다. 국민문학이 조잡해도 괜찮다고는 절대로 생각하지 않지만, 지금 같은 상황에서 조잡한 것은 어느 정도 어쩔 수 없는 일 같습니다. 나중 일은 둘째 치고 지금은 좀 조잡해도 괜찮지 않을까요. 지나치게 조잡한 단계를 지나 점점 나아지는 것이 목표이지요. 지금은 그 조잡함 속에 뛰어들기를 두려워해서 뒷걸음질 치는 사람들이 많습니다. 아니 오히려 나쁘게 보면, 그것을 핑계로 삼아 조잡함 속에 뛰어들지 않는 사람들이 많은 것 같습니다. 오히려 조잡함을 극복할 수 있는 힘을 지니는 것이

27) 가와바타 슈조는 『국민문학』에 「가루눈(粉雪)」(1942년 4월호), 「앵무새의 노래(鸞の歌)」(1942년 5 · 6월호) 등의 시를 발표했다.

필요하지 않을까요. 태세의 문학이라는 것도 마찬가지입니다. 일단 진지하게 승부할 때에는 태세를 갖춰야 합니다. 준비하지 않고 단지 어슬렁거리기만 해서는 진지하게 승부할 수 없습니다. 그 준비가 정말로 마음속에서 나오지 않았다느니, 생활에서 나오지 않았다느니 하면서 비판만 하고 태세는 갖추지 않는 사람도 있을 겁니다. 그런 사람보다는 어쨌든 태세라도 갖추려는 사람이 한 발 더 나아간 것이 아닐까요. 그런 사람을 조잡하다든가 형식적이라는 말로 매장해버려서는 안 됩니다. 결국은 작가의 마음가짐에 달렸습니다. 국민문학에 대해서도 겨우 1년 간의 실적을 가지고 지금의 국민문학이 좋다 나쁘다 비평하는 것은 조금 섣부른 일 같습니다. 결국 좋은 방향으로 나아갈 것이 틀림없으니까, 그런 방향으로 나아가면서 스스로 비판하는 것이 필요합니다. 여기 모이신 분들은 잘 알고 계시겠지만, 국민문학에 의구심을 갖고 있거나 무턱대고 비방하고 냉소하는 사람을 국민문학적인 방면으로 이끌어가는 것이 먼저 고려되어야 할 것입니다.

최재서 그럼 이쯤에서 마칠까 합니다. 더운 날씨에 오랜 시간 동안 좋은 말씀해주셔서 감사합니다.

내일의 조선 영화를 말한다

1942년 12월

참석자

모리 森 ———————— 도서과장

다카이 高井 ———————— 군촉탁

나카타 하루야스 中田晴康[1)]

이헌구 李軒求[2)]

오영진 吳泳鎭[3)]

니시카메 모토사다 西龜元貞[4)]

안석영 安夕影[5)]

---

1) 나카타 하루야스(中田晴康)는 극작가로 조선영화제작주식회사 상무이사이다.

2) 이헌구(李軒求, 1905~1983)는 일본에 유학하여 와세다대학 불문학과를 졸업했다. 1926년 김진섭, 이하윤, 정인섭 등과 함께 해외문학연구회를 조직하여 서구문학을 소개하는데 힘을 기울였다. 1931년에는 극예술연구회를 창립하고 1936년부터 『조선일보』 학예부 기자로 근무했다. 일제 말기에 조선문인협회와 조선문인보국회에 참여하였다.

3) 오영진(吳泳鎭, 1916~1974)은 평양출생의 극작가이다. 1937년 『조선일보』에 평론 「영화예술론」으로 데뷔하였으며, 〈배뱅이굿〉(1942)과 〈맹진사댁 경사〉(1943)를 발표하였다.

4) 니시카메 모토사다(西龜元貞)는 고려영화주식회사(1935)의 문학부 소속 시나리오 작가이다. 1939년부터는 총독부 경무국 도서과의 촉탁을 겸임하였으며, 〈수업료〉를 기획했고 〈승리의 뜰〉, 〈집 없는 천사〉, 〈풍년가〉 등의 각본을 썼다.

5) 안석영(安夕影, 1901~1950)은 화가이자 영화인이다. 나도향, 이무영, 박종화의 글에 그림을 그려서 한국 삽화의 선구자로 불린다. 1937년 〈심청전〉을 연출해 감독으로 데뷔하였으며, 1941년에는 어용영화 〈지원병〉의 시나리오를 쓰고 연출했다.

최재서 崔載瑞
김종한 金鐘漢

——— 걸어서 나가기까지

최재서 조선 영화계에서도 많은 혁신과 전환이 이루어지고 있습니다. 이와 관련하여 안석영 씨, 조선 영화계에 가장 오랫동안 몸담아 오셨는데요. 옛날이야기라도 좋고 또한 어떠한 점을 혁신해야만 하고, 어떠한 부분을 전환해야 할지 이런 문제부터 말씀해 주시죠.

안석영 실은 영화에 몸담아 온지 어느덧 6년째가 되었습니다. 또한 저 자신이 작품을 만들기도 했기 때문에 조선영화를 위해서 조금이나마 공헌했다는 생각은 듭니다. 결국 지금까지 조선영화가 발전하지 못했던 원인으로는 조선영화에 통제력이 부재했다는 점, 그리고 자본과 인재의 빈곤 등을 꼽을 수 있을 것 같습니다. 앞으로 본격적으로 통일된 회사가 만들어져서 좋은 기획을 세우고, 확고한 통제 아래 조선영화가 제작된다면 상당히 유망할 걸로 생각됩니다.

최재서 새로운 영화회사[6]가 생겨난 경위에 대해 도서과장님께서 설립자로서 한 말씀 해 주시죠.

---

6) 1940년 8월 조선영화령이 실시된 이후 조선의 모든 영화회사는 강제적으로 통폐합되어, 1942년 9월 29일 사단법인 조선영화제작주식회사(朝映)로 제작이 일원화되었다.

모리 저는 주도적으로 관여해 왔기 때문에 그다지 말을 하지 않는 편이 좋을 것 같은데요 ……. 영화회사 통제 문제는 작년 1월경부터 이야기된 듯합니다. 처음 기획이 시작될 때 가장 먼저 거론된 이야기는 내지 쪽이 그렇게 되리라는 것, 그리고 필름 관계로 인해 조선영화도 새로운 조직으로 개편해서 통제된 통합회사로 거듭나야 한다는 것 등이었습니다. 영화의 대중성이나 지도성, 이러한 것들이 대단히 강력해졌다는 점도 빼놓을 수 없지요. 조선영화가 새롭게 출발하여 그 영화의 지도력을 통해 민중을 지도한다는 데 하나의 목적이 있습니다. 그런데 정작 통제하려고 하면 여러 가지 사정이 있어서 좀처럼 잘되지 않습니다. 1년이나 연기된 이유를 단적으로 말하면 질타를 받을지도 모르겠지만, 지금까지 조선영화계에는 조선영화를 짊어질 만한 실력 있는 인물이 없었기 때문입니다. 그런 실력이 있고 조선의 영화계를 이끌고 갈 인물이 있었더라면, 당연히 관청에서 말하지 않아도 하나로 통제되었을 것이고, 통제하자는 말이 나온 다음에도 잘 통합할 수 있었을 거라 봅니다. 결국 이끌어 갈 인물이 없었다는 사실이 조선에서 통제가 늦어진 가장 큰 원인이라고 생각합니다. 그런데 다행히 이제까지 제작에 종사했던 개인이나 회사가 10군데 정도 있었고, 그들이 통제의 취지에 찬동하고 솔선해서 통합을 이루자는 분위기가 마련되어 간신히 통합했던 것입니다. 통합할 때에도 여러 문제가 있었고 기존 시설의 매수 문제를 비롯하여 한두 가지 분쟁도 있었지만 결국 그런 대승적大乘的 정신에 입각해서 생각해 주셨기 때문에 어쨌든 통합되어 새로운 회사가 만들어지게 된 것입니다. 그런 점에서 관에서는 기존의 10군데 시설의 회사 사람들이 새로운 회사를 부흥시켜 나가려는 마음에 대단히 감사하게 생각하고 있습니다.

—— 새로운 회사의 포부

최재서 그럼 나카타 씨, 조선 영화계의 뒤를 이어 새로운 영화를 건설하게 되었는데요 여러 가지 포부를 가지고 계실 거라 생각합니다. 한 말씀 부탁드립니다.

나카타 제가 생각하기로는, 지금 말씀해주신 것처럼, 시대의 힘도 있겠고 여러 가지 형식으로 어쨌든 통제가 이루어져 모양은 일단 갖춰졌지만, 새로운 것을 가지고 만든 것이 아니라 낡은 것을 새롭게 설치한 것이니, 결국 그 중심이 되는 정신적인 통제나 방향을 수립하거나 발견하는 데 저의 임무가 있다고 봅니다. 또한 그 방향은 결국 지금까지 조선영화에서 활동해온 사람들의 사고방식이나 행동방식 속에서 발전하고 생겨나는 것이지 갑자기 다른 데서 가져와서 이식하는 것이 아닙니다. 따라서 종래 조선에서 여러모로 노력해 오신 분들의 지식과 포부를 여쭙고, 그 속에서 새로운 것을 새로운 조직을 통해, 새로운 관념과 새로운 정신을 만들어가자는 것이 저의 기본적인 생각입니다. 구체적인 방법은 현실적인 문제로 삼아 앞으로 실행해 나가는 모습에서 보여드릴 수밖에 없습니다. 하지만 기본적인 생각은 언제나 여기에 중점을 두어 실행하고자 합니다.

모리 관官의 입장에서 희망하는 바를 말해 보겠습니다. 지금까지 조선 영화계의 결점은 기획성이 부재했던 점에 있었다고 봅니다. 그 밖에 자본과 기술의 빈곤이라는 점도 있었겠지만, 역시 근본적으로는 기획의 빈곤에 있었던 것 같습니다. 그래서 이번의 새로운 회사는 어디까지나 훌륭한 기획을 바탕으로 진행해 나가면 좋겠습니다.

이를 위해서 가령 첫 번째 작품으로 만들어주시기로 한 징병영화의 경우에도, 영화심의회라고 하나요, 이름은 아직 확실히 정해지지 않았지만, 그런 것을 만들어 어떤 영화를 만들 것인지에 대해서 예컨대 총독부, 군부, 혹은 각 문화단체와 같은 영화 관계자들을 모아서 의견을 들어보고자 합니다. 관이 중심이 되는 것은 이상하지만, 관의 통제회사로 만들어진 국책회사 중 하나이니, 총독부에서도 옆에서 돕기 위해 그런 자리를 마련하는 것입니다. 이런 기획적인 측면에 대해서도, 앞으로 적극적으로 조선에서 생각할 수 있는 여러 방면의 의견을 구하고 싶습니다.

이헌구 그런 기획은 이미 마련되었나요?

모리 아직 마련되지 않았지만, 머지않아 만들고자 합니다. 관에서 회사에 너무 이래라저래라 하는 것도 조심해야 할 일이긴 하지만요.

나카타 그건 좋다고 생각합니다.

다카이 우리는 관에서 매우 강력하게 나서서 지도해주셨으면 합니다. 내지의 영화계에서도 표면적으로는 신체제를 향하고 있는 듯하지만, 실제 문제가 된 작품에는 아직도 의심스러운 점이 많습니다. 하지만 당국의 검열도 통과하고 상영도 되고 있습니다. 그런 일이 현재 나타나고 있는 것은 당국의 지도가 철저하지 못한 결과가 아닌가 싶습니다. 회사가 성립된 경위 등을 보더라도 조선에서는 당국 쪽에서 상당히 강력하게 손을 쓰고 있는 것 같은데, 이런 상태로는 안 됩니다. 물론 영화의 자본이나 회사의 운영은 별개의 문제로 하더라도 영화의 근본정신에 대해서는 강력하게 지도해주셨으면 합니다.

영화인의 연성鍊成

최재서 러시아에서 영화통제의 핵심을 이루는 것은 무엇입니까?

다카이 인민위원회라는 것이 있는데, 이것은 일본의 내각에 해당하는 것입니다. 그 내각의 직속으로 영화위원회라는 것이 있고 그것이 삼십 몇 부部로 나누어져 있습니다. 그 중에 예술영화부라든지 교양영화부, 문화영화부, 뉴스영화부, 기록영화부, 연기, 제작 등 여러 방면에 걸쳐 위원회가 있는데, 내각에 직속되어 있으므로 정부의 의도가 곧바로 실행될 수 있습니다. 이것은 매우 훌륭한 통제입니다. 제작 의도라는 점에서는 어떨지 모르겠습니다만, 소련 영화가 세계 영화계의 경향을 주도하고 있는 것은 강력한 지도력이 있기 때문이 아닐까요.

방금 전에 기획의 측면이 논의되었는데, 제 생각에는 그것보다 먼저 영화인의 연성鍊成이라는 문제가 필요하다고 봅니다. 훌륭한 영화인이 훌륭한 연극과 영화를 만든다는 생각이죠. 실례를 찾아보면, 예컨대 고스기 이사무小杉勇[7]와 같이 인격적으로 훌륭한 사람은 작품도 아주 좋습니다. 그러나 영화인이든 연극인이든 과거에는 오락장사로 (웃음) 시작한 사람이 많았지요. 이런 경우는 좀 아닌 것 같아요. 그러므로 그런 사람들을 연성해서 훌륭한 인간으로 만들어내고, 훌륭한 사람들로부터 자연스럽게 훌륭한 영화가 만들어지는 방향으로 이끌어주셨으면 하는 희망을 지니고 있습니다.

최재서 그런 점에서는 문단도 비슷한 상황에 놓여 있다고 생각하는데,

7) 고스기 이사무(小杉勇, 1904~1983)는 영화배우 겸 감독이다. 영화 〈너와 나〉에 출현하였다.

그 경우 연성도 물론 중요하지만 두뇌가 우수한 인재를 등용하는 일도 중요합니다. 그것도 근본적인 문제가 아닐까요.

다카이 물론 그것도 필요합니다.

——— 즐거운 국책영화를

이헌구 결국 문제는 어떻게 좋은 영화를 만들 것인가로 귀착되는 것 같습니다. 아까도 이야기가 나왔듯이 조선영화는 인적으로, 경제적으로, 그리고 기획성에 있어서도 여러 가지 결함이 있었습니다. 그것을 충분히 검토한 뒤에 다시금 이 시국이 요구하는 영화의 사명을 인식해야 합니다. 그리고 곁에서 보는 분들은 최근 지나치게 국책이 거론되다 보니 영화가 갖는 즐거움이나 예술성이 소홀하게 취급되는 것 같다고 합니다. 그 점은 내지보다도 조선에서 좀 더 크게 나타나는 것이 아닐까요? 다방면에 걸쳐 풍부하게 기획하지 않는다면 의도는 좋아도 그것이 영화로 만들어졌을 때, 아주 단순하거나 무미건조한 것이 되기 쉽습니다. 이 점을 기획 과정에서 상당히 중요하게 고려해야 한다고 생각합니다.

다카이 그건 지당한 말씀입니다. 국책영화라 해서 예술성이 없거나 재미없는 영화여서는 안 됩니다. 게다가 선전이라는 것을 표면에 지나치게 드러내서는 안 됩니다. 가령 총독부에서도 추천한 〈말馬〉이라는 영화가 있습니다. 이 작품은 인간의 자연스러운 사랑의 발로를 묘사한 작품인데, 말을 사랑하는 것이 이미 국책에 부합하고 있습니다. 여자를 사랑하거나 술을 사랑하는 (웃음) 것은 국책에 부합하지 않지만, 말을 사랑하는 것은 국책에 부합합니다. 따라서 국민영화로 추천할 만한 영화인데, 총독부에서 추천한 이유도 여기에 있는 것 같습니다. 이런 의미에서 높은 예술성을 지닌 국책영화도 만들 수 있겠지요.

――― 〈스페인의 밤〉 등

최재서 아마추어素人적인 질문입니다만, 〈스페인의 밤〉은 우파[8]의 작품인데요, 우파는 독일의 국책영화 회사가 맞습니까?

니시카메 그렇습니다.

최재서 저는 우파에서 〈스페인의 밤〉과 같은 영화를 만들었다는 사실이 재미있습니다.

니시카메 〈카르멘〉과는 상당히 다르지 않나요? 그런 차이에서 나치스다운 국책성을 발견할 수 있습니다.

---

8) 우파(UFA Universum Film Aktien Gesellschaft) : 제2차 세계대전 전까지 독일 최대의 영화사였다. 1918년 독일의 군소 영화 제작사들을 합병하여 유력한 금융자본 · 공업자본의 협력 아래 발족하였다. 나치스 정권이 성립되기 전(1922~1931년)까지는 유대계의 포머(Erich Pommer, 1889~1966)가 제작의 실권을 쥐고 많은 세계적 명작을 낳게 하였으나, 나치스 정권의 유대인 추방 후로는 나치스의 정책 선전을 위한 독점적인 국책회사로 전환되었다. 제2차 세계대전 후 분리 · 해체되어 제작을 중지하고, 수뇌부는 추방되었다. 그 후 제작을 일시 재개하였으나 경제적 여건 때문에 도산하였다.

최재서 제가 보기에는 독일인이 좋아하는 춤을 독일국민에게 보여주고자 하는 의도가 있었던 것 같습니다. 그 영화에서 가장 재미있는 것은 카르멘 이야기가 아니라 춤이었습니다.

이헌구 그 춤은 독일적이라기보다 오히려 스페인적인 것이 아닐까요?

오영진 즐거운 음악영화인데 교묘하면서도 풍부하게 나치스의 정치적 목적을 숨기고 있습니다. 그 영화의 여배우는 스페인 제일의 인기가수인데, 그를 기용해서 독일어로 노래하게 한다든지, '돈 호세'도 마지막에는 훌륭한 정신으로 되돌아오게 한다든지 하면서 사소한 부분에 국책적 의도를 감추고 있습니다. 그렇다고 해서 그런 것만 있는 것은 아닙니다. 최근 영화인 〈7번 때리다七つ殴る〉와 같이 순수하게 국민을 즐겁게 하려는 노력도 있습니다.

이헌구 일종의 즐겁게 볼 수 있는 영화이지요. 그 속에 미망인의 재혼문제를 힌트로 제시했을지도 모르겠네요.

다카이 독일의 기획으로서는 재미있는 것입니다. 동시에 독일과 스페인의 외교관계도 있고요. 당시 스페인 문제는 독일인에게 관심의 대상이었거든요. 그것을 이용해서 그 영화 속에 충분히 나치스의 의도를 집어넣었다는 점이 재미있습니다. 어느 정도 선전할 가치가 있는 영화를 만들었다는 점에서 시사하는 바가 있습니다.

—— 재미없는 이유

모리 최근의 국책영화는 왜 재미가 없을까요?

나카타 제작자가 너무 경직되어 있는 것이 아닐까요?

오영진 내지에서도 촬영소에 좀 더 재미있게 만들라는 통고가 내려진 듯합니다.

나카타 그렇다고 하더군요.

다카이 업자 측이 너무 경직되어 있습니다. 〈너와 나君と僕〉[9]를 만들던 때의 감상인데요. 업자, 즉 영화를 만드는 사람들은 군軍에서 만드는 영화가 이렇게 유柔해도 될까 라며 걱정을 합니다. 그런데 육군성에 가져가면 이렇게 딱딱한 것으로는 먹히지 않을 테니 좀 더 재미있게 만들라고 합니다. 이 말을 듣고 제작을 담당했던 사람들이 모두 놀랐을 정도인데, 당국은 결코 경직된 영화를 만들라는 것은 아닙니다.

최재서 소설에서도 국민문학이 재미없는 것은 역시 작자가 긴장하고 있기 때문입니다. 역시 이것은 일시적인 문제로 이 단계를 넘어서야만 합니다. 쓰는 사람이 확실한 국민의식을 가지고 있으면, 가령 연애물을 다뤄도 문제가 없습니다. 그런 경지까지 이르지 않으면 안됩니다.

---

9) 영화감독 허영이 조선인 지원병 이인석의 전사 소식에 착안하여 제작한 내선일체 영화이다. 총독부의 조력 하에 일본의 영화평론가 이이지마 다다시(飯島正)와 함께 시나리오를 완성하였다.

다카이 여기서 안심하고 맡길 수 있는 연성의 문제가 제기됩니다. 재미있는 것을 만들라고 하더라도, 단지 재미있기만 해서는 안 되고 건설성建設性을 지닌 재미여야 합니다.

나카타 내지의 경우에도 지도자 쪽과 지도받는 쪽 모두 관념적으로는 잘 알고 있습니다. 지도성이 있어도 재미가 없으면 아무것도 안 된다는 것을 말입니다. 그래서 구체적으로 어떻게 해야 좋을지 모색하고 있는 상황인데, 지도받는 쪽은 언제나 만드는 쪽이기 때문에 재미없다는 말을 들어도 모두가 아직 갈피를 못 잡고 있는 것 같습니다. 이른바 시련시대라 할 수 있지요. 내지에서는 지도자와 지도받는 쪽이 꽤 분명하니까요. 조선의 경우, 이런 점에서 좀 더 진보하여 함께 하는 모습으로 지금까지 해 온 것이 행복이라고 생각합니다. 지도받는 쪽도 의견을 말하고 당국도 방관적 태도가 아니라 자진해서 서로 융화해나가는 모습이니 조선 쪽은 행복한 것이지요. 내지 쪽은 회사도 많고 하니 그것이 잘 안 되겠지요.

다카이 내지 쪽은 회사의 힘이 너무 강력해서 당국의 지도력이 미치지 않습니다. 이런 점에서 경무국이 통합에서 보여준 수완이 내지에 시사하는 바가 매우 많을 겁니다.

나카타 이렇게 생각하는 게 맞는지 잘 모르겠지만, 내지의 경우 필름 사용을 억제하고 통제했기 때문에 작품이 좋아질 것으로 예상했는데, 현실적으로는 영화가 줄어들었지요. 그래서 어떤 영화라도 유행합니다. 지금까지처럼 회사 쪽에서 머리띠를 꽉 동여매고 힘든 작품을 만들지 않아도 어쨌든 성적이 올라가니까, 그런 현상이 영화계에서 발생하고 있는 것 같습니다.

다카이 그것이 내지 영화계의 고민이자 병이라고 생각합니다. 하지만 조선에서는 그렇게 되지 않겠지요.

최재서 보는 쪽에서도 읽는 쪽에서도 다시 생각해봐야 할 부분이 있다고 봅니다. 소설이라 하면 19세기의 소설밖에 없고, 영화라 하면 르네 클레르 René Clair[10]가 아니면 영화가 아니라는 식으로 새로운 장점을 발견할 감각이 없는 것 같습니다. 나치스의 번역소설 같은 것은 딱딱합니다. 하지만 또 그 편에 서서 읽어보면 그만한 재미가 있습니다.

이헌구 하지만 의식하면서 즐기거나 그것을 이해한다는 것은 굉장히 어려운 일이 아니겠어요. 보면서 저절로 마음속에서 우러나오지 않으면 진정한 감격이나 감명이라고 할 수 없겠지요.

—— 조선영화의 성격

최재서 좀 더 구체적인 문제인데, 앞으로 조선영화와 내지영화의 관계는 어떻게 될까요? 가령 조선에서 제작된 영화와 내지에서 제작된 영화의 배급 문제 등은…….

---

10) 르네 클레르(René Clair, 1898~1981) : 프랑스의 영화 감독이다. 파리 출생으로 영화평론을 쓰면서 배우 · 조감독을 거쳐 1923년 〈잠자는 파리(Paris qui dort)〉를 발표하였다. 〈막간(Entr'acte)〉(1924), 〈물랭루즈의 유령(Le Fantome Du Moulin-Rouge)〉(1925) 등이 유명하다. 유성영화 〈파리의 지붕 밑(Sous les toits de Paris)〉(1930)에서는 훌륭한 음향 처리와 서민적 정서의 표현으로 흥행에 성공하였다. 영국으로 건너가 미국문명을 비꼬는 〈유령 서쪽으로 가다(The Ghost Goes West)〉(1935)를 만들었고, 제2차 세계대전 중에는 미국으로 피하여 〈부인은 마녀(I Married a Witch)〉(1942) 등을 연출하였으나 호평을 받지 못하였다.

나카타 좋은 영화의 경우에는 내지에서도 기꺼이 배급할 것이고 실제로도 그런 말들이 있는데, 결국 한도의 문제겠지요. 조선의 영화이기 때문에 내지에서 상영할 수 없는 것은 아닙니다. 점차로 제한이 없어지면 배급상황은 같아질 것입니다.

다카이 문제가 되는 것은 내무성의 검열입니다. 내무성이 조선영화에 대한 검열 방침을 확정하고 명확하게 보여 준다면 이쪽에서도 내지에 적합한 영화를 만들기 쉽겠지만, 그렇지 않으면 〈집 없는 천사家なき天使〉[11]라든가 〈너와 나〉에서 조금 문제가 있었듯이 그런 문제가 또 발생할 것입니다. 이 점은 총독부 측에서 지도해 주시리라 생각합니다만.

나카타 요즘 내지에서도 대동아공영영화大東亞共榮映畫라는 것을 떠들썩하게 말하고 있습니다. 풍속과 습관이 다분히 다르다는 점에서 만들기 어려울지도 모르겠지만, 그것도 연구해 나가면 해결될 일이니 별로 비관할 만한 문제는 아닙니다.

모리 그 점은 내무성과 관에서 진정으로 지도해서 이것이라면 좋다고 여겨지는 영화가 나오면, 내무성에서도 비교적 이해심 있는 태도로 임해주지 않을까요. 실제로 〈망루의 결사대望樓の決死隊〉라는 영화는 조선색이 상당히 드러나 있는데, 이 경우 내무성에서 어떻게 취급할 것인지가 문제가 됩니다. 그러나 그 점은 이쪽에서 얼마나 지도하고 있는지, 그리고 이 영화가

---

11) 1941년 고려영화주식회사의 두 번째 아동영화이다. 1940년 방수원 목사가 향린원이라는 고아원을 설립한 실화를 영화화한 것으로 거리의 불량아도 잘 교육하면 충량한 일본신민이 될 수 있다는 메시지를 담고 있다. 일본 문부성 추천 조선영화 1호로 일본에 수입되었다.

가진 영향력이 어느 정도인지 설명해서 해결할 수 있을 겁니다. 요컨대 관청과 관청의 교섭이지요. 이러한 방면에서부터 절충해 나가면 의외로 수월하게 해결되지 않을까요.

최재서 그렇다면 영화회사에서는 대체로 반도 민중을 가르친다든지 혹은 전국 관중에게 조선의 사정을 소개한다든지 이런 식으로 내용을 구별해서 기획하고 있나요? 아니면 …….

나카타 특히 반도 사람들에게만 보여줘야 하는 영화도 생겨날 것이라 생각하는데요. 이런 것들은 별개로 하더라도, 영화 전체적으로는 항상 기초를 인간에 두고 싶습니다. 특히 이것은 조선인, 이것은 일본인이라는 식으로 나누지 않고 말입니다. 사고의 기준을 인간이 본다는 점에 두고 싶습니다. 이것은 조선에서만 상영할 것이고, 또 이것은 전국적으로 상영할 것이라는 식으로, 결과적으로는 재료라든지 경제적인 문제로 인해 나누어지기도 하겠지만, 기획에 있어서는 나누어서 생각하고 싶지 않습니다.

이헌구 결국 좋은 영화라면 내지든 만주든 상관없이 상영할 수 있다는 식으로 되지 않는다면, 조선영화의 사명은 상당히 제한받지 않을까요?

최재서 특별히 반도의 민중을 계몽하기 위해서 만드는 영화도 있을 수 있겠지요.

다카이 총독부 쪽에서 조성해주지 않으면, 그런 영화는 수지가 맞지 않습니다.

나카타 최근 필름이 없기 때문에 무성영화에 변사를 붙여서 상영하고 있다고 하더군요. 이것이 또 매우 잘 된다고 합니다. 그러니까 영화를 장사라는 측면에서 하면 업자는 번창하겠지요. 이런 것을 극복해야 한다는 점에 우리의 사명이 있으므로 돈에 지나치게 유혹되지 말아야 합니다.

모리 조선의 민중에게 보여주기 위한 계발선전 영화는 필요하겠지요. 그리고 그것은 일반적인 극영화와는 다른 사고방식과 다른 방법으로 해나가야만 합니다.

―― 배우에 대하여

나카타 아까 다카이 씨가 연성이라는 문제를 제기하셨는데요. 실제로 그렇습니다. 수없이 그럴 듯하게 논리理屈를 되풀이해도 영화는 결국 작품으로 승부하는 것이니까요. 늘 말하듯이 영화인이란 1년 내내 대중 앞에 벌거벗고 있는 존재이므로, 여러 가지 어려운 말을 하더라도 각본을 쓰게 하고 한번 촬영하게 해 보면 그 사람이 지닌 힘 이상의 일은 아무리 해도 불가능합니다. 따라서 조선 영화계의 출발이라는 것도 상당히 어려운 일인데, 그것을 우리가 하지 않으면 누구도 할 수 없습니다. 그러나 결국 영화인이 불편을 참고 극복해 나가는 과정에서 신용을 얻게 될 테니까, 기량이 뛰어난 사람과 교양 있는 사람이 자연스럽게 모이게 될 것입니다.

달걀이 먼저냐 닭이 먼저냐 라는 말理屈이 있지만, 결국 자기 자신이 건설하지 않으면 다른 방법은 절대로 없다고 생각합니다. 조선의 영화계는 이런 단계에 와 있습니다. 여기서 조선 영화계가 훌륭하게 잘 되느냐 아니냐는, 결정적으로 영화인은 물론, 영화에 관계하고 있는 사람들, 그리고 정말로 영화를 사랑하는 사람들의 마음이 한 덩어리가 되는 데 달려 있다고 생각합니다.

최재서 배우는 지금 어떤 상태인가요?

이헌구 남자든 여자든 지금의 연기자만으로는 완전한 하나의 영화는 불가능하겠지요.

안석영 앞으로 신인을 양성해야 합니다.

최재서 대체로 몇 명 정도 있습니까?

안석영 배우는 극단에 관계하는 사람도 있는데, 순수한 배우는 2, 30명에 불과합니다.

모리 등록된 사람은요?

나카다 배우만 40여 명이었던 것 같습니다.

모리 영화령이 시행된 당시에 일단 이전부터 배우를 하고 있던 사람은 무조건 등록했습니다. 원래는 시험을 봐서 합격한 사람이 아니면 채용하지 않지만, 과도기니까 그런 식으로 하는 것입니다.

최재서 그렇다면 당장 부족한 부분은 내지에서 보충합니까?

나카타 실제로 그렇게 될지도 모르겠네요. 징병영화에서도 각본이 간신히 나왔기 때문에 그에 따라 배역 등을 정해보고, 부족한 것은 내지에 응원을 부탁한다는 식으로 될 것 같습니다. 그러나 가능한 한 신인을 양성하는 동시에 종래의 사람들을 연성해서 보완하는 일도 필요할 것 같습니다. 그래서 현재는 그런 방침으로 해나가고 있습니다.

——— 시나리오의 문제

김종한 시나리오는 조선 안에서 자급자족이 가능합니까?

최재서 니시카메 씨, 어떤가요? 당신이 말씀하시는 편이 가장 …….

다카이 오영진 군, 어떤가요?

최재서 두 분 모두 대답해 주시죠. 시나리오는 어떻습니까?

다카이 좋은 시나리오를 쓰고 있습니다. 이번에 육군성으로부터 징병영화에 대해 들었는데, 〈너와 나〉의 제작진들이 모여서 '너와 나, 동우회君と僕友の會'를 만들고 있다고 합니다. 그래서 그 사람들을 동원한다고 하는데, 그 중에는 다사카田坂, 고스기小杉가 참여하고 있습니다. 이것은 다사카가 자신 있게 연출하겠다고 할 만한 각본이 나오면 실현될 것입니다. 아주 어려운

문제지만, 훌륭한 각본이 나왔으면 좋겠습니다.

안석영 시나리오가 앞으로 가장 어려운 문제겠지요.

이헌구 물론 시나리오는 쓰는 사람에게 맡길 수 있겠지만, 확실한 기획을 세워 시나리오 작가에게 위탁하는 순서를 취한다면 대략 1년에 6개 정도는 확실히 나올 수 있습니다.

나카타 필름 배급량으로 계산하면 그렇게 됩니다.

최재서 시나리오 작가는 몇 명 정도인가요?

나카타 지금까지는 니시카메 씨와 그리고 최근에 오영진 군이 쓰고 있습니다.

최재서 임용균林庸均[12)]은 어떻습니까?

오영진 주영섭朱永涉[13)]도 쓰고 있습니다.

최재서 나카타 씨, 조선의 배우에 대해 빈말이 아니라 솔직한 감상을 듣

---

12) 『해방 전(1940~45) 창작 시나리오집』(평민사, 2004)에 〈봄의 폭풍〉이라는 작품이 수록되어 있다.

13) 주영섭(朱永涉, 1912~?)은 평양 출신의 극작가 · 연출가이다. 현대극장의 창립공연인 유치진의 〈흑룡강(黑龍江)〉(1941)을 연출하였으며, 그 외에도 함세덕(咸世德)의 〈추석(秋夕)〉(1941), 유치진의 〈북진대(北進隊)〉(1942)를 연출하는 등 현대극장의 중심 연출가로 활동하였다. 또한 〈광야(曠野)〉(1940), 〈창공(蒼空)〉(1941), 〈어머니〉(1941), 〈해풍(海風)〉(1941) 등의 시나리오를 썼다.

고 싶습니다.

나카타 저는 옛날 영화부터 최근 영화까지 거의 다 보았는데요. 배우에 있어서는 제가 생각한 것보다도 훨씬 더 낙관적인 결과를 얻었습니다. 다양한 프로덕션의 일을 해왔기 때문에 어떤 배우가 좋다고 알고는 있어도 여러 가지 제한이 있어서 캐스팅을 하지 못한 경우가 많았을 거라고 생각합니다. 영화를 보더라도 이것은 충분히 미스캐스팅이라고 생각되는 점도 있거든요. 이런 점이 걸림돌이 됐을지도 모르지만, 전반적으로는 폭이 넓어서 좋은 것 같아요.

——— 메카닉mechanic의 현 단계

김종한 메카닉 쪽은 어떻습니까? 예컨대 오영진 씨의 〈배뱅이굿ぺベンイの巫祭〉과 같은 오페레타operetta 풍을 만들 수 있는 설비가 조선에서 가능한가요?

나카타 가능합니다. 기획을 하고 있으니까요.

김종한 곧 가능한 것인가요?

나카타 아니, 아직입니다. 메카닉 쪽은 솔직히 말하자면 제로에 가깝습니다. 카메라도 70mm 렌즈로 찍는 편이 훌륭하게 나온다고 생각은 하지만, 50mm나 30mm 렌즈밖에 없다는 이유로 대충 맞추니까요. 즉 메카닉을 갖추지 못해 생기는 손실이 있습니다. 하지만 지금 바로 좋은 기계를 사용한다고 해도 기술과 간극이 생깁니다. 기술이 자연히 향상된다면 그런 문제도 해결되리라 봅니다.

김종한 뉴스영화나 극영화, 그리고 문화영화의 비율은 어떻게 생각하고 있습니까.

나카타 지금은 필름의 양으로 보아 뉴스영화를 한 달에 1편, 문화영화를 1년에 6편 정도로 할당할 수밖에 없습니다. 따라서 그런 방침으로 나가고 있습니다. 그러나 당국 쪽에서도 협력해주고 있으니 좋은 영화가 나온다면 편수는 늘어날 수 있을 겁니다.

——— 문학과 영화

김종한 예를 들어 정말 좋은 소설이 반도에서도 발표되고 그것을 극영화로 만드는 정도까지 발전하려면 몇 년이나 걸릴까요?

나카타 그건 곧 가능합니다. 예를 들어 『춘향전』을 하자는 이야기가 있는데, 고전 작품이라는 이유만으로 그런 것도 바로 채택되니까요.

모리 역시 문단과 영화계는 그런 면에서 상당히 긴밀하게 관계를 맺어나가야 하겠군요.

나카타 시나리오는 촬영소 기구機構나 영화 기구를 알고 있는 사람이 써야 하는데, 좀 더 욕심을 내보면 배우의 성격을 잘 알고 있는 사람이 쓴다면 잘 될 겁니다. 원작은 이러한 점들을 염두에 두지 않고 정말로 순수한 의미에서 인생을 깊이 파고 들어가야 한다는 점에서, 문학자의 협력을 기다리는 편이 제일 좋습니다. 그런 원작을 시나리오로 고치는 일이 가장 어려운 기술을 요구합니다. 오리지널 시나리오를 한때 중시했지만 진정한 오리지널 시나리오를 쓰기 위해서는 문학적으로 상당히 수준이 높아야 합니다. 그렇지 않으면 아무래도 시나리오적 기술이 앞서게 되지요. 그렇게 쓰여진 것을 통독해보면, 결과적으로 문학적인 것이 하나도 남지 않더군요. 그러므로 결국 시나리오는 문학자의 협력을 기다리는 것이 가장 좋습니다.

최재서 지금 생각나는 것은 문인협회에서 국민문학을 현상공모하여 당선된 「젊은 힘若い力」[14]입니다. 그것을 문학좌文學座의 사람이 와서 자기 쪽에서 한번 연극으로 상연하고 싶다고 하더군요. 실은 깜짝 놀랐는데, 그 작품이 연극이 되나 싶었거든요. 그런데 그 사람의 의도는 기교적으로는 능숙하지 못하더라도 정말로 젊은 사람의 힘이 잘 나타나 있으니, 불비한 점은 그쪽에서 얼마든지 고칠 수 있다는 것이었습니다. 결국 문단과 영화계가 협력할 경우에도 이러한 것이 필요하지 않을까 합니다.

이헌구 문학의 원작을 영화화하는 것이 아니라, 하나의 시나리오로서의 특수성이 영화화되는 편이 좋은 방식이긴 합니다만.

---

14) 문인협회의 현상공모에 가작으로 당선되었으며, 작자는 혜화전문학교 재학생인 安東益雄이다. 『국민문학』 1942년 5 · 6월 합병호에 게재되었다.

나카타 이론적으로는 맞지만, 현재의 조선으로서 그것은 요원하다고 봅니다. 그러므로 문학인들의 협력을 얻어서 해나가지 않으면 좀처럼 발전하지 못할 겁니다. 다만 문학의 경우에는 상당히 관념적으로 파고 들어갈 수 있지만, 영화의 경우는 항상 시각에 호소하는 것이기 때문에 아주 구체적이어야 합니다. 소재를 다루는 방식에서 어긋남이 발생하는 경우가 종종 있으니까요.

이헌구 내지에서도 그렇지만, 서양에서도 문학작품이 영화로 만들어지고 있습니다. 조선에서는 『춘향전』 정도가 문학작품이 영화가 된 사례지요. 신문소설의 경우, 지금은 신문이 하나밖에 없지만, 연재소설을 영화화하려고 기획한 사람은 없는 것 같습니다.

안석영 무성영화 시대에 두세 작품 있었습니다.

나카타 최근 『국민문학』에 시나리오가 실리게 되었는데, 그런 것은 영화 쪽에서 보면 고마운 일입니다.

최재서 『국민문학』으로서는 시나리오까지 실어야 하나 생각했지만, 그런 구별을 일단 없애고 좋은 것이면 무엇이든 싣자, 그러면서 점점 좋아질 것이라는 생각으로 하고 있습니다. 영화계에 특별한 편의를 제공한다는 기특한 생각이 있었던 것은 아닙니다만 (웃음) …….

나카타 문학을 지망하는 분들이나 독자들의 영화에 대한 관심이 그런 것에 의해 높아졌으니까요.

안석영 조선에서는 아직 시나리오 문학운동이라는 것이 일어나지 않았으므로, 그것을 지금부터 착착 진행해 나가는 것이 장래를 위해 좋을 듯합니다. 이론적으로 하기보다는 실제로 하는 편이 좋겠는데, 내지의 시나리오 작가 등을 보면 직업 정신이 대단합니다. 어차피 영화가 만들어지기만 하면 된다는 생각으로 하면, 시나리오 자체의 질이 다소 낮아지는 것 같습니다. 그러나 시나리오 직업 작가 이외의 사람들, 가령 이이지마飯島[15] 씨와 같은 사람들이 시나리오 문학운동을 제창하면서 시나리오에 대한 일반인들의 시선도 변하고 시나리오 작가 자신도 변하게 된 것 같습니다. 조선은 이러한 단계를 거치지 않았지만, 앞으로 문학형식으로서의 시나리오를 훌륭하게 완성해 나가기 위해서 저널리즘 쪽에서도 옆에서 조력해주시면 정말로 좋겠습니다.

—— 소재에 대한 것 등

최재서 이제는 소설가도 뭔가를 발굴하지 않으면, 작품이 딱딱해진다기보다 소재 자체가 없다는 문제에 부딪히게 됩니다. 어떻게든 국책에 부합하는 것을 써야 한다는 의식은 있지만 그만한 소재가 없습니다. 이것은 영화계에서도 결국 마찬가지라고 생각합니다. 그래서 역사 속에서 혹은 국민운동 속에서 하나의 테마를 발굴해서 그것을 소설로 만들면, 연극이나 영화로 만드는 것은 그리 어려운 일이 아니라고 봅니다.

---

15) 이이지마 다다시(飯島正, 1902~1996) : 일본의 영화평론가이다. 도쿄에서 태어나, 도쿄제국대학 불문학과를 졸업했다. 1922년 '시네마 준보(キネマ旬報)'의 동인이 되었다. 1928년 평론집 『시네마의 ABC(シネマのＡＢＣ』)를 간행하였고, 이후에 영화평론활동을 하면서 번역활동도 하였다. 전후(戰後)에는 와세다대학 문학부 강사로 활동하기도 했다.

오영진 소재가 없다는 점에는 동감입니다만, 결국 조사하지 않기 때문이 아닌가요?

최재서 맞아요. 잡지에 실린 작품을 칭찬하는 것은 좀 그렇습니다만, 조용만 씨의 「배 안船の中」은 우수한 작품인데, 그런 식으로 조사해서 쓰는 작가가 최근엔 없습니다. 그 작품은 김옥균에 대해서 쓰기 위해 자신이 모아 놓은 소재의 일부를 가지고 쓴 것입니다. 그래서 앞으로 조용만 씨는 '김옥균전' 같은 소설도 쓰지 않을까 생각합니다. 그런 식으로 재료를 찾아내지 않으면 안 됩니다. 그렇게 해서 얻은 하나의 자료를 통해 정본定本이 될 만한 작품이 나와야 합니다.

오영진 특히 시나리오 같은 건 그렇지요. 예컨대 대화에서도 백성의 생활에 실제로 들어가 보지 않으면 진실한 것은 나오지 못할 거라는 생각이 절실하게 듭니다.

——— 지방색의 수리受理

김종한 영화에서 지방색의 수리 문제 말인데요. 저는 내지의 잡지사에서 잠시 근무했던 시절, 그쪽에 수입된 조선영화를 내지의 친구들과 함께 보러 갔었는데 가장 좋다고들 하는 것은 역시 로컬컬러였습니다. 그러고 보면 로컬컬러라는 것은 애정의 촉매가 된다고 생각하는데 어떻습니까?

나카타 지방색을 다루는 방식일 텐데, 저로서는 별다른 의견은 없습니다.

이헌구 영화의 무대가 조선이라면 조선의 로컬컬러가 나타나고, 만주라면 만주의 로컬컬러가 나타나는 것이 자연스럽지 않나요?

모리 내지영화에서는 어떻습니까? 지방색을 담는다는 것은……. 〈산삼도山參道〉와 같이 사투리를 쓴 지방색 영화는 조선색과는 별개의 것인지도 모르겠지만.

이헌구 너무 특수하지 않은 것, 예를 들어 함경도라면 함경도 사람밖에 알 수 없는 것이 아니라, 조선인 모두가 알 수 있는 지방색은 오히려 좋지 않을까요?

오영진 할머니랑 같이 영화를 보러 가면, 서양의 영화는 입맞춤만 하고 있고 내지의 영화는 머리 숙여 절만 하고 있다고 말하거든요. (웃음) 그리고 이상한 조선영화를 보면 굉장히 기뻐합니다. 즉 친근함을 느끼는 것이 아닐까 싶은데요. 그러니까 그런 것으로 대중을 계몽해 나가는 것이 좋은 방법일 거라고 늘 생각하고 있습니다.

나카타 역시 여기서 좋은 것을 만들면, 어떤 부분에서든 지방색은 나타나지요. 나타내지 않으려고 하면 무리가 생깁니다.

오영진 그런 점을 광범위하게 다루어도 괜찮지 않을까요?

나카타 그렇네요. 정말로 진실한 의미에서 솔직하게 나타난다면 나쁘지 않겠지요. 그것을 묘하게 감추려고 하면 이상한 것이 되어버립니다.

김종한 일부러 나타내려고 해도 이상해지겠지요.

최재서 실제로 그것만 강조하면 묘한 것이 되겠지요. 이는 결국 영화뿐만 아니라 문화 전체의 문제인데, 그 지방 토박이의 문학이 국민문학이 된다는 것은 당연한 문제니까요 …….

——— 영화와 풍속

나카타 검열의 경우, 잘린 부분만 보면 아무렇지 않은 것이, 연결해서 보면 전후관계상 곤란한 것이 있습니다. 그런 부자연스러움이 어딘가에 있습니다. 상당히 강조하더라도 자연스럽고 진실한 것이라면 괜찮지 않을까 싶네요. …… 그건 무슨 영화였지요? 대화를 나누고 있는데 자전거를 타고 온 사람이 느닷없이 편지를 건네주고 돌아가는 겁니다. 집배원도 아니고 누군지 알 수가 없었는데, 메신저라고 한다더군요.

이헌구 〈수업료授業料〉[16]를 말씀하시는 거군요.

오영진 도쿄에는 메신저가 없을 테니까요.

나카타 그런 식의 신변잡화는 여러 가지가 있겠지요.

16) 〈수업료(授業料)〉(1940)는 총독부 기관지 『경성일보』의 부록 『경일소학생신문』이 주최한 소학생 작문 공모에서 조선총독상을 수상한 글을 원작으로 한 영화이다. 조선 최초의 동시녹음 영화이자 총독부의 검열 수수료가 면제된 첫 조선영화이다. 최인규가 연출하였다.

오영진 지방색이라는 점에서 생각나는 것이 있는데, 다루는 방식에 따라서 좀 이상해지는 것 같습니다. 그런 것은 유머러스하게 써서, 웃음 속에서 이것은 이러하다는 것을 알려 나가는, 희극적인 것을 앞으로 다루어 보고 싶습니다.

나카타 장래 조선영화를 대동아공영권이나 내지에 내놓을 경우 반도 영화인으로서 생각해야 할 점이 있습니다. 예를 들어 기생은 이런 식으로 찻잔 바깥쪽을 한 손으로 잡고 마시는데요. 그것은 풍속습관으로서는 당연한 것이겠지만 우리 도쿄에서 온 사람들이 보면 실로 예의가 없는 것처럼 보입니다. 영화의 경우 그런 것은 제대로 하는 편이 좋다고 생각합니다.

김종한 그건 미묘한 문제입니다. 저는 최근에 경성에 돌아왔는데 같은 반도인 인데도 "너는 조선이나 경성을 알지 못해서 못 쓰겠다"고 친구에게 경고 받은 일이 있습니다. 이런 것은 재미있는 일이지만, 너그럽게 볼 수밖에 없겠지요.

안석영 그것은 조선인들 사이에서도 예의가 없는 행동입니다. 상류부인은 그렇게 하지 않습니다. 기생은 여기저기서 모인 사람들인지라 …….

나카타 그런 것은 이쪽에서 내지로 가서 공부하거나, 우리들처럼 이쪽으로 와서 일하는 사람들이 융합하면 자연스럽게 해결되겠지요.

안석영 요즘에는 여학교에서 교육하고 있으니까요.

김종한 우리 하숙집에도 여학생이 있는데, 그런 점은 실로 엄격하게 가르치는 것 같습니다.

최재서 긴 시간 동안 좋은 말씀해주셔서 대단히 고맙습니다.

국어문제회담*

1943년 1월

참석자

곤도 도키지 近藤時司[1]

데라모토 기이치 寺本喜一[2]

이무영 李無影

고토가와 히로시 琴川寬

마키 히로시 牧洋[3]

---

* 국어문제회담은 설문을 통한 회담 형식이지만, 국어(일본어)문제라는 주제의 중요성을 고려하여 좌담회와 함께 번역 · 수록한다.

1) 곤도 도키지(近藤時司) : 일본 국문학자. 경성제대 교수를 지냈으며 저서로 『사화전설조선명승기행(史話伝説朝鮮名勝紀行)』(1930) 등이 있다.

2) 데라모토 기이치(寺本喜一) : 시인. 경성제국대학 법문학부 영문과 출신으로 사토 기요시(佐藤清)의 제자이다. 『조선시인선집』을 펴내기도 했다. 일제말기 국민문학계를 주도했으며 국민총력조선연맹에서 문화과장을 지냈다.

3) 이석훈의 창씨개명이다.

——— 경성제대 예과 교수 곤도 도키지近藤時司

문 과거에서 현재까지 반도의 국어문제는 어떻습니까.

답 저는 다이쇼 6년1917부터 오늘날까지 26년간 줄곧 반도의 국어교육에 관여하고 있는데요, 조선에 건너올 당시와 오늘날의 상황을 비교하면 정말로 격세지감이 들 정도의 급격한 진보를 이루었습니다. 논자들 중에는 "총독부 정치가 시작된 지 30여 년이 지난 오늘날, 반도인 중에 국어를 이해하는 자가 15% 내지 20%인데, 그다지 성적이 좋은 편이 아니다"라고 말하는 사람도 있습니다. 그러나 그것은 생각하기 나름입니다. 지나사변 전까지는 국어를 할 줄 아는 사람이라도 어떤 부분이 신경 쓰여서 일부러 국어를 쓰지 않은 사람도 있었습니다. 그러나 요즘은 되도록 국어를 사용하려고 하기 때문에, 아마 국어를 이해하는 자는 30% 정도 될 겁니다. 게다가 갓난아기에서 5세까지의 유아 약 500만 명과 60세 이상의 노인 약 150만 명을 제외하고 통계를 내면, 아마 40% 정도는 되겠지요. 이 현상은 결코 비관할 일이 아니라, 오히려 반도 국어교육의 일대 성과로 볼 수 있습니다.

문 반도의 국어교육에 관한 근본 문제는 무엇입니까.

답 피히테Fichte는 "국어가 국민을 도야陶冶한다"고 말했는데, 우리들은 일본인이라서 국어를 말하는 것이 아니라 국어를 말하고 국민생활을 함으로써 완전한 일본인이 될 수 있는 것입니다. 국어로 생각하고, 국어로 느끼고, 국어로 살아감으로써 비로소 황국신민으로서의 성정性情이 도야됩니다. 국어를 말하지 않고서 황국신민으로서의 자각을 깊게 하는 일은 불가능합니다. 바야흐로 세계는 일대전기一大轉機, 민족흥망의 위기에 있습니다. 반도인들이 완전한 황국 신민이 되고, 대동아공영권 내內 여러 민족의 지도

자가 되기 위해서는 첫째로 몸 바쳐 국어를 말하고 국어생활자가 돼야 합니다. 나라조奈良朝에 관리의 4분의 1은 신라와 백제의 귀화인이었다고 합니다. 그들은 일본어를 말함으로써 완전히 황국신민이 되었습니다. 몇 천 몇 백년 동안 그 자손은 얼마나 많아졌을까요, 아마도 현재 내지인 가운데 신라인과 백제인의 피를 이어받은 사람이 많을 겁니다. 소아小我를 버리고 대아大我로 살기 위해, 그리고 작은 개성에 구애되지 않고 대국민의 자각을 지니고 살기 위해 먼저 일본어 생활을 해야 합니다.

문 대동아공영권의 국어교육에 있어서 반도의 국어교육이 참고로 삼아야 할 점은 무엇입니까.

답 일본이 동아공영권의 지도적 지위에 서 있는 이상, 일본어가 공통어로 사용되고, 공용국제어公用國際語의 지위를 차지해야 할 겁니다. 일본어의 세계적인 발전은 일본문화가 융성됨으로써 기대할 수 있지만, 동아공영권 내에서는 일본의 정치・경제력에 따라서 많이 좌우될 것입니다. 그런데 국어는 매우 우아하지만 간결함과 정확함이 부족하기 때문에, 국운國運의 신장에 따라서 보급되는 데에는 상당한 어려움이 있습니다. 바꿔 말하면 현재 국어는 너무 정리가 되어 있지 않고, 지나치게 복잡합니다. 반도의 국어교육은 정리되지 않은 채 국어를 강요해 온 아쉬움이 있습니다. 인습이 오랜 습성으로 굳어진 거지요. 반도인으로서 국어 학습에 고생한 사람들은 그 소중한 경험을 거리낌 없이 말하고, 지금이라도 우리나라의 중앙에서 논의되고 있는 국어정리운동에 협력해야 합니다. 당국에서도 반도인의 의견을 특히 주시해야한다고 생각합니다.

문 반도인의 국어학습의 특징과 결점은 무엇입니까.

답 반도인은 국어학습에 놀라운 성적을 거두고 있습니다. 그 이유를 말하면,

1. 반도인은 귀가 좋고 어감에 예민해서인지, 뛰어난 어학의 천성을 타고 났습니다.

2. 조선어는 국어와 그 구조가 완전히 같기 때문에, 국어 학습이 대단히 용이합니다.

3. 반도에서 국어는 단지 생활상의 편리뿐만 아니라, 황국신민 연성鍊成이라는 대大목적을 달성해야 할 임무가 있다는 점을 반도인은 솔직히 인정하고 이해하고 있기 때문에 그 학습에 열의가 있습니다. 그리고 발음에서 두드러지게 나타나는 결점곤란한 점이라고 해야 하겠지만을 말씀드리면, 바로 청탁음입니다. 일반적으로 반도인은 어두語頭의 탁음을 청음으로 잘못 발음해서 유리ガラス가 까마귀カラス로, 학교ガッコウ가 뻐꾸기カッコウ로, 참깨ゴマ가 팽이コマ로 들립니다. 또한 쯔ツ의 음은 스ス로 들리는데, 예컨대 밋쯔ミッツ가 밋스ミッス로, 욧쯔ヨッツ가 욧스ヨッス로 들립니다. 어법에서는 데て 니に 요よ 와は가 어려운 모양인데, "기차에 탄다"를 "汽車を乘る"로 "착한 아이"를 "よいの子供" 등으로 잘못 하는 경우[4]가 많습니다.

문 중등학교의 국어 교과서를 좀 더 문학적으로 만들 필요를 인정합니까.

답 인정합니다. 국어 교과서의 교재는 당연히 좋은 내용을 채택해야 합니다. 순진 다감한 젊은 생도生徒의 독본으로는 운율이 정리되어, 낭랑하게 읊조릴 수 있는 교재를 좀 더 늘릴 필요가 있습니다. 내용에 대한 이론적

4) '기차에 탄다'와 '착한 아이'의 일본어 문법상으로 올바른 표현은, 각각 '汽車に乘る', 'よい子供'이다.

탐구와 어구문격語句文格의 연구에만 한정하지 말고, 감정에 호소하여 낭랑하게 암송하는 교육은 요즘의 국어교육에서 비교적 등한시되고 있습니다.

문 『반도의 아이들半島の子ら』 제1부에 대한 비평은 어떻습니까.

답 저는 최근 이다 아키라飯田彬 씨에게서 그가 쓴 『반도의 아이들』이라는 좋은 책을 기증 받았습니다. 매우 바쁜 시기였지만 잠깐 읽어보니, 교육에 대한 깊은 사랑과 귀중한 실천에 끌려 책을 덮을 틈도 없이 단숨에 읽어 내려갔습니다. 그리고 무심결에 감탄의 소리를 냈지요. 이것은 좋은 책이라기보다 소중한 책입니다. 지금부터 인문사의 요청에 따라 그 제1장 〈빛나는 죄의 기록ひかりあるつみの記錄〉에 대한 독후감을 간략하게 말씀드리겠습니다.

제1장은 미네嶺 선생과 그가 담당하는 국민학교 신입생인 영수永秀와 성갑聖甲을 중심으로 한 국어교육의 기록입니다. 미네 선생은 국어를 전혀 모르는 새로운 아동에 대해, 부동의 신념을 가지고 직접교수법으로 가르치면서 헌신적인 노력을 계속합니다. 그러자 아동도 그 사랑과 열정에 감화되어, 그들 스스로 발의하여 "교내에서는 반드시 국어사용"이라는 합의에 이르지만, 어리고 순진한 아이들의 조선어 사용을 지나치게 죄악시하는 작은 사건을 야기하고 맙니다. 미네 선생은 "나는 국어생활을 역설해 왔다, 그러나 조선어 사용에 대해 죄책감을 갖게 할 생각은 없었는데, 이대로 괜찮을까"라는 고민에 빠집니다. 여기까지는 대단히 좋았는데, 미네 선생이 너무 쉽게 "이걸로 괜찮을 것이다, 이걸로 괜찮을 것이다"라고 수습하는 태도는 약간 만족스럽지 못했습니다. 그 대목에서 좀 더 고민하고, 좀 더 생각해서 타당한 결론을 찾아냈어야 하지 않을까요. 적어도 그 사이에 두 쪽 정도를 더 할애하여, 미네 선생으로 하여금 고민하게 하고, 생각하게 할 필요가 있었다고 생각합니다. 그러나 이런 말도 이 우수한 책 앞에서는 과한 욕심이겠지요.

——— 작가 이무영

문 국어보급은 강제가 아니라 애정에서 출발해야한다고 생각하는데 당신의 의견은 어떻습니까.

답 부끄러운 얘기지만, 제가 우리 조선의 장래를 처음으로 진지하게 생각하기 시작한 것은 지나사변 이후입니다. 물론 조선의 행복, 조선인의 행복을 생각하지 않은 날은 없었지만, 지나사변 발발을 계기로 조선인으로서 어떻게 살아가는 것이 나의 행복이고, 조선의 행복인가에 하는 생각에 골몰하게 되었습니다. 조선인은 선량한 황국신민으로서 살아가는 길밖에 없습니다. 그러나 그 이념을 실행에 옮기기 위해서는, 또 하나의 역사적인 일대 계기가 필요했습니다. 때마침 대동아 전쟁이 정말로 그 역할을 잘 해 주었지요.

나는 어려운 일은 잘 모를뿐더러, 또 할 수 있는 처지도 아니지만, 국어의 보급을 통해 적어도 조선인은 행복을 얻을 수 있다는 사실을 깨달았습니다. 그 실천을 통해 자신이 행복해지고, 우리들이 행복해 질 수 있다는 점을 깨닫게 된다면 주저할 여지가 없을 겁니다. 오로지 앞만 보고 달려서 획득한 이념에 따라 최선의 노력을 기울이는 것보다 좋은 일은 없습니다. 그렇게 생각했기 때문에, 거의 다 잊어버린 서투른 말이지만, 국어로 써보기로 했습니다.

문 당신의 국어창작의 역사와 현재 『부산일보』에 집필중인 장편소설에 대한 각오를 말씀해 주시죠.

답 국어창작에 뜻을 두고 사실은 낙심했습니다. 쓰면 쓰지 못할 것도 없다고 그렇게 쉽게 생각하진 않았지만, 하면 하지 못할 이유도 없다고

생각했습니다. 무엇보다도 괴로운 점은 어휘입니다. 문학은 무엇보다도 말에 의해 평가되는 것 같습니다. 특히 소설은 지금까지의 서투른 국어 실력으로는 도무지 할 수 없다 싶어 포기하기도 했습니다. 예를 들면 횡설수설しどろもどろ이라는 용어를 생각해내고, 두세 번 반복하다 보면, 어느새 시도로모도로しどろもどろ가 모로도시로도もろどしろど로 되기도 하고, 모도로시도로もどろしどろ로 되기도 하는데, 그것이 둘 다 맞는 것 같아서 헷갈립니다. 그런가 하면 둘 다 틀린 것처럼 느껴져서, 결국에는 영어인지, 독일어인지 전혀 알 수 없게 됩니다.

특히 나처럼 주로 농민을 취재取材하는 작가는 시골 사투리를 쓸 수 없어서 어려움을 느낍니다. 메모도 해봤지만, 어느 지방의 사투리인지, 전혀 감을 잡을 수 없어서 최근에는 포기 했지요. 적어도 농민의 말이 통일되지 않는 한, 나는 농민을 대상으로 한 소설은 잠시 접어 두고 있습니다.

문 귀하의 국어 공부는 어떤 과정을 밟아 왔습니까.

답 저는 충북의 벽촌에서 태어나 보통학교에도 가지 못했습니다. 지금의 강습소 같은 곳이 있었는데, 당판唐版『맹자孟子』를 겨드랑이에 끼고서 학교에 다녔지요. 그 당시 학생은 상투에 갓을 쓰고 다녔고, 나와 같은 반 학생 중에는 나만한 아이를 가진 아버지가 몇 명이나 있었을 정도였으니 국어를 할 상황이 아니었습니다. 그런데 2학년 때부터였던가, 모리森 씨라는 내지인 선생님이 오셔서 서투르게나마 겨우 국어를 익혔지만, 중학교도 사립이었기 때문에 국어를 습득할 기회는 끝내 주어지지 않았지요. 중학교 때는 야간에 내지인의 가정을 상대로 매약賣藥, 청소, 석탄 행상 등을 해서 학비를 벌었는데, 그것이 나에게는 국어습득의 좋은 기회였습니다.

그러나 오늘날 내가 약간의 문학용어를 사용할 수 있게 된 것은 역시 가

토 다케오加藤武雄[5] 선생님 덕분이었습니다. 나는 중학교를 4학년 때 그만두고서, 소년시절 3년 동안 선생님 댁에서 살면서 문학책과도 가까이 할 수 있었습니다. 도쿄東京, とうきょう를 도우쿄どうきょう로 발음하고, 아쉬움残念, ざんねん을 산넹さんねん이라고 발음하면, 사모님께서 일일이 지적을 하셔서 굉장히 부끄러웠지만, 지금은 매우 감사하고 있습니다. 그때부터 십오륙 년 동안, 나는 물건을 사거나, 전화번호를 불러주는 정도의 국어 밖에 모르고 살았습니다. 중학교의 국어독본밖에 읽지 못했기 때문에 최근에는 오로지 소년시절의 기억을 더듬는 수밖에 없습니다.

문 국어창작을 일반화하면 조선문학은 어떻게 되겠습니까.

답 국어로 창작을 하면 조선문학은 망한다고 보는 경향도 있는 것 같은데, 제 생각은 다릅니다. 언어의 세력은 정치에 상당히 의존합니다. 또한 오늘날의 일본어는 일본만의 국어가 아니라, 동아 10억의 국어라고 합니다. 지금까지 조선어는 조선반도라는 협소한 지역에서만 사용되었고, 조선문학은 그 지역에 살고 있는 사람에게만 친숙했습니다. 그러나 이제부터 조선문학은 일본 내지는 물론, 멀리 지나, 남방 방면으로까지 전파될 가능성이 생겨났습니다. 따라서 조선문학은 앞으로 크게 발전할 것이라고 생각합니다.

---

5) 가토 다케오(加藤武雄, 1888~1956) : 소설가. 고등소학교를 졸업하고 소학교의 훈도로 있었으며, 1919년 농촌을 묘사한 자연주의적인 단편집 『향수(郷愁)』로 이름을 알렸다. 이무영이 그의 밑에서 4년간 문학수업을 받았다.

—— 경기고등여학교 교장 고토가와 히로시琴川寬[6]

문 귀교貴校는 국어상용에 비교적 성공했다고 알려져 있는데, 어떤 방법을 강구하고 있습니까.

답 우선 국어생활에 대한 황국신민으로서 신념을 확립하고, 충분히 이해시킵니다. 즉, 국어는 우리 국민성의 구현이고, 일본적 사상 감정이 모두 이 안에 녹아들어 있습니다. 따라서 국어를 말함으로써 애국적 정서가 세차게 솟아올라, 일억 동포의 호흡이 통하는 것입니다. 그러므로 이것을 애호하고, 이것을 상용하는 데서 진실한 황국신민의 모습을 발견할 수 있고, 동아공영권의 지도자 자격을 획득할 수 있습니다. 본교 생도는 이러한 신념을 항상 명심하고, 일상생활 속에서 현현顯現하고 있습니다. 또한 지도 방법에 관해서 말씀드리면, 그 지도기구指導機構를 정하여 학교·학급·학과 등 각종 운영방침에 이것을 집어넣고, 용의주도하게 거교일치擧校一致로 임하고 있습니다. 그러나 위반자에 대한 처벌은 전혀 고려하지 않습니다. 결코 억지로 강요하지 않으면서 지극히 자연스럽고 자발적으로 추진하고 있습니다. 그리고 다른 곳에서는 하지 않는 시도로 다음의 두 가지를 실시하고 있습니다. 그 하나는 일본적 취미양성입니다. 여학교에서 다도와 꽃꽂이를 배우는 것은 일반적인데, 우리학교 가사과에서는 기모노 재봉和裁이나 일식和食에 흥미를 가지게 합니다. 한걸음 더 나아가 민요로 하는 무용,

---

6) 박관수(朴寬洙, 1897~1980)의 창씨개명이다. 일제강점기와 대한민국의 교육인으로 박정희의 스승으로 잘 알려져 있으며, 호는 금계(琴溪)이다. 1919년 히로시마고등사범학교를 졸업하고 1922년 도쿄제국대학 철학과를 수료했다. 귀국한 뒤 대구사범학교에서 교육학과 심리학 교사, 수원고등농림학교 강사를 거쳐, 조선총독부 소속의 교육 관료인 시학관으로 근무했다. 1939년에 경기공립고등여학교 교장이 되었다. 경기고등여학교 교장으로 재직 중이던 1941년에 태평양 전쟁 지원을 위해 결성된 조선임전보국단 발기인을 맡았다.

연극, 시음詩吟, 와카和歌의 낭영朗詠 등 여학생들이 즐거워할 만한 분야를 이용하여 자기도 모르는 사이에 국어생활에 익숙해지도록 합니다. 두 번째는 국어상용의 맹세입니다. 작년 대동아전쟁 발발 이후, 매일 같이 신사에 참배하고, 황군의 무운장구武運長久를 빌며, 필승기원必勝祈願을 하고 있는데, 이와 동시에 각자 국어상용을 신명神明에 맹세하는 것입니다. 그런 마음을 매일 견지堅持하고 나날이 새롭게 다지기 위해, 아래의 맹세의 말을 매일 방과 후 종례시간에 각자 선생님에게 맹세하고 귀가 길에 오르게 하고 있습니다. 참으로 유쾌하고 자연스럽게 이루어지고 있으므로, 교원들은 매우 기뻐하며 만족하고 있습니다.

국어사용의 맹세

1. 황국의 말이 있고, 황국의 백성이 있다, 우리 모두 함께 국어를 상용함으로써 충량한 신민이 되겠노라.

2. 말이 같아야 마음이 하나가 되고, 우리 모두 함께 국어보급에 힘써 황도를 부익扶翼하겠노라.

문 생도의 국어상용이 학교 밖에서 흐트러지는 경향이 있는데, 이런 점을 어떻게 생각합니까.

답 황국 신민으로서의 신념과 동아공영권 지도자로서의 자각과 국어를 애호하고자 하는 정의情意를 견지하면 교내, 교외의 구별 없이 국어는 상용될 것입니다. 우리 학교의 생도는 이 점을 충분히 깨닫고 실천하고 있을 거라고 생각합니다. 그와 함께 국어상용에 일종의 자긍심을 갖도록 해야 합니다. 항상 유창한 국어를 능숙하게 한다는 것에 끊임없이 흥미를 환기시켜야 합니다. 아까 말했듯이, 우리 학교에서는 맹세하는 마음이 특히 신명神明에 대한 경성敬誠의 도덕적 양심과 종교적 신앙이 결합되고, 내외일성표리일체內外一誠表裏一體가 되어 감독선생의 유무와 상관없이 진실로 사용하고 있습니다. 최근 알게 된 사실인데요, 여름방학에 도쿄에서 돌아온 한 졸업생이 전차 안에서 자신의 모교 생도를 오랜만에 만난 기쁨에서 조선어로 말을 걸었는데, 그 생도는 처음에 두세 마디 무심히 조선어로 대답했다가, 정신을 차리고 "잘못 했다. 교장선생은 우리를 믿고 계신데, 그런 마음을 배신하다니, 참으로 잘못 했다"라고 졸업생에게 여러 번 말해서 그 졸업생이 망연자실했다고 합니다.

저는 이 얘기를 그 졸업생에게서 듣고, 실로 눈물이 날 정도로 기뻤습니다. 전교생이 모두 이 학생처럼 교장의 마음을 헤아리고 일심일체一心一體가 된다면 대성공이라고 생각합니다. 학교직원을 요처要處에 파견하여, 비밀리에 그곳을 탐사하게 하는 책략을 사용해서는 안 됩니다. 특히 교외에서 국어를 사용하지 않는 사람을 발견한 경우, 교사가 득의양양하게 혼내며, 엄중히 처벌하는 것과 같은 지도법은 매우 졸악拙惡한 것입니다. 어디까지나 학생을 타이르고, 충분히 자각하도록 이끌어야 합니다. 국어생활에 대한 혐오와 권태의 기분을 갖게 하는 것이 가장 위험합니다. 또한 보도연맹이 가정의 부모형제와 긴밀한 연락을 하는 것이 필요합니다. 보도연맹 직원을 자기 학교직원과 마찬가지로 친하게 지내고, 그들의 연락과 주의注意에 성의를 가지고 임해야 합니다. 가정에서는 자제들의 교양상 국어상용의 의의와 그 득실을 충분히 이해시키고, 학교와 긴밀한 연락 하에 지도를 도모해야 합니다. 우리 학교는 보도연맹과도 가정과도 연락을 취해, 소기의 목적을 달성하고 있습니다.

문 국어가 반도인 가정에 뿌리를 내릴 수 있는 가장 좋은 방법은 무엇입니까.

답 그것은 매우 어려운 문제입니다. 저는 우선 이런 엉뚱한 생각을 갖고 있습니다. 가정생활은 언제나, 어떤 경우에도 온가족들이 서로 화합하여 단란하게 지내는 일이 가장 중요합니다. 그런데 국어문제에서도 이점이 중요한 것 같습니다. 그와 더불어 지금까지 많은 구舊가정에서 성별, 나이, 상하관계의 구분이 있었다면 이제는 가족 전체의 집합생활로 변해야 할 것입니다. 즉 식사를 할 때나 이야기를 나눌 때 지위의 높고 낮음에 상관없이, 모든 차이를 초월해서 함께 먹고 말하는 즐거움을 만드는 것입니다. 이런 때는 먼저 아랫사람, 즉 어린아이나 약자에게 충분한 기회를 줘서 활동하게 합니다. 가장 이상적인 것은 늘 힘든 얼굴을 하고 있던 부모들이 국민학교 다니는 아이들을 위주로 해서 완전히 동심으로 돌아가, 아이들의 말을 따르는 것입니다. 이렇게 하면 그 가정은 무의식중에 국어에 익숙하게 될 것입니다.

애국반 활동에 따른 국어강습회의 개최, 관청의 우량자 표창 등 그 밖의 정치적 방책에 의한 장려 방법도 좋습니다만, 결국은 각 가정이 자각하도록 해야 합니다. 자각을 하려면 가정의 중심세력인 가장 또는 부모가 국어와 친숙해져야 합니다. 그러기 위해서는 아이를 이용하는 일이 지름길입니다. 우리 학교에서는 어머니와 누이를 대상으로 하는 단기 국어강습회를 열거나, 가정방문용어를 모아서 미리 그 가정의 학생이 부모에게 가르쳐주면, 나중에 담임교원이 방문 때 그것을 검토합니다. 또한 다음과 같은 국어생활 표어를 작고 예쁜 종이에 적어, 학생의 공부방에 걸어두게 해서, 자칫하면 해이해지기 쉬운 국어생활을 다잡아서 국어가 가정에 뿌리내릴 수 있는 추진력으로 삼고 있습니다.

국어생활의 표어

○ 국어로 나아가라, 대동아

○ 일본정신은 국어로부터

○ 국어로 든든히, 총력전

○ 국어로 단련해라, 황국여성

○ 양처현모는 국어로부터

○ 국어로 다져라, 총후의 적성赤誠

○ 올바른 국어 밝은 마음

○ 말하는 국어 밝은 세계

○ 말하는 국어 오르는 성적

○ 익숙해져라, 친숙해져라 황국의 언어

문 국어에 친숙해지려면 가능한 한 문예 작품을 읽어야 한다는 생각이 드는데, 귀교의 상황은 어떻습니까.

답 한 마디로 국어라고 하면 말하는 국어, 읽는 국어, 쓰는 국어 등 여러 가지가 있을 것입니다. 또 어떤 관점에서 보자면 여자고등학교의 교육은 그 본질에서부터 국어교육의 정도, 범위, 성질이 정해져있습니다. 따라서 문예작품을 많이 읽도록 하는 데에는 한도가 있습니다. 또한 폭넓은 국어생활에 어휘를 풍부하게 하기 위해서는 국민생활 다방면의 지식이 요구되기 때문에, 문예작품을 무제한으로 다독多讀하게 해서는 안 됩니다. 여자 고등보통교육의 입장에서도 모든 학과가 빠짐없이 국어교육을 해야 합니다. 물론 각 학과의 수업에 맞추어 국어용법 지도에 유의하고, 학생에게 국어발표 기회를 많이 주며, 교사는 항상 바르고 정확한 언어를 사용하여 학생에게 살아있는 모범을 보여주려고 주의를 기울이고 있습니다. 그렇지만 이것들이 꼭 문예 부문에 한정되는 것은 아닙니다. 최근에는 여자교육에 있어 과학교육, 가사훈련, 논리적인 정신도야, 종교신앙심 계발 등이 요구되고, 오히려 말랑말랑한 문예작품 따위의 탐독을 경계하는 경향이 있습니다. 우리 학교에는 학생문고가 설치되어 있고 문예 서적이 다수를 차지하고 있는데, 최근에는 수학과 이과 방면 서적을 구입하려고 노력중입니다. 여자교육의 현대적 요구와 그 본질적이고 전체적인 시각에서 문예작품보다 수리과학 방면의 독서를 장려하고 있는 상황입니다. 그것이 결코 여학교에서의 국어교육의 강화 및 국어상용의 장려와 서로 위배된다고 생각하지 않습니다.

문 요즘 교과서가 다소 딱딱하다고 생각하지 않으십니까. 좀 더 문학적이면 좋겠다고 생각하는 데요.

답 요즘 교과서는 말씀하신대로 좀 딱딱하다는 느낌이 있습니다만, 교과서의 성질을 고려한다면, 예의를 갖추고, 항상 경건한 마음으로 받들어 읽어야 할 것입니다. 따라서 좀 딱딱하더라도 어쩔 수 없습니다. 그래서 많은 학교에서 교과서는 정독해야 할 것으로 두고, 다독을 통해 문학취미를 양성하기 위한 부독본副讀本을 별도로 갖추고 있습니다. 그러나 우리 학교에서는 여러모로 종합적 고찰을 한 결과, 부독본 대신에 생도문고生徒文庫의 문예서적을 적당히 읽게 함으로써 교과서의 불충분한 점을 보충하고 있습니다. 그러나 문예소설 창작물 중에는 감각적인 변화를 좋아하는 여학생이나 감수성과 충동성이 강한 소녀들이 보기에는 재미없는 것들도 상당히 있습니다. 그 점은 교사들이 충분히 검토해서 더욱 안전한 문예소설을 권장하고 있습니다. 특히 최근에는 우리나라 지도이념의 대전환기이기 때문에, 지금까지는 자유롭게 허락된 읽을거리 가운데서도 재검토해야 할 것들이 꽤 있습니다. 문예물은 젊은이의 마음 속 깊이 스며드는 감화력이 매우 강렬하기 때문에 경계할 필요가 있습니다.

——— 작가 마키 히로시牧洋

문 국어보급은 강제가 아니라 애정에서 출발해야 한다고 생각하는데, 어떤 의견을 갖고 계십니까.

답 민중의 자각이 없을 때는, 자연히 정치적 경향이 농후해지는 일이 많습니다. 이런 현상은 국어보급운동에 한정되지 않고, 모든 부문에서 동일하다고 말할 수 있습니다. 특히 조선은 지금 특수한 사정이고, 국어보급운동도 특수한 것 중에 하나이기 때문에 민중은 일단, 경계합니다. 거기서 정치적 경향이 발생하게 됩니다. 그러나 정치적 경향은 반드시 반동을 수반하기 때문에, 어떤 단계에서는 국어보급운동에 역효과가 난다는 사실을 고려해야만 합니다. 그래서 문화적 고려라는 문제가 발생하는데, 지금까지 말했듯이 초기에는 어쩔 수 없는 일입니다. 따라서 오늘날 국어보급은 민중이 솔선해서 해야 할, 하나의 중요한 문화적 사업이라는 것을 자각하게 해야 합니다. 요컨대 정치에 의지하거나 맡기지 말고, 우리들 자신이 실천해야 합니다.

문 당신의 국어창작의 역사와 현재 장편 집필의 각오를 말씀해 주십시오.

답 조선어에 의한 대중 계몽은 물론 대단히 필요합니다. 그러나 대중 계몽을 위한 조선어 사용은 자칫하면 국어보급과 상반되고, 모순되기 쉽습니다. 지도자는 그 미묘한 경계선을 확실히 해두어야 합니다. 그것이 분명하지 않기 때문에 양자를 혼동하게 됩니다. 즉 국어보급으로 대중계몽을 저해하거나 혹은 대중계몽이라는 명목으로 국어보급을 방해하게 되는 것입니다. 이 양자 중 무엇이 중요한가. 그리고 무엇에 중점을 둬야 할까. 이것은 신중히 결정해야 할 문제입니다. 국어보급을 통해 대중을 계몽하는 일석이조一石二鳥의 방법이 이상적입니다. 대중계몽도 중요하지만 이 계몽의 목적이 어디에 있는지를 생각한다면, 국어보급이야말로 좀 더 쉽게 목적에 도달할 수 있는 지름길일 것입니다. 지겹게 되풀이하는 것 같지만, 오늘날의 대중계몽이 황민화라는 한 마디로 수렴되면 문제는 자연스럽게 분명해집니다. 그러므로 국어보급에 중점을 두는 동시에 대중계몽을 도모해야 합니다.

문 가정안팎에서 지식인의 국어상용은 아직 미흡한 듯합니다. 어떻게 생각하십니까.

답 그렇습니다. 전적으로 동감입니다. 방법에 대해서는 당사자가 수시로 연구해야 합니다. 또한 그렇게 하다보면 현명한 방법이 생겨날 것입니다. 전체적으로 좀 더 통일적이고 기획적으로 행해야 할 것입니다.

문 국어창작에서 가장 고심한 점은 무엇입니까.

답 지금으로서는 그럭저럭 무난한 정도입니다. 유진오 씨의 잘난 체하지 않고 기교부리지 않는 국어문장은 뛰어납니다. 정인택 씨의 국어 구사력은 어떤 점에서 내지인을 능가하고도 남는데, 그 점이 좀 신경 쓰입니다. 일반적으로 조선작가가 국어로 쓸 경우 알고 있는 어휘를 총동원하려는 나쁜 경향이 있습니다. 좀 더 솔직하고 간결하게 쓰려고 노력한다면, 의

심의 여지없이, 각자 몇 년 안에 내지 일류 작가의 수준에 이르게 될 것입니다. 어떤 사람은 하나의 방언, 하나의 지방문학으로서 이른바 조선식 국어여도 상관없다고 주장합니다. 마치 아메리카 문학 중 어떤 것은, 예컨대 아메리카 방언으로 쓰기도 하고, 또는 같은 아메리카에서도 서부나 남부의 독특한 방언으로 쓰는 것처럼 말이지요. 그러나 '올바른 표준어 일본문장'을 익히지 않으면, 일류문학이 될 수 없습니다. 또한 탁점의 사용에도 부족한 점이 매우 많습니다. 아직 조사의 사용도 불충분합니다. 그러나 이것들은 좀 더 노력한다면 바로 해결할 수 있는 문제입니다. 다만 현재로서는 국어를 서투르게 쓰고 있습니다. 서투른 국어라고 해서 걱정하거나, 비웃는다면 영원히 가망이 없습니다. 무엇보다도 용기가 필요합니다. 오늘날에는 학문보다도 용기와 기백이 필요합니다.

문 국어에 대한 애정을 심어주는데 있어 문인의 사명과 생각은 어떠합니까.

답 국어에 대한 애정과 동경을 갖게 하기 위해서는, 문학적으로 우수한 읽을거리를 어릴 때부터 많이 읽힐 필요가 있습니다. 마치 맛없는 요리를 억지로 권하기보다는, 맛있는 것을 주면 먹으려는 사람이 자연스럽게 따라온다는 이치와 거의 동일합니다. 국어에 매력을 느끼지 못한다면, 억지로 많은 노력을 하더라도 효과는 적습니다. 중등학교 국어 교과서는 어쩐지 아직 한문투가 많은 느낌입니다. 한문투가 없는, 정말 아름다운 '일본어'로 쓰인 문학적인 교과서가 바람직합니다. 어쨌든 어릴 때부터, 약간 수준이 높아지면 향기로운 일본어를 가르쳐야 할 것입니다. 예를 들어 외국의 실상을 보면, 소학교 하급 시절부터 자국의 일류작가와 시인의 작품에 길들여져 있습니다. 물론 소학생도들이 그런 작품을 충분히 이해한다고 생각하지는 않습니다. 그러나 어릴 때부터 좋은 글에 친숙해지면, 저절로 국어에 대한 매력과 애정을 가지게 됩니다. 교과서 편집자는 자신의 취미에 빠져서는 안 됩니다. 자기가 좋아하는 것에만 심취해서는 안 됩니다. 교과서만큼 매년 변하는 것도 없겠지만, 그 내용은 어딘지 구태의연하고 낡은 느낌입니다. 이것은 지나친 말일지도 모르겠지만, 나쁜 의도로 말한 것은 아닙니다.

――― 총력연맹문화부장 데라모토 기이치寺本喜一

문 이에 대해, 문화과장의 입장과 시인의 입장에서 의견을 말씀해 주십시오.

답 반도인에게 국어보급은 마음의 연성鍊成이라고 생각합니다. 그것은 이제 와서 외국인에게 하듯이 강제로 할 리는 없고, 또한 국가에 대한 애정이라고 말하는 것도 뭔가 뻔한 느낌이 있습니다. 어차피 연성은 외부의 어떤 강한 힘이 호소하고, 그와 동시에 내부로부터의 정진精進이 있을 때 이루어집니다. 고통스러워하면서도, 결국은 자연스럽게 소중히 하는 마음이 되는 것이 연성입니다. 나는 국어 문제는 역시 연성이라고 생각하며, 그것은 불가피하다고 봅니다.

지식인이 적극적으로 국어상용을 하지 않는 것은 뭔가 낡은 것에 집착하고 있기 때문입니다. 그러나 반도, 일본, 그리고 세계의 움직임은 대단히 급속도로 변하고 있고, 언제나 새로운 모습으로 전진하고 있습니다. 따라서 조선어를 사용하는 것이 좋다, 나쁘다를 논하기보다도, 좀 더 솔직한 마음에서 나아가기를 바랍니다. 그러므로 국어사용이 외국어적인, 즉 일본어적 교수법教授法에 의한 이른바 영어회화적인 '구어口語'로 끝나서는 안 됩니다. 거기서 끝난다면 어쩐지 이상한 것이 되어버려서 그 이상으로 발전하지 않게 됩니다.

이런 때 문인의 사명이 정말로 중요합니다. 국어의 아름다움과 가락이 좀 더 맛깔스러워져야 합니다. 이를 위해서는 대담하고 거리낌 없이 표현해 주었으면 합니다. 그로부터 새로운 반도인이 아니면 말할 수 없는 조선의 생활이 넘쳐나지 않을까요. 국어공부를 위해서는 운율을 중심으로 한 시나 단카短歌 혹은 하이쿠俳句를 좀 더 적극적으로 공부하게 하는 것이 그 아름다움의 열쇠를 쥐게 되는 것이라고 생각합니다. 이화여전에서 국어연극이나 애국시의 낭독 등을 열심히 시도해서, 국어의 음성적 아름다움을 다루는 것은 아주 잘하는 일입니다.

이다 아키라 씨의 『반도의 아들』이라는 기록소설은 국어문제를 취급한 뛰어난 소설인데, 그 책의 56쪽에는 '국어가 된 조선어' 문제가 매우 암시적으로 다루어지고 있습니다. 여기서 국어상용은 국민학교 학생에게 압박을 주는 일이 아닙니다. "도깨비, 좋아요とっけび, いいよ", "우리들 일본인, 국어를 사용하지요僕たち日本人, 國語を使ふんだよ"라고 말하는 부분에서 바야흐로 자연스럽게 연성되어 있는, 어린이들의 명랑하고 순수한 모습이 나타나 있습니다.

평양의 문화를 말한다

1943년 1월

출석자(오십음순)

고이즈미 아키오 小泉顯夫 ―――――― 평양 박물관장[1)]
다카하시 도모야 高橋知也 ―――――― 평남 학무과장
다나카 교장 田中校長 ―――――― 함남 초등학교
다카미네 아키라 高峰暉 ―――――― 매일신보 평남지사장
후카이 다미지 深井民次 ―――――― 평남 고등과장
박상억 朴相億 ―――――― 조선 막대소공업(莫大小工業) 조합 연합회 이사장
노부하라 수네이 延原崇寧 ―――――― 평양 사범학교
최재서 崔載瑞 ―――――― 본사 사장
교세이 산테쓰 居世三徹 ―――――― 본사 평남지사장

1) 고이즈미 아키오(小泉顯夫, 1897~1993) : 고고학자. 총독부 고적조사위원회(古蹟調査委員會)에서 『古蹟調査報告(고적조사보고)』 작성에 관여하였고 1943년 1월호 좌담회 참석 당시 평양박물관 과장을 지냈다.

최재서 지금까지 문화라고 하면 향락적이고 부박浮薄한 도회지의 유행인 줄로만 알았습니다. 그래서 모두들 앞 다퉈 도쿄東京를 모방하는 형편이었지요. 그런데 사실 도쿄의 문화란 것도 고유한 문화라 할 만한 것이 아니라, 아메리카에서 더 나빠진 구라파의 퇴폐적 문화를 그대로 흉내 내고 뽐내는 상태였던 것입니다. 그러나 신체제로 바뀌고 나서부터는 이대로는 안 되겠다는 강력한 시대적 요청 아래 국민문화가 힘차게 제창되어 왔습니다. 국민문화라 해도 여러 문제가 있겠는데요. 요컨대 각 지방마다 고유한 문화를 부흥시키고 이들 지방문화를 통해서 일관된 일본정신, 즉 황도정신을 발현시키는 것이 앞으로 일본문화의 존재방식이 되어야 할 겁니다. 그러면 비로소 각 지방의 흙과 생활에 깊이 뿌리내린 참으로 건전한 국민문화가 생겨날 거라 생각합니다. 아시다시피 평양은 오랜 문화와 역사를 지닌 도시이므로, 이곳에서 반드시 강력한 문화가 생겨날 거라고 봅니다. 그것을 어떻게 오늘날 국가가 요청하는 새로운 일본문화의 우수한 일익一翼으로 만들 것인지, 이 문제를 생각해보고자 이번 좌담회를 개최하게 되었습니다. 그런데 유감스럽게도 저는 평양에 대해 거의 알지 못하기 때문에 그저 듣는 역할만 해야 할 것 같군요. 아무쪼록 여러분들께서는 자유롭게 여러 문제를 말씀해 주시기 바랍니다.

——— 역사의 도시, 평양

노부하라 고이즈미 씨부터 한 말씀하시죠.

고이즈미 글쎄요. 평양의 역사를 개설概說하라는 말씀인가요? 이거 참 큰일이군요.

고이즈미 새삼스레 말할 것도 없지만 평양은 조선에서 가장 일찍 개화된 도시입니다. 게다가 도시의 생명이랄까, 그 모습이 당시부터 현대에 이르기까지 쭉 일관되게 이어지고 있다는 점에서, 평양이 갖고 있는 대단한 자긍심을 느낄 수 있지요. 우리나라에도 꽤 오래된 도시들이 많지만, 이처럼 3천 년 동안이나 옛날부터 지금까지 도시로 존속하고 번영하는 곳은 평양밖에 없을 겁니다.

우리는 평양에 가면 주로 오래된 유적지나 유물을 다루는데, 위로는 석기시대부터 낙랑과 고구려를 거쳐 고려와 이조에 이르기까지 각 시대의 유적들이 풍부합니다. 석기시대까지 거슬러 올라가 유적지와 유물을 봐도 대동강大同江의 양안兩岸지대를 끼고 많은 민중이 수천 년 전 옛날부터 그곳에 뿌리내리고 생활하고 있었다는 사실을 알 수 있습니다. 그러므로 평양이 반도 문화의 발상지이자 발원지라는 점은 분명합니다. 대동강을 흐르는 물로 인해 윤택해진 양안지대의 비옥한 평야를 무대로 해서 문화가 발전했다고 할 수 있겠지요.

그리고 이 대동강 양안지대, 즉 평양을 중심으로 최초로 향기로운 문화의 꽃을 피운 것이 바로 한漢민족이었습니다. 잘 아시겠지만 압록강가의 위원渭原에서 평양 부근에 이르는 곳곳에서 오래된 유물들이 나왔습니다. 그 중에 이른바 춘추전국이라 불리는 시대부터 전한前漢까지 쓰였던 명도전明刀錢, 즉 당시의 돈이 그 지질에서 꽤 많이 발견되었지요. 이런 점으로 보더라도 일찍이 전국시대 말기부터 전한에 걸쳐 한민족이 반도에 들어왔다는 사실을 알 수 있습니다. 그들이 들어온 경로를 살펴보자면, 그들은 대체로 지금의 만포선滿浦線이 지나가는 계곡지대를 거쳐 점차 대동강 유역으로 내려오다가 다시 하구 쪽으로 점점 내려갔습니다. 그리하여 이윽고 넓고 비옥한 평양의 평야를 발견하고, 그곳에 최후의 뿌리를 내린 뒤, 한민족의 커다란 세력권과 문화권을 형성한 것이지요. 그것이 바로 기자箕子조선이고 위만衛滿조선입니다. 그리고 훗날에 그 정치적 현상으로 나타난 것이 바로 한사군漢四郡 설치에 따른 이른바 낙랑군樂浪郡 시대였던 것이죠.

어쨌든 평양은 기자조선 이래 수도로 세워진 도시로, 특히 낙랑군 시대에 이르러 그 문화가 한 단계 진보를 이뤘습니다. 가령 대동강가에 있는 낙랑군 시대의 토성土城, 이는 아시다시피 지금의 대동강 철교에서 약 반 킬로미터 정도 떨어진 지점에 있는데, 이 토성의 앞쪽 약 8킬로미터 사방四方에 걸쳐 낙랑군 시대의 고분이 있습니다. 아까 말씀드리는 것을 깜빡했는데, 낙랑군은 우리나라 가이카 천황開化天皇 치세 50년, 즉 지금으로부터 2천 500년 전에 설치되었고, 그로부터 약 420년 동안 낙랑군 시대가 지속되었습니다. 현재 남아있는 고분은 약 400개인데, 420년이라는 긴 시간동안 번영이 지속되었으니 그 정도는 당연하겠지요.

이 고분에서 발견된 유물을 보더라도 당시의 문화가 얼마나 뛰어났는지 잘 알 수 있습니다. 유물에도 여러 가지가 있습니다만, 당시의 칠기漆器와 청동기靑銅器, 그 밖에 무기武器와 마구馬具, 부인용 장신구 등을 통틀어 보면, 현대의 기술자나 공예가라 해도 흉내 내지 못할 정도로 대단히 훌륭한 것들이 있습니다. 무기를 보더라도 굉장히 예리하고 견고한 금속으로 만들어져 있습니다. 특히 현대 과학이 최근에야 가까스로 제작법을 발견한 뛰어난 합금기술로 그들은 아주 예리한 무기를 만들었어요. 특히 도검刀劍은 대단히 훌륭한 솜씨를 보이고 있습니다. 이런 예로도 낙랑군이 고도의 문화를 가졌다는 것을 알 수 있는데, 그 낙랑군의 중심이 바로 이곳 평양이었던 것입니다.

그 문화의 영향력은 평양을 중심으로 하는 지역뿐만 아니라, 점차 남쪽의 여러 지방에까지 이르렀지요. 그 당시 남쪽은 마한馬韓, 변한弁韓, 진한辰韓으로 나누어진 이른바 삼한三韓의 땅이었는데, 아시다시피 삼한의 지방들은 각각 하나의 국가형태를 이루지 못하고 있었습니다. 마한의 경우 53개국, 진한과 변한은 모두 12개국으로 나누어져 있어서, 이른바 부족정치를 하는 상태였던 것이죠. 그런데 이들 작은 나라들은 낙랑군의 조직화된 정치에 영향을 받아 하나의 국가를 이루게 되었습니다. 즉 마한은 백제로, 진한과 변한은 신라로 바뀌어 국가가 통일되었지요. 이렇듯 반도 문화의 연원은 실로 이 평양을 중심으로 한 낙랑군의 문화에 있다고 할 수 있습니다.

더군다나 낙랑군의 둔유현屯有縣, 이곳은 대략 지금의 황해 황주黃州 지방인데, 이 지방의 남쪽인 지금의 사리원沙里院을 중심으로 한 지역이 이른바 대방군帶方郡이었고, 이 대방군과 우리나라가 교류했었다는 사실을 잊어서는 안 됩니다. 이에 관한 기록은 지나의 『위사魏史』에서 볼 수 있습니다. 이 대방군을 지나 한대의 문화가 우리나라까지 이어져 들어왔고 우리나라의 문화발전에 큰 영향을 주었습니다. 어쨌든 평양을 중심으로 한 낙랑군의 문화가 반도는 물론이고 우리나라에까지 큰 영향을 주었던 것은 확실합니다.

이렇듯 낙랑군이 420년 동안 번영을 누리는 사이에, 바로 지금의 만주국에 고구려가 나라를 세웠습니다. 즉 압록강 하류에서 도화강桃花江에 잇닿은 지역에 있던, 우리나라에서는 고려인이라고 부르는 민족이 나라를 세운 것이지요. 당시 그 지역은 현토군玄菟郡의 영역에 속해 있었고, 그 무렵에는 여전히 한민족의 세력이 왕성했을 때라 고구려의 세력이 아직 두드러지게 진전되지는 않았지요. 그러나 전한前漢이 망하고 진晋이 흥하고, 다시 후한後漢, 후진後晋으로 바뀌면서 통일되어 있던 지나는 분열되고 한민족의 세력이 쇠퇴해 갔습니다. 그런 빈틈을 타서 고구려는 세력을 늘려 점차 판도를 넓혀 갔고, 남하해서는 낙랑군을 공격하고 나아가 대방군까지 침입할 정도의 기세였지요. 우리나라의 진토쿠천황仁德天皇때 낙랑군은 고구려에게 완전히 패배하여 마침내 420년의 다채로운 역사를 남기고 멸망했습니다. 그런 관계로 낙랑군의 판도였던 지역, 즉 평양을 중심으로 하는 지금의 북선北鮮 지방 전체가 고구려의 판도가 되었고, 고구려는 지금의 만주국과 조선의 북반부까지 영유하는 아주 강대한 나라가 되었습니다.

당시 반도의 일반적인 정세를 보면, 아까 말씀드렸듯이 서남부와 중앙부에는 백제가, 동해안 지대에는 신라가 있었습니다. 그리고 남선南鮮 지방의 일찍이 변한이라고 불렸던 지역에는 새롭게 임나任那라는 나라가 생겼는데, 이는 스이닌 천황垂仁天皇 치세 때 우리나라의 보호를 받았던 지역입니다. 이런 반도의 정세 속에서 고구려로서는 남쪽으로 더 손을 뻗어서 남선 지방 전체를 자신의 영토로 거두려는 야망이 당연히 일어났겠지요. 그런 강대국과 경계를 접하고 있던 백제와 신라는 남하하는 고구려 세력에 늘 위협을 느꼈습니다. 그래서 이 두 나라는 남쪽에 있는 일본 세력에 상당히 의지해서 항상 원조를 구해왔고, 우리나라의 원조 아래 고구려와 대치하고 있었던 것입니다.

그러던 와중에 자칫하면 백제가 평양 부근까지 공격해올 정세에 처하자, 고구려는 압록강 맞은편의 산간벽지에 국도國都를 두어서는 매우 불리하고 반도 통치에도 불안하다고 판단해서, 20대 왕인 장수왕 때 수도를 평양으로 옮겼습니다. 대동강의 오른쪽 기슭, 모란대牧丹臺 너머에 있는 홍배興杯부락 부근으로 가면, 강기슭에 접한 유역에 지금도 연이어 남아있는 토루土壘, 즉 토벽土壁이 보이는데요. 이 토벽에 둘러싸인 반월형半月形, 즉 초승달 모양의 지역이 고구려 장수왕 시대에 옮긴 수도 평양의 유적이라 생각됩니다. 그 안에는 고구려 시대 건축물의 흔적이 도처에 있고, 훌륭한 초석礎石이나 기와의 파편이 여기저기에 산재해 있습니다. 이렇듯 고구려는 이 평양성을 발판으로 더욱 장대한 규모의 국도건설에 착수했습니다. 그것이 바로 장안성長安城이라 불린 것인데, 다음의 평원왕平原王 시대에 이르러 완성되어 마침내 이곳으로 수도를 옮기게 되었습니다.

현재 우리가 살고 있는 평양은 바로 고구려 평원왕 시대에 천도한 장안성의 유적으로, 당시의 성벽은 대동강가와 접하는 부분이 시가지 정리 때문에 약간 제거되었을 뿐, 나머지는 옛날 그대로 남아 있습니다. 이 커다란 도시 장안성을 건설했기 때문에 고구려는 이곳을 아주 중요한 발판으로 삼았고, 반도 통치에 힘을 쏟아내는 한편으로 만주를 향해서도 호령할 수 있었지요. 일찍이 낙랑군의 수도로 420년 동안 번영을 누린 평양은 다시 고구려의 수도로 활약하게 된 셈인데요, 당시 수도였던 장안성의 시가市街는 마치 장기판과 같은 도선都線으로 정연하게 구획되었고, 길거리는 말끔하게 포장되어 있었으며, 지하에는 종횡으로 하수로가 설치되어 대동강이나 보통강普通江으로 방출되도록 되어 있는 상태였습니다. 이 하수로의 유적이 지금도 곳곳에 남아 있는데, 우리도 편히 걸어 다닐 수 있는 상태입니다. 어쨌든 요즘말로 하면 이른바 이상적인 도시계획을 실행했던 것이지요.

그밖에도 우리가 아직 충분히 조사를 못해서 평양부 안이나 그 주변에 남아있는 일부 유적의 발굴에 그치고 있습니다만, 부내府內의 유적, 예컨대 방금 말씀드린 모란대 너머에 있는 주암酒岩 근처에 남아있는 큰 건물터는, 세키노 다다시關野貞[2] 박사의 조사에 의해 고구려 당시의 왕궁으로 알려져 있습니다. 발굴해 보니 그곳은 훌륭한 절이었는데, 1만 몇 천 평의 지역을 다양한 건축물로 꾸민 커다란 가람伽藍이었습니다. 남쪽에 큰 문이 있고, 거

2) 세키노 다다시(關野貞, 1867~1935) : 건축학자. 미술사학자. 고고학자. 1902년 도쿄제국대학 재직 중에 조선의 고건축과 고분을 조사하기 시작했고, 1910년 조선총독부 고적조사 촉탁이 되어 조선 남부지방 유적을 조사했다. 한편 평양 일대에 있던 고분과 고건축의 발굴을 주도, 이를 토대로 낙랑군을 비롯한 한사군과 대방군이 한반도에 있었음을 주장했다.

기를 들어가면 중문이 있고, 더 지나가면 한 변의 길이가 11미터나 되는 팔각형의 커다란 탑이 있습니다. 그 탑의 북쪽에는 절의 본당, 즉 금당金堂이 있었는데, 지금의 경복궁 경성전慶成殿에 필적할 만큼 거대한 것이었습니다. 또 그 뒤에는 강당이 있고 승방僧坊이 늘어서 있었습니다. 이런 식으로, 이른바 칠당가람七堂伽藍의 형식을 갖춘 아주 훌륭한 곳이었는데, 불행하게도 이 지역은 밭으로 변해버려서 개간開墾 등으로 상당히 훼손되었기 때문에 당시의 가람상태를 충분히 상상할 수는 없습니다. 하지만 어쨌든 초석의 크기로만 봐도 아주 커다란 기둥으로 받쳐진 건물이었음을 알 수 있습니다. 그리고 지붕을 덮고 있던 기와는 고구려 시대의 특징을 뚜렷이 드러내는 아름다운 모양으로 만들어져 있는데, 적, 청, 황색 등으로 채색도 되어 있고, 처마 끝으로 보이는 부분은 금도금金鍍金으로 되어 있습니다. 절터 곳곳에서 그런 유물이 발견되었는데, 이 절의 예만 봐도 당시의 건축물이 얼마나 훌륭했는지를 가늠할 수 있겠지요.

이것은 다만 하나의 예에 불과합니다. 거기서 좀 더 상류로 올라간 곳에도 큰 절이 있었는데, 이곳은 작년에 중등학교 근로보국대의 원조를 받아 절반가량 발굴했습니다. 그 밖에 하류 쪽에도 곳곳에 절의 흔적이 보입니다. 또한 당시의 이궁離宮으로 보이는 궁정터로는 대성산大城山 또는 대성산大聖山이라 불리는 산기슭에 있던 안학궁安鶴宮의 흔적을 들 수 있습니다. 또 이 대성산 정상 부근에는 장안성長安城을 지켰던 요새를 갖춘 이상적인 성도 있습니다. 다양한 유적과 함께 이 시대의 고분도 많이 남아있는데, 고구려 시대의 고분은 낙랑군 시대의 고분과 그 형태가 매우 다릅니다. 그 내부는 과거에 대부분 도굴을 당해서 낙랑군의 고분처럼 풍부한 유물이 나오지는 않는 듯합니다. 하지만 내부 벽면에는 훌륭한 벽화가 그려져 있는데, 그 중에서 가장 대표적인 것은 아시다시피 강서군江西郡에 있는 삼묘리三墓里 고분과 중화군中和郡의 동명왕릉東明王陵 근처에서 최근 발굴된 고분입니다. 그 벽면의 사방에는 적, 청, 황색과 그밖에 다종다양한 색채로 천지의 수호신인 사신四神이 그려져 있는데, 천인天人이 소요逍遙하는 모습이나 도인道人이 우화등선羽化登仙하는 모습을 당시 유행이던 당초唐草무늬로 장식해서 다양하게 그려내고 있습니다. 이렇듯 당시의 건축물과 고분의 형식, 그리고 장식모양의 양식을 보면, 고구려 시대의 문화 또한 실로 경탄할 만한 것이었다는 생각이 듭니다.

특히 흥미로운 것은 고구려 시대의 조선은 이른바 삼국시대였는데, 이 시대 조선과 우리나라 사이에 교통이 활발해서 문화교류가 이루어졌고, 그런 관계로 내지에 고구려 색채를 지닌 유물이 풍부하게 남아있다는 점입니다. 이 당시 조선 사람들이 속속 일본으로 건너와 귀화한 것은 말할 것도 없습니다. 그 중에서는 백제인이 제일 많았고, 그 다음이 고구려인, 즉 고려인高麗人이었는데, 그들은 단순한 노동자가 아니라 당시 여러 방면의 우수한 기술자, 예를 들면 절을 짓는 건축가, 금세공이나 가죽세공 등 다양한 일을 하는 장인과 직공들이었지요. 지식계급으로는 쇼토쿠태자聖德太子에게 불교를 가르친 승려로 유명한 혜자惠子와 법정法定 등이 있습니다. 또한 승려 담징曇徵도 유명한데, 이 사람은 야마토大和의 호류사法隆寺에 있는 금당벽화金堂壁畵를 그렸다고 전해집니다. 호류사를 정점으로 하는 아스카飛鳥 시대의 유물에는 고구려적 특징이 뚜렷하게 나타나는 것이 있습니다.

아시다시피 신라가 발흥할 때 한토漢土는 당唐의 시대가 되었는데, 신라는 이 당의 세력을 빌어 이른바 나당연합군을 결성하고 평양을 공격했습니다. 그 때문에 마침내 평양이 함락되었고 고구려는 멸망했지요. 고구려 멸망 후 250년 동안 평양은 이른바 결사缺史 시대였습니다. 당시 문헌에 따르면 이 시대에 장안성은 폐허상태로 방치되어 북방의 번족蕃族인 금金이 출몰

했다고 합니다. 그 사이에 고구려를 멸망시킨 신라도 망했고, 이에 개성을 수도로 둔 고려가 발흥하였습니다. 이 고려시대에 '평양은 우리 선조의 땅이니 폐허 상태로 내버려두어서는 안 되며, 북방 방비를 위해서도 좋지 않다'는 논의가 일어나, 왕도王都 개성을 가운데 두고 평양을 서경西京이라고 명명하고 개성의 절반 규모로 정비했습니다. 이로써 평양은 다시 세 번째로 도시가 된 것이지요. 이때의 모습이 최근까지 남아있는 평양과 가장 가깝고, 그 상태가 이조시대로 이어지면서 현대까지 이르렀던 것이지요. 평양의 역사는 대강 이렇게 이야기할 수 있겠습니다.

——— 풍류의 도시, 평양

노부하라 저는 풍류적인 측면에 대한 이야기를 하나 들려드릴까 합니다. 평양은 예로부터 경치와 풍물이 뛰어난 곳으로 유명했는데, 이곳 평양을 찾아온 방문객들은 역에서 내렸을 때나 한 바퀴 둘러보고 났을 때, "과연 모란대는 좋지만, 그밖에는 살풍경하다"는 감상을 들려주더군요. 이런 인상은 일단 당연하다고 봅니다. 과거 가요나 시조나 시문에서 노래된 평양과 현재의 평양이 너무나 동떨어져 있기 때문이지요.

옛날에 남쪽에서 입성할 때에는 대동강가 서쪽에 있는 영제교永濟橋를 건너서 들어옵니다. 지나친 미화美化가 될지도 모르지만 당시를 상상해보면, 옛날의 여행이니까 평양은 아직 멀었냐고 고대하고 왔다가 마침내 영제교에 이르렀겠지요. 당시 대동강 양쪽 기슭은 지금과는 달리 버드나무가 무성하게 이어져 있었을 테고, 푸른 물과 성벽 너머로 수많은 주전누각朱殿樓閣이 언뜻언뜻 보였을 겁니다. 우선 '거피문 앞 대동강 뱃놀이車門泛舟'[3]에서

팔경八景 중 하나로 알려진 거피문車避門이 외성外城 남쪽 끝에 보였겠지요. 옛날 노래에 "수레문에 뜬 배, 어디로 가느냐, 님이 계시는 쪽으로 ……"라는 정서가 연면連綿히 흐르는 구절이 있는데, 그 정도까지는 아니더라도 검은 연기를 뿜어내는 굴뚝이 즐비한 지금의 풍경과는 첫인상부터가 매우 달랐겠지요.

그리고 조금 북쪽으로 올라가면 지금의 진정賑町의 강변에는 문인 묵객이 노닐던 황강정黃江亭이라는 누각이 보였을 텐데, 지금과 달리 인구가 조밀하지 않았으니 조잡하게 늘어선 집들도 보이지 않아서 아주 멋진 곳이었을 겁니다. 원래 이 부근은 외성이라고 불렸는데, 당시에는 평양의 지식계급, 즉 평양 양반의 주택지였던 만큼 황강정의 모습도 옛날 노래 그대로였을 것입니다. 앞서 말씀드렸듯이, 멀리서 온 나그네는 영제교를 지나 선교리船橋里의 버드나무 강변을 따라 서쪽 산기슭까지 오면, 강 너머에 옛 성으로 말하자면 함구문含毬門이, 새 성으로 말하자면 남문南門, 즉 주작문朱雀門이 거리의 용마루甍 위로 보였겠지요. 둘 다 없어졌지만 강기슭에서 성으로 가는 갈림길, 즉 지금의 육로리陸路里 부근에 있던 우진각右陳閣과 강기슭을 따라 더 가면 나오던 동표루東標樓, 그리고 대동문大同門과 연광정鍊光亭 등이 성벽, 물, 버드나무와 조화를 이루면서 한 폭의 동양화 같은 인상을 주었을 것이라 생각합니다.

성 안으로 들어가려면 지금의 동대원정東大院町의 나루터까지 북쪽으로 올라가 거기서 대동문까지 배로 건너가야 합니다. 우리 집이 마침 동대원

3) 평양팔경 중의 하나이다. 평양팔경이란 평양에 있는 아름다운 장소 여덟 곳을 말한다. 을밀대에서 바라보는 봄경치(密臺賞春), 부벽루에서 바라보는 달밤의 풍경(浮碧玩月), 해질 무렵 영명사로 스님들이 찾아드는 모습(永明尋僧), 보통강 나루터에서 길 떠나는 나그네를 배웅하는 주인장(普通送客), 거피문 앞 대동강의 뱃놀이(車門泛舟), 애련당에 비 내리는 소리(蓮塘聽雨), 용악산의 소나무가 늦가을에도 푸르러 있는 풍경(盤龍晩翠), 봄비에 불어난 대동강물의 소용돌이(馬灘春漲)가 평양팔경으로 꼽힌다.

정에 있어서 가끔 이 나루터에서 대동문으로 건너가기도 하는데, 그 때 대동문과 연광정, 그 밑에 있는 덕암德岩이라는 바위, 멀리 모란대와 능라도綾羅島 등을 바라보는 감홍은 참으로 각별합니다. 특히 누문樓門은 오전보다 오후가 햇빛이 후광으로 비춰 차분한 분위기가 묻어나 더 좋지요. 아마도 옛날 나그네도 일정상 자연스럽게 오후에 입성했다고 생각됩니다. 동쪽 강변의 나루터에서 연광정 북쪽에 지금은 요정料亭이 된 동일관東一館이 있습니다. 그리고 명월관明月館 부근에는 사군정思君亭이 있는데, 이곳은 지금 기생거리지만 당시에는 그렇지도 않았던 모양입니다. 이 사군정 아래쪽에 절벽이 이루어져 장주암藏舟岩이 있고, 그 북쪽에는 장경문長慶門이 있습니다. 거기서 더 가면 청류벽淸流壁과 모란대에 이르게 되지요.

다시 말하자면 나그네는 나루터에서 배를 기다리는 동안 앞서 말한 주전누각, 그리고 물과 버들과 성이 엮어내는 풍경에 황홀함을 느끼지 않을 수 없었을 겁니다. 이처럼 완벽에 가까운 첫인상을 갖고 배후의 평양을 바라보는 경우와 살풍경한 역에서 얻는 첫인상은 천지차이겠지요. 아까도 이야기가 나왔듯이 옛날의 평양은 낙랑문화에서 시작된 옛 도시이자 정서의 도시였지만, 지금의 평양은 상공업의 신흥도시이자 군수도시軍都로 발전하는 과정에 있습니다. 그런 만큼 이곳에는 아직 완전히 탈피하지 못한 번잡한 모습이 있겠지요. 새로운 평양의 아름다움은 이제부터 완성되리라 생각합니다.

마지막으로 잠시 평양의 문학적인 측면에 대해 한 말씀 드리겠습니다. 한시漢詩로 본 평양은 영제詠題가 매우 많은 만큼 질과 양 모두 상당하겠지만, 여기서는 부벽루浮碧樓의 일화로 한시에 좋은 화제를 준 김황원金黃元[4]의

4) 김황원(金黃元, 1045~1117) : 고려시대의 문신, 시인. 본관은 광양(光陽). 자는 천민(天民). 일찍이 문과에 급제하여 예부시랑(禮部侍郎)과 한림학사(翰林學士) 등을 지냈다. 학문에 힘써 고시

미완의 명구 '長城一面溶溶水 大野東頭點點山'[5]을 엿보는 데 그치겠습니다. 이조李朝 이후에 나타난 수필문학이나 소설로 본다면, 이조의 편파적인 정책과 주자학적 체면 때문에, 평양에서 그다지 볼 만한 작품은 나오지 않았던 것 같습니다. 다만 「추풍감별곡秋風感別曲」[6]만은 이조 당시의 평양을 무대로 연애를 다룬 시조체詩調體의 미문美文으로 알려져 있지만, 당시唐詩풍의 지나식 미사여구가 너무 많이 들어간 경향이 있습니다. 그 밖에도 『용재총화傭齊叢話』[7]라든가 여러 가지 야사에도 항간의 기생과의 염문이 실려 있습니다. 이희준李義準[8]의 『계서야담溪西野談』에 나오는 명기名妓 초운낭楚雲娘의 이야기도 그 예인데, 모두 큰 가치를 인정받기에는 어려운 것들입니다.

다음으로 가요인데, 여기에는 상당히 훌륭한 작품이 남아있습니다. 『고려사高麗史』의 「서경곡西京曲」은 생기발랄한 노래였다고 하는데 산실散失되어서 전해지지 않았습니다. 따로 「서경별곡西京別曲」으로 오늘날까지 전해지는 것이 있긴 하지만, 이것조차도 이조 성종成宗은 속악俗樂이라 하고 '남녀상열男女相悅의 노래로서 심히 불가하다'는 교지를 내릴 정도였으니, 『악

(古詩)로 이름을 떨쳤나.

5) 김황원은 평양 부벽루에 올라가서 그곳에 걸린 평양의 산천을 읊은 시구들이 한결같이 신통하지 못하다고 모두 태워버리고, 스스로 시를 지어 걸기로 작정하였다. 그러다가 해가 질 무렵에야 겨우 "긴 성벽 한편으로는 넘쳐넘쳐 흐르는 물이요, 넓은 들 동쪽에는 한점한점 산이로다(長城一面溶溶水 大野東頭點點山)."라는 시 한 구를 얻었으나, 끝내 그 짝을 채우지 못하고 통곡을 하며 내려왔다는 일화가 전한다.

6) 조선 후기의 애정소설. 순조(純祖)~철종(哲宗) 때의 작품으로 추정되나, 작가는 미상이다.

7) 조선 초기의 문신 성현(成俔, 1439~1504)이 지은 잡록(雜錄). 고려 때부터 조선 성종에 이르기까지의 민속이나 문학을 비롯하여 역사, 지리, 종교, 학문, 음악, 서화(書畵), 문물제도 등 폭넓은 분야를 다루고 있다. 유명 인사에서 하층민까지 가리지 않고 서술 대상으로 삼으면서 음담패설이라 할 만한 것까지 포함시켰다. 민속학이나 구비문학 연구에 큰 도움을 주는 자료이다.

8) 이희준(李義準, 1775~1842) : 조선 후기의 문인. 본관은 한산(韓山). 자는 평여(平汝). 호는 계서(溪西)로 알려져 왔으나, 형인 희평(義平)의 호가 잘못 전해진 것이라는 설도 있다. 그가 편찬했다고 알려진 『계서야담』은 6권 6책으로 구성된 문헌설화집으로, 편찬연대는 1833~39년으로 추정된다. 『청구야담』『동야휘집』과 함께 조선 후기 3대 야담집이라 일컬어진다. 이 책 또한 희평의 찬이라는 설도 있다.

학궤범樂學軌範』에 실리지 않았더라면 영원히 사라졌을 겁니다. 원문은 고대어로 씌어져 있어서 해독 불가능한 구절도 있지만, 이것 역시 평양을 노래한 것으로 고려 말에 익재益齋 이제현李齊賢이 칠언절구七言絶句로 한역한 구절에 "임과 헤어져 천 년을 홀로 살아간들 한 조각 붉은 마음이 어찌 변하겠습니까"라고 나와 있고, 대동강을 건너서 연인을 만나러 가는 장면으로 끝나고 있습니다. 가요에서 주의해야 할 것은 아마도 장단의 음악적 어감일 텐데, 비음鼻音을 다분히 포함한 '위 두어렁셩 두어렁셩 다링디리ウイ, トアロンソン トアロンソン タリンチリ'(· 은 비음)라고 열세 번 되풀이되는 장단은 꽤 재미있습니다.

시조 쪽은 이야기가 길어지기 때문에 다루지 않겠지만, 근대에 들어 특색 있는 작품으로 「수심가愁心歌」를 들 수 있습니다. 평양의 정서를 주로 노래한 것은 아니고, 지나식 미사여구로 점철된 염가艶歌입니다만, 과거는 물론 현재에도 평양 사람들이 많이 불러서 평양 수심가라는 이름으로 조선 전체에 퍼져 있습니다. 다음으로는 '평양 배따라기'가 있습니다. '배따라기'조調는 방방곳곳에 있는 모양이지만, 평양 배따라기는 난파선의 체험을 노래한 것으로 1절과 2절에 평양의 풍경을 묘사한 부분이 있고, 전체적으로는 가을의 무상無常함을 노래하고 있습니다. 마지막으로 민요로는 강서江西 지방에 '강서 기나리'가 있습니다. 이것은 기록되어 있는 것 같지는 않은데, 경쾌하고 정서가 풍부한 것이 특징적인 좋은 노래입니다. 확실하지는 않지만 그 기원은 상당히 오래됐겠지요.

내선문화의 교류

최재서 아까 관장님께서 대방군, 고구려 시대부터 이미 내선문화가 활발하게 교류하고 있었다고 말씀하시는 것을 듣고 정말 기뻤습니다. 그런데 대방군 시대에 내지로 건너간 문화는 주로 어떤 것이었을까요.

고이즈미 사실은 아직 충분히 밝히지 못하고 있는데, 아마도 당시 이쪽에서 가져간 물품으로는 대체로 거울이나 장신구, 비단 등이 있었던 것 같고, 내지에서도 옷감 등을 가져왔던 것 같습니다.

최재서 아까 담징의 이름이 잠깐 나왔는데요. 그래서 신기한 인연을 느꼈다고 하면 좀 과장일지 모르겠지만, 사실은 바로 『국민문학』 1월호에 대학의 사토佐藤[9] 선생님이 담징을 노래한 시가 실릴 예정입니다. 사토 선생님 말로는 강서고분 벽화를 보고 숙소에 돌아와 여러 가지로 신비로운 감정에 빠져 있었을 때 문득 어릴 때 들었던 담징의 이름이 떠올랐다고 합니다. 그러자 그가 그렸다고 전해지는 야마토의 호류사 벽화도 떠올라 시상詩想이 익어서 한 편의 시를 완성했다고 합니다. 그 시는 담징이 내지로 건너갈 준비를 마치고 해변에서 멀리 야마토를 바라보며 '야마토에는 지금 새로운 문화의 빛이 비치고 있다고 한다, 나도 새로운 문화가 탄생하고 있는 야마토로 건너가 신문화건설을 위해 일하리라, 나는 불교의 경전을 배웠으나 그것만으로는 성이 차지 않는다, 다행히 종이와 먹을 만드는 법도 알고 있고, 변변치 않으나 그림을 그릴 줄도 아니, 저쪽에서 훌륭한 그림을 남기고 싶다'

---

9) 경성제국대학 법문학부 영문학과 교수이자 최재서의 은사인 사토 기요시(佐藤 清, 1885~1960)를 가리킨다.

는 그의 고조된 마음을 노래하고 있습니다. 이런 옛날의 문화교류 시대야말로 내선일체의 기원이 아닐까 생각합니다. 평양의 문화를 말한 좌담회와 담징의 시가 함께 실린다는 것도 어찌 재미있는 운명인 것 같습니다.

── 문제의 옥충주자玉蟲廚子에 대하여

고이즈미 그렇군요. 그런데 사실을 말하자면 호류사의 벽화는 담징이 그린 것이 아니라 좀 더 후대에 그려진 것 같습니다. 물론 호류사 벽화를 별개의 문제로 하더라도 담징의 공적은 크지요. 방금 말씀하셨듯이 그는 종이와 먹을 전해준 사람으로 알려져 있기도 하지요. 여하튼 중요한 것은 강서벽화에 그려진 인동당초忍冬唐草 문양입니다. 이는 고구려 시대 특유의 것인데, 호류사를 보면 유명한 옥충주자玉蟲廚子나 그밖에 천장의 그림에서도 이 인동당초 문양을 다수 발견할 수 있습니다. 사실 저는 나라奈良에서 태어났고 고구려가 있던 평양까지 와서 옛것만을 조사하고 있는 사람이어서 그런지, 낙랑군의 옛 유물을 발굴해 보아도 왠지 낯설기만 합니다. 내지의 조상이 남긴 것과 매우 다르기 때문이지요. 그런데 고구려의 유물에는 굉장히 친밀감을 느낍니다. 왜냐하면 그 유물이나 장식모양이 우리가 어릴 때부터 늘 가까이 해온 우리 조상의 것과 비슷하고, 붓의 쓰임새며 채색법이 거의 같기 때문입니다.

최근 흥미롭게 느낀 것은 작년에 발굴한 동명왕릉東明王陵 고분입니다. 후대에 많이 도굴되어서 안쪽은 엉망진창이지만, 신기하게도 입구에 버려져있던 돌들 사이에서 금도금으로 된 매우 훌륭한 물건이 나왔습니다. 아마도 베개장식이었다고 저는 생각하는데, 즉 조선에서 지금도 쓰이는 베개

양쪽 끝의 자수와 나무장식의 원형이 아닐까 합니다. 그것은 금도금으로 이른바 투조透彫한 것으로, 동판銅版의 가운데에 태양을 본뜬 모양이 있고, 그 주위에 봉황이나 용을 그린 훌륭한 장식도裝飾圖가 있는데요. 반대편이 비치어 보이도록 되어 있고 그곳에 푸른 천을 붙여서, 태양과 봉황과 용의 모양과 금구金具 전체의 주위에 비단벌레玉蟲의 날개를 빈틈없이 쭉 깔아놨습니다.

비단벌레는 곤충 중에서도 가장 아름다운 날개, 마치 무지개처럼 아름다운 오색의 날개를 가지고 있고 초여름에 나타납니다. 그 날개를 잡아 뜯어 금구 아래쪽에 아주 곱게 붙이는 장식법은 호류사의 옥충주자가 유일한 것으로 알려져 왔습니다. 그런데 그 당시 일본의 사원건축은 반도에서 도래한 기술자의 손으로 이루어졌기 때문에 옥충주자 역시 그들이 만든 것이라거나, 반도에서 만든 것을 일본으로 수입한 것이라고 추정하는 학자도 있었지요. 하지만 양쪽 모두 의문으로 남아있었습니다.

그런데 다이쇼大正 10년1921 경주에서 유명한 금관이 발견되었습니다. 그것과 함께 나온 유물 중에 훌륭한 말등자鐙子가 있었는데, 그 주위에 붙어있는 금장식 아래쪽에도 비단벌레의 날개가 깔려 있었고, 그밖에 영락瓔珞이라는 목걸이의 금장식에서도 비단벌레로 세공된 것이 많이 나왔지요. 그래서 우리는 매우 놀랐는데, 문제는 과연 조선에 비단벌레가 있는지 또는 일찍이 있었는지의 여부였습니다.

지금은 돌아가셨지만 『오사카 마이니치大阪每日』의 사장이었던 모토야마本山 씨가 이 문제에 매우 관심을 갖고 연구비를 제공해 주셔서, 교토대학京都大學에서 곤충을 연구하는 농학부의 야마다山田 교수가 조선 전체에 걸쳐 비단벌레의 서식상태를 조사했습니다. 그러나 비단벌레는 어디에도 없었지요. 수원水原에서 스즈키 비단벌레라는 종류가 발견되긴 했지만, 비단벌레라 해도 날개색이 매우 추잡한 것이었습니다.

한편 우리는 경주에서 나온 것들을 현미경으로 살펴보거나, 호류사의 비단벌레와 지금 야마토 지방에 있는 비단벌레의 날개를 비교 연구했습니다. 그 결과 이들은 모두 같은 조직을 지니고 있다는 사실이 밝혀졌지요. 따라서 오히려 비단벌레의 날개는 내지에서 역으로 조선으로 들어갔음을 대략 알게 되었습니다.

그런데 작년에 아까 말씀드린 고구려의 고분에서 그것들과 완전히 똑같은 것이 또 나온 것이죠. 이리하여 여러 물건들이 반도에서 내지로 들어갔을 뿐만 아니라, 이번에는 내지에서도 반도 쪽으로 들어갔다는 증거를 얻었고, 여기서 이른바 내선교류의 한 예로서 매우 흥미로운 결과를 본 것입니다. 그런 의미에서 담징이 대표하는 고구려와 일본의 관계는 매우 흥미롭다고 생각합니다.[10]

——— 최근의 사상경향

최재서 고요한 역사의 세계에서 어수선한 전시하戰時下의 평양에 대한 이야기로 넘어가볼까요. 사변 이후 이곳의 사상경향은 어떻습니까?

---

10) 일본 나라(奈良)현에 있는 호류사는 607년에 건축된 것으로 알려져 있으며, 고구려의 시조 동명성왕(東明聖王, 기원전 58년~기원전 19년)의 무덤인 동명왕릉은 늦어도 5세기에 축조된 것으로 추정된다. 따라서 여기서는 동명왕릉의 발굴로 인해 적어도 학설상으로는 옥충주자의 기원이 '반도를 통해 일본으로 들어왔음'이 밝혀진 셈인데, 고이즈미는 위에서 '반도에서 들어왔을 뿐만 아니라 내지에서도 들어갔다는 증거를 얻었다'며 말을 미묘하게 흐리면서 쌍방적인 '내선교류'라는 말로 꾸미고 있다.

후카이 이쪽에서는 무엇보다도 기독교도의 사상경향이 가장 중요합니다. 조선의 기독교도는 약 50만 명인데, 조선 총인구 2천 400만 명 중 50만 명이니 상당한 세력이라고 볼 수 있겠지요. 그리고 조선의 교파를 대강 살펴보면, 약 27,8개의 분파세력이 있는데, 장로파, 감리파, 천주교가 가장 우세한 듯합니다. 그리고 장로파와 감리파는 모두 평남, 즉 서선西鮮 지방을 중심으로 하는데, 기독교에 관한 한 경성보다 평양이 훨씬 강한 세력을 이루고 있지요. 그래서 전부터 평양의 교도들은 기독교 세력이 경성을 능가해서 완전히 평양 중심적으로 되었다는 것에 긍지와 자부심을 가지고 있던 모양입니다.

아주 최근까지 영미 선교사로부터 가르침을 받은 기독교는 하나의 종교 모략이었다고 할 수 있는데요, 요컨대 종교로 민심을 얻어서 반도 민중을 일본의 조선통치와 그 요체인 내선일체로부터 최대한 등 돌리게 하고, 일단 일본의 국력에 차질이 생기면 자연스럽게 조선을 자신들 쪽으로 끌어들이려는 사상모략이었던 것이지요. 대부분의 조선 교도들은 이 점을 자각하지 못했습니다. 하기야 내지에서도 (메이지)유신 이래 놀라운 기세로 서양 문물을 수입하는 데 급급한 나머지 일본적인 것을 잊어버리고 구미歐美에 의존하고 숭배하는 경향이 있었지만, 조선에서는 한술 더 떠서 영미 선교사의 모략적인 포교가 요원燎原의 불길처럼 무서운 기세로 퍼져나갔습니다. 세계의 종교사적 관점에서 보더라도 조선처럼 별안간 교세教勢가 확장된 곳은 찾아볼 수 없다고 합니다. 기독교가 보급된 속도는 조선이 세계 제일이라는 것이죠. 그러나 몇 년 전부터 당국의 지도와 기독교도의 자각, 세계정세의 변화와 긴박해지는 시국 등이 한데 어우러지면서 교도들이 빠르게 자각해가고 있습니다. 최근에 교세가 바뀐 이유는, 무엇보다도 만주사변으로 인해 국민의 시각이 전반적으로 변하면서 기독교의 전환도 속도가 빨라졌고, 나아가 지나사변과 대동아전쟁을 거치면서 더욱 촉진되었기 때문이라 생각합니다.

그래서 오늘날 기독교도의 사상은 수 년 전과 비교해 격세지감을 느낄 만큼 매우 빠르게 올바른 방향으로 나아가고 있습니다. 그러나 교도들 중 특히 무지몽매한 부인이나 노인들은 아무래도 60년 동안 외국인 선교사로부터 배워온 기독교를 금과옥조로 여겨서, 선교사가 말한 것은 성서에 없어도 무조건 옳다고 믿어버리기도 합니다. 교도들 중에는 최근 당국의 지도로 예컨대 황궁요배皇居遙拜, 신사참배神社參拜, 국어사용, 국방헌금과 같은 형식적인 일은 일단 하게 된 사람도 있지만, 거기에 있어야 할 황도정신, 즉 혼魂의 문제로 보면 아직 어긋난 부분이 있다고 느껴집니다. 그 사이에 얼마만큼의 거리가 있는지, 이것이 현재의 문제이지만, 어쨌든 매우 좋은 경향인 것만은 확실합니다. 앞으로 당국의 지도에 따라 진정으로 반성하고 마음 속 깊은 곳으로부터 진정 일본적 기독교를 다시 세우고자 하는 위대한 교도가 나와서 일반인을 지도해야 할 것입니다.

한때 평양 인구가 10만 명이었을 때 전 조선 기독교도 연례대회에 8만 명의 교도들이 모인 적이 있었다고 하는데, 평양이 얼마나 대단한 기독교 도시인지 알 수 있지요. 기독교도가 아니면 인간이 아니라고 하는 시절도 있었다고 합니다. 가령 대여섯의 어린 아이들이 조선총독과 선교사 중 어느 쪽이 더 위대한가를 놓고 논쟁하며,(웃음) "선교사가 위대하다, 아니, 그렇지 않다, 그치만 요전에 선교사가 총독과 만나서 이야기했을 때 총독이 졌다고 하더라"라는 말을 아무렇지도 않게 주고받았다고 하지요.

——— 국어상용의 문제

그리고 아주 최근까지도 기독교도의 비非일본적인 사고방식에서는 국어사용은 당연 금물禁物이며 기독교에 대한 반역이라는 생각이 남아있었습니다. 앞에서도 말씀드렸다시피 지금은 아주 좋은 방향으로 나아가고 있다고는 해도, 특히 기독교도뿐만 아니라 평양의 일반 인사들까지 국어를 사용하겠다고 머릿속 근본부터 바꿨으면 좋겠습니다. 이제껏 국어를 쓰지 않았으니, 마치 외국어를 배웠어도 회화를 시키면 당황하듯이 어쩔 수 없는 면도 있겠지요. 그런데 젊은 학생들 사이에서는 소학교, 중학교, 전문학교까지 나와서 국어를 충분히 자유롭게 할 줄 아는데도, 일부러 사용하지 않거나 사용을 꺼리는 경향이 있었지요. 이것은 내선일체의 이념에 철저하지 않기 때문에 생기는 문제인데, 이런 구어口語문제에 대해 일반 지도자들은 근본적인 인식으로 이끌어줬으면 합니다.

종종 이야기되듯이 세계문화를 대표하는 것은 바로 언어입니다. 즉 프랑스의 정신이 세계를 지배할 때 세계는 프랑스어의 시대였고, 그 후 영국이 세계패권을 잡았을 때는 영어가 세계어가 되었습니다. 그러나 잘 아시다시피 구주歐洲에서는 우리가 중학교 때부터 배워온 영어의 모국인 영국도 세계역사에서 전락轉落하고 있고 독일이 그것을 대체해 나가는 상황입니다. 구주의 상황은 그러한데, 아시아의 문화는 이제부터 일본문화가 대표할 것입니다. 따라서 일본어가 대동아의 공통어로 거듭나고 있습니다.

현실정치에서 일본은 지금 팔굉일우八紘一宇의 정신, 즉 만국이 각각 그 자리를 얻게 하면서 일본의 대大정신을 세계 곳곳에 미치게 한다는 대大이상을 향해 매진해 가고 있습니다. 따라서 저는 일본문화가 세계에 군림할 날이 올 것을 믿어 의심치 않습니다. 요컨대 일본어를 할 줄 알면 세계 어디를 가도 불편함을 느끼지 않는 시대, 그것이 바로 우리 자손의 시대라고 생각합니다. 이런 정세아래서 훌륭한 일본국민이 국어사용을 달갑지 않게 생각하는 것은 결코 있을 수 없는 일입니다. 그런 인식을 근본적으로 고치는 것이 중요합니다. 특히 평양은 다른 곳보다 국어를 잘 쓰지 않는 도시입니다. 이 긴박한 시대에 제2국민으로서 실제로 국가를 짊어지고 나아가야 할 청년학생들은 특히 국어에 대한 인식을 철저히 해야 할 것입니다.

최재서 정말로 좋은 말씀입니다. 일상과 문화를 담당하고 있는 우리에게 국어문제는 특별히 가깝게 와 닿는 문제입니다. 특히 국어에 대한 애정을 심는 일은 우리 문인의 책무라고 생각합니다.

다나카 방금 고등과장님께서 평양은 국어를 잘 쓰지 않는 도시라고 말씀하셨는데요, 지난 번 경성에 갔을 때 느낀 것인데, 경성에서는 전차 등에서 지식계급이 평양보다 훨씬 더 국어를 많이 사용하고 있더군요. 물론 평양도 사변 전과 현재를 비교해 보면 지식계급의 국어사용이 상당히 늘었지요. 그리고 방금 언급된 국어에 애정을 갖게 하는 일에 대해서 말하자면, 국민학교에서는 노는 시간에, 예를 들면 줄넘기를 국어를 사용하면서 하고 있습니다. 어릴 때 놀면서 쓰던 말에는 큰 애정을 갖게 되니, 그런 점에 큰 힘을 기울이고 있는 것이지요. 그리고 어릴 때부터 국어가 지닌 어감을 올바르게 심어주기 위해 사범학교의 시바타芝田 선생을 초대해 시음詩吟[11]을 가르쳐봤습니다. 실은 저도 처음에는 학생들이 과연 얼마나 잘 할 수 있을까 걱정했는데, 결과를 보니 50명 정도는 꽤 잘하더군요.

---

11) 일본어로 번역한 한시에 일본식 곡조를 붙여서 큰 소리로 부르는 전통예능을 말함.

최재서 몇 학년 학생에게 가르치셨나요.

다나카 4학년 이상입니다. 시음의 낭영朗咏과 창가唱歌를 통해 국어의 참맛을 알게 하고 싶었습니다. 아직 충분하지는 않지만요.

최재서 무엇보다도 최근의 획기적 사건이라 하면 역시 징병제 실시 발표겠지요. 다카미네 씨, 그에 대한 평양의 반향이나 감격을 말씀해 주시지요.

다카미네 저는 그날 임전보국단臨戰報國團 이사회에 가 있었습니다. 그때 마침 징병제 실시가 발표되었는데, 그것을 듣고 모두 '와'하고 탄성을 지르며 대단히 감격했지요. 그래서 우리 신문에는 다른 것은 다 제쳐두고 징병제에 관한 기사를 실자고 이야기가 되어서, 그 후 본사로 전보를 치는 등 정신이 없었습니다. 일반적 경향을 보면 역시 모두가 한결같이 감격에 빠졌지요. 저에게는 마침 중학교 4학년과 2학년, 그리고 소학교 6학년에 다니는 세 아들이 있어서 기분이 어떤지 물어봤더니, 막내 녀석은 나도 군인이 되겠다며 이리저리 뛰어다니더군요.

최재서 학생들의 반응은 담담합니다. 이제는 당연한 일이라는 식이지요. 오히려 학부모들이 안절부절 못하고 있는 정도입니다.

다카미네 그러고 나서 각지로 강연을 다녔는데, 느낀 그대로 말하면 뭐랄까, 정말 행복해 보였습니다. 지금까지는 징병이 이루어지지 않아서 떳떳하지 못했는데, 그것이 단번에 명랑해진 느낌입니다.

최재서 여러 가지 일들이 있겠지만, 어쨌든 이로써 조선의 성격을 철저히 바꿨다고 할 수 있겠지요. 이에 대해 학무과장님께서 한 말씀 해주시죠.

——— 선조祖先에게 돌아간다

다카하시 앞서 국어상용의 문제, 학생 문제, 징병제 문제, 그리고 고이즈미 씨께서 말씀하신 고대조선의 내선 문화교류에 관한 이야기 등을 듣고 정말 많이 배웠습니다. 수천 년 전에 매우 훌륭한 생활양식을 지니고 있던 조선인과 우리 내지인이 정말로 아름다운 마음을 나누며 교류했고, 특히 조선의 우수한 기술자가 내지로 건너와 대단히 훌륭한 예술을 남겼다는 것인데요. 당시의 교통사정으로는 상당히 멀리 떨어진 곳이었기 때문에, 평양에서 내지의 나라奈良로 떠나는 데 그때 사람들로서는 큰 용기가 필요했을 것입니다. 그것을 뭐랄까요, 문화를 위해, 내선교류를 위해, 용감하게 해낼 수 있는 열정적인 사람이 많았다는 점에 깊이 감동했습니다.

그것을 현재와 비교해 보면, 국어문제만 하더라도 지식계급조차 아직 충분치 못한 형편에 있고, 중학교나 전문학교 학생들이 매우 냉담하다는 것은, 뭐랄까요, 현대의 사상이 상당히 혼란스럽기 때문이 아닐까요. 즉 다이쇼 말기부터 쇼와昭和 초기에 걸쳐 일본에 들이닥쳤던 갖가지 서양사상의 잔재가 여전히 조선을 잠식하고 있고, 그것이 교사들에게도 상당히 남아 있다고 봅니다. 국어문제도 결국 근본적으로는 내선일체의 문제입니다. 이를 한 마디로 말하자면, 국어를 상용하라, 신사에 참배하라, 궁성을 요배遙拜하라는 위로부터의 명령 때문이 아니라, 그저 같은 피가 흐르고 있고, 과거 수천 년 동안 교류했던 역사가 있고, 같은 땅에서 자란 동지이기 때문에 오늘날 진심을 나눌 수 있다는 것입니다.

현실적인 문제를 일률적으로 말할 수는 없지만, 요컨대 오늘날 모든 사람들이 좀 더 자신의 마음속에서 진심誠을 끌어내서 선조들의 소박한 생활양식이나 사상과 감정을 되돌아볼 필요가 있지 않을까요. 후카이 과장님께서 말씀해주신 기독교의 영향이나 유교의 영향처럼 외부로부터 선조에게 유입된 것들을 모두 버리고, 순수하게 선조의 핏속에 흐르던 것을 좀 더 생각하는 것이 서로의 심금을 지금 가장 크게 울릴 수 있는 방법일 것입니다.

최재서 그럼 마지막으로 평양인의 기질에 대해 박상억 씨께 이야기를 들어볼까요. 장래 제국의 군인干城으로 서게 될 청소년의 문제와도 연관되니까요.

박상억 저는 여러분의 말씀을 듣기 위해 이 자리에 나온 것이라 이렇다 할 정도로 정리된 생각도 없습니다만, 모처럼 지명해주셨으니 생각난 점을 두세 마디만 하겠습니다.

우선 평양인이라고 하면 대단히 급하고 사나우며 완고한 기질을 지녔다고 알려져 있지만, 그 대신 한번 확신이 서면 바로 자기반성을 할 수 있는 상당히 담박한 면도 있습니다. 지금 내선일체나 국어상용의 문제가 다양하게 논의되었는데, 아까도 이야기되었듯이 현재 평양은 그런 점에서 반드시 충분하지는 않습니다. 하지만 저는 결국에는 모두 위정자의 생각대로 될 것이라고 믿어 의심치 않습니다. 왜냐하면 방금 말씀드렸듯이 평양인은 자신의 과오를 시원하게 반성하면, 전향 또한 시원하게 할 줄 아는 사람들이기 때문입니다. 그리고 평양인은 겉보기에 무뚝뚝하고 예의에 그다지 신경 쓰지 않으며 자기 고집이 강하다고들 하는데, 그것이 결점이라면 결점이겠지만, 저는 결점인 동시에 장점이라고 생각합니다. 겉에서 보는 것과 찬찬히 그 내실을 음미해보는 것은 상당히 다르기 때문에, 평양인에게도 꽤 좋은 점이 있다고 봅니다.

그런 점 때문에 우선 내선일체의 문제도 앞으로 10년도 안 되서 눈부신 결과를 보일 것입니다. 또한 기독교의 문제도 언급되었는데, 우선 기독교가 왜 조선 안에서도 먼저 평양에서 장족의 발전을 이루었는지를 규명할 필요가 있습니다. 제가 생각하기에 그 원인은 평양이 이조 500년 동안 압박을 받아온 곳이었기 때문입니다. 인재가 나와도 천부적 재능을 발휘할 기회를 얻지 못하고 하급생활을 500년 동안 계속했습니다. 그와 동시에 스스로를 존립해 나가는 데 권력이나 권위가 비교적 결여되어 있던 상황에서 기독교가 들어왔고, 게다가 영미세력은 왕성했으니, 하는 수 없이 예수교 신자라도 되어서 자신의 권리를 신장하겠다는 방향으로 부득이 하게 흘러갔던 것입니다. 그래서 맨 먼저 서양인을 숭배했겠지요. 단지 종교에 도취되었기 때문만이 아니라 방금 말씀드린 원인 때문에 길들여졌던 것입니다. 하지만 그런 원인이 없어졌다면, 조금만 압력을 가해도 다른 도道와 완전히 같아질 것입니다.

최재서 그럼, 여러분 감사합니다.

시단의 근본문제를 말한다

1943년 2월

참석자

사토 기요시 佐藤清[1)]

가네무라 류사이 金村龍濟[2)]

데라모토 기이치 寺本喜一[3)]

조우식 趙宇植[4)]

스기모토 나가오 杉本長夫[5)]

최재서 崔載瑞 ———————— 본사측

김종한 金鍾漢 ———————— 본사측

---

1) 사토 기요시(佐藤 清, 1885~1960) : 시인, 영문학자. 경성제국대학 법문학부 영문과 교수를 역임했으며 최재서의 은사이다. 1942년 인문사에 여섯 번째 시집 『벽령집』을 출간했다.

2) 김용제(金龍濟)=가네무라 류사이(金村龍濟, 1909~1994) : 시인이자 비평가. 일본 주오(中央)대학 중퇴 후 프롤레타리아 시운동에 투신했으나, 1930년대 후반에 전향했다. 일본어 시집 『아세아시집』으로 제1회 국어문학총독상을 수상했다.

3) 데라모토 기이치(寺本喜一) : 시인. 경성제국대학 법문학부 영문과 출신으로 사토 기요시(佐藤清)의 제자이다. 『조선시인선집』을 펴내기도 했다. 일제말기 국민문학계를 주도했으며 국민총력조선연맹에서 문화과장을 지냈다.

4) 조우식(趙宇植) : 비평가, 화가. 1938년부터 문필활동을 시작했고, 1939년에 파스텔화가로 알려진 박성규와 2인전을 열었다. 1941년에는 「예술의 귀향－미술의 신체제」라는 글에서 미술가가 전체주의 국가정책에 복종해야 한다고 주장했다.

5) 스기모토 나가오(杉本長夫, 1909~?) : 시인. 경성제국대학 법문학부를 졸업했으며, 사토 기요시(佐藤清)의 제자이다. 시가(滋賀)대학 교관, 일본시인구락부(日本詩人クラブ) 회원, 시잡지 『Poet's School』의 편집자, 『詩声』의 동인 등을 지냈으며, 대표 시집으로는 『돌에 밀려와서(石に寄せて)』가 있다.

—— 국어 시단의 현상現狀

최재서 작년에 『국민문학』이 국어 잡지가 된 후, 문단에서는 국어 창작이 가장 중요한 문제로 여겨져 왔습니다. 시단詩壇에서도 국어 시단을 확립하는 것이 현재 우리의 최대 과제일 것입니다. 참고로 작년 1년 동안의 업적을 말씀드리면, 『국민문학』에 작품을 발표한 시인은 30명이고 작품은 대체로 100편 정도가 되는데, 내선인內鮮人 비율이 반반입니다. 편집할 때 특별히 이런 비율을 고려한 것은 아니었는데, 딱 반반이 된 것은 재미있는 일입니다. 그리고 잡지를 만들면서 또 하나 느낀 것은 반도인 쪽에 시인 예비군이 꽤 많다는 것이었습니다. 내지인 쪽에서는 그렇지 않은 것 같은데 어떻습니까? 데라모토 씨, 주위에 시를 공부하는 사람은 없습니까?

데라모토 저보다는 스기모토 군이 잘 알고 계실 것 같은데요.

스기모토 아, 저도 잘 모르지만……. 역시 발표기관이 적기 때문이 아닐까요. 공부하고 있는 사람은 상당히 있는 것 같습니다. 다만 지금 말했듯이 반도인 신인과 중견 작가 중에 예비군이 풍부한 것은 지금까지의 조선시단 사정에서 비롯된 것이겠지요. 내지인 쪽에서도 예컨대 『국민총력國民總力』에 들어 온 투고를 보면, 그다지 좋은 작품은 없지만 계속 투고하는 내지인이 꽤 있습니다. 다만 그런 사람이 어떤 한 잡지를 정해두고 그것을 단련장으로 삼아 시를 공부할 만한 잡지가 없습니다. 하나 정도는 있지만 충분하지는 않습니다. 용지 문제 때문에 그런가요. 내지 등지에서도 작품을 발표하는 사람들을 보면 신인보다는 중견 혹은 그 이상의 사람이 쓰고 있습니다. 상당히 오랫동안 절필해 온 사람도 최근 들어 매우 활발하게 쓰기 시작했고, 그런 사람들만 해도 꽤 많기 때문에 신인이 나올 길이 없습니다. 그런 두 가지 측면 때문에 막혀 있는 게 아닐까요. 예전에 데라모토 군과도 이야기했습니다만, 총력연맹의 문화부에서 그런 사람들이 시를 공부할 수 있도록 해 준다든지 훌륭한 국민시를 발탁한다는 취지로 시 현상모집을 실시하는 것도 재미있을 듯합니다.

가네무라 예전에 내지 시인이 모여서 시 모임을 했던 것 같은데, 그런 사람들은 지금 어떻게 되었습니까?

스기모토 지금 활동하고 있는 사람들이 거기서 나온 것이죠. 하지만 소집되거나 지방으로 가게 돼서 뿔뿔이 흩어졌습니다.

최재서 그 뿔뿔이 흩어졌다는 게 말이죠. 내지인 쪽은 그런 식으로 흩어지고, 언문시를 쓰고 있는 사람들도 무관심한 태도를 보입니다. 결국 오늘날 내선內鮮 시인이 하나가 되어 국어 시단을 확립하려는 열렬한 움직임이 없는 것이죠. 그것이 가장 큰 원인이 아니겠습니까.

스기모토 요컨대 국어 작품이 나오지 않는다는 말이지요?

최재서 예. 잡지가 적기도 하지만, 보다 근본적으로는 건설의 의욕이 부족하다고 봅니다. 좀 더 솔직히 말하면 반도인 쪽에서 역량이 뛰어난 사람은 아직 국어시를 안 쓰고 있고, 내지인 쪽은 이전의 동인잡지가 없어져서 당황하고 있는 형편입니다.

데라모토 가네무라 씨가 아는 젊은 조선 시인은 어떻게 생각하고 있나요?

가네무라 내가 아는 사람들은 여러분도 알고 계시겠지만, 옛날 사람들이 아니라 새로운 사고방식을 가진 사람들뿐입니다. 내가 『동양지광東洋之光』에 있을 때, 투고해 온 것을 보면 대부분 국어로 시를 쓰는 조선인이었습니다. 조선인이 경영하고 있는 잡지이기 때문에 내지인이 적은 게 아닐까 생각했는데, 『녹기綠旗』에 와서 봐도 역시 조선인이 많더군요.

——— 국어로 쓰려는 마음

데라모토 소설과 시 중에서 어느 쪽이 더 투고가 많습니까?

가네무라 시가 많습니다.

데라모토 최근 눈에 띄게 시 투고가 많아지지 않았습니까?

최재서 그렇지는 않습니다. 대체로 시 투고는 예전부터 많았습니다. 다만 국어시가 많아지기는 했습니다.

스기모토 국어로 쓰려는 마음이 생겨나고 있는 것이죠.

가네무라 그것은 이미 생겨났지요. 특히 젊은 사람들은 각오가 되어 있습니다.

최재서 내가 말한 것은 중견의 경우입니다. 국어 시단을 확립하기 위해서는 역시 중견이 움직여야 합니다.

가네무라 단순히 국어와 조선어의 문제가 아니라, 역시 사상적인 문제와 관련이 있다고 봅니다. 조선어로 새로운 국민시를 쓰고 있는 사람도 있지만, 쉬고 있는 사람도 많습니다.

최재서 많지요.

가네무라 그런 사람들은 국어 문제와 문학에 대한 사고방식, 이 두 가지 문제로 헤매고 있는 것 같습니다.

스기모토 다만 아무리 해도 국어로는 발표할 수 없다는 사람들도 있겠죠. 정도의 차이겠지만.

최재서 그런 사람도 있겠지요. 사토 씨를 향해서 조선 국어 시단의 창설자이신 선생님의 의견은 어떻습니까?

사토 글쎄요.

——— 국어 시단의 맹아萌芽시대

최재서 그때의 분위기라든지, 공통의 기분은 어땠습니까?

사토 그때는 조선에서 태어난 사람이나 그렇지 않은 사람이라도 유소년기에 조선에 와서 살고 있는 사람들이 시를 쓴다는 것에 대해서 내지 시단 쪽은 그다지 문제 삼지 않는 분위기였습니다. 그 때는 물론 내지인들만의 모임이었습니다.

가네무라 선생님이 『경성일보』에서 심사를 하시기도 했고, 우치노 겐지內野健二 씨가 잡지를 내기도 했지요.

최재서 결국 조선에도 국어시의 뿌리를 내리겠다는 생각이었던 거죠?

사토 그런 사람들이 모여 있었기 때문에, 역시 조선의 풍토에서 생겨나고 성장한 것을 써보려 했던 것 같습니다. 한편으로는 내지 시단에 좀 색다른 것이 있다고 해서 곧바로 받아들인 사람도 있긴 했지만요.

스기모토 우리 때는 내지인끼리만 하겠다는 생각은 없었습니다. 좀 나중이었습니다만, 실제로 김소운金素雲[6] 씨의 시를 잡지에 실어 준 적도 있었고, 국어로 쓰는 시인이 있으면 같이 하겠다는 마음을 가지고 있었습니다. 다만 우리는 그런 사람과 접촉할 기회가 없어서 …….

최재서 그 당시의 분위기와 지금 함께 시단을 확립하려는 분위기에는 어떤 연관이 있습니까?

---

6) 김소운(金素雲, 1907~1981) : 시인, 수필가, 번역문학가. 1920년 일본으로 건너가 도쿄 가이세이(開成)중학교 야간부에 입학했다. 그 후 한국의 민요, 동요, 시 등을 번역해 일본에 소개하며 폭넓은 활동을 펼쳤다.

스기모토 역시 조선의 향토적인 것, 지금 사토 선생님이 말씀하신 것처럼 조선에서 싹틔운 것을 주제로 해서 시를 짓고자 하는 점이겠죠. 조선인들은 자기의 향토니까 그런 마음이 훨씬 더 강할 것이니 연관성이 매우 큽니다. 다만 이전에는 그것뿐이었는데, 대동아전쟁이 일어나고부터는 시를 쓸 때 국민시라는 것을 항상 염두에 두고 있습니다. 그런 점에서 조선의 시인이든 내지의 시인이든 일본적 자각 아래 국민시를 확립하려는 열의에 한층 더 불타게 된 것이 아닐까, 그래서 이상을 크게 펼치게 된 것이 아닐까 생각합니다.

사토 다만 그 당시는 지금의 국민시 분위기와는 아무런 관계가 없었습니다.

가네무라 그렇죠. 국민시를 지으려는 마음은 꼭 향토적인 것을 필요로 하지는 않습니다.

스기모토 국민적이라는 점에서 말하면, 규슈九州나 홋카이도北海道와 다른 특수한 지위에 있는 조선에서 오랫동안 살아왔다는 마음, 이것은 국민의식을 통해서 더욱 강해지는 것이 아닐까요. 그러니까 관계가 없는 것이 아니라, 더욱 밀접한 것이지요.

사토 그 무렵의 분위기는 매우 내향적이라고 할까요. 단지 시를 쓴다, 쓴다면 여기서 쓰자는 것이어서 사실 국민의식 같은 것은 없었지요. 이를테면 지금의 국민의식이란 것은 말이지요.

조우식 지금 사토 선생님이 말씀하셨듯이 그 당시에는 지금과 같은 의미의 국민의식은 없었다고 보는 편이 맞을 겁니다. 『경일시단京日詩壇』, 『조선시단朝鮮詩壇』을 봐도 그랬지요. 단지 시가 좋아서 모여서 시를 쓰고자 한 것이었지요.

가네무라 하긴 그 때는 내지든 어디든 오늘날 말하는 국민의식은 없었으니까요.

사토 다만 나는 그런 당시의 내지의 것을 여기에서도 유행시키는 데 찬성하지 않았으므로, 그런 것을 경계했고 경고도 해 왔습니다.

스기모토 예컨대 내지에서는 초현실파超現實派가 매우 유행했지요. 그러나 우리는 그것을 상대하지 않는다는…….

사토 말하자면 신즉물적Neue sachlich인 것이 주창된 적은 있었지요. 우리보다 먼저 여기에 온 사람들이, 내지에서 유행하기 전에 그런 것을 주장하고 앤솔러지anthology 같은 것을 내기도 했습니다. 우리는 잘 몰랐지만.

―― 대동아전쟁이 일어나고 나서

스기모토 대동아전쟁이 일어나자 역시 방금 전에 언급했던 일종의 외국 차용물 같은 것은 점차 자취를 감추었습니다. 그리고 일본의 전통적 아름다움이라든가 향토라든가, 그런 것을 노래하려는 분위기가 생겼지요. 즉 전쟁에 참가한 사람은 전쟁시를 쓰고, 그렇지 않은 사람은 방금 말했듯이 일본 전통미나 향토를 주제로 넓은 의미의 국민시를 건설하려는 분위기가 일반화된 것이겠지요.

최재서 그러나 그것만으로 조선에서 국민시가 건설될 수 있을까요. 전반적으로 좀 더 명확하고 통일된 분위기나 정신이 지배해야 한다고 생각합니다. 솔직히 말하면 오늘날 시인들은 그저 임시변통으로 일하고 있는 느낌이 듭니다. 예컨대 싱가포르 함락 후에는 그 축하시를 쓰고, 또 12월 8일에는 대동아전쟁 1주년 기념시를 쓰는 정도에 머무르고 있는 것이죠. 뭔가 통일적인 확실한 목표가 없다면 진정한 국민시가 나올 수 없습니다. 어떻습니까, 이전에는 조선에 와 있으니까 조선에서 취재해서 시를 써보려는 마음이었는지 모르지만, 요즘 같아서는 그 정도의 마음가짐으로 해나갈 수 있을지 의문입니다.

사토 그것은 우리 쪽에서 말하면 내선융화內鮮融和의 정신을 어떤 식으로 포착할 것인가의 문제이고, 조선쪽에서 말하면 일본 정신을 가장 확실하게 포착한다는, 그런 것이 아니겠습니까.

최재서 네. 어쨌든 그런 확실한 목표를 …….

스기모토 그래서 특히 최근 들어서 일본의 전통적 시 정신을 파악하려는 열의가 조선의 젊은 시인들 사이에서 타오르고 있는 듯합니다. 그것이 내지 시인과 조선 시인이 함께 해 나가는 계기가 되지 않겠습니까.

김종한 그것은 나도 항상 생각하고 있는 문제인데요. 조선의 새로운 국어 시단 확립을 생각할 때, 지금까지는 내지인 쪽도 조선인 쪽도 모두 부족한 점이 있었습니다. 내지 쪽 시인의 부족함은 역시 일종의 이국정서 같은 것이었습니다. 다만 드문 예로서 사토 씨의 『벽령집碧靈集』처럼 그것을 극복한 경우도 있습니다만. 일반적으로는 조선에 와 있는 상황에서 이곳을 일본의 한 지방으로 보고 여기서 시인으로서 안심입명安心立命하겠다는 마음이 없었던 것 같습니다. 또 객관적으로 그것이 가능한 정세도 아니었습니다. 그리고 조선인 쪽의 경우, 심정은 이해는 가는데 전쟁이 일어날 때까지는 역시 암암리에 민족주의, 그것은 아니더라도 어쨌든 그런 보이지 않는 마음이 충분히 청산되지 않았습니다. 그런데 이번 전쟁으로 그런 마음을 반드시 확실하게 청산해야만 하는 상황에 이르렀습니다. 게다가 우리는 이미 그것을 청산하고 점차 다음 단계로 진입하는 데까지 와있습니다. 따라서 그런 문제를 결정하는 것은 시인 생활의 객관적 배경입니다. 이것이 선행하는데, 그런 의미에서 보면 지금 확실히 그런 배경이 만들어지고 있기 때문에, 그다지 문제 삼지 않아도 국어 시단은 훌륭하게 만들어질 것입니다.

사토 나는 이미 만들어졌다고 생각합니다.

김종한 조선인과 내지인이 서로 손을 맞잡고 출발하고 있다는 정도지요.

——— 시론詩論과 지도자

사토 이제 한 걸음 나아가야 한다기보다 『국민문학國民文學』이 나온 지 1

년, 1년이 더 됐습니다만, 실제로 이미 출발했다고 봅니다. 다른 잡지나 신문에도 시를 쓰고 있는 사람이 있는 것 같은데, 그것에 매듭을 지어 주는 사람이 있으면 좋겠습니다. 누군가 시를 확실히 비평하는 사람이 나와서 말이죠.

김종한 그런 의미에서는…….

사토 역시 지도자가 필요합니다.

김종한 그렇습니다. 예컨대 동아공영권에서는 누가 뭐래도 도쿄가 문화적 중심이기 때문에, 시에 있어서도 도쿄의 수준을 염두에 둔 넓은 시야를 지니고 신뢰할 수 있는 비평가가 나와서, 이 작품은 훌륭하다든가, 도쿄의 수준에 이르렀다는 식으로 권위 있는 비평을 해 준다면, 시인은 그런 일에 신경 쓰지 않고 오로지 시만 쓰겠다는 순수한 마음으로 시를 쓸 수 있을 겁니다. 아무래도 신뢰할 수 있는 비평가가…….

데라모토 그런 비평가나 지도자의 등장은 외부에서 기다리는 것이 아니라, 역시 우리가 해야겠지요.

사토 그러니까 그것은 우리가 해야죠. 이것은 여담인데, 잡지나 신문에 여기저기 흩어져 발표되어 있기 때문에, 예컨대 스기모토 군의 특성만을 포착하려고 할 때 아무래도 불편합니다. 그의 시가 한 권으로 묶어져 있으면 좋겠는데, 그런 노력이 부족한 것 같습니다.

스기모토 지당한 말씀입니다.

사토 그렇지요. 시집으로 만들어졌으면 비평가는 조선시인열전列傳이든 뭐든 쓸 수 있습니다.

최재서 작년 이후의 국민문학론은 아직 시 분야로까지 구체적으로 전개되지 않았지만, 어쨌든 여기까지 왔습니다. 요컨대 조선문학은 일본 국민문학의 일익一翼으로서 국어로 쓰지만 여전히 조선문학입니다. 반도인이 쓰든 내지인이 쓰든 어쨌든 조선의 생활과 그 문제를 취급하여 오늘날 일본이 살아가는 길을 걸어가는 것, 그것이 국민문학으로서의 조선문학이 존재하는 방식입니다. 그런데 그 경우 반도에 있는 내지인 문인이 이곳에 정착하지 않고 있는 모습이 염려스럽습니다. 유진오 씨가 다나카 히데미쓰田中英光 씨를 비판한 것도 그런 점일 것입니다.

스기모토 결국 내지로 돌아갈 거라는 말이죠.

─── 조선 시단의 윤곽

최재서 즉 내지로 돌아가 버리면 결국 조선문학도 아니라는 말입니다. 이 점에는 두 가지 측면에서 조선문학, 나아가 조선 시단의 성격이 암시되어 있다고 봅니다. 요컨대 조선에는 국어로 씌어진 시나 소설, 문학이 있는데, 그 경우 조선의 문제나 생활을 취급하고 있다는 의미에서 조선문학인 것입니다. 따라서 결국 도쿄에 있어도 쓸 수 있는 문학이라면 크게 의미가 없다는 …….

사토 확실히 그렇습니다. 그 점이 제일 중요합니다.

스기모토 그렇다고 해서, 내지 쪽의 시인을 부정하는 것은 잘못된 겁니다.

김종한 부정하는 것은 아니고, 아마 유진오 씨의 경고도 일반적으로 말했다기보다 어떤 개인에 대한 것이겠지요.

사토 어쨌든 약점을 잘 지적했습니다. 다만 그 작품에 가치가 있다면, 언제까지나 거기에 남아있어도 되지요. 사람은 언젠가는 죽기 마련이니까요.

스기모토 우리는 오랫동안 조선에서 생활하고 있습니다. 여기서 조선의 생활이나 문제를 노래한다면 그것이 조선시인 것이고, 우리가 내지로 가더라도 그것은 조선문학으로 여기에 남습니다.

최재서 물론 내지인 작가를 여기에조선에 붙들어 두자는 것이 아닙니다. 즉 조선문학이라는 부문이 여기에 견실하게 있으면 되는 겁니다. 더 넓게 도쿄에서 활동하는 것을 질투하는 것은 아닙니다.

——— 특수성과 보편성

데라모토 그러나 어쨌든 옛날에 비해 조선문학의 특수성이 사라져가고 있습니다. 규슈 문학이나 홋카이도 문학이 언급되었는데 단지 지역적으로는 그렇게 말할 수도 있겠지만, 진정한 의미로는 규슈 문학, 홋카이도 문학이라는 말은 존재하지 않습니다. 따라서 조선의 경우도 그런 특수성은 사라져 가는 추세에 있다고 봅니다. 예컨대 조선은 지금까지 외지外地였는데 어느새 내지권內地圈에 들어왔다고도 할 수 있습니다. 조선에 있어야만 쓸 수 있는 것도 있겠지만 옛날보다는 점점 줄어들고 있고, 그것보다 큰 국민의식이 앙양되고 있습니다.

김종한 나는 그렇게 생각하지 않습니다.

데라모토 그런가요.

김종한 낡은 의미의 특수성이라는 사고방식은 있어서도 안 되고, 사실 그런 것은 최근에 청산되었습니다. 그러나 새로운 의미의 특수성이 생겨나지 않을까요. 어떤 의미에서 그것은 세계사의 동향이기도 한데, 세계주의에서 일종의 새로운 지방주의로 돌아간다는 ……. 따라서 향토적인 것이 더욱 강조되어도 좋습니다. 다만 그럴 때의 마음가짐이 문제일 텐데, 그런 향토성은 일본문학을 만들어내는 하나하나의 요소이자 단위가 됩니다.

사토 특수성과 보편성으로 나아가는군요.

데라모토 그러니까 조선이라는 특수성이 일본이라는 큰 보편성으로 융화되어 가는 것이지요.

사토 그렇지만 그 보편성이 특수성을 부정하는 것은 아닙니다. 보편성은 곧 국민정신이고 애국정신이며 혹은 황국정신입니다. 문학은 역시 특수성에 의해 성립하는 것이니까요.

최재서 데라모토 씨가 말하는 특수성은 결국 지금까지의 낡은 사고방식으로 뒷받침된 특수성이 아닐까요. 그런 특수성은 그대로 두면 자멸할 수밖에 없습니다. 그러나 지금 말하고 있는 것은 큰 국민성 속에서 살아나는 특수성, 요컨대 그 속에서 일으켜 세워야 하는 특수성입니다. 풍토적인 것과 산업 입지로 보더라도 조선에는 내지와는 구별되는 생활과 문제들이 있을 수밖에 없지요. 그런 산업과 풍토, 따라서 자연스럽게 그것과 어울리는 생활이 있기 때문에, 한 방향에 급격히 일체화되면서, 동시에 그 특수성은 좀 더 강고한 지반 위에 놓이게 되지 않을까요?

데라모토 그러나 그런 특수성은 특별히 조선에만 있는 것이 아니라, 넓은 의미에서 보면 도쿄까지 이르는 것입니다. 따라서 도쿄로 돌아가는 것을 두려워할 필요는 없다고 봅니다.

사토 그럴 필요는 없죠.

스기모토 요컨대 이식되는 겁니다.

데라모토 그 작가에게는 역시 조선에 있었다는 사실이 따라다닙니다.

김종한 결국 조선을 체득하면 되는 거겠지요.

스기모토 맞습니다. 몸에 익히지 않고 좋은 작품을 쓸 수는 없습니다.

최재서 다만 이런 일은 있습니다. 도쿄에 가서 갑자기 나빠지는 것이죠.

조선이냐 내지냐를 떠나서, 문학 자체가 점점 나빠지는 경우, 그 원인은 역시 발이 허공에 떠 있다는 데 있겠지요.

데라모토 발이 땅을 딛고 있다는 점에서 확실히 향토도 중요하지만, 생활이라는 것이 중요하기 때문에 그런 것을 생각할 경우, 특별히 조선에 구애될 필요는 없습니다. 그 생활 태도가 문제이고 그것이 진실하다면 좋은 것이죠.

최재서 물론 구애될 필요는 없지요. 하지만 유리되어서도 안 됩니다.

가네무라 조선문학이 반드시 조선에서 씌어져야만 하는 것은 아닙니다. 내가 보기엔 문학의 제재 문제와 조선문학 그 자체에 대한 관념 문제가 서로 뒤섞여서 논의되고 있는 것 같은데요. 요컨대 일본적인 것을 쓰려는 마음이 먼저인 것이지, 조선의 것만을 노래해야 한다는 마음은 없습니다. 시를 쓸 때나 생각할 때나 …….

최재서 그렇다면 당신이 일본적인 것을 쓰려는 마음은 어디에서 나오는 것입니까.

가네무라 나로서는 일본의 황민이 되려는 노력이지요.

최재서 결국 반도의 2천 4백만이 완전히 황민화되고자 하는 마음, 그것이 지금 조선시의 가장 중요한 제재이고, 그것이야말로 지금 조선 땅을 딛고 있는 게 아닐까요. 그런 것과 동떨어질 경우, 50년, 100년, 200년 뒤는 모르겠습니다만, 현재의 필요와 요구는 일본적인 것을 하루라도 빨리 자신의 것으로 만들고 황민이 되려는…….

가네무라 그러니까 나는 그것을 조선문학이라고 규정하지 않고, 제재의 문제라고 하는 겁니다.

최재서 그러나 그런 것을 지금의 조선문학으로 규정해도 전혀 부자연스럽지 않습니다.

가네무라 그럴 필요는 없습니다.

데라모토 이를테면 현재 조선문학의 특질이군요.

최재서 그렇습니다. 그러니까 반도인이 도쿄에 가서, 현재 조선의 절실한 문제를 완전히 잊고 정말 내지인처럼 말하는 것이 무슨 가치가 있겠습니까. 지금 반도의 그런 격렬한 의욕을 체험하지 못하고, 그래서 발이 허공에 떠 있는 것을 쓰고 있다면, 참으로 안타까운 일입니다.

사토 그러니까 결국 여기에 있어야 한다는 것이군요.

최재서 이곳에서 내지인과 반도인이 하나가 되어서 큰 것을 만들겠다는 생각 없이 글을 쓴다면, 솔직히 말해 그다지 고맙지 않습니다.

데라모토 고맙지 않은 것이 아니라, 그래서는 안 되는 것이죠.

스기모토 조선에 와 있는 사람은 그런 소용돌이랄까, 의욕 속에 있기 때문에 누구든 느끼고 있습니다.

——— 혁신의 심리적 과정

김종한 가네무라 씨가 그렇게 말한 기분은 알겠는데요. 일본인이 되어야 한다는 것은, 두부장수든, 채소장수든, 관리든, 선생이든, 누구나 그래야 한다고 생각하는 공통된 대의명분처럼 근본적인 마음이라고 봅니다. 그러나 시인의 혁신은 실제 문제로 생각해 보면 그런 것이 아닙니다. 국어에 숙달해서 그 기계성을 초극하는 것도 혁신이겠고, 만요萬葉의 정신을 체득하는 것도 혁신의 훌륭한 방법일 것입니다. 또한 취미로 하이쿠俳句나 단카短歌를 배우는 것도 혁신의 구체적인 길일 것입니다. 어쨌든 구체적이고 실재적으로 혁신하지도 않으면서 나는 혁신했다고 선언하는 것은 공염불이고, 보기에도 좋지 않으며 어디까지 신용해야 좋을지도 모르겠습니다.

최재서 가네무라 씨가 가장 일본적인 것이 되려는 것, 그것이 실제로 그렇게 된다면 가장 조선적인 문학이라고 할 수도 있겠죠.

가네무라 그러나 그것을 의식하지 않아도 좋을 것입니다. 자연스럽게 …….

최재서 어째서 의식하지 않는다는 겁니까.

가네무라 자연스럽게 그것이 통하면 좋으니까요.

데라모토 가네무라 씨의 이번 시집이 조선의 독특한 것이라는데요. 그건 정말로 그렇고, 조선에서가 아니면 나올 수 없는 것입니다.

가네무라 조선에서가 아니더라도 나올 수 있다고 생각합니다.

데라모토 그러나 바로 조선이기 때문에 나온 것입니다.

김종한 새로운 조선인이 조선에서가 아니더라도 생겨날 수 있다는 말은……?

가네무라 내 시집의 가치와 영향은 별개의 문제입니다만.

김종한 그건 그렇지요. 조선인이 조선에 충실하지 않는 것은 국민으로서도 충실하지 않는 것입니다. 혁신이라는 것을 관념적으로 생각하기 때문이지요.

최재서 내가 말하고 싶은 것은, 일본적으로 되려는 것이 조선적이라는 것입니다. 그럴 경우 조선적인 것이 이미 일본적이라는……. 당신의 시집을 그 확실한 증거로 들고 싶습니다.

사토 그러나 나는 센다이仙台 사람이지만, 센다이 사람이라는 것을 늘 상 생각하는 것은 아닙니다.

가네무라 그러니까 반드시 조선문학이라는 것을 의식할 필요는 없을 겁니다.

최재서 방금 말한 대로 만약 당신이 반도의 의욕과 유리된 것을 쓰고 있다면…….

가네무라 그런 의미에서 유리된 것도 있지요. 조선인이 일본의 역사적인 것을 노래하려고 한다면, 예컨대 진무천황神武天皇의 고토세이御東征[7]를 노래하려고 한다면, 그것은 즉 역사를 배워서 쓰려고 하는 경우지요. 그런 역사는 조선에 없으니까…….

최재서 당신이 그런 것을 노래하려는 마음가짐은 무엇입니까? 의식이 없는 시는 없을 텐데요…….

가네무라 조선 시인이기 때문에 그것을 써야겠다는 마음은 없습니다.

사토 그것을 통해 일본 역사의 전통을 배운다는 마음은 없습니까?

가네무라 그건 있습니다. 숙명이기 때문에.

최재서 그래서 고토세이御東征를 노래하려고 하는 당신의 마음이 이미 다른 면을 갖게 되는 겁니다.

데라모토 그러나 유리되어 있다고 생각하지는 않습니다.

---

7) 김용제의 서사시 「御東征」은 『녹기』 1943년 2월호에 실렸다.

최재서 그건 물론입니다. 아니, 바로 그렇기 때문인 것이죠.

가네무라 그래서 결국 아까 말한 제재의 문제로 봐도 좋을 겁니다.

김종한 나는 역시 의식하고 있는데요. 앞서 도호쿠인東北人과 규슈인의 경우, 이미 같은 수준으로 가고 있습니다. 그런데 일반적으로 볼 때 조선의 경우는 자연히 거기에 어긋남이 있고, 그 거리감에서 일종의 초조함이 생긴다고 생각합니다. 이 거리감을 메워야 한다, 나는 조선인이다 라는 의식을 가질 수밖에 없는 것입니다.

데라모토 그것을 의식할 필요는 없지요.

김종한 고집하고 있는 것은 아닙니다.

사토 어떤 테마를 찾아서 시를 쓸 때, 쓰기 시작했을 때의 혼란스러운 감정이 작품 속에서 의미나 언어 외에 하나의 어조로 나온다는 겁니까?

김종한 그 초조함을 시를 씀으로써 초극하는 것입니다.

사토 그래서 시작詩作을 하는 동안의 마음, 시작詩作을 할 때는 어떻습니까. 역시 초조함이 있겠지요.

김종한 시를 쓰게 되었을 때는 이미 초극한 거죠. 쓰는 동기, 즉 모티브 속에 그것이 다분히 있으니까요. 고도의 정치적인 의미로 그것을 해부한다면, 그런 거리감이 시를 쓰도록 부추긴다고도 할 수 있겠지요.

가네무라 내 생각에 그것은 내지와의 문화적 거리에서 비롯된 것이 아니라, 자신의 의식에서 나오는 것입니다. 그런 초조함에서 벗어나 있으면 그런 의식을 느낄 필요는 없습니다.

사토 그러나 서정시에서는 그런 마음이 중요합니다. 의미나 말보다도 기분이 먼저 나오는 것이죠.

가네무라 나는 2,3년 전에는 그랬지만, 지금은 그런 초조감은 없습니다.

사토 나는 이런 시를 쓸 때 이런 기분이었다고 씁니다. 초극하는 기분을 말이죠. 그것이 시가 됩니다.

최재서 지금 단계에서는 그것이 자연스럽다고 보는데요. 시인이 특별히 정치적인 의식을 가지고 시를 쓰는 것은 아니지만, 시를 정치적으로 바라보거나 정치가가 시를 이용하는 것은 가능하겠지요. 구체적으로 징병제가 드디어 내년부터 실시되는데, 한시바삐 민중을 의식적으로 만들어야 할 정치적 필요성이 있습니다. 그 때 시인이 그런 것을 의식하지 않고 시를 쓸 수 있을까요. 지금 김군이 말한 것처럼, 어떤 수준에 재빨리 도달하고자 하는 격렬한 의욕을 시 정신이라고 한다면, 그런 시야말로 지금 조선에서 가장 자연스러운 시가 아니겠습니까.

사토 그렇죠. 초극할 때까지의 과정, 그것이 바로 시가 아닐까요.

스기모토 그것이 반도의 의욕이자 고뇌이기도 하지요.

가네무라 노래의 대상과 노래하는 자신의 마음이 딱 맞아 떨어져 있는지, 노래의 대상을 자신의 감정이 살려내고 있는지 여부가 문제입니다. 따라서 대중이 고민하고 있는 것을 시인이 똑같은 수준에서 고민할 필요가 없는 것이죠. 즉 높은 수준에서 노래하는 것이 바로 대중의 고뇌를 되살리는 것입니다. 나는 관념적인 시만을 쓰고 있는데, 사상적인 것이 없다면 오늘날 국민시라는 것은 있을 수 없습니다.

김종한 그 사상의 내용이나 질에 문제가 있을 테지만, 문학에서 관념이라는 것은 늘 사상을 죽이는 것이죠.

최재서 국민시는 도쿄에서도 쓰이어지고, 조선에서도 쓰이어지고 있습니다. 그런데 내지의 국민시와 반도의 국민시가 똑같다는 것이 과연 기뻐할 만한 일인지 당장은 말할 수 없습니다. 지금은 의식하지 않는 편이 좋다는 이야기도 있는데, 하루라도 빨리 그렇게 되는 게 바람직한 일이겠지요. 오늘날 반도에서 국민시의 과제는 그런 점을 확실하게 의식해서 고양하는 것이고…….

——— 시인으로서의 혁신

김종한 어쨌든 시인은 좀 더 고심해야 합니다. 시인 개인의 혁신은 어떤 의미에서는 오히려 쉬운 일이지요. 그러나 그 밖에도 자신과 관련된 사람들을 동시에 자신의 수준으로까지 끌어올려야 한다는 데서 시인의 책무와 괴로움이 생겨나는 것 같습니다. 그것이 시인에게는 제2단계 혁신입니다. 그런 자신의 발전하는 심리를 털어놓음으로써, 자기보다 뒤에 오는 사람들에게, 과연 이런 사람들은 이런 괴로움 속에서 이런 경로를 통해 혁신했구나, 그러니 나도 혁신해야겠다는 마음이 들게 하는 것입니다. 내가 현재 시에 불만스럽게 생각하는 점은 그런 발전하는 심리가 없다는 것입니다. 물론 그것을 너무 서투르게 내보이면 정치적으로 역효과가 나겠지요.

가네무라 문학에서 이런 점은 문제가 있지요. 예컨대 이무영 군의 「과수원 이야기果園の物語」에는 이래서는 안 된다는 괴로움이 나타나 있습니다. 그리고 나중에는 새로운 빛이 비치기는 하지만, 요컨대 괴로움을 거쳐 그렇게 되기까지, 어두운 부분이 너무 많고 밝은 부분이 결론으로 슬쩍 삽입되는 것은 우선 검열 쪽에서 문제가 되겠지요.

김종한 작품으로서의 투명감透明感이 없는 것은 작품의 잘못이지, 문학의 본질과는 상관없습니다.

스기모토 그것은 작가가 다루는 방법에 따르는…….

최재서 물론 문학은 괴롭기 위한 것이 아니라 즐겁기 위한 것이지만, 그 경우…….

김종한 가령 야스다 요주로保田與重郎[8]나 아사노 아키라淺野晃[9]를 읽고, 우

8) 야스다 요주로(保田與重郎, 1910~1981) : 문예비평가. 도쿄제국대학 미학과 졸업. 고교 시절 좌익 사상의 영향을 받은 단카와 평론을 발표하다가 전향 후 일본 고전으로의 회귀를 주장하며 『일

리가 깜짝 놀란 것은 이런 사람들도 역시 이만큼 괴로워한다는 것 때문이었습니다. 일종의 비원悲願인 것이죠. 따라서 우리도 진정으로 확실하게 해 나가야겠다는 생각이 들었습니다.

최재서 결국 비중의 문제지요.

가네무라 그래요. 내가 방금 말하려고 한 것도 그런 것입니다.

최재서 괴로움만으로는 한때의 고민의 문학이 되어 버리지요.

가네무라 작가가 어느 정도 괴로워하는 것은 좋지만, 그것을 작품으로 써야만 하는 것은 아니지요.

최재서 그러나 마음에 와 닿기 위해서는 괴로움이 있어야 합니다. 문학이 호소력을 잃는다면 모든 것을 잃는 것이니까요.

―― 어둠과 밝음

김종한 문학에서의 그림자지요.

본낭만파』(1935)를 창간했다. 최초의 평론집은 『일본의 다리』(1936). 이후 2차대전 시기 일본 청년들에게 많은 영향을 끼쳤다.

9) 아사노 아키라(淺野晃, 1901~1990) : 시인. 릿쇼(立正)대학 교수. 도쿄제국대학 법학부를 졸업한 후 일본공산당에 입당했으며, '일본공산당노동자파'의 결성에 참가했다. 운동이 소멸된 후 국수주의로 기울었으며, 황도문학 확립을 주장했고, 다이토주쿠(大東塾) 출판부 고문을 맡았다. 저서로는 『시대와 운명』(1938) 등이 있다.

사토 다만 문학에서는 속이는 것이 불가능합니다.

스기모토 보이지 않는 부분이 보이는…….

최재서 음영陰影이지요. 어떤 목표가 갑자기 떠오르는 것이 아니라, 그 안에 있는 그림자를 시국에 지장이 없는 선에서 충실하게 묘사해야 합니다. 그것조차도 시국에 방해가 된다면 어쩔 수 없겠지만……. 내선일체內鮮一體라는 말은 아름다운 말이지요. 그러나 말 그 자체만으로는 서로 진실이 아닙니다.

가네무라 그런 단계에서 괴로움도 있지만, 또 그 단계에 상응하는 밝은 면도 있을 것입니다. 괴로움을 무시하는 것은 아니지만, 문학은 현실의 그런 단계에 걸맞은 밝고 아름다운 측면을 다루어야만 할 것입니다.

데라모토 양쪽 모두 필요하지요.

김종한 그러나 밝은 면만으로는 생생한 그림이 나오지 않는 경우가 많지 않습니까. 괴로운 부분을 전혀 나타내지 않고, 요컨대 이 사람은 이 정도로 꼼짝달싹할 수 없는 길을 걸어 여기까지 왔다는 것을 제외해서는……. 어쨌든 지금 문학자의 임무는 문학을 통해서 어두운 면을 밝은 면으로까지 승화해 가는 것이고, 거기에 성실하고 거짓 없는 작가의 길이 있다고 생각합니다.

사토 그 경우는 결국 작가의 역량에 달려 있습니다.

스기모토 괴테의 「헤르만과 도로테아Hermann und Dorothea」는 그런 상황에서도 무한히 밝은데요. 결국 추상론은 안 됩니다.

사토 마돈나를 그릴 작정이었는데, 창부가 되어버린 셈이니까요. 하하…….

스기모토 재능의 문제인 거죠. 결국 완성된 작품을 읽고 올바른 감동을 줄 수 있을지가 문제이므로, 다루는 방법만을 논의할 수 없는 면이 있는 것이죠.

사토 그렇습니다.

──── 도쿄 시단의 현상現狀

최재서 내지의 시단은 어떻습니까?

데라모토 내지의 시단은 아까 스기모토 군이 말했듯이, 신인이 나오기보다는 이전부터 수고하고 있던 사람들이 총동원되어 쓰고 있는 상황입니다.

가네무라 어쨌든 현대는 역시 시의 시대라고 생각합니다.

데라모토 지금까지 고생한 사람들이 부쩍 나오고 있고요.

가네무라 사토 하루오佐藤春夫[10] 씨나 시를 그만뒀던 사람들이 속속 쓰고 있습니다. 이 시대를 위해서, 잠들어 있던 시가 소생하고 있는 …….

데라모토 한편으로는 신인이 나오지 않는 것이 큰 문제지요.

김종한 다만 전쟁 이후에 나온 시 중에서, 좀 엄격하게 말해 이것은 대적할 수 없다든지, 나는 어떻게 해도 거기까지는 갈 수 없다는 수준에 이른 시는 없었지요.

스기모토 신인의 문제로는, 시단 조직이 형편없어서 재조직하지 않으면 신인이 나올 수 없을 겁니다.

김종한 지금 열심히 노력하고 있는 중견들도 원래는 넓은 의미에서 모더니즘의 호흡을 가지고 있었는데, 이러면 안 된다는 마음가짐으로 재기해 왔지요. 하지만 그런 게 아니라 처음부터 국민시를 짊어진 새로운 세대가 나와서, 기존 사람들을 추월하게 되면 통쾌할 것입니다.

데라모토 말하자면 다키구치 슈조瀧口修造[11]나 기타가와 후유히코北川冬彦[12] 등 일찍이 초현실주의 시인이었던 사람들이 고전적인 것을 국민시로 쓰고 있습니다.

---

10) 사토 하루오(佐藤春夫, 1892~1964) : 시인 겸 소설가, 평론가. 특히 전통적 고전적 서정시의 대가로 평가되고 있다. 대표작으로 「스페인견(犬)의 집」(1916), 「아키코 만다라(晶子曼陀羅)」(1954) 등이 있다.

11) 다키구치 슈조(瀧口修造, 1903~1979) : 시인, 미술평론가. 1930년대에 친교가 있었던 프랑스 시인 앙드레 브루통의 『초현실주의와 회화』를 번역, 그 후 프랑스 현대시와 미술을 연구, 소개했다.

12) 기타가와 후유히코(北川冬彦, 1900~1990) : 시인, 영화비평가. 도쿄제국대학 불문과 중퇴. 신(新)산문시 운동을 활발히 전개했으며, 앙드레 브루통의 『초현실주의 미술론』을 번역, 소개했다.

사토 고전적입니까. 하하……. 과분한 말이군요.(웃음)

스기모토 그렇지만 모더니즘 시인들 중에도 그런 전통적인 것을 정신으로 삼고 있던 사람도 있을 테지요.

데라모토 그러나 어쨌든 태도가 돌변했습니다. 엄청나게 변하고 있습니다.

가네무라 크게 돌변해도 좋다고 생각합니다.

사토 작품이 좋다면 돌변해도 좋겠지만.

김종한 변화라는 것을 독자에게 끼치는 영향에서 생각해볼 때, 그 작가가 꼼짝달싹 못하는 어려운 분위기에서 그런 길로 나아갔을 경우에는 좋은 영향을 줄 수 있겠지요. 하지만 그 심리 과정이 애매한 경우에는 무슨 말을 하는 건가 라는 반감을 일으킵니다. 거기에 시인의 윤리적인 문제가 있으며, 그것은 시인의 생명이 달린 문제입니다.

——— 시의 사회世間 진출 등

최재서 조선 시단은 어떤 상태입니까?

사토 조선에서는 신문에 시를 별로 실어주지 않지요. 도쿄나 내지에서는 신문에 매우 요란하게 싣지만. 그런 점에 조선의 신문 관계자는 그다지 달갑게 여기지 않는 듯해요. 그렇지 않나요.

가네무라 『매일신보』에서는 조금 싣고 있지요.

최재서 『매일신보』는 처음에는 시를 많이 실었었죠. 그런데 독자로부터 그런 시시한 것을 싣지 말라는 말을 듣고 나서는 뚝 중단해 버렸습니다.

데라모토 그러나 어쨌든 시의 세계는 확대되었습니다. 옛날에는 좁은 범위에서 자기들끼리 즐기는 것이라서 이해하기 어려웠습니다. 지금의 시는 이해하기 쉽습니다.

사토 그래서 모두 즐거워하고 있는 …….

스기모토 요전에 동양극장의 낭독회, 그런 것은 좋더군요.

데라모토 평판이 좋았지요.

스기모토 매달 해도 좋지 않을까요.

김종한 정말 좋은 일이지만, 이런 시대에는 시인에게도 사회적 책임이 있습니다. 거기서 낭독된 시 중에는 꽤나 무책임한 시도 있던 것 같습니다. 그렇다면 거기에 모인 관중들에게 시인은 무책임한 행위를 한 셈이죠. 더욱더 좋은 시를 써야만 하는 시대가 되었습니다.

조우식 국어로 시를 쓰든 무엇을 쓰든 신문이나 잡지에 급한 대로 원고를 써서는 안 됩니다. 성실하게 써야 합니다. 그와 관련해서 이런 이야기가 있는데요. 어떤 신문에서 전화로 30분 만에 시 한 편을 써 달라고 해서, 어떻게든 썼다고 합니다. 자기도 만족스럽지 못한 시였으니, 민중들에게 주는 영향도 좋지 않았겠지요.

데라모토 그것은 개인의 문제이지, 시간의 문제가 아닙니다.

김종한 저널리즘의 잘못도 있습니다.

조우식 어떤 감동을 받고서 그것을 30분 만에 쓸 수는 있겠지요. 남에게 재촉 받아서 쓸 때는 어떻습니까?

최재서 저는 시에는 문외한이라서 …….

가네무라 아뇨. 문외한은 아니지요. 비평 쪽에서 활발히 활동하고 계시고 …….

최재서 지금 시의 두드러진 경향은 장식성, 즉 시가 장식성을 띠고 있다고 할 수 있습니다.

데라모토 꾸민다는 것은 무슨 뜻입니까?

최재서 요컨대 시가 시국에 추수한다는 겁니다. 협력한다는 의미에서는 매우 좋지만, 이쯤에서 한번 시가 지도성을 회복했으면 좋겠습니다. 시는 원래 지도적인 것이기 때문에 최근에 시가 일반화되어 민중에게 기쁨을 주고 있는 것은 바람직한 일이지요. 하지만 이런 전쟁 시기에 민중이 당연히 알고 있고 느끼고 있는 것을 장식하는 일에서 한층 더 나아가, 민중을 지도하는 시가 결여되어 있습니다.

가네무라 그러게 말이죠…….

김종한 가령 시인이 만약 "걸어라 걸어라"라고 시를 쓰면, 그것을 읽는 사람이 걷고 싶어진다, 이런 시가 나오면 진짜인 것이죠.

데라모토 지금 이야기는 그보다 한걸음 더 나아가야 한다는 것이지요. 아직 아무도 말을 꺼내지 않았을 때 쓰라는…….

최재서 어쨌든 우리는 지금 큰 의욕을 가지고 있고, 그것에 방향을 부여하는, 단순한 목표나 슬로건이 아니라, 진정한 의미에서 방향을 알려주는 시가 나오지 않을까 하는…….

데라모토 대大시인이 요망된다는 것이죠.

최재서 아니 반드시 대시인을 말하는 것은 아닙니다. 그러면 절망론이 되어 버립니다.

김종한 결국 굉장히 뛰어난 시인이 나오지 않으면 곤란하지요. 그리고 관념적으로 문화를 이끄는 사람들이 구체적인 시의 문제는 시인에게 상담할 수 있게 해야 합니다. 하지만 지금 조선의 문화계는 어느 쪽도 거기까지 이르지 못했습니다.

——— 신간 시집 이모저모

최재서 선생님을 앞에 두고 『벽령집碧靈集』에 대해 말씀드리기가 좀 그렇습니다만, 어떤 마음으로 쓰신 것입니까? 잘 알지는 못하지만, 최근 2,3년간 조선에서의 국민문학을 고민하고 있는 저로서는 그 시들이 지도적이라고 생각합니다. 선생님은 역사의 세계로 들어가서 그로부터 확고한 것을 포착해서 노래하고 계신데요. 수를 헤아려 보면 그렇게 많지는 않지만, 구구한 이론보다도 거기서 하나의 빛이 밝혀진 듯한 느낌입니다. 반드시 그것만을 가리키는 것은 아니지만, 그런 식으로 민중이 가야 할 길을 제시하는 시가 나와야 한다고 생각합니다.

가네무라 저도 선생님의 시는 그 자체로 대단히 훌륭한 작품이라고 생각합니다. 다만 좀 주제넘은 말입니다만, 그런 것뿐만 아니라 현재 조선의 현실 문제를 노래해 주시면 좋겠습니다. 존경하는 대大선생님이시기에 그런 일도 해주시면 감사하겠다는…….

스기모토 그런 거라면 「싱가포르 함락シンガポール陥落」13) 등에서 낡은 질서

---

13) 『국민문학』 1942년 2월호에 실린 사토의 시 「獅港(싱가포르 항구)」를 가리키는 것으로 생각된다.

가 끝나고 새로운 세계가 도래하는 분위기를 정말로 잘 노래해 주셨지요.

가네무라 요컨대 그런 시를 많이 써주셨으면 하는데요.

김종한 『벽령집』을 읽고서, 저도 정말 감동했습니다. 하지만 그러면서도 제가 노래해야 할 세계는 확실히 따로 있다는 ……. 하하 …….

사토 그건 그래야만 하죠.

최재서 결국 연설을 들어도 이론을 읽어도 뭔가 좀 …… 하는 기분이 드는데요. 시를 읽고 나면 기분이 상쾌해지는 그런 시가 있으면 좋겠습니다.

사토 내 시집을 갖고 있는 사람이 학교에서 선생님을 하는 조선 분에게 빌려 주었는데, 그 분은 시에 대해서는 전혀 알지 못하는 사람이라고는 하지만 학교 선생님이니까요. 그 분이 읽고 나서, 조선의 자연을 노래하고는 있지만 조선의 인간에 대해서는 한 마디 언급도 없다고 했다던데요.

가네무라 그것이 맞는 이야기인지는 …….

김종한 제가 어딘가에서 주장한 적이 있는데요. 지금까지의 시인은 살아온 시대나 연령 안에서 자연이나 풍속을 많이 노래했지요. 그러나 우리 심정으로는 역시 전쟁이나 인간을 노래하고 싶습니다.

최재서 그러나 조바심을 낼 필요는 없겠지요. 이런 격동하는 과도기에 뭔가 확실한 것을 포착하려면, 일단 역사의 세계로 돌아가서 거기에서 확고한 것을 붙잡는 일도 고려할 만합니다. 사람을 노래하는 것도 좋지만, 그 전에 먼저 토대를 자연이나 역사에서 구하는 것입니다. 사람을 노래하지 않은 것은 저도 서운합니다만.

사토 시를 쓰는 사람의 태도가 중요하겠지요.

스기모토 무리해서는 시를 쓸 수 없으니까요.

사토 그러니까 그 사람에게 없는 것은 어쩔 수 없지요.

조우식 나도 선생님의 『벽령집』은 감동스럽게 읽었습니다. 그런데 그와는 별개로 조선에 있는 사람이 어째서 조선 사람을 노래하지 않았는가라는 점을 문제로 삼을 수는 있겠지요.

김종한 지금까지는 조선 그 자체를 노래하는 것조차 꺼려하던 시기가 있었기 때문에, 자신의 마음을 완전히 정리하지 못했을 수도 있겠지요.

최재서 그리고 작년 시단에는 좀 더 수확이 있었지요. 『아세아시집亞細亞詩集』입니다. 이 시집은 쇼와 14년1939부터 4년 동안 쓴 것인데, 그렇게 지속적인 시 작업은 조선에서는 드문 것이지요. 가네무라 씨를 향해서 그 시를 쓴 당신의 마음을 말씀해 주시지요.

가네무라 저는 도쿄에서 돌아와서 얼마 동안은 『동아일보』나 『조선일보』에 예전처럼 글을 쓰고 있었습니다. 바로 쇼와 13년1938 9월 경, 동아일보에 김남천 씨의 고발하는 정신에 대해, 역시 예전 심정으로 비평을 시작했는데요. 그 때 5회 연재하기로 한 것을 2회만 쓰고, 우연히 생각난 게 있어서 신문에는 폐를 끼치면서 중단했습니다. 쓸 수 없게 돼서 ……. 그리고 13년 하반기는 꽤나 괴로웠던 까닭에 약 반년 간 침묵하고 있었고, 14년 정월에 해보자는 마음으로 시를 쓰기 시작했는데, 그로부터 쓴 것이 이번 시집입니다. 제가 생각하기에도 상당히 관념적인 것이 많습니다 …….

최재서 그 「가을의 속삭임秋の囁き」은 관념적이지 않은데요. 그것이 당신의 새로운 도정을 암시한다고 해도 좋습니까?

가네무라 글쎄 어떨까요. 이런 것도 나오고 저런 것도 나오니까요.

최재서 그럼 여기서 마치겠습니다. 대단히 고맙습니다.

신반도문학에의 요망*

1943년 3월

참석자

기쿠치 간 菊池寬[1)]

요코미쓰 리이치 橫光利一[2)]

가와카미 데쓰타로 河上徹太郎[3)]

야스타카 도쿠조 保高德藏[4)]

후쿠다 기요토 福田淸人 ―――――― 일본문학보국회 기획과장

유아사 가쓰에 湯淺克衛[5)]

최재서 崔載瑞 ――――――――― 본사측

---

* 『국민문학』 1943년 2월호 「편집여언」을 보면 최재서가 일본에 갔다는 소식과 함께, 김종한이 「편집여언」을 작성했음을 밝히고 있다. 「신반도문학에의 요망」 좌담회는 개최장소를 정확하게 밝히지는 않았으나 도쿄에서 실시된 것으로 보인다. 참석자들은 일관되게 도쿄(일본)를 '이쪽'으로 조선을 '저쪽'으로 지칭하면서 말하고 있다.

1) 기쿠치 간(菊池寬, 1888~1948) : 극작가이자 소설가. 「진주부인」, 「두 번째 키스」 등 50여 편의 통속소설을 썼으며, 신현실주의를 주장했다.

2) 요코미쓰 리이치(橫光利一, 1898~1947) : 작가. 와세다대학을 중퇴했으며 1923년부터 가와바타 야스나리(川端康成)와 함께 『문예시대(文藝時代)』를 발행했다. 신감각파로서 작가생활을 시작하나, 이후 심리주의로 옮겨간다. 1930년대 말부터는 일본정신의 우위를 강력히 주장했다.

3) 가와카미 데쓰타로(河上徹太郎, 1902~1980) : 평론가. 도쿄제국대학 경제학과를 졸업한 후 상징주의적 문학관에 입각한 평론을 썼다. 『문학계(文學界)』의 편집책임자였으며, 제2차 세계대전 중에는 일본문학보국회(1942)의 심사부장을 지냈다.

4) 야스타카 도쿠조(保高德藏, 1889~1971) : 소설가. 와세다대학 영문과 졸업 후 『요미우리신문(讀賣新聞)』에서 기자로, 박문관(博文館)에서 편집자로 일했다. 1933년 동인지 『문예수도(文藝首都)』를 창간하여 김사량, 장혁주 등의 조선작가들을 내지에 알렸다.

5) 유아사 가쓰에(湯淺克衛, 1910~1982) : 재조일본인 2세로 조선을 소재로 작품을 많이 썼다. 대표작으로는 「간난이(カンナニ)」, 「불꽃의 기록(焰の記錄)」, 「대추(棗)」, 「이민(移民)」 등이 있다.

——— 조선문단의 현상황

최재서 여러분, 바쁘신 데 시간 내주셔서 감사합니다. 대담의 목적과 관련해서 최근 조선문단의 동향을 대략 말씀드리겠습니다. 조선문단이 확실하게 전환의 체제를 세운 것은 쇼와 15년1940 신체제운동 이후부터입니다. 그 후로 대동아전쟁, 징병제 실시 등 획기적인 사건이 일어났고, 그에 따라 조선은 혁신의 정도를 높여가고 있습니다. 작년 무렵부터는 완전한 국민문학의 체제를 갖추게 되었지요. 국민문학에 대해서는 여러 논의가 있었는데, 요약하자면 반도의 문학자도 내지의 문학자들과 공통의 이상과 목표 아래서, 같은 국어를 사용하며 이 시대를 꿋꿋하게 살아가자는 문학이 국민문학이라는 식으로, 단적으로 생각하고 있습니다. 그러기 위해서는 지금까지보다 더 긴밀하게 도쿄의 문단과 연락을 취하고 여러 가지 지도도 받아야 합니다. 그래서 일본문단의 선배들로부터 희망사항이라든가 주문이라든가, 혹은 의견 등을 기탄없이 듣고 싶습니다.

가와카미 저널리즘 방면부터 말해볼까요. 조선문단은 어떤 식으로 구성되어 있습니까? 대체로 어느 정도의 사람들이 작가로서 생계를 꾸려나가고 있나요?

최재서 지금까지 조선문단에는 두 개의 언문 신문을 중심으로 약 7,8종의 언문잡지가 있었고, 그 밖에 15,16개소의 단행본 출판사가 있었습니다. 한편 문단인이라고 칭해지는 사람은 유명, 무명을 합해서 대략 2백명 정도인데, 그 가운데 문학으로 먹고 살 수 있는 사람은 5%에 해당하는 10명 정도라고 할까요. 나머지는 모두 따로 직업을 가지고 문학 활동에 참가하는 사람들로, 상당히 활발하게 활동하고 있습니다. 그런데 이 3,4년 동안 신문잡지가 정리되면서 활동 무대가 협소해지고 동시에 다른 직업을 구하는 문인이 나오기도 해서, 사실 언문 문단이 대단히 쇠퇴하게 되었지요. 그러나 다른 한편에서는 국어 문단이 대단한 기세로 나아가고 있습니다. 지금은 다소 슬럼프slump 상태를 보이고 있지만, 2, 3년 사이에 반드시 활기를 띠게 될 것입니다. 하지만 누가 뭐래도 용어 문제가 심각한데, 상당한 역량을 갖춘 작가가 용어 때문에 뒤처지고 있습니다. 개인적으로는 참 안쓰럽지만 전체적인 흐름이기 때문에, 개인적인 감정을 눌러가며 해나가고 있습니다.

——— 국어창작의 문제

기쿠치 언문으로 문학을 하는 것도 틀림없이 나쁜 일은 아니라고 생각해요. 그래도 어쨌든 독자를 모은다는 점에서 보면, 역시 국어로 쓰는 편이 괜찮지 않겠어요. 조선의 독특한 맛 등을 확실히 드러내는 데는 언문이 편리하겠지만, 조선문학을 진흥시키려면 역시 시장이 넓은 국어로 쓰는 것이 적절하지 않겠어요.

최재서 지금은 대체로 그런 생각이 지배적입니다.

기쿠치 내가 몰라서 그러는데, 당신이 생각하기에 언문이라는 것은 대단히 문학적인 언어인가?

최재서 글쎄요. 소설에는 적절하지 않은 듯하지만, 시의 언어로는 우수하다고 생각합니다.

기쿠치 일본어의 형용사처럼, 언문이 아니면 안 되는 그런 미묘한 형용사가 많나?

최재서 형용사의 수는 비교적 적습니다.

기쿠치 그렇다면 힘 있는 표현이 가능할까?

최재서 오히려 그런 방면의 표현은 크게 부자연스러움이 없지만, 아주 섬세한 묘사가 어렵지 않을까 하는 생각이 듭니다.

가와카미 야마다山田 선생은 언어로서의 언문을 대단히 격찬하고 있습니다. 요컨대 음표문자로서 말이지요. 로마자 논자論者가 되려면 언문 논자가 되라, 그렇게 말씀하시죠.

최재서 언문으로 표기할 수 없는 발음은 없습니다. 물론 한두 가지 발음은 불가능하겠지만, 대체로 모든 언어의 음을 언문으로 표현할 수 있습니다.

유아사 근대적인 언어를 표현할 수 있습니까?

최재서 근대적인 언어는 결국 국어의 숙어를 그대로 가지고 와서 사용합니다. 다만 발음이 다를 뿐입니다.

기쿠치 그리고 언문으로만 글을 쓸 수 있는 작가라고 해도, 대단히 좋은 작품을 쓴다면 번역해주는 사람이 몇 사람은 있겠지. 정말 우수한 사람이라면 언문으로 작품을 쓰고, 친구들이 번역해 주면 되니까요.

최재서 한 두 번은 그렇게 하는 것도 좋겠지만, 그렇게 해서 작가 자신이 창작을 계속할 수 있을지는 모르겠습니다.

기쿠치 대단히 걸출한 사람이라면 괜찮겠지. 적당한 번역자도 구할 수 없는 작가라면 어차피 별 볼 일 없는 작가일 테니, 그렇게 애석해 할 것도 없을 것이고. 작품을 읽었을 때 번역할 만하다 싶은 대작가가 나온다면 좋겠군.

유아사 언문으로 문학창작을 한 것이 그다지 오랜 전통을 가지고 있는 것 같진 않습니다만.

최재서 40년 되었습니다. 근대문학을 언문으로 ……. 그러니까 언문으로 쓴 것이 근대문학입니다만, 언문 문학의 전통은 더 오래되었습니다.

기쿠치 옛날 조선에는 역시 한문으로 된 우수한 문학이 있었죠.

최재서 예, 특히 시에는 상당한 것들이 …….

기쿠치 소설은 어떤가?

최재서 소설은 역시 언문이지요.

유아사 언문소설은 대체로 구전물口傳物이었습니까?

최재서 구전은 아닙니다.

기쿠치 조선의 한문은 내지의 한문보다 발달해 있었겠죠.

최재서 그렇게 보입니다. 무엇보다 음독棒讀み[6]이었으니까요.

──── 과정process의 문제

기쿠치 언어 문제는 그렇다 쳐도, 역시 조선인의 고민이라든가, 고통 등을 어느 정도 쓸 수 있게 허락해 주지 않는다면 좋은 소설은 나올 수 없겠죠.

최재서 그런 점이 있죠……. 그러나 그것도 점차 마무리되고 있다고 할 수 있습니다. 결론이 좋다면 그 과정에서 다소 어두운 면이 나온다고 해도, 너그러이 봐줄 수 있다고…….

기쿠치 그 점은 지금 내지에서도 꽤 어려운 문제지요. 끝이 좋으면 과정은 상관없다고 말할 수는 없기 때문에. 공산주의자들은 아무리 개심했다고

---

6) 보요미(棒讀み)란 한문을 음독으로 내리 읽는 것을 말한다.

해도 공산주의자였던 이상 안 되기 때문이지요.

최재서 지금 가장 민감한 문제는 향토색郷土色이라고 할까요. 그것이 여러 차례 문제되었습니다. 예컨대 『국민문학』에 김사량 군의 「물오리섬」이라는 작품을 게재한 적이 있습니다. 그 작품은 향토색을 다분히 띠고 있어서, 일부에서는 민족주의의 잔재가 아니냐고 보기도 합니다. 결코 그렇지 않다고 역설한 결과 그렇게 통하고는 있습니다만, 그렇게 보이는지의 여부는, 아무래도 결국 작품을 쓰는 당사자의 문제겠지요.

기쿠치 향토색이 상당하게 드러나지 않는다면 조선문학의 특징이랄 수 없지요. 내지의 작가와 같은 것을 쓰고 있어서는 …….

최재서 그래서 우리는 조선문학이 일본 문학과 대립해서가 아니라, 일본 문학의 일환으로서 그 안에 조선문학의 독자성을 충분히 가져야 한다고 생각하고 있습니다.

유아사 향토색의 문제는 아닐지라도, 오랜 풍속에 들러붙어서 그 방향만을 좇는다면 지금처럼 급변하는 시기에, 문학으로서 어떻겠어요.

최재서 결국 양식良識의 문제라고 생각합니다. 지금 중요한 것은 전체적인 국민의식이지, 향토의식이 아니기 때문이죠. 그러나 향토적인 것에서부터가 아니면 건전한 문학이 생겨나지 않는다는 말도 틀림없는 사실입니다. 그러므로 작가 자신의 양식에 따라 처리하는 것밖에 다른 방도가 없겠죠. 다만 조선이 조선만으로 존재한다는 식의 글쓰기 방식도 역시 비판받을 여지가 있습니다.

——— 조선문학과 중앙문단

가와카미 『국민문학』이라는 잡지 말인데요. 그 잡지에 몇 명의 작가들이 참가하고 있을 텐데, 잡지를 통해 그들을 점차 육성해 갈 생각인가요? 또 그런 목표가 있습니까? 요컨대 그것을 하나의 단계로 삼아서 중앙 문단에 송출하려는 생각이 있습니까?

최재서 물론 그럴 작정으로 잡지를 만들고 있습니다.

가와카미 독자의 수를 봐서도 그것이 성립할까요?

최재서 조선만을 본다면 일단 성립 가능성이 충분합니다만, 물론 중앙을 무시해서는 잘 되지 않겠죠. 어디까지나 조선 땅을 딛고 있는 문학이 중앙 문단에서도 인정받을 수 있기를 희망합니다. 지금처럼 경성에서 공부해서 얼마간 글을 쓸 수 있게 되면 모두 도쿄로 가버리는 것은, 전혀 달갑지 않습니다. 저쪽조선의 국어 신문에서도 반도인 작가에게 지면을 제공하는 문제를 진지하게 염두에 두고 있는 듯한데, 지금 『경성일보』와 『부산일보』가 장편소설을 시험적으로 싣고 있습니다.

기쿠치 그런데 조선에서도 좀 우수한 작가가 제재를 약간 바꾼다거나 사고방식을 바꾼다거나 해서, 내지에서도 꽤 애독되는 그런 작가가 한 두 사람 나온다면, 그 또한 내지에 진출하는 것과 맞먹는 일이겠지.

가와카미 무용의 경우라면 최승희의 경우가 좋은 예라고 할 수 있습니다. 음, 그건 제쳐놓고, 바이올린 연주나 복싱이어도 좋습니다. 모두 조선과 일본의 공통된 재료이고 아주 우수한 사례가 나와 있습니다. 그런 것이 문학에서도 나오면 좋겠습니다.

최재서 지금까지 문학은 역시 언문으로 해왔기 때문에, 이른바 조선문학은 반도인이 반도인을 위해 쓴 것이었습니다. 따라서 이쪽일본의 일은 전혀 염두에 두지 않았습니다. 그런데 공부는 도쿄 문단을 통해서 했습니다. 그런식으로 일방적이었지요. 조선문학을 방출한다는 생각은 전혀 할 수 없었습니다. 그래서 지금 다른 분야와 비교하면 대단히 뒤처져 있지만, 빠른 속도로 만회할 수 있지 않을까요.

기쿠치 이른바 국어가 발달되어 국어로 글을 쓰려면 10년, 20년에 해당하는 수련이 필요하니까. 이제부터 4, 5년 안에 저쪽조선에서 국어로 쓰는 것이 수월해지면, 어느 정도 수준을 갖춘 작가가 나오지 않을까 생각하는데.

가와카미 그렇습니다. 내지도 여러 가지 예술부문 중에서 악단만 대단히 뒤처져 있었습니다. 양악의 감각을 체득하는 것이 매우 곤란했기 때문이지요. 미술도 문학도 모두 서양 형식으로 점점 발전했습니다. 그래도 악단은 아주 최근에 대단히 빠르게 발달해 왔습니다. 그것과 똑같은 일이 조선문학에서도 일어나고 있는 게 아닙니까. 체득하는 것은 대단히 어려운 일이지만, 체득하기만 하면 아마도 향상된 사람이 나오겠죠.

후쿠다 지금 제가 좀 관여하고 있는 니혼대학日本大學 예술과에는 조선에서 온 학생들이 상당수 있습니다. 그 학생들이 단편 같은 것을 써가지고 왔었는데, 표현 등을 보면 그렇게 이상하지 않았습니다. 아까 지방색의 문제가 있었는데요. 뭐랄까, 그들은 별로 조선의 것을 쓰지 않더군요. 내지에 와서 내지의 젊은 여성과 연애하는 내용 등의, 뭐 그런 소설이 유독 많았습니다. 4,5년 전과는 분위기가 완전히 변했죠. 4,5년 전에는 대단히 암울한, 다소 니힐리스틱한 분위기를 가진 무리랄까, 혹은 대들려는 학생이 많았는데, 최근에는 그렇지 않습니다.

최재서 역시 반도의 실정을 반영하는 것이겠지요. 지금 반도에도 리얼리즘 문학이라고 할 만한 것은 전혀 없거든요.

기쿠치 나는 조선문학이 내지에서 애독된다면, 분명 조선이 아니면 안 되는 것을 멋들어지게 썼기 때문이라고 생각하는데, 가령 쓰보타 죠지坪田讓治[7]의 소설이 사누키讃岐의 풍토색風土色을 지녔던 것과 마찬가지지. 어쨌든 조선에만 있을 것 같은 인간이랄까, 환경 따위를 솜씨 좋게 그려낸 소설이 결국 내지에서 가장 환영받지 않을까. 그래서 이런 시대라면 현재의 의식이 작품 안에 흐르면서도 조선을 능숙하게 묘사한 것이 가장 먼저 내지에서 환영받을 것이라고 생각하네.

유아사 이런 말도 하지요. 가령 쓰보타 씨의 소설도 현재 사누키 사람들

---

7) 쓰보타 죠지(坪田讓治, 1890~1982)는 일본의 아동문학자이자 소설가이다. 1915년 와세다대학 영문과를 졸업했다. 주요 작품으로는 『正太の馬』(1926), 『河童(かっぱ)の話』(1926), 『お化けの世界』(1935), 『子供の四季』(1938) 등이 있다. 1939년 신조사(新潮社) 문예상을 수상했다.

의 풍토색을 다루지 않으면서도 딱 맞는 것을 쓰고 있다고요.

기쿠치 그것만으로 다 되는 것은 아니겠지만, 어쨌든 인물이나 풍경은 조선적인 것이 아니면 안 되겠죠. 시세와 공통되는 사상을 가지고 있지 않으면 안 되면서도.

후쿠다 저는 2,3년 전에 조선에 갔었는데, 그 이후로 조선은 대단히 많이 변했겠죠. 그 때 함께 갔었지요유아사 씨를 향해서. 그 당시 반도의 많은 인텔리들과 만났습니다.

유아사 그 때는 마침 그들의 고민이 최절정에 도달한 때였습니다.

후쿠다 모두 내지만을 보고 있었습니다. 지금은 물론 많이 변해 있겠지요.

유아사 그 때와는 이미 상당히 변하고 있지만, 역시 지금도 내지에서 어떤 식으로 평가하는지가 정말 큰 역할을 합니다.

기쿠치 조선문학을 진흥시키는 데 있어 제일의 관건은 내지인들이 최대한 편의를 봐주는 것이지. 물론 당연히 조선 혼자서는 걸어갈 수 없기 때문에 내지가 손을 내밀어 주는 수고를 하지 않으면 안 되는 것이고.

유아사 바로 그 점에서, 아까부터 이야기해온 향토색 문제 말인데요. 내지 문단에 진출하는 데 향토색이 중요하다는 생각을 지나치게 하고 있는 것 같습니다. 가령 이태준 씨의 작품에서는 오래된 것들을 다루면서 노스탤지어를 표현하는데, 그런 작품은 여기일본서도 꽤 호응을 받을 수 있습니다. 그런데 현대의 고민을 통해 넓은 경지로 나아가는 모습을 그렸다고 해도, 생각한 것만큼 내지 사람들이 딱 알아주지는 않습니다. 어긋남이 있을 수 있습니다. 그래서 작가들이 노력하지 않고 이태준 씨처럼 비교적 안이한 방향으로 가려고 하는 경향이 최근까지 있었던 게 아닐까요. 그러므로 향토색에 별로 구애받지 말고, 일본적인 것이라면 무엇이라도 좋으니 그런 방향으로 좀 더 노력해주면 어떨까 생각합니다.

기쿠치 나는 반도의 황민화에는, 반도인에게 내지인과 동등한 갖가지 편의를 주는 측면도 있어야 한다고 생각하네. 그런 의미에서 도쿄에서도 반도 출신의 실업가나 각 방면에서 활동하고 있는 사람들이 상당수 살게 하는 것이 가장 중요하다고 보지.

최재서 그 점은 지금 저쪽조선에서도 최선을 다해 고려하고 있습니다. 특히 과거 총독들이 실업가들을 모아놓은 간담회 석상에서 그런 점을 받아들여 반도인 청년을 등용하라고 종용하고 나서는 은행, 회사의 수뇌부들도 진지하게 고려하게 됐습니다. 그러니까 계속 좋아질 것입니다.

야스타카 제가 생각할 때 조선의 작가 중에 현재는 그렇지 않지만 이전에 대수롭지 않은 일로 관헌의 기휘忌諱에 저촉된 적이 있어서, 그런 과거의 일이 화근이 되어 대단히 불편함을 느끼고 있는 사람이 있습니다. 그런 사람들의 경우에는 작가라는 입장을 특별하게 봐주고, 현재는 어떤지에 대한 글을 쓰게 하거나, 또 내지에서 편의를 봐줘도 괜찮을 것 같습니다.

최재서 그 점은 대체로 잘 되고 있습니다. 당국에서도 오히려 그런 사람들의 적극적인 분발을 바라고 있을 정도로, 특별히 제한을 가하는 일이 없습니다.

기쿠치 다만 이런 시국이다 보니 잡지의 지면紙面이 줄어들고 있어서, 그런 점은 정말 곤란하지. 내지의 작가라도 실제로 글을 쓸 수 없으니까요.

유아사 이런 경우가 있습니다. 조선작가들이 거취에 혼란을 느껴 대단히 암울해 하고 있을 때, 국어 창작을 통해서 반도 작가가 나아가야 할 길을 확실히 보여준 작가가 있습니다. 아주 혁신적이거나 그렇게 높은 수준의 예술작품이 아니었기에 여러 말들이 있었습니다만, 그런 경우에도 내지 측에서 그 고뇌를 이해하고 소개해 주어야 한다고 봅니다.

기쿠치 정말 우수한 작품이 나온다면, 그런 일은 문제가 안 되지. 다만 그러기도 전에 일정정도를 소개한다는 것은 어렵겠지. 일등으로 뽑힐만한 작품이 있다면, 지면이 줄었다고 해도 어느 잡지에서나 모두 흔쾌히 게재할 테지. 다만 그 정도로 우수한 작품을 쓸 수 있게끔 상당한 준비를 한다는 것이 어려워진 것이지.

최재서 아까 유아사 씨가 향토색에 구애된다는 말씀을 하셨는데, 거기에 대해서 도쿄의 저널리즘도 어느 정도 책임을 져야한다고 봅니다. 왜냐하면 이제까지 반도 작가가 도쿄에서 주목을 받을 경우, 각별히 그런 작품만이 우대를 받는 것처럼 보였기 때문입니다. 이런 이유 때문에 조선의 작가를 충분히 도와 달라고도 하지만, 어디까지나 엄격하게 작가를 양성하고 싶다고도 말씀드리는 것입니다. 즉, 색다른 소재라서 봐주는 일이 없도록 말이죠. 그것이 일반화되면 고민을 특별히 강조하는 결과는 나오지 않을 겁니다. 가령 여기도쿄서 어느 잡지가 어떤 작품을 게재했다는 것은 무언無言의 표준이 되기 때문이죠.

고다카 그렇겠군요. 그러나 지금까지 상당한 평가를 얻었던 작품도 비교적 엄격하게 평가됐을 겁니다.

——— 반도의 지식인

가와카미 이야기가 되돌아가는 건지도 모르겠습니다만, 요사이 이광수 씨와 자주 만났습니다. 그가 말하기를 자신이 가장 괴로운 것은 트집을 잡으려고 여기저기서 눈을 부릅뜨고 있어서 트집 잡히지 말아야겠다는 생각을 하면서 걸어 나가고 있다는 것이라고 하더군요. 그 괴로움에 비하면, 그에게 야마토大和 민족으로 다시 새롭게 태어난다거나, 또는 좋은 문학을 쓴다는 것은 쉬운 일입니다. 그래서 우리는 그가 여러 사람들로부터 트집을 잡히지 않는 것이 국민문학이라는 착각을 일으키지 않도록 응원하고 있습니다. 그런 착각이 나는 가장 위험하다고 봅니다. 남에게 말꼬리를 잡히지 않는 것이 곧 국민문학이라는 착각이지요.

기쿠치 하지만 트집 잡히는 것은 우리들도 마찬가지지. 트집 잡히지 않을까라는 생각이 문학을 위축시키고 있다는 것은 내지나 조선이나 마찬가지지.

최재서 그러나 그런 것도 작년 징병제 실시 발표 이후로 확 사라진 것 같습니다. 징병제가 문단에 국한되지 않고 문화의 세계, 더 넓게는 지식인 사회에 주었던 영향은 상상 이상으로 컸습니다. 지금까지 젊은 작가들은 이런 고민을 하고 있었던 것은 아닐까요. 뭐라도 하지 않으면 안 되는데 아무리해도 열이 나지 않는다, 속에서 치밀어 오르는 열기가 없다, 나 자신은 물론이고 일가친척 가운데 전장에 나간 자도 없다, 결국 기껏해야 총후銃後에서 봉공奉公한다는 정도로는 아무리 해도 열정이 생기지 않는 상황이었지요. 그런데 돌연 징병제가 발표되면서 그런 분위기가 싹 바뀐 겁니다. 그러자 뭔가 속 깊은 곳에서 치밀어 올랐습니다. 그것이 마침내 일본에 대한 신념이 되고 조국 관념이 되었습니다. 따라서 조선의 지식인들도 이제 좌고우면左顧右眄할 필요가 없다면, 트집을 잡히지 않으려고 신경 쓸 필요도 없어진 것입니다. 이것이 조선의 문화와 문학의 성격을 근본적으로 결정한다고 봅니다.

유아사 징병제 실시 발표는 당시 징병 연령 전후의 사람들에게 대단히 큰 충격을 주었습니다. 그와 더불어 앞 세대 사람들에게도 드디어 정말로 제구실을 할 수 있으리라는 마음이 생겼습니다. 그런 사람들 속에서 문학이 나올 수도 있을 것이고, 생활 자체가, 시골의 생활이 변해 갈 것입니다. 최근 야스타카 씨 등과 북선北鮮 등지에 갔었는데, 북선의 어느 농가에서나 벌써 아이들도 징병보험을 들고 있었습니다. 아주 가난한 농사꾼들이 1년에 30원 정도를 불입하는 징병보험에 가입하고 있었고, 그런 곳에서 지원병이 두 사람 나왔었습니다. 분위기가 그런 식으로 되니 농촌의 상회常會 같은 곳이나, 또 일상적인 대화도 많이 달라지더군요. 그런 상황이 여기저기서 생기고 있습니다.

아까 후쿠다 군이 니혼대日本大 학생이 조선의 사정을 쓰지 않는다는 말을 했는데, 그 중에는 그러다가 골치 아픈 일에 연루되면 곤란하다는 염려가 없지 않아 있을 겁니다. 그러나 전체적인 생활 자체가 징병과 같은 방향을 향해 있다면, 작가도 그 분위기에 마음이 내켜서 아주 편벽한 시골 농촌 생활 하나를 그릴 경우에도, 이전과 같이 비애만을 다루어도 뭔가 하나의 일관성이 통하는 작품이 될 것입니다. 조선의 작가가 제재에만 구애될 필요는 없지만, 제재도 아주 많이 변하고 있고, 또한 변해야 하는 것이 아닐까요. 지금까지 기회조차 주어지지 않아서, 조선작가들이 자기 주변의 일을 쓸 수 없는 경우가 많았던 것을 보면 말이죠 …….

최재서 하지만 앞서 말했던 학생들의 모습은 여전히 관념적이지요.

가와카미 그러니까 일본의 화가가 파리에 가서 프랑스 여성을 그린다거나, 발코니를 그린다거나 하는, 그런 멋내고 싶은 마음과 같은 것이지요 …….

후쿠다 아까 가와카미 씨가 말한 인테리의 위구심危懼心이라는 것은 아직도 상당히 있습니다. 우리가 이전에 조선에 갔을 때, 조선 인텔리들이 정말로 자주 논의를 한다는 것에 대단히 놀랐습니다. 논의를 하지 않을 수 없었던 것이겠죠. 그런데 대동아전쟁 이후, 그런 논의라는 것이 많이 감소하지 않았을까 추측하고 있습니다.

유아사 그건 사실이겠지요.

후쿠다 그 후로는 내지 쪽에만 지나치게 마음을 빼앗기고 있습니다. 즉 더 뒤에 있는 곳, 그러니까 만주나 지나, 혹은 더 남쪽은 별로 보지 않고, 내지와 반도의 일만을 이랬다저랬다 너무 지나치게 생각해왔다는 것이죠.

유아사 사실 그럴 시기도 아니고, 전향을 확실히 맹세했면서도 말이죠.

——— 반도의 작가들

요코미쓰 이번 『국민문학』에 실린 단편을 잠깐 봤는데, 굉장히 재미있더군요. 저처럼 조선을 제대로 알지 못하는 자는 잘 이해하지 못하겠지만요.

최재서 이태준 군의 「돌다리石橋」에서 어떤 인상을 받으셨습니까?

요코미쓰 그것도 재미있었어요. 하지만 그것이 진정한 조선인의 생각인지는 잘 모르겠더군요. 예컨대 우리는 아무것도 모르는 자가 읽고도 이것이 조선의 생활이구나 라고 느낄 수 있는 작품을 읽고 싶습니다. 체홉 등을 읽으면, 이건 러시아라고 금방 알 수 있습니다. 그런 것을 골라서 읽고 싶습니다. 그런데 작품에 나오는 할아버지의 설교는 역시 조선적인 것입니까?

최재서 글쎄요. 설교는 다소 인텔리 냄새를 풍깁니다만. 그렇지만 사고방식은 조선적이지요. 즉 견실한 조선 중견의 사고입니다. 대지주도 아니고 소작인도 아닌, 그런 사람들이 조선의 무엇인가를 구성하고 있습니다. 설교는 좀 인텔리 냄새가 나는 것 같습니다.

요코미쓰 조선을 잘 아는 사람이 보더라도 그런 냄새가 난다는 것입니까?

최재서 일단 그렇게 볼 수 있습니다.

요코미쓰 조선작가는 대화를 길게 쓰는 경향이 있는데, 그건 뭘까요? 역시 민족성입니까?

최재서 그것은 하나의 전통입니다. 가령 예전에 아오키 히로시青木洪[8]의 「밭가는 사람들」을 두고, 이토伊藤 씨였던가요, 전적으로 비일본적이고 나쁜 의미에서는 아니지만 일본인답지 않은 소설이라고 평한 사람이 있었습니다. 어쩐지 유럽의 소설을 읽고 있는 느낌이라고 하더군요. 지금 대화를 길게 이어가는 점을 지적하셨는데, 그것은 확실히 조선문학의 전통이라고 볼 수 있습니다. 가령 유명한 「춘향전」도 요즘 왕성하게 이야기되는 완전한 낭독문학입니다. 「춘향전」은 읽는 것이 아닙니다. 마을에서나 편안한 응접실이나 살롱에서 저녁식사를 마치고 사람들이 모두 모이면, 한 사람이 낭랑하게 읽고 십 수 명의 사람들이 귀를 기울여 듣는 것, 그것이 「춘향전」입니다. 근대의 문학은 꼭 그런 전통 의식으로 귀성하고 있지는 않겠지만, 결국 낭독적인 것에 좋은 작품이 많은 것 같습니다. 젊은 작가들 사이에서 이른바 묘사가 매우 요란스럽게 거론되어서, 또 노력한 사람도 있습니다만, 아직 묘사가 좋은 작품은 나오지 않았습니다.

기쿠치 일본의 기다유義太夫[9]나 조루리浄瑠璃[10]와 비슷한 것이로군.

---

8) 홍종우(洪鐘羽)=아오키 히로시(青木洪, 1908~?) : 소설가. 황해도 황주 출생. 10세 때 아버지를 잃고 소학교를 중퇴했으며, 극도로 빈곤한 농촌생활을 하다가 간도로 이주하여 여러 직업을 전전했다. 이후 도일하여 미장이 일을 하며 글을 쓰기 시작했다. 체험에 근거한 사실주의적 경향의 작품을 썼으며,김사량, 장혁주 등과 함께 주로 일본에서 작품 활동을 했다. 그의 자전적 장편소설로 「耕す人々の群(밭가는 사람들)」이 있고 그 외의 작품으로는 「ミインメヌリ(민며느리)」가 있다.

9) 기다유부시義太夫節의 준말로 조루리의 한 파이다.

최재서 그렇죠. 결국 그 점이 장점입니다. 아오키 히로시青木洪의 작품에서도 나옵니다. 반 페이지 정도 위세 좋게 떠들어대는 부분 말이에요. 그런 부분에 오히려 정묘하고 아름다운 빛깔精彩이 있지만, 여전히 선명한 묘사 같은 것은 없습니다. 어려운 일이기도 하니까요.

야스타카 묘사 부분도 역시 이야기로 하는 묘사입니다.

기쿠치 헌데 거기에 특색이 있다면 좋지.

야스타카 「밭가는 사람들」은 그런 점에 특색이 있습니다.

최재서 그것은 황해도의 특색입니다. 제가 황해도 출신이라 잘 알고 있습니다. 그것이야말로 진정 조선다운 것입니다.

후쿠다 가와카미 씨, 언젠가 『문학계文學界』에 미요시三好 군이 조선의 …….

가와카미 김삿갓金笠 ……?

최재서 아아, 내지 식으로 말하면 교쿠狂句[11] 같은 것입니다. 그것은 오늘날에도 많이 읽힙니다.

후쿠다 교쿠보다 더 고상하지요.

---

10) 음곡에 맞춰 낭창하는 옛이야기를 말한다.
11) 익살맞은 하이쿠 또는 하이쿠 형식의 재담을 말한다.

가와카미 보들레르와 같은 부분도 있지요.

후쿠다 그리고 잇사一茶[12)]와 같은 부분도 있고 …….

기쿠치 그건 일종의 형식인가?

후쿠다 한시漢詩겠지요.

최재서 한시를 흉내 낸 것이지요.

기쿠치 형식은 어떤가?

가와카미 한시입니다.

후쿠다 옛날 사람이지만 …….

최재서 그렇습니다. 그 사람은 특히 형식을 파괴해서 풍자인가 뭔가를 했습니다.

기쿠치 언제 적 사람인데?

최재서 140년 정도 전에 태어난 사람으로, 민중 시인입니다.

12) 고바야시 잇사(小林一茶, 1763~1828)는 에도시대를 대표하는 하이쿠 작가로, 2만구(句)에 이르는 하이쿠를 남겼다.

야스타카 조선인 사이에서는 상당히 알려져 있겠지요?

최재서 그의 작품이 책으로 나온 것은 요즘의 출판사가 생긴 이후로, 원래는 입으로 외웠던 것이지요.

가와카미 그렇다면, 일반 조선인들은 그렇게 한시를 읽을 수 있습니까?

기쿠치 지식계급은 내지와 똑같겠지.

최재서 지금 젊은 작가들 중에 가장 조선다움을 가지고 있는 사람은 역시 아오키 히로시青木洪와 김사량이 아닐까요.

야스타카 저도 그렇게 생각합니다.

기쿠치 김사량이라는 작가는 지금 뭘 하고 있나?

최재서 고향으로 돌아가서 작품을 쓰고 있습니다.

기쿠치 어디 사람이지?

최재서 평양입니다.

야스타카 작년에 여기일본에 잠깐 왔었습니다.

유아사 조선적이라는 것도 여러 가지 있습니다. 가령 황해도에서 평양으로 빠져나오면 독특한 조선적인 것이 있습니다. 신라 계통의 사람은 조선적이라고는 할 수 없는 기질을 갖고 있고, 선사禪寺 등에 기거하는 백제 계통의 사람은 너무 온화해서 시코쿠四國 사람같은 느낌을 주는 사람이 많습니다.

최재서 그 두 사람의 공통된 점은 격정성에 있습니다. 격정성은 두 사람뿐만 아니라, 조선문학 전체의 특질이기도 합니다. 가령 이태준과 유진오는 굳이 말하자면 남방계 사람들로, 대단히 온화하고 부드러운 느낌을 주는데, 작품에는 반드시 격정적인 부분이 있습니다. 연극이 바로 그렇지요. 예를 들어 「여로」라는 영화가 여기에 왔었는데, 도끼를 휘두르고 사람을 죽이려고 하는 장면이 있습니다. '유치하니까 저렇지'라고들 말하지만, 세련된 작품에도 그런 장면이 나옵니다. 그것이 좋은지 나쁜지는 잘 모르겠지만 말입니다.

기쿠치 유진오라는 사람은 소설을 쓰고 있습니까?

최재서 쓰고 있습니다.

후쿠다 그 사람은 아베 도모지阿部知二[13]와 다소 닮았습니다.

최재서 붙들고 늘어지겠다는 점은 없습니다.

---

13) 아베 도모지(阿部知二, 1903~1973)는 20세기 영국 문예비평의 영향을 받은 주지주의 작가이자 비평가이다.

후쿠다 인테리의 유약한 면이 있지요.

야스타카 아오키 히로시青木洪 군이라든가 김사량 군과 전혀 반대지요.

후쿠다 대체로 단편을 쓰겠군요. 장편도 있습니까?

유아사 있습니다.

후쿠다 상당한 하이칼라군요.

—— 논의와 연극

가와카미 아까부터 국민문학이라는 말이 나왔는데, 역시 시국이 이러니까 조선에서도 그 점을 진지하게 생각해야겠지만, 너무 거북하게 생각하는 것은 좋지 않은 것 같습니다. 대강 관념을 정해놓고 그것에 끼워 맞춰서는 문학을 창조할 수 없으니까요.

대체로 오늘날 일본 문화의 상태를 보면, 중앙에서 무턱대고 활자만 내보낼 뿐, 인간의 마음이나 말은 해협을 건너지 못하고 있습니다. 그렇기 때문에 그런 활자만 읽고 있으면 어색한 정의定議 같은 것부터 지나치게 생각하게 되지요. 작년 말이었던가, 조선을 돌아다니면서 전쟁에 대한 문화인의 각오 등에 대해서 강연한 적이 있는데, 그런 이야기는 내지보다도 조선에서 훨씬 더 잘 받아졌습니다. 늘 활자만 보는데 그게 아니라 보통 우리가 나누는 대화와 일상적인 마음가짐 속에서 그런 각오에 대해 설명을 듣게 되니 마음이 아주 든든한 것이지요. 저는 그렇게 해석했는데, 그러다보니 활자만으로 어색한 해석이 얼마나 일상적으로 이루어져 있는가 걱정도 됐습니다.

최재서 그런 점은 확실히 있겠지요. 게다가 앞서 후쿠다 씨도 말했듯이 확실히 반도 청년들은 논의를 좋아합니다. 그러나 논의를 좋아하는 것의 뿌리는 결코 얕지 않습니다. 옛날 지나支那에서 한학이 수입되었을 때도, 반도 학자들은 왕성하게 토론했습니다. 오히려 지나인 이상으로 논의했고, 그래서 성리학 등이 조선에서 매우 발전했던 겁니다. 또 근대문학도 대체로 도쿄를 통해 들어왔다고는 해도, 그것이 반도에 건너와서 활발하게 논의되었죠. 그 중에는 논의를 위한 논의로 끝나버린 것도 있지만, 논의를 통해 반도인 청년이 지식을 연마하고 문학의식을 고양시키기도 했습니다. 그래서 오늘날의 국민문학도, 우선은 개념론에 몰두하는 것처럼 보일지도 모르겠지만, 그것은 반도의 현 상황에서 보자면 오히려 자연스러운 것입니다. 또 그런 가운데 우수한 산물도 생겨날 것이라고 보고 있습니다.

기쿠치 조선의 연극은 어떤가? 근대극은?

최재서 연극은 상당히 왕성합니다. 이 시국에 들어선 후 향상된 것은 연극뿐이라는 백철 군의 말은 지당합니다. 왜냐하면 당국에서 매우 힘을 기울이고 있기 때문입니다. 다양한 기회를 주어서 연극을 동원합니다. 그래서 연극에 관계하고 있는 사람들도 진정으로 다시 태어나게 되었습니다. 작년 가을, 저쪽조선의 정보과 주최로 콩쿠르를 거행했는데, 5개 극단이 각각 기존에 없던 좋은 성적을 거뒀다고 했습니다.

기쿠치 그래서 좋은 각본이 나왔나?

최재서 각본이 가장 큰 고민거리인 듯합니다. 각본은 소설 이상으로 제한이 있습니다. 그러나 그것은 시대의 요구이기 때문에 제한을 받아들이면서 좋은 각본을 써야 합니다. 그러나 바로 이것이라고 말할 만한 각본은 나오지 않았습니다. 연극 전체가 향상되었다는 것은, 공정하게 말하자면 문학은 위축되었지만 연극만은 향상되었다는 걸 의미하죠.

기쿠치 좋은 각본이라도 나오게 된다면 그로부터 조선문학이 흥성할 기운이 생길지도 모르겠군요.

야스타카 김사량 군은 290매의 희곡을 『문학계』에 싣고 있습니다.

최재서 「새벽」을 말하는 거군요. 머잖아 단행본으로 나올 겁니다.

——— 역사문학으로

요코미쓰 역사물을 쓰는 작가는 없습니까.

최재서 있습니다. 다만 역사물은 전부 언문으로 쓰여졌습니다. 저쪽조선의 신문소설은 십중팔구가 역사소설입니다. 특히 저쪽의 역사소설은 이쪽에서 말하는 대중문학이 아닙니다. 일본에서 말하는 대중문학과 같은 것은 없습니다.

기쿠치 조선에는 대중문학이 전혀 없군. 근대소설에도 달짝지근한 건 없고.

최재서 있습니다. 가령 연애를 제재로 삼은 것으로, 「찔레꽃」 등은 시간이 지나도 인기가 식을 줄 모릅니다. 이른바 대중소설은 역사소설이 되었고, 그것은 전부 언문으로 쓰였다고 말해도 좋습니다. 젊은이들이 점차 역사 쪽으로 가고 있는 추세는 확실히 있습니다.

유아사 조용만이라는 사람은…….

최재서 「배 안」 말입니까.

야스타카 그 작품은 김옥균의 일에 대해 쓰고 있죠. 그건 읽었는데.

최재서 지금 가장 요망되고 있는 제재는 결국 내선일체이겠지요. 그런데 현대물로는 좀처럼 쓰기 힘듭니다.

야스타카 쓰기 어려운지는 잘 모르겠지만, 잘 되고 있는 것 같지 않습니다.

최재서 그렇기 때문에 합병 전후라든가, 더 올라가서 신라, 백제로 가면 자연히 교류가 있었을 것이다, 그 때에는 정치적인 협잡도 없을 것이다, 거기서 제재를 취하자, 이런 것들은 자연스런 방향이라고 생각합니다.

기쿠치 그 시대에는 어떻게 대화를 했을까?

최재서 통역자가 있었겠지요.

기쿠치 그런데 그 말은 어떤 언어였을까?

유아사 일본어는 우랄 알타이어니까 백제시대에는 상당히 통하지 않았을까요.

기쿠치 통역자 같은 것으로 충당할 수 없을 정도로 많이 그쪽조선에 가 있었겠지. 백제가 멸망했을 때 이쪽일본으로 2천명도 넘게 왔으니까. 그렇다면 백제와 교섭할 때 어떻게 이야기했을까. 어쩌면 한문으로 이야기를 나눴을지도 모르겠군. 홍법대사弘法大師 같은 사람도 통역자를 수행했다는 이야기 따위는 없으니까. 결국 한문을 일본글로 고쳐 읽는 요미쿠다시讀み下し[14]를 해서 대화를 나눴겠네.

유아사 언어 계통으로 보자면 조선어와 일본어는 대단히 가깝기 때문에 …….

기쿠치 가깝고 같은 계통이라고는 해도, 몇천 년 전에 나눠진 언어지. 유사有史 이래로 나눠진 것은 아니고.

후쿠다 역시 한문일지도 모르겠습니다. 마치 영어나 프랑스어가 어떤 시대에는 국제어였던 것처럼 …….

---

14) 한문을 훈독하는 것을 의미한다.

최재서 그것은 만요가나萬葉假名[15]형식, 결국 조선의 이두吏讀인 것이지요. 그런 것으로 서로 뜻을 통했던 것이겠지요.

야스타카 그렇겠네요.

기쿠치 조선의 전설 중에, 아직 일본에 전해지지 않은 것이 있습니까.

최재서 전해지지 않은 것이 있을지도 모릅니다.

기쿠치 조선 신화 등에서 특히 문학적으로 다루면 널리 갈채를 받을만한 건 없습니까.

최재서 취급하는 양상에 따라 ……. 드렸던 잡지에 있는 「에밀레종」 말입니다. 그 전설은 지금 희곡 5막극으로 쓰였습니다. 젊은 작가가 쓴 것이라 미숙한 점이 있습니다만.

기쿠치 그것은 지나에서 온 게 아닌가?

최재서 신라의 전설입니다. 요약하자면 종을 주조하는 것과 관련된 전설인데, 조선인이 신앙심에 불탔던 시대는 바로 신라뿐이죠. 그렇게 아름다운 신앙 세계를 가졌던 때는 그 이후로 없었습니다. 그것이 현실에는 종으로 남아 있고, 전설에도 남아 있습니다.

---

15) 일본의 『만요슈(萬葉集)』에서 쓰였던 고대 일본글의 형식을 말한다.

가와카미 불교가 아닌가요.

최재서 물론 불교입니다. 신라에는 대단히 아름다운 전설이 있습니다. 개국 전설은 지나치게 합리적이어서 지나支那를 흉내 낸 것이 아닐까 생각이 드는 부분도 있지만, 불교에 관한 전설에는 순수한 점이 있습니다.

——— 고대로 돌아가라

유아사 조선의 작가들이 지금까지는 가장 가까운 역사만 보고 있었다면, 일본의 고대 역사, 그리고 신화 등에 좀 더 정열을 가져주면 좋겠습니다.

최재서 일본 역사에서나 조선 역사에서나 흔히 알고 있는 것 이상으로 밀접한 교류가 있었던 것 같습니다. 그러나 그것을 지금까지는 양쪽에서 서로 숨겨 왔다고 봅니다. 특히 합병 전후의 역사는 거의 없어진 것이나 다름없습니다. 그래서 『고지키古事記』 등에서 내선 교류를 보여주는 부분이 나오면, 과연 그랬었나, 하는 식으로 오히려 놀랍니다. 특히 근세가 되면서 교류와 관련된 내용들이 말살되어 버렸죠. 따라서 내선교류와 융화의 측면을 강조하는 역사책이 계속해서 나와 주어야 합니다.

기쿠치 누가 뭐래도 일본과 조선은 매우 친밀했었는데, 역시 왜구倭寇 때문에 나빠진 것이로군. 왜구와 히데요시秀吉 때문에. 그 전에는 사이가 좋았던 것 같은데 말이지.

최재서 그래서 오늘날의 작가는 일단 그 중간을 뛰어넘고 고대로 되돌아가서, 진정으로 구름 한 점 없이 깨끗한 마음을 가질 필요가 있습니다. 그렇지 않고 근세만 붙들고 있으면 아마도 그 작가는 절망하게 될 것입니다.

유아사 맞습니다. 그리고 그것이 조선만의 문제가 아니라는 것을, 저는 만주에 가서 절실하게 느꼈습니다. 지금 만주에는 건국신궁建國神宮이 조영造營되고 있는데, 그것은 종국의 목표를 암시하고 있습니다. 이른바 협화라는 것도, 종국의 목표를 전혀 예상하지 않은 협화는 이상하다고 봅니다. 여기에도 역시 종국의 목표가 있을 것이고, 앞으로의 거대한 템포 속에서 보자면 그것은 단순히 협화나 친선만은 아닐 것입니다. 따라서 점점 일본적으로 되어 간다는 것은, 결코 앞으로 일본의 직할지가 된다는 의미가 아니라, 대동아 전체가 하나가 되어 간다는 것을 의미합니다. 저는 그런 관점을 확실하게 세우고 싶습니다. 건국사建國史를 읽어봐도 확실히 그렇고, 그 밖에 현대를 여러 각도에서 공부해 보아도 알 수 있습니다.

최재서 오랜 시간 동안 정말 감사합니다.

의무교육이 될 때까지

1943년 4월

참석자

마쓰즈키 히데오 松月秀雄[1] ———— 경성제대 교수
다카하시 하마키치 高橋濱吉[2] ——— 본부 교학관
노나카 세이노스케 野中齊之助[3] ——— 수송국민학교장
함상훈[4] ————————— 평론가
최재서 ————————— 본사 주간

---

1) 마쓰즈키 히데오(松月秀雄) : 문학박사로 도쿄이과대학(東京理科大学) 학장과 경성제국대학 법문학부 부장을 역임했다. 『신세기』와 『조광』에 농촌교육에 관련한 글들을 발표했다.
2) 다카하시 하마키치(高橋濱吉) : 조선총독부 학무국장을 지낸 인물로, 1942년에 연희전문 교장을 잠시 맡았다고 한다. 저서로 『조선교육사고』(1927)가 있다.
3) 노나카 세이노스케(野中齊之助) : 교육자로 덕수고등학교 교장(1923~1926)을 역임했다.
4) 함상훈(咸尙勳, 1904~1977) : 언론인이자 정치가. 와세다대학을 졸업한 후 『동아일보』와 『조선일보』에서 기자생활을 했으며 『조광』의 필진으로 활약했다.

최재서 추우신데 참석해 주셔서 감사합니다. 앞서 징병제 실시가 발표되고, 지금 또 의무교육제 실시가 발표되면서 잇따른 영광으로 모두가 감격스러워 하고 있습니다. 그런데 의무교육에 대해서는 일반 사람들의 인식이 아직 충분하지 못한 것 같아서 이 좌담회를 열었습니다.

——— 내지의 경우

최재서 내지와 반도의 의무교육제 실시 사이에는 다분히 다른 점이 있을 겁니다. 우선 기간이 매우 짧았다고들 하는데 …….

마쓰즈키 기간이 짧았다는 건 무얼 말하는 겁니까?

최재서 내지는 긴 준비기간을 거쳐 의무교육을 실시했지만, 반도의 경우 현실적으로 그럴만한 상황이 아니었는데 필요에 의해서 조급히 단행했다는 말들이 있는 것 같습니다. 실제로는 어떤가요?

마쓰즈키 우리나라에서 의무교육이라는 말이 법령에서 처음 사용된 것은 모리 아리노리森有禮 문부대신 시대, 즉 메이지 19년1886에 반포된 '소학교령'에서입니다. 소학교가 창시된 것은 메이지 5년1872 학제시대이고, 그로부터 '소학교령' 반포까지는 14년이 걸린 상황입니다. 그렇기 때문에 기간으로 말하면, 반도가 이미 30년이 지난 상황에 발표됐으니 약 2배 정도의 시간이 걸린 셈이죠.[5] 그렇게 보면 조급히 시행됐다고 말할 수 있을지는 의문입니다. 다만 의무교육이라는 용어는 사용되지 않았지만, 그 정신은 메이지 5년의 학제에 아주 뚜렷하게 나타나 있습니다. 또한 실제로 그것을 목표로 해왔다고 할 수 있겠지요. 학제는 메이지 5년1872 8월 3일에 반포되었습니다. 그 전날 포고된 제214호, 이른바 태정관太政官[6]의 「피앙출서被仰出書」[7]에는 "마을에 배우지 않는 집이 없게 하고 집에 배우지 않는 사람이 없도록 한다. 부모는 마땅히 이 뜻을 체인體認하고 그 애육의 정을 두텁게 하여 자식을 반드시 배움에 임하게 해야 한다"고 되어있습니다. 또 "고등교육에 이르는 것은 각자의 재능에 맡긴다고 하더라도, 어린 자식에 대해서 남녀구별 없이 소학에 나가 배우도록 하지 않는 것은 부모의 월도越度이다"라고 나와 있습니다. '월도'는 '낙도落度'를 말하는데, 부모로서 애육의 정이 부족하여 그 의무를 충분히 이행하지 않는다는 의미로 쓰이고 있습니다. 또한 학제 제21장에는 "소학은 교육의 초급으로 일반 인민이 반드시 배워야 하는 것"이라 규정하고 있습니다.

학제의 기초자는 10여 명인데, 그 중에서 가장 유명한 사람인 문부대승文部大丞 조 산슈長三渉[8]는 학제가 반포된 후 주로 서쪽의 학교 시설을 돌아봤습니다. 마찬가지로 기초자 중 한 사람인 문부소승文部少丞 니시카 다토쓰西潟訥[9]는 도호쿠東北의 각 현을 시찰했는데, 그의 시찰보고는 메이지 7년1874 1월 10일 문부성 잡지 제1호에 게재되었습니다. 그 보고에는 학교설립의

5) 1911년 8월 23일에 제1차 조선교육령이 반포되었다.

6) 1885년까지 존재했던 일본 최고의 국가기관으로, 1868년 출범해 입법, 행정, 사법권을 모두 장악했던 기관이다.

7) 메이지 5년(1872)에 공포된 「학사장려에 관한 피앙출서(學事奬勵に關する被仰出書)」를 말하는데, 이 포고문에는 국민개학(國民皆學), 교육의 기회균등 등이 명기되어있다.

8) 長三洲의 오식인 듯. 조 산슈(1833~1895)는 한학자이자 서예가로, 근대학교제도 속에 습자가 바르게 자리매김하는데 공을 세운 메이지 전반기 교육계의 중요 인사이다.

9) 니시카 다토쓰(西潟訥, 1838~1915)는 메이지 시대의 사법관이다. 메이지 3년(1870)에 문부성에 들어가 학제편찬사업에 참가했고, 학제의 기초와 보급 및 실시를 지도하는 일을 맡았다. 메이지 7년(1874)에는 사법성으로 옮겼다.

어려움과 기타 여러 곤란한 사정이 나와 있습니다. 니시카는 특히 한 사람이라도 배우지 않는 자가 있으면 안 되고, 하루라도 빨리 서양과 어깨를 나란히 하고, 훗날에는 그보다 앞서가야 하기 때문에 어떻게 해서든 빨리 학교를 세워야 한다고 거듭 강조하고 있습니다. 부현府縣에 시찰을 가보면, 100개 학교를 세웠다고 말했으나 실제로는 50개도 세워지지 않았다고 합니다. 그 당시에는 단급單級[10]이라도 괜찮았기 때문에 대여섯 명의 학생으로도 하나의 학교가 되었는데, 그것이 불과 50개도 채 안 되는 상태였다고 합니다. 게다가 그때까지 있던 사숙塾이나 데라코야寺小屋[11]도 없어져서, 결국 배울 수 있는 곳이 없어진 것 같은 상황이 된 것입니다. 왜냐하면 옛날 서당을 닫고 신식 학교를 세우려고 옛것을 없앴는데, 신식 학교는 아직 만들어지지 않았던 겁니다. 그래서 정칙으로든 변칙으로든 학교를 많이 세우라고 했답니다. 하지만 예전의 데라코야를 다닐 때는 돈이 필요 없었지만, 소학교를 다닐 때는 돈이 필요합니다. 또한 백성들은 학문을 하지 않아도 농사짓는 법을 알고 있기 때문에 학문을 배워봤자 농사에 별로 도움이 되지 않는다며 학교를 세우지 않았습니다. 그래서 니시카는 정말로 곤란했다고 쓰고 있습니다. 또한 그는 몽매한 사람은 교육하기 어렵다고 하지만, 몽매하기 때문에 더더욱 교육해야 한다고 단호하게 말하고 있습니다.

국어 문제에 있어서, 도호쿠는 완전히 외국 같습니다. 언어가 너무 달라서 재판을 할 때도 곤란할 정도입니다. 토인土人을 교원으로 삼아도 토어土語로 가르치니 학생은 계속 표준어에 적응하지 못합니다. 따라서 니시카는 교원은 마땅히 도시사람을 고용해야 한다고 말하고 있습니다.

---

10) 전교생을 한 반으로 구성하는 것을 의미한다.

11) 데라코야는 에도시대 초등교육기관 구실을 하던 곳으로, 기초 실무지식과 실생활에 필요한 지식을 학생들에게 가르쳤다. 메이지 유신 이후 근대교육 학제가 생기면서 점차 쇠퇴했다.

최재서 마치 남양南洋 같군요.

마쓰즈키 어쨌든 그 당시는 여러모로 어려웠던 것 같습니다. 결국 강제로 학교를 세우게 하고, 게다가 가능한 한 좋은 신식학교를 세우기 위해 관리가 지휘자가 되어 지방민을 이끌어갔던 모양입니다. 당시의 문서를 보면 단급학교가 많았고, 5만개 정도의 학교를 세우기로 한 걸 알 수 있습니다. 예컨대 당시 후쿠오카福岡 현의 각 군에는 이급二級[12]으로 된 학교가 두 개 정도 있었고, 나머지는 대부분 단급학교였습니다. 지금은 교원의 거의 절반 이상이 여교원인데 비해, 당시 오구라小倉 현의 상황을 보면 여교원이 단 한 명밖에 없는 상황이었습니다. 어쨌든 오늘날에는 한 마을에 학교가 하나씩 있지만, 당시에는 한 마을에 단급학교를 두 세 개씩 세우는 식이었습니다.

그런데 메이지 12년1879에 학제가 폐지되고 '교육령'이 새로 공포되었습니다. '교육령'은 아동의 학령을 6세에서 14세까지 8년으로 하고, 그 기간에 적어도 16개월 이상 취학하도록 하며, 그것을 부모와 후견인의 책임으로 규정했습니다. 또한 학교에 입학하지 않고 별도로 보통교육을 받을 수 있는 경우에는 취학으로 간주했습니다. 한편 학교 설치 자금이 모자라는 지방에는 교원 순회법을 두어 아동을 가르치게 하고, 수업료 수취 여부도 각 지방의 편의에 맡겼습니다. 그런데 원래 이 '교육령'은 당시 문부성 관리로서 권력을 갖고 있던 다나카 후지마로田中不二磐[13]가 아메리카, 특히 워싱턴만 보고 와서 만든 것입니다. 그는 아메리카에서는 매우 자유로운 방식으

---

12) 전교생을 두 반으로 구성하는 것을 의미한다.

13) 田中不二磨의 오식인 듯. 다나카 후지마로(1845~1909)는 메이지 유신에 참가한 인물로, 메이로쿠샤(明六社)의 회원이다. 1871년에 문부대승이 되어서 이와쿠라 사절단에 문부이사관 자격으로 동참하여, 구미의 학교교육을 견문했다. 귀국 후에 구미교육제도를 소개한 『이사공정(理事功程)』이라는 책을 남겼다.

로 교육하고 있다며, 그것을 따라 만들고 시행한 것이었지요. 아메리카라고 해도 주마다 규칙이 다를 뿐만 아니라, 각 주에서는 굉장히 교육을 엄밀하게 하고 있었는데, 그는 중앙만을 보고 그것을 염두에 둔 이른바 자유주의적 교육령을 시행한 것이죠. 그 때문에 그때까지 점점 상승하던 취학률은 떨어지고, 각 지역의 소학교육 취학에 대한 일반적 기풍氣風이 두드러지게 쇠퇴해져 건설 정신도 눈에 띄게 약화되었습니다. 지방장관들은 이런 폐해를 대단히 우려했습니다. 예를 들면 사이타마埼玉의 현령 시라네 다이스케白根多助[14]는 「문부성에 올리는 글」을 통해 "학제는 간섭을 주로 하는 것이고 교육령은 자유를 주로 하는 것"같다고 하며, "일단 교육령이 선포되고 나니 수년간 경영해온 성과가 땅에 떨어졌다. 이른바 공들여 만든 탑이 한 줌의 흙이 모자라 도로 아미타불이 되는 형국이다. 지금 구제하지 않으면 육재育材의 길은 장차 끊어질 것"이라고 한탄했을 정도였습니다.

'교육령'은 메이지 13년1880 문부경의 경질로 개정되었는데, 그 개정방침에는 "보통교육은 국민의 품위를 좌우하는 힘을 갖고 있다. 나라를 개명開明으로 이끌고 백성을 선량하고 슬기롭게 만드는 것은 교육을 보급하지 않고서는 불가능하다. 그리고 정부가 그것을 독려하지 않고 보급되기를 바란다면 거의 백년하청百年河淸이나 마찬가지다", "적어도 문명국이라고 불리는 나라 중에 보통교육에 간섭하는 것을 정부의 임무로 간주하지 않는 나라는 없다"고 되어 있습니다. 교육시설 방면에서 자유주의는 용납될 수 없고 간섭주의는 결코 그릇된 것이 아니므로, 보통교육의 보급은 정부의 독려 없이는 도저히 불가능하다는 주장입니다. 이것은 앞으로 조선에서 의무교육을 실시할 때 매우 참고가 될 만한 사항입니다.

---

14) 시라네 다이스케(白根多助, ?~1875)는 조슈(長州) 출신으로, 1873~1875년까지 사이타마 현령을 지냈던 인물이다.

결국 이 '개정교육령'은 학령아동이 소학교에서 3년을 마칠 때까지 매년 16주, 즉 약 4개월 이상 취학하는 것을 부모나 후견인의 책임으로 규정했습니다. 또한 아동에게 순회수업을 통해 보통교육을 받게 할 경우에는 부지사나 현령의 허가를 받아야 합니다. 이때까지는 아직 '의무'라는 말을 쓰지 않았지만, 부모나 후견인의 '책임'을 언급하고 있습니다. 또한 취학해야 할 연한이 처음부터 4년 혹은 6년으로 정해져 있었던 것도 아닙니다.

이후 메이지 19년1886 4월 '소학교령'이 공포되면서, 앞서 언급했듯이 지금 사용되는 의무교육의 '의무'라는 용어가 처음으로 명확하게 법문에 등장했습니다. 다시 말해 소학교 아동의 학령을 6세부터 14세까지 8년으로 하고, 수업연한을 심상소학교는 4년, 고등소학교는 4년으로 하며, 부모나 후견인은 심상소학교 4년을 마칠 때까지 아동을 취학시키는 것을 의무로 규정하고 있습니다.

메이지 23년1890에 반포된 '소학교령'은 의무교육인 심상소학교의 수업연한을 3년 또는 4년으로 하기도 했습니다. 하지만 일청전쟁日清戰爭 후 메이지 33년1900 8월에 '소학교령'이 다시 개정돼 심상소학교 수업 연한을 다시 4년으로 해서, 이 4년간을 의무교육기간으로 정하고 보통교육을 철저히 시행하고자 했습니다.

일러전쟁日露戰爭 후에는 국운의 발전에 따라 의무교육 연한을 연장할 필요가 생겨서 메이지 40년1907 3월 '소학교령'이 개정되었습니다. 개정된 '소학교령'은 심상소학교를 6년으로 연장하고, 이를 의무교육기간으로 정했습니다. 이 개정의 요지는 "전후 국민의 지덕을 더욱 향상시킬 필요가 생겨서 의무교육의 연한을 연장하기로 한다. 물론 이번 개정이 여전히 충분하지는 않지만 현재 상황에서는 6년 이상으로 연장하기가 어려우므로 당분간 이에 만족하고 후일에 그 완성을 기다리기로 한다"고 되어 있습니다. 이 6년의 의무교육은 이후 쇼와 16년1941 '국민학교령'에 의해 8년으로 연장되기까지 34년간 지속되었습니다. 즉 쇼와 16년 2월 28일 칙령 제48호 '국민학교령'이 공포되고, 같은 해 3월 4일 문부성령 제4호 '국민학교령 시행규칙'이 공포되기까지 이어졌지요. 그리고 3월 19일 문부대신의 훈령에는 특별히 주의해야 할 8개 조항이 있는데, 제7항에 역시 "취학의무의 철저를 도모할 것"이라고 나와 있습니다.

지금까지 말한 내지의 초등교육 즉 의무교육의 정황을 지금 조선의 의무교육제와 비교해보면, 내지에서의 교육연한은 처음에는 4개월부터 출발하여 그 후 3년, 4년, 6년이라는 식으로 순차적으로 연장되어왔습니다. 지금 조선의 경우, 본부本府의 계획에 다소 융통성이 있을지는 모르지만, 어쨌든 6년으로 정해진다면 상당히 길게 출발하는 것이 아닐까요. 그리고 한편으로 의무교육이란 학교를 설립할 의무가 지방에도 생기게 되는 겁니다. 이 점은 내지의 경험에서 봐도, 매우 강력하게 지도해 나가지 않으면 실적을 올릴 수 없습니다. 메이지 5년1872 학제 당시 정부는 비상한 의욕을 갖고 추진했는데, 이런 점이 참고가 되지 않을까요?

최재서 그러면 '의무'라는 단어는 무엇을 의미하는 건가요? 말하자면 지금의 부府·정町·촌村의 학교비 부담만을 가리키는 것인지 …….

마쓰즈키 아니, 오히려 앞서 말씀드렸듯이 보호자는 아이들을 교육해서 국가를 위해 봉공奉公하도록 만드는, 일본국체에 기초한 '신하된 자로서의 의무'라고 할 수 있습니다.

최재서 외국의 예는 어떤가요?

——— 외국의 예

마쓰즈키 서구의 경우 대체로 의무교육은 멀리 중세, 서기 802년에 카를로스 대제가 의무교육령을 선포했다고 합니다. 그런데 실제로 그 제도가 요구된 것은 18세기 이후였습니다. 근세국가의 출현과 함께 국가 그 자체의 존속과 발전을 위해서, 또 국민의 행복 증진을 위해서 국민 모두가 똑같이 일정 정도의 교육을 받을 필요가 생겼습니다. 국가는 국민교육을 부모의 자유에만 맡기지 않고 간섭을 해서, 아동이 국가가 요구하는 최소한의 교육을 받도록 하였습니다. 이것이 본래의 의무교육 또는 강제교육인데, 그 선구적인 예가 프로이센의 프리드리히 대제가 서기 1763년에 제정한 「지방학사통칙地方學事通則」입니다. 아마도 메이지 5년1872 학제도 이것을 염두에 두었을 것입니다.

학제 반포 전에 문부성이 태정관에 제출한 의견 중에 다음과 같은 것이 있습니다. "국가를 부강안강富强安康하게 함에 세상의 문명과 인간의 재능과 재예才藝를 크게 진전시키는 것에 의하지 않음이 없고, 그리고 문명은 일반 인민이 문명화됨에 따라 이뤄지고, 일반 인민이 문명화되지 않으면 설사 한두 명의 성현이 있더라도 문명이라 할 만한 것이 얼마나 있겠느냐. 이것이 바로 국왕이 인민을 독려하여 강제로 배우도록 하는 까닭이며, 그것은 이미 '불학의 율不學의 律'이라. 그리하여 인민은 '불학의 율'을 명심하지 않아도, 문명을 권함에 이르면 이뤄진다"는 것입니다. 즉 '불학의 율'이란 의무교육령으로 인민을 강제로 배우게 하는 것이데, 인민은 그것을 결코 가혹하다고 생각하지 않습니다. 따라서 우리나라도 그런 식으로 해야 합니다.

최재서 현재 의무교육을 실시하고 있는 외국 국가는 얼마나 됩니까?

마쓰즈키 거의 대부분입니다. 가령 독일은 앞서 말씀드린 프리드리히 대왕이 1763년에 제정했으니, 18세기 무렵의 일이죠. 이 법은 5세에서 13세 내지 14세까지의 모든 아동에게 취학의무를 부여했습니다. 하지만 실제로 19세기 이전까지의 의무교육법은 공문空文에 지나지 않았던 것 같습니다.

현재 독일 전역의 취학의무를 통일적으로 규정한 것은 제1차 세계대전 후인 1919년다이쇼 8년의 소위 바이마르 법령입니다. 법령에서는 8년 이상 국민학교를 다니고 졸업한 후 18세가 될 때까지 보습학교를 다닐 것을 취학의무의 원칙으로 정하고 있습니다.

이탈리아는 1875년메이지 10년[15] 만 6세가 된 아동에 대한 의무교육제를 법률로서 처음 전국적으로 적용했는데, 현재는 만 6세부터 14세까지 8년 동안 의무교육을 받도록 하고 있습니다. 영국은 사립학교가 많은데, 의무교육제는 1876년메이지 9년 경부터 실시되었습니다. 1920년다이쇼 10년[16]의 교육법은 취학의무에 대한 국가의 요구를 한층 더 강화시켰습니다. 미국은 1852년가에이 5년 메사추세츠 주 법률을 효시로 하여 1918년다이쇼 7년 미시시피 주의 의무교육법을 마지막으로, 모든 주가 의무교육법을 실시하고 있습니다. 프랑스는 1882년메이지 15년 무렵부터였을 겁니다.

대체로 이런 상황에서 볼 때, 일본은 이미 메이지 5년1872경부터 사고방식에 있어 의무교육을 실시해왔으니, 결코 뒤쳐진 것이 아닙니다.

최재서 반도 인민의 경우, 의무교육의 강제를 괴로워하기는커녕 열망하고 있습니다. 함상훈 군은 어떻습니까? 신문에는 의무교육 요망론 등이 꽤 많이 실렸던 걸로 알고 있습니다만.

---

15) 메이지 8년의 오식.
16) 다이쇼 9년의 오식.

—— 민중의 요망

함상훈 그렇죠. 제가 13, 4년간 신문 관련 일을 했었는데 거의 한 달에 한 두 편 정도는 의무교육 실시를 주장하는 글이 있었습니다. 최근에 의무교육을 실시한다고 발표되자 모두들 아주 기뻐했습니다. 의무라고 하면 강제적인 면이 있으니 무조건 싫어할 거라고 생각하실지 모르겠습니다만, 조선의 특징이라고나 할까요, 조선에서는 십수 년 전부터 의무교육을 희망해왔습니다. 때문에 그 동안의 열망이 마침내 지금 시국 하에서 실시된다고 하니 매우 기뻐하며 당국의 열의와 노력에 감사하고 있습니다.

조선의 의무교육은 쇼와 21년1946부터 실시된다고 하는데, 통치 30년이 지나서 바야흐로 실현의 날을 보게 되는 거군요. 마쓰즈키 선생님이 말씀하신 대로 내지에서는 메이지 5년1872에 학제가 반포되고, 메이지 19년1886에는 의무교육이라는 이름으로 실현되었습니다. 의무교육을 실시하자고 주장했을 때, 우리는 바로 실시해도 된다는 입장에서 내지에서 의무교육이 실시됐을 때의 경제적, 사회적 상황을 조선의 당시와 비교한 실시요망자료를 마련했던 적도 있습니다. 오늘도 예산을 비교해봤는데, 현재 발표된 내년도 예산은 13억 정도로, 추가 예산을 합하면 15억 원 정도가 됩니다. 이것이 내지의 어느 연도의 예산이냐면 다이쇼 7년도1918의 예산 14억 8천만 원과 비슷한 수준입니다. 그리고 메이지 학제가 반포됐을 당시, 내지의 일반회계는 5천만 원인데, 이것은 메이지 44년1911 조선의 5천 2백만 원과 대략 비슷한 액수입니다. 우리는 쇼와 3년1928과 4년1929경부터 의무교육실시를 주장했는데, 그 당시의 예산은 메이지 30년1897경의 예산에 해당됩니다. 다시 말해 쇼와 원년1926의 조선의 예산 2억 1천만 원은 메이지 30년도 내지의 예산 2억 2천만 원에 가깝습니다. 또한 쇼와 11년도1936의 조선의 예산 3억 2천 9

백만 원은 일러전쟁이 한창이던 메이지 37년도1904의 내지 예산 3억 2천 7백만 원에 해당합니다. 이렇게 볼 때 조선에서 좀 더 일찍 의무교육을 실시해도 결코 이르지 않다는 게 우리의 주장이었죠.

물론 재정상황 뿐만 아니라 일반 인민의 실제 경제적 수입도 고려해야 하는데, 지금 정확한 수치를 말씀드릴 수는 없지만, 내지에서 의무교육제가 실시됐을 당시의 상황보다 반드시 뒤처졌다고는 말할 수 없습니다. 또한 민도民度라는 것도 반드시 그것이 높아야 의무교육이 이뤄지는 것이 아니라, 의무교육을 실행함으로써 민도를 높일 수 있지 않을까요. 흔히 민도라고 얘기하지만 그것은 대조하기 어려운 것입니다. 다만 제가 신문사에 있을 때 판매부수를 비교해 본 적이 있습니다. 내지의 대표적인 신문인 『오사카아사히大阪朝日』와 『오사카마이니치大阪每日』도 일러전쟁 당시 발행 부수는 1만부에 지나지 않았는데, 제1차 세계대전 후에 4, 5만 부가 되었고, 그 다음 관동대지진 후에야 비로소 10만 부를 돌파했습니다. 제가 신문사에 있었던 쇼와 12년1936경은 9만 부를 돌파하여 10만 부에 육박해 있는 상황이었는데, 일단 이것만으로도 민도를 가늠할 수 있지 않을까요. 특히 조선은 향학열이 높아서 다이쇼 8년1919 이후, 입학 지원자는 어디에서건 모집 인원의 몇 배에 달했습니다. 마침내 의무교육이 실시된다고 하니 대단히 감사하고 있지만, 저는 좀 더 일찍 실시되기를 바랐습니다.

최재서 그러나 어쨌든 이 다난한 시기에 획기적인 의무교육제 실시를 단행하기까지 당국으로서도 매우 고심하고 노력했으리라고 봅니다.

——— 당국의 고심

다카하시 방금 의무교육 실시가 10년이나 뒤처졌다고 질타했는데, 저는 전혀 다르게 생각합니다. 그런 식으로 본다면, 도대체 의무교육을 무엇이라고 생각하고 있는지 의문입니다. 또 이것은 의무교육에 대해 또는 의무교육의 의미에 대해 오해하고 있는 게 아닌가 라는 생각도 듭니다. 애당초 당국에서는 지금까지의 역대 총독들 모두 1년이라도 빨리 의무교육제를 반포하기를 원했습니다. 지난 30년간 초등교육기관 확충계획 및 그 촉진계획이 얼마나 수립되었는지를 연구하면 알 수 있습니다. 또 세입, 세출을 비교했지만, 현재 반도에서 한 가구당 교육비를 얼마나 부담하고 있는지에 대해서도 제대로 연구해야 합니다. 그리고 교원양성이나 교사校舍 건축을 위한 임시비 등도 쉬운 사안이 아니죠. 다이쇼 8년1919에 6면에 1개교, 이어서 3면에 1개교, 쇼와 4년1929에는 1면에 1개교라는 계획을 세웠습니다. 쇼와 12년1937에는 그것을 다시 확충하여 제2차 초등교육기관 확충계획을 수립했고, 뒤이어 촉진계획을 세우면서 쇼와 17년1942에 완성하기로 했습니다. 비록 의무교육이라는 말 자체는 없지만, 역대 총독들은 희망자 모두를 교육하겠다며 일관되게 노력해왔습니다.

현재 3천개에 달하는 학교가 있습니다. 이것은 메이지 24년1891경의 101개와 비교하면 30배나 늘어난 수치입니다. 의무교육이라는 말은 사용하지 않고 있지만, 이런 사실은 학령 아동 모두를 취학시키려고 노력한 것의 결과입니다. 현재 조선의 학비는 연 4원 50전이고 내지의 학비는 연 28원 95전입니다. 이런 것을 보더라도 민도의 높고 낮음의 문제가 아니라, 인구가 희박하다든가 그밖에 여러 가지 사정이 있어서, 당국의 노력에도 불구하고 좀처럼 생각대로 진전되지 않았음을 알 수 있습니다. 이런 사정이 있기 때문에 쇼와 21년1946에 의무교육을 반포하는 걸로 하고, 우선적으로 일단 총 학령 아동 중 남자 90%, 여자 50% 취학률을 목표수치로 삼았습니다. 그리고 그때1946까지 학급 수를 약 1만 개 늘이기로 했는데, 이를 위해 기존 사범학교에서 학급을 증설하고 또 올해는 사범학교를 3개 새로 창설하기로 했습니다. 좀 더 일찍 했어야 한다고 말했지만, 그렇게 간단한 문제가 아닙니다.

현재 학령 아동의 취학률은 남자 75%, 여자 33%로 평균 약 54% 정도입니다. 쇼와 21년도까지 목표취학률에 도달하기 위해서는 남자를 15%, 여자를 17% 정도 더 끌어올려야 합니다. 특히 여자 쪽에 더 많은 노력을 기울여야 합니다. 사정이 이렇기 때문에 지난 30년간 당국이 의무교육이라고 말은 하지 않았어도, 어쨌든 하루라도 빨리 교육을 보급하려고 노력했다는 점에서 당국에 감사해야 할 것입니다. 현재 의무교육을 반포할 수 있게 된 토대는 실로 이 30년의 노력 덕분에 만들어진 거니까요.

그리고 한 가지 더 중요한 것은 그저 교육을 시킨다는 것이 아니라, 어떤 교육을 할 것인가도 큰 문제입니다. 게다가 지금은 아직 4년제 학교가 남아 있습니다. 아까 말씀드린 제2차 초등교육기관 확충계획 및 촉진계획은 쇼와 17년도1942에 완성되는 걸로 짠 것인데, 아직 끝을 맺지 못하고 있습니다. 한편으로 간이학교 등도 개조해야 합니다. 또 아까 말씀드린 1만 학급 증설건은 결국 1만 명의 교원을 양성하는 일이고, 게다가 학급이 증설되고 교원이 증가하면 교원의 퇴직률도 늘어나기 때문에, 실제로는 1만 명 이상의 교원을 양성해야 합니다. 지금 제일 고민되는 것이 바로 교원 부족 문제이지요. 현재 사범학교는 매년 2천 명이 넘는 교원을 배출하고 있습니다만, 그것으로는 좇아갈 수 없는 형편입니다.

올해도 5천 명 이상의 교원이 필요한데, 이를 어떻게 확보할지가 문제입니다. 이를 위해서는 한편으로 교원의 처우개선도 고려해야 하므로, 올해도 대폭적인 교원 처우 우대안이 마련되고 있습니다. 작년도 대체로 비슷한 사정이어서, 어쨌든 훌륭한 사람을 많이 초빙해서 훌륭한 교육을 하고자 여러모로 노력하고 있습니다. 단지 배고픔을 해결해주기 위해 먹을 것을 주는 식이 아니라, 진실로 살이 되고 뼈가 되도록 키워야 한다는 생각으로 열심히 노력하고 있지요. 다행히 의무교육 실시를 준비하기 위해 올해 예산으로 3백 수십만 엔이 책정되어 지금 도쿄에서 절충하는 중입니다. 이것이 어떻게 타결될지는 자세히 알 수 없지만, 이런 점에서도 의무교육 실시에 대해서 질타하기보다 당국의 노력을 인정해주셨으면 좋겠습니다.

함상훈 저 역시 당국의 노력에 충분히 감사하고 있습니다. 다만 우리로서는 좀 더 빨리 실시해주기를 희망했을 뿐입니다. 물론 30년간 조선에서 여러 방면에서 이루어진 발전이 오늘날 조선의 기초가 되었다는 사실에 감사하고 있습니다. 다만 우리가 10년 전 의무교육을 주장했을 때도, 지금의 6년제처럼 완전한 것은 아니더라도, 초기 내지처럼 학령기에 속하는 6세부터 14세까지의 아동을 4개월 혹은 3년 내지 4년이라는 식으로 의무교육을 받게 하자는 것이었습니다. 내지에서도 메이지 40년1907에야 비로소 완전하게 6년제를 반포했을 정도였으니까, 그런 식으로 점진적인 방법을 채택한다면 지금처럼 완전한 것은 아니었다고 해도, 바로 그것을 통해서 대다수가 문맹에서 벗어날 수 있을 거라고 생각했던 것이지요. 또 내지에서도 학령 아동 전부가 바로 취학했던 것은 아니고 서서히 해나갔다고 봅니다.

즉 메이지 11년1878에는 학령아동이 528만 1천 명이었고 취학률은 41%였으며, 메이지 21년1888에는 693만 명에 47%, 메이지 36년1903에는 641만 명에 93%, 메이지 41년1908에는 726만 명에 98%였습니다. 이런 식으로 메이지 40년1907에 이르러서야 대략 완성된 것이지요. 우리도 결코 10년 전에 학령아동 전부를 수용하자고 주장했던 것은 아닙니다. 그리고 부모의 학비 부담에 대해서 말하자면, 물론 조선인은 부담이 적고 내지인이 조선의 약 네다섯 배를 부담하고 있습니다. 하지만 앞으로는 우리도 지금보다 조금 더 부담해도 괜찮다고 생각합니다.

―― 목표 취학률

최재서 지금 학비 부담에 대한 이야기가 나왔는데, 의무교육제가 반포됨에 따라 국민에게 부과된 부담은 실제로 어떻습니까.

다카하시 어느 정도 증액되었지요.

대체로 살펴보면, 제2차 초등교육기관 확충계획이 채택된 것은 쇼와 10년1935으로, 10개년 계획이었습니다. 거기서 최저 학령아동의 약 60%를 취학시킬 작정이었지요. 그런데 쇼와 12년1937이 되자, 계획 기간이 8년이나 남아 있었지만 그것으로는 60% 취학률을 달성할 수 없다고 생각해서, 계획을 촉진할 방안을 세웠습니다. 즉 계획의 완성 연도를 변경해서 쇼와 17년1942까지 완성하기로 한 것이었죠. 그리고 54%의 실적을 달성했습니다. 이것은 취학희망자의 54%가 아니라 최저 학령아동의 54%입니다. 물론 각 지방의 인구 증가율과도 밀접한 관련이 있기 때문에 어떤 곳에서는 전부를 수용하기도 하고, 다른 곳에서는 아주 모자라기도 했을 겁니다. 어쨌든 이것은 그 자체로 점진적으로 해나갈 수밖에 없습니다.

함상훈 조선 최저 학령아동의 54%라고 말씀하셨는데 학령아동의 연령과 아동수는 어떻게 산정합니까.

다카하시 지금 수립한 의무교육제에서는 쇼와 15년1940의 인구조사國勢調査 사업에 따라 6세부터 6년으로 하고 있습니다.

함상훈 우리가 조사한 바에 따르면 쇼와 15년 인구조사에서는 6세부터 14세까지의 아동이 약 4백만 정도 있었습니다.

다카하시 내지 인구 통계에 의하면 6세부터 8년을 학령으로 하는데 전인구 대비 학령아동은 약 14%입니다. 이 비율은 학령을 6세에서 4년, 혹은 6년으로 할 경우에는 물론 다릅니다만, 6년일 경우는 이 숫자의 8분의 6, 즉 4분의 3으로 봐도 좋습니다. 이 수치는 매우 오래된 감이 있지만, 어쨌든 반도의 경우 6세부터 6년을 학령으로 하고 이 비율에 따라 아동수를 산정합니다. 그렇기 때문에 취학률이 매우 높습니다.

함상훈 내지 학령 아동수의 경우 학령을 6세부터 14세까지 하니까 현재 대략 1400만으로 산정됩니다. 이는 전인구의 약 20%가 되는 거지요. 그 비율로 보면 조선의 경우 약 480만 정도가 되겠지요. 그래서 취학아동이 약 130만이 되니까, 학령아동의 약 30%정도라고 볼 수 있겠죠 …….

다카하시 그럼 150만하고도 조금 더 되겠군요.

함상훈 학령을 6세부터 14세까지로 해서 현재 54%가 취학한다고 하면, 조선의 학령 아동수는 약 3백만이 되는 겁니까.

다카하시 정확한 수치를 말씀드릴 수는 없습니다만, 방금 말한 54%는 거짓이 아니에요. 내지는 학령을 6세부터 8년으로 하고 있습니다만, 조선은 6세부터 6년으로 산정하고 있습니다.

―― 징병제와 의무교육제

최재서 징병제와 의무교육제는 최근 우리에게 주어진 최대의 영광입니다. 이 둘은 떼려야 뗄 수 없는 관계입니다.

마쓰즈키 내지에서도 그랬죠. 학제에서 소학교육에 전력을 다했던 일은, 메이지 4년1871의 폐번치현廢藩置縣[17]이나 메이지 5년1872 11월에 제정된 징병제와 관련시켜야 진정으로 그 의의를 체득할 수 있습니다. 다시 말해 메이지 유신 직후, 정부는 나라의 장래를 무사에게 맡길 것인가, 일반 인민에게 맡길 것인가를 고민하다가 결국 전국민에게 맡기기로 결론을 내렸습니다. 이것으로 어떻게든 징병제를 반포해야만 했고, 또 동시에 그것을 위해서라도 일반 국민을 충분히 교육시키고 학문을 하게 해야 했지요. 당시 후쿠자와 유키치福澤諭吉[18] 선생님은 자신의 책 속에서 일반 인민이 근성이 없어서 좋지 않다, 예전부터 사농공상士農工商이라 말해왔지만 지금부터는 농

17) 1871년 막번체제(幕藩體制)를 폐지해 봉건적 행정조직인 번을 중앙 직속 정부의 현으로 바꾸면서, 새로운 지방단위가 만들어졌던 일을 일컫는다. 이를 통해 전국이 정부의 직할지로 변경되었고, 일본은 봉건체제를 종식시키고 중앙집권화된 국가로 거듭날 수 있었다.

18) 후쿠자와 유키치(福澤諭吉, 1835~1901)는 계몽사상가, 교육자로 일본의 대표적 지성이자 근대화의 선구자이다. 서양문명 도입의 필요성을 역설한 동시에 탈아론(脫亞論)을 주창하며 중국과 조선을 접수할 것을 주장했다. 대표 저서로 『서양사정』, 『학문의 권유』, 『문명론의 개략』 등이 있다.

공상農工商이 매우 착실해져야 한다며 근엄하게 이야기하셨지요. 역시 징병제와 교육의 보급은 처음부터 매우 깊은 관계를 가지고 있었던 거죠. 조선에서도 쇼와 13년1938 육군지원자 훈련소와 교학쇄신, 쇼와 19년1944 징병제 실시와 21년1946 의무교육제 실시가 잇따라 발표된 것은 깊은 관계가 있습니다. 원래 의무교육의 큰 목표는 단순히 문자를 익히게 하는 것이 아니라 이른바 '황국의 길'을 밟아 나가도록 함으로써 훌륭한 황국신민을 만들어 가는 것입니다. 특히 '국민학교령'에도 '황민연성皇民錬成'이라고 확실히 나와 있습니다. 조선 인민도 의무교육으로 한층 훌륭한 황국신민이 될 것입니다. 결국 의무교육제는 징병제와 맞물려 수천 년 동안 이어져 내려온 일본의 '바다로 가면海行かば'[19]의 정신 아래서 기뻐하고, 폐하를 위해 목숨을 바치는 황국신민이 되는 것을 근본으로 한다고 생각합니다.

——— 가정에의 요망

최재서 일반 가정에서 의무교육은 정부에서 모든 것을 다해주는 것이라는 다분히 의존적인 마음을 갖고 있다는 이야기를 자주 들었는데, 어떤가요.

다카하시 그것과 관련해서 이런 점을 알아주셨으면 하네요. 국가가 무엇인가를 해준다고는 하지만, 그것이 진정한 의무교육은 아닙니다. 실제로 세계 어디의 상황을 봐도 알 수 있습니다. 다시 말해 의무교육은 일반적으로

19) 〈우미유카바(海行かば)〉는 2차 대전 당시 널리 불렸던 일본 해군 군가로, 일본의 가장 오래된 시가인 『만요슈(萬葉集)』의 한 구절에 곡을 붙인 것이다. 천황을 위해 목숨을 바치는 것은 후회가 없다는 내용을 담고 있다.

교육을 강제하지만, 모든 것을 요리까지 해서 떠 먹여주는 건 아닙니다. 자식을 가진 부모 혹은 후견인은 그 자제를 교육해야 할 의무가 있습니다. 그리고 그 지방에 거주하는 사람들이나 단체가 지방에 있는 자제를 교육한다는 방침을 세웠으므로, 조선 사람일지라도 내지에 가있는 사람은 의무교육을 받고 있는 거지요. 이는 거주지에 따른 겁니다.

마쓰즈키 대체로 그렇죠.

다카하시 거주지에 따른 것이기에 이 점은…….

마쓰즈키 지역적인 거네요.

다카하시 다만 그 경우 국가는 교원양성이나 그 밖의 보조적인 일을 합니다. 이런 점에서 의무교육에 대해 일반적으로 오해하고 있는 것 같습니다. 상당수의 지식계급조차 우리에게 그렇게 이야기하기도 하지요. 이것은 의무교육이라는 말의 의미를 잘 알지 못해서 그런 겁니다.

최재서 그리고 이런 이야기를 들은 적이 있습니다. 결국 징병제가 선포되었다, 이것은 봉공御奉公이다, 그러니 그 대신에 의무교육을, 이런 식으로 말이죠…….

다카하시 절대로 그렇지 않습니다. 한편으로 의무를, 그 대신에 권리를 이라는 사고방식은 절대 안 됩니다. 사안을 따로따로 생각해야 합니다. 지금 마쓰즈키 선생님이 말씀하셨듯이 모든 아이들의 황민연성을 철저하게 이루자는 것이 의무교육의 방침입니다. 포상이나 뭐 그런 것은 절대로 아닙니다. 황민연성이 완성되어야 비로소 진정으로 군인으로서 부름을 받는 영광이 생기는 겁니다. 이 점을 특별히 지도해야 한다고 봅니다.

——— 교장의 입장에서

최재서 그러면 교육을 직접 맡고 계신 노나카 선생님께 부모들에게 바라는 점에 대해 한 말씀 듣겠습니다.

노나카 이번에 우리 조선에서 의무교육을 실시하기로 한 것에 대해 초등교육의 제1선에 서있는 우리로서는 감사와 감격을 금할 수 없습니다. 반도 2천 4백만 동포는 의무교육 실시가 일시동인一視同仁의 성지御聖旨에 의거해 이뤄졌음을 깊이 인식하고, 황실의 홍대무변鴻大無邊한 대어심大御心을 받들어 충심으로 감사해야 합니다. 그리고 의무교육 실시와 관련하여 국민학교 교장의 입장에서 보호자분들에게 몇 가지 희망하는 것이 있습니다. 우선 첫째로 국민이 학교의 진정한 정신을 잘 헤아려 주기를 바랍니다. 국민학교의 목적은 황국의 길을 따라 초등보통교육을 베풀어 훌륭한 황국신민을 육성하는 데 있습니다. 따라서 학부모들도 종래 많은 부모들이 가진 아동관, 즉 내가 낳은 자식이니까 부모 마음대로 해도 된다는 생각으로, 오직 자식을 위해, 부모를 위해, 가문을 위해 입신출세하면 된다는 이기적인 생각을 버려야 합니다. 그리고 아이들은 진정한 보물이고 어디까지나 나라를 위해 도움이 되도록 키우고 교육하는 일이 부모의 가장 큰 의무임을 확신해야 합니다. 또한 국민학교에서는 예의범절 교육을 중시하여 황국신민으로서 허물없는 훌륭한 인물을 만들고 있습니다. 그러나 예의범절은 학교교육보다 오히려 가정교육에 기대는 바가 크기 때문에 이 점을 잘 유념하고 항상 학교와 보조를 맞춰 가정에서도 착실히 해주기를 바랍니다. 또 아동의 체위體位 향상을 도모하는 것은 국민학교 교육상 중요할 뿐만 아니라, 대동아전쟁에서 이겨야 하는 오늘날 가장 중요한 일입니다. 체육은 단련뿐만 아니라 위생과 양호에도 주의를 기울여야 합니다. 지금 학교체육에서 위생과 양호에도 많은 노력을 기울이고 있습니다만, 이는 오히려 가정에서의 음식물, 취침시간, 거실의 채광과 통풍, 신체의 청결 등과 깊은 관계가 있습니다. 그렇기 때문에 한층 더 유의해 주기를 바랍니다. 요컨대 개인주의적, 이기주의적이었던 종래의 교육방식을 국가제일주의로 단호히 바꾸어 교육하고 연성해야 합니다.

——— 여자 불학不學의 폐해

함상훈 이참에 당국에 바라는 바가 있습니다. 쇼와 21년1946까지 취학률을 남자 90%, 여자 50%로 인상한다고 하는데, 의무교육이 실시되면 부모에 대한 강제력을 가지게 될 것입니다. 그럴 경우 어떤 부모는 의무교육을 받지 못하게 하려고 하겠지요. 그런 예는 내지에서도 있었다고 합니다. 조선의 경우 특히 딸아이를 가진 부모들이 여자의 취학률 50%에서 벗어나지 않으려 하지 않을까요. 그 경우 당국이 적극적이고 철저하게 대처해줬으면 합니다. 남자의 경우도 마찬가지입니다만.

다카하시 피한다거나 피하지 않는다거나 하는 사고방식은 의무교육의 논

점에서 벗어나는 것 같은데……. 그러나 어쨌든 학령에 해당하는 아동은 학령부에 기재되어 있으니까 정당한 이유가 없으면 면제해 주거나 연기할 수 없습니다. 이른바 그것이 의무교육이니까요. 다만 여자의 경우 취학률이 33%가 될 때까지 30년이나 걸렸으니, 이것을 한꺼번에 90% 정도까지 끌어올릴 수 없을지도 모릅니다. 우리 교육자들은 누가 피했다거나, 그래서 그를 벌한다거나 하는 일을 고려하지 않습니다.

그보다 더 중요한 문제는 현재 남자 75%, 여자 33%인 취학률을 최초의 목표인 남자 90%, 여자 50%까지 끌어올리는 일조차 현실적으로 매우 어렵다는 것입니다. 예를 들어 함경남도는 지역이 너무 넓어서 약 2백여 개의 면이 있습니다. 게다가 인구가 희박해서 거의 백 개 정도의 면은 학교 소재지에서 대단히 멀리 떨어져 있고, 부락은 군데군데 있지요.

남자는 그렇다 쳐도, 여자는 좀처럼 통학할 수 없습니다. 또한 전라남도에는 2천여 개의 섬이 있습니다. 남자는 배로 통학할 수도 있겠지만 여자는 어렵습니다. 이런 여러 사정이 있어서 지금도 여자의 취학률이 뒤처져 있는 게 아닐까요. 부모들 입장에서 보면 아들이든 딸이든 똑같이 교육하고 싶은 것이 인지상정입니다. 우리도 마찬가지입니다. 그래서 노력을 해왔는데도 불구하고 생각처럼 되지 않은 까닭은, 묵은 폐단 때문이기도 하겠지만, 동시에 지금 말씀드린 곤란한 사정과도 관련되어 있을 겁니다. 따라서 지금은 분교도 꽤 많이 인정하고 있어서, 어릴 때는 분교에서, 자라서는 제대로 된 학교에 보내 교육을 받게 하고 있습니다. 당국에서도 이 정도까지 교육하려는 열의를 가지고 있습니다.

마쓰즈키 내지에서도 학제가 반포됐을 당시, 여자불학의 폐단이 자주 거론되었지요. 그리고 남자와 여자가 똑같이 배워야 한다는 주장이 있었습니다. 통계에 따르면 지금은 남녀 모두 같은 정도로 남자 99%, 여자 57%라고 합니다만, 처음에는 그렇지 않았습니다. 시골 쪽은 특히 여자가 적은데, 이는 어느 지방에서나 마찬가지여서, 여자는 집에 있으면서 빨래나 요리만 배우면 된다고 생각하는 듯합니다. 조선에도 여자불학의 폐단이 실제로 있어서 취학률이 낮습니다.

다카하시 그것의 가능성 여부를 떠나 취학률을 단번에 90% 정도로 올리는 것이 탁상에서 만들어진 이상理想이라면, 30년 전에도 가능했을 테지요. 그러나 당국이 실제로 계획을 발표하고 90% 목표를 반드시 실행하겠다는 책임있는 태도로 추진해 나간다면 그런 이상대로 취학률을 올릴 수 있겠지요. 우리의 입장에서 보자면, 오히려 남자와 여자의 비율을 나눈 것은 실행의 책임을 지겠다는 느낌을 줍니다.

최재서 추운 날씨에도 불구하고 오랜 시간 토론해주셔서 감사합니다.

농촌문화를 위하여

이동극단, 이동영사대 활동을 중심으로 | 1943년 5월

참석자

리노이에 히데타케 李家英竹 ——— 이동극단 제2대
오카다 준이치 岡田順一 ——— 조선영화배급사
유치진 柳致眞[1] ——— 극작가
스시다 마사오 須志田正夫[2] ——— 조선영화배급사
최재서 崔載瑞 ——— 본사 주간

최재서 근로문화라 하면 여러 가지로 어려운 점이 있겠지만, 어쨌든 지금까지의 문화, 이를테면 문학 · 연극 · 영화 · 음악 · 미술 등은 소비자들의 심심풀이였습니다. 그것을 근로대중을 위한 것으로 바꿔야만 '문화' 자체도 건전한 것이 됩니다. 그런 생각을 갖고 문학에 열심히 힘쓰고 있습니다. 특

---

1) 유치진(柳致眞, 1905~1974)은 연극인이자 극작가로, 극예술연구회 활동에 참여했다.
2) 스시다 마사오(須志田正夫)는 『국민문학』 1943년 9월호에 「조선영화의 현상」이라는 글을 기고했다.

히 오늘은 연극과 영화에 종사하면서 보다 직접적으로 지방 근로대중과 접해 오신 분들에게 그간의 체험이나 의견을 듣고자 이 자리를 마련했습니다. 이동연극은 언제쯤 시작되었나요?

리노이에 내지 쪽은 어떤지 잘 모르겠습니다만, 조선의 이동극단은 현재 제1대와 제2대로 나눠져 있습니다. 제1대는 쇼와 16년1941 6월, 현재 조선연극문화협회朝鮮演劇文化協會의 전신인 조선연극협회의 직속으로 생겨나 9월부터 활동해왔습니다. 이번에 신태양사新太陽社에서 주는 조선예술상 부분에서 단체상을 받았는데, 대장은 야나가와 쵸안柳川長安[3] 씨입니다. 제가 소속된 제2대는 작년 6월에 생겨서 역시 9월경부터 활동을 시작했는데요. 대체로 농촌이나 산촌, 어촌, 광산과 같이 문화수준이 매우 낮은 곳, 아니 전혀 없다고 해도 과언이 아닌 그런 마을에 건전한 오락을 제공하고, 동시에 반도의 황민화를 위해 적극적으로 활동한다는 것을 주안점으로 삼고 있습니다.

그런 점에서 내지와 조선의 이동극단의 목표에는 큰 차이가 있습니다. 내지에서는 단지 건전한 오락, 즉 내일의 근로를 위한 자양분을 제공하자는 것이지만, 조선에서는 좀 더 적극적으로 이른바 시국성時局性을 자각해야 한다는 것입니다. 이 때문에 작가나 연출, 연기자에게 활동의 어려움이 따릅니다. 즉 대원의 생활이 그대로 문화 지도의 역할을 해야 하고, 그렇기 때문에 뿔뿔이 흩어져 행동하는 것이 아니라 늘 단체의 규율이 있는 생활을 해야 합니다. 시골에 가면 대원의 행동이 금방 눈에 띄는데다가, 장소에 따라서는 2,30호 정도의 작은 부락에 가기도 하니까요. 말씨나 걸음새뿐만 아니라 우리의 사고방식이나 생활방식을 지방민이 생활화하도록 해야 합니다. 의욕

---

3) 유장안의 창씨개명. 유장안은 연극인이자 영화감독으로 일제 말기에는 조선연극문화협회에 가맹한 이동극단의 제1대 대표를 맡았다.

적으로 말하자면, 우리는 연극뿐만 아니라 그런 임무도 맡고 있는 겁니다.

그리고 밤에는 연극을 합니다. 내가 듣기로는 40리나 되는 먼 곳에서 저녁 도시락을 싸들고 연극을 보러 오는 할아버지, 할머니도 있다고 합니다. 난생 처음으로 연극을 보는 거겠지요. 무엇을 보여주는지도 모르고 오는 경우도 있습니다. 가령 뭔가 별난 구경거리라고 착각했는지 원숭이는 몇 마리가 있냐고 묻기도 합니다. 어쨌든 그런 구경거리에 굶주리고 있었던 것입니다. 군郡이나 면面 소재지에서는 포스터를 붙이는데, 이상하게도 이 동극단을 문화극단이나 문화극단실연대實演隊라 하고, 심한 곳에서는 소녀가극단이라고도 합니다. 역시 우리의 활동을 잘 모르고 있는 거지요. 거기서 대체로 3시간 공연을 하고, 끝나면 모두 함께 짐을 챙겨서 꼼꼼히 내일의 준비를 하고 나서야, 겨우 숙소로 돌아가서 잠을 잡니다. 그리고 다음 날은 또 다른 곳으로 떠납니다.

최재서 상연물은 무엇인가요?

리노이에 제1대는 연극이지만, 우리 제2대는 가극이라고나 할까요. 대체로 노래와 가수를 중심으로 조직하고 있습니다. 지금까지 했던 것으로는 첫째 〈녹색의 언덕緑の丘〉, 둘째 〈마을의 영광村の栄光〉 셋째 〈버라이어티〉가 있습니다.
우선 〈녹색의 언덕〉은 이농문제를 다룬 것입니다. 작년 3월 어느 지방에 갔을 때 좌담회에 참석한 적이 있는데, 지방에 가면 면 사람들이나 경방단警防團[4], 감시소監視所 사람들과 모여서 대화를 나눌 기회가 종종 있습니다.

4) 일제는 중일전쟁 발발 후인 1937년 11월 18일 '방공법조선시행령'을 제정 · 공포하였다. 이어 1939년 7월 3일 '경방단 규칙'을 제정 · 공포하고, 소방조와 수방단을 해체하여 경방단으로 통합하였다. 경방단의 설치 목적은 유사시에 방공(防空)의 완벽을 기하여 치안을 확보하려는 데 있었다.

그때 우수한 농촌 청년들이 자꾸만 도시로 나가서 매우 곤란한 상황에 처해 있다는 이야기를 들었는데, 그것을 힌트로 만든 작품이 〈녹색의 언덕〉입니다. 이 작품은 어떤 농가의 가난한 청년이 경성에 가서 한 독지가로부터 원조를 받아 전문학교를 졸업한다는 상투적인 이야기로 시작합니다. 그 독지가에게는 아름다운 딸이 있었고, 청년은 학교를 졸업한 후 마을 건설에 뜻을 두고 고향으로 돌아갑니다. 그리고 야학을 세워서 국어를 가르치는가 하면, 가뭄을 막기 위해 저수지를 건설하거나, 국민개창운동國民皆唱運動[5]을 벌여 마을 사람들이 국민가요를 노래하게 하는데, 그곳에 독지가의 딸이 찾아와서 어떻게든 경성으로 돌아가자고 합니다. 하지만 청년은 자신의 신념을 끝까지 내세우면서, 당신이 진심으로 나를 사랑한다면 이 순박한 마을 사람들을 위해 일해 달라고 하죠. 마침내 그 아가씨는 청년의 뜻에 따르게 됩니다. 멋 내는 것도 어리광부리는 것도 그만 두고 함께 농촌을 위해 일하겠다는 것입니다. 그리고 독지가도 자신의 전 재산을 농촌에 가져와 도와주겠다고 해서 '경사로다, 경사로다' 하면서 끝납니다.

다음으로 〈마을의 영광〉은 서항석徐恒錫[6] 선생의 작품으로 지원병을 주제로 하고 있습니다. 이런 주제는 지금까지 지나치게 딱딱하게 다루어져왔기 때문에 한번 웃음을 주자는 것이었죠. 연극은 한 지원병이 전쟁터에서 돌아오는 날부터 시작하는데, 이 지원병의 환영회를 둘러싸고 마을 구장과 어떤 할아버지가 다툽니다. 명랑한 다툼이고 좋은 의미에서의 싸움이지요.

---

5) 일제의 조선인 황음화(皇音化) 정책으로, 조선총독 재정고문으로 온 메가다 수타로(目賀田種太郞)에 의해 시작되었다. 음악을 통해 일본 정서를 강요하는 운동으로, 조선총독부 총무국과 학무국, 조선군 보도국, 국민총력조선연맹 문화부 등이 주관했다.

6) 서항석(徐恒錫, 1900~1985) : 극작가이자 연출가. 1931년 극예술연구회를 조직하는 데 주도적 역할을 했으며 한국 근대극의 소개와 정착에 이바지했다. 1941년 현대극장 결성에 참여했고, 1952~1961년 중앙국립극장장을 지냈다. 이후 한국연극협회 이사장을 지냈고 1965년 서울특별시 문화위원회 부위원장을 지냈다.

할아버지는 그가 틀림없이 자기 딸을 맞으러 온다고 믿고 있고, 거기에 구장은 여러 가지 싫은 소리를 하면서 연극은 즐겁게 진행됩니다. 그러나 당사자인 지원병은 딱히 색시를 얻으러 온 것이 아니라, 그저 자신의 고향은 여기밖에 없다는 마음으로 돌아온 것이고, 게다가 다시 한번 국가를 위해 남방에 가기로 했으니 더더욱 색시를 얻을 수는 없다며 거절해 버립니다. 할아버지는 완전히 풀이 죽는데, 이때 싸움 상대였던 구장이 수습에 나섭니다. 구장은 지원병에게 사실 할아버지가 이미 자네를 자기 딸의 신랑으로 점찍어두고 있었다, 그래서 하늘을 찌를 듯이 기뻐했다는 이야기를 해줍니다. 결국 지원병은 자기가 남방에 가더라도 따님을 주신다면 고맙게 받겠다고 말합니다. 그래서 딸은 딸대로 기다리는 동안 마을에서 국어를 가르치거나, 자기 할 일을 한다는 것으로 연극은 끝납니다.

마지막으로 버라이어티는 대부분 애국가요를 부르면서 하는 것으로, 이번 전쟁을 통해 대동아공영권 모든 민족이 일장기 아래에서 일하자는 것을 주제로 삼고 있습니다. 지금까지 가극단이 해오던 것과는 그 형식부터 매우 다릅니다. 이른바 스타가 없지요. 즉 어떤 가수를 중심으로 하는 것이 아니라, 하나의 통일된 주제 아래 동작과 노래와 춤이 있는 것입니다. 한 사람이 노래하거나 춤추는 장면도 있지만 합창이나 군무群舞도 있습니다. 그것을 3,40분하고 그 밤의 공연을 끝냅니다.

이를테면 이런 것들이 있는데, 무엇이든 시국성이 있으면서도 즐거운 것으로 만들자는 것이 목표입니다. 물론 지금까지의 작품이 나빴다는 것은 아니지만, 새로운 방향으로 좀 더 지방 각각의 실생활을 포착할 수 있는 연극을 만들기 위해 협회에서도 여러모로 고심하고 있습니다.

오카다 이동연극단은 앞으로 몇 반 정도 늘리기로 했습니까?

리노이에 그런 경리 쪽은 잘 모르겠습니다만……. 지금까지 경영면에서는 계속 손해를 보고 있습니다.

오카다 그런 활동이 경영난을 겪어서는 곤란하지요.

유치진 듣기로는 제1대가 20여 명이고 제2대도 그 정도인데, 인원이 너무 많지 않습니까? 지금의 경영난도 사람이 지나치게 많기 때문이 아닐까요. 좀 더 적은 인원으로 신속하게 나가서 다부지게 활동하는 편이 좋을 것 같습니다. 지금까지의 활동을 보고 있으면 역시 진정한, 그러니까 본격적인 연극을 그대로 가져가서 농민에게 보여주자는 경향이 있는 것 같은데, 그게 아직까지는 좀 이르다고 생각합니다. 물론 그것도 좋은 일임에 틀림없지만요. 그리고 지금 이동연극단은 텐트를 쳐서 공연하고 있는데, 시골의 오두막집보다 오히려 클 정도입니다.

리노이에 보통 무대가 다섯 간間[7] 정도는 됩니다.

유치진 도시에서처럼 본격적인 연극을 하는 건 어떨까요?

오카다 거기까지 가면 좋겠지만 아직 너무 이릅니다.

유치진 설비 관계도 시기상조지만, 농민이나 근로계급은 아직 본격적인 연극의 아름다움을 모릅니다. 그것을 알기 위해서는 역시 연극을 보는 데

7) 1간(間)은 약 1.82미터이다.

익숙해져야 합니다. 요컨대 향유하는 데도 훈련이 필요한 법이지요. 그 점은 영화도 마찬가지인데, 일단 영화나 연극의 표현 테크닉이나 기술을 터득하지 않으면 그 아름다움을 알 수 없습니다.

최재서 그런 점에서는 가극 쪽이 더 낫겠군요.

유치진 어쨌든 그런 사람들에게도 알기 쉬운 형태로, 그러면서도 연극의 정도正道에서 벗어나지 않는 것을 보여줘야 합니다.

리노이에 얼마 전 진주, 밀양, 동래 같은 소도시를 중심으로 경남지역을 2주 정도 돌아 봤습니다. 진주에서 평하길 순전한 도회용인 것치고는 시골 냄새가 난다고들 했는데, 빈말인지는 모르겠지만 어쨌든 전원이 열심이고 일하는 자세가 제대로 되어 있다고 하더군요. 서장署長의 인사말에서도 수고들 많았다, 실은 내가 연극은 좀 보는 편이다, 애정물色物은 한 달에 10번 정도 순회공연이 오는데 전혀 재미가 없다고 했습니다. 구체적으로 어떤 점에서 재미가 없는지 저는 모르겠습니다만, 어쨌든 당신들이 와서 해주니 좀 살 것 같다고 하더군요. 제 입으로 말하면 좀 그렇지만, 신용은 얻고 있습니다.

최재서 서장님의 칭찬도 좋지만, 관중 쪽은 어떻습니까?

리노이에 일반 사람들은 무조건 환영해줍니다. 노래하거나 뭔가 이야기를 해주면 기뻐합니다. 그만큼 이런 것을 원하고 있는 거지요. 그러나 우리에게는 그것이 하나의 위험이기도 하기 때문에 여러 가지 생각을 하게 됩니다.

최재서 여자들도 옵니까?

리노이에 여자들이 절반입니다. 대체로 1회에 2천 5백에서 4천 명이 동원되는데, 어린 아이가 5백 명쯤 되고 나머지는 남녀 반반입니다. 여자들이 더 환영해줍니다.

최재서 시골의 부인들은 연극을 보는 일이 드물 테니까요.

리노이에 옷도 예쁘게 차려입고 와글와글 찾아옵니다.

스시다 연극은 전부 조선어로 합니까?

리노이에 연기는 조선어, 노래는 국어로 합니다. 처음에 이동극단 소개부터 하고 나서 한 명이 스토리를 말해줍니다. 예컨대 '행진, 행진'이라고 하면 행진하는 장면이 됩니다. 영화의 기술을 도입해서 자주 컷백cut back[8)]을 씁니다.

스시다 영화의 나라타주narratage[9)] 같은 것인가요?

리노이에 거기까지는 안 가지만, 원작자의 시도는 그럴지도 모르겠군요.

---

8) 영화 편집 기술의 하나. 연속된 장면 가운데 갑자기 다른 장면이 나왔다가 다시 원래의 장면으로 돌아가는 기법이다.

9) 내레이션(narration)과 몽타주(montage)의 합성어로 단순히 내레이션(해설)을 화면에 더하는 것이 아니라, 해설에 맞추어 화면의 시간 · 장소 등을 자유로이 전환시켜 줄거리를 구성하는 기법이다.

그리고 농촌이나 어촌의 고유한 노래도 부릅니다.

스시다 지금까지 부르던 노래인가요?

리노이에 새로 작곡한 것도 있긴 합니다만, 일반적으로는 대부분 국민가요를 부릅니다. 산업전사의 노래라든지, 전쟁터의 노래, 군가 등입니다.

스시다 연극을 처음 보는 할아버지나 할머니는 새로운 가요는 잘 알지 못하겠군요. 단지 희한한 것을 본다는 것에 그치지는 않을까요. 그런 사람들에게는, 뭐라고 하나요, 조선가창단이라고 하나요, 오래된 조선의 가극인데요.

유치진 창극 말입니까? 옛날 노래, 그것도 좋지요.

오카다 내지도 마찬가지입니다. 시골에서는 시대물이나 오래된 인정물人情物에 대해서는 그 내용이나 의리, 인정을 잘 이해하고 감동하지만, 새로운 것에는 전혀 감격하지 않습니다.

최재서 재래의 것을 살려 오늘날의 시국에 걸맞게 만들 수는 없을까요?

스시다 내지에도 그런 것은 없는 모양입니다. 지방순회 같은 것도 이동극단입니다만.

오카다 시골을 순회할 때 내지에서는 대개 시대물을 공연합니다. 그러면 사람들이 대체로 이해할 수 있고, 내용도 알고 있기 때문에 그것을 시국에 걸맞게 개작해서 공연하고 있습니다. 그렇게 하지 않으면 안 됩니다.

스시다 다만 방금 이야기가 나온 것처럼 황민화운동이 활동의 중심이 되어 있는 이상, 오래된 것만으로는 안 되겠지요.

오카다 예를 들어 춘향전 같은 것도 현대물로 개작할 수 있을 겁니다.

유치진 제가 관여하고 있는 현대극장에서 총력연맹의 위탁으로 남선南鮮 지방을 순회한 적이 있는데, 그 때의 주제는 '일하지 않는 자는 황민이 아니다'였습니다. 근로강조주간인가 뭔가를 위한 공연이었는데, 그때 방금 이야기에서 나온 것처럼 오래된 것을 중심으로 레퍼토리를 만들어봤지요. 조선의 일반 민중에게 무조건 환영받고 있는 '놀보, 홍보홍보전' 였습니다. 형인 놀보는 게으름부리며 놀기만 하고 마음씨도 나쁘지만, 동생인 홍보는 선량하며 열심히 일하는데, 결국 권선징악으로 마지막에 동생이 승리한다는 그 이야기지요. 그것에 아까 말한 창극을 도입해서 해봤는데 아주 좋아하더군요.

오카다 그런 것이 이동극단의 목표 중 하나가 될 수 있겠군요. 이동영사대에서도 마찬가지인데, 잘 모르는 것을 그저 보여주기만 해서는 큰 감격을 이끌어낼 수 없습니다. 옛것을 개작해서 공연해야 합니다.

최재서 내지에서는 「도카이도 히자쿠리게東海道膝栗毛」[10]인가요. 그건 어

---

10) 정식명칭은 「도카이도츄 히자쿠리게(東海道中膝栗毛)」로, 에도시대 줏펜샤 잇구(十返舎一九)에 의해 쓰인 활계본(滑稽本)이다. 활계본은 희작(戲作)의 하나로 분류되는 작품으로, 일종의 소

떤 식으로든 바꿀 수 있습니다.

스시다 그렇지요. 결국 문제는 야지기타彌次喜多[11]니까요. 그들이 나와서 뭔가를 한다는 틀만 있으면 어떤 이야기든 집어넣을 수 있지요.

최재서 노래도 국민가요뿐만 아니라 조선의 노래를, 그것도 그대로 집어넣기만 하는 것이 아니라 뭐라도 흉내 낸다면 훌륭히 지금의 것이 될 수 있겠지요.

스시다 그래요. 그저 보기만 하는 걸로는 부족하지요.

유치진 정말로 무대와 함께 호흡하게 해야 합니다.

오카다 도회적인 것을 그저 보여주기만 해서는 별로 감동이 없습니다.

리노이에 어촌이든 광산이든 그런 재래의 것이 풍부하게 있었으면 좋겠네요. 그런데 저희 쪽에서 말하는 것도 이상하지만, 대본이 축적되어 있지 않습니다. 즉 각각의 지방, 또는 각각의 산업부문에 걸쳐있는 대본이 없습니다.

스시다 여기도 각본 기근인가요. (웃음)

담(笑談)이다. 내용은 야지로베이(弥次郎兵衛)와 기타하치(喜多八)가 도카이도(東海道)를 따라 에도에서부터 교토, 오사카로 여행 다니는 이야기다.

11) 야지키타는 도카이도츄 히자쿠리게의 주인공인 야지로베이와 기타하치를 총칭하는 말이다.

리노이에 내지의 경우 각 방면에서 극단으로 신청이 들어옵니다. 그러면 지방 어디어디에서 왔으니까 어떤 것을 한다는 식으로 잘 해나가고 있습니다. 가령 광산 방면에서 신청이 들어오면 그것에 걸맞은 것을 가지고 갑니다. 즉 대본이 축적되어 있는 거죠. 그런데 우리 쪽은 설령 신청이 들어와도 곤란합니다. 정해진 것 하나밖에 없기 때문이지요.

오카다 내지에서는 지방을 위한 극 대본을 묶어서 출판하고 있는 모양입니다. 우선 시골 사람들이 어떤 것을 요구하는지 그것을 확실히 간파하는 것이 중요하겠지요. 단지 국민가요를 장려하는 것만이 아니라 지방에 원래 있던 풍부한 정서를 살려나가고 싶습니다.

리노이에 우리는 작가를 현지에 보내서 생생한 재료를 구해 돌아오게 하곤 했습니다. 지금 있는 대본도 그렇게 해서 만들어진 것입니다만…….

최재서 한두 명 예외는 있었지만, 사실 이제까지 작가는 근로라든지 농촌과는 완전히 동떨어진 존재였기 때문에 일하는 사람들의 마음을 잘 몰랐습니다. 그래서 결국 문화라는 것이 근로와 농촌으로부터 완전히 멀어져버린 것이지요.

유치진 제가 알기로 이동연극 작품은, 도시보다 시골에서 이른바 지도가 세부적인 것에까지 미치고 있습니다. 예컨대 면이나 농회農會 등에서 증산이나 근로생활을 지도할 때도 볍씨가 어떻다, 경작방식은 이렇게 해라, 비료는 어떻게 해라, 가마니를 만들어라, 밧줄을 만들라고 해서, 하루하루 그런 지도와 이론만으로 생활하는 것 같습니다. 그러나 순연한 근로계급에게 보여주는 연극은 이론적이지 않은 것이어야겠죠. 그렇다고 도회의 경박한 것을 시골에 들여와서는 안 되겠지만요. 그런 반동적인 것이 아닌 한에서 이론이 제외된 즐거운 연극을 보여주고 싶습니다.

최재서 이런 주제는 어떨까요? 즉 자신이 일하는 의미, 그것도 이론적으로만 이러쿵저러쿵 하는 게 아니라, 예컨대 쌀 한 섬을 거두면 그것이 오늘날 어떤 의미를 지니는지 구체적으로 제시하는 것입니다. 산업전사도 마찬가지겠지만, 자기 일이 지니는 큰 의미를 알게 되면서 자신의 중요성을 깨닫고 일하는 것에 긍지를 느끼게 하는 방법은 없을까요. 그것이 대동아공영권과 결부돼도 좋겠죠. 그런 웅대한 주제가 있어도 좋을 것 같습니다. 지방을 대상으로 한 연극이기 때문에 통속적인 것도 좋지만, 어쨌든 웅대한 주제가 있었으면 하네요.

유치진 지나치게 이론적이거나 교훈적인 게 아니라……. 이런 걸 하면 곤란할 수도 있겠지만, 예컨대 암거래 등 국민의 경제생활 문제도 취급방식에 따라서는 연극에서 살릴 수도 있겠지요. 잘못 도입하면 안 되겠지만요.

오카다 건설적이고 명랑하다면 그 자체로 신체제적인 것이니까요. 이론적으로만 가르쳐서는 안 됩니다.

스시다 영화의 경우 내지의 필름을 그대로 돌리고 있으니 도입한다고 해도 한계가 있습니다. 기껏해야 프로그램을 편성하는 기교만 가능하겠지요.

오카다 연극은 내용 면에서 그것이 가능합니다.

최재서 얼마 전 진남포에 있는 알루미늄 공장에 가서 직공들에게 여러 가지 이야기를 들어봤습니다. 공장 측에 요구가 있냐고 물어봤더니, 아니, 더할 나위 없이 좋다, 다만 뉴스 영화만은 자주 보여 달라고 하더군요. 농촌의 경우에도 서장님이나 면장님의 훈시만 있는 것보다 뉴스 영화를 보여주는 편이 좋을 것 같습니다.

오카다 연극에 있어서는 이동극단도 아주 좋지만, 하나 더 아마추어연극素人演劇도 내지처럼 좀 더 활발하게 하면 좋을 것 같습니다. 농한기쯤에 좋은 지도자를 얻어서 지방인 스스로의 손으로 연극을 한다는 거죠. 연극 한 편을 공연하는 것 자체가 신체제의 지방문화 역할을 한다고 생각합니다. 스스로 모여서 스스로 하는 연극이 지방인에게는 가장 감명이 깊습니다. 각 도道에 한두 개의 반班을 만들어서 하는 것이 좋겠지요.

유치진 경상남도에는 극단이 하나 있다는 이야기를 들었습니다.

최재서 서선西鮮 지방에 가면극이 있지요.

유치진 아, 당신 고향 쪽에는 그게 있겠네요. 가면극은 봉산, 사리원이 본고장이니까요.

최재서 그걸 보면 대단합니다. 소박한 민속 행사이긴 하지만, 모두 넋을 잃고 즐기지요. 동산에 모여서 보는데, 하는 쪽도 보는 쪽도 그야말로 일체一體가 됩니다.

리노이에 맞아요. 일체입니다.

최재서 그것을 지금 그대로 하는 것은 좀 어떨까 싶지만, 그것을 토대로 한다면 여러 가지 방법이 있을 것입니다. 가면극도 권선징악을 주제로 하지만, 결국 노래와 춤으로 재미있게 공연하고 있습니다. 좋은 아마추어 극단이 만들어지면 좋겠네요.

오카다 전북에 있을 때 방공훈련防空訓練을 주제로 공연하게 한 적이 있는데, 자기 마을에서 이 남자, 저 여자가 나온다고 하니 흥미로워 하고, 감명도 깊게 받고, 방공훈련에 대해서도 잘 이해하더군요. 어떻게든 모두 참가해서 열심히 해야 한다는 것을 잘 깨달을 수 있었던 거죠. 이것으로 볼 때 생산 확충이든, 사상 선도든, 모든 문제에 대해 그런 식으로 하면 좋을 듯합니다.

유치진 지금도 시골에서는 청년들이 자기 손으로 아마추어 연극을 한 편 하고 싶다든지, 할 거니까 지도해 달라든지, 각본을 제공해 달라고 저희 쪽에 상담해 오는데, 너무 민간인의 입장에서 지도하면 곤란합니다. 결국 우리가 얼마나 사상적으로 지도할 수 있는가라는 점이 어려운데, 잘못하면 큰일 납니다. 과거에도 여러 가지 연극운동이 있었지만 아무래도 어려웠습니다. 지금은 여론이 통일됐으니 연맹에서 각 지방과 한 번 연락해서 연극을 장려하고 아마추어 극단을 만들어나가면 좋지 않을까 생각합니다. 각본도 전문가에게 위탁해서 배포하고, 나머지는 어쨌든 아마추어 극단에서 다 맡아서 하는 게 꼭 불가능한 일은 아니라고 봅니다.

오카다 아까 이야기한 전북 지방에서는 각본을 모집했는데, 30편 정도 순박하고 재미있는 작품이 들어왔더군요.

리노이에 내지에서는 아마추어 극단에 적극적으로 각본을 제공하고 있습니다. 우리도 이동극단 활동을 열심히 하고는 있지만 모든 지방이나 분야에까지 손이 닿지 않습니다. 설령 닿더라도 그들 스스로 함께 기뻐하면서 해줬으면 좋겠습니다. 따라서 우리의 일은 하나의 충격을 주는 것에 지나지 않습니다. 신청이 들어와 평남 지방에 갔을 때 거기 농무과장이, 자신들도 매년 2번 하고 있으니 대본을 알선해 달라, 그리고 전문적인 여배우를 한 명 소개해달라고 해서, 대본은 만들어준 적이 있습니다. 제1대 쪽에서도 그런 일이 있었나 봅니다. 제1대가 황해도를 순회한 뒤에 그 도에서 바로 극단을 마련해 실제로 공연을 다니고 있다는 소식을 들은 적이 있습니다. 이동극단의 아버지인 이데井手 씨가 거기에 계시니 있을 법한 일이지요.

오카다 이동극단은 자기들의 활동뿐만 아니라, 더 나아가 거기까지 영향력을 미쳤으면 합니다.

스시다 〈농민극장〉이라는 문화영화가 바로 그런 일을 다루었습니다. 부락 청년들이 연극을 하는데, 모두가 보면서 울고 웃는 장면이 꽤 재미있었습니다.

최재서 지난번 도쿄에 가서 좌담회를 했을 때, 기쿠치菊池[12] 씨가 지금 조선에서 좋은 연극을 만들 수 있다면 조선의 새로운 국민문학 운동도 본격적

12) 일본의 소설가 겸 극작가인 기쿠치 간(菊池寬)을 가리킨다.

으로 이루어질 거라고 했는데, 그는 전문가인 만큼 문제의 핵심을 파악하고 있구나 라고 생각했습니다. 실은 나는 거기까지 생각을 못했거든요. 좋은 연극이 나와야 비로소 새로운 문학이 성립한다는 것은, 다시 말해 문학은 민중에 침투하지 않으면 성립하지 않는다는 것입니다. 소수의 사람들만 읽고 쓰는 것이 아니라, 그런 것이 연극으로 만들어져 계속해서 시골로 전해지고, 그 연극의 등장인물과 일체가 되어 울거나 웃음으로써 비로소 그 문학의 내용이 결실을 맺는다는 것이지요.

오카다 시가詩歌든 연극이든 전문가가 그저 자기들을 위해서만 해서는 안 됩니다.

리노이에 지금까지의 문학은 모두 그랬지요. 앞으로는 전달, 즉 대중 속으로 파고들어가려는 노력이 좀 더 이루어져야 합니다. 물론 그것을 모두 문학자의 책임으로만 돌릴 수는 없겠지만요. 우리는 경성에서 공연하는 게 오히려 더 괴롭습니다. 연극이 서투른 탓일지도 모르겠지만, 시골에 가면 더 많이 웃고 즐거워해주니 보다 생생한 보람을 느낍니다.

최재서 지금 시골에서는 무엇이 인기를 끌고 있나요?

유치진 내용은 일반적으로 역시 연애 이야기지요. 옛날부터 이건 뭐 …….(웃음)

최재서 책도 그렇지요.

유치진 어린애든 늙은이든 마찬가지입니다.

최재서 연애물이 인기를 끄는 것은 전혀 문제도 없고 좋은 일이지만, 다만 연애소설이 조금 변해야 하겠죠. 거기에 뭔가 담아야 하는데, 예컨대 지방인이나 산업전사의 진지한 생활 속에 있는 연애라든지요. 변함없이 그냥 연애면 문제가 있습니다.

오카다 영화에서도 몰라보게 변하고 있습니다.

최재서 그 점에서 조선의 독자나 관중이 상당히 뒤처져 있습니다. 10년 전의 것을 완전히 날려버리는 데까지 가면 좋을 텐데요.

리노이에 다른 의미에서의 영웅화나, 그런 것이 있어도 좋다고 생각합니다.

오카다 심청전 같은 경우 다들 별로라고 하지만 조금 바꾸면 아주 좋은 작품이 될 겁니다.

최재서 현재까지 이동영사대를 본 사람의 수는 얼마나 됩니까?

오카다 35만 명은 되겠지요. 15개 반이 하고 있고 매달 26, 7회는 되니까요.

스시다 최고 31회던가요. 그리고 대개 하루에 2번씩 합니다. 매일 연속으로 할 수는 없지만, 뭐 이 정도입니다.

리노이에 한 번에 몇 명 정도 봅니까?

스시다 평균적으로 야외가 5,6백 명, 실내가 3,4백 명 되지요. 대체로 조선영화배급협회映配에서 하는 이동영사는 작년 12월 8일부터 대동아전쟁 1주년 기념사업으로 시작했는데, 12~2월은 가장 추운 시기라서 실력을 발휘하지 못했습니다. 그것은 이제부터입니다.

최재서 이동연극 쪽은 어떻습니까?

리노이에 제1대 쪽은 공연이 210곳, 횟수는 259회로 42만 9천명, 제2대 쪽은 공연이 99곳, 횟수는 118회로 29만 5천명이라는 계산이 나옵니다.

오카다 우리 쪽은 극영화가 하나, 뉴스가 2개 있고, 기본적으로 무료관람으로 하고 있습니다.

스시다 1회 30원으로 대출하는데, 다만 기계를 들고 다니는 두 사람의 차비 등 실비는 받고 있습니다만.

최재서 역시 직접 호소한다는 점에서 선전성이 가장 강력한 건 영화이지요.

스시다 다만 아무래도 내지의 것을 그대로 가져가니, 그 점을 좀 더 생각할 여지는 있습니다. 게다가 요새는 필름이 없습니다. 이동영사 프로그램에 올릴 필름이 없어서 곤란해 하고 있습니다. 되도록 한 농촌에 맞는 걸로 하려고 신경 쓰고는 있지만요.

최재서 여기서는 만들지 않습니까?

오카다 아직입니다.

스시다 시보時報 같은 것은 경성과 동시에 개봉을 하기도 합니다. 2개 정도 남거든요. 〈드디어 우리는 출정한다今ぞ我等征く〉, 〈쇼와 19년昭和十九年〉 등의 문화영화는 동시개봉이었습니다. 조선의 필름이 많으면 더할 나위 없이 좋겠지만, 아직 제작회사가 생긴 지 얼마 안돼서요. 지금까지 나온 조선 영화를 돌리면 좋겠지만 쓸 만한 게 없습니다.

오카다 영사대를 따라 가봤는데, 화면을 안 보고 기계 쪽을 보면서 어떻게 이것이 사진이 될까, 소리를 낼까 라고들 하더군요.(웃음) 저쪽을 보라고 해도 좀처럼 보려고 하지 않습니다. 아직도 그런 곳이 많습니다. 그러나 어쨌든 이동연극단도 이동영사대도 생겼으니, 조선도 앞으로 1, 2년 사이에 획기적으로 진보하리라 생각합니다.

리노이에 물론 한계가 있겠지만, 연극의 연演자 정도는 알게 되었지요.

최재서 사변이 일어나고 나서 진보한 것은 연극, 영화 부문입니다. 연극만은 확실히 향상되고 있습니다. 당국이 힘을 쏟는 강도도 달라졌으니까요.

리노이에 이건 여담인데요. 좀 선전처럼 들리겠지만, 우리는 연극이 끝나고 다음 목적지까지 걸어서 갑니다. 최고기록으로는 제1대가 이틀 만에 120리를 갔다고 하고, 우리 1대는 60리를 걸었던 적이 있습니다. 그리고 다음날 또 공연을 합니다. 충북에서 홍수가 났을 때의 일인데, 경찰도 친절하게 알려줬고 버스도 있었지만 우리는 힘을 내서 걸어갔습니다. 그런데 너무 힘들더라고요. 나 자신도 힘들었지만 여자들이 더 안쓰럽더군요.

스시다 그렇겠네요. 그리고 나서 다음날 또 공연을 한다면 더욱 힘들겠지요.

리노이에 모두 녹초가 돼서 여자들은 "대장님, 이제 못 걷겠어요"라며 울상이었죠. 하지만 우리 극단에는 대장이 있고 반장도 있습니다. 연기면 연기, 장치면 장치에 각각 반장이 있어서 대장의 명령에 절대적으로 복종합니다. 그래서 연극이 끝나고 아무리 피곤해도 내일의 준비를 위해 무슨 일이라도 합니다. 대원들도 인간이기 때문에 처음에는 원망을 살 때도 있었지만, 한두 달 지나면서 동료들끼리 애정도 생기게 되고, 자신이 하는 일에 신념도 갖게 되지요. 어쨌든 그때는 너무 힘들어서 연극이 해이해지면 어쩌나 걱정했지만, 웬일인지 그 날 밤 공연은 좋았습니다. 단체로서의 의욕이 잘 나타나고 있었습니다. 오히려 몸이 편할 때 반대로 공연이 안 좋기도 합니다. 예를 들어 오전 중에 목적지에 도착할 때면, 무대 가설架設이라든지 뭔가 할 일이 있어도 시간이 넉넉하니까 책을 읽거나 낮잠을 자거나 합니다. 이는 묵인하고 있습니다만, 제각각 시간을 보냅니다. 그런 밤은 오히려 연극이 느슨해집니다. 하지만 어쨌든 우리 대원들의 생활은 순수노동이거든요. 그래서 가끔은 고기를 배급하기도 하고, 술도 냅니다. 대원이 후생회厚生會를 만들어서 협회의 돈을 쓰지 않고 자신들의 돈으로 하기 때문에 그런 재미가 있습니다. 어쩐지 몸 상태가 이상하고 나른하다고 느낄 때도 관중을 보면 기운이 나지요. 신념이라고 할까요. 어쨌든 이런 일은 국민에 대한 애정이 없으면 할 수 없습니다. 나는 무대에 나가지 않기 때문에 관객석에서 관객 심리를 알기 위해 할머니나 할아버지에게 이것저것 물어봅니다. 그들은 4, 50리 되는 길을 도시락을 싸들고 오는데, 도시락 대신 가져온 옥수수 등을 자꾸 먹으라고 권합니다. 사양하면 더러워서 안 먹는 거냐고 해서, 그렇지 않다고 하고 나도 함께 옥수수를 먹으면서 연극을 봅니다.

오카다 극단의 여배우를 시켜달라고 따라오는 아가씨도 있습니까?

리노이에 없습니다.

최재서 그만큼 자각하고 있다는 거겠지요. 시대의 분위기가 달라졌으니까요.

리노이에 다만 당국자의 생각이 어떤지에 따라 극단에 대한 평가가 가지각색입니다.

오카다 영사대 쪽도 당국이 힘주는 강도에 따라 달라지지요. 성가신 이야기를 들은 날에는 금방 엉망이 됩니다.

최재서 잡지 쪽도 마찬가집니다.

오카다 지도하는 쪽에서 일에 대한 인식이 있어야 합니다.

리노이에 이쪽을 보면 벌어먹으려고 하는 데도 있습니다. 주로 아래쪽에서 그렇게 하지만요. 우리 쪽은 보안과 고등 양쪽에 신세를 지고 있습니다만.

오카다 뉴스 쪽에서도 뭐랄까요. 온 사람들 중 절반은 뉴스를 한 번도 본 적 없는 사람들이지요. 그런 사람들에게 연설하며 돌아다녀봤자 소용이 없습니다.

최재서 실제로 하와이라고 해도 그것이 어디에 있는지 모르는 사람들이 많기 때문에 결국 보여줍니다.

오카다 뉴스를 30만 명의 사람들에게 보여준 것, 그것만으로도 결국 자기선전이 되겠군요. (웃음)

최재서 일반적으로 연극이 번성한다는 것은 어떤 형태로든 국민적 정열이 불타고 있다는 것이죠. 3,4년 전에 연극이 번성했을 때와는 다르지만……. 그것을 조성해나가야 합니다.

리노이에 내지의 누군가가 연극을 좋아하는 국민은 전쟁에도 강하다는 말을 했었는데, 국민사상이 매우 앙양되었을 때에는 연극이 번성합니다. 뭔가 집단적으로 즐기는 것을 요구하기 때문이죠.

최재서 셰익스피어의 연극이 태어난 시대도, 당시 세계를 뒤엎을 기세였던 스페인의 무적함대를 영국이 정복함으로써 처음으로 국민적 자신감을 얻은 시대였습니다. 그때까지 영국은 2류 국가였는데 말이죠. 그 국민적 분위기를 셰익스피어가 연극으로 만든 것입니다. 정치적 의미에서 선전했던 것은 아니라지만, 셰익스피어 연극은 그만큼 이른바 국민연극이 되었고 나아가 세계적인 것이 되었습니다. 작품에는 조잡한 부분도 있고 고상한 부분도 있습니다만, 그것이 결국 국민적 열정인 것이지요.

리노이에 그리스 · 로마 시대도 그랬겠지요.

최재서 결국 고상한 것만 좋은 것은 아닙니다. 문제는 국민적 열정이 식지 않도록 하는 데 있는 것이죠.

오카다 끊임없이 커다란 열정을 갖도록 해야 합니다.

리노이에 지금은 단순한 열정이 아니라 하나로 뭉친 열정이 필요합니다.

오카다 그런 일에 모든 것이 동원되어야 할 것입니다.

최재서 선전과 계몽을 위한 연극이나 영화도 중요하지만, 아직 대중을 위한 연극이 확실하게 정착되어 있지 않습니다. 단지 시국적인 것만을 하고 있는데, 유치진 씨, 여기서 대작 한 편 써보는 건 어떨까요? 그런 대작이 영화가 되고 가극이 되고 버라이어티가 되어야지요.

오카다 그리고 뭐랄까요, 조선작가 중에는 연극을 한 편 하는 데 신체제에 걸맞은 내용을 따로 집어넣어야 한다는 생각이 있는 게 아닐까요. 신체제적 요소를 포함해야 한다는 식으로 말이죠. 하지만 모든 것이 그대로 신체제적인 것이죠.

유치진 그것이 조선 극작가들의 고민이었습니다. 지금도 그렇지만 신체제의 이념을 어떻게 작품화할 것인지에만 신경을 쓰고 있었습니다. 지난 1, 2년 동안 작가는 큰 정열을 갖고 있고, 당국도 여러 지시를 내렸지만 그것이 실제로 연극 그 자체의 내용이랄까 기술에 있어서 아직 민중과 딱 맞지 않은 부분이 있었습니다. 지도이념이 나쁘다는 것이 아니라 그것을 담아내는 방식, 즉 예술적인 문제가 여전히 남아 있었다는 것입니다.

최재서 작가가 지나치게 경직되었다고 할 수 있겠죠. 유치진 씨의 〈대추나무棗の木〉는 총독상을 받은 작품이기 때문에 당국의 의사가 가장 잘 표현되어 있다고 간주되지만, 오히려 시국색이 가장 적게 담겨 있는 작품이었습니다.[13] 그런데 작가들은 뭔가 어깨에 힘이 들어간 어마어마한 작품을 써야만 한다는 식으로 생각하는 것 같습니다. (웃음) 잡지 쪽으로 보내오는 원고들도 그렇고요.

오카다 역시 예술적으로 뛰어난 것이어야겠지요.

최재서 내선일체가 되어야 한다고 해서 바로 내선결혼 이야기를 …….(웃음)

오카다 정말이지, 아무것도 아닌 데서 국기를 내보이거나, 말도 안 되는 데서 병사가 나오거나, 그런 식이라면 진정한 의미의 존엄함도 사라지므로 참으로 곤란합니다. 그리고 이런 활동에는 예산문제 등에 대해서도 지도하는 쪽이 좀 더 고려해야 합니다.

---

13) 유치진의 〈대추나무〉는 제1회 연극경연대회에서 작품상을 수상했다.

최재서 맞습니다. 이동연극이나 이동영사와 같은 활동이 경영난으로 더 이상 성장할 수 없게 되면 안 되니까요.

스시다 이동영사도 곧 16mm로 이행할 겁니다. 필름의 절약이나 수송 관계 때문이죠. 그리고 좀 더 쉽게 지방으로 들어갈 수 있도록 해야 할 것입니다.

오카다 그나저나 이런 문화적인 활동에 대해서는 그 건설적인 의의를 인정해서 좀 더 돈을 투자해야겠네요.

최재서 그럼 이쯤에서 마치겠습니다.

전쟁과 문학

1943년 6월

참석자

우에다 히로시 上田廣[1]

이노우에 야스후미 井上康文[2]

가라시마 다케시 辛島驍[3]

유진오 兪鎭午

마키 히로시 牧洋[4]

스기모토 나가오 杉本長夫[5]

미야자키 세이타로 宮崎清太郎[6]

최재서 崔載瑞

김종한 金鐘漢

---

1) 우에다 히로시(上田廣, 1905~1966)는 중일 전쟁 발발과 동시에 북지(北支)에 전전(轉戰)하면서 「황진(黃塵)」과 「포경향(鮑慶鄕)」을 썼다.

2) 이노우에 야스후미(井上康文, 1897~1973)는 시인이다.

3) 가라시마 다케시(辛島驍, 1903~?) : 경성제국대학 법문학부 교수.

4) 마키 히로시(牧洋, 1908~?)는 이석훈의 창씨개명이다.

5) 스기모토 나가오(杉本長夫, 1909~?) : 시인. 경성제국대학 법문학부를 졸업했으며, 사토 기요시(佐藤淸)의 제자이다.

6) 미야자키 세이타로(宮崎淸太郎) : 작가. 경성에서 일본어와 영어 교사로 재직한 경력이 있다. 조선에서 문학활동을 시작했고, 사소설의 변형인 신변소설을 썼다. 『국민문학』 1944년 4월호에 「그의 형(その兄)」이란 소설을 발표했다.

—— 문학을 보는 척도

최재서 여러분 고맙습니다. 그럼 시작하겠습니다. 오늘 좌담회의 제목은 '전쟁과 문학' 입니다. 이번에 군보도 반원으로 남방에 갔다 온 우에다 씨와 이노우에 씨는, 조금 이상하게 들릴지도 모르겠지만, 문학자로서 아주 운이 좋았다고 생각합니다. 여러 전지戰地에서 무엇을 느꼈고, 문학자로서 어떤 심정이었는지 우에다 씨부터 한 말씀 부탁드립니다.

우에다 솔직히 말씀드리면 문학자라는 생각은 별로 없었습니다. 우리들은 전쟁에 참여해서 전쟁을 통해 몸에 밴 것이 있다면, 그것을 이제까지 정진해왔던 문장으로 표현한다는 생각이 강했기 때문에 문학자라는 생각은 거의 없었습니다. 신문이나 잡지는 우리가 쓴 것을 전기戰記이지 문학이라고 할 수 없다고 비판하고 있습니다. 그러나 우리는 그것이 이른바 문학이 아니어도 괜찮습니다. 오늘날의 것은 무기를 들거나 혹은 그 밖의 다른 임무로 싸우고 있는 전쟁 양상을 기록한 것이므로 기존 관념의 문학이 아니어도 좋다는 분위기가 굉장히 강해졌습니다. 이노우에 씨는 어떻게 생각합니까?

이노우에 저도 지금의 전쟁 속에서 혹여 문학이라는 것을 찾는다면 우에다 씨의 말이 적절하다고 생각합니다. 요컨대 지금까지 문학에 대해서 가지고 있던 생각이나 척도로 그런 전기를 읽고서 문학을 파악하는 것이 아니라, 그 전기 안에서 오히려 새로운 문학의 형태나 정신을 찾아 가는 것, 즉 문학을 보는 척도가 변해야 한다는 생각까지 하고 있습니다. 그것을 시 부분에서 말해보면, 육군 쪽에 있다가 최근 귀환한 어느 시인이 지난 1년 동안 시가 너무 산문적으로 변해 버려서 시로서의 형태를 갖추지 못한 게 유감이라며 리듬도 율격도 없다고 비난했습니다. 그러나 현재의 시는 외형적인 하나의 형태를 갖춰 쓰기보다 좀 더 내용적으로 요구되는 것이 많습니다.

가령 시의 형태로 볼 때 완전하지 않더라도 훌륭한 시의 정신을 가지고 있다면, 그것을 시로 인정해도 조금도 부끄럽지 않습니다. 저는 지금처럼 격렬한 전쟁 속에서 탄생할 문학은 매우 웅대하고 비약적인 형태여야 한다고 봅니다. 우에다 씨의 작품을 봤는데, 그 자체로 훌륭하고 높은 예술성이 있다고 느꼈지요. 오히려 신문기자가 쓴 기록 속에 문학적인 것이 있다고도 합니다만, 그것과는 완전히 풍취가 다르다고 생각합니다. 이것은 저나 우에다 씨가 전지에 가서, 또 다른 작가가 전쟁에 가서 모두 다 느끼는 것입니다. 이런 우리들의 생각에 대해서 여기오신 분들 중에, 작품을 읽어보신 분들의 의견을 듣고 싶습니다.

최재서 유진오 씨는 어떻습니까? 얼마 전 『문예』에 시평을 쓰셨지요? 니와 후미오丹羽文雄[7] 씨의 「해전海戰」 등에 대해서 …….

유진오 네. 그러나 뭐 그건 지금 문제와는 좀 다르고 ……. 오늘 저는 여쭤보는 쪽이라서요. 지금 문학에 대한 사고방식이 변해왔다, 또한 변해야만 한다는 의견이신데 …….

7) 니와 후미오(丹羽文雄, 1904~2005)는 와세다 대학 문학부 국문과를 졸업하였다. 전시 중 해군 보도반원으로 나간 후 「해전(海戰)」을 발표했다.

——— 시가 나오야志賀直哉[8]에 대해서

우에다 시가 선생님의 「이른 봄의 여행早春の旅」은 선생님의 최근 심경이 나타난 훌륭한 작품이지요. 그 속에는 뭐랄까, 문학의 고향이라고 할 만한 것이 느껴졌습니다. 그런데 동시에 우리가 느끼는 전쟁의 현실이라는 측면에서 다시 생각해보려고 할 때, 역시 그것을 전적으로 받아들일 수는 없었습니다. 문제는 역시 거기에 있지 않을까요. 유진오 씨에게 읽었습니까?

유진오 아니요, 아직 읽어보지 못했습니다.

최재서 그러면 문제는 전장戰場에 갔다 온 작가와 그렇지 않은 작가의 차이겠군요.

이노우에 물론 체험 상의 차이는 있지만, 그렇다고 해도 전선에 참가하지 않은 작가가 전쟁을 하는 국민적 현실을 쓸 수 없는 것은 결코 아닙니다. 다만 얼마나 자연스럽게 몸에 배어 들었는가의 차이는 있겠죠. 따라서 이렇게 말할 수 있을 겁니다. 즉 전쟁이라는 사실과 정면 대결한 작품만을 전쟁문학이라고 할 수는 없습니다. 전쟁 안에 있지는 않아도, 광범위한 국민 생활 안에서 전쟁에 참가하고 있는 국민의 마음을 쓰면 새로운 문학이 될 수 있습니다. 그러므로 전쟁의 격심한 전투 요소만이 전쟁문학의 스타일이나 내용인 것도 아닙니다. 다만 거기에서 저절로 전시 하의 한 문학의 형태가 되고, 지금까지와는 다른 사고방식이 생기는 것이 당연합니다.

---

8) 시가 나오야(志賀直哉, 1883~1971)는 '소설의 신'으로 불리는 일본의 소설가이다. 도쿄제국대학 국문과를 중퇴했으며 『시라카바(白樺)』를 창간하고 이상주의를 표방한 소설을 창작했다.

스기모토 즉 지금까지의 문학 관념에서 쓰인 작품은 부족하다, 그런 건가요? 어떻습니까, 우에다 씨?

유진오 이른바 순수문학, 그것만으로는 척도에 맞지 않게 되었다는 말이겠죠.

우에다 이렇게 말할 수 있겠지요. 지금까지의 작품에 나타난 현실과 지금 우리 주변의 현실이 서로 다르다는 느낌이 듭니다. 대체로 문학은 그 시대의 현실을 강력히 표현한 것이어야 하는데, 그런 것을 생각하면, 한 층 다르다는 느낌이 강하게 듭니다. 시가 선생님의 작품을 읽을 때, 우리는 자신의 입장이나 생각, 소양, 기분은 일단 따로 떼어놓고, 시가 선생님의 마음으로 들어가서 공명하고, 공감합니다. 그렇지만 책을 덮고 생각해보면 자기 마음과 아주 다르다는 느낌이 들더군요.

최재서 역시 가장 우리 마음에 걸리는 것은 전지에 갔던 사람들이 귀환하여 이제부터 뭔가 해야지, 이런 것을 써야지, 라며 아주 격렬한 의욕을 갖는 것인데요, 그런 심정을 좀 말씀해 주시죠. 구체적이지 않아도 상관없습니다. 이노우에 씨 시집은 언제쯤 나오나요?

이노우에 시집으로 정리한 것은 아니고, 일종의 종군기 같은 것 뒤에 전지戰地에서 쓴 시 열 몇 편을 실은 것입니다. 제가 시를 쓰면서 느꼈던 점은, 이 격심한 전투를 가능한 단적인 말로 국민에게 알리는 것, 그것도 그저 간단한 말만을 들이미는 것이 아니라 시의 형태로서 박력을 갖게 하는 것입니다. 그러기 위해서는 시의 음률이나 율격이 기존 관념에서 다소 벗어났더라도 시의 정신만 그 속에 살아 있다면 좋지 않을까 라는 생각이 매우 강하게 들었습니다.

그것을 하나의 예술작품으로 만들어 내는 시인으로서의 기쁨보다도, 그 시 한 편으로 국민의 마음을 흔들겠다는, 국민의 눈을 전쟁으로 향하게 해야 한다는 사명이 중요했습니다. 당연한 말이지만, 이런 마음은 실감을 통해 아주 격하게 일었습니다. 좀 전에 말한 어느 시인의 비판처럼, 지금 발표되거나 방송되는 애국시나 전쟁시가 시로서의 음률이나 율격도 없고, 단지 산문을 행갈이해서 대충 써낸 것에 지나지 않는다고 비난하는 심정은 적어도 우리의 마음, 사고방식과는 거리가 있습니다. 왜 지금 그러한 시들이 나와야만 하는가, 요구되어야 하는가와 관련된 지금 우리의 생활상의 욕구는 이제까지의 사고방식과는 큰 차이가 있어야 한다고 생각합니다.

——— 기백과 열등감ひけ目

유진오 심정은 잘 알겠습니다. 다만 지금까지 전선戰線에 나간 적도 없는 작가가 먼저 전선에 갔다 온 쪽을 부러워한다는 이야기가 있습니다. 일단 시국에 대한 인식과는 별개로 국내에 있는 자는 제1선의 격렬함을 생생하게 느낄 수 없습니다. 그래서 다카미 준高見順[9]도 말하고 있는 열등감, 즉 전쟁이나 국민 생활에 대해서 기백을 갖고 말할 수 없는 심정이 되지 않을까요. 전선에 나갔던 사람은 적어도 전쟁의 현실에서 소재를 구하고, 자신감과 기백을 지니고 쓸 수 있습니다. 그래서 일단 귀환한 사람들에게 앞으로

9) 다카미 준(高見順, 1907~1965)은 소설가이자 시인이다. 나프(NAPF)에 참여했다가 1933년에 검거된 후, 전향하였다. 1935년에 요설체(饒舌体) 수법으로 「故旧忘れ得べき」를 저술하였는데, 이것이 제1회 아쿠타가와상 후보에 올라 주목을 받았다. 전시 하에서는 「어떤 별 아래에서(如何なる星の下に)」가 호평을 받았다.

어떤 현실을 어떻게 쓸까를 묻고 싶습니다. 특히 조선은 내지와는 달리 전선과 멀리 떨어져 있어서, 뭔가 해보려는 생각이 있어도 확신을 가질 수 없고 머뭇거리기 마련이지요. 전지에서는 말로 다 표현할 수 없는 고생을 하는데 우리들은 국내에 있습니다. 마치 특등석에 앉아서 말하고 있는 것 같아서 열등감이 듭니다. 따라서 귀환한 사람들이 이제부터 하는 일은 우리를 많이 계발시킬 것이라고 생각합니다.

우에다 열등감은 우리도 느낍니다. 전지에 있을 때도 그랬지만, 돌아오고 나서도 병대兵隊에 대한 열등감만 느끼고 있습니다. 오히려 전선에 가지 않았을 때보다 더 많이 느낍니다. 가령 전차 속에서 군인을 만나도, 전선에 있는 군인이 생각나서 어쩐지 가까이 다가가기 힘듭니다. 앞으로 어떤 일을 할지 생각해 봤습니다. 구체적으로 무엇을 하겠다고 말할 수는 없지만, 적어도 이렇게 말할 수 있을 겁니다. 우리나라에 돌아와서 잡지를 보니, 가장 진지한 것으로 여겨졌던 문학은 예술적인 소설만 쓰고, 전장을 다루지 않은 것이었습니다. 오히려 다른 방면, 가령 『킹キング』[10]이나 『히노데日の出』에 실린 소설이 한층 전쟁에 가까웠습니다. 진지한 문학에 전쟁의 현실이 나타나 있지 않고, 오히려 대중문학에 진지함이 나타나 있었습니다. 물론 대중문학이 진지하지 않다는 것은 아닙니다. 거기에 나타난 전쟁 현실은 충분하지 않고 일그러져 있지만, 어쨌든 어느 정도는 반영되어 있습니다.

그러면 왜 그런 현상이 일어날까요. 저는 이렇게 생각합니다, 현재 유력한 문학자는 전쟁을 느끼고 있습니다만, 문학이라는 순수한 면에서 느끼는

10) 『킹(キング)』(1924 창간~1957 폐간)은 전전 일본의 대일본웅변회강담회(현 강담사(講談社))에서 발행된 대중오락잡지이다. 강담사의 간판잡지였을 뿐만 아니라, 일본출판사상 최초로 발해부수가 100만부를 돌파한 국민적 잡지이다.

것이 아니라, 말하자면 통속적인 면에서 느끼고 있는 게 아닐까요. 아직 문학자는 진심으로 전쟁을 깊이 파악하지 못하고, 전쟁을 통속화해서 받아들이고 있다는 느낌이 듭니다. 이는 문단에서 혹은 일반국민에게서도 느끼는 점인데, 그렇기 때문에 저는 의식적으로 지금의 전쟁현실을 그리고 싶습니다.

——— 시의 산문화

미야자키 잠깐만요. 방금 이노우에 씨가 문학에 대한 사고방식이 변해야 한다고 말씀하셨는데, 제 생각으로는 이노우에 씨가 말한 새로운 방식이야말로 본래부터 시에 있어야 할 성질이라고 봅니다. 요컨대 정말로 좋은 시는 항상 그래야만 했고 또 그래왔다고 생각합니다.

이노우에 그렇습니다. 다만 지금 산문화된 시가 범람하고 있다는 비난은 대부분 시에 대한 낡은 관념에서 나온 것입니다. 낡은 척도를 갖고 지금의 시를 논하는 것은 비난의 초점이 잘못된 게 아닐까요?

미야자키 그런 척도로 비난하는 것은 전쟁시뿐만 아니라 모든 시에 대해서도 잘못된 것입니다. 내적으로 강하고 진정한 것이 있으면, 다 아시는 바겠지만, 내재율이라고 할까, 어쨌든 거기에서 어떤 운율을 느낄 수 있습니다. 외형적인 운율만으로 시를 논하는 것은 어느 시대의 시에 대한 비평으로서도 잘못된 것입니다.

이노우에 거기서 말입니다. 제가 특별히 그런 문제를 거론한 까닭은 최근 일본

시단에서 그런 문제가 강하게 제기되었기 때문입니다. 지금은 그런 것을 말하고 있을 때가 아닙니다. 지금 시에 요구되고 있는 것은 더욱 깊은 내용을 포함하면서 동시에 전쟁과 국민에 대한 인식을 노래해야 한다는 의미에서 …….

미야자키 알고 있습니다. 그러나 전쟁시에 대한 그런 비난이 있다면, 그런 시는 그래서 비난받을 만하다고 할 수 있습니다. 다시 말해 전쟁의 격렬함과 깊은 감동으로 시가 쓰여졌다면, 거기에 걸맞는 운율을 역시 가질 테니까요. 산문적이라고 말해지는 시는 시를 쓰는 과정에서 부족함이 있었다고 생각합니다.

이노우에 그건 그렇겠죠. 하지만 저는 주로 외형적인 측면에서만 지금의 시를 논할 때의 위험을 더 강조하고 싶었을 뿐입니다. 지금 시에 요구되는 한 가지 사명을 다한다면 그것으로 좋지 않을까요.

미야자키 그런 목적을 위해서 쓰였다고 해도 시로서 훌륭해야 합니다. 쓸 때도 읽을 때도 그런 목표는 전제되어 있으므로, 단지 그런 목적에서 쓰였다는 것만으로는 안 된다고 생각합니다.

최재서 음, 여러 논의가 이뤄지고 있습니다만, 실제로 지나사변 이래 전쟁을 소재로 했던 많은 작품들 중에서 이른바 전쟁문학이라고 할 만한 작품으로 어떤 것이 있을까요?

우에다 이름을 남길 만한 것도 있지만 ……. 남지 않으면 곤란하겠지요.

(웃음)

——— 아마추어 문학에 대해

김종한 요전날 우에다 씨의 현지보고 강연을 들었는데, 우에다 씨는 항상 말을 애매하게 한다는 생각을 했습니다. 단정 짓지 않고, 늘 무리 없는 말만을 골라서 하시더군요. 어쨌든 무엇을 쓰더라도 우에다 히로시라는 작가는 전문가라서 안심하고 읽을 수 있구나, 라고 절실히 느꼈습니다. 좀 전에 시가 씨의 이야기가 나왔는데요, 조선문학의 경우는 전통이라고 할 만한 것이 없잖아요. 그래서 우에다 씨가 자신을 해방시키고, 전장에 가서 얻은 현지의 체험을 쓰면 좋다고 한 것도 알겠습니다. 또 내지에서 시가 씨에게 불만을 느끼는 우에다 씨의 마음도 과연 그럴 수 있다고 수긍할 수 있습니다만, 조선의 경우 아마추어 문학으로도 좋다고 하게 되면 큰일납니다. 워낙 전통이 없기 때문에 우에다 씨가 한 말의 실질적인 의미를 잘못 알고, 문학 정책의 기준으로 삼기라도 한다면, 그야말로 문학 박멸론이 되어버리겠지요. (웃음)

우에다 아니, 제가 아까 말한 것은 아마추어 문학으로 좋다는 것이 아닙니다. 주로 한 작가로서의 기댈 곳을 말한 것입니다. 재래在來의 문학이 아니어도 좋다는 말이 아마추어 문학으로 좋다는 뜻은 아닙니다.

최재서 조선문단의 이야기는 이쯤에서 그만 두지요.

우에다 조선문학에 대해서 우리들은 전혀 모르니까요.

미야자키 지금의 전쟁문학이 전장의 기록이지 진정한 전쟁문학이 아니라는 비평이 있다면, 저는 전장을 전혀 모르지만, 실제로 보도반원으로서 전지를 보고 오거나, 군인으로서 전쟁에 참여한 사람들이 그런 의견에 대해서 어떻게 생각하시는지 …….

——— 전기戰記와 전쟁문학

우에다 요컨대 우리가 쓴 전기물은 전쟁문학이 아니라는 의견에 대해서 말입니까? 그건 그걸로 좋다고 생각합니다. 저는 우리가 요망하고 있는 전쟁문학이 어떤 것인지 확실하게 말할 수 없습니다. 아마 누구도 말할 수 없겠죠. 다만 지금 많은 사람들이 쓴 이른바 군기물軍記物[11]에 나타나 있는 것이 새로운 국민문학의 기초가 되겠지요. 새로운 국민문학의 출발이 거기에서 시작되지 않을까요. 우리가 지금 일본의 고전문학을 읽는 것도 그것과 통한다고 봅니다. 전쟁문학이 무엇인지 말해본다 하더라도, 예를 들어 「전쟁과 평화」라고도 말할 수 없으니까요.

미야자키 지금 잡지 외에 다른 곳에서 볼 수 있는 비평이나 독자의 반응을 보면 어찌됐든 간에 막연히 잡지에 대해서 어떤 부족함을 느끼고 있는 것 같습니다. 그러한 부족함은 어떤 것일까요, 그리고 우리는 그것을 어떻게 해야 할까요? 아까 나왔던 시가 선생의 작품과 관련해서 말하면, 그것이 이른바 예술작품으로서 훌륭하지만 전쟁의 현실을 모르는 …….

---

11) 군기물(軍記物)은 중세 말기부터 근세 초기까지 전국(戰國)의 무장(武将)이나 근세의 무훈(武勲), 무공(武功)에 대해서 이야기 형식으로 기술한 서적이다.

우에다 모른다고 말한 것은 아닙니다.

미야자키 …… 차이, 전쟁의 현실과 동떨어져 있는 느낌, 그래서 거기에서 부족함을 느끼는 것은 당연합니다. 한편 전지에 대해 쓴 것이 어떤가 하면, 과연 일본은 전쟁을 하고 있고, 일본 전체의 현실은 전쟁을 중심으로 되어 있지만, 국민 생활의 범위는 넓기 때문에 또 그것과는 다른 면도 있습니다. 암거래나 카페의 소동도 있지요. 그러므로 이렇게 써야 한다는 것과는 별개로, 현재 일본 전체의 현실에서 보면 그것이 뭔가 국부적인 느낌을 주는 것이 아닐까요.

우에다 저도 그렇게 생각합니다. 그러나 전지만 써도, 아니 전지를 씀으로써 그런 전체가 나올지도 모릅니다. 동시에, 적어도 지금까지는 그랬다고 반성하는 것은 좋지만, 그렇다고 해서 지금까지의 전쟁문학을 무턱대고 무시해서는 안 됩니다.

미야자키 가령 우에다 씨나 다른 작가가 전지의 상황을 쓰면, 아무리 작은 일을 써도 매우 생생하고 선명하게 느껴집니다. 그런데 전지에 가지 않은 독자들에게는 자신의 것으로 느껴지지 않습니다. 이른바 군인의 신변소설이라고 할 수 있는데 ……. 그런 의미에서 전지에 대해 쓰더라도, 그것이 국내의 모든 사람들로 하여금 곧장 자기 생활로 느껴지게 한다면 …….

—— 총후銃後와 전선戰線[12)]

우에다 저도 그렇게 생각합니다. 그러므로 우리에게 전쟁문학이란 무엇인가 라고 질문하지 않고, 그것이 일본 전체의 작가가 하는 일이라고 생각해야 합니다. 우리에게 특별한 것을 기대하고 질문하는 것은 아주 잘못된 것입니다.

가라시마 그렇죠. 총후의 우리는 전지의 사람들과 같은 영혼을 구축해야만 합니다. 이 두 가지 힘으로 새로운 문학은 건설될 겁니다.

우에다 전기문학戰記文學, 그 다음에는 사소설이라는 식으로, 전장과 총후 양쪽이 불만을 갖는 이유는 바로 둘 사이의 차이를 설정해 놓고 있기 때문입니다.

미야자키 총후의 사소한 신변소설을 써서 일본 전체의 생활을 느끼게 해야 하고, 또 전지에 대해 쓴 작품은 국내의 사생활에까지 영향을 미치게 해야 합니다. 작가의 책임이 거기에 있는 거지요.

우에다 맞아요. 제가 총후銃後와 전선戰線이라는 말을 써서 오해를 받았는데, 제가 말하고자 한 것은 결국 전선에 갔던 사람과 그렇지 않은 사람을 말한 겁니다.

---

12) 원문에는 前線으로 표기되어 있는데 戰線의 오식인 것으로 보인다.

이노우에 오자키 기하치尾崎喜八[13] 군이 「이 양식この糧」을 내놓았는데, 전부 전쟁시입니다. 이것은 전쟁의 격렬함을 노래한 것도, 포연탄우砲煙彈雨 속을 뚫고 나온 자신의 체험을 노래한 것도 아닙니다. 단지 시인 오자키 군이 도쿄에서 도나리구미隣の組[14] 조장을 하면서 방공연습에 참가하거나 혹은 일상품을 배급한 일상적인 생활을 노래하고 있는 것으로, 훌륭한 전쟁시의 한 형태입니다. 방금 말 한 것처럼 어느 소설가가 쓴 전기戰記를 읽고 거기에서 전쟁의 어떤 큰 일상을 읽어내지 못하는 것은 작가의 책임이라기보다 독자의 책임이라고 생각합니다.

최재서 평론의 입장에서는 이렇게 생각합니다. 요컨대 독자는 전쟁이라고 하면 처음부터 마지막까지 센세이셔널sensational한 것을 요구합니다. 그런데 현재의 전기문학에는 여러 제한도 있고, 보도반원으로서 발표할 수 없는 것도 있어서 센세이셔널한 것이 없지요. 또 하나는 지금까지의 전쟁문학, 즉 제1차 세계대전 이래 발표된 전쟁문학은 거의 모두 이른바 패전문학이었습니다. 「서부 전선 이상 없다」도 그렇습니다. 그런데 이번 전쟁은 그때와는 상황이 완전히 다르기 때문에 한걸음씩 건설해나가야 합니다. 진지하게 생각해보면 여러 가지로 부족하다거나, 묘사력이 부족해서 대중이 부족함을 느끼는 것이 아니라, 패전문학에 걸맞은 센세이셔널한 것이 없기 때문이 아닐까요. 마키 씨의 생각은 어떻습니까?

---

13) 오자키 기하치(尾崎喜八, 1892~1974)는 시인이자 수필가, 번역가이다.
14) 제2차 세계대전에 국민통제를 위해 만든 최말단(最末端) 지역조직이다.

——— 연성鍊成과 고전

마키 확실히 뭐라고는……. 저는 오히려 우에다 씨에게 묻고 싶습니다. 우리들이 문학에 가지고 있던 사고방식과 전장에서 돌아와서 새롭게 갖게 된 사고방식은 어떻게 다를지, 그것을 좀 더 설명해 주시면 고맙겠습니다. 우리는 전쟁을 본 적도 없이, 총후에서 자신의 사상과 전기문학을 통해서 전쟁을 대략적으로 생각하고 있을 뿐입니다. 따라서 확실하게 인식할 수 없습니다. 이 둘 사이에 어떤 격차가 있을까요?

우에다 글쎄요.

김종한 예를 들면 이러한 것은 어떻습니까. 조선인은 30년 전에 비로소 일본인이 되었고 그동안 일본 현지에 갈 수 있는 편의도 없었습니다. 그러므로 어쩔 수 없이 마음 의지할 곳을 고전에서 찾습니다. 그러나 제 생각에 일본의 고전을 이해하는 것만 해도 적어도 5년의 시간은 필요하다고 봅니다. 그리고 일본 정신을 몸에 배게 하는 것이 일생의 과제라고 생각하고 있습니다. 과거에 좌익이었거나 극단적인 자유주의자였던 사람이 2,3년 만에 훌륭한 일본주의자가 될 정도로 일본 정신을 파악하는 게 쉬운 일이 아닙니다. 그런 것을 현지에 갔다 온다고 해서 한달음에 비약할 수 있을까요?

우에다 저는 변할 수 있다고 생각합니다. 이론으로 설명할 수 없는 것이 있습니다.

김종한 바로 그것이 부러운 겁니다.

가라시마 생활 속에서 몸에 밴 것이지요. 그것은 무엇을 읽고 알게 된 하나의 이론적인 것이 아니라, 그것도 좋은 것임에는 틀림없지만, 한편으로 그런 정신을 생활 속에서 쌓아가야만 합니다. 책을 통해서만 그런 것을 몸에 익히는 것도 바람직하지 않습니다. 스스로 고민해가면서 생활 속에서 극복해내야 한다는 점에 최근 말하는 연성의 의미가 있는 것입니다.

마키 후카다 히사야深田久彌 씨가 『문예수첩文藝手帖』에, 요즘 아가씨들이 일본정신을 체득하기 위해 고전 등을 읽고 있는데 그것보다도 평소 부엌일을 돕거나 가성 일에 힘써야 한다고 썼습니다. 단지 책만 읽어도 역시 안 됩니다. 생활을 통해서 자신의 마음가짐을 어느 경지까지 이르게 해야만 그것을 체득할 수 있습니다.

김종한 음, 고전도 읽지 않고 현지에도 갈 수 없었던 사람이, 1년에 2,3번 에이호エイホ[15]를 외치는 기회를 얻었다고 해서 일본 정신을 파악할 수 있을까요? 누구나 그것을 파악하려고 피터지게 발버둥치고는 있지만요.

가라시마 그것도 맞지만, 그것과 함께 이른바 연성이라는 것도 고려하고 싶습니다.

최재서 이노우에 씨 어떻습니까? 단순한 말이지만 어떤 점에서 문학이 전쟁에 기여할 수 있는지요? 그렇게 어렵게 얘기하지 않더라도 ……. 만약 시라고 한다면 말이죠, 열심히 국책에 협력한다든가, 고도국방국가와 문학

15) 축제나 순례 행사 때 장단을 맞추기 위해 지르는 구호 소리이다.

이라든가, 이론상으로 여러 가지를 생각하는데, 실제로는 어떻습니까?

——— 문학의 효용

이노우에 가령 소설가의 전기戰記를 읽을 때, 전쟁에 직접 참가한 사람은 그 속에서 굉장한 힘을 느낄 수 있을 겁니다. 그리고 한 편의 시를 읽어도 그런 것을 느낄 수 있겠지요. 또 동시에 국민의 시선이 전지로 뻗어나가게 됩니다. 익찬회翼贊會[16]나 정보국에서 문학보국회文報를 통해 혹은 개인적으로 여러 가지 주문을 하는데, 예를 들어 군인 원호援護나 생산증강의 정신이 담긴 시를 써달라고 합니다. 그 목적은 모든 국민의 전의를 고양시키는 데 있습니다. 문학은 그러한 요구에 충분히 응해야 합니다. 따라서 아까부터 말씀하시는, 엄격한 의미의 예술적 형태를 논의하고 있을 때가 아닙니다. 한창 전쟁 중인 지금, 그런 논의와는 다른 것이 요구되고 있고 그런 요구가 허락되는 것은 아닐까요.

결국 시의 정신이 문제인데, 저는 전선에 가기 전에도 그런 정신으로 시를 쓰고 싶다는 확실한 마음이 있었습니다. 즉 장병의 힘 덕분에 우리들이 오늘의 태양을 볼 수 있다는 고마움을 느끼면서 그런 시를 쓰고, 나아가 전장에 가면 보다 특별한 것을 파악해서 특별한 시를 쓰겠다는 생각을 실은 굉장히 많이 하고 있었습니다. 그런데 가보니까 가기 전에 썼던 시의 정신과 가본 다음에 쓴 시의 정신에 큰 차이가 없었습니다. 다만 실제로 보고 들으

---

16) 대정익찬회(Imperial Rule Assistance Association, IRAA, 大政翼贊會)는 1940년 10월 제2차 고노에(近衛) 내각 하에서 신체제 운동을 추진하기 위해 결성된 국민 조직이다. 대정익찬회로 인해 모든 정당이 해산하였고, 이로써 일국일당(一國一黨)적 체제가 만들어졌다.

면서 느낀 것은 굉장히 컸지만, 그것을 시로 노래한 정신에는 조금도 변화가 없었습니다. 그걸로 된 게 아니겠어요. 아까 전선에 갔던 작가가 매우 특이한 것을 체득하고 돌아 왔다는 이야기는 사실이지만, 그렇지 못한 사람이 무언가 열등감을 느끼는 것은 일종의 곡해가 아닐까요.

총후에서도 작가로서의 그러한 정신을 제대로 갖추고, 전쟁문학이라고 할 만한 것을 충분히 쓸 수 있다고 봅니다. 요전 귀환작가 환영회에서 히노火野[17] 씨도 이런 얘기를 했습니다. 그것은 전장에 간 적이 있는 작가가 특별히 잘난 척 할 것도 없고 자랑할 것도 아니다, 마찬가지로 작가가 전장에 간 적이 없다고 해서 열등감을 조금도 느낄 필요가 없다, 자신은 오로지 주어진 임무를 다하러 간 것뿐이라는 얘기를 좀 더 멋진 말로 했습니다. 그것과 같은 이야기를 다카미 준高見順도 했었지요.

가라시마 마지막으로 전지에 갔다 온 사람들은 전선의 생활 속에서 전쟁 수행에 대한 책임을 자각하고, 그것을 자신의 것으로 체득하고 왔다는 것을 느끼게 됩니다.

이노우에 그렇습니다.

가라시마 총후에 있는 작가도 마찬가지로 자기 생활 속에서 그런 책임을 느끼고 전체 생활에서 그것을 파악할 수 있다면 훌륭한 전쟁문학을 쓸 수 있습니다. 그렇다면 전선이냐 총후냐와 관계없이 문제는 그 책임감을 얼마나 자기의 문학에서 표현하는가에 달려있습니다.

---

17) 히노 아시헤이(火野葦平, 1907~1960)는 일본군의 서주(徐州) 공략전에 보도반원으로 참가 한 후, 1938년에 『보리와 병정(麦と兵丁)』을 썼다.

이노우에 거기서부터 새로운 문학에 대한 사고방식이 출발하겠지요.

우에다 어쨌든 전쟁은 무엇보다도 이기지 않으면 안 되고, 그러기 위해 국민의 모든 삶은 전쟁에 도움이 되어야 합니다. 그것이 문학이든 무엇이든 관계없습니다.

―― 향토에 대한 애정

스기모토 국민의식이랄까, 민족이 지닌 가장 순수한 의식은 전장에서 드러납니다. 그렇기 때문에 일본인이라면 전장에서 일본정신을 최대한으로 발휘할 것입니다. 일본이 대동아 전쟁에서 올린 전과에 대해서 세계의 전 인류가 놀랐습니다. 그러한 일본인의 훌륭한 특징을 낳은 일본의 국토, 향토, 혹은 일본의 문학이나 그 밖의 예술 속에 있는 전통적인 미의식 등이, 이번에 돌아와서 보니 어쩐지 달라 보이지 않았습니까?

우에다 현지에 있을 때부터 그런 마음의 변화는 있었습니다. 전장만이 아니라 사람들은 단지 외국을 여행하는 것만으로도 자기 나라의 아름다움을 깨닫게 된다고들 말하는데, 전쟁이라는 절대적인 경지에 처해있으면, 그것이 매우 절실해집니다. 즉 향토를 보호한다, 향토와 함께 운명을 같이 한다는 아주 강한 감동을 받습니다.

이노우에 그것이야말로 격렬하게 싸우는 황군장병의 큰 힘이었음을 느낄 수 있습니다. 전에 어느 육군 중위가 카달카날Guadalcanal 전선의 보고담화에서 이런 말을 했습니다. 한 군인이 지금 국내의 사람은 어떻게 지내는지 매우 걱정하며 묻기에, 국내는 매우 힘차고 활기차게 지낸다고 말해주었더니, 군인들 모두 안심한 듯한 밝은 표정이 되었다고 하더군요. 저도 역시 개전開戰한 지 삼 개월 후에 전선에 나간 적이 있는데, 도착하자마자 제일 먼저 군인과 사관들 모두에게 내지는 어떤지, 국민은 이 전쟁을 어떻게 생각하고 있는지, 어떻게 생활을 하고 있는지에 대해 만날 때마다 질문을 받았습니다. 그 때 제가 내지는 매우 밝게 지내고 있고, 생활의 부자유는 다소 있지만 그것을 견디면서 매우 힘차게, 어떻게든 이겨야 한다는 마음으로 열심히 해나가고 있다는 말을 하자, 다행이다, 다행이다, 라며 매우 기뻐하더군요. 이 이야기는 이번에 돌아와서 최초로 한 보고강연에서도 했습니다. 자신들의 부모나 형제가 살고 있는 일본, 아름다운 일본을 지키기 위해서 몸 바쳐 싸우고 있는데, 일본의 분위기가 어둡다면 어쩐지 맥 빠지는 느낌이 들지 않겠어요.

——— 시형詩型의 파괴와 창조

김종한 이노우에 씨에게 좀 여쭤보고 싶은 것이 있습니다. 최근 제가 하고 있는 고민인데요, 요컨대 일본의 현대시는 형태적으로 볼 때, 소위 미영의 데모크라시가 들어오면서 동시에 부흥한 민중시에 의해 형태상으로 하나의 파괴운동이 이루어졌다고 생각합니다. 그리고 다시 마르크시즘이 들어오자 이번에는 좌익시에 의해서 시형의 파괴가 진행되었지요. 그런데 이번에 시에서 일어난 파괴운동은 조국애로부터 생겨났기 때문에 허용되는 것일지도 모르겠지만, 그렇다고 해서 일본의 현대시가 그대로 가도 좋을까요, 본질적인 면에서 말입니다.

일본에는 언령言靈이라는 말이 있지요. 좋은 말이라고 생각합니다. 요컨대 일본의 전통 속에 흐르고 있는 말의 혼靈, 즉 말 속에 일본적인 혼이 있다는 것인데, 시인의 경우 그것을 파악하는 것이 바로 일본정신을 파악하는 것이 아닐까하는 생각이 들었습니다. 새로운 시정신은 새로운 시형과 떼놓고 생각할 수 없습니다.

현지에 간 적이 없었다고는 해도, 가와바타 야스나리川端康成[18] 씨 같은 작가는 훌륭한 일본주의자이자 동양주의자입니다. 이 사람은 일본인이 좀 더 고독해야지 사상이 생겨난다고 말합니다. 조금 이상하게 들리지만, 그러나 역시 문학에 있어서 사상의 발효라는 것은 좀 더 침잠시킨 고상하고 깊은 것일지도 모른다는 생각이 듭니다.

이노우에 방금 민중시가 당시 일본의 상징시를 파괴하고 새로운 시를 수립했다고 한 말씀에 대해서, 저도 그 당시의 시를 쓰기 시작했고 거기에 참가한 한 사람으로서 대답해 보겠습니다. 그 당시 프랑스파 시인들의 난해하기 그지없는 시에 대한 반동으로서 더 알기 쉽고 명료한 말로 시를 써야 한다, 무엇을 노래하는지 알 수 없는 시는 안 된다, 누가 읽어도 바로 영혼을 울리는 시여야 한다는 점이 동기가 되어 민중시운동이 일어났습니다. 그리고 그것이 아메리카의 데모크라시의 정신만을 받아들인 작시作詩였다고는 생각하지 않습니다.

---

18) 가와바타 야스나리(川端康成, 1899~1972)는 도쿄제국대학 문학부를 졸업하였다. 신감각파의 대표로 활약했으며, 「이즈의 무희(伊豆の踊子)」(1926), 「설국(雪國)」(1948) 등 일본의 미(美)를 표현한 작품을 발표하였다. 1968년 일본 최초로 노벨문학상을 받았으며 1972년 자살하였다.

김종한 아니, 저는 시의 형태에 대해서 얘기 한 것이지, 민중시를 험담한 것은 아닙니다.

——— 현지에서의 생활

최재서 보도반원의 현지 생활은 어떤 건가요?

우에다 육군 보도반을 보면 대부분 작전지에 있고, 대적선전對敵宣傳에 주력하며 생활하고 있습니다. 그러다가 전쟁이 일단락되고, 이른바 건설의 시기에 돌입하면 보도부에 흡수되어 군이 수행하는 문화공작을 하게 됩니다. 해군의 경우와 특히 다른 것은 국내 보도를 위주로 하지 않고 현지 주민에 대한 문화공작을 위주로 한다는 점입니다.

스기모토 전지에서는 어떤 책들을 잘 읽습니까?

유진오 그래요, 그건 묻고 싶었던 질문이네요.

우에다 뭐니 뭐니 해도 대중문학이 많습니다. 가벼운 것이 일반적인 것 같아요.

스기모토 그렇다면 오히려 군인들이 몸으로 체험하는 것을 다룬 전기문학戰記文學은 별로 인기가 없다는 거군요.

우에다 아니, 그것에도 굉장히 흥미를 느낍니다. 단지 읽고자 하는 동기가 다른거죠. 대중잡지를 읽는 것은 말하자면 심심풀이인데, 읽고나서 감동했다거나 좋았다고 말하는 사람도 없습니다. 그러나 전기물을 읽어보면 자기가 경험하고 있는 전쟁이 묘사되어 있기 때문에, 말하자면 옛 전쟁터를 사랑하는 마음에서 읽는 거죠. 그러한 기분으로 읽는 경우가 많다고 봅니다. 그래서인지 내지에서 쓴 『필리핀 전기フィリピン戰記』를 한 권에 2엔으로 책정해서 예약을 받았더니, 4만 명이나 신청했었습니다. 당시 파견군이 얼마나 되었는지 모르지만, 어쨌든 대단한 숫자입니다.

스기모토 옛 싸움터를 사랑하는 마음과 함께 그것이 어떻게 쓰였는지…….

우에다 처음으로 갔던 사람들은 향토에 매우 애착을 느끼고, 그런 마음에서 자기 고향의 역사를 읽습니다.

가라시마 읽을거리에 굶주려 있어서, 무엇이든 가리지 않고 읽습니다.

우에다 그런 것도 있지요, 활자라면 뭐든지 좋아합니다.

최재서 진중신문陣中新聞은 등사판입니까?

우에다 네, 그렇습니다.

유진오 고전물은 극소수만 읽나요?

우에다 매우 적은 것 같습니다.

——— 초망草莽의 시가

우에다 예를 들면 군인들 중에는 서정시를 좋아하는 사람도 있고, 유행가를 좋아하는 사람도 있으며, 또 우리들이 쓴 시를 좋아하는 사람도 있어서 가지각색입니다. 다만 어떤 작전에 참가해서 사기가 왕성할 때는 역시 군가를 요구합니다. 군인들은 그 상황에 맞춰 매우 감동을 받습니다. 우리는 저쪽 전지에 가서 처음으로 〈새벽에 빈다暁に祈る〉라는 군가를 배웠는데, 작자는 모르지만 두 번째로 나오는 "아, 당당한 수송선"이라는 부분을 수송선 위에서 불렀더니 실로 용감해지지 않으면 안 될 것 같은 느낌이 들었습니다. 거창하게 말해, 문학의 힘, 시의 힘의 위대함을 느낀 것입니다. 마지막의 "안녕, 조국이여 영광 있으라"에 이르러서는 눈물이 나왔습니다.

스기모토 곡도 좋습니다.

이노우에 곡도 좋지만, 어쨌든 그런 마음을 통감하게 됩니다.

스기모토 똑같은 시라도 장소에 따라 그렇게 되는군요.

이노우에 그런데 신기한 것은 제가 감상적이어서 그런 건 아니지만, 때때로 가끔 그 노래를 눈물을 흘리면서 부르고 싶다는 충동에 사로잡힐 때가 있다는 것입니다. 실은 어제 함흥에서 오는 기차 안에서 노래를 2, 3개 부르고 있다 보니, 갑판 위에서 보았던 군인의 얼굴이 떠올라서 절박해지는 마음이 들었습니다. 갑판 위에서 노래 불렀던 그때의 감격이 아직까지 남아있어서 그랬을 수도 있고, 적어도 그런 힘을 지닌 시를 쓰고 싶다는 마음이 들어서 일 수도 …….

김종한 그러고 보니, 니와 후미오 씨의 「해전海戰」을 읽고 있으면 적함이 활활 타오르는 장면이라든지, 마지막 전사자의 장면 등에 〈바다에 가면海行かば〉[19] 등을 끌어다가 매우 상징적으로 그리고 있는데, 그건 마치 시와 전혀 인연이 없는 작가가 시를 쓴 것 같은 느낌입니다. 그것이 그 나름대로 새로운 리리시즘lyricism으로 고양되어 있습니다.

이노우에 그런 데서 우리는 시를 느낄 수 있습니다. 전투 속에는 정말 아주 시적인 것이 있습니다.

——— 그러면 우리도

가라시마 이노우에 씨가 기차 안에서 수송선의 노래를 부르면서 군인의 얼굴을 떠올리고, 동시에 새로운 긴장감을 느꼈다는 말씀을 듣고, 역시 아까부터 문제가 되었던 종군한 작가에 대한 일종의 부러움을 (웃음) 느꼈습니다. 우리도 그와 같은 정신을 가지고 국내의 여러 장소에서 나름 분발할 작정이지만, 평화로운 세계에 있기 때문에 자칫하면 그것이 흐려질 수도 있습

19) 일본 해군의 군가이다.

니다. 그럴 때 그런 추억을 가지고 있다는 것은 정말로 좋은 일이죠.

최재서 그렇습니다.

가라시마 일상생활 속에서 국민은 모든 것을 항상 전쟁과 연결시킬 필요가 있습니다. 그리고 그것을 항상 마음에 담고 있으면서 종군작가를 선망하는 겁니다. 그것이 또 하나의 자극이 되어서 제각기 자신을 되돌아보게 되겠지요. 그러면 조선작가 중에서도 종군작가를 배출할 수 있을 것입니다. 늘 상 그렇게 생각하고 있습니다.

이노우에 지난번 군인의 생활을 보고 돌아와서 강하게 느낀 것은 임무를 다한다는 것이었습니다. 전장에서는 특히 그것을 강하게 느꼈습니다. 국민이 각자의 모든 임무를 다하지 않으면 안 됩니다.

우에다 이것은 제가 필리핀에서 돌아와서 솔직히 느꼈던 진실한 감정인데요, 뭐랄까 무언가 총후가 전선을 격려하고 있는 느낌이 듭니다. 거리에 나가 밥을 먹으려고 해도 그렇고, 담배를 사려고 해도 불편한 때가 있는데, 이런 상황에서도 잘하고 있는 것 같습니다. 열심히 하고 있습니다. 제가 이번에 남방에서 돌아온 첫날 밤, 제 집은 치바千葉에 있는데, 친척과 친구들이 환영 연회를 열어주었습니다. 그런데 대접이라고 나온 것이 생두부에, 채소, 단무지 밖에 없었습니다. 저는 필리핀에서 돌아온 첫날밤인데 준비된 것이 이것밖에 없나, 라는 생각이 들었습니다. 그런데 잠자코 먹으면서 친구한테 여러 이야기를 듣자니 물자가 전혀 없는 것은 아니지만, 물자 통제가 강화되어서 최저 수준에서 참고 있다고 하더군요. 그 말을 들으니 조금 눈물이 났습니다. 전지에 있으면 총후에서 물자를 보내주기 때문에 ……. 작전시기에는 문제가 되지 않지만, 먹을거리가 전혀 없는 경우도 있지만 ……. 그렇지 않은 때는 어느 정도 공급됩니다. 어쨌든 그날 밤에는 매우 감동했습니다.

가라시마 좋은 말씀이십니다. 양쪽에서 그런 느낌으로 서로 이겨내려는 마음으로 지내고 있다면 좋을 것 같습니다.

유진오 귀환작가의 입으로 그런 얘기를 들으니 정말 기쁩니다. 우리로서는 말할 수 없고, 또 말할 만한 성질의 문제도 아닙니다. 그것이 열등감이라고 해도 말입니다.

최재서 그럼 시간도 상당히 지났으니 이쯤에서 마치겠습니다. 감사합니다.

영화 〈젊은 모습若き姿〉을 말한다

1943년 7월

참가자

마루야마 사다오 丸山定夫[1)]

황철 黃澈[2)]

류키 이치로 龍岐一郎[3)]

한상직 相稷[4)]

이와이 카네오 岩井金男[5)]

최재서 崔載瑞

김종한 金鐘漢

---

1) 마루야마 사다오(丸山定夫, 1901~1945) : 연극배우. 쓰키지소극장(築地小劇場) 제1기 멤버로 신극의 발전에 공헌한 것으로 평가받고 있다.

2) 황철(黃澈, 1912~1961) : 연극배우이자 연출가. 임선규 작 〈사랑에 속고 돈에 울고〉에서 홍도의 오빠인 철수 역을 맡아 유명해졌다.

3) 류키 이치로(龍岐一郎) : 일본의 영화배우.

4) 한상직(韓相稷, 1915~?) : 극작가. 서울에서 출생, 배재고보를 졸업한 후 1938년 연희전문을 졸업했다. 극예술연구회에 가입하여 연극활동을 하면서 희곡을 발표하였다.

5) 이와이 카네오(岩井金男) : 영화배우 겸 감독. 1943년 당시 조선영화주식회사(朝映) 소속이었다.

최재서 바쁘실 텐데 참석해주셔서 감사합니다. 전全조선의 기대 속에서 〈젊은 모습〉의 촬영이 시작되었다는 소식을 듣고, 서둘러 이 좌담회를 열게 되었습니다. 당사자 여러분들의 고심이나 포부 같은 것을 듣고 싶은데, 우선 〈젊은 모습〉의 대략적인 스토리를 직접 출연하신 황철 씨부터 말씀해 주시죠.

황철 제가 여러 번 읽기는 했지만, 아무래도 말이 서투르니까 마루야마 씨께서 좀 말씀해 주세요.

마루마야 도요타豊田[6] 씨가 안 계시니 결국 그만큼 제가 손해군요. 머리도 안 좋은 제가 얘기해야 하니까요.(웃음)

최재서 〈젊은 모습〉은 순전히 하타八田[7] 씨가 창작하신 건가요?

이와이 거의 그렇습니다. 그러나 실제로는 징병제의 웅대함을 담은 획기적인 기획을 가지고 있던 나카타中田 상무가 창안하고, 하타 씨가 그것을 각본으로 쓴 것이라 할 수 있죠. 그리고 조선군朝鮮軍과 본부本府와 더불어 조선의 문화 단체들이 적극적으로 후원해 주었고, 내지의 제작 회사에서도 특별히 협력해 주었습니다. 이것이 〈젊은 모습〉이 만들어진 중요한 동기였지요.

---

6) 도요타 시로(豊田四郎, 1906~1977) : 〈젊은 모습〉의 감독. 다수의 문예 영화를 감독한 것으로 알려져 있다.

7) 하타 나오유키(八田尚之, 1905~1964) : 〈젊은 모습〉의 극작가. 1935년 도쿄발성영화제작소(東京発声映画製作所)의 각본 부장으로 취임하였다. 1937년 이시자카 요지로(石坂洋次郎)의 소설을 각색하여 도요타와 함께 작업한 〈젊은 사람若き人〉(1937)이 히트한 이후 도요타와 콤비가 되어서 베스트셀러 문학을 영화화하였다.

최재서 하타 씨가 시나리오를 쓸 때 특별히 참고했던 자료는 없었나요?

이와이 제가 직접 들은 것은 아니지만, 나쓰메夏目 과장이 조선 신궁에 참배를 드리러 갔는데 하타 씨가 거기에 왔었답니다. "하타 씨도 신궁에 참배하십니까?"라고 물었더니 그렇다고 대답했다더군요. 그리고 함께 돌아가면서 이런 저런 이야기를 나누었는데, 하타 씨가 말하기를, 다른 사람에게는 말하지 않았는데 자기가 지금 호텔에 묵으면서 이런 것을 쓰고 있다, 생각해 보면 중요한 일이라서 실제로 몸을 정갈히 한 다음에 글을 쓰려고 한다, 그래서 매일 조선 신궁에 가서 참배하면서 글을 쓰고 있다고 말했다고 합니다.

최재서 저도 예전에 하타 씨를 만났을 때 고심하고 있다는 이야기를 들었는데, 심하게 초조해 하고 있는 것처럼 보였습니다.

이와이 〈젊은 모습〉은 징병제를 정면으로 겨냥해서 다루지 않고, 다음 시대를 담당할 젊은 반도의 청년, 특히 가장 중요한 대상으로 지금의 중학 5년생을 설정한 것입니다. 젊은 희망을 가진 중학생이 배속 장교와 선생님들의 훌륭한 지도 아래 몸과 마음이 쑥쑥 성장하는 가운데 다양한 생활을 하다가 마침내 병영에 들어가게 됩니다. 그래서 군대 생활을 경험한 후에 연성鍊成의 하나로 산 속에서 스키 훈련을 하지요. 그런데 거기서 눈보라를 만나 조난당합니다. 무슨 일이 있더라도 그들을 구하는 것이 군대입니다. 폐하의 적자赤子인 중학생들을 한 사람도 남기지 말고 반드시 구하라는 연대장의 말에 따라 부대가 전력을 다해 도와주고, 구조된 생도들은 영내營內로 되돌아가게 됩니다. 그래서 커다란 감격이 샘솟게 된다는 것이 〈젊은 모습〉의 대략적인 줄거리입니다.

김종한 그러면 황철 씨의 역할은 뭔가요?

이와이 선생님입니다.

최재서 거기에 나오는 생도生徒들을 지도해나가는 건가요? 그러면 선생님의 입장이 되어서 눈보라에 조난당하는 이야기를 좀 해주시지요.

황철 스무 살이 안 된 반도 중학생들에게서 뭉게뭉게 피어나는 애국심이라고 할 수 있을까요. 그 전에는 그저 열심히 공부해서 출세하고 싶다는 생도들의 생각이 징병제가 발표되자 훌륭한 병사가 되겠다는 열정으로 변하게 됩니다. 그 기대를 내지와 대동아공영권 안의 모든 사람들에게 소개하는 동시에 앞으로 반도에서 태어날 소년들에게도 가르쳐주고자 하는 것이 그 내용입니다.

그리고 제가 맡은 역할은 그 생도를 가르치는 마스다增田라는 열정적인 선생님입니다. 이 선생님은 반도인으로 우리와 나이가 비슷한데, 특히 일찍이 깨달은 바가 있어서 징병제가 발표되기 전에 이미 징병제가 실시될 것을 확신하고 생도들을 교육해간 선생님이지요. 그리고 자신은 나이가 많아서 병사가 될 수 없는 것을 대단히 아쉬워하며 대신 학생들에게 열정을 쏟아 붓고, 군인 정신 특히 책임감을 생도들의 혼에 심어주려고 하는 선생님입니다. 영화 말미에 조난당했을 때에도 끝까지 책임감을 갖고 자신이 쓰러지는 순간까지 눈 속에 빠진 생도들을 구해냅니다. 그리고 최후까지 고투하다가 눈 속에서 쓰러집니다. 그 때 새벽 구름을 좇아 독수리가 날아오고, 스키 부대가 미끄러져 내려옵니다. 그리고 마지막에 생도 전부를 구해내는 장면이 흥미롭지요.

저는 지금까지 영화에는 한두 번 정도만 출연해봤기 때문에 아무 것도 모릅니다. 이 역을 맡았을 때 해 보고 싶다는 생각은 있었지만, 아무래도 저희 극단의 입장을 생각해서 몇 번 사양하기는 했지요. 그렇지만 지금은 하기를 잘 했다고 생각해요. 이 작품은 연출, 카메라맨 모두 일본 최고 수준을 자랑하는 분들이고, 그들과 직접 부딪쳐가면서 특별히 친밀감을 가질 수 있기에 매우 고맙게 생각하고 있습니다.

최재서 영화에는 처음으로 출연한 건가요?

황철 예전에 〈너와 나君と僕〉[8]에 출연해서 두 컷 정도 촬영한 적이 있어요. 그 전 동양극장 시절에 영화를 찍은 적이 한 번 있지만 완전히 실패였습니다. 그래서 전혀 경험이 없는 것과 마찬가지지요.

김종한 카메라에 비춰진 것을 보는 것과 직접 연기하는 것 사이에는 거리감이 좀 느껴지겠네요.

마루야마 역시 역할을 맡아서 실제로 연기해보니 거리가 있는 것 같습니다. 배우로서 그 거리를 어떤 식으로 줄여야 할지, 그리고 그 역할과 자기 자신 사이의 거리에 어떤 각오로 임할 것인지 고민합니다. 출연을 거절하지 않은 이유는 제가 역할을 맡을 수 있다는 자신감이랄까, 적극성이 있기 때문이지요. 제 안에 있는 누군가에게 뭔가 말하고 싶다는 욕망으로, 또 제

8) 1940년에 일본과 조선에서 개봉한 내선일체 영화이다. 허영(許泳)감독, 조선군사령부 제작, 조선총독부와 일본 육군성 보도부의 후원으로 만들어졌다. 조선과 일본의 대스타들이 총동원되었으며 흥행에 대성공했다.

가 맡은 역할을 통해서 사람들에게 무엇을 말하고 싶은지 확인해서 그 목적을 향해 거리를 좁혀나가려고 합니다. 저의 육체적 조건들이 그 역할에 얼마나 적합한지 살피고, 그대로 딱 들어맞는 경우에는 지금까지 훈련해온 기술로 그 거리를 얼마나 줄여나갈 수 있을지 고심하는 겁니다.

최재서 마루마야 씨는 어떤 역할인가요?

마루야마 연대聯隊에서 한 중학교로 파견되어서 모든 군사 교련을 책임지고 교육하는 배속장교입니다. 기타무라北村 소좌 역할이지요.

황철 기타무라 소좌는 군인의 본보기가 되는 사람으로서, 아무도 모르는 밤중을 틈타 닷새나 열흘에 한 번씩 싸우다 죽은 지원병의 무덤에 꼭 찾아가서 참배합니다. 생도들을 가르칠 때에도 앞에서는 아주 무서운 교관처럼 보이지만, 뒤에서는 구두가 낡아서 훈련을 하지 못하는 생도에게 구두를 사 주지요. 그것도 자기 손으로 직접 건네지 않고, 담임 선생님을 통해서 주는 훌륭한 심성의 군인입니다. 조난 당시에도 설산雪山에 가지는 않았지만, 교원실에서 가장 염려하고 있던 사람도 기타무라 소좌입니다.

이와이 결국 폐하의 적자赤子를 돌보는 중요한 책임이 있는 지위에 있었던 것이군요.

최재서 머지않아 우리들도 영화를 볼 기회가 있겠지만, 영화에서 중요한 역할을 맡았던 두 분이 예술가로서 진한 감동을 받았던 부분에 대해 듣고 싶습니다.

황철 저는 지금까지 무대가 직장이었고, 또 영화에서 한 번 실패한 적이 있어서, 나는 더 이상은 안 된다고 단념하고 있었지요. 그러나 이번에는 이 영화가 지닌 의의가 적지 않았고, 또한 연출자가 제가 예전부터 동경해 오던 분인 데다 카메라맨과 스텝이 잘 구성되어 있다는 점에도 끌렸지만, 저의 개인적인 바람으로는 무대뿐만 아니라 영화 쪽에서도 뭔가 이미지를 만들어서 어떤 인간을 탐구해보고 싶었습니다. 좀 두렵기는 했는데 직접 부딪쳐보니 지금도 뜨거운 음식을 입에 넣은 것처럼 맛을 알기는커녕 그저 어렵기만 하네요. 아무래도 영화를 끝까지 해내려면 고난이 따를 것 같아요. 그러나 지금까지는 무대에서 제가 연기한 것을 볼 수 없어서 유감이었는데, 이 영화가 완성되면 볼 수 있으니까 기대를 많이 하고 있습니다. 그렇게 저의 결점을 파악해서 공부해간다면 더 좋은 연기자가 되지 않을까 기대가 되네요.

최재서 조금 반복되는 것 같지만, 이번 출연에서 국민적 정열과 예술가로서의 양심이라고 할 만한 것이 잘 맞아떨어졌나요. 아니면 뭔가 반성할 만한 점은 없었습니까? 영화만으로도 특히 여러 가지를 느꼈을 것 같은데요.

마루야마 솔직하게 말씀드리자면, 저는 이번에 극히 사무적으로 출연을 승낙했지요. 한편으로는 여러 가지 개인적인 욕망도 있었습니다. 동경한다고 말하는 것이 좀 유치하긴 하지만, 감독을 맡은 분이 제가 동경하는 도요타 씨였거든요. 예전에 〈오쿠무라 이오코奥村五百子〉[9]라는 영화에 잠깐 출연했었는데, 별로 도움이 되지 않았습니다. 그러나 도요타 씨가 하는 일에 대해

9) 애국부인회를 창립한 일본의 사회사업가. 오쿠무라 이오코의 이야기를 다룬 영화이다.

서는 영화 관객으로서나 영화로 먹고 사는 배우로서나 존경심과 기대도 갖고 있었습니다. 예전부터 도요타 씨의 영화에 참여해서 일하고 싶었는데, 그것이 아주 중요한 동기가 되었습니다. 이 작품을 읽었을 때, 누가 감독을 맡더라도 출연하고 싶을 정도로 감격을 받았는가를 떠나서 어쨌든 나쁜 작품은 아니라고 생각했습니다. 그리고 감독이 도요타 씨였기 때문에 우선 이 일을 맡았던 것입니다.

이 작업에 실제로 가담한 후부터 점차 작품을 잘 이해하게 되었고, 이 작품을 선택해서 일하려는 사람들의 마음도 잘 알게 되었지요. 그래서 이 일에 모호한 태도로 임해서는 제대로 할 수 없다고 생각했습니다. 조선에 와서 조선 영화계 사람들이 어떻게 이 일을 대하는지, 조선의 군부軍部나 총독부가 어떤 식으로 이 작품을 지원하는지 알게 되면서, 비로소 제가 얼마나 중요한 일에 가담했는지 깨달았습니다. 일본에서도 여러 가지 일에 개입하고 참가할 책임이 있었지만, 저쪽의 일을 정리하고라도 이쪽 일을 해야겠다는 진지한 마음을 갖게 됐습니다. 솔직히 처음에는 이 일을 제일 중요하다고 여기지는 않았지만 지금은 달라졌습니다.

김종한 류키 씨가 이번에 맡은 역할은 구마자와熊澤 오장伍長이군요.

이와이 조난당한 중등학교 5학년 생도들을 여러 방면에서 지도하는 반장이지요.

류키 대본을 받고 구마자와 오장의 역할에 대해 여러모로 생각해보았는데, 이 대본의 주제는 결국 내선일체의 총력전이라고 봅니다. 그리고 그것을 가장 잘 구현한 것이 군대겠지요. 군대 안에서도 가장 구체적으로 드러나는 곳이 영내營內의 내무반입니다. 반장을 맡은 제가 가장 전형적인 이상을 구현하는 인물 중 하나가 되어야 한다고 해석했지요. 커다란 이상을 확실하게 또한 구체적으로 보여주고 들려주는 아주 중요한 역할이므로 분발하고 있습니다.

마루야마 솔직히 아직까지 영화에서 저의 힘을 충분히 발휘했다고 느낀 적이 없습니다. 그런 힘이 있냐고 물어보면 없을지도 모르겠습니다. 또 지금까지 오랫동안 해오면서 딱히 이거다 싶은 것도 없었고요. 하지만 뭐랄까 어쩐지 제게 그런 힘이 있는 것 같습니다. 그것을 어떻게 드러내야 할지 몰라서 헤매고 있습니다만…….

최재서 국책영화를 하면서 아주 어려운 점은 없습니까?

마루야마 그런 것은 없습니다. 그러나 충분히 만족할 수는 없지요. 여기에는 뭔가 방법이 있을 것 같다고 생각하면서도, 배우로서 바로 이것이다 라고 할 만한 방식으로 부딪쳐 본 적이 없습니다.

이와이 류키 씨, 지금 역은 어떤가요?

류키 몰두하고 있는 중입니다.

이와이 도호東寶[10]의 배우과에서 자주 언급되는 일화가 있는데요. 당시

10) 도호(東寶)영화사. 1936년 창립되었으며 제2차 세계대전 중에는 일본 최대의 영화사였다.

류키 씨가 저것은 내 역할이 아니다, 이것〈젊은 모습〉이라면 할 수 있겠다고 말했었죠. 그때의 감격이 지금까지도 잊혀지지를 않네요.

류키 구마자와 오장 역할을 제일 하고 싶었습니다. 그러나 제가 좌담회에서 말하는 것이 우스울 정도로 아마추어에서 조금도 벗어나지 못했고, 연기의 문제든 뭐든 엉망으로 하고 있습니다.

최재서 결국 몸을 내던져야 하겠네요. 실제로 국책 영화도 하는 사람이 몸 바쳐 한다면 어색하다고 느끼지는 않겠지요. 문학에서도 마찬가지입니다만, 이상하게 선전이라는 것을 생각하기 때문에 어색해져 버립니다. 그러니까 진정으로 군인의 마음으로 부딪쳐 나간다면 좋겠지요.

이와이 좀 이기적인 생각입니다만, 이번에 내지에서 훌륭한 분들이 오셔서 여러 가지를 해주셨으니 우수한 작품이 만들어질 거라고 안심하고 있습니다.

최재서 영화의 내용도 내선일체를 다루고 있지만, 제작 과정부터 아주 훌륭하다고 생각합니다.

김종한 조영朝映[11] 배우와의 만남에서 느낀 것을 단적으로 하나만 말씀해 주시지요.

---

11) 사단법인 조선영화주식회사. 1942년 일본의 전쟁을 선전하고 조선인의 영화제작을 통제하기 위해 조선에 있던 영화제작단체와 회사들을 통합해서 출범했다.

마루아마 거기에 대해서는 할 얘기가 별로 없어요. 조금 더 교제한다면 여러 가지를 말할 수 있겠지만 "감사합니다, 잘 부탁드립니다."라고 인사만 했기 때문에 이곳 배우들에 대한 느낌을 말하기에는 좀 객관적이지 못하고 성급한 점이 있지요. 다만 매우 젊다는 느낌을 받았습니다.

이와이 아주 열정적으로 하고 있더군요. 조선에 와서 느낀 점은, 기술은 열악하지 않은데 기재나 물자가 풍족하지 않다는 것이었습니다. 그것을 결국 열정으로 보완해 온 것이지요. 이번에 통제회사統制會社가 출범하고, 열정과 기재 등 모든 것이 마련되고, 내지의 여러 회사로부터 후원을 받게 된다면 내지와 어깨를 나란히 하지는 못해도 좇아가는 것은 가능할 거라 생각합니다. 그렇지만 필름 문제 때문에 그 열정을 발산할 데가 없어서 조영의 상무常務도 매우 고심하고 있습니다.

황철 지금까지는 영화 촬영을 하다가 잘못돼도 그것을 잘라버리고 좋은 장면을 연결하는 것이 가능하다고 생각했습니다. 영화에서는 자르는 것도 연결하는 것도 자유자재이니 그만큼 수월하다고 생각했지요. 그런데 이번에 제가 스키에 서툴러서 NG를 낸 적이 있는데, 그럴 경우 오히려 필름이 신경 쓰여서 긴장하게 되고 더 못하겠더군요.

최재서 아마추어의 생각입니다만, 조선의 배우는 내지의 배우와 비교해서 연기의 움직임이 매우 큰 것 같습니다. 이것을 두고 열정적이라고도 하지요. 영화를 봐도 세밀한 동작은 능숙하지 못하지만 큰 움직임에서 종종 좋은 연기를 보여주는 경우가 과거 조선 영화에도 있었습니다. 그런 점을 살려나가야 한다고 생각합니다.

황철 어떻게 보면 좀 거칠지 않나 싶어요.

한상직 저는 신문 쪽 일을 해서 영화나 연극에 대해 전혀 모르긴 합니다만, 지금까지 조선의 영화와 연극이 어느 수준에 위치해 있었는가는 매우 막연하더군요. 그러나 최근 하나의 목표가 확실하게 세워졌으므로 그것이 진정한 국민영화이고 국민연극이라는 사고방식이 영화인 · 연극인들에게 점차 인식되고 있습니다. 영화배우와 연극배우들 스스로가 민중의 선두에 서서 나아가려는 마음을 갖기 시작한 것은 정말 중요한 진보입니다. 지금까지 조선의 영화는 기획성도 빈약했고 연기자도 갖추어지지 않았습니다. 그렇지만 최근에는 군대 영화 한 편을 만들어도 일반 민중이 그 영화를 보고 단순히 즐긴다기보다 그것이 조선을 대표하는 영화라고 인식합니다. 여기서 민중이 적극적으로 협력하려는 마음이 아주 강해지고 있음을 느낄 수 있습니다.

김종한 그러나 국민연극이나 최근의 국책영화 같은 것은 별로 재미가 없더군요.

황철 지금까지 문부성 추천영화라든지 총독부 추천영화 등은 대체로 재미가 없었지요. 그렇지만 〈젊은 모습〉은 시나리오를 보든 연출자의 연출 방식이나 카메라맨의 촬영 방식을 보든, 아무것도 모르는 저로서도 이것만큼은 결코 재미와 예술성을 놓치지 않는, 정말로 어느 것 하나 빠지지 않는 말 그대로 훌륭한 작품으로 완성될 거라 생각하고 있습니다. 이것이 만약 연극 대본이라면 더욱 자신감을 가질 수 있을 텐데, 처음 작업하는 시나리오라서 확실히 말할 수는 없어도 이번에는 믿어 의심치 않습니다.

최재서 점차 남방을 대상으로 한 영화가 만들어지겠지만, 일단 영화인으로서 서양 영화에 지고 싶지 않다는 마음이 당연히 있을 것 같은데 실제로는 어떻습니까? 필리핀에 일본 영화를 가지고 갈 경우, 필리핀 사람의 상당수는 미국 영화를 봤기 때문에 일본 영화는 재미없다는 풍문이 퍼진다면 큰 문제입니다.

마루야마 유감스럽지만 재미없다고들 하겠지요.

최재서 그건 어떤 점에서 그럴까요?

마루야마 재미가 없는 이유는 결국 영화가 가진 가능성을 충분히 살려내지 못하는 기술에 있다고 봅니다. 요컨대 무엇을 위해 영화를 만드는가, 왜 영화를 만들어야만 하는가 라는 출발점이랄까 근본정신이랄까, 그런 점에서는 결코 뒤지지 않습니다. 그런데 그 고매한 정신을 실제로 옮겨 놓는 기술은 유감스럽게도 아직 뒤처지는 부분이 있지요. 일본 영화계에서도 그런 근본적인 목적을 실행하는 기술을 공부하고 연구해서, 일찍이 지금까지 아메리카 영화가 가지고 있던 오락성과 대중성을 체득해야 합니다.

최재서 결국 서양 영화는 서양 영화가 갈 길이 있고, 일본 영화는 일본 영화의 방식이 있습니다. 그럴 경우 일본에 없는 것을 아무리 만들어내려 해도 만들 수 없기 때문에, 경쟁을 하기보다는 일본적인 것을 살리는 것이 일단 하나의 방법입니다. 카메라맨의 기술 등은 공통적인 것이고, 연기의 경우 절대로 뒤지지 않는 일본적 강점이나 독창성이 있다고 생각합니다.

마루야마 그런 점이 있기는 하겠지만, 우리가 가지고 있다고 할 수는 없겠지요. 앞으로 지금의 영화연기인들이 확실한 각오로 그것을 찾아내야 할 겁니다.

이와이 남방을 겨냥한 영화로는 규모가 작은 것 같은데, 좀 더 크게 출발해야 하지 않을까요.

류키 또 필리핀에는 미국의 기술이 들어가지 않았을까요?

이와이 그런 새로운 기술을 접하고 있는 시점에는 일단 비웃음을 당하기도 하겠지만, 미국 영화에 구애받지 않는 일본적인 것을 만들어야 합니다.

류키 우리가 원하는 것은 단지 미국의 기술입니다.

최재서 우리가 감명 깊게 본 프랑스와 아메리카의 영화를 생각해 봐도, 과연 감명 깊긴 하지만 그것만으로는 아무 소용이 없는 듯합니다. 아무리 기술이 발달했다 해도 솔직히 그것만으로 영화가 발전하는 것은 아니라는 느낌을 받게 되거든요. 그런데 일본영화는 연기자나 기술면에서 10년, 20년 뒤처져 있을지 몰라도 젊음이 느껴져요. 역시 그런 점을 실제 연기하시는 분도 확신하고 있는 게 아닐까요.

류키 지금 내지의 젊은이들은 오로지 정신만을 말하고 있습니다. 정신만으로 일관하고 있지요.

최재서 그러나 서양의 영화가 인심을 사로잡은 가장 큰 이유는 퇴폐적인데 있지 않을까요. 거의 마취제 같은 것이라 …….

이와이 그런 만큼 그것을 깨뜨리는 것은 어려운 일입니다.

류키 확실히 서양 영화는 재미있으니까요. 특히 남방 사람들에게는 지금 갑자기 일본 정신을 말해도 이해하지 못하기 때문에 ……. 그래서 자연스럽게 영화에 대한 관념이 오락이라는 것에 한정되어 있습니다.

이와이 우선 일본의 참모습을 영화에서 보여주는 것이지요. 이것이 하나의 큰 무기입니다. 요컨대 영화의 한 장면은 한 발의 탄환입니다.

최재서 결국 문학에서는 확실히 말할 수 있는데, 지금까지는 대체로 모방이었지요. 그런데 지금은 모방하면 안 된다기보다 모방할 수 없게 되었습니다. 그러므로 일본의 진정한 예술을 만들어내야 합니다. 그렇지 않으면 자멸하니까요. 영화도 마찬가지로 서양의 것에 대항하는 영화를 만들어내야 한다는 입장이 될 때 비로소 본바탕, 즉 본질적인 것이 드러나지 않을까요. 지금까지 일본 영화 중에서 좋은 평판을 얻은 것은 대개 서양 영화를 능숙하게 흉내 낸 것이 많았습니다. 결국 영화인을 지도하는 자는 관객이기 때문에 관객들이 미국 영화를 즐기게 된다면 영화인도 그쪽으로 기울어지겠지요.

이와이 남방 영화에서는 그쪽 사람을 써서 일본이 남방 사람들에게 말하고자 하는 것을 전달한다면 어느 정도 효과가 있지 않을까요?

김종한 어쨌든 말하고자 하는 것이 너무 많은 것 같군요. 그렇게 하지 않고 자연스럽게 드러낼 수 있는 방법이 있다면, 오히려 선전에는 좋다고 생각합니다.

국민문화의 방향

1943년 8월

참석자

가토 다케오 加藤 武雄[1)]

후쿠다 기요토 福田 清人[2)]

다테노 노부유키 立野 信之[3)]

후루야 쓰나타케 古谷 綱武[4)]

유진오 兪鎭午

이무영 李無影

데라모토 기이치 寺本 喜一[5)]

최재서 崔載瑞

---

1) 가토 다케오(加藤 武雄, 1888~1956)는 고등소학교를 졸업하고 소학교 훈도로 있었으며, 1919년 농촌을 묘사한 자연주의적 단편집 『향수(郷愁)』로 유명해졌다. 그의 문하에서 이무영이 4년간 작가수업을 받았다.

2) 후쿠다 기요토(福田清人, 1904~1995) : 문학자. 도쿄제국대학 국문과를 졸업했다. 전쟁기에는 도쿠토미 소호(德富蘇峰)를 회장으로 설립된 일본문학보국회에서 기획과장을 지냈다.

3) 다테노 노부유키(立野 信之, 1903~1971)는 초기에 프롤레타리아 문학에 경도되어 반전(反戰)적인 작품을 발표하기도 하였으나, 1930년 치안 유지법 위반으로 검거되자 바로 그 다음 해에 전향하였다.

4) 후루야 쓰나타케(古谷 綱武, 1908~1984)는 평론가로 1933년 동인지 『해표(海豹)』의 발행인이다.

5) 데라모토 기이치(寺本喜一) : 시인. 경성제국대학 법문학부 영문과 출신으로 사토 기요시(佐藤清)의 제자이다.

김종한 金鐘漢

—— 새로운 일본문학

최재서 모두들 수고가 많으십니다. 바쁘신데 시간을 내주셔서 감사합니다. 시간이 별로 없어서 따로 화제를 정하지는 않았는데요, 우선 여기 오신 감상 등을 말씀해 주시죠.

가토 그래도 뭔가 화제를 제공해주시면 좋을 것 같습니다.

최재서 화제로 일단 일본문학의 장래와 같은 것을 여쭤보고 싶었는데, 그건 어떤지요?

가토 후쿠다 군 지금 뭔가 말씀하셨지요?

후쿠다 아닙니다.

최재서 일본문학보국회가 생겨난 후부터 내지의 문단도 상당히 긴장한 것 같습니다.

가토 일전의 모임에서 히비노 시로우日比野士朗[6] 씨가 좋은 병사라 불리

6) 히비노 시로우(日比野 士朗, 1903~1975)는 우에다 히로시(上田広), 히노 아시에이(火野葦平)와 함께 이른바 '병대작가(兵隊作家)'라고 불린다. 1934년에 허베이신보사(河北新報社)에 입사하였

고 싶다, 소설은 별로였지만 병사로서는 훌륭하게 전사했다는 소리를 듣게 된다면 더 바랄 게 없다고 말했다면서요. 저는 지난번에는 안 갔지만 그때 기쿠치 간菊池 寛[7] 씨도 이런 시대에는 소설을 쓰는 것보다 국가를 위해 살아야 하며, 만약 그것 때문에 소설이 안 좋아진다 해도 국가를 위해 살기를 바란다고 했다던데, 그게 사실인가요?

후쿠다 그게 아니라 그건 역설 같은 것인데, 이런 시대에 문학자는 좋은 예술을 창조하는 동시에 될 수 있는 한 잡다한 일이든 뭐든 잘해내겠다는 것을 너무 이해타산적으로 연결시켰기 때문에 그런 말이 나온 것 같습니다.

가토 어쨌든 내지의 문학자는 이른바 문학지상주의에서 점차 멀어지고 있지는 처지에 있습니다. 정세가 매우 절박한 상황이어서 그런지, 그런 소설이 더욱 좋은 문학이 된다고도 생각할 수 있습니다.

후쿠다 그렇습니다.

가토 그런 소설 없이는 일본 문학의 장래도 생각할 수 없습니다.

다테노 그리고 하나 더, 현실적인 문제로서 제가 처음으로 지나에 종군했을 때, 지나가 가지고 있는 대륙 풍물의 거대함, 그리고 그런 거대함에서

으며, 1937년 상하이전선에서 부상을 당한 후에 귀환하였다. 1942년에는 대정익찬회 문화부 부부장을 역임하였다.

7) 기쿠치 간(菊池 寛, 1888~1948)은 소설가이자 극작가이다. 교토 제국대학 영문과 졸업하고, 1923년에 『문예춘추(文藝春秋)』를 창간하였으며, 아쿠타가와상과 나오키상을 제정했다. 문예가협회 초대회장과 다이에이영화회사(大映映画会社)의 사장을 지냈다.

양육되는 지나 민족을 보고, 일본은 앞으로 그런 것을 짊어지고 나가야 하며 그런 것까지도 우리 생활감정에 포함시켜야 한다고 느꼈습니다. 그러나 지금까지 우리 일본문단 안에서 배양된 문학의식과 그 표현력으로는 충분하지 못합니다. 일단 형용사가 상당히 부족합니다. 그런 점에서 일본문학에 하나의 전기轉機가 강하게 요구되고 있습니다. 저는 지금까지 조선에 대해서 잘 알지 못했지만, 조선작가 여러분이 쓴 것에서 아주 어두운 인상을 받아왔습니다. 그것은 역시 역사적인 것에서 비롯된 것이라 생각했지요. 그런데 이번에 조선에 와서 보니, 이러한 시세時勢 속에서, 즉 어떻게든 다시 일어서야 하는 절박한 시기가 되어서 그 어두움이 사라졌다는 인상을 받았습니다. 일본문학이 대륙이나 남양의 거대한 생활면에 부딪혔기 때문에 대대적인 전환이 요구되고 있는 것처럼, 조선의 작가들에게도 대대적인 전기가 요구되고 있는 것이 아닌가 싶습니다.

최재서 조선문학이 대단히 어둡다고 생각하시는 것 같은데, 히노火野[8] 씨의 「보리와 병정麥と兵隊」을 보면 거기에도 며칠을 행군해도 보리뿐이라며, 군인들이 좀 허무주의적으로 그려진 점이 있습니다.

다테노 결국 자기감정과 부합하지 않는 것이죠. 지금까지의 문학 감정으로는 표현해 낼 수 없습니다.

---

8) 히노 아시헤이(火野 葦平, 1906~1960)는 1928년 와세다대학 영문과 재학 중에 입영하였으며, 군보도반원으로 활동했다. 병정3부작인 「보리와 병정(麥と兵隊)」, 「흙과 병정(土と兵隊)」, 「꽃과 병정(花と兵隊)」을 썼다.

——— 근본으로 돌아가라

가토 어쨌든 조선문단이든 내지 문단이든 그 문학의 정신과 세계관, 모든 것이 근본적으로 또 한 번 원시原始로 되돌아가서 다시 시작해야 합니다. 그러니까 당신들의 고민은 또한 우리들의 고민이기도 합니다. 메이지明治 이후의 영미적인 세계관을 완전히 버리고 전통으로 돌아가야 합니다.

후쿠다 근본으로 돌아간다는 것은 뭐랄까요. 일본 문학에도 어두운 면이 있었고, 특히 자연주의 이후에 그랬지요. 이번에 부여에 가서 보니, 부여의 석탑과 불상에 뭔가 갓 같은 것이 씌워져 있더군요, 여기서 유머러스한 것을 느꼈습니다. 정말로 느긋한 것이 있더군요. 조선의 옛날, 아주 먼 옛날의 정신에는 일본의 아주 먼 옛날의 『고지키古事記』나 『만요슈萬葉集』에서 보이는 느긋함과 같은 것이 있다고 생각하는데, 그런 의미에서 부여는 꽤 인상 깊었습니다. 어두운 것은 아마 그 이후의 것이겠지요.

최재서 뭐, 근세의 산물이지요.

다테노 옛 부여의 소박함, 느긋함은 확실히 일본의 옛 문학과 통합니다. 그 후 역사적으로 여러 가지가 더해지면서, 예를 들어 지나의 유교가 침투했기 때문에 삶의 여러 측면이 지나의 영향으로 왜곡되어 왔다고 생각합니다. 현재 조선 사람들의 생활을 보면 곳곳에 유교의 영향이 여전히 남아 있습니다. 그러나 지금은 그런 것을 반성하고 극복하여 새로운 것을 만들어야 할 국면에 봉착해 있습니다.

유진오 동감입니다. 조선의 옛 문헌인 『삼국사기』, 『삼국유사』 등에 있는 전설을 보면, 뭐랄까 상당히 풍순豊醇한, 즉 내용에 풍부함과 그윽함이 있습니다. 그것이 대륙이 침략한 후 완전히 사라졌습니다. 거의 7, 8백 년 동안…….

다테노 거의 천 년 동안이지요.

유진오 그 전으로 거슬러 올라가면 상당히 풍순한, 『만요슈』에서나 나올 듯 한 것이 있습니다. 경주 근처에 가보면 그것이 한층 더 느껴집니다.

최재서 예술의 성쇠盛衰 경로를 거슬러 올라가보면 이조에서부터 기술이 상실되었을 뿐만 아니라, 예술적 천분天分에 대한 자신감마저 잃어왔습니다. 신라나 백제의 예술을 지금 보고 있자면, 거의 이국적인 느낌을 받습니다. 방금 말씀하신 것과 같이 유교문화의 영향 때문이지요.

후쿠다 제가 감탄한 것은 불국사 위에 있는 석굴암인가요, 거기에 있는 석불입니다. 상당히 혼연한, 이상한 표현이지만 걸작 단편소설을 읽는 것 같은 느낌이었습니다. 기발한 발상 아닙니까, 광선의 양상이랄까 일본해日本海를 마주보는 위치 등…….

김종한 후루야 씨, 한 말씀 하시죠.

——— 국어와 조선

후루야　여기에 온 이후부터 머릿속을 떠나지 않는 문제는 무엇보다 국어 문제입니다. 국어라는 것을 어떻게 소화해갈 것인가, 문학자의 첫 번째 임무는 국어를 반도에 진정으로 침투시켜가는 것이라고 생각합니다. 그래서 일본에서 출발하기 전에 반도작가의 작품들을 조금 살펴보았는데, 국어의 수용방식이나 사용방식이 상당히 소극적인 듯 보였습니다. 즉 기존의 언어를 받아들여서 사용하고 있으므로 자신의 감정을 그대로 드러내고 있는 것 같지 않았습니다. 그렇게 하는 것이 아니라 국어를 좀 더 적극적으로 자신의 것으로 사용하는 태도야말로, 일본정신의 태도라 할 수 있습니다.

이건 제 생각이 아니라 학자가 한 말인데요, 대체로 말이라는 것은 고정되어 있지 않고 생활과 함께 움직인다고 합니다. 즉 생활이 말을 바꿔 나가는 셈이지요. 그러므로 저는 반도에서는 일본의 한 지방으로서의 반도가 아니면 만들어낼 수 없는 생활감정과 감수성으로 국어를 만들어가야 한다고 생각합니다. 가령 예전에 홋카이도北海道의 원시림을 개척한 노인에게서 개척에 대한 이야기를 들은 적이 있는데, 그는 '밤마다 키가 큰 불을 피우고 일을 했다'는 표현을 사용했습니다. 저는 이 '키가 큰 불을 피우고'라는 말이 상당히 재미있게 들렸습니다. 이 말에는 어두컴컴한 원시림의 밤에 높이 타오르는 불을 마음의 안식처로 삼았던 개척민들의 분위기가 잘 나타나있습니다. 그런 형용사는 새로운 생활과 감정 속에서 생겨난 말로, 그 이전까지는 없었던 것일지도 모르지만, 지금부터는 생활을 묘사하는 문학의 한 뿌리가 될 것입니다. 그리고 그런 뿌리가 없으면 정말이지 문학은 대중에게 침투할 수 있는 힘이 없습니다. 그 지방에서만 생겨날 수 있는 말이어야 합니다. 예를 들어 규슈九州의 봄과 홋카이도의 봄은 봄이 오는 형태도 다르고, 그것을 받아들이는 감정도 다릅니다. 홋카이도라면 '지붕 위의 무거운 눈이 녹기 시작하면서 비로소 봄이 오는구나'라고 말해도 여전히 먼 산은 눈으로 하얗습니다. 규슈의 '산에도 들에도 봄이 온다'는 느낌과는 다른 것입니다. 그것은 규슈 생활이 아니면 생겨나지 않는 말이겠지요.

조선에도 그런 것이 있어야 합니다. 그것이 진실로 국어를 키우는 힘이고, 그것이 없다면 국어는 진정한 힘을 발휘할 수 없습니다. 작가 여러분께 그 점에 대해 협력해 주시기를 바라고 있습니다. 살아있는 국어는 단지 도쿄東京 말을 받아들여서 사용하는 것으로 만들어 낼 수 없습니다. 저는 도쿄에 있을 때부터 그런 생각을 했습니다.

김종한 그러나 조선에서의 국어문제, 언어문제는 정치와 밀접하게 관련되어 있습니다. 장혁주 씨가 어딘가에서 "조선에 국어를 보급하는데 있어서 결코 조선 냄새가 나서는 안 된다"고 하는 것을 들었는데, 그때 문득 어느 쪽이 옳은가라는 생각을 했습니다. 어려운 문제라서 모두들 갈피를 못 잡고 있습니다. 조선에 살고 있는 사람의 입장에서 보면, 황민화라는 것은 국민적 신념이 깊어지면 깊어질수록, 조선 옷을 입고 조선 온돌에서 자더라도 훌륭한 황민이 될 수 있을 것 같습니다. 지금의 언어 문제에 대해서도 후루야 씨는 이러한 의미에서 언급했다고 생각합니다. 하지만 굳이 다른 생각을 말한다면, 추상적 일본인이 아니라 황민의 표본으로서 지금의 내지인처럼 모든 것을 통일해 가야 한다는 의견도 있습니다. 그 중 어느 쪽이 좋을지는 모두 결단을 내리지 못하고 있는 것 같습니다.

후루야 예를 들어 반도에서 어렸을 때부터 자란 사람의 그림과 쭉 내지에서 자란 사람의 그림은 감각이 다르다고 들었는데, 정말 그런 것 같습니다. 예컨대 붉은 흙이라고 해보지요. 이쪽의 흙과 도쿄의 흙은 다르고 그것이 역시 그 사람의 감각을 키우는 뿌리가 됩니다. 붉은 흙을 아름답다고 할 때, 내지 사람에게 붉은 흙의 아름다움을 새롭게 가르칠 수 있는 표현을 해 주었으면 합니다. 아까 말한 홋카이도의 경우도 그렇습니다.

유진오 그러나 조선문단의 현상現狀은 그런 근본적인 이론은커녕, 아직 국어사용조차 어설픕니다. 일단 표준어를 외우는 것이 고작입니다. 방금 말씀하신 것은 다음 단계겠지요.

다테노 여기 오기 전에 이무영 군과 잠깐 이야기를 나눴는데, 요즘 국민학교 학생을 우리는 이길 수 없다(웃음)고 하더군요. 국민학교 학생은 내지인과 똑같은 표현을 쓰려고 열심이지요.

후루야 그럼 방금 제가 한 말은 취소해야겠네요.

유진오 아닙니다. 지금의 제 의견은 다만 실상을 말한 겁니다.

다테노 장혁주 군조차 매우 곤란해 하고 있습니다.

최재서 사정은 내지 쪽 평가에 의해서도 달라집니다. 대단히 참신하고, 독창적 표현을 해도 일본적이지 않다고 거절당하면…….

다테노 그러나 일본의 문단에서는 후루야 씨처럼 표현을 한다면 받아들일 생각이 충분히 있습니다. 표현에 어려움을 겪고 있는 것은 일본문학 전체의 일이니까요.

후루야 어쨌든 결론적으로 반도에 의해서 국어가 풍부해져야 한다는 것입니다.

다테노 그 수준까지 나아가야 합니다.

김종한 그런 식으로 이질적인 것이 덧붙여지는 것을 기쁘게 받아주시면 고맙겠습니다. 일본문화가 풍부해질 수 있는 하나의 방법이라고 생각하니까요.

최재서 지금 생각난 것인데, 조선에서는 방랑자의 생활을 '떡갈잎 같은 삶'이라고 표현합니다. 이것은 조선에서도 표준어가 아니지만, 조선의 황량한 가을에 떡갈나무의 잎이 데굴데굴 구르는 것을 생각하면 확 와 닿는 표현입니다. 비근한 예가 되겠지만, 그런 것을 이쪽 작가가 점차 표현으로 옮겨가면 일본문학에 플러스가 될 겁니다.

다테노 다만 거기까지 나아가는 것이 꽤 어려운 문제라서 ……, 거기까지 갈 수 있을지. 홋카이도의 눈보라밖에 모르는 그 지역 출신 작가가 내지의 함박눈을 보고, 아아 추신구라忠臣藏의 눈[9]이 내린다고 했다죠.(웃음)

---

9) '추신구라'는 1701년부터 1703년에 있었던 주군에 대한 47명의 사무라이의 충성과 복수를 다룬 일본의 서사시이다. 이후 '추신구라'는 일본정신을 대표하는 국민 서사시로 칭송받았고, 가부키, 영화, 드라마, 소설 등의 소재로 많이 사용되었다. 가부키나 영화 등에서 기라 저택을 습격하는 장면에 함박눈이 내리는데, 이를 보고 '추신구라의 눈'이라고 했던 것으로 추측된다.

최재서 재미있네요.

다테노 그 말투가 재미있지요.

——— 황도조선연구위원회皇道朝鮮研究委員會에 대해서

김종한 가토 선생님, 황도조선연구위원회의 주된 목표는 내지인에게 조선의 것을 알리는 건가요, 아니면 조선인을 계몽하는 건가요?

후쿠다 두 가지 모두입니다. 대체로 문학보국회文學報國會에는 8개의 부회가 있고, 각 부회마다 4개의 연구위원회가 있는데, 아주 중요한 문제에 대해 검토합니다. 만들어진 순서대로 말하면, 농민문학위원회農民文學委員會, 대륙개척위원회大陸開拓委員會, 다음으로 황도조선연구위원회皇道朝鮮研究委員會, 그리고 이번에 남방에서 돌아온 동료들로 구성된 남방문화연구회南方文化研究會입니다.

김종한 내지에 있을 때는 조선을 알려야 한다는 생각은 전혀 못하고 들떠서 내지 친구들과 사귀기만 했는데, 조선에 돌아오고 나서야 내지와의 거리감을 느끼게 되었습니다. 즉 내지에서는 조선을 전혀 알지 못한다고 해도 과언이 아닙니다. 그래서 그런 단체에서 조선을 알린다는 것은 더 바랄 나위 없지만, 조선에 적극적으로 요청한다는 것은…….

후쿠다 반도 자체에 대해서요? 적극적으로 요청할 일이 있겠죠.

가토　소설이든 시든 문학이라는 것에 국한되지 않는, 문학보다 더 넓은 사명을 가지고 있습니다. 그러므로 문학연구회가 아니라 문화연구회라는 것을 염두에 두시길 바랍니다.

후루야　저도 조선에 와서 생각하고 느낀 서너 가지 정도를 써서 내지에서 발표하고 싶습니다.

가토　위원회, 즉 중앙협화회中央協和會는 내지에 있는 조선인들을 위한 모임인데요. 그들과 밀접한 관계를 맺고 싶은 생각도 있습니다. 물론 내지인이 조선인에게 품고 있는 오해를 바로 잡는 것도 큰 과제입니다.

후쿠다　신태양사新太陽社의 조선예술상이라는 것이 있는데, 문학보국회에서 주는 상인만큼 조선에서 자라는 문학에 대해서도 큰 관심을 가지고 있습니다. 그리고 가토 씨가 말씀 하셨듯이 내지에 와있는 조선인들에 대한 계몽 또한 내지인에 대한 계몽운동, 이 세 가지를 생각하고 있습니다.

후루야　아까 내지에 조선을 알리는 글을 쓰고 싶다고 말했는데, 이는 동시에 조선을 계몽하는 일도 된다고 생각합니다.

다테노　어쨌든 세세한 목표는 아직 확실히 정해지지 않았지만, 결국 한편으로는 조선의 사정을 전혀 알지 못하는 내지인들을 계몽하고, 다른 한편으로는 이제 막 시작단계에 있는 조선문학을 끌어올려야 한다는 그런 대략적인 목표 하에서 해나가야 합니다. 그러나 구체적으로 어떻게 해야 좋을지는 조선을 제대로 알고 난 뒤에 일을 해 나가자는 취지로 이번 시찰에 온 것입니다.

김종한 어쨌든 그 모임이 발표되고 나서, 조선의 젊은 사람들은 이런 시대에 뭔가 매우 의지할 만한 희망을 느낀 듯합니다. 과거에도 이런 것은 있었지만, 달콤한 휴머니즘이 많았고, 결코 조선을 이해한 것이 아니어서 구체적으로 일을 해 나가지 못했던 것 같습니다.

가토 맞습니다. 이번엔 꼭 잘 해 보고 싶습니다.

최재서 가능하면 내지인이 조선을 보고 갈 필요도 있지만, 동시에 내지의 신문과 잡지에서 조선인을 동원할 필요도 있습니다. 특히 조선인이 규슈 등지의 탄광 등에 많이 가고 있으므로 그쪽 지방신문이 좀 더 적극적으로 조선작가들에게 지면을 허락하는 것도 고려해 볼 수 있습니다. 이것은 신문과 잡지의 편집자에 대한 희망이 될 터이지만요.

가토 내지 저널리즘이 반도 문제를 방치하고 있다는 것은 인정합니다. 신문과 잡지 기자에게도 그런 의사를 전달해 두었습니다.

——— 징병과 문학

김종한 그리고 또 한 가지, 조선인 황민화의 목표를 어디에 두어야 좋을까요? 일본은 반드시 이긴다, 나는 일본인이다, 이 정도면 될까요? 이 자리에 최재서 씨, 유진오 씨, 이무영 씨가 계신데, 저처럼 젊은 사람은 일본정신을 받아들이는 것이 자연스럽지만, 훨씬 나이가 많으셔서 이러지도 저러지도 못하는 선배들이 열심히 공부하고 계십니다. 지금 조선작가의 연성鍊

成은 정말로 눈물겹습니다. 조선에서는 현지에 갈 기회가 없으니 그냥 관념적인 고전에서 출발하려는 마음이 생기는 것도 무리는 아닌 듯한데, 내지로 돌아가시면 현지에 갈 수 있는 기회라도 만들어 주시겠습니까?

가토 이번에 징병제가 선포되어 반도청년도 정규병으로서 총을 쥐기 때문에 당연히 작가도 현지에 가게 될 것이라 생각합니다.

다테노 그 점에 대해서는 아까도 잠깐 언급했듯이, 내지 문학의 전환도 우리 동료 2, 3십 명이 경험한 것만으로는 문학적 기초가 박약하다고 봅니다. 몇백만 명의 군인이 새로운 일본과 동아의 건설을 위해 싸우면서 여러 가지를 느끼고 있습니다. 그런 여러 가지 것들이 밑바탕이 돼야 새로운 문학이 나올 수 있습니다. 징병제가 실시되어 많은 반도 청년이 실제로 전쟁에 부딪히게 되면……. 물론 작가 몇 명이 종군하는 것도 필요하겠지만, 그것만으로는 많은 것이 이뤄질 수 없다고 봅니다.

후쿠다 그래요.

다테노 양쪽이 함께 나아가야 합니다. 우선 작가가 가는 것도 필요하지만, 전체적으로 볼 때 그렇습니다.

최재서 후루야 씨, 도쿄 평론가의 특별히 새로운 경향 같은 것은 없습니까?

후루야 글쎄요, 실은 요새 잡지를 별로 보지 않아서 말이죠.

가토 가장 눈에 띄는 현상은 고전연구, 신전神典연구와 같은 국학의 새로운 부흥입니다. 융의戎意, 즉 가라고코로唐心[10)]가 아닌 순순히 일본적인 것이나 모토오리 노리나가本居宣長[11)]와 가모노 마부치賀茂眞淵[12)] 등을 읽는 것에 대한 관심과 열의가 상당히 높아지고 있습니다. 이는 융의 또는 가라고코로를 배제하고 단지 미영적인 것만 아니라 보다 넓은 의미에서 일본인의 생각을 순화해 나가고자 하는 것입니다. 그러므로 저는 조선도 진정 근원으로 되돌아간다면 우리와 같을 거라고 생각합니다. 그리고 그런 의식 없이는 조선에서 황민화가 이루어지지 않을 것이고 따라서 진정한 국민문학 역시 성립되지 않을 것이라고 확신합니다.

김종한 데라모토 문화과장님도 한 말씀 해주시지요.

데라모토 될 수 있는 한 연락을 취하고, 황도조선연구위원회의 일을 돕고 싶습니다.

가토 마지막으로 한 말씀 드리죠, 실은 편지 한 통을 받았는데, 이 편지에는 "나는 여러 가지 사상적 파란을 극복해 왔지만 이 전쟁 중에 일본인으

---

10) 가라고코로(唐心, 漢意)는 모토오리 노리나가 사용한 사상개념 중의 하나로 중국의 문화・사상에 경도된 사고방식을 말한다. 모토오리 노리나가는 가라고코로가 일본인의 본래의 본성인 야마토고코로(大和心)에 의해서 극복되어야 한다고 주장하였다.

11) 모토오리노리나가(本居宣長, 1730~1801)는 에도시대 일본의 국학자이자 문헌학자이다. 일본 고유의 정서 '모노노아와레(もののあわれ)'가 문학의 본질이라고 주장하며, 옛날부터 전해 온 자연정서와 정신을 제일로 여겼다. 따라서 그는 공자의 가르침을 거부했으며, 중화문명이나 사상을 존중하는 오규 소라이(荻生徂徠)를 비판했다. 그리고 당시 해독불능이었던 『고지키(古事記)』를 해독하여, 『고지키덴(古事記伝)』을 저술한 것으로 유명하다.

12) 가모노 마부치(賀茂眞淵, 1697~1769)는 에도시대의 국학자이자 가인(歌人)이다. 『만요슈』 등의 고전 연구를 바탕으로 고대 일본인의 정신을 연구했다.

로서 저절로 머리가 수그러지는 느낌이 든다, 나는 조선인인데 어째서 이런 묘한 감격이 생기는지 모르겠다"고 쓰여 있었습니다. 이것은 제가 이무영 군에게도 늘 말해왔던 것인데, 저는 조선인과 내지인이 완전히 같은 민족이라고 생각합니다. 동종동혈同種同血의 민족이라고 믿고 있습니다. 이 편지를 쓴 사람도 그런 것을 느끼게 되었다고 합니다. 왠지 모르게 저절로 머리가 수그러진다는 것은 역시 같은 피가 흐르는 민족임을 자각했다는 사실입니다. 저는 근래 지정학적으로 조선은 일본과 하나가 되지 않으면 살아갈 수 없다, 현대의 국가는 인구가 1억을 넘지 않으면 존재할 수 없다, 이런 정세 속에서 조선이 생존하기 위해서는 일본과 합체하지 않으면 안 된다는 식의 지정학적 해석은 받아들이지 않습니다. 그것은 외부에서 온 의견이기에 사양합니다. 그렇지 않아도 원래 하나였던 것이 중간에 여러 사정으로 떨어져 있다가 이제 다시 원래대로 돌아간다는 마음을 가지고 있는 참이니까요. 그래서 그런 마음이라면 좋겠다고 이야기한 적이 있습니다. 편지를 쓴 사람은 그 말에 대단히 동감했다고 하더군요. 그런 사람이 한 사람이라도 있으니 정말로 기쁜 일이죠.

김종한 그것은 최근 모두가 느끼고 있는 것이죠. 운명의 공동감정입니다. 지정학적인 해석도 개전開戰 직후의 조선의 현실에서는 무리가 아니었지만, 근래 조선인 모두의 마음은 지금 말씀하신 것과 같을 것입니다.

문학정담鼎談*

1943년 9월

참석자

마키 히로시 牧洋[1)]

김종한 金鍾漢[2)]

오정민 吳禎民[3)]

* 정담(鼎談)은 세 사람이 참석한 회담을 의미한다. 1945년 2월호에 개재된 「사상전의 현단계」도 정담이다.

1) 이석훈(李石薰, 1908~?)의 창씨개명. 일제 말기 일본어 소설을 다수 발표했으며, 1950년에 납북되었다.

2) 김종한(金鍾漢, 1914~1944)은 함경북도 경성 출생의 시인이자 언론인이다. 니혼(日本)대학 예술과를 졸업했으며 매일신보 기자로 근무했다.

3) 오정민(吳禎民, ?~?)은 일본에서 활동한 연극인으로 조선예술좌, 조선연극협회에서 활동했다.

——— 작가의 생활에 대하여

김종한 나는 요즘 생활이라는 것에 대해 깊이 생각하게 되었습니다. 즉 생활에 일종의, 뭐랄까……. 안정감이랄까, 혹은 생활의 근본을 의지할 곳이랄까, 그런 것에 대해 생각하게 되었지요. 경성에서 형편이 좋아져서 문학을 한다 해도 굉장히 붕 떠 있는 생활이거든요. 장래성이 전혀 없고, 안정감도 얻을 수 없습니다. 경제적으로 어렵기도 하지만 생활적으로 충실하지 못하기 때문이지요. 그렇다고 해서 귀농할 수도 없고…….

마키 문인이나 작가의 생활 문제는 지금 생겨난 것이 아니라, 예전부터 문단의 문제였지요. 대체로 생활에 여유가 없어지면서 작가가 생활을 의지할 곳도 점점 없어지고 있었는데, 최근 들어 한층 더 곤란해진 것 같습니다. 조선에는 작가의 생활이 완전히 없다고 해도 좋을 겁니다. 그래서 나도 최근에 그런 것을 타개하기 위해 매우 고심하고 있지만, 거의 전망이 없네요.

오정민 내가 쓴 〈이 외줄기 길このひとすぢ〉도 그런 것입니다. 오랫동안 극단 일에 관여해 왔는데, 그 당시에는 어쨌거나 생활과 예술이 양립했다고 할 수 있습니다. 갑자기 그것이 분리되어 고립된 입장이 되고 보니, 무엇보다도 먼저 생활이 흔들리는 것을 느꼈습니다. 그것에 대한 하나의 시도가 〈이 외줄기 길〉이었던 거죠. 바쇼芭蕉[4]조차 예술을 하는 것과 생활의 '계획'을 세우는 것의 어려움을 고백했고, 릴케의 편지에도 그런 내용이 있습니다. 그 이후 지금까지 나는 예술을 하는 것과 생활, 그 두 가지 사이에서 굉

4) 마쓰오 바쇼(松尾芭蕉, 1644~1694)는 일본에서 하이쿠의 성인으로 추앙받는 인물이다. 당시 오락적인 문학이었던 하이쿠에 불교의 선종 정신을 담아 하이쿠를 발전시켰다.

장히 격렬하게 고민해 왔습니다. 그러다가 최근 어떤 확신을 갖게 되었는데, 견고한 지반을 가진 것이라고는 아직 확실히 말할 수 없지만, 일종의 신념으로 …….

마키 요전에 고바야시 히데오小林秀雄[5] 씨가 이곳에 왔을 때 어떤 자리에서, 오늘날의 시대가 문학을 하는데 얼마나 곤란한 시대인가 하는 이야기가 나왔습니다. 그 때 고바야시 씨는 어느 시대에나 예술을 하는 조건이 유리한 시대는 없었고, 모든 시대에 걸쳐서 작가는 불우한 환경에 처해 있었기 때문에 지금 와서 불평해도 어쩔 수 없다고 했습니다. 그러나 그렇다 치더라도 조선작가의 생활만큼 비참한 것은 없겠죠.

오정민 최근 들어 특히 비참합니다. 종래의 작가는 어떤 특권의식을 지니고 있어서, 어느 정도 생활적인 것을 무시하면서 창작에 종사해 왔습니다. 그런데 최근에는 여러 가지 제약이 존재합니다. 이렇게 비참하고 세속적인 세계에 있으면서 작가나 시인이 그것을 돌파해 나가려면 상당히 곤란할 것입니다. 역시 일종의 순교자적인 신념을 가지지 않으면 …….

마키 뭐, 그렇겠죠.

오정민 과거의 문학자는 작가적 정신만으로도 특권 의식을 가지고 있었습니다. 최근에는 세속에서 극도로 경멸당하고 있기 때문에, 우리 자신이 가두街頭에 나서도 지나치게 위축되는 것은 아닐까요. 앞으로는 예를 들면,

---

5) 고바야시 히데오(小林秀雄, 1902~1983)는 도쿄 출생의 평론가이다. 1929년 문예비평가로 등단했으며 마르크스주의 문예비평을 전개했다.

메이지유신明治維新 직전의 다치바나 아케미橘曙覽[6]처럼, 그 사람만 그런 것은 아니지만, 철저히 가난하게 산다고 할까요. 그렇게 하지 않고 생활적인 것을 쌓아 올린 다음에 한다면 결국 불가능하겠지요.

마키 그러나 작가의 경우, 결국 생활을 이겨내는 것이 작가로서도 이기는 것이라고 봅니다.

오정민 제 생각에 지금은 문화의 말기 단계인 것 같습니다. 작가나 예술가가 이념적으로는 그것과는 완전히 반대인 원초직 마음, 이른바 원시적인 감동이나 사유에 입각해서 세상을 보고, 작품을 쓰는 것이 본도本道일 것입니다. 거기에 예술하는 것과 생활하는 것의 엄연한 대립이 있는 것이지요.

김종한 작가에게 생활은 어느 시대에서나 근본적인 것이었습니다. 하지만 역시 일종의 방편으로, 작품을 쓰기 위해서 밥을 먹어야만 한다는 측면도 있지요. 그런 경우에, 이렇게 시대가 변하면 생활 그 자체를 단지 방편으로 생각하는 사고방식은 아무래도 곤란합니다. 요컨대 경제적인 것만 해결되면 생활을 고려하지 않아도 좋다는 것이 아니라, 그것이 해결되더라도 생활을 생각해야 한다는 뜻입니다. 그것이 무엇이냐고 하면 생활 그 자체에 대한, 뭐랄까요, 생활 그 자체를 충실히 한다든지, 충실한 생활 속에서 작품을 쓴다는…….

마키 요컨대 생활이라는 것 속에 경제적인 면과 정신적인 면이 있다는 건가요?

---

6) 다치바나 아케미(橘曙覽, 1812~1868)는 에도 말기의 시인이자 국학자이다.

김종한 예컨대 이런 것에 일종의 압박을 느낍니다. 마쓰다 진지로松田甚次郎[7] ……. 그 사람은 스스로 작가가 아니라 농민이라고 말하는데, 사실 문학자로서는 대단치 않은 사람이지요. 그러나 그런 사람들에게서 뭔가 생활적 충실함을 느낍니다.

마키 하지만 그건 다른 문제일지도 모르겠네요. 마쓰다 씨의 경우, 자신의 생활에 특별한 신념을 가지고 있다는 데에 행복이 있는 것이 아니겠습니까. 우리 작가들도 자신의 생활에 어떤 사상적 신념은 가지고 있지만, 생활에서 그것을 살릴 자신이랄까, 그런 생각이 거의 없다고 할 수 있지요. 대부분 사상의 커다란 투구를 쓰고, 몹시 지친 채 휘청거리고 있는 것 같습니다. 항상 중심을 잡지 못해서 마음 놓고 좋은 작품을 쓸 수 없습니다.

실제로 조선에서는 원고료만으로 생활할 수 없습니다. 하지만 방송소설을 쓴다든지, 라디오 드라마를 쓴다든지, 요컨대 자신의 본령이 아닌 잡문까지 썼는데도 생활을 꾸려나갈 수가 없으면 굉장히 초조해집니다. 그리고 정말로 자신이 본령으로 삼는 작품을 쓰고 싶어도 결국 온 힘을 다해 쓸 수 없는 경우도 있습니다. 이것을 좋은 작품을 쓸 수 없다는 말로만 받아들이면 곤란하지만……. 따라서 경제적으로 안정되면 쓴다는 식으로는 안 됩니다. 결국 생활적인 충실을 선결문제로 삼아야겠죠.

오정민 저는 오히려 이무영 씨와 같은 방식, 요컨대 생활을 배수진으로 하여 문학에 정진한다는 극한의 각오를 다질 때가 아닌가 합니다.

---

7) 마쓰다 진지로(松田甚次郎)는 미야자와 겐지의 제자로 농촌 지도자이다.

——— 문학의 본질적인 것

김종한 다소 문제가 확대되는 것 같지만, 지금의 생활 문제와 관련이 있다고 봐도 좋을 듯 합니다. 원래 나는 매우 건강한 편이이서 병에 걸린 적이 별로 없습니다. 하지만 문학은 매우 정상적이고 행복한 시대에도 이른바 사생관死生觀으로까지 나아가야 할 것입니다.

내 경우 지금까지 사생관을 뒷받침해주는 것이 없어서 그것을 멀게만 생각했는데, 최근 심하게 병을 앓아 정말로 죽는 것은 아닌지 걱정한 적이 있었습니다. 그 때 여러 모로 생각해보았지요. 병에 걸려 고통스러워 어찌할 바를 모르는 와중에, 나는 시를 쓰지 않으면 정말로 죽을 것 같은 심정일지 되돌아볼 기회가 있었던 것입니다. 나는 그런 이상한 것이라도 쓰지 않으면 죽겠구나 하는 생각에 감정이 격해졌습니다. 결국 생활이 아무리 비참해지더라도 시는 그만둘 수 없다는 것을 깨달았습니다.

마키 그런 정도까지 다다른다면 좋겠지만, 나 같은 경우 옛날부터 자신의 문학에 대해서는 경멸하는 경향이 있어서, 일단 퇴고하여 잡지사에 휙 넘기고 나면, 또 읽을 기분이 나지 않더군요. 정말로 지금의 당신과 같은 심정에까지 이른다면 대단한 것입니다.

김종한 아닙니다. 나는 마키 씨의 「북으로의 여행北の旅」을 읽었는데요, 「고요한 폭풍静かな嵐」은 정말 정면으로 부딪힌 진지한 작품이었지요. 대체로 당신의 작품은 밝은 것 같습니다. 이번에 쓰신 「북으로의 여행」도 어두운 작품은 아니지만, 그 작품에서 나오는 일종의 체취 같은 것이 있습니다. 그것은 작가가 「고요한 폭풍」에서부터 줄곧 키워 온 어떤 지점으로, 역시

지금 말한 사생관의 뒷받침이라 할 만한 것, 말하자면 인간의 생명에 대한 깊은 성찰이 드러나 있는 것 같습니다. 일부 사람들은 그 작품에 대해서 소설이 아니라 수필을 조금 발전시킨 것이 아니냐고 할지도 모르겠지만, 나는 그 작품에서 문학의 본질적인 것을 꽤 간취看取했습니다.

마키 그것에 대해 김사량 군 등이 편지를 보냈는데, 저에게 진정한 문학의 세계에 들어 온 것 같다고 하더군요. 어떤 면에서는 「고요한 폭풍」보다 격조가 떨어졌다고 하는 사람도 있었지만, 작자로서의 심정을 말하자면 「고요한 폭풍」에서 어느 정도 자신의 세계에 정착하게 된 것 같습니다.

김종한 작품을 쓰기 위해 어깨에 힘을 준다든가, 완성도가 있다든가 하는 것보다도, 작가가 올바르게 썼든 그렇지 않든 간에, 그 속에 뭔가 빛나는 것이 있다면 그것이야말로 문학의 본질일 것입니다. 그런 의미에서, 여러분께서는 읽지 않으신 듯한데, 김사영金士永의 「성안聖顔」은 좋은 소설이라기보다도, 여러모로 재미있는 소설인 것 같습니다. 그 소설은 요약하자면 두세 명의 아이가 있는 과부의 반생기半生記인데, 아이 한 명이 지원병으로 나가는 끝부분에는 억지로 꾸민 듯한 부자연스러움이 전혀 없습니다. 그 소설은 새로운 시대에 대한 놀라움을 나름대로 솔직하게 쓰고 있습니다. 일부 사람들은 그것조차도 억지로 꾸민 것 같다고 하지만, 시대에 대해서 솔직하게 놀라지 않으려는 사람은 이제는 정말 안 됩니다.

마키 그런 놀라움이 결국 지금 우리에게 요구되는 당면 과제일 것입니다. 역시 그 시대를 솔직하게 수용한다는 것이지요. 방금 말했듯이 당연히 요구되는 이 새로운 시대의 놀라움을 발견할 수 없는 작가는 안 됩니다. 나의

「북으로의 여행」은 아주 사소하고 보잘 것 없는 작품이지만, 북쪽으로 이주해 살고 있는 조선인들의 생활을 보고 느낀 어떤 놀라움을 써본 것입니다.

오정민 지금 나온 문제에는 저도 동감합니다. 감동의 소박함이나 사유의 건강함이 오늘날 가장 필요한 것이 아닐까요. 방금 전에도 잠깐 언급했듯이, 작가가 현실을 바라볼 때나 풍경을 접할 때에도 항상 초심으로, 이를테면 아이와 같은 마음가짐으로 대해야겠지요. 파스칼의 사유방식이 그런 것이었다고 생각하는데, 여하튼 사물에 맞닥뜨려 솔직하게 놀라는 것이 중요합니다.

——— 평론에 대하여

김종한 평론에 대해서 좀 언급해 볼까요. 객관적으로 볼 때 다른 문학 장르도 그렇지만, 요즘 조선의 평론이 특히 저조하다고 하는데, 오정민 씨, 어떻습니까.

오정민 저는 근래 최재서 씨의 『전환기의 조선문학轉換期の朝鮮文學』과 『국민문학선집國民文學選集』, 이 두 권의 책을 읽고 여러모로 생각해 보았는데요, 우선 최근 신인들의 작품을 읽고 나서, 전환기의 영향이 조선에서 너무나도 강했고 그 상처가 실로 말로 표현할 수 없을 정도라고 느꼈습니다. 그 속에서 겨우 일어선 것이 그런 작품들일 것입니다. 내지 문학의 경우, 이미 그런 전환기적 과정을 경험했고, 최근에는 내부혁신을 치열하게 주장하고 있습니다. 우리는 전환의 초보적인 과정에 있을 뿐입니다. 국민문학으로서는 근대주의를 아직 철저히 초극하지 못한 것 같습니다. 그것은 우선 근대가 지닌 병의 근원에 대한 비판이 불충분했기 때문입니다. 또 우리가 그것을 배격한 후에 과거의 전통과 결부시켰을 때 유교와 노장철학과 불교에 대한 비판방식에도 문제가 있었지요. 그런 비판은 훨씬 다면적으로 이루어졌어야 하지 않을까요. 다만 전통이라 하더라도, 그것을 새로운 국민문학의 이념으로까지 소화하지 못했다고 할 수 있을 겁니다.

김종한 뭐, 여러 가지가 있겠지요.

오정민 결국 평론가들이 행한 과거의 작업이 불충분했던 것이죠.

김종한 그건 그렇지만 지금 유행하는 말로 표현하자면, 근대를 초극한다든가, 동양으로 되돌아간다는 것이 곧바로 외형적으로 문예비평의 창조나 창성創成으로 이어진다고 할 수는 없을 겁니다. 최근에 생각한 것인데, 사실 내지에서도 평론이 정체 상태에 빠진 것 같습니다. 요컨대 평론 속에 발견이 없습니다. 발견이란 소설의 경우에는 어떤 새로운 것이나 새로운 인간을 그리는 것일 텐데, 평론에는 새로운 것을 발견하려는 엄격함이 전혀 없는 것 같습니다. 예를 들어 야스다 요주로保田與重郎[8]나 아사노 아키라浅野晃[9]같은 인물들은, 우리들이 좀처럼 쉽게 따라갈 수 없는 특수성을 지니고 있습니다. 그들은 뭔가를 발견하게 해 줍니다. 그래서 일종의 창작물을 읽는 듯한 느낌을 받습니다. 그러나 조선의 평론은 언어의 비약이 심해서 어

8) 야스다 요주로(保田與重郎, 1910~1981)는 일본 낭만파의 문예 비평가이며 소설가이다.
9) 아사노 아키라(浅野晃, 1901~1990)는 일본의 시인이자 국문학자이다. 국수주의에 경도되어 황도문학확립을 주장했다.

렵기만 하고, 발견의 즐거움을 전혀 주지 않습니다.

오정민 하지만 이렇게도 말할 수 있을 겁니다. 우리가 지금 과거의 유교, 불교를 비판하고 초극한다는 것은, 결국 윤리적인 초점을 명확히 하여, 과거 전통 속에서 어떤 순수함을 발굴해 나간다는 것이죠. 이것은 어렵기는 하지만 근본적인 문제입니다. 그런 것 없이 단지 막연하게 발견하기는 어렵습니다. 조선에서도 시인 사토 기요시佐藤清[10] 씨가 이조李朝의 암운暗雲을 뚫고 나아가 상대上代 속에서 담징, 혜자 등을 발굴하고 있는 중입니다. 어쨌든 이조李朝적인 것만큼 우리를 고심에 빠뜨리는 것은 없습니다. 내지의 전통을 발견하는 것은 조선의 여건과 비교해보면 오히려 쉽다고도 할 수 있지요. 왜냐하면 중단된 문화가 없고, 문헌이 풍부하고, 일관성이 있으니까…….

김종한 그러나 유교의 본질은 이렇고 불교는 저렇다고 말한다고 해도, 그것이 곧바로 우리 문학의 모랄이 될 수는 없겠지요. 그것은 오히려 학자의 영역에 속하는 것이 아닐까요.

그리고 또 한 가지, 조선의 문예비평에 요구되는 것은 비평가의 감상력입니다. 마키 씨, 어떻습니까. 실수가 전혀 없을 수는 없겠지만, 조선에서 문학을 할 때 자신의 작품이 어느 수준에까지 도달했는지를 아주 정확하게 말해줄 수 있는 높은 감상력을 지닌 비평가가 있으면 좋겠네요.

마키 평론가들 앞에서 너무 주제넘은 말을 하는 것 같지만, 요즘 평론이 거의 나오지 않아서 별로 느낀 것이 없습니다. 과거에도 평단에서는, 나

10) 사토 기요시(佐藤清, 1885~1960)는 영문학자이자 시인이다. 동경제국대학 영문과 졸업 후 1926년부터 경성제대 영문학 교수로 재직했다.

같은 사람이 비평무용론批評無用論까지 썼을 정도로, 평론의 존재를 무시하는 경향이 있었지요. 전혀 신뢰할 수 없었습니다. 신뢰는커녕 돼먹지 않았다고 생각했지요. (웃음) 그것은 특별히 자신의 문학을 높이 평가해준다, 해주지 않는다는 것보다는 작가 자신이 중요하게 생각하는 것을 전혀 짚어주지 않는 데서 비롯되는 것 같습니다.

김종한 내지에서도 평론가로서 알려진 무리들은 있지만, 정말로 발언권을 쥔 사람은 소설 분야의 가와바타 야스나리川端康成[11], 이토 세이伊藤整[12]와 같이, 평론가로서는 오히려 체계를 갖고 있지 않은 사람들입니다. 그것도 역시 변칙적이긴 하지만, 그 정도의 감상력을 갖고 있는 비평가가 있어서 좋군요.

——— 현실을 보는 눈

오정민 지금까지 비평가를 꽤나 꼼짝 못하게 하는 이야기가 나왔는데, 나는 작가들에게 주문을 할까 합니다. 작가들이 세속에 패배해서 구석에 틀어박혀 있는 현상이 안타까워요. 더욱더 대범하게 자연과 현실, 또는 그것들과 자신과의 관계를 강조하면 좋겠습니다. 그리고 이 격렬하게 소용돌이치는 세속의 흐름 가운데에서 무엇이 가장 순수하고, 무엇이 불결한지를 분별하는 심안心眼을 작가들이 충분히 기르지 못한 것 같습니다. 우선 현대

11) 가와바타 야스나리(川端康成, 1899~1972)는 일본의 소설가이다. 1926년 「이즈의 무희(伊豆の踊子)」로 등단하였으며 1968년 노벨문학상을 수상했다.
12) 이토 세이(伊藤整, 1905~1969)는 일본의 소설가이자 평론가이다. 정신분석법을 도입하여 문학론을 전개했으며 소설을 창작했다.

의 풍속을 살펴보아도, 대부분이라고 해도 좋을 정도로 '겉치레'와 '체면치레'가 범람하고 있지요. 그것을 동양적인 기원에서 보면, 동양인은 본래 '자기주장'을 하지 않고 '겉치레'를 싫어하는 장점을 가지고 있었는데, 최근 그것과는 정반대인 '자기합리화'와 '자기선전'이 한층 더 횡행하고 있습니다. 이런 상황에서 작가는 진위眞僞를 분별할 수 있어야 할 것입니다.

김종한 그러나 그려낼 수 없는 것도 있지 않을까요. 가령 좀 더 넓은 의미에서의 문학이 허용된다면, 요즘에는 그런 소재가 있어도 소용없지만, 지금 뭔가를 하고 있는 모든 사람들은 조금이라도 제스처를 취하고 있다고 할 수 있겠죠. 시대를 긍정하는 사람은 그 제스처를 헤아려서 최대한 그 사람의 좋은 면만을 보려고 하지 않을까요. 만약 그렇지 않고 과거의 문학처럼 어두운 면만을 보려고 한다면, 모든 작가는 파산해버릴지도 모릅니다. 가령 지금 경성이나 문화계의 모든 사람을 소재로 해서 그런 방법을 시도해본다면, 누구나 다 비참한 캐리커처로 표현될 것입니다.

오정민 내 말은 그런 의미가 아닙니다. 예컨대 라프카디오 헌Lafcadio Hearn[13]이 메이지 초기에 일본에 와서 쓴 작품을 보면, 내지 부인의 행동 가운데 눈에 띄지 않는 아름다움을 표현한 부분이 있습니다. 도스토예프스키든, 발레리든, 심안이 매우 세련된 작가는 관찰대상이 지닌 영혼의 아름다움에서 우러나오는 '눈에 띄지 않는' 장점을 충분히 그려내고 있지요. 또 한 가지 작가에게 말하고 싶은 것이 있는데, 특히 지방에 숨어 있는 혹은 그 지방

13) 고이즈미 야쿠모(小泉八雲, 1850~1904)의 본래 이름. 일본으로 귀화한 영국 출신 작가 라프카디오 헌 (Lafcadio Hearn)은 귀화 후 고이즈미 야쿠모라는 이름으로 활동하며, 주로 일본의 괴담과 민담을 번역하여 소개했다.

의 빼어난 선인先人의 행동, 또는 그 생활면을 작가가 발굴해서 형상화해 주었으면 좋겠습니다.

——— 조선이 지닌 아름다움, 일본이 지닌 아름다움

김종한 이건 좀 다른 이야기지만, 마키 씨와는 개인적으로 이야기했을지도 모르겠네요. 정확히 1년 전까지의 혁신운동 말인데요, 그 후에 특정한 한두 사람은 내가 지금 말한 것을 넘어섰을지도 모르지만, 일반적인 속도로는 거기까지 다다르지 못한다고 생각합니다. 요컨대 그런 식으로 혁신운동을 실행해 버리면, 그 반동으로 일시적인 공허함이 생겨납니다. 그것을 여러 가지로 채우려는 마음이 생길 텐데요, 그 후 뭔가 마음을 의지할 곳을 찾거나, 그것에 대해 생각한 적은 없었습니까?

나는 아무리 해도 소용이 없어서 부여에 가봤습니다. 거기에 있는 불상과 백제의 도자기는 정말로 아름답더군요. 그 대범하고 우아한 것을 보고, 이렇게 소박한 아름다움까지 가지고 있으니 우리가 정치적으로 해결해야만 하는 것, 그리고 그것과 개인과의 관계 등이 해결된 것 같은 기분이 들었습니다. 한편으로는, 모두 전쟁 때문에 목숨을 걸고 피를 흘리고 있는데 이런 것을 보고 감동해도 되는 것인지, 여러 모로 복잡한 기분이 들었습니다. 어쨌든 그것을 보고 있으면 뭔가 마음에 가득 차오르는 것이 있습니다. 나는 그것도 높은 문화성文化性을 지닌 일종의 연성鍊成이라고 생각했습니다만 …….

마키 우리 문학운동의 과정에 대해 말씀드리자면, 앞서 오정민 씨가 언급한 감상과도 관련될 텐데, 우리 개개인의 목표는 조선의 아름다움을 발견하는 것입니다. 우리 자신의 아름다움을 발견하는 것은 조선작가로서 당연한 일이지만, 지금 단계로서는 오히려 조선의 아름다움을 지양하는 것이 목표입니다. 그래서 간단히 말하자면, 일본적인 아름다움을 발견해 가자는 것이지요. 공허라고 하면, 물론 흥분이 가라앉고 나면 일반적으로 공허를 느낄 수 있겠지요. 건방진 소리인지도 모르겠습니다만, 그 공허도 결국, 더욱더 일본적인 아름다움을 발견함으로써 채워지리라 봅니다. 그것이 정말로 거기까지 도달할지는 모르겠지만, 적어도 이론적으로는 그렇습니다. 오정민 씨가 말한 선인의 생활을 발굴하는 일도, 자칫 민족성으로 되돌아가는 것이 되면 우리의 문학혁신운동과 어긋나게 됩니다. 반복해서 말하지만 우리는 조선이 지닌 아름다움을 발견하기보다는, 그것을 지양하여 일본적인 아름다움을 발견해야 할 것입니다. 그것이 맞지 않을까요?

오정민 물론 조선의 장점에는 유교적인 것과 불교적인 것이 있습니다. 그것을 비판할 경우, 말할 필요도 없이 일본정신을 지향하는 입장에서 비판했지만…….

김종한 그런데 잠시만요. 본래 일본정신은 유교나 불교와 딱 일치하는 것입니까?

마키 오정민 씨의 말은 이런 뜻인가요. 미키 히로시三木弘 등도 말했듯이, 조선적인 것을 씻어 내면 마지막에 남는 것은 결국 일본적인 것과 통한다는…….

오정민 뭐 그렇게 말할 수도 있겠죠.

—— 문학에서의 일본정신

김종한 일본정신이 나타난 일본적인 작품이라 할 만한 것은 시가 나오야 志賀直哉[14] 정도라고 생각합니다. 단정하게 옷깃을 바로잡고 다다미에 앉아 차를 마시고 있는 듯한 …… . 요즈음 일본문학은 이 시가 나오야로도 안된다고 비명을 지르고 있는 것 같은데, 일본정신은 구체적으로 문학 속에서 생각할 경우, 관념적으로 생각하면 끝이 없지만, 대체 문학은 어떻게 존재해야 하는지, 그것이 문제일 것입니다. 예를 들면 새삼스럽게 시가 나오야만 공부해서 문학을 한다는 것도 이상하지요. 일본정신을 뭔가 규격처럼 정해놓고 거기에서 벗어나서는 안 된다는 식으로 이해하고 있지만, 나는 그렇게 생각하지 않습니다. 작가가 조선의 생활과 풍토 속에 있는 어떤 것을 자신의 사고방식으로 여과하여 처리할 경우, 오히려 일본문학에 첨가할 만한 것이 있을 겁니다.

마키 일본정신을 말할 때, 우리 조선작가의 경우는 무엇보다도 정치성과 관련되는 것 같습니다. 이 민족주의적이랄까, 그런 것으로부터 우리가 다시 태어난다는 것, 즉 황민화라는 것은 관념적이지요. 하지만 우리가 그것을 문학에 어떤 식으로 반영하는가는 정치성의 문제입니다. 그것에서 스스로 탈피함으로써, 우리는 일본적 입장에서 쓸 수 있습니다. 내지의 경우는 예외지만, 우리의 경우 그렇지 않겠습니까.

오정민 그렇게 비약하면 앞으로 다가올 혁신기에 한층 더 큰 타격을 받

14) 시가 나오야(志賀直哉, 1883~1971)는 '소설의 신'으로 불리는 일본의 소설가이다. 도쿄 대학 국문과를 중퇴했으며 『시라카바(白樺)』를 창간하고 이상주의를 표방한 소설을 창작했다.

지 않겠습니까. 요컨대 앞으로 다가올 혁신기에야 말로, 이전의 전환기보다 더 큰 균열을 느끼지 않을까요. 앞으로가 더 어려운 시대가 될 겁니다. 본질을 규명하지 않고서는…….

김종한 마키 씨의 말씀은 잘 알겠지만, 나는 그렇게 생각하지 않습니다. 왜냐하면 조선에 도래한 혁신은, 단적으로 말해서 당신은 앞으로 어떻게 할 작정이냐고 묻는 두려운 시대가 되었음을 의미합니다. 어쨌든 그것을 극복하고 나면 작가는 더 이상 그런 것으로 고심하지 않을 것입니다. 소설을 쓰는 데 고심할 것입니다. 정치도 하나의 생활 정도로만 반영될 겁니다. 예컨대 작가의 고민은 소재의 문제나 그 처리와 같은 구체적이고 기술적인 문제에 있습니다. 또 그런 기술적으로 보이는 문제가 작가의 혁신의 매우 본질적인 문제라고 생각합니다. 따라서 관념적으로 고심하는 일은 오히려 불필요하지 않을까요.

——— 작품의 빈곤

마키 이쯤에서 한번 작품평을 해볼까요. 조용만 씨는 「배 안船の中」을 쓴 이후에 작품을 쓰지 않은 것 같은데요, 아, 『녹기綠旗』에 발표한 「아내의 귀성妻の歸省」이 있군요. 그건 제법 평판이 좋았죠? 좀 더 쓰면 좋겠습니다.

김종한 뭔가 쓰게 되면 「배 안」과 같은 계열이면서도 좀 더 스케일이 큰 작품을 쓰겠다고 한 것 같습니다.

마키 무엇보다도 비평을 하려고 해도 조선에는 작품이 너무 적습니다. 질은 차치하더라도 우선 양부터라도, 모두들 좀 더 써야 합니다.

김종한 한 달에 한 편 정도는 말이죠.

마키 나는 전반기에는 별로 쓰지 않았지만, 후반기에는 대체로 한 달에 두세 편 쓰고 있습니다. 질은 어찌 되었든 간에.

김종한 문학정신이나 작가정신에 대해 논의하기 시작하면 끝이 없겠지만, 아주 간단히 말하면 어떤 환경에서도 써야 한다는 기백이라고나 할까요. 그런 격렬한 심정으로 쓰면, 뭔가 팽팽한 것이 있지요. 특별히 주장은 없어도 좋겠지만, 즉 작품의 힘이라든가 밀도 말이죠.

마키 대체로 조용만 씨는 매우 과작寡作인 작가이군요.

김종한 그리고 한설야 씨가 좀 더 써주면 좋겠어요. 저는 그 연배의 작가들 중에서 한설야 씨를 가장 경애하고 있습니다. 마키 씨, 작품에 대해 뭔가 말씀해 주시죠.

마키 작품이 없기 때문에 좀처럼 뭐라 할 말이 없군요.

김종한 내가 읽고 느낀 바로는 정비석 씨는 가두소설辻小説[15]에 상당히

---

15) 가두소설(辻小説)은 전시 하에서 국민의 사기고양을 위해 원고 1매에 씌어져 가두(街頭)에 발표된 작품들을 일컫는다.

능숙합니다. 시대가 이러니 작가는 좋은 의미의 서비스로 그런 글을 쓰지 않으면 안 되겠지만, 그런 것만을 오래 쓰다보면 그것에 점점 익숙해질 텐데, 그 사람의 본업에는 어떨지 좀 걱정입니다.

마키 그렇지는 않죠. 그런 것을 열 편, 스무 편 써도 작가의 소질과는 아무런 관계가 없다고 보는데요.

김종한 가두시辻詩에 대해 말하자면, 조합방식의 능숙함이 너무 신경 쓰입니다.

마키 그러나 어쨌든 오늘날의 작가는 의무적으로 협력해야만 합니다.

—— 현대일본문학의 연구

김종한 문단에 대해서 여러 해 전부터 생각해 온 것이 있는데, 일본 현대문학에서 고전적인 의미를 지닌 작품에 대한 연구가 필요하지 않을까요. 예컨대 시가 나오야라든지, 이즈미 교카泉鏡花[16], 도쿠다 슈세이德田秋聲[17] 같은 사람들을 알지 못하면, 일본문학을 모른다고 할 수 있지요. 그런 작가들의 작품을 성심껏 파고드는 작업이 더 많이 이루어져 할 것입니다.

---

16) 이즈미 교카(泉鏡花, 1873~1939)는 일본의 소설가이다. 본명은 이즈미 교타로(泉鏡太郎)이며 신비롭고 이상적인 세계를 형상화했다.

17) 도쿠다 슈세이(德田秋聲, 1871~1943)는 일본의 소설가이다. 자연주의 소설을 창작했으며 정확한 인물묘사로 유명하다.

마키 그래서 생각난 건데, 『신조新潮』 8월호인가에 나카타니 다카오中谷孝雄[18]가 비평을 쓰면서 두세 명의 작가를 거론하여 일종의 번역문학이라고 하였습니다. 구보카와 이네코窪川稲子[19]의 작품은 모파상Maupassant의 번역이지 진정한 일본문학은 아니라고 했는데, 그것을 읽고 조선작가의 작품이 떠올랐습니다. 제가 쓰는 국어는 참으로 위태위태한 것으로, 앞에서 말한 일본적인 것도 일본의 일상적인 생활감정에서, 우선 국어 수련으로부터 시작해야만 합니다.

김종한 그런 의미에서라면 교카 같은 작가가 연구되어야 하겠군요. 평론 쪽은 어떻습니까?

오정민 물론 작가 연구도 필요한데, 최근에 메이지 문학사 다시쓰기가 논의되고 있습니다. 작가 연구도 상당히 어렵지요.

김종한 그것은 작가가 각자 스스로 다시 쓰면 좋지 않을까요.

——— 전시戰時와 미의식에 대해서

오정민 그건 그렇지만 ……. 나에게는 그것보다 절실한 문제가 하나 있습니다. 조금 전의 부여 이야기와 관련된다고 해도 좋겠지요. 최근에 생각한

18) 나카타니 다카오(中谷孝雄, 1901~1995)는 일본의 소설가이다. 야스다 요주로, 가메이 가츠이치로 등과 함께 『일본낭만파(日本浪曼派)』를 창간했다.

19) 구보카와 이네코(窪川稲子, 1904~1998)는 일본의 소설가이다. 공장에서 일한 경험을 바탕으로 프롤레타리아 작가로 활약했으며 창작활동과 함께 문화보급운동에도 적극적으로 참여했다.

것인데, 이런 전시 하에서야말로 작가의 미의식이 투철해야 함을 강하게 염두에 두어야만 할 것 같습니다. 예를 들면 옛날에는 무사가 전장에서도 차를 달여 낸 일이 있었고, 이번 전쟁에서도 그런 일이 있었다고 들었습니다.

김종한 그건 좋네요.

오정민 요컨대 전쟁이라는 비장한 사실 속에서 어떤 여유를 가진다는 것이 결국 문학의 성격이 아닐까요.

김종한 그것과는 좀 다른 이야기일지도 모르겠지만, 최근에 나는 이런 확신을 가지게 됐습니다. 될 수 있는 한 정치로부터 떨어져서 이 시대의 아름다움을, 전쟁도 포함해서, 순수한 입장에서 지켜보고 싶어졌습니다. 그것으로 충분히 국가에 도움이 될 수 있다고 생각하게 됐습니다.

오정민 백제의 아름다움에 대해 감탄해도 좋고, 기뻐해도 좋습니다. 전시 하에서 민심이 거칠어진 만큼 작가는 한층 미美를 소중히 여겨야만 하지 않을까요.

김종한 경주의 미美는 백제의 그것보다 섬세하고 아름답지만, 내 경우는 거기에서 마음을 의지할 곳을 발견하지 못했습니다. 그러나 백제의 소박한 아름다움에는 감동하지 않을 수가 없었습니다. 역시 지금 우리의 생활 속에 소박함이 결여되어 있기 때문이겠지요.

오정민 확실히 소박함이라든가 여유가 결여되어 있지요. 따라서 꽃꽂이나 다도茶道가 옛날 전국시대戰國時代에 오히려 번성했다는 고사故事를 오늘날에도 많이 참고해야 할 것입니다. 참으로 간소한 생활 분위기가 다도에, 다다미 4장 반 속에 응집되어 있습니다. 전시 하일수록 그 미의식의 투철한 응집이 거칠어진 인심을 한 번에 깨끗하게 해주는 것 같습니다. 그런 것도 오늘날 문학이 담당하는 역할 중 하나일 것입니다.

마키 저는 방금 전 조선의 아름다움을 지양하자고 말하긴 했지만, 조선의 아름다움을 전적으로 몰각하자는 것은 아닙니다. 아무래도 그렇게 오해받기 쉽지만, 그건 곤란하니까…….

——— 소재의 문제

김종한 소재에 대해서 오랫동안 생각해 왔는데, 이런 것을 소재로 하면 어떨까요. 이렇게 말하면 또 마키 씨와 반대 의견인 것처럼 오해를 살 수도 있겠지만, 어쨌든 지금 시대의 신변적인 것, 예를 들면 아우의 출정 등 육친에 대한 이야기, 내가 생활하고 있는 조선의 자연이나 풍물 등을 그릴 작정입니다. 역시 우리가 그릴 수 있는 소재는 그것 밖에 없고, 게다가 그런 방식으로 내 나름대로 그린 것이 결코 반시국적인 것이 될 리가 없다고 확신합니다.

오정민 우리 같은 경우에 그런 우려는 전혀 없습니다.

김종한 우려라기보다도 자기 내부에서, 시대와 자신의 관계에 대한 신념이 희미해질 리는 없다는 말입니다.

오정민 네. 김종한 씨의 작품에는 자연이 잘 그려져 있지요.

김종한 그것은 결국 세대의 문제입니다. 젊은 작가는 조선의 자연에 대해 쓰려고 할 때, 그것이 과연 괜찮을지 전혀 염려하지 않습니다. 그저 쓰기만 한다면 새로운 일본적인 것이 될 겁니다.

오정민 특히 요즘 맑고 신선한 자연미를 노래하는 것도 좋더군요.

마키 그래서 나는 김사량의 연재소설이 끝나면 「요모기섬 이야기蓬島物語」를 이 잡지에 싣기로 했습니다. 오정민 씨가 지금 말한 것처럼 살벌해지기 쉬운 전시戰時의 인심과 대조되는, 소박하고 원시적인 인간생활을 그려보고 싶습니다. 그러나 요모기섬은 가공의 섬이 아니기 때문에 가공의 생활을 그리려고 하는 것은 아닙니다. 그 섬의 사람들과 아이들의 생활을 그리려고 하는 거죠. 이상향은 아니지만, 물론 어떤 의미에서는 작자가 지닌 일종의 이상주의가 담겨있겠지만, 어쨌든 목가적인 작품을 한번 써보고 싶어졌습니다. 지금의 시국과는 직접적인 관련이 없을지도 모르지만, 인간 본래의 생활을 그리고 싶습니다. 지금까지 시국적으로 흥분했다고 했는데, 그것과는 달리 뭔가 침착하고 차분한 작품을 쓰고 싶습니다.

오정민 「동으로의 여행東への旅」이 감동적이었던 것도 그런 소박함이나 청신함이 있었기 때문인 것 같네요.

마키 글쎄, 어떨까요. 역시 내 나름대로 생각이 있겠지만, 제삼자가 보면 아이 같겠지요 ……. 소재의 문제에 대해 이러쿵저러쿵 해 봤자, 작가에게는 자신이 경험한 신변적인 것, 결국 그것이 가장 익숙한 거죠.

김종한 저는 요즘 샐러리맨이 싫어졌어요. 집으로 돌아가 자급자족하면서 자연시를 써간다면, 그것이 그런 의미에서 또 다른 생활시가 될 겁니다. 그러나 과감하게 자급자족하는 것까지는 아무래도 내키지 않는군요.

마키 일부 작가들이 소재에 대해 고심하고 있는데, 뭔가 힌트가 될 만한 것이 있을까요.

김종한 나치스 문학에는 세계관적인 문학, 노동자나 농민을 제재로 한 문학, 순수하게 전쟁을 그린 문학, 피와 흙의 문제, 그리고 이른바 독일 식민지 문학 등 여러 가지가 있습니다. 하지만 그런 식으로 하기에는 동양인의 마음이 훨씬 순수하고 소박하지요. 감동의 스케일에 있어서도 신변적인 것을 그리려는 천성을 가지고 있습니다. 다만 소재의 영역이 확대되는 것, 예컨대 지금까지 없었던 징병제라는 소재가 생활 속으로 들어오는 것은 기뻐할 만한 일이죠.

마키 우리 생활은 이른바 근대적으로 분화되어 있지 않아서 농민이나 노동자라는 식으로 장르를 나눌 수 없습니다. 구체적으로 말하면 징병제가 선포되어 자신의 아이나 형제가 병사로 나갈 때, 그 어머니나 아버지, 가족의 기분에 천착해야겠죠.

김종한 그리고 예컨대 조선에서는 만주로의 분촌입식分村入植이 꽤 많이 거론되었는데, 작가가 만주 생활을 묘사할 때, 실제로 그곳에 가보지 않으면 곤란합니다.

——— 다시 생활을 보는 눈에 대하여

마키 만주 이야기가 나온 김에 말하자면, 우리는 작년에 그곳에 가봤습니다. 작가적 안목이 아주 확실하지 않으면 자칫 현실에 패배하기 쉽습니다. 입촌入村해 있는 사람들의 비참한 생활이 우선 눈에 띄니까요. 그 생활 전체를 이해하기 전에 이건 아니라고 생각해버리기 쉬운데 그래서는 안 되지요. 예컨대 이무영 씨 같은 농민작가는 상당한 것을 보고 온 것 같습니다. 하지만 나 같은 사람들은 오히려 저쪽 조선 사람들의 오늘날의 생활보다도, 만주 건국 전에 여러 모로 착취당하거나 압박당한 일을 소재로 취하기 쉽지요. 그래서 예컨대 미국의 개척문학과 같은 멜로드라마식의, 즉 비적匪賊이나 험한 자연과 싸우는 소재밖에 찾지 못했습니다. 결국 작가가 1,2주일 보고 온 걸로는 안 되는 거지요.

오정민 게다가 그 때는 이른바 유랑의 비애라는 것이 주제가 되었지요? 하지만 최근에는 생활은 비참하더라도 그 속에 뭔가 밝은 것이 있지 않습니까?

마키 그런 건 있습니다. 하지만 우리들은 비애에 패배하기 쉽지요. 역시 현상에 갇혀서는 안 됩니다. 좀 더 통찰력이 있어야 하지요.

그리고 징병제 이전의 조선 현실은 전쟁과 직접적인 관계가 없었기 때문에 작가가 현실 속에서 좋은 소재를 찾아내는 게 힘들었습니다. 요컨대 현실은 작가가 지향하는 세계와 매우 달랐습니다. 그 점이 괴로웠던 것이지요. 아까 말했듯이, 작가는 징병제 이후 새롭게 타오르고 있는 인간상에 대해 솔직한 놀라움을 가지고 그려낼 겁니다. 따라서 낡은 타입의 장점을 그리는 것도 좋지만, 동시에 진정으로 신시대적 인간상을 좀 더 파악하면 좋겠습니다. 실제로 지금 20살 미만의 젊은 사람들의 생활감정은 상상도 못했던 부분이 있지요.

반면에 새로운 타입에는 이런 것도 있습니다. 이런 시대가 되면 모든 것을 잃어버리고 첫째도 돈, 둘째도 돈이라는 타입입니다. 실제로 이런 사람들이 있으니까 그것도 그려져야만 합니다. 그리는 것이 곧 해결하는 것이라는 의미에서 그려져야만 합니다. 그러나 그것을 그리게 되면 어떻게 될까요?

현실적으로 후자와 같은 타입의 인간이 압도적이라면, 그것을 형상화할 경우 독자가 현실에 패배하도록 유도할지도 모릅니다. 그러나 앞으로 조선에서는 많은 청년들이 군대에 갔다 올 것이고, 그들이 생활의 모든 부문에 참여하겠지요. 그러면 그것이 지닌 신시대적인 성격이 오래된 것에 영향을 미칠 것입니다. 그리고 점차 그것을 극복하고 고양시키면, 나쁜 것을 그리더라도 충분히 극복할 수 있을 겁니다.

작가의 입장이 돼보지 않아서 이렇게 말하는 거라고 당신은 생각하겠지만, 이것은 민족이나 여타의 사소한 문제가 아닙니다. 바로 국민 생활을 작가가 어떻게 처리할 것인지의 문제죠. 나는 유년이나 소년을 자주 그리는데, 결국 아이 이외의 것을 보지 않으려고 하는 것일 수도 있습니다. 일종의 도피일지도 모르지만, 결국 제 자신이 구제받고 싶은 겁니다. 그것을 그려냄으로써 나 자신이 구제받고 싶은 것이지요. 그러나 그래서는 안 될 겁니다. 내가 좀 더 위대한 문학자였다면, 조금 전에 말한 그런 것들을 포함해서 앞으로 창조할 수 있는 문학이 있을지도 모릅니다. 이것은 미래에 대한 일종의 향수이지요.

오정민 통곡이라는 것이 거론되고 있습니다. 시인이 깊은 애정을 가지고 있으면 그것이 통곡이 되는 것이지요. 지금 돈 때문에 아득바득 사는 사람들을 단지 미워할 것이 아니라, 진정으로 영원한 것을 통해서, 본원적인 선의를 통해서 현실을 보고 싶습니다.

결전미술의 동향

1944년 5월

참석자

야마구치 다케오 山口長男[1] ———— 서양화

미키 히로시 三木弘[2]

도다 가즈오 遠田運雄[3]

히요시 마모루 日吉守[4]

가타야마 다이라 片山坦[5] ———— 일본화

에구치 게시로 江口敬四郎[6]

---

1) 야마구치 다케오(山口長男, 1902~1983)는 일본 추상화의 선구자이다. 1931년 조선으로 귀국한 후, 1938년에 결성된 구실회九室會에 참가하여 김환기를 비롯한 조선인 화가와도 교류했다.

2) 미키 히로시(三木弘)는 신고전주의의 영향을 받은 서양화가이다. 1927년 9월부터 1년 동안 파리에서 신고전주의의 대가 피세르로부터 수학하면서 경성일보에 파리의 생활을 연재 기고했다. 1930년 선전에 〈습작〉을 출품하여 특선을 수상했고, 일본의 니카텐二科展에도 출품하여 세 차례 입선했다.

3) 도다 가즈오(遠田運雄, 1891~1955)는 도쿄미술학교 출신의 화가이다. 1921년 봄에 서울로 이주하여 1923년 원산중학교 도화교사로 근무했다. 프랑스 유학을 마치고 돌아온 후 1939년 봄부터는 숙명여자전문학교에서 강사로 근무했다.

4) 히요시 마모루(日吉守, 1885~?)는 도쿄미술학교 출신의 화가이다. 경성중학교에서 일제시대 말까지 재직하면서 1923년부터 조선미술심사위원회의 서기도 역임했다.

5) 가타야마 다이라(片山坦) : 일본화 화가로, 전쟁기에는 군사우편에 전쟁이나 총후의 모습을 그리기도 했다.

6) 에구치 게시로(江口敬四郎) : 조선에서 활동한 일본인 화가. 평양고등여학교(1933~ 1935)와 경

도바리 유키오 戸張幸男[7] ———— 조각
데라모토 기이치 寺本喜一[8] ———— 사회

—— 미술계의 새로운 동향

데라모토 작년 총후미술전銃後美術展, 금년 결전미술전決戰美術展의 개최 등 조선 미술계에도 다양한 의미에서 전시戰時에 따라 전환切替해나가는 모습이 보입니다. 이 기회에 미술계의 장래 동향이나 전시 하 국민운동에 대한 미술계의 역할 등에 대한 이야기를 듣고 싶습니다.

야마구치 지금은 아직 눈에 띄는 변화는 없는 것 같지만, 앞으로 이 변화가 표면적 전환에서부터 내용적 전환으로 심화되지 않을까요.

데라모토 총후미술전과 이번 결전미술전에서 장래의 방향을 제시하는 작품은 없습니까. 대체로 총후나 병사를 묘사한 것이 많아 소재 면에서는 전환이 진전되고 있는 것 같은데요 ……. 먼저 서양화 쪽 이야기를 듣고 싶습니다.

도다 새로운 시대의 미술이라는 것은 아직 내지에서도 생겨나지 않았

성여자사범학교(1936~1941)에서 근무하였다. 1941년 2월 조선미술전람회 추천작가들로 결성된 구신회(九晨會)에 참가하였다.

7) 도바리 유키오(戸張幸男) : 일본의 조각가.

8) 데라모토 기이치(寺本喜一)는 경성제대 영문과 출신으로 『조선시인선집』을 펴내기도 했다. 일제 말기 국민문학계를 주도했으며 국민총력조선연맹의 일원이었다.

는데, 그것을 조선 화가에게 요구하기는 좀 어려울 겁니다. 조선 화가의 지위는 항상 내지를 중심에 두고, 그에 따라가는 형태이기 때문이지요.

데라모토 일본화 쪽은 어떻습니까.

가타야마 일본화는 대체로 오랜 전통을 지켜왔습니다. 그 전통에서는 사적인 개인감정이나 개성에 중점을 두어왔기 때문에 국가의 현실을 직접 파악하는 식으로 전환하기는 상당히 어려울 겁니다. 그런데도 좀 더 넓은 시야로 그려나가야 한다는 데 예술가로서의 모순이랄까, 그런 것이 있습니다. 그런데 지금 갑자기 새로운 것을 그림으로 표현하는 것은, 우리가 실제로 제일선에 나가서 체험이라도 한다면 다른 것이 나올지도 모르겠지만, 현시점에서는 그려보긴 해도 도무지 마음에 와 닿지 않습니다. 이를테면 포스터와 같은 선전적 가치가 있다는 정도로 해석되는 수준을 벗어나지 못하고 있고, 그것조차도 아직 잘 되지 않은 상황입니다. 그러나 이전 전람회와 비교하면 소재적 효과를 다소나마 알고 그린 작품들도 점점 나오고 있습니다. 이 상태로 간다면 앞으로 점점 더 변화해 갈 거라고 생각합니다.

에구치 앞으로의 전망은 확실치 않다는 것도 사실이지만, 제가 보기에는 이번 결전미술전에서는 작가도 일반인도 굉장히 생각이 있었다고나 할까요, 일단 한 단계 올라선 것 같습니다. 즉 작가도 현재의 전쟁을 상당히 이해하게 됐다는 점이 대체로 잘 나타났습니다. 표현방법의 적절성보다도, 작가가 얼마만큼 전쟁을 이해하고 있는지의 여부가 문제입니다. 전쟁을 완전히 이해하게 된다면 자연스럽게 그런 내용을 다루게 될 거고, 그것이 표현방법에도 자연스럽게 우러나게 될 겁니다. 그런 점에서 보면 장래를 향해 이제 막 한 걸음을 내딛게 되었다고 할 수 있지요.

그리고 내지에서도 초기 성전미술전에는 매우 음참하고 비장한 장면을 드러내는 데 열중하는 경향이 많았습니다. 이런 경향은 심히 문제시되어야 할 겁니다. 애당초 일본인의 전쟁관은 그렇게 음참하고 비장하지는 않았습니다. 과거의 전쟁을 보더라도 대단히 명랑하고 용장勇壯하기는 해도 비참하지는 않았습니다. 최근 애투 섬Attu Island[9]에서도 대장을 비롯한 모두가 피투성이가 된 처장凄壯한 싸움이 있었는데, 우리가 거기에서 배울 것은 결코 야수적인 것이 아니라, 마치 벚꽃이 흩어지는 것과 같은 맑은 아름다움입니다. 여기에 일본인의 진정한 강함이 있습니다. 따라서 전쟁의 긴박함을 표현하는 경우에도 일본인의 표현은 반드시 그러한 전쟁관에 따라야 합니다.

데라모토 조각 쪽은 어떻습니까.

도바리 선전鮮展[10]때와 비교해보면 매우 향상되었다고 느껴집니다. 아무래도 모두 아마추어이기 때문에 미숙해보이지만, 생각했던 것보다 많은 작품들이 모아졌습니다. 그건 '대화숙'大和塾[11]과 같은 연구단체가 있기 때문이겠지요.

---

9) 애투 섬(Attu Island)은 알류샨 열도의 니어 제도 최서단에 위치한 섬이다. 태평양전쟁 중인 1943년 5월 12일에 미군이 상륙함으로써 격전지가 되었다.

10) '조선미술전람회'의 약칭.

11) 1941년 조직된 사상교양 단체이다. 대화숙에는 황도정신의 수련을 위한 도장과 일본어 강습을 위한 교육 기관, 호전적인 미술 작품을 제작하는 미술제작소 등이 부설로 운영되었고, 전시의 물자 공급에 기여하기 위한 생산 시설도 설치되었다

—— 수법에 대해서

데라모토 소재는 일단 전환되고 있는데, 수법은 어떤가요.

도다 과거 미술사를 생각해 보면 전쟁이 한창일 때에는 훌륭한 그림이 나오지 않았습니다. 예전부터 전쟁화 가운데 걸작은 전쟁이 끝나고 수십, 수백 년이 지나서야 나왔습니다. 고안弘安의 역役[12]을 그린 그림도 그렇습니다. 따라서 고증은 가지각색이지만, 그럭저럭 뛰어난 그림도 있습니다. 예를 들어 처음 출전하는 젊은 무사가 붉은 갑옷을 입고 의자에 걸터앉아 있는 그림은 오늘날 처음으로 적을 만난 젊은 장교가 얼굴에 홍조를 띠고 고조되는 마음을 느끼는 모습과 결부시킬 수 있을 겁니다. 그리고 얼마 전 성전聖戰미술전에는 물을 마시는 병사의 그림이 있었는데, 갈증을 견디지 못해 웅덩이의 물을 마시는 병사의 얼굴이 물에 비친 그림이었습니다. 또 몇 년 전에 돌아가셨지만, 의학전문학교에서 교련 선생으로 계셨던 이마무라今村 씨는 군인 중에서도 가장 알려진 화가였습니다. 그 분은 일러日露전쟁 때 눈을 다친 병사가 붕대를 감고 등에 부상병을 업고 후퇴하는 모습을 그렸는데, 이런 데서 바로 훌륭한 그림이 나오는 겁니다. 오늘날의 전쟁은 좀 더 복잡하기 때문에 그런 소재는 얼마든지 있을 겁니다.

에구치 화가에게 한번 전투교련을 시켜서, 거기서 소재를 잡아내게 할 수 있으면 좋겠지만, 그러지 못해서 약동적이지 않고 정지된 그림이 되어버립니다.

---

12) 1281년 몽고의 2차 일본 원정을 의미한다.

데라모토 문학 쪽에서도 특히 조선의 작가는 지금의 문학을 전환시켜야 하는데, 그렇다면 무엇을 쓸지, 전쟁을 쓰려고 해도 한 번도 나간 적이 없고, 당분간 나가게 될 것 같지도 않기 때문에 어떻게든 해서라도 전쟁의 제일선에 나가보고 싶다는 요구가 있었지요.

데라모토 조각 쪽에서 장래의 방향은 어떻습니까.

도바리 석회가 없어지더라도 시멘트나 목재를 쓰면 충분히 해나갈 수 있습니다. 그것도 안 되면 회반죽으로 조각하면 되겠지요.

도다 도바리 군은 화강암으로 조각하려고 하고 있지요.

도바리 목포석木浦石 같은 사암砂岩도 있는데 그것도 좋습니다. 침鍼도 잘 들어가니까요.

데라모토 내지에서는 대정익찬회에서 조각을 중요하게 다루고 있습니다. 건민운동 때에는 시인을 동원해서 건장한 나체 조각에 시를 붙여서 전람회에 출품했던 모양인데, 이런 전시 하에서 몸을 단단히 하는 것을 강조한다는 의의가 있지요.

도바리 우리도 여섯 명 정도 되니까 합작해서 하나의 작품을 만들면서 각자 표현을 하도록 하면 좋지 않을까요.

데라모토 그렇게 되면 상당히 큰 작품을 만들어야겠군요.

도바리 맞습니다. 그렇지만 회반죽이나 시멘트를 사용하면 괜찮을 겁니다.

——— 전시 하의 미술 자재

데라모토 방금 새로운 자재에 대한 이야기가 나왔는데, 유화의 경우에도 페인트를 쓴다든지, 다른 특수한 캔버스나 판자를 쓴다든지, 액자도 금속 틀로 하지 않는다든지, 그런 색다른 고안이 있으면…….

도다 제 동료의 지인은 이쪽에서 구할 수 있는 것은 가능한 스스로 만들자고 하면서 적극적으로 하고 있습니다. 지금은 아주 조금이긴 하지만 일부 화구畫具를 만들 수 있게 되었습니다. 그리고 캔버스에 쓰이는 천도 곧 만들 수 있게 될 겁니다. 판자에 그림을 그리는 경우는 예전부터 있었고, 또한 벽에 그릴 수도 있습니다. 그런 경우는 드물긴 하지만 마음만 먹으면 못 그릴 것도 없지요. 나는 건물 벽에 그냥 막 그린 적도 있으니까요.

데라모토 기름이 없어지면 수채를 하는 경우도…….

히요시 저는 젊을 때부터 취미로 수채를 해왔습니다. 예컨대 오비帶[13]에 그리기도 하는데, 자재 면에서는 유화보다도 오히려 수채화 쪽이 어려운 것 같습니다.

---

13) (일본 옷에서) 허리에 두르는 띠. 또는 띠 모양의 것.

야마구치 중요한 것은 자재나 소재에 있는 것이 아니라, 예술 본연의 입장을 좀 더 깊이 생각할 필요가 있다는 것입니다. 예술의 진정한 길로 되돌아가면 곧 자재의 불편함도 해결됩니다. 자재는 필요에 따라서 얼마든지 고안할 수 있습니다.

——— 전람회의 형식

데라모토 시국이 점점 절박해지면 전람회의 형식을 이대로 유지할 수 있을까요. 내지에서는 문전文展[14]에서마저 이런 전시 하에는 전람회를 그만하자는 의견이 나왔다고 하는데, 그런 점에 대해서는 어떻게 생각하십니까. 그리고 전람회가 열려봤자 공습을 받으면 어차피 보러 갈 수가 없습니다. 그래서 지금 산업전사에게는 반대로 이쪽에서 음악을 가져다주는 경우가 많은데, 미술도 그렇게 되기 위해서는 좀 더 손쉽게 어디든 가져갈 수 있도록 생각을 해봐야 할 것 같은데 …….

토다 인천에 아는 판화가가 한 명 있는데, 그는 이런 이야기를 하더군요. 내지에서는 판화가들이 하나로 뭉쳐 잠수함에 기부하는 일이 빈번한데 그런 활동 때문에 이번 결전미술전을 위해 그림을 그릴 경황이 없었다고 합니다. 과연 잠수함에서 받아들일지는 모르겠지만, 일본화에서도 순회전람회 같은 활동을 해서 공장이나 전장을 돌아다니는 것도 괜찮을 것 같습니다.

---

14) 일본 문부성이 주최한 미술 공모 전람회이다.

데라모토 그런 특수한 방법을 취하면 수송도 쉬워지겠군요. 흔히 하는 전람회로는 운반하기가 쉽지 않으니까요.

——— 지도적인 것과 감상적인 것

데라모토 만주국에서는 영화가 두 분야로 나뉘어져 있는데, 하나는 선전·시국 영화인 계민啓民영화이고, 다른 하나는 즐겁게 하는 영화인 오민娛民영화입니다. 말씀하신 것처럼 인심이 불안정할 때에는 적어도 미술이나 음악을 통해서 즐거움을 주는 것도 필요하겠지요. 하지만 그런 데까지 전쟁을 끌어들이고 싶지 않다는 생각도 꽤 있을 것 같은데요.

히요시 현재와 같은 극심한 시국상황에서는 미술부문도 전력증강이라는 국가의 큰 방침에 당연히 협력해야 합니다. 앞으로 전의戰意와 적개심의 앙양이라든지, 근로와 증산의 격동이라는 측면에서 미술이 다양하게 이용될 겁니다. 이처럼 미술도 결전체제로 전환한다면, 작가가 나아가야 할 올바른 길 역시 정해진 것입니다. 그렇다면 지금까지의 미술, 가령 그것을 평화미술이라고 한다면, 그것은 어떻게 될까요. 휴지休止상태에 두어야 할까요. 이는 중요한 토론거리입니다. 전쟁으로 머리가 꽉 찬 부상병들을 위문할 때에는 전쟁미술적인 것보다 꽃이나 풍경을 재료로 한 것이 오히려 위로가 되지 않을까요. 이런 심리는 총후의 대중에게도 있을 겁니다. 인심을 윤택하게 하는 것이 미술의 사명이라고 한다면, 그런 식으로 협력하는 것도, 넓은 의미에서 전력증강에 도움이 될 것입니다. 그렇다고 해도 물론 거기에도 주종主從의 구별이 저절로 생기겠지요. 또한 그것이 공리적으로 악용되는 일은 배격해야 할 겁니다.

데라모토 평소에 열심히 일하다가 가끔 영화를 보러 가거나 음악을 들으러 간다든지 말이죠. 어딜 가나 '전쟁이다, 전쟁이다'라는 상황이 되면 오히려 내일의 전력을 기르지 못한다는 생각은 있는 것 같습니다. 가령 친절운동이라는 것도 친절해야 한다고 여기저기에 삐라를 붙이고, 친절하지 않은 사람이 있으면 왜 친절하지 못하냐고 주먹을 날리면, 도리어 불친절운동이 되고 맙니다. 우편국 창구에 가면 '친절'이라는 삐라가 붙어 있습니다. 그런데도 직원이 친절하지 않으면 이런 삐라까지 붙여놓고 왜 친절하지 못하냐고 말하고 싶어지죠. 그것보다도 스님이나 목사님에게 설교를 부탁하는 편이 훨씬 친절운동이 잘 되지 않느냐고 하소연하는 사람도 있습니다. 방금 하신 말씀과는 관련이 없을지도 모르겠지만, 문화적 문제에 있어서는 이런 측면도 고려해야 하지 않을까요.

가타야마 전에 군으로부터 의뢰를 받아서 군사우편의 그림을 그린 적이 있습니다. 그 중에는 전쟁이나 총후의 다양한 활동을 그린 것도 있고, 단지 발랄한 젊은 여자만을 그린 것도 있었습니다. 그걸 가져가서 병사들에게 보여줬더니 결국 젊은 여자를 그린 것만을 좋아하고, 총후부인의 활동을 그린 그림에는 그다지 관심을 보이지 않았습니다. 전쟁터의 병사들은 마음에 드는 그림은 바로 주머니에 집어넣고 늘 갖고 다니지만, 자신들이 실제로 하고 있기 때문인지 전쟁을 그린 그림에는 관심이 없습니다. 산업전사의 위문에서도 이런 점을 고려해야겠지요.

미키 평시平時와 전시는 다릅니다. 왜 병사들이 노몬한[15]의 벚꽃이나 애투 섬의 벚꽃을 찾아냈는가를 생각해봐야 합니다. 일청전쟁日清戰爭 때 치요다千代田함의 선원들이 발견한 꽃이 오늘날도 재배되고 있습니다. 사람은 죽음에 직면했을 때 비로소 직감하는 것입니다. 지금의 친절운동은 친절이 보편화되지 않았기 때문에 나온 것이지, 모두가 친절해진다면 운동의 필요성은 사라질 겁니다. 모두가 충의를 다하게 된다면 그렇게 하라고 말할 필요가 없어집니다. 필요성이란 그렇지 못한 현실이 있기 때문에 생기는 것이지요. 군대에 전쟁을 그린 그림을 가져가도 받아들여지지 않는 것도 이와 마찬가지로, 당연한 일이지요.

또한 현재 다양한 움직임이 일어나는 가운데 미술 쪽에서는 주로 자재의 문제를 이야기합니다. 즉 자재를 기반으로 운동을 전개하고 있는 것이 지금 상태인데, 이는 절대적으로 타락한 것입니다. 그것은 자재와 분리된 별개의 운동이어야 합니다. 지금까지 여러 미사여구를 늘어놓았지만, 결국엔 물질의 문제만을 이야기합니다. 그런 운동으로는 아무리 전쟁을 그려봤자 전쟁과 관계를 이룰 수 없습니다. 차라리 꽃을 그려서 병사를 위로하는 편이 훨씬 충의에 가깝겠지요. 미술의 범위에는 이동만화移動漫畵처럼 아주 낮고 접하기 쉬운 것과 그렇지 않은 높은 것까지 모두 포함됩니다. 접하기 쉽고 낮은 것은 주로 격려의 측면에만 효과가 있겠지만, 만화 같은 것은 사람을 웃게 하기도 하고 위로하기도 하는 양 측면에 효과가 있을 수 있습니다. 유화나 일본화에서 이런 효과를 억지로 시도해봤자 기록화[16] 외에는 크게 의미는 없습니다.

오히려 지금의 가열찬 상황, 예컨대 도쿄처럼 내일 모레 폭격 받을 각오

15) 1939년 만주와 몽골의 국경지대인 노몬한에서 일어난 일본군과 몽골 · 소련군 간의 대규모 충돌 사건이다.

16) 역사적 사실이나 특정인물에 대하여 사실에 충실하세 그리는 기념적인 그림으로 의궤도(儀軌圖), 계회도(契會圖), 전쟁기록화 등이 이에 속한다.

를 하고 있는 상황에서는, 여전히 어떤 부분에서는 그림을 감상한다고 해도, 대체로 감상자의 범위가 높아집니다. 그런 사람들은 반드시 어디에선가 여유를 찾습니다. 그것은 예전의 자유주의적인 것이 아닙니다. 좀 더 인간성이나 문화를 느낄 수 있는 것을 마음속 깊은 곳에서 찾는 것이지요. 그런 때에 오른손으로는 용맹한 유화를 그리면서도 왼손으로는 자재획득을 구실로 상스러운 그림을 그리는 것은 실로 용납될 수 없는 일입니다. 그러므로 순수하게 국가의 갈 길을 바라보고 자재는 별개의 문제로서 제공하는 방법으로 바뀌지 않으면 안 됩니다. 나쁘게 말하면 지금까지의 방법은 걸식근성인 것입니다. 그 수단으로 미사여구를 늘어놓고 여러 명목을 내세우는 것은 아무래도 편승에 지나지 않습니다. 그런 방법은 다시금 전환시켜야 하며, 또한 실제로 전환되고 있다고 믿습니다. 그 수단으로는 여러 형태의 수송에 가장 편리하고 아마추어도 참여할 수 있는, 이쪽에서 나서지 않아도 공장직원이나 학교선생도 쉽게 참여할 수 있는 이동전람회를 연구하고 기획할 필요가 있다고 생각합니다.

―― 미술가의 임무

데라모토 개인적으로 문화운동에는 두 가지 측면이 있다고 생각합니다. 하나는 미술가, 소설가, 음악가 등 개개인이 창작활동을 국가목적에 부합시키기 위해 연성하는 것이고, 다른 하나는 대중에 대한 문화운동, 문화의 침투라는 이른바 사회교육적 의미의 문화운동입니다. 성전미술전이나 총후미술전 등 여러 전람회가 개최되면서 화가들의 창작활동의 연성이라는 측면은 이루어지고 있습니다. 그런데 일반 대중을 대상으로, 전시 하의 미술을 통해 문화운동을 전개하는 측면에 대해 미술계 분들은 어떤 방법을 생각하고 계십니까.

미키 미술가협회에서는 만화나 포스터 등 여러 가지를 놓고 생각하고 있는데요. 그것을 기획하거나 지도한다고 하면 좀 그렇지만, 통합적으로 운영해나가기 위해서는 지금으로서는 역시 순수미술가가 아니면 무리입니다. 예컨대 만화가라면 만화를 잘 그려도 글쓰기는 형편없거나 작품이 전국戰局과 일치되지 않기도 합니다. 따라서 그런 것들을 기획하는 기관이 먼저 만들어져야 합니다.

에구치 이런 생각은 어떨까요. 꽃처럼 전쟁과 관계가 없는 그림을 보여줘서 위안을 주자는 의견도 있지만, 예컨대 여기에 매우 뛰어난 전쟁 그림이 있다고 가정해봅시다. 이런 걸 아마추어에게 바라는 것은 무리일지도 모르겠지만, 그 그림을 보고 그 속에서 진정한 아름다움을 느낄 수 있다면 훨씬 좋지 않을까요. 그림이란 아무리 훌륭하게 병사를 그려도 그것이 민중에게 이해되고 그들의 마음을 움직이게 하지 않는다면 쓸모가 없습니다. 만약 훌륭하게 그리는 것만으로 그림의 역할이 끝난다면, 미술로서의 가치는 전혀 없습니다. 아무리 전쟁을 그리고 있어서도, 거기서 꽃 한 송이의 아름다움이 드러나지 않는다면 회화로서의 사명을 다하지 못한 것입니다. 따라서 이상적으로 말씀드리면, 아주 처참한 전쟁을 그리더라도 병사가 위로받을 수 있는 그림이 나온다면 그것이 최상이라고 생각합니다.

가타야마 민중의 수준이 위로 올라가는 것이겠군요.

에구치 계속해서 수준을 높여가는 겁니다.

미키 그것이 전쟁 그림 속에 본질적으로 들어가 있다면 내용이 되고 의미가 됩니다. 그 때에는 꽃그림 이상의 그림이 됩니다.

에구치 지금 문화 방면에 관계하고 있는 사람들은 생각이 너무나 이원적입니다.

미키 왜냐하면 물질을 기초로 생각하기 때문입니다. 그런 생각을 바로 잡지 않으면 타락의 근본원인이 될 겁니다.

에구치 지금 민중이 꽃이나 풍경을 그린 그림을 전쟁과 관계가 없는 것처럼 느끼게 된 것도 지도자 계급에게 책임이 있겠지요.

미키 가령 얼굴 하나를 그릴 때에도 전쟁으로 신경이 쇠약해진 표정을 짓는 사람도 있을 것이고, 전쟁 그림을 그리면서도 전쟁을 제일 두려워하는 사람도 있으니까요.

에구치 독일 잡지 『시그널』에서는 두 가지를 실로 수월하게 구별하고 있습니다. 잡지 중간쯤부터 절반은 나체 사진이나 나체화를 많이 싣고 있습니다.

미키 작년에는 창가에 꽃을 두라는 히틀러의 명령이 선전되었습니다. 그걸 보고 마침내 독일이 장기전에 돌입했다고 느꼈습니다. 아무래도 신경쇠약에 걸리기 쉽기 때문에 그것을 방지하는 것들이 직간접적으로 필요하겠지요.

에구치 좀 더 견실하게 임해야 하겠지요.

미키 아무래도 초기의 전과戰果에 국민이 들떴기 때문에 지금의 선전계몽이 더 힘든 것 같습니다.

에구치 또한 이미 갖가지 최상급의 표현을 사용해 버렸기 때문에 더 이상 나오기 힘듭니다. 이런 난점이 여러 방면에서 나타나고 있습니다.

미키 지도자 계급의 요구에 응하는 일에는 오히려 미술단체 쪽이 깊이나 강점을 지니고 있지 않을까요. 그런 방면에서 활동하면 좋을 것 같군요.

야마구치 지금까지는 미술인이라 해도 단지 습관적으로 그림질을 해왔던 것에 지나지 않았습니다. 따라서 좀 더 진지하게 파고들어갈 필요가 있습니다. 지식이 아니라 몸으로 부딪쳐야 비로소 진정한 힘을 낳게 되겠지요. 그리고 그 힘은 다른 사람에게도 영향을 미치게 됩니다. 예술가는 항상 배수진을 치지 않으면 안 됩니다. 예술가의 심경은 항상 결전생활입니다. 늘 전쟁을 하고 목숨을 던집니다. 소재나 자재와 같은 잔재주만으로 전환을 이루자는 단순한 편승이 되어서는 안 됩니다. 진심으로 목숨을 걸고 해야 합니다. 예술의 진정한 길에 더욱더 파고들어간다는 생각을 진지하게 할 때가 왔습니다. 그것이 바로 결전미술의 방향입니다.

데라모토 여러 가지로 좋은 말씀을 해주셔서 대단히 감사합니다.

군과 영화

조선군 보도부 작품 〈병정님(兵隊さん)〉을 중심으로 | 1944년 6월

참석자

가와사키 川崎大佐 ——— 조선군 보도부 대좌
하야시 林 ——— 조선군 보도부 중위
모로토메 諸留 ——— 본부정보과 조사관
이케다 池田 ——— 본부보안과 통역관
이노우에 井上 ——— 본부정보과 영화계
니시야마 西山 ——— 총력연맹 홍보과장
노자키 野崎 ——— 조선영화사 제작부장
니시카메 모토사다 西龜元貞[1] ——— 〈병정님〉 각본
방한준 方漢駿[2] ——— 〈병정님〉 연출

사회자 : 미네(嶺) 경성일보 편집국차장 / **일시** : 1944년 5월 15일

---

1) 니시카메 모토사다(西龜 元貞) : 고려영화협회 문학부 소속 시나리오 작가이다. 1939년부터 총독부 경무국 도서과의 촉탁을 겸했다. 영화 〈수업료〉를 기획했고, 〈승리의 뜰〉, 〈집없는 천사〉, 〈풍년가〉 등의 각본을 썼다.
2) 방한준(方漢駿, 1906~?) : 1935년에 조선중앙영화주식회사의 창립 작품인 〈살수차撒水車〉의 각본과 감독을 맡아 데뷔하였으며, 일제말기에 지원병제도를 홍보하는 〈승리의 뜰〉 (1940), 〈풍년가〉(1942), 〈병정님〉(1944), 〈거경전(巨鯨傳)〉(1944) 등을 만들었다.

—— 징병반도의 영화 〈병정님〉

미네 갑자기 사회를 부탁받아서 잘 할 수 있을지 모르겠지만, 제가 먼저 이야기를 시작하겠습니다. 저는 적敵 아메리카가 지금 어떤 영화를 만들고 있을지, 저 정도의 영화기술을 가진 아메리카가 국내외를 겨냥한 영화를 이용해 어떤 활동을 하고 있는지 생각해봤습니다. 우리가 아는 독일은 전쟁을 하면서 군함이나 비행기를 제작하는 동시에 국내는 물론 국외를 대상으로 끊임없이 어마어마한 영화 활동을 벌이고 있습니다. 이처럼 근대전近代戰에서는 영화도 무기라는 것을 충분히 알 수 있습니다. 올 가을, 군부는 어떤 영화 제작을 요청받았는지 하야시 중위가 한 말씀 해주시기 바랍니다.

하야시 조선의 입장에서 보자면, 조선군으로서는 조선 민중에게 무엇인가를 해주지 않으면 안 됩니다. 이번에 징병제를 맞이하였기 때문에 어떻게 해서든 징병제의 취지를 철저히 알리고 이번 입영을 준비해야 합니다. 영화를 통해 이루어야 할 우선적인 공격목표가 여기에 있다고 봅니다. 그 외에 증산增産이라는 것도 있겠지만요…….

미네 지금 제작중인 〈병정님〉은 그런 의미를 가지고 있군요.

하야시 그렇습니다. 제작 의도는 징병제를 준비하는 적령기 청년 및 그 부모 형제에게 군대생활의 의의와 내용을 널리 알리는 데 있습니다. 병영과 가정의 결합을 주체主體로 한 흥미 있는 에피소드를 골고루 넣어서, 재미있으면서도 군대의 엄격한 훈련과 가정생활의 내용을 섞어서 흥미롭게 소개하려는 기획 하에, 니시카메 씨에게 각본을 부탁한 것입니다.

미네 조선군에서 영화를 제작한 것은 이번이 몇 번째입니까?

하야시 두번째입니다.[3)]

미네 니시카메 씨, 〈병정님〉을 만들면서 고심한 점을 알려주시겠습니까?

니시카메 조금 후에 말씀드려도 될까요?

하야시 사회를 맡으니 어쩔 수 없이 급하게 질문을 하시는군요. (웃음)

미네 그럼 이케다 씨, 당신은 이 방면의 작품에 여러 모로 관여하셨으니, 행정적 입장에서 한 말씀해주시지요.

이케다 대체로 조선영화 뿐만이 아니라 일반적인 행정에 있어서도 경찰이 중심이 되어 해나가던 시대가 있었습니다. 현재도 상당한 경찰력을 동원하지 않으면 실제로 운영하는데 불가능한 점이 있습니다. 하지만 문화방면에 경찰이 나서는 것은 어디까지나 경찰 본래의 사명은 아닙니다. 그러므로 앞으로 정보과에서는, 전적으로 문화적이어야 한다는 점에 전체적인 지도방침을 두고, 그것을 채택해 가야 할 것입니다. 그런 의미에서 아낌없이 협력해야 합니다.

모로토메 아무래도 그래야겠지요.

---

3) 조선군보도부에서 제작한 첫 번째 작품은 1941년에 개봉된 허영 연출의 〈너와 나(君と僕)〉이다.

이케다 아까도 이야기가 나왔지만, 전에 군이 〈너와 나君と僕〉[4]를 만들었을 때와 이번 〈병정님〉을 만들 때와는 사정이 완전히 달라진 것 같습니다. 당시 군은 필요에 의해서 〈너와 나〉를 제작했고, 이번에 〈병정님〉을 만든 것도 사정이 있다고 봅니다. 군이 영화를 만든 데는 매우 중요한 이유가 있습니다. 〈너와 나〉의 경우는 결국 내선일체였죠. 그것도 지원병제도를 중심으로 한 내선일체가 주主가 되었습니다. 이번 경우는, 이미 징병제가 선포되었는데 조선민중들이 군대를 충분히 제대로 이해하지 못한 부분이 있기 때문에, 그 점을 가능한 한 계몽할 필요가 있습니다.

미네 이번 경우는 훨씬 명백한데요, 관념적이지 않고 생활면에서의 지도성이 강합니다. 그래서 이번 〈병정님〉은 조선의 관객이 꼭 봐주기를 바랍니다.

하야시 목표는 일단 반도의 장정과 그들의 부모, 형제, 그리고 자매이기 때문입니다.

——— 기록성과 감동

니시카메 최근 영화가 이른바 극영화에서 기록적인 영화로 변해가고 있는 것 같습니다. 현재 기록적인 내용을 풍부하게 담은 영화로, 〈가토 하야부사

4) 허영 감독(창씨개명 : 히나쓰 에이타로(日夏英太郞))이 만든 친일 국책영화로, 조선과 일본 청년이 한 형제로 융합하여 모든 사심을 버리고 오직 성스러운 전쟁을 완수하여 천황에게 충성을 다하자는 내용이다. 조선총독부와 조선군사령부의 후원하였으며, 조선지원병 훈련소 및 철도국, 일본 신흥키네마 협찬으로 만들어 조선과 일본에서 개봉하였다.

전투대加藤隼戰鬪隊〉[5]와 〈하와이 말레이 해전ハワイ・マレー沖海戰〉[6] 등의 작품이 나왔습니다. 이 작품들이 간단히 말할 수는 없지만, 결국 현실 생활에서 비롯된 국민 의식이 지금까지 있어 왔던 상업적 · 자유주의적 영화의 존재를 허락하지 않게 된 것입니다. 일반민중은 기록영화를 비교적 신뢰할 만하다고 생각하게 된 것 같습니다. 그래서 이번 징병제 관련 영화를 만들 때도, 앞서 말한 상업적 · 자유주의적 영화의 방식으로 만든다면, 아무리 만들어도 모조품이나 만들어낸 영화이야기라는 인상을 줄까봐 매우 걱정스러웠습니다. 따라서 어디까지나 진실한 것이라는 인상을 주지 않으면 안 됩니다. 바꿔 말하면 영화를 통해서 진실을 재현하는 것입니다. 전적으로 기록영화적인 수법을 선택해 가자는 겁니다.

그리고 다른 하나로 지금까지의 전쟁영화가 소위 영웅주의적인 한 사람, 즉 아주 강한 병사나 장군을 만들어 냈었는데, 그것이 아니라 정말로 일상의 소소한 사건과 신변적인 것 안에 현재 국가가 요청하는 강한 국민의 모습을 표현해야 하지 않을까요. 개인적인 얘기입니다만, 지금 제 두 형제들도 소집에 응해 출정해 있습니다. 그런 제 심정으로 돌아가서, 출정은 어느 가정에서도 있는 일이고 또 있어야만 한다는 의미에서 이 시나리오를 썼습니다.

미네 영화의 진실성은 다분히 기록적 요소를 갖고 있어야 한다는 말씀이셨습니다. 그런데 니시야마 씨, 오늘날 조선의 관중을 움직이려면 극영화의 매력에 의지해야 할지 혹은 기록적 영화의 효과에 의지해야 할지가 문

---

5) 일본이 1944년에 자국민들의 전쟁의지를 고양할 목적으로 만든 선전영화이다. 가토 하야부사 전투대 소속인 가토 전대장 이하 일본 육군 항공대를 영웅시하는 내용이 중심이다.
6) 태평양 전쟁 중에 제작된 일본의 선전 영화이다.

제인데, 연맹 쪽에서는 그 민도民度를 어떻게 생각하고 계십니까?

니시야마 그것은 대체로 내용 여하에 달렸다고 할 수 있는데, 우리가 보기에 민도民度는 아주 낮은 것 같습니다. 예를 들면 문부성 추천영화라는 것도 내용은 그다지 좋은 것 같지 않습니다. 조선영화에 한해서 말씀드리면, 민중의 요구에 딱 맞아 떨어지는 작품은 없다고 봅니다. 한편 내지에서는 지금 말했던 대동아전쟁의 기록영화가 정말로 민중의 마음 한가운데 자리 잡고 있습니다. 이런 차이가 어디에 있냐면, 이것은 영화뿐만 아니라 문학과 연극 방면에서도 그런데요, 검열 및 영화지도의 태도에 있습니다. 나아가 군 · 관 · 민의 입장에서 일단 모두가 반성해볼 필요가 있습니다. 이치를 따져 보면, 적어도 그런 의미에서 이번 〈병정님〉은 매우 솔직하고, 또 현재 조선민중이 직면한 문제를 다루었다는 점에 강점이 있습니다. 구체적으로 말하면 징병제가 선포되자마자 조선 대중의 가장 큰 관심사가 된 것은, 병영兵營은 어떤 곳일까라는 질문이었습니다. 이것을 영화를 통해 분명하고 평이하게 해설해 가겠다는 것이 목표이기 때문에, 아주 기대가 됩니다.

미네 〈병정님〉의 각본을 쭉 훑어봤는데, 학도學徒의 가정이랄까 그런 신변적인 것 또는 진실미眞實味가 있다면, 조선의 시골 사람들도 역시 그것을 친숙하게 볼 것입니다.

니시야마 정확하게 보신 것 같습니다. 연맹 등에서도 관람시켜야 하고, 관객동원에 최선을 다해야 합니다. 조선영화는 보기 전부터 대강의 줄거리를 예상할 수 있습니다. 지카마쓰近松[7]가 "예藝는 허虛와 실實 사이에 있다"는 말을 했는데, 허구와 진실이 능숙하게 조합될 때 묘미가 있겠지요. 앞에서도 말씀하셨지만 검열의 입장, 영화지도의 입장에서 제작자도 당국도 다시 한 번 생각해 볼 필요가 있습니다.

그리고 조선영화가 나아갈 목표가 있고……, 총력운동도 그런 목표를 가지고 있는데, 조선의 총력운동을 고조시키기 위해서는 조선만으로는 한계가 있습니다. 조선의 총력운동을 대동아적 견지에서, 즉 내지와의 관련, 북지 및 만주와의 관련 속에서 고조시키려는 사고방식이 있습니다. 조선영화가 취재取材 단계부터 그런 구상을 넣는다면 편협함이 없어지고, 파란만장하거나 우여곡절이 있는 재미있는 영화를 만들 수 있을 겁니다. 〈병정님〉은 그런 목표와 거리가 있지만 조선 민중이 정말로 알고 싶어 하는 것을 분명하게 다루었고, 게다가 극적수법을 잘 썼기 때문에 요즘 영화와는 좀 다릅니다.

——— 보게 하는 영화, 보고 싶은 영화

미네 모로토메 씨, 지도적인 입장에서 한 말씀해 주시지요.

모로토메 조금 전에 말한 것처럼 보게 할 영화도 염두에 두어야 하지만, 그와 동시에 보고 싶은 영화가 아니면 안 됩니다. 요컨대 관객을 동원해서 보게 하는 것 외에, 재미있으니까 직접 가서 보고 싶은 영화를 목표로 해야 합니다. 그런데 보게 할 영화라면 일단 기록적인 것, 국책을 담고 있는 영화가

7) 지카마쓰 몬자에몬(近松門左衛門, 1653~1725) : 일본의 대표적인 조루리(浄瑠璃) · 가부키(歌舞技) 작가 중의 한 사람이다. 겐로쿠 시대의 작가로 일본의 인형극, 가부키를 문학적 가치가 있는 희곡으로 만들었다. 100여 편에 이르는 작품을 썼는데, 대부분은 인형극인 분라쿠(文樂)의 대본이다. 그의 작품들은 20세기 후반까지도 인기를 끌었다.

될 것인데, 물론 그것도 필요합니다. 그 쪽에도 전문가들이 있기 때문에 별 문제가 없겠지만, 기록영화의 경우 자칫하면 기록성을 충분히 소화하지 못해서 어려운 점이 있습니다. 극으로서의 재미가 없는 것은 기록성을 제대로 소화한 것이라고 말할 수 없습니다. 아무래도 지금은 국책영화와 국민영화의 구별이 뒤죽박죽 되어버렸는데, 국민영화는 진정으로 국책을 선전한다는 정도에서 그칠 것이 아니라, 예술적인 장점을 잃어버리지 않아야 한다고 생각합니다.

다음으로 〈병정님〉 제작에서 특히 신경 쓴 것은 이 영화를 만들기 위해 군・관・민 전체가 총력을 기울인 점인데, 이는 간절히 바라는 특징의 하나이기도 합니다. 또 하나는 당면문제를 다룰 경우에, 제작이 지체되어서는 안 된다는 점이었습니다. 그런 점에서 〈병정님〉은 확실히 개봉일 전에 제작을 마치고, 아주 조속히 제작완성을 이루어야 하는데 그 기간 안에 끝낼 수 있다는 특징이 있습니다. 앞으로 영화제작을 할 때에도 이 점은 주의를 기울여야만 합니다.

이케다 금월호 어떤 책을 읽어 보니, 독일에서는 반드시 국민에게 보게 하는, 이른바 국책적인 영화도 다소 만드는데, 전시 하에도 건전한 오락을 국민에게 제공한다는 점에서 특히 예술적인 영화가 많다고 합니다. 일본의 경우는 가령 일본의 문화영화 같은 것을 만들어서 전력을 절약하자는 내용 등을 담아, 국민 한 사람 한 사람에게 보여줄 필요가 없을 때까지 철저하게 보여주기 때문에 어떤 것을 절약하면 대포가 몇 개쯤 생긴다는 사실을 말할 필요가 없다고 하더군요. 그래서 전시 하에도 역시 국민에게 상당히 재미있는 영화나 오락을 제공한다는 입장을 세우고 재미있는 영화를 제작한다는 식으로 쓰여 있더군요. 뭐랄까, 독일과 같은 방책으로만 해나가는 것은 간단하지 않겠지요……. 독일의 재미있는 영화는 결국 예술성을 갖춘 것이고, 일본 정부도 그것을 부정하는 것은 아닙니다만, 그것보다는 장래의 전력증강에 도움이 되는 그런 영화를 만든다는 각오로 임하고 있습니다. 독일과는 그 경우가 다르다고 봅니다.

니시야마 증산전사增産戰士 등이 비행기 제작공장의 강인함을 표현한 영화를 보여주면, 그다지 어색하지는 않을 거니까요.

이케다 그저 극영화도, 기록성이 있는 영화도, 모두 더욱 무럭무럭 발전했으면 하는 바람입니다.

모로토메 요즘 영화는 재미없다는 말을 종종 하는데, 종래의 사고방식에서 볼 때 '재미'가 없다는 평가에 대해서는 일고一顧할 필요도 없었습니다. 지금 대중이 재미를 찾는 것은 다분히 잘못된 것입니다. 재미없다고 말하는 그 자체도 반성해야 할 것입니다.

니시카메 예를 들면 지금까지 뉴기니[8]에 가려던 사람은 그저 막연하게 뉴기니를 보고 있어서, 뉴기니에 관한 것은 어려운 책이든 뭐든 구해보려고 욕심내는 것처럼 보였습니다. 징병제가 선포된 오늘, 병대兵隊에 가는 사람이나 장정을 병대에 보내는 가족들은 이 〈병정님〉이 재미가 있는지 없는지 보다는, 이 영화가 말하는 진실에 대해 어느 정도 미리 알고, 옳고 그름과 병대에 대한 예비지식을 얻기 위해 보러 간다고 생각합니다. 저는 소위 홍

8) 현재 국가명은 파푸아뉴기니. 남태평양 서쪽 끝 뉴기니섬 동반부에 걸쳐 있는 도서국가로, 태평양 전쟁 당시 일본군과 연합군의 격전지였다.

미랄까 오락성이라는 것은 별로 고려하지 않았습니다. 그렇다고 전혀 고려하지 않은 것은 아니고, 예를 들어 반주음악이라도 가능한 한 즐겁게 만들어서 이해하지 못하는 사람에게도 어떤 오락적인 요소와 예술적인 감상을 주고 싶었습니다. 이 영화에 재미있는 곳이 없다고 하는데, 굳이 말하자면 병대의 위문 장면 등은 군인이 아니라 시골 사람이 봐도 매우 즐거워할 것이라고 생각합니다. 또 입대 후에는 아무런 오락도 없을 것이라고 생각하면 안 되기 때문에 위문 장면을 넣었는데, 병대에 들어가고 나서도 입대 전과 같은 그런 휴식이 있다는 것을 보여준 것입니다.

——— 〈병정님〉의 정신

미네 방금 말씀하신 재미에 관한 것인데요, 〈병정님〉 각본에는 재미라기보다 뭐랄까 즐거운 기쁨이 있습니다.

니시야마 부형父兄과 함께 병영견학을 간 적이 있는데, 그 때의 느낌을 말씀드리면 뭐랄까, '휴우, 안심이다'라는 느낌이었습니다. 견학을 갔던 부형들이 병영 문을 나올 때는 모두 상쾌한 기분을 느꼈습니다. 이 영화에서 병영이라는 미지의 세계를 보니 엄격하면서도 따뜻한 것과 접했을 때 느끼는 안도감, 그런 것을 얻을 수 있을 겁니다. 또한 그럴 수 있도록 제작을 제작해 주셨으면 합니다.

모로토메 재미라는 말은 원래 맛味이 있다는 의미지요. 그런 점에서 〈병정님〉은 훌륭합니다. 아까 뉴기니 이야기 말인데, 반드시 뉴기니에 가야 하는 사람에게 뉴기니의 진정한 모습을 알려주면서도, 뉴기니에 가는 것이 몹시 기다려지게 만드는 방식이어야 합니다.

미네 방한준 씨, 감독 입장에서 포부를 말씀해 주시죠.

방한준 지금도 재미라든가 즐거움이라는 이야기가 나왔지만, 오로지 군대 생활에서 단순하고 재미있는 것이 뭘까 생각했습니다. 군軍이라는 것 자체가 고원高遠한 정신적인 것입니다. 그것을 적극적으로 밀어붙여보고자 했습니다. 가령 군대는 인간에게 최고의 수련도장이긴 하지만……, 그런 해석에서 출발한다면 영화는 아주 경직되고 말 것입니다.

영화에 나오는 야쓰모토康本, 히라마쓰平松, 마고타孫田라는 세 명의 병사는 각각 특정한 인간형을 대표합니다. 예를 들어 히라마쓰라는 병사는 어디에서건 대단한 노력파인데, 한 마디로 말하면 바보스러우리만치 정직한 사람입니다. 그런 인간형의 재미를 표현하고자 했고, 그 안에 고매한 점을 하나씩 불어넣었습니다. 그래서 히라마쓰가 자기 집에 돌아왔을 때 어머니나 누이의 친구들이 나오는 장면 등의 인상을 강조해서, 화목한 느낌을 주고자 했습니다. 반면에 남자로서 오늘날 전시 하에서 갖는 입장이라든가 용감하게 싸우는 장면 등에서는 감동을 주고자 했던 것이 제 목표였습니다.

미네 즐거움이나 재미보다도 이른바 군인정신의 고매한 엄숙함이겠네요. 거기에 모든 감정을 귀결시켜야 한다고 봅니다.

—— 군, 영화를 만들다

하야시 영화의 특징을 말씀드리겠습니다. 알고 계시겠지만, 보도부장 각하의 「병정님 제작을 맞아」라는 담화 첫머리에 나와 있듯이, 영화 〈병정님〉은 군이 전시 하에 군대를 동원하고 귀중한 자재를 사용하여 직접 제작한 것입니다.

첫 번째로, 제가 제작담당을 명받았을 때, 주로 현재 조선영화사의 사원과 각 극단 소속의 예능가들 중에서도 아마추어는 제외하고 소위 선정된 예능자들로 제작중대를 편성했습니다. 그리고 제작요원을 전부 군속軍屬으로 임명하여 군대식으로 제작을 개시했습니다. 다나카田中사장에게도 무리하게 부탁해서 원래 조선영화제작주식회사 당시 사무소였던 곳을 빌리고, 그 곳에 "조선군보도부 〈병정님〉 제작본부朝鮮軍報道部〈兵隊さん〉製作本部"를 설치했습니다. 그곳에 제작자 전원과 남자배우, 여자배우에 이르기까지 전부를 모아 놓고 중대장이 첫 훈시를 했습니다. 첫째 '임무완수 제일주의', 둘째 '철석鐵石의 단결', 셋째 '전격적電擊的 처리', 이렇게 세 가지를 훈시하고 벽에 붙여 놓았습니다. 또 군대식으로 내무반장을 정하고 집을 빌린 이상 청소까지 자신들이 하게 해서, 지금까지 군대의 규율훈련 경험이 없는 영화인·문화인을 가능한 한 군대식으로 규율하고 있습니다. 군軍이 직접 제작하고 있기 때문에, 영화인은 긴장감이 없다는 등의 지금까지의 나쁜 소문을 이 기회에 불식시키고 싶습니다. 이것을 기회로 영화인의 면목을 일신一新하고 싶은 생각도 있고, 〈병정님〉은 병정님만을 위해서가 아니라 조선문화의 일익一翼이 되기 위해서라도, 지도방침으로는 좀 맞지 않는다는 생각이 들 때도 있지만, 말씀드린 것들을 지도방침으로 삼고 있습니다.

두 번째 특징은 방금 모로토메 조사관께서도 말씀하셨듯이, 관민의 절대적이고 강력한 협력을 받아 제작하고 있다는 것입니다. 타이틀 문제가 나왔을 때 부장 각하도 제작의도를 넣고 싶다고 하시면서, "타이틀에 시비총화是非總和의 의미를 강하게 넣는 방식으로" 하라는 말씀을 하셨습니다. 영화의 의도가 드러나는 제작 초반부터 관객들을 동원하는 최후에 이르기까지, 군은 물론 관과 민으로부터도 전례 없는 협력을 얻고 있습니다.

노자키 씨, 군 특유의 강렬한 제작의도를 가지고 출범한 조선영화주식회사朝映의 각오를 좀 말씀해주시죠.

노자키 제작 도중에 제작부장이라는 지위에 올랐기 때문에 그와 관련해서는 별로 말할 게 없습니다만, 저는 취임과 동시에 조선영화사 제작부의 모든 것을 희생해서라도 이 〈병정님〉 완성에 목숨을 걸고 싶다고 관련 각 부서에 강조했습니다. 모든 기관을 정지하고서라도 〈병정님〉의 완성을 서두르고 잘 만들라고 명령했고, 지금 전력을 다해 제작하고 있습니다. 더욱이 제작이 완료된 후 영화사의 배급 부문에 있어서, 2천 5백만 반도 민중이 전부 볼 수 있도록 관련 담당자들이 노력을 다하고 있습니다. 영화가 완성되면 기존에 비해 전례 없이 비약적으로 관객을 동원하고, 반도 민중 모두가 이 영화를 볼 수 있도록 하기 위해 전 사원이 최선을 다해 노력하고 있습니다.

미네 현재까지 이 영화가 얼마나 강력하게 진행되고 있는지 들었습니다. 군이 지도의 전면에 서고 제작 관계자 일동이 그것을 받아들여 군대적 규율 속에서 제작한다는 것은, 결전 하의 영화제작으로서 가장 바람직한 방식일 것입니다. 〈병정님〉처럼 국가적인 영화의 경우 제작 면에서 종합적인 기획이 필요합니다. 뿐만 아니라 동시에 관객동원에 있어서도 단지 상업적인 기구에 맡겨 둘 것이 아니라, 조직적인 동원을 충분히 활용하면 좋을 것입니다. 이노우에 씨, 어떻습니까, 정보과의 영화 방면 담당자로서 …….

——— 관객동원도 조직적으로

이노우에 그건 저희도 계속 생각하고 있습니다. 이런 국책적인 영화를 만들 때는 군이나 관에서 여러모로 관여합니다. 그런데 만들어진 다음에는 그것을 효과적으로 이용하지 못해서 유감입니다. 이것은 이동영사반移動映寫班의 경우입니다만, 이번 〈병정님〉은 영화사 배급 계획에 따라 학생, 아동, 일반을 합해서 ……, 군 쪽에서 알려준 바에 따르면 약 2백만 명의 관객을 동원할 것 같습니다. 배급 계획을 보면, 대체로 전조선의 일류관一流館[9] 만을 대상으로 관객동원 수를 추정한 것입니다. 일류관을 돌면서 상영·예매한 것을 계산한 것인데, 대부분 애국반愛國班과 경방단警防團까지 총동원해서 보게 한 것입니다. 그렇게 되면 이번관二番館[10]을 돌며 상영할 즈음에는 영화가 쓸모가 없게 됩니다. 거의 일번관一番館에서 봤기 때문에 이번관을 돌아도 효과가 없고, 보는 사람도 없다고 합니다. 그렇지만 전조선 2천5백만 관객을 생각할 때, 불과 2백, 3백만 명이 이 영화를 보고 나머지는 보지 않은 채 내버려 두는 것은 매우 안타깝습니다. 상설관은 대개 철저하게 상설관 사정에 따라 영화를 보게 하는데, 문제는 면面과 같은 시골입니다. 뛰어난 병정은 도시보다 농촌에서 나옵니다. 그러므로 군과 관은 머리를 맞대고 고민해서, 이런 국책적 영화가 일류 도시만을 대상으로 하지 않고 훌륭한 병정이 나오는 농촌지방에서 상영될 수 있도록 더욱 힘을 쏟아야 합니

9) 오늘날의 개봉관을 의미하는 듯하다. 이노우에는 일류관과 일번관(一番館)을 동시에 사용한다.
10) 오늘날의 재개봉관을 의미하는 듯하다.

다. 그렇게 해서 이 영화의 사명을 완수하지 않으면 안 됩니다.

니시야마 이 영화는 언문판을 만들 건가요?

하야시 해설부만 만들려고 합니다. 군대용어가 나오기 때문에 완전히 조선어로 번역하는 것은 안 되고, 이동영사반에서 순회하는 것에는 전부 조선어 해설을 붙이고 있습니다.

니시야마 해설도 토키talkie[11] 입니까?

하야시 그렇습니다.

니시야마 꼭 그렇게 해주셨으면 합니다.

미네 마지막으로 근대국가에서는 '영화도 무기'라는 관점에서, 황국반도의 영화제작에 대한 가와사키 대좌의 의견으로 결론을 맺고자 합니다.

가와사키 필승정신을 앙양하기 위해, 결전 하에서는 영화뿐만 아니라 모든 예능 방면과 모든 사람이 화합해서 총력을 다하는 것이 중요합니다. 이 영화도 모든 방면에서 큰 원조와 협력을 얻었는데, 이에 대해 진실로 감사를 금할 수 없습니다. 이 점 깊이 감사드리며, 앞서 말씀하셨던 것들을 철저히 실행해나가도록 가능한 한 노력하겠습니다.

---

11) 발성영화.

아까 말씀하신 군 · 관 · 민 모든 방면이 일치협력해서 〈병정님〉을 만들었다는 그런 분위기가 일반 대중에게도 전해질 것입니다. 어쨌든 지금은 때를 놓치지 않고 일치협력해서, 필요한 것을 해내고 그것을 보급하고 또 실현하는 데까지 나아가야 할 것입니다. 〈병정님〉도 때를 놓친다면 가치를 잃어버리기 때문에 박차를 가해 서둘러야 합니다. 지금 미래에 어떤 식의 영화가 나올지 확실히 말하기는 어렵습니다. 그렇지만 일단 특별지원병제도와 관련한 영화부터 추진해서 획기적인 징병제에 대한 불안을 종식시켜야 합니다. 황국 군인이 된 사람들의 활동 혹은 산업방면에 속한 사람들의 다양한 노력에 의해 전력이 앙양되고 있듯이, 영화 쪽에서도 차례차례로 해나가는 것이 필요합니다. 어쨌든 앞으로도 부족한 것은 전문가 여러분의 협력을 얻어서 해나가야 합니다. 그렇게 하는 것이 선전에도 한층 효과적일 것입니다. 저부터도 그 이상의 원조를 받을 수 있기를 절실히 바라고 있습니다.

미네 오랜 시간 함께 해 주셔서 감사합니다.

총력운동의 신구상

1944년 12월

참석자

이토 노리오 伊藤 憲郎[1] ――――― 총력연맹 총무부장

야스오키 세이칸 安興 晟煥[2] ――――― 국민동원 총진회

스에마쓰 야스카즈 末松 保和[3] ――――― 경성제대 교수

우카이 노부시게 鵜飼 信成[4] ――――― 경성제대 교수

유광렬 柳光烈[5] ――――― 국민동원 총진회

이시다 고조 石田耕造[6] ――――― 본지주간

---

1) 이토 노리오(伊藤憲郎, 1892~?) : 법조인. 1918년에 도쿄제국대학 독일법률학과를 졸업하고 조선총독부 사법관시보(司法官試補)로 조선에 건너왔다. 1920년부터 조선총독부 판사로 근무했으며, 1927년 조선총독부 검사에 임명되었다. 1944년 당시 국민총력조선연맹 총무부장을 지냈으며, 1945년 대화동맹(大和同盟) 상무이사, 조선문인보국회 이사장으로 활동하였다.

2) 이성환(李晟煥)=야스오키 세이칸(安興晟煥, 1900~?) : 천도교 계열의 농민지도자로 '조선농민사' 운동을 주도했지만, 이후 조선총독부 학무국장 시오하라 도키지로(鹽原時二郎)의 참모 격으로 활동하면서 조선임전보국단 상임이사, 국민동지회 간부, 국민동원총진회 이사장 등을 지냈다.

3) 스에마쓰 야스카즈(末松保和, 1904~1992)는 일본 역사학자이다. 조선 총독부 조선사편수회에서 역사 편수관으로 『조선사』 등의 편수사업을 하였다. 1933년부터 경성제국대학 법문 학부 교수로 재직하였다.

4) 우카이 노부시게(鵜飼信成, 1906~1987)는 일본의 법학자이다. 1930년 도쿄제국대학 법학부를 졸업하고, 바로 다음 해에 경성제국대학에서 강의를 시작하여 1943년 교수로 임용되었다.

5) 유광렬(柳光烈, 1889~1981)은 언론인으로 1919년 방정환과 함께 『신청년』을 발행했으며, 『매일신보』 『동아일보』 『조선일보』 등에 재직하였다.

—— 총력운동의 성격

기자 오늘 바쁘신 중에도 참석해 주셔서 진심으로 감사드립니다. 반도의 국민총력운동은 지금까지도 반도의 결전태세에 기여한 바가 적지 않았는데요, 반도 안팎의 정세가 정말 중대한 전국戰局에 처하게 되어 새로운 전개가 더욱 강력하게 요청되고 있습니다. 따라서 오늘은 새롭게 연맹에 들어오신 이토 선생님을 비롯한 여러 선생님들께 총력운동의 신구성이라는 주제로 의견을 듣고 싶습니다. 우선 총력운동을 넓게 국민운동이라는 시야에서 다시 볼 때 그 성격은 어떠한지, 이토 선생님부터 한 말씀 해주시지요.

이토 좀 어려운 문제일 것 같은데, 일단 총력운동의 성격에 대해서 말해보자면, 총력이라는 문제는 전쟁이 시작되고 나서 생긴 게 아니라 인류 시작부터 있었다고 할 수 있겠죠. 이것은 학문적으로는 사회학의 첫 페이지가 되는 것입니다. 국가, 사회, 가족이라는 형태가 총력이라는 인류생활에 의해 시작되었다는 점은 말할 필요도 없을 것입니다. 다만 전시하戰時下의 총력이 어떤 의미를 지니고 있는지에 대해서 평상시의 사회적 관념으로는 쉽게 이해하기 어려운 부분이 꽤 있는 것 같습니다.

오늘날 총력운동에 대해서 여러 가지가 요청되고 있으며, 어떻게든 이 전쟁에서 이기기 위해 고도의 사회적 결성, 즉 총력운동을 전개해야만 한다는 것은 명확한 사실입니다. 법률 방면에서는 공법이 사법에 우선해야 하고, 경제 방면에서는 이윤을 포기해야 하며, 국가 방면에서는 고도국방을 결성해야 합니다. 이런 것에 의해 각 개인의 생활이 전쟁 목적으로 결집된다고 할

6) 최재서의 창씨개명이다.

수 있습니다. 이것이 바로 오늘날 총력운동의 성격이라 여겨집니다.

요즘 자주 쓰이는 말로 바꿔 말하면, 일본적 세계관이라고 표현할 수 있을 것 같은데요, 사상을 청순하게 하고 경제를 간소히 하는 역사와 전통으로 빛나는 우리들의 책임감이 그 성격을 설명해준다고 봅니다. 어떨까요, 매우 간단하지만 이 정도로 …….

기자 우카이 선생님, 넓게 보면 국민운동에도 여러 가지 형태가 있었겠지만, 신체제 이래의 익찬적翼贊的 형태는 정치사적으로 볼 때 어떤 것인가요? 내지의 익찬운동과 조선의 총력운동도 이것의 한 형태가 아닐까요?

우카이 지금 이토 선생님께서 개괄적인 이야기를 해주시면서, 총력운동의 기초를 꽤 정확하게 설명해 주셨고, 그 이념도 지적해 주셨는데, 저는 총력운동에 하나의 역사성이 있다는 점을 말씀드리고 싶습니다. 그래서 방금 말씀하신 총력운동의 정치사적 단계는 어떤 것인지 좀 더 생각해보고자 합니다. 물론 총력운동의 성격은 일본적인 것으로 규정되지만, 일반적인 정치사적 단계로 말하자면 민주주의, 이른바 의회를 중심으로 한 정치보다 높은 단계이지 않을까요. 민주주의적인, 의회를 중심으로 하는 정치는, 의회에서의 토론을 통해 그 정치사회 안에 있는 여러 가지 세력의 다원성을 결집해서 해나가는 것입니다. 그보다 높은 단계인 총력운동은 새로운 결집 방법을 가지고 있는 것이죠. 원리로서는 지도자 원리라고 할 수 있는데, 이것을 오래된 용어로는 수리고성修理固成이라고 표현할 수도 있을 것입니다. 이처럼 여러 가지 용어가 쓰이고 있는데요, 이런 점이 총력운동의 특색 중 하나라고 생각합니다.

외국의 총력운동의 다른 형태, 가령 나치스 독일의 정치운동이나 파쇼

이탈리아의 정치운동도 정치사적으로는 같은 단계에 있습니다. 즉, 의회적인 것을 초월하고 있지요. 그러나 일본의 익찬정치체제에서 진행되는 총력의 결집은 그보다 더 특수한 성격을 가지고 있습니다. 이는 말할 필요도 없이 일본에는 국체가 있고, 그 국체의 중심에 천황이 계시기 때문입니다. 이 천황으로 귀일하여, 천황을 받듦으로써 총력을 결집하는 훌륭한 길이 생겨나는 것입니다. 의회적인 것을 초월한다고 해도, 천황이 만드신 헌법 아래에 있는 것이므로 외국에서처럼 모두 버리는 것이 아니라, 헌법에 이미 주어진 방법을 통해 새롭고 높은 단계로 강력하게 끌어올릴 수 있습니다. 그러므로 우리에게는 행복한 기초가 있는 것이죠. 이러한 의미에서 일본적 총력운동의 형태는 대단히 특색 있는 것이라 생각합니다.

그러나 총력운동을 하는 과정에서 상의하달上意下達이나 하의상달下意上達이 언급되면서, 대정익찬회에서도 하의상달下意上達이라는 말이 있을 수 없다는 둥 하정下情을 상통上通한다는 것은 있을 수 있다는 둥 논란이 일고 있습니다. 만약 하정상통下情上通을 이기적인 욕구를 제출한다는 의미로, 즉 외국 민주주의에서 말하는 하의상통下意上通이라고 한다면, 그런 것은 일본에는 없습니다. 일본에는 일본적인 것이 있습니다. 요컨대 아래의 사정을 파악하고, 아래쪽의 마음과 위쪽의 의사가 혼연일체 되어, 최선最善의 근원인 천황에 귀일하여 천황을 받든다는 점에 총력을 결집할 수 있는 좋은 방도가 있지 않을까요.

—— 언론의 존재 방식

기자 말씀하시는 것을 들어보니, 역시 일본적 방법으로 하정상통下情上

通을 이루는 길이 이념적으로 모색되고 있는 듯한데, 구체적으로 익찬翼贊이라는 형태에 있어 언론의 존재방식은 어떠해야 할까요?

우카이 언론을 자유롭게 하는 것은 정말 중요한 일이라 생각합니다. 다만 그것이 나타나는 방식과 과정에는 여러 가지 제약이 있을 수 있습니다. 이것이 어떤 형태로 될 것인가는 총력연맹 기구의 문제로 연결됩니다. 개인적인 생각으로는 의회적인 형태에 있어서 제멋대로 각자의 요구를 제출하는 조직은 전혀 필요치 않습니다. 총력운동은 그런 것이 아닙니다. 그렇다고 해서 외국의 형태에서 볼 수 있듯이 아랫사람의 의견을 단순히 들어주기만 하는 부서를 설치하는 것, 혹은 윗사람이 아랫사람들 속에 들어가서 직접 의견을 들어주는 것만으로 만족하는 방식은 적절치 않다고 봅니다. 제 생각에는 총력연맹의 조직을 통해 위쪽으로도 아래쪽으로도 의사전달이 점차 잘 이루어지는 것, 이것이 대단히 중요한 것 같습니다. 조직이란 것은 보통 위쪽부터 아래쪽까지 단계가 복잡하게 나눠져 있습니다. 그 조직의 제일 밑바닥에 우리 국민이 있지요. 조직 전체가 국민운동으로서 구성되고 그 조직을 통해 적합한 곳으로 의사가 전달되는 것이 좋지 않을까 합니다.

이시다 총력운동은 일본전체에 걸쳐서 실행되고 있는 운동인데, 명칭은 조선에서만 사용되고 있습니다. 물론 내지의 익찬운동과 조선의 총력운동은 귀일하는 것이겠지만, 방법 면에서는 여러모로 차이가 있지 않을까요, 이 점에 대해서는 어떻게 생각하십니까?

이토 만주에서는 역시 협화회協和會라고 하지요. 북지北支에서는 신민회新民會, 관동주關東州에서는 총력운동總力運動이라고 하는 것 같습니다. 총력동맹總力同盟이라고 했던 것 같기도 하고.

우카이 만주의 협화회는 오족협화五族協和라는 말에서 온 것이겠지요.

이토 그렇습니다. 내지에서 말하는 대정익찬大政翼贊이란 것은 어떤가요?

우카이 대정익찬회[7]가 만들어진 정치적인 배경에서 온 것이 아닐까요. 그것은 고노에近衛 씨가 주창한 단일정당 문제에서 나왔지요. 조선의 경우에는 그런 정치적 의미없이 총력을 결집한다는 의미에서 유래된 것이어서 재미있는 명칭인 것 같습니다.

이토 대정익찬회라는 명칭도 결국 넓은 의미의 총력운동이라 할 수 있겠지요. 그러므로 개념적으로는 전부 통합할 수 있는 형태이기는 해도, 각 지역의 사정에 따라 제각각 발전하고 있습니다.

이시다 저는 문외한이지만 제 생각을 말씀드리자면, 방금 조선에서는 정치적 색채가 없기 때문에 총력운동이 되었다고 말씀하셨는데, 그렇다면 그것이 운동의 활발성에도 상당한 영향을 미치고 있지 않을까요. 총력운동이 앞으로도 지금까지처럼 잘될지는 당연히 숙고해봐야 합니다.

이토 그렇습니다.

---

7) 대정익찬회(Imperial Rule Assistance Association, IRAA, 大政翼贊會)는 1940년 10월에 제2차 고노에 후미마로(近衛文麿) 내각 하에서 신체제 운동을 추진하기 위해 결성된 국민 조직이다. 대정익찬회로 인해 모든 정당이 해산하였고, 이로써 일국일당적(一國一黨的) 체제가 만들어졌다.

—— 지도이념

기자 방금 일본적인 하의상달 방법과 관련하여 조직론이 나왔는데, 그 전에 지도이념 문제에 대해 말해야겠죠. 지도이념에 의해 일본적인 성격이 명확해지고, 그것이 또 조직에 반영되기 때문이죠. 특히 조선의 총력운동에서 지도이념은 조직이나 언론의 방법을 통일하는 하나의 주축이라 할 수 있는데, 이것은 어떤가요. 아무래도 내선內鮮의 문제와 맞닿아 있을 것 같은데, 우선 스에마쓰 선생님부터 한 말씀 해 주시죠.

스에마쓰 지금 말씀하신대로 똑같은 국민운동을 두고 내지, 조선, 만주에서 각각 다른 명칭으로 부르는 것은 우연이 아닙니다. 각각의 사회 상황이 다르기 때문에 필연적으로 명칭이 달라진 것이라고 생각합니다. 그렇다면 사회의 차이는 어디에 있을까요. 단지 사회를 구성하는 여러 가지 요소에 차이가 있다고도 할 수 있겠지만, 그와 동시에 또 근본적으로 역사가 다르다는 점에도 차이가 있지 않을까요. 목적은 하나일지라도 그 명칭이 다른 것처럼, 실행 수단도 명칭에 따라 달라진다고 해도 이상할 것이 없습니다. 그것은 각 사회의 역사적 차이에서 발생한 것입니다. 아무리해도 부정할 수 없는 사실입니다.

조선에 한정해서 생각해보면 아까 누군가 말씀하신 것처럼 전통이라는 것이 주안점이 되지 않을까요. 전통을 살릴지의 여부보다는 오히려 그것을 잘 검토해서 공통의 목적을 향해 발현시키는 것에 초점을 맞춘다면, 운동의 궁극적인 목적은 같더라도 방법은 달라질 수 있다고 생각합니다. 이론이 아닌 역사적인 관점에서 지금 새로운 지도원리와 조선의 총력운동에 대해서 생각해 보면, 지금까지 널리 거론된 내선일체라는 표어는 현재 상황에서는 그다지 만족스럽지 않습니다. 왜냐하면 내선일체라는 표어는 수단을 나타내는 것이지, 목적을 나타내는 것은 아니기 때문입니다. 평화로운 시기에는 내선일체가 목적일 수 있지만, 현재와 같은 상황에서는 하나의 과정에 불과합니다. 따라서 앞으로는 몰라도, 오늘날처럼 긴박한 시기의 표어는 목적 그 자체를 좀 더 표현해야 할 것입니다.

그러면 그런 것에는 뭐가 있을지 검토해보죠. 책상머리에 앉아서 말뜻만 살펴보면 내선일체라는 말은 어느 정도 광범위한 것처럼 생각되지만, 오늘날의 상황에 비추어서 생각해보면 배타적인 표어가 될 우려가 있습니다. 대동아 건설 같은 경우에 지식인은 그 중핵체로서 내선일체를 생각하지요. 하지만 그것은 일반 국민운동의 표어로서는 협소합니다. 따라서 국민운동의 목표를 역사 속에서 찾는다면, 그 표어보다 높고, 내선에 국한되지 않는 좀 더 넓은 것이어야 하지 않을까요. 최근 저는 신대복고神代復古를 생각하고 있습니다. 우리가 신화시대로 돌아가면, 내선일체도 오족협화五族協和도 아닌, 더욱 큰 것을 이룰 수 있지 않을까요.

그래서 저는 지금 그것을 일반 민중에게 제시하기 위해서 구체적으로 어떤 말을 사용해야 할지 생각하고 있습니다. 단순히 신대神代로 돌아가자고 말해서는 뜬구름 잡기가 되기 쉬우므로, 민중들의 현실생활에 맞는 말로 표현하는 것이 좋을 듯 합니다. 그러나 그것을 어떤 말로 표현해야 할지는 고민입니다.

우카이 내선일국민內鮮一國民이라고 말할 수 있겠네요. 이것이 맞는 표현입니다. 국민이 무엇인지에 대해서도 여러 설이 있는데, 어떤 학자는 국민은 하나의 운명공동체로서 같은 운명을 갖는다고 합니다. 하지만 그것만으로는 수동적인 것 같습니다. 이 세계전국世界戰局 하에서 같은 운명에 처해 있다는 것은 수동적인 것 같지만, 반드시 그런 것만은 아닙니다. 국민은 좀 더 능동적인 것입니다. 왜냐하면, 하나의 국민은 같은 생활체험을 하기 때문입니다. 그런 의미에서 내선일국민이 공동 생활체험을 할 때, 거기에 조직을 부여해주는 것이 총력운동은 아닐까요. 그 운동은 아까 나온 신대를 재현한다고 할까요. 신대神代를 복고復古하는 것입니다. 그런 목표 아래에서 공동의 생활체험을 만들어 나간다면 아주 큰 의의가 있을 것입니다.

이시다 대중에게 표어를 보급하는 일은 중요하지만, 그 표어가 가진 함축성에 대해서는 매우 꼼꼼하게 생각해야 합니다. 내선일체라는 표어도 천박하게 지극히 표면적으로 해석되고 별 내용이 없는 표어가 되어버린 듯해서 꺼림칙합니다. 아까 스에마쓰 씨가 말씀하신 신대로 돌아간다는 것은 내선이 하나로 돌아간다는 것입니다. 원래 내선 양 민족은 하나에서 나온 것이므로 하나로 돌아갈 것입니다. 현실에서는 천황을 대중심大中心으로 일억이 견고히 단결할 것입니다. 그런데 그렇게 과거로 거슬러 올라가는 하나의 방향과 함께 앞으로 나아가는 방향이 있어야 합니다. 복고는 항상 유신維新되어야 합니다. 앞으로 나아갈 방향이 있어야 하지요. 그것은 신민족의 창조, 신국민의 창생이라고 생각합니다. 즉, 원래 하나에서 나온 것이 도중에 제각각이 되었는데, 향후 그것이 진실로 하나가 되어서 새로운 국민을 건설하는 것이죠. 야마토大和 민족 자체가 그런 과정을 거쳐 왔습니다. 야마토 민족도 메이지明治 시대까지는 제각각이었습니다. 그것이 유신에 의해서 하나의 공고한 민족이 된 것이지요. 그와 마찬가지로 오늘날까지 제각각이었던 내선이 역사발전의 대법칙에 따라서 하나의 새로운 민족이 되어, 1억 국민을 건설하는 것입니다. 거기에는 창조적인 여유가 있으므로 조선 측에서도 다분히 자발적으로 참가할 수 있는 길이 구축되리라 생각합니다. 지금까지 수뇌부의 생각은 꼭 그렇진 않았던 것 같지만, 일반인이 생각하기로는 내선일체라 하면 천황의 내지인이 되라는 식으로 받아들였습니다. 거기에 융통성 없는 고정관념이 생겨서 머뭇거리고 주저하는 자가 있었던 것 같습니다.

이토 그런 점에서 만주건국에 대해서도 이야기해보자면, 이건 좀 비화秘話일지도 모르겠지만, 젊은 일본인이 그 넓은 천지에 가서, 낡은 일본인 의식을 버리고 오족협화의 대大이상을 내걸고 동분서주했던 정치적 의욕이랄까, 그런 것이 방금 나온 얘기와 결부되는 것 같네요. 외국의 어느 학자였던 것 같은데, 동양인들에게 정치능력이 있는지의 여부는 만주에서 실험된다는 것을 읽은 적이 있는데, 여기서 앞으로 나아간다는 의미를 발견할 수 있을 것 같습니다.

이시다 한때 운명공동체론이 막 나오려고 했다가 진압되었지요.

우카이 수동적이었기 때문이겠죠.

이시다 그런 것도 있지만, 지금 전쟁 중이니까 어쩔 수 없이 하나가 된다는 식으로, 이른바 편의주의적으로 생각되어서 달갑지 않은 것이겠죠. 역시 일본적인 방식은 복고와 유신을 함께하는 것이라서, 완전히 다른 민족이 전쟁을 위해 하나가 되는 것과는 경우가 다릅니다.

우카이 그 점을 인식시켜야 합니다.

이시다 그래서 전진前進운동은 신대神代로 돌아가라는 복고운동을 수반할 때, 비로소 잘될 거라고 생각합니다.

——— 도의조선道義朝鮮

우카이 그것과 더불어 도의조선에 대해서 생각해야 합니다.

이토 정치적인 말을 지나치게 사용하면 도의를 매몰시킬 우려가 있습니다. 자주적으로 스스로 나아가서 자신을 세우고 국가도 세운다는 것에 진정한 묘미가 있는 거죠.

이시다 도의적인 측면과 관련해서 최근 조선의 사상 동향에 대해 야스오키 씨께 한 말씀 부탁드립니다…….

야스오키 글쎄요. 옛날부터 조선인은 흔히 사대주의적이라는 평가를 받아왔었고, 또 그런 말을 들어도 어쩔 수 없는 점이 있었습니다. 그러나 그것은 조선의 본질은 아닙니다. 그 증거가 최근 확실히 나타났지요. 그것에 대해 조금 말씀드리겠습니다.

사대주의라는 평가를 받은 이유는 다음과 같은 것이죠. 제1차 구주대전歐洲大戰이 끝나고 강화회의가 열렸는데, 그 때 미국의 윌슨 대통령이 민족자결을 표방하고 약소민족에게 호소했습니다. 그러자 그 국제적인 힘이 매우 크다고 생각해 많은 사람들이 휘말렸죠. 그런데 그 후 러시아 혁명이 일어나 러시아의 무산자無産者를 중심으로 한 새로운 세력이 대두되었습니다. 그러자 이번에는 그 세력이 세계를 리드할 것이라 생각해 거기에 휩쓸려 들어

갔습니다.

그 후 만주사변이 발발하여 일본의 힘이 매우 크다고 여겨지자, 이번에는 일본의 힘에 의지하게 되었습니다. 그래서 내선일체운동이 반도에서 시작되었지요. 그것이 어느 정도 진행되었을 때 국제연맹에서 리튼Victor. A. Lytton 경을 중심으로 하는 조사단8)이 동양에 파견되었습니다. 그것을 보고 반도인의 심리는 일본에서 조금씩 멀어져 갔습니다. 그러나 그 후 일지사변이 일어나자 일본의 힘은 위대하다, 마침내 대륙경영에 착수했다고 해서 이번에는 일본의 국민으로서의 운동, 사변에 대한 의식 등이 매우 선명해졌습니다. 그 후 지나사변 처리가 생각대로 되지 않는 것을 보고 또 태도가 조금 변했습니다. 대동아전쟁이 발발하자 이번에는 애국열이 절정에 달한 것 같았지요. 예를 들어 일지사변 2년 동안 모인 헌금액보다도 대동아전쟁 발발 후 1개월간의 헌금액이 훨씬 많았습니다.

그러나 과달카날Guadalcanal 전진轉進을 계기로 태평양의 전세는 일본에 반드시 유리하지만은 않게 되었습니다. 서양에서는 맹방盟邦 이탈리아가 붕괴했고, 독일 역시 사면초가인 듯했습니다. 이것을 보고 일부는 또 태도가 변했습니다. 이렇게 보면 대강 반도의 사상경향이 사대사상이라고 정리되어도 어쩔 수 없는 부분도 있겠지만, 아까 말씀드린 것처럼 그것이 조선의 본질은 아닙니다. 제가 생각하기로는 일본의 국난은 이번의 대만과 필리핀의 앞바다에서 전과를 거두기 전까지의 시기인 것 같습니다. 이런 국난은 일본 역사상 없었던 것은 아닐까요. 또 반도인의 경우, 일본의 국력에 대한 관점과 사고방식이 지금만큼 심각해진 때는 없었다고 생각합니다. 그때 반도의

8) 1932년 2월에 국제연맹에서 리튼 조사단을 파견한다. 빅터 리튼은 이 조사단의 단장이었다. 리튼을 포함한 5명의 조사단원들은 만주국의 자주성과 건국 경위에 대해 조사한 후, 만주국을 일본의 괴뢰정부로 규정한다. 리튼 조사단은 1932년 9월 30일 일본과 중국 정부에 보고서를 전달하고, 이 보고서에 불만을 가지게 된 일본은 1933년 3월 27일 국제연맹에서 탈퇴한다.

사상이 어떻게 움직일지는 정말로 조선의 시금석試金石이 될 만 했지요.

그러나 역시 2천 6백만 명 중에는 구태의연하게 좁은 의미의 민족주의 관념에 사로잡혀 있는 사람도 일부 있었겠지요, 또 시국에 편승해서 일정한 이념이나 주의도 없이 그냥 헛되이 움직이는 부류도 일부 있었고, 감정에서 오는 많은 문제 때문에 방관적인 태도를 가진 분자도 일부 있었겠지요. 그러나 진지하게 역사의 운행을 바라보고, 아까 여러 선생님들도 말씀하셨듯이, 운명공동체적인 관계를 진중하게 생각하는 분자도 있습니다. 그들은 진심으로 국가를 염려하고 있습니다. 저는 이들을 건설파建設派라고 부르고 싶습니다. 이 일파는 전국이 일본에 반드시 유리 한 것은 아닐 때 일어났으므로, 이들에게서야말로 도의조선의 본질적인 면이 발휘된 것이라고 생각합니다.

대체로 다수의 민중은 올바른 지도자의 불타는 정열에 의해 충분히 지도됩니다. 이 건설파는 전쟁에 져서는 안된다는 태도를 가지고 있었다고 분명히 말씀드릴 수 있습니다. 대동아공영권이라는 큰 힘도 그렇지만, 일본이 없으면 동아도 없습니다. 2천 6백만 명의 장래를 일본이라는 국가를 중심으로 생각해야 하는 오늘날, 무슨 일이 있어도 이 전쟁에서 이겨야 합니다. 그러기 위해서는 모든 힘을 기울여서 예전보다 더 적극적으로 협력해야 합니다. 단지 요구받았기 때문이 아니라, 마음속에서 우러나와서 해야 합니다. 그것이 때로는 무형적으로, 때로는 유형적으로, 게다가 어느 지역에 한정되지 않고, 전조선에서 매우 강하고 뿌리 깊게 전개되어 왔다는 사실에 비추어 보건대, 저는 여러분이 조선의 사상을 가볍게 사대사상으로 정리해 버려서는 안 된다고 생각합니다. 그러므로 도의적인 측면을 봐 주셨으면 합니다.

우카이 그것이야말로 올바른 국민운동이자, 총력운동이지요.

총력운동의 추진성

기자 지금 야스오키 씨가 여러 가지 말씀을 해 주셨는데요. 총력운동을 사상운동의 측면이나 혁신성의 측면에서 볼 경우, 조선인의 낡은 사고방식을 변화시키는 것은 물론, 내선의 문제나 그 밖의 모든 생활 문제를 통틀어서 더욱 혁신적으로 활기차게해 나가야 합니다. 그렇다면 앞으로 총력운동을 어떻게 실천해야 할까요?

우카이 방법도 문제가 되겠지요. 가령, 아까 말씀드렸듯이, 다원적인 세력이 각각 자신의 요구를 표출하는 것은 하정상통下情上通의 방법으로서는 오늘날 이미 적합하지 않습니다. 그리고 몇 사람이 소리 높여 언론의 자유를 외치는 방법 역시 하의下意를 전달하는 진정한 길이 아닐 겁니다. 그런 식으로 언론이 표출되는 것은 총력운동에서 추구하는 하의상달下意上達 혹은 하정상통下情上通의 방법이 아닙니다. 즉 언론의 활발함이란 무언가를 해 달라, 이런 것이 갖고 싶다고 요구하는 구舊체제적인 정치상의 다원성이 아니라, 총력운동의 조직을 통해 총력을 기울여 무언가를 제공하자, 우리는 이런 것을 제공하겠다, 이런 것을 공헌하자는 식의 태도를 의미합니다. 아래쪽의 의사가 총력을 결집하기 위해 이것이든 저것이든 다 바치고 전진해 나가자는 방식으로 조직에서 표출되는 것, 이것이 바로 국민운동과 총력운동에서 하의下意가 표출되는 방식이라고 생각합니다.

이토 총력운동을 학문적으로 다루는 방식은 이미 여러 가지로 전개되었습니다. 그것은 반드시 학자들에 의해 진전될 것이라 봅니다. 저는 앞서 대체로 적극적인 측면에 대해 말씀드렸는데요, 그런 맥락에서 소극적인 측면을 살펴본다면, 상의하달이나 하의상달이라는 문제에 천착해서, 즉 위쪽의 마음과 아래쪽의 생각을 잘 통합해서 강력한 힘을 만들어낼 필요가 있습니다. 특히 전쟁이 격렬한 와중에 전선에 부응해서 총후가 일어나는 것처럼, 끝까지 파고들어갈 필요성이 발생하기 때문에, 그것을 어떻게 잘 해 나갈 것인지 생각해야 할 것입니다. 나는 그런 의미에서 국가사회의 구성이란 주먹밥 같은 것이라 보는데요. 너무 딱딱하게 만들면 맛도 뭣도 없지만, 적당히 힘을 줘서 만들면 맛있잖아요.(웃음) 그렇게 만들지 않는다면 흩어진 밥알에 불과하니 주먹밥의 구실을 못 하지요. 적당히 힘을 줘서 만든 것을 산에 가져가든, 강에 가져가든 때에 맞게 사용해야 비로소 맛이 충분히 살아나지요. 이것이 바로 국가형성의 원리라고 생각합니다. 야마토일치大和一致라는 말도 사용되지만 그것만으로는 아무래도 제 맛이 나지 않을 것 같다는 생각이 듭니다. 차라리 여유 있는 사회로 나아가야 하지 않을까요.

지금 시국 하에서는 사상적으로나 경제적으로나 많은 희생자가 나오고 있을 겁니다. 그것은 전쟁의 요청에 따라 주먹밥을 만드는 손에 점점 더 힘이 들어가기 때문인데요.(웃음) 이에 부응하지 못하는 자는 탈락합니다. 이런 때에 위정자는 사랑하는 마음을 충분히 가지고 행동해야 합니다. 오늘날 아랫사람들의 의식주는 상당히 궁핍해져 있고, 그것은 물론 견뎌내야만 하겠지만, 어떤 경우에는 위에서 적극적으로 오락을 제공하는 등의 부드러움도 필요하지 않을까요. 저는 앞서 총력운동의 적극적인 측면에 대해 말씀드렸는데, 소극적인 측면에 대해서는 대체로 이렇게 이야기할 수 있지 않을까 합니다. 그런 다음에야 그러면 조선은 어떻게 될 것인가라는 각론적인 논의로 들어갈 수 있다고 생각합니다.

기자 그 통합이라는 문제 말인데요. 예를 들어 위쪽에는 관官이 있고 아래쪽에는 민중이 있고, 그 중간에 총력운동이 있다고 할 경우, 관은 단순히 국책을 전달하고 아래쪽에서는 단순히 그것에 협력한다면, 그것은 총력운동이 아니라는 거죠. 그런 단계적인 전달이 아니라, 총력운동이 진정으로 올바른 방향을 지닌 언론성言論性을 내부에 가지고 있으면서 관과 민의 교류를 추진하는 역할을 한다는, 말하자면 총력운동의 독자성의 문제가 되겠네요 …….

우카이 그것이 가장 제 맛을 낼 수 있는 방식이죠.

이토 다만 그 비중을 어떻게 할지는 위정자 마음이겠죠. 그러면 비중론이 되는데, 오히려 이때에 민이 관을 편달鞭撻할 정도의 총력을 발휘하는 상황으로 이끄는 것이 국민총력운동의 중개기관에 있는 책임자들이 나아가야 할 방향이라고 생각합니다. 물론 현실적으로는 어려운 일이겠지만, 그런 마음은 필요하다고 봅니다.

——— 언론의 신장

이시다 행정관은 전쟁에서 부엌을 관리하는 사람이므로 이들이 살림을 제대로 해줘야 하는데, 현실은 이들이 살림을 견디지 못해 밖으로 뛰쳐나온 형편입니다. 이래서는 아무래도 잘 되지 않습니다. 국책을 결정하는 자는 당연히 관이지요. 그것을 침투시키고 모든 힘을 결집하기 위해서는 민간 언론이 왕성하고 활발하게 활동해야 합니다. 이 점에서 오늘날 조선의 상황을 살펴보면, 언론 저조低調를 넘어 언론 전무皆無가 아닌가 싶습니다. 가령 국책추진과는 다른 전황戰況의 해설을 보더라도, 전황戰況을 민중에게 제대로 알려주는 해설조차 이루어지지 않고 있지요. 대본영大本營[9]에서 발표하는 간결한 문구를 절대적으로 신뢰하고 있긴 하지만, 그것을 민중이 맛나게 즐길 수 있을 정도로 잘 조리해서 내놓는 언론가도 없고, 하물며 최고의 국책을 민중에게 주지시키고 철저히 이해시키는 언론도 없습니다. 여기에 총력운동의 취약점이 있는 것 같습니다.

이토 정말로 새겨들어야 할 말이네요.

우카이 맞아요.

이토 점점 생각이 확실해지네요.

우카이 그 점은 내지에서도 요즘 문제가 되고 있지요. 정보국의 새로운 총재가 문제로 거론되고 있습니다.

이토 언론의 빈곤이라는 것에 대해서 빈약하다고 말하면 너무 지나친 표현이겠지만, 아까 말했듯이 여유를 가졌으면 합니다. 모두가 여유롭게 읽고 그것을 통해 함께 전쟁을 완수한다는 마음을 가지면 좋겠습니다.

이시다 전쟁의 전과戰果만이 아니라 경과를 어느 정도 알리지 않으면, 전선과 총후의 일치는 어려울 것입니다. 언론의 빈곤에는 여러 가지 원인이

9) 전시에 천황에 직속되었던 육해군 최고 통수부이다.

있을 것입니다. 신체제 이래 겁을 먹기도 했고, 지도자가 나오지 않았기 때문이기도 하지요.

이토 실제적인 법률 방면에서 말씀드리겠습니다. 즉 문자를 골라내서 조문條文을 합계한 것이 아니라, 사상적 측면과 경제적 측면에 대한 통제의 비율 말입니다. 사상적 측면에 대해서는 20개 정도, 경제적 측면에 대해서는 100개 정도의 법률이 있습니다. 따라서 사실 경제적 측면이 대단히 중압을 받고 있고, 사상적 측면은 그것의 몇 분의 일 정도인데, 물론 이것도 괴로운 상황이죠. 그러나 말을 하지 않으면 바보가 되니까, 어느 정도는 말하게 할 방법을 강구할 필요가 있겠지요. 그런 의미에서 국민총력운동에서 강연회나 좌담회를 활기차게 전개하는 방책도 한 번 강구해 보고 싶습니다.

야스오키 언론에서도 최근 여론의 명랑화를 시도하고 있지요. 조선에서도 올바르거나 계발적인 방향일 경우에는 위정당국자가 충분히 언론을 신장하려고 하지 않을까요. 다만 평시와 달리 전시 하에서는 어떤 것이 올바르고 또 건설적인 방향을 지닌 언론인지 하는 문제가 중요할 것입니다. 이 점은 역시 이시다 씨가 말씀하셨듯이, 어디를 바라봐도 초원이나 파도치는 바다와 같아서는 아무래도 잘 알 수가 없습니다. 그래서 아까 이야기가 나왔던 내선관계도 내선일체를 훨씬 초월한 내선일국민이라는 쪽으로, 역사관계도 민족환원이라는 쪽으로 이끌어감으로써 유신의 길을 열어야 합니다. 그리고 역시 그런 이념을 명확하게 하는 언론방면의 지도자 조직이 같은 연맹 안에서도 필요할 것입니다. 그렇게 기준을 세워서 지도하는 선에서 언론을 활발하게 신장시켜 나가는 것이 언론의 활발화를 도모하는 하나의 방법이 아닐까요.

이토 그건 만족스럽군요.

——— 지도자 연합pool

이시다 나는 감히 지도자 연합이라는 말을 사용하고 싶습니다. 경제계나 그 외의 분야에도 연합성이 있는데, 언론계에만 없습니다. 우리도 개인별로 여러 가지 일을 위촉받았던 적이 있습니다. 그러나 그런 방식은 결국 분산적인 것이라서 힘을 형성할 수도 없고 개개인에게 공통적으로 들어맞는 지도적인 언론도 세워질 수 없습니다. 따라서 연맹이 중심이 되어서 조선의 모든 언론가를 망라한 연합을 조직해서, 수시로 적재적소에 필요한 언론가를 파견하거나, 그 밖에 노무라든가 공출이 문제가 될 때 그 방면의 언론가를 출동시키는 등, 기동성이나 기획성을 가져야 할 것입니다. 그렇지 않으면 계속 언론 저조 문제가 야기되지 않을까요. 우리는 그렇게 생각하는데, 대학에서는 어떻게 생각하십니까?

우카이 개인적으로는 그런 조직 문제에 대한 구체적인 안은 갖고 있지 않습니다. 다만 연맹 쪽에서 문화인을 크게 활용하는 것을 고려해 준다면 굉장히 좋을 것 같네요. 지금 부내府内에서 놀고 있는 자는 단 한 사람도 없을 텐데요. 황국의 흥쇠가 걸린 중대한 시국에 문화인이 전력을 바쳐서 분투해야 하는 것은 자명한 사실이고, 문화인 모두 그런 각오를 하고 있습니다. 그러므로 연맹과 같은 기구가 이들을 충분히 활용해서 성과를 내는 일에 저는 대단히 찬성합니다.

이토 방금 제기된 지도자 연합 문제에 대해서 저는 추진반을 생각하고 있습니다.

기자 내지의 익찬장년단翼贊壯年團에서도, 각 공장에 정신원挺身員을 파견하고 있지요. 역시 그런 연합체가 있어서, 그 정신원에게 더부살이 형태로 공장생활을 시키기도 하는 것 같습니다.

우카이 익장단 자체가 그런 성격을 가지고 있습니다. 대정익찬회 안의 정신대 같은 거죠. 그런 의미에서 추진원이 조직될 필요가 있을 것입니다. 그것은 의미 있는 일인 것 같습니다.

이토 대학 쪽이나 저희 쪽 등 여러 방면에 부탁드려서 언론의 정신挺身이나 전개가 무리 없이 시국에 부응되도록 연구할 생각입니다.

이시다 그건 꼭 필요하겠네요.

기자 야스오키 선생님께 한 말씀 부탁드리겠습니다. 앞서 이야기가 나왔듯이, 총력운동은 단순히 개념적인 정신총동원으로부터 벗어나 굉장히 강력한 사상성을 중핵으로 민중 생활에 더 깊이 결부될 필요가 있을 것 같은데요, 예컨대 애국반의 활동이 일단 가장 가깝겠지요…….

——— 생활과 결부하여

야스오키 앞서 나온 이야기를 좀 더 진전시킨다면 결국 거기까지 도달하리라 생각되는데요. 상의하달上意下達과 하정상통下情上通이 잘 이루어지는 데 총력운동의 존재성이 있는 것이죠. 그리고 그럴 때 그 효과도 거둘 수 있을 것입니다. 그런데 오늘날에는 관이 존재하고 거기서 나오는 것을 받는 즉시 전달합니다. 이는 상의하달이죠. 그런 조직은 확실히 존재합니다. 그런데 이것은 마치 우리가 차를 마시는 것과 같은 것으로, 차를 마시라는 명령은 관에서 하지만, 그것이 뜨거울 때 뜨겁다고 말하는 것은 민民입니다. 이때 뜨거우면 좀 더 식혀서 마시라고 하는 것이 관과 연맹과 민사이의 조화입니다. 그러나 대부분 그래도 마시라고 합니다. 그래서는 입안을 데서 불건전성不健全性이 생기게 됩니다. 즉, 국민생활이 불건전성을 갖게 되는 거죠. 여기서 이른바 하정상통이 반드시 필요하게 되는 겁니다. 그렇다면 왜 관과 연맹과 민이 있고 훌륭한 조직을 이루고 있는데도 그런 조화가 잘 이루어지지 않았는가라는 질문이 나오겠지요. 그것은 오늘날의 조직자체는 굉장히 훌륭하지만, 운영이나 사람의 배치로 볼 때 현재 상태로는 관의 색채가 너무 농후해서, 연맹이 이른바 중간성을 띠기보다는, 연맹이 곧 관이라는 인상을 너무도 강하게 주고 있기 때문입니다.

늘 하는 말이지만, 예컨대 도의 연맹에서는 도지사를 명예회장으로 하는 정도로 하고, 사무장은 순純민간인 중에서 유능한 사람을 둡니다. 그리고 그 사무기관을 도청 안에서 거리 한복판으로 옮깁니다. 그렇게 해서 민간의 유력자들을 망라하고 거기에 기동적機動的인 예산을 주어 일하게 합니다. 군의 연맹에서도 군수를 명예이사장으로 해도 좋겠지요. 다만 그 군수보다는 더 인격과 역량이 있고 견식이 풍부한 사람을 사무장으로 두고, 역시 군청의 연맹계에서 빼내서 동네 한복판에, 가령 안방의 온돌 위라도 좋겠지요, 사무국을 설치하고 그에 맞는 예산을 주어 일하게 하는 겁니다. 면에서도 면장은 고문이나 상담역 정도로 하고, 면장보다도 인격과 역량과 수완이 있고 견식이 풍부한 사람을 사무장급으로 해서 면의 유력자를 망라한다면, 관의 계통은 관의 계통대로 일원적으로 성립될 것이고, 연맹은 민간

단체로서, 즉 국민운동체로서 성립될 겁니다.

그런 식으로 입장이 간명해진다면, 방금 전에 예로 들었듯이 뜨겁다고 진심으로 호소할 수 있는 장소가 마련될 것입니다. 오늘날은 위에서 너무 시키기만 해서, 민중이 속에 쌓인 울분을 뱉어낼 입조차 없습니다. 그런가 하면 방금 우카이 선생님이 말씀하신대로, 무언가를 바라거나 요구하는 것이 아니더라도, 진실로 건전하고 올바른 사고방식을 반영하려 해도, 그것을 반영해줄 기관이 없습니다. 연맹을 그런 기관으로 이끌어간다면, 국민운동체로서, 민의民意반영기관으로서, 하정상통의 기관으로서, 훌륭하게 그 사명을 달성할 수 있을 거라고 생각합니다.

이시다 지금 지방에 가보면 민간의 흥망을 짊어지고 이끄는 사람들이 꽤 있는 것 같습니다. 그러나 그런 사람들이 과연 오늘날 국가가 요청하는 만큼 혁신성을 지니고 있는지, 또 현역에 있는 사람들로 연맹운동을 충분히 해나갈 수 있는지 의문을 가질 수 있겠지요. 그런 점에 대해서는 솔직히 어떻게 생각하십니까.

야스오키 그 점은 이토 부장님께서 말씀하셨듯이, 오늘날에도 여전히 연맹 이론이나 연맹학學의 확립이 요구되는 만큼, 본부本府에서 충분히 그런 지도 원리나 이념을 확립하여 그것이 아래까지 전달될 수 있도록, 지도자에 대해서도 역시 여전히 계몽이나 지도가 필요하다고 생각합니다. 오늘날 관리들에 대해서도 그렇게 하고 있으니까요.

이토 그래요. 그 점에 대해서 저는 굉장히 낙관적으로 보고 있습니다. 이만큼 큰 전쟁을 하고 있는데도 조선은 참으로 잘 돼가고 있습니다. 일본이 생긴 이래 가장 큰 전쟁, 아니 세계 역사가 시작된 이래 가장 큰 전쟁이 아닐까 싶을 정도로 큰 전쟁의 와중에 용케도 이만한 태세를 갖춰 나가고 있습니다. 지금 상하 연락의 이야기가 있었는데, 내지에서도 그 점은 큰 문제가 되고 있지요. 그것은 결코 조선만의 문제가 아닙니다. 내지에도 자유주의자가 꽤 남아 있고 무지한 자도 상당히 있어서 그들을 이끌어가야 할 정부의 마음가짐에도 대단히 강한 면이 있습니다. 그래서 지도자 자신도 안타까운 경우가 많겠지요. 아까 말한 것처럼 참으로 안타깝다고 생각하면서도 뜨거운 물을 마시게 해야 하는 경우가 있을 것입니다. 특히 조선에서는 그런 일이 많겠지만, 그래도 저는 지도자들이 꽤 성실하다고 생각합니다.

——— 운동의 공개성公開性

그리고 민중들 사이에도 지도자의 마음을 잘 이해하고 따라가려는 분위기가 형성되어 있는 것 같습니다. 하지만 아무래도 통제가 강하다보니 탈락하는 사람이나 원망하는 사람도 있을 테고, 좀 더 일이 커지면 자신을 해치는 경우도 있겠지요. 저는 거기에 약간의 결함이 있다고 봅니다. 결국 지도자의 성실성과 대중의 총력성이 결부되어 있다는 점을 좀 더 일반 사람들에게 이해시키는 방법이 필요할 것입니다. 때로는 장소적으로, 때로는 시간적으로, 간단히 말하면 공개성을 갖게 할 필요가 있다는 것입니다.

특히 조선에는 의회가 없기 때문에, 이 점을 지도자와 대중 모두가 잘 납득해서, 적당한 방법으로 관과 민이 손잡고 있다는 것을, 그리고 그것이 좀처럼 쉽지 않다는 것을 좀 더 확실히 해야 합니다. 그런 점에서 총력연맹에서 면회일이나 대중이 간담하는 시간을 마련하는 시책을 강구하면 좋겠습니다. 경우에 따라서는 각 층, 각 단체의 대표자가 한데 모여서 자신들의 의사를 상층부에 호소할 필요도 있습니다. 다만 이미 전쟁이 시작되었기 때문에 너무 이야기를 길게 늘어놓아 시간을 허비해서는 안 되겠지요. 아까 우카이 씨의 말씀대로 민주주의적인 분위기를 지금 다시 재현할 수는 없을지도 모르겠지만, 이런 것은 필요하다고 봅니다.

이시다 지금까지 민중을 걱정하는 사람은 멀리서 불평만 했고, 관료와 접하는 사람은 편의에 맞는 말만 해댔지요.

야스오키 이른바 편승주의자로군요.

이시다 맞습니다. 그것이 가장 불행한 일이었습니다. 그렇기 때문에 방금 공개성에 대해 말씀해주신 것은 굉장히 좋다고 생각합니다.

이토 정치의 공개성이라는 이야기가 될까요.

(유광렬 씨 출석)

기자 지금 오신 유 선생님께 좀 급한 감이 있지만 한 말씀 부탁드리겠습니다.

—— 지식계층의 경우

유광렬 지나사변 이래 굉장히 안타까운 것은 시국에 대한 조선 지식계층의 협력이 부족하지 않나 하는 점입니다. 아무래도 자칫 자신이 타격을 받지 않을까 하고 생각하는 사람이 많기 때문인 것 같습니다. 이는 국민으로서 매우 안 좋은 일인데, 방금 말씀하신 애국반이나 국민정신의 강조라는 점에서도 실제로는 스스로 제일선에서 일하지 않고 그저 방관자로만 있는 측면이 있는 것 같습니다. 제일선에 서서 여러 가지 일을 하는 것을 주저하고 있지요. 잘못하면 지금까지 쌓아온 사회적 명성이 물거품이 되지 않을까 하며 시기를 엿보고 있는 사람도 있습니다. 어떻게 하면 이 지식계급을 동원해서 진심으로 시국에 전심을 다하도록 할 수 있을지, 이 점에 대해 방금 연맹 쪽에서 여러 말씀을 하셨는데요. 좀 늦게 와서 지금까지 어떤 이야기가 있었는지 정확하게는 알 수 없지만, 아무래도 조선의 지식계급은 그와 같이 친절하게 여러모로 지도하는 일과 언론에 대해 갈팡질팡하고 있는 것 같습니다.

내지에서도 마찬가지였지만, 조선의 지식계급은 최근 2,30년 동안 언론의 자유를 외쳐왔습니다. 외래사상에 물들어서 여러 일을 벌였고 그것을 언론이라고 생각해왔습니다. 그러나 지나사변 이래 혹은 대동아전쟁 이래, 지난 일들이 아무래도 지나쳤다는 것을 깨닫게 되었습니다. 그렇다고 해도 중심이 될 만한 국가에 대한 사상이 하루아침에 세워지지는 않습니다. 뭔가 말을 하려고 해도, 왠지 자신이 없습니다. 그래서 오늘은 연맹 간부와 최고학부에서 여러 인사들이 나오셨으니, 그분들을 위해 언론이란 무엇인지 권위 있는 기준을 세워줬으면 합니다. 그런 기준을 세우고 나서 조선의 지식계급을 총동원해서 연맹의 모든 하부기구에까지 조치를 취하는 것이 필요할 것입니다.

이시다 지금 말씀은 조선 지식계급의 병리학이라고 할 만한 것으로, 정말로 그런 측면이 있지요. 역시 지식계급이 과거에 얽매여 있기 때문에 그렇게 되는 겁니다. 지난 40년, 50년 동안 민중운동을 해오면서 이만큼의 수준에 도달했는데, 이제 와서 함부로 나서서 잘못되기라도 한다면 어떻게 될까하는 생각 때문이겠지요. 그러나 가슴에 폭약을 품고 적함에 뛰어드는 청년이 속속 나오고 있는 오늘날, 그런 생각은 바뀌어야 합니다. 과거의 눈곱민한 명성에 얽매이서는 결국엔 사식을 볼 면목이 없어질 겁니다.

유광렬 이건 조금 다른 이야기인데요. 아무래도 조선의 청년 지식계급은 과거에 진심으로 마음을 털어놓고 내지인을 접하는 일이 상대적으로 제한되어 있었다는 말씀을 드리고 싶군요. 이들은 내지의 유식자와 대화를 나눠볼 기회가 없었습니다.

이토 과연 그렇군요.

유광렬 그래서인지 서로의 진심을 너무 모릅니다. 아니면 사소한 계기나 행위 때문에 서로를 깊이 오해하고 있기도 합니다. 어떻게 하면 과거의 선입견을 없앨 수 있을까요? 연맹 쪽에서 어떻게 하는 수밖에 없을 것 같습니다.

이시다 그런데 아까 애국반 이야기가 나와서 생각난 것인데요, 우리 반에서는 내지인과 조선인이 거의 반반씩 섞여서 생활하는데, 방금 나온 접촉이라는 점에서 상당히 좋은 성과를 거두고 있습니다. 생활의 어려움을 완전히 함께하고 있기 때문에 서로에게 각별한 친근감을 가지고 있습니다.

우카이 정말 그래요. 그런 일은 부내의 곳곳에서 볼 수 있는 일이겠지요.

——— 천업익찬天業翼贊

기자 시간도 꽤 지난 것 같으니 오늘 밤의 이야기를 마무리 짓는 의미로 신대神代의 천업익찬天業翼贊에 대해 말씀들 해주셨으면 합니다. 아까 스에마쓰 선생님께서 신대로 돌아가라는 말씀을 하셨는데 …….

스에마쓰 저는 신대神代로 돌아가라는 말씀을 드렸는데요, 조선 역사와 일본 역사, 그 양쪽에 기초해서 확신을 가지고 확실히 말씀드릴 수 있는 것은, 바로 우리가 하늘의 아들이라는 것입니다. 일본의 입장에서 말하자면 소위 국조인 아마테라스 오미카미天照大神에게로 돌아가라는 것과 같습니다. 국조인 아마테라스 오미카미에게로 돌아가라고 하면, 그것은 일본인이면 몰라도 조선인에게는 불가능하다고 하실지 모르겠습니다. 하지만 그건 큰 착각입니다. 출발점이 같다는 사실을 조선에서는 오랫동안 잊고 있었습니다. 그것을 어떻게 잊게 되었는지 설명하자면 역사에 대해 이야기해야 하므로 굳이 할 필요는 없지만, 결론은 아마테라스 오미카미에게로 돌아가라는 것입니다.

이것은 결코 일본 개국사의 근원으로 돌아가는 것일 뿐만 아니라, 동시에 조선의 역사적 출발점으로 돌아가는 것입니다. 그것은 일천만민一天萬民의 원리와 사상이 아닐까요. 이렇게 말하면 어렵겠지만, 신대로 돌아가라는 것은 모두가 진심으로 일천만민의 사상으로 되돌아가는 것입니다. 그것은 일본사상의 근원이자 오랫동안 잊혀져있던 조선의 개국사상이기도 합니다. 하지만 이 문제를 거기까지 끌고 가기 위해서는 상당히 많은 설명이 필요합니다. 그러므로 지금 이런 말을 해봤자 갖다 붙인 이야기가 될 뿐, 질문에 직접 부합하는 답은 못될 것입니다. 하지만 방금 말씀드린 일천만민의 사상으로 돌아가는 것이 바로 사상운동의 근원이 된다는 것이 제 생각입니다. 게다가 그것은 하나의 이론이 아니라 일본과 조선의 신대 역사에 근거한 뿌리 있는 사상원리라 생각합니다.

이시다 그런 원리에 근거해서 대동아전쟁에서 끝까지 싸워나가는 것이 우리의 사명이겠지요. 이해와 타산으로 뭉친 반反주축진영의 발걸음이 마침내 흐트러질 때 내선의 동일근원이 개명開明될 것입니다. 이는 실로 뜻 깊은 일이지요. 그러면 이쯤에서, 오랜 시간 수고하셨습니다.

처우개선處遇改善을 둘러싸고

1945년 1월

참석자

다보하시 기요시 田保橋潔[1] ———— 경성제국대학 교수

하세가와 리에이 長谷川理衛[2] ———— 경성제국대학 교수

차재정 車載貞[3]

다와라 후미오 俵文夫[4]

이시다 고조 石田耕造

---

1) 다보하시 기요시(田保橋潔, 1897~1945) : 일본의 역사학자. 1927년에 경성제국대학교수가 되었으며, 1933년에는 조선총독부에서 조선사 편수(編修)를 담당했다.

2) 하세가와 리에이(長谷川理衛, 1899~1977) : 일본 치바 현 출신으로 도쿄제국대학을 졸업했다. 경성제대 법학부 교수를 역임했으며 에스페란토어에도 관심을 가져 경성에서 강습회를 열기도 했다.

3) 차재정(車載貞, 1903~?) : 서울청년회와 전진회에서 활동하면서 사회주의 운동에 참여했다. 1929년 광주학생운동을 주도한 혐의로 체포되었다. 출감 이후 대동민우회(大東民友會)의 이사로서 내선일체를 주장하는 강연활동을 벌였다.

4) 다와라 후미오(俵文夫) : 1944년 경에 조선으로 건너와 식민정책에 관여했던 인물로 추정된다.

—— 일본의 의사意思

기자 오늘 저녁의 주제는 처우개선 문제입니다. 이는 물론 현재 중앙에서 이루어지고 있는 조사위원회의 진행사항에 이것저것 보충하거나 주문하려는 게 목적은 아닙니다. 그런 것보다는 처우개선에 이르기까지의 경위나 처우개선에 나타난 일본적 방식, 또는 이번 조치에서 암시되고 있는 궁극적인 목표 등에 대해 기탄없는 의견을 개진해서 반도 동포의 기쁨에 명확하게 의미를 부여하고 싶습니다. 다보하시 선생님, 서론격으로 한 말씀 해주시지요.

다보하시 글쎄요. 뭐부터 이야기해야 할지 …….

이시다 역시 이참에 일본적 방식이 크게 추구되어야 합니다. 저는 이렇게 생각하는데요, 외지처우에 대한 앵글로색슨의 방식에는 노련한 면이 있습니다. 최종적으로는 '외지는 우리와 다른 인종이다'라는 도저히 뛰어넘을 수 없는 선을 그어놓고 그 선 밖에서 여러 모로 교묘하게 정치를 하지요. 일본은 아쉽게도 그런 교묘함을 이길 수는 없지만, 최후의 선 같은 것은 없습니다. 내선관계를 보더라도 궁극적으로는 내선무차별에까지 끌고 나간다는 것이 일본의 입장입니다. 그런 점에서 보면, 이번에 처우개선이 논의되기까지 그동안 매우 답답한 점도 있었지만, 시종일관 일본적 방식이 있었던 것 같습니다.

다보하시 외지정책은 나라와 민족과 그 문화에 따라 방식이 다릅니다. 그래서 영미英米에는 영미적인 방식, 일본에는 일본적인 방식이 있기 마련입니다. 영미적 방식은 인종, 종교, 문화 등을 완전히 다르게 하는 데에서 출발합니다. 그리고 적당한 선까지 그것을 조종해서 최종적으로는 '우리는 상관하지 않을 테니 너희들이 알아서 하라'는 식으로 합니다. 방금 이시다 씨가 지적하신 방식처럼 하는 거죠. 이것이 가장 우수한 외지정책으로 여겨져 왔습니다. 메이지 시대의 정치가는 다소 그런 영향을 받았었지요. 하지만 사실 일본적 방식이란 그것과는 다르게, 어디까지나 하나로 만들려는 것입니다. 그것이 이쪽의 정책인데, 그렇게 하면 일이 상당히 번거롭게 진행되어서 쉽지가 않습니다. 게다가 문제가 상당히 어려워지기 때문에 지난 35년의 통치를 돌이켜보더라도 그 모든 것이 순조로웠다고 하기는 어렵습니다. 실패도 굉장히 많았지요.

하지만 최후의 근본으로 일체라는 커다란 이상이 있기 때문에, 어떤 민족도 특수하게 취급하지 않고 완전히 하나로 만듭니다. 일본에는 이른바 씨족정책 같은 것이 없습니다. 고대로부터 인종적으로 잡다한 사람들이 들어와 끊임없이 이민족의 영향을 받으면서 오늘날의 민족으로 형성되었지요. 따라서 정치적으로나 문화적으로나 모든 면에서 자격에 아무런 하자가 없던 지나와 조선의 귀화인은, 조정의 총우寵遇를 받고 고위고관高官에 많이 등용되었습니다. 일본성씨록日本姓氏錄을 보면 조선에서 온 귀화인이 성씨를 하사받고 훌륭한 신민으로서 국가를 받들어 모셨다는 기록이 많이 남아있지요. 그런데 여러 가지 이유로 인해 양쪽이 갈라졌기 때문에 고대와 근대 사이에 차이가 생겨났습니다. 그러므로 오늘날처럼 외지와 내지를 하나로 만들고 모든 차별을 없애는 것은 우리나라의 건국 정책으로 되돌아가는 것입니다.

——— 병합의 정신

이시다 병합 당시의 생각은 어땠나요? 단적으로 조선통치에 대한 이토 히로부미伊藤博文 공의 생각은 어떠했습니까?

다보하시 이토 공도 역시 최종적으로는 내선일체를 생각하셨겠지만, 그의 외교정책에 대한 구체적인 기록이 남아있지 않아서 확실하게 말할 수는 없습니다. 그 당시는 여러 가지로 정세가 매우 어려웠는데, 결국 조선 보호는 포츠머스 조약에서 이루어졌습니다. 그 이전에 문호개방정책을 추진했던 존 헤이John Hay[5]가 미국의 루스벨트Theodore Roosevelt에게 보고한 내용을 보면, 이 두 사람은 사상적으로는 차이가 있었지만, 일본과 조선은 역사적으로 보아 민족이 하나가 되는 것이 당연하다고 여기고 있습니다. 그래서 의외로 일본이 생각했던 것보다도 쉽게 포츠머스 강화조약 제2조가 이루어진 것입니다. 또한 그때 조선에 있던 미국공사 알렌H. N. Allen[6]은 꽤 배일排日적인 남자였는데, 그가 쓴 사적인 서한을 보면 '일본에 호의는 없지만 일선병합은 역사적으로 볼 때 당연하다'고 말하고 있습니다. 즉 누가 봐도 일체가 되는 것이 당연했던 거죠. 포츠머스 조약 제2조가 어려운 문제이면서도 쉽게 이루어질 수 있었던 것은, 배일론자排日論者마저도 환영하진 않아도 당연하다고 여기고 있었기 때문입니다. 사정이 이러했으니 이토 공도 이 점에 대해서는 아마 같은 의견이었을 겁니다.

---

5) 존 헤이(John Milton Hay, 1838~1905) : 미국의 언론인이자 외교관. 루즈벨트 대통령 재임 당시 국무장관을 지냈다.

6) 뉴튼 알렌(H.N. Allen, 1853~1932) : 미국 북장로회의 의료선교사. 1884년 미국공사관의 공의로 한국에 입국했으며 1885년에는 광혜원을 설립했다.

이시다 당시의 국론은 어땠나요? 지도계급은 대체로 병합으로 기울었던 것 같은데, 일반국민은 어떠했습니까?

다보하시 일반국민은 더 강했습니다. 주저하는 정부에게 빨리 단행하라고 주장하곤 했었지요.

기자 당시 정책에는 구체적으로 어떻게 나타나 있나요?

다보하시 예컨대 가쓰라 다로桂太郎[7] 총리대신은 조선 문제에 상당히 깊이 주의를 기울인 인물이었습니다. 실제로 병합에 대한 방책도 그가 세웠지요. 그런데 그 안案을 조선에 적용해보니 아무래도 그대로 실행할 수 없었습니다. 원래는 그 정도까지 조선에 내지인 관리를 불러올 생각은 없었던 거지요. 일이 그렇게 된 것에 대해 조선인 제군은 크게 반성해야 할 겁니다. 처음에는 제일선에 서는 관리를 전부 조선인에게 맡기기로 했습니다. 잘 아시다시피 군수는 모두 조선인으로, 지사의 절반도 조선인으로 하기로 했습니다. 참여관參與官도 당연히 그랬지요.

특히 지방 관리는 민중을 상대하기 때문에 조선말을 할 줄 몰라서는 안 됩니다. 그래서 지방판임관 고원급雇員級으로는 전부 조선인을 둘 방침이었지만, 그것이 실제로는 불가능했습니다. 첫째로 기존의 관리들은 쓸모가 없었습니다. 새로운 기구에 적응하지 못했고 현실적으로도 쓸모가 없었습니다. 그래서 고원이든 뭐든 내지인을 다수 들여야 했는데, 이는 애초의 정부방침과는 매우 다른 것이었습니다. 그래서 민중을 상대하는 일에는 되도

7) 가쓰라 다로(桂太郎, 1848~1913) : 일본의 정치가. 제2대 대만총독, 제3차 이토 히로부미 내각의 육군대신을 지냈다. 영일(英日)동맹체결, 러일전쟁, 한일병합 등을 주도한 인물이다.

록 조선인을 쓰기로 했는데, 그렇게 해보니 결과가 좋지 않았습니다. 그래서 점점 내지인 관리를 데려오게 되었지요. 처음에 가쓰라 총리대신은 전혀 그럴 생각이 아니었는데 말이죠.

하세가와 이토 공이나 소네 아라스케曾禰荒助[8] 씨는 병합에 이견異見을 가지고 있지 않았나요?

다보하시 그렇지는 않았어요. 특히 소네 통감의 경우는 개인적 감정문제였지요. 일영동맹을 비롯하여 러시아와 미국과의 외교관계가 아무래도 일본 정부의 정책에 강하게 영향을 미쳤기 때문에 주저했던 것이었습니다. 결국 시기의 문제였죠.

하세가와 야마자키 단쇼山崎丹照[9] 씨의 『외지통치기구』를 읽었는데, 그에 따르면 대만을 할양받았을 때도 어떤 통치기구를 만들 것인지가 문제시 되었다고 하더군요. 즉 일본은 그때까지 영토를 할양받아 역사와 문화가 다른 민족을 다스린 경험이 없었고 경륜과 포부도 가지고 있지 않았다, 따라서 도대체 어떤 통치기구를 만들 것인지 우왕좌왕 하다가 급히 영국과 러시아의 방식을 본떠서 대만총독부라는 기구를 마련했다, 이렇게 서둘러 대충 만들었다, 영국을 모방하려고 해도 영국의 자치령은 너무나 멀리 떨어져 있었고 러시아의 동방경영은 너무 가까웠기 때문에 어느 쪽도 채택할 수 없어서 양쪽을 절충해서 대충 만들었다, 조선 또한 대체로 대만의 기구를 본떠

---

8) 소네 아라스케(曾禰荒助, 1849~1910) : 일본의 정치가. 제3차 이토 히로부미 내각의 사법대신을 지냈으며, 1929년 한국통감이 되었다.

9) 야마자키 단쇼(山崎丹照, 1904~2004) : 그는 저서 『외지통치기구의 연구(外地統治機構の研究)』(1943)에서 조선, 대만, 관동주(関東州), 남양군도, 사할린을 외지로 규정했다.

서 급한 대로 대충 만들었다고 하더군요.

다보하시 대만총독부가 생겼을 때는 정말로 급했지요. 그러나 조선총독부 때는 그렇지 않았습니다. 대만총독부 기구라 해도 그것은 단지 관리의 제복 같은 것을 결정했을 뿐 별 게 아니었습니다. 그러나 조선의 경우는, 통치 자체에 대해 상당히 연구했었지요. 통감부 때까지만 해도 굉장히 많은 사람들에게 상담했으니 대만총독부의 경우와는 매우 다릅니다. 통감부에서 총독부로 바뀔 때는 대학교수들에게 여러 가지 자문을 구하기도 했습니다. 그렇게 해서 예컨대 프랑스령 인도차이나를 비롯해서 그 밖의 것에 대해 많이들 연구했었지요.

하세가와 영국이든 프랑스든 어느 쪽을 모방해도 안 됐던 거군요.

——— 서구 식민정책

다와라 한국韓國병합 이전의 세계정세를 생각해보면, 백인들이 동양이나 아메리카, 그 밖의 땅을 마구 침략하고 식민화하고 있었지요. 당시 그렇게 해서 식민지를 획득했던 나라들, 즉 프랑스, 영국, 독일 등의 식민지정책은 어떤 방식이었나요?

다보하시 유럽의 식민정책이라 해도, 대체로 15세기부터 이루어져왔기 때문에 …….

다와라 대체로 지난 5, 60년 전후로 말이죠. 제 기억으로는 모두 모국母國 연장주의를 채택했던 것 같습니다. 특히 프랑스가 그것을 채택했었지요. 그 후에 '이걸로는 안 되겠다, 풍속, 습관, 전통이 달라서 아무래도 차질이 생긴다'는 이유로 동화정책에서 분화정책으로 바꾼 것 같습니다. 즉 '그 나라의 것은 어디까지나 인정하고 살려두자, 그리고 제휴해 나가자'는 분화정책을 채택했던 거죠. 그러나 그렇게 해도 여전히 마찰이 생겼기 때문에 이후로는 자치정책을 채택해서 '완전히 자치를 허용하는 대신 외교정치는 어느 정도 본국에서 장악한다'는 정책으로 바꿨습니다. 이것이 영국이 호주나 캐나다에 대해 최종적으로 채택한 정책이었지요. 이 세 가지 단계를 식민정책으로 볼 수 있습니다. 일본이 한국을 병합했을 당시에는 프랑스가 모로코와 알제리, 프랑스령 인도차이나를 정복해서 식민지로 만들고 모국 연장주의로 동화정책을 실행했습니다. 그 당시 어떤 정책을 채택해야 할지 몰랐던 일본이 손쉽게 프랑스의 방식을 본떴다고도 생각할 수 있겠지요.

그러나 일본내지와 조선의 동조동근同祖同根 관계, 또는 지정학적으로 절대로 떨어져서는 안 되는 관계를 감안한다면, 서구의 이른바 본국연장주의와는 그 의욕에 분명 큰 차이가 있을 것입니다. 이후의 분화 그리고 자치가 듣기에는 좋을지 몰라도 결국 식민지 착취에 보다 유리하다는 점에 기인해서 고안된 방식이었으니까요. 그러니 최근에 자주 이야기되는 처우라는 측면에서 본다면, 내선의 경우와는 당연히 다릅니다. 예컨대 영국이 인도를 경영하기 시작한 것은 1600년대로, 영국은 오늘날까지 350년간 동인도회사를 경영해왔습니다. 그동안 영국이 인도에 베푼 것이 전혀 없지는 않겠지만, 대체로 착취한 것이 많았습니다. 그런데 조선은 불과 30여 년 사이에 상당한 진보를 이루었지요. 조선인은 이 사실을 염두에 두어야 합니다. 또한 영국은 아편전쟁 이래 100년 동안 독립국인 지나에 쳐들어가 말도 안 되는 일들을 저질러왔습니다. 그렇게 100년 동안 지나인에게 아무것도 베풀지 않고 오히려 모든 것을 침략해왔습니다. 이와 비교해 조선과 내지는 불과 30여 년 사이에 융화되었고 조선의 모든 문제들은 나날이 해결되고 있지요. 이런 사실을, 우리도 크게 인정해야 합니다.

이런 점을 비롯하여 처우문제는 현실에 맞춰 생각해야 합니다. 특히 조선의 청년층인 30세를 전후로 한 젊은이들은, 한국합병 당시 조정을 중심으로 하여 친러파, 친영파, 친미파 등 여러 정파들이 있었고, 엉망진창으로 소란이 계속되던 상황에서 일본이 들어와 얼마나 고심했는지에 대해 전혀 모릅니다. 그래서 일한日韓이 저절로 병합되었다고 생각합니다. 어떻게든 손을 잡아야만 했던 사실을 젊은이들은 잘 모르는 거죠. 그래서 툭하면 불평하곤 합니다. 그런 사람들을 이끌어주기 위해서는 옛날의 이른바 병합 당시 동아의 정치정세, 그리고 그 안에 있던 반도의 정치적 · 경제적 내외사정을 알리고, 당시 미국이나 러시아에게 붙었으면 과연 행복할 수 있을까를 역사적 사실을 통해 보여줘야 한다고 생각합니다. 물론 일본의 외지정책에도 잘못이 없지는 않지만, 과도기에는 어쩔 수 없죠. 지금 『경성일보』에 역대 총독과 통감에 대한 감상담이 게재되고 있는데, 그런 것들도 상당히 도움이 될 겁니다. 실제로도 그런 현실에서 출발했던 거니까요. 따라서 반도인은 그런 현실적 사건들을 잊어버리거나, 혹은 그 사건들에서 눈을 돌려서는 안 된다고 생각합니다.

——— 정세론이냐 역사론이냐

다와라 그런 의미에서 동조동근만을 강조하지 말고, 방금 말한 대로 최근세사와 현대사, 오늘날의 세계 전황戰況을 제대로 파악하는 것이 내선관계를 촉진하는 데 효과적일 것입니다. 또한 상대上代에 많은 수의 조선귀화인이 야마토 조정에서 총우寵遇를 받고 훌륭한 야마토 민족으로 완전히 거듭났다는 이야기도 하셨는데, 옛날 조선인은 내지의 풍경, 풍속, 풍습 등이 너무나 아름다워서 야마토인이 되고 싶다고 뛰어들었던 것이죠. 지금 돌이켜보면 감명 깊은 일이지만, 근대의 내선관계는 대립했던 두 나라가 하나 되는 것이기 때문에 곧바로 그런 정의情意적인 동화와 같은 식으로 이루어지진 않을 겁니다.

아무래도 올바른 의미의 정책적인 것이 필요하기 때문에 그것을 어떻게 할 것인지가 오늘날 내지와 조선 사이의 큰 문제라고 생각합니다. 이런 식으로 곰곰이 생각한다면 상당히 어려워집니다. 결국 이 때문에 여러 가지 문제가 발생할 겁니다. 동조동근이니 뭐니 하면서 유사점을 들지만, 저는 더 쉽게 세계정세라는 관점에서 조선이 독립하면 앞으로 과연 행복할 수 있는지, 혹은 일본이 조선을 놔주면 과연 대동아의 맹주가 될 수 있는지를 물어야 한다고 생각합니다.

그리고 최근에 나타난 지정학적 사고방식을 좀 더 발전시켜서, 극단적으로 말하자면, 하늘의 섭리이므로 서로 떨어지면 양쪽 모두 망한다는 마음으로 조선인들을 솔직하게 가르치는 것이 정책으로서는 옳다고 생각합니다. 여러 가지 일들을 역사적으로 본다면 프랑스와 독일 사이에는 민족적 교류가 상당히 있었고, 내지와 조선 사이에도 밀접한 교류가 있었습니다. 그런데 프랑스와 독일은 항상 싸우고 있지요. 그러니까 내선 사이에도 동조동근뿐만 아니라 끝까지 떨어질 수 없는 현실성이 있음을, 내선인에게 철저히 가르치는 것이 더 쉬운 정책이 아닐까요.

하세가와 그런 면을 강조하는 것도 좋을 것 같네요. 어쨌든 여러 조건을 볼 때 함께 하지 않으면 둘 다 존립할 수 없을 테니까요. 동조동근은 역사적으로 상당히 오래된 것이죠. 혹은 역사 이전의 일일지도 모르겠습니다. 그리고 어쨌든 현실적으로 이런 대대적인 전쟁을 수행해야 하는 것은 일본만의 문제가 아닙니다.

다시 말해 일본과 조선뿐만 아니라 더 나아가 지나까지 굳게 결속하지 않으면 아무것도 이루지 못할 상황이 되었습니다. 설령 잘 안 되는 일이 있더라도 서로 참고 굳건하게 결속하지 않으면 살아갈 수 없는 것이죠. 조선인과 내지인은 수적인 비율로 보면 2천 6백만 명과 그것의 3배가 조금 안 되는 정도입니다. 증가율로 보면 앞으로 15년이나 20년 사이에 상당히 늘어날 것입니다.

다보하시 그런 점에서 지금 전쟁을 하고 있는 세계 대국大國의 인구를 보면, 영국은 본국과 캐나다, 호주를 전부 합쳐서 8천만 명이고, 독일도 약 8천만 명입니다. 미국이 1억 명이라 하지만, 흑인들이 아무리 많아도 미국인이 아니니까 그들을 제외하면 8천만 명에서 1억 명 정도가 되겠지요. 대체로 1억 명이 대국의 평균 인구입니다. 내선을 합쳐서 1억 명이 되는 것은 가장 이상적인 숫자인 거죠.

하세가와 그건 적지요. 지금 1억 5천만 명이라는 계획을 세우고 있는데, 소련은 현재 1억 7천만 명 정도를 노리고 있습니다.

다보하시 소련은 2,3백 정도 다른 인종을 포괄하고 있고, 인종정책으로 동화정책이라는 상당히 어려운 방식을 취해서 하고 있습니다. 소련과 내선은 전혀 다릅니다. 그러므로 현재 정세에서도 당연히 이런 차이를 생각해야 합니다.

다와라 제가 조선에 온 지 약 1년 정도 되는데, 지방을 좀 다녀봤습니다. 여러 곳에 가서 좌담회를 하면서 젊은이나 노인들을 만나봤는데, 동조동근을 아무리 설명해도 그들은 결국 이해하지 못하는 것 같더군요.

다보하시 그야 내지인이라도 잘 이해하지 못하는 사람들이 있으니까요.

다와라 그러니까 이 시국을 타개하려면 아무래도 세계정세를 서둘러 논하는 수밖에 없지요. 그래서 저는 그런 측면을 논하고 있습니다.

이시다 지금 말씀은 다분히 정세론의 입장에서 하시는 것 같은데요, 정세론만으로는 만족스럽지 못한 점이 있습니다. 가령 전세戰勢가 일본에 조금이라도 불리해지면 이 정세론은 불안해집니다. 예를 들어 작년 가을 적국이 구주歐洲상륙전을 펼친 직후 3, 4주 동안 흉흉했던 인심이 그것을 증명합니다. 정세론은 지도방책으로서는 효과가 좋은 것 같지만, 장기전이 되면 그것만으로는 오래 가지 못하지요. 그러므로 역시 제대로 된 역사관 위에서 인심을 북돋을 필요가 있습니다. 그러므로 책임 있는 지위에 있는 분이 함부로 정세론을 휘두르는 것은 조금 생각해봐야 될 일이지요.

실제로 정세론만으로는 수습이 안 되는 측면이 많습니다. 예컨대 일만日滿관계를 보더라도, 양국이 따로 떨어져 있으면 잘 될 수 없다는 것은 분명한 사실입니다. 그러나 아무리 양국의 관계가 긴밀해졌다고 해도 우리가 여기서 추진하는 일체운동을 만주에 가져갈 수는 없습니다. 동조동근만으로 오늘날의 시국을 논할 수는 없겠지만, 정세론 속에 그런 역사적인 것이 있다는 사실을 절대로 부정할 수 없고, 또한 역사적인 것이 있어야 한다고 생각합니다.

다와라 그건 맞아요. 정세론이라 해도 여러 가지 각도에서 설명을 해야겠지만 ……. 결코 눈앞의 전국戰局이나 국제정세만을 운운해서는 안 됩니다.

——— 민족의 의욕

하세가와 좀 전에 일본의 조선통치방식에 구미를 모방한 점이 있다는 이야기가 나왔는데, 일본이 조선과 하나가 된 것이 일본의 경제발전에 얼마나 도움이 됐나요? 조금은 도움이 되었다고 생각합니다만 …….

다보하시 경제적으로는 도움이 되지 않았지요.

하세가와 오히려 국방상, 군사상의 필요가 첫째였다고 생각합니다. 유럽 국가들의 동화정책은 자본주의로 시작되는데, 이것은 여러모로 해봐도 어렵고 손이 너무 많이 갑니다. 따라서 차라리 자극하지 않는 편이 낫겠다고 해서, 앞서 이야기가 나온 분화, 자치인가요, 그런 시도를 다양하게 해왔던 거죠. 결국 돈벌이만 된다면 굳이 자극하지 않아도 된다, 괜히 자극하는 것보다 그대로 내버려두고 돈벌이만 하면 된다는 식이 아닐까요.

다보하시 유럽 쪽에도 제각각의 의견이 있는데, 민족 문제나 통치 문제에 대해서는 정치가의 견해와 역사가의 견해, 두 가지가 있습니다. 그 중 역사가의 견해는 굉장히 명료합니다. 병합 당시에는 정치적으로 정세도 긴박했고 지금처럼 명확한 이념이 없었기 때문에, 오히려 그런 본질적인 문제에 대한 생각이 기록에 나타나 있지 않습니다. 그렇다고 해도 조선인은 내지인에 가깝기 때문에 하나가 된다는 생각이 당시에도 있긴 있었겠지요. 그건 결국 제수이트Jesuit의 생각이었는데, 구주의 동화정책과는 다르게 더 밀접하게 하나가 되겠다는 의욕이 머릿속을 끝없이 지배하고 있었습니다. 역사가 쪽에서는 이렇게 봅니다.

이시다 그런 것들을 이념화한 것이 바로 현대의 국책이겠지요.

다보하시 방금 말한 감정문제는 단순한 경제문제나 국방문제와는 달리 막연해서 명확하게 나타나지 않기 때문에 증명할 수는 없지만, 그렇게 말할 수도 있겠지요.

이시다 부분적으로 구미를 본받으려는 경향도 꽤 있었던 것 같지만, 역시 오늘날에 이르러 이념화된 일본의 의사意思랄까요, 그런 것이 제대로 맥을 이어왔던 것이 아닐까요.

하세가와 당시의 조칙에서 이념화의 첫걸음을 내딛었던 것이죠.

다보하시 조선을 가장 생각하셨던 분은 후쿠자와 유키치福澤諭吉[10] 씨입니다. 그의 방식은 당시에는 실패했지만, 지금은 정착되었지요. 도야마 미쓰루頭山滿[11] 씨와 이누카이 쓰요시犬養毅[12] 씨가 쑨이셴孫逸仙[13]을 도와 지나

---

10) 후쿠자와 유키치(福澤諭吉, 1835~1901) : 계몽사상가. 서양문명의 도입을 적극적으로 주장했으며 탈아론(脫亞論)을 제창했다.

11) 도야마 미쓰루(頭山滿, 1855~1944) : 일본의 국가주의 사상가. 대아시아주의를 주장했다.

12) 이누카이 쓰요시(犬養毅, 1855~1932) : 일본의 정치가. 1931년 총리가 되었으며, 만주사변을 일으키고 만주국을 세웠다.

13) 쑨원(孫文, 1866~1925) : 이셴(逸仙)은 그의 호(號)로 중국의 정치가, 혁명가이자 사상가. 신해

혁명을 일으킨 것은, 동양인은 동양인으로서 하나가 된다는 취지에서였습니다. 그것은 정책을 초월한 면이 있지요. 조선병합이나 중화민국中華民國에 대한 정책이 결코 정부만의 문제인 건 아닙니다. 도야마 미쓰루 씨처럼 뒤에서 활동한 사람이 굉장히 많습니다. 이누카이 쓰요시 씨는 총리대신이 되었지만, 재야에서 많이 활동했지요. 이런 사람들은 그것 때문에 막대한 빚을 지기도 했지요. 왜 그렇게까지 하면서 외국을 도왔을까요. 필리핀의 아기날도Emilio Aguinaldo[14] 같은 보잘 것 없는 사람에게까지 없는 돈을 내줬습니다.

그렇기 때문에 정부의 방식이 아니라 그 당시 일본인의 감정을 생각해야 하는 겁니다. 아까도 말이 나왔듯이 흔히 경제적으로나 국방적으로 절대로 떨어질 수가 없기 때문이라고들 하는데, 단지 정부정책만을 생각한다면 그렇게 말할 수 있겠지요. 하지만 그러한 이해관계뿐만 아니라 국민전체를 염두에 두어야 합니다.

하세가와 심정적으로는 그래야겠지요.

다보하시 정부정책만을 생각해서는 안 됩니다.

혁명의 주요인물로 중국국민당(中國國民黨)을 창시했다. 민족주의(民族主義), 민권주의(民權主義), 민생주의(民生主義)의 삼민주의(三民主義)를 제창했다.

14) 에밀리오 아기날도(Emilio Aguinaldo, 1869~1964) : 필리핀의 독립운동 지도자이자 초대 대통령. 제2차 세계대전 동안에, 일본과 협조하여 재차 독립운동을 일으켰지만 실패했다.

——— 일본적 방식

이시다 차재정 씨, 아무 말씀도 없으신데, 아까부터 논의되고 있는 외지처우에 나타난 일본적 방식에 대해 어떻게 생각하십니까?

차재정 여러 가지 원칙론이 나왔지만, 저는 이렇게 봅니다. 옛날은 어떤지 모르지만 오늘날의 외지처우 문제란 결국 민족정책이지요. 거기에는 대체로 세 가지 유형이 있습니다. 하나는 영국적 식민정책, 이른바 근대 식민정책이죠. 또 하나는 소련적 민족정책입니다. 그리고 일본적 민족정책이 있습니다. 이 세 가지 유형이 오늘날의 특징적인 민족정책이라고 봅니다.

그리고 또 반복하는 것 같아서 죄송하지만, 영국의 방식은 이른바 순전히 자본주의적인 식민정책입니다. 아까 근대 식민정책의 3단계에 대한 이야기가 나왔는데, 영국의 직할 식민지, 즉 인도 등지에서는 진정한 자치가 결코 허용되지 않습니다. 영국에서 이민 온 사람들이 사는 곳에만 허용될 뿐 유색민족에게 자치 따윈 허용되지 않지요. 제가 말하는 영국의 식민정책이란 물론 유색민족에 대한 식민정책인데요, 그것은 순전히 경제적이거나 국방적인, 착취 본위의 식민정책입니다. '너희들 민족사회가 멸망하든 문화가 어떻게 되든 상관없다, 우리가 요구하는 물건이나 내놔라, 우리가 요구하는 일을 해라, 나머지는 어떻게 되든 자유다'라는 방식이지요.

소련은 각 민족에게 일단 형식적으로라도 완전한 평등과 동등한 권리를 주고 공화국을 만들게 하는 유형이지요. 극단적인 예를 하나 들자면, 상당히 미개한 민족, 이를테면 후진後進민족과 유럽·러시아인이 같은 직장에서 함께 일할 때 보수나 대우를 동등하게 하고 게다가 자치제까지 실시하는 것이지요. 그런 유형입니다.

이 두 가지 유형의 이해득실에 대해서는 여러 각도에서 논의가 있겠지만, 우리 관점에서 보면 당연히 영국의 방식은 오늘날 절대로 허용되지 않습니다. 외지민족의 마음을 얻을 수 없기 때문입니다. 경제적인 이익을 거둘 수는 있겠지요. 하지만 외지민족이 행복해 질 수 없기 때문에 대립과 항쟁이 일어납니다. 그야말로 제국주의적 정책으로 일관하기 때문에 식민지 민중의 반항과 항쟁을 야기할 수밖에 없는 거죠.

오늘날 소련의 식민정책은 어느 정도 잘 되어가고 있습니다. 슬라브 민족, 러시아인은 눈앞의 이익을 생각하지 않고 이민족의 마음을 얻기 위해 노력하고 있습니다. 어쨌든 마음을 얻고는 있지요. 그들도 결국 먼 장래에 하나가 되는 것을 이상적인 목표로 삼고 있지 않을까요. 그들은 현재 공화국이나 독립국가를 만들게 하고 있습니다. 그렇지만 결국 그것도 과도기적 단계, 즉 러시아 민족으로서 장래 하나의 왕국을 만들어내는 한 단계로서 그런 정책을 취하고 있다는 글을 읽었는데, 지금까지는 소련의 식민정책이 성공적이지 않나 싶습니다. 이번 유럽 전선에서 죽은 사람들의 6,70%가 검은 머리의 아시아인이었다고 하니까요……. 세계에는 이렇게 두 가지 유형이 존재합니다.

이에 덧붙여서 그것들과는 달리 우수한 일본적 방식의 특징에 대해 생각해볼 수 있습니다. 일본이 이른바 근대적 민족문제에 봉착한 것은 아마도 조선이 처음이 아닐까 싶습니다. 대만 등은 물론 조선보다 일찍 일본판도에 편입되었지만, 하나의 민족사회라는 점에서 조선은 일본이 최초로 경험한 민족문제가 아닐까요. 아까 다보하시 교수님이 말씀하셨듯이 일본에 민족정책이 없다는 것은 아마도 어느 정도 사실일 것 같습니다. 민족정책의 정석定石을 살펴보면, 외국의 정석은 있지만, 일본 특유의 것이 정립되어 있다고 말하기는 어렵습니다. 왜냐하면 정말로 광범위한 이민족을 통치한 적이 없었기 때문입니다. 물론 조선과 대만은 각각 특수한 관계로 결합하고 있습니다. 그런 점에서 한마디로 민족정책이라고 할 만한 것을 세울 필요가 없었던 것이지요. 즉 처음부터 내선간의 특수성이 먼저 있었던 겁니다. 조선과 일본 양 민족이 똑같이, 일반적인 민족정책으로서가 아니라 제약적이고 특수한 조건들로 규정되어 있었던 것이죠.

일본이 정말로 민족정책을 필요로 하게 된 것은 이번 대동아전쟁 이후부터가 아닐까요. 그전에는 하나의 외교경제정책으로서는 있었을지 모르겠지만, 대동아권역 안의 개별 민족을 다루어야 하는 구체적인 상황에 부딪히지는 않았지요. 따라서 역시 민족정책을 운운하게 된 것은 대동아전쟁 이후의 문제가 아닐까 합니다. 거기에도 이른바 일본적인 방식이 나타날 테지요, 일본적인 방식에는 일부 영국적인 방식에서 나온 것도 있을 것이고 또는 소련적인 방식에서 온 것도 있을 것입니다. 그러나 그 기저를 이루고 있는 근간 어딘가에 일본적인 특색이 있어야 하겠지요. 그래서 특수하고 구체적인 예로 내선문제를 거론하는 경우에 내선 사이에만 존재하는 특수성이 지적되지요. 내선일체라는 목표는, 아까 이시다 씨도 정확하게 지적하셨듯이, 역시 조선과 내지 사이에만 적합한 슬로건이 아닐까요. 왜냐하면 역사적으로 가장 중대한 관계에는 정신적 · 문화적 특수성이 포함되어 있기 때문입니다. 경제적, 국방적, 지정학적 관계와 같이 현실적인 것은 다른 민족사회에도 있을 수 있습니다. 오늘날 만주와 지나도, 대립하면 서로의 존립이 위태로워진다는 절대적인 조건 아래 있습니다. 그런데도 지나 민족과 만주 민족을 하나의 민족으로 융화시키려 노력하지 않고, 또 그런 생각조차 하지 않는 것은 무엇 때문일까요. 그 이유는 현실적인 조건이 아니라 좀 더 깊은 곳에 있습니다. 거기에 적어도 내선이 결합해서 하나로 구성되어야 하는 이유가 있습니다.

그리고 역사, 문화, 정신, 혈통 등 여러 점에서 볼 때, 내선이 하나가 될 만한 가능성이 가장 풍부합니다. 이런 것이 절대로 간과할 수 없는 엄연한 역사적 사실이지 않을까요. 흔히 핏줄은 서로 끌린다고 하는데, 그것이 내선일체의 절대적 조건이지요. 최근 민족문제를 거론할 경우 혈통, 국토, 역사 등이 근본적인 문제가 되고 있는데, 내선관계는 우선 그런 의미에서 생각해봐야 합니다. 이런 식으로 내선관계를 특수한 관계로 인식하는 것이 타당하지 않을까요.

그래서 일본적 방식에 대해 말하자면, 세계의 역사가나 정치가는 한국병합에 대해 '근대적 일본이 제국주의적 발전을 위해 최초의 대상으로 삼은 것이 조선이다, 그 이전에 대만이 있었다'는 등 여러 가지로 말하고들 있지요. 그러나 우리는 내선관계의 특수성에서 볼 때 한국병합을 일본의 제국주의적 진출의 발로로 결코 보고 싶지 않습니다. 그 당시 복잡했던 동아정세 등도 크게 고려해야겠지요. 그런데 합방 조칙詔勅을 보면, 한국병합에 대해서 하나의 식민지이자 피식민 민족으로서 한국을 정복한 것이라고 규정하는 내용은 나오지 않습니다. 지금 조칙의 전문을 기억하고 있지는 않지만, "민중은 직접적으로 짐이 수무綏撫 아래에" 운운하는 구절이 있고, 또한 이 조칙을 재확인한 다이쇼 8년1919의 조서에는 "추호의 차이 없이"라는 말씀이 있습니다.

외국의 사례는 잘 모르지만, 가장 절대적인 증거인 조칙의 내용을 보더라도 내선관계는 종주국 대 식민지의 관계로 규정되어서는 안 되고, 그것을 일본의 제국주의적 식민지 약탈로 볼 수 없습니다. 내선관계에서의 일본적인 방식은 그런 의미에서 살아나는 것입니다. 아마도 이런 사례는 일반적인 외국의 사례에서 나타난 동화정책으로는 판단할 수 없는 내용을 지니고 있겠지요. 그러므로 역시 일본만의 독특한 방식이라고 생각합니다. 요컨대 중요한 것은 내선관계의 문제가 결국 조칙의 정신을 완전히 구현한다는 점에 있는 것이 아닐까요.

따라서 우리가 노력해야 할 것도 그 점이 아닐까요. 그것은 절대불변의 가장 올바른 것으로 안팎으로 베풀어도 어긋나지 않습니다. 병합 이후 반세기가 다 되어가지만, 그동안 정치, 경제, 문화 등 모든 조선통치의 시책에서 그것이 완전히 실현되었다고 할 수 없습니다. 내지의 일본민족사회에서 국체정신이 몰각되고 외래적 · 서양적인 것이 한 시대를 풍미했는데, 조선도 그것의 한 파편으로서 근대 자본주의 국가 일본의 결함을 드러내고 있는 것이지요.

그렇지만 조선통치의 모든 방면을 잘 검토해보면, 역시 근저에 조칙의 정신이 흐르고 있습니다. 물론 조선에 와 있는 상인이나 문화인 중에도 이상한 자들은 식민지배자의 근성을 대놓고 드러내고 안 좋은 일을 하고 있지요. 그런 사실도 인정해야 합니다. 하지만 총독정치, 즉 총독이나 지도적 지위에 있는 사람들은 조선인을 진심으로 애무하고 향상시킴으로써 조칙의 정신을 구현하기 위해 노력하고 있습니다. 그것은 단지 형식적인 유고諭告에 의해서만 증명되는 것이 아닙니다. 그 시대 총독의 언행 속에서 그 편린을, 진심으로 거짓 없는 것들을 엿볼 수 있습니다. 데라우치 마사타케寺內正毅[15] 총독도 '조선의 백성은 불쌍하다, 가난하게 해서는 안 된다'고 여겼습니다. 그래서 농공은행農工銀行[16]을 운영할 때에도 '주식은 일본인이 가져서는 안 된다, 조선인에게만 갖게 한다'는 선한 정책을 취했습니다. 만약 외국의 식민지정책이었다면 생각할 수도 없는 일이죠.

---

15) 데라우치 마사타케(寺內正毅, 1852~1919) : 육군군인이자 정치가. 제3대 한국통감을 지냈으며, 1910년에는 초대 총독으로 취임했다.

16) 1906년, 농업과 공업의 발전을 목표로 전국 주요 도시에 설립되었던 지방은행이다. 1918년 10월 조선식산은행에 합병되었으며, 1954년에는 현재의 한국산업은행으로 변경되었다.

하지만 일본 전체가 자본주의의 도도한 흐름에 휘말려 들어서, 그것에 물들지 않은 한두 명의 지도자가 아무리 노력해봤자 대세를 거스를 수는 없었지요. 따라서 하나의 시대적인 오산과 죄과로서, 조선통치에 식민지적 정책의 측면이 없었다고 할 수는 없습니다. 아니, 있었다고 솔직하게 인정해야 합니다. 이렇게 본다면 처우의 문제니 뭐니 하는 것도 지엽적인 현상이지요. 더 높은 목표를 앞에 두고 식민지적 성격을 지양하는 것이 우리가 노력해야 할 바가 아닐까요. 다행히 대동아전쟁은 일본민족의 크고 높은 이상과 이념에 의해 수행되고 있습니다. 이 전쟁에 의해 그런 결함은 당연히 제거되지 않을까요.

——— 점진漸進이냐 일거一擧냐

다와라 하지만 백인은 때때로 일을 과감하게 해치우는 기백이랄까, 역량을 지니고 있습니다. 예를 들어 영국만 해도 인도에서 뭔가 문제가 생기면 과감히 손을 써서 순식간에 인도인을 기쁘게 하는 조치를 취하지요. 그런데 내지인이 조선을 대하는 여러 가지 방식을 계속 보다 보면, 상당히 점진주의로 해나가고 있음을 알 수 있습니다. 그렇다고 해도 나는 이를 나쁘게 해석하고 싶진 않아요. 굉장히 양심적이라 보고 있습니다.

조선의 민도民度는 매우 낮고 교육도 보급되지 않았습니다. 그리고 재래의 습관이 그대로 남아 있어서 폐해도 무척 큽니다. 일단 그것을 먼저 청산하고 민도와 교육수준이 높아지고 습관이 고쳐질 때까지는 크게 손을 쓰지 않았습니다. 이렇게 껍질을 하나하나 벗기는 식의 점진주의를 해나가고 있었지요. 껍질이 하나 벗겨지면 또 하나의 새로운 정책으로 나아가는 식으로 점진적으로 하고 있는 것입니다. 그런데 그렇게 하면 조선인 쪽은 이를 어정쩡하다고 느낍니다. '우리는 이런 마음인데 내지인은 전혀 그것에 부응해주지 않는다'고 하며 불평하고 불만을 표합니다. 하지만 조선인 중에 대학을 나왔거나 뭔가를 이룬 훌륭한 사람이 더러 있기는 해도, 전체적으로 보면 일정한 정책을 시행할 만한 수준에는 이르지 못했습니다. 거기에 새로운 것을 적용해도 잘 될지 안 될지 모르기 때문에 점진주의로 해왔던 것입니다.

그런데 영국인의 방책은 상대가 어떻든 자기 생각대로 새로운 조치를 취해서 기뻐하게 만들어놓고, 그 후에는 어찌되든 좋다는 식입니다. 그런 점에서 보면 일본의 어버이 같은 마음이 지닌 훌륭함을 확실히 인정해도 되겠지요. 결국 그런 식으로 해왔기에 오늘날 처우개선에 이르게 된 겁니다.

다보하시 방금 영국의 인도정책에 대해 말씀하셨는데, 그건 하기 쉬운 일입니다. 그쪽은 완전히 이민족이고 단지 정치경제적으로 통치하려는 것이어서 쉬웠지만, 일본의 정책은 처음부터 조선인을 일본인으로 만들려고 하는 것이라서 어렵습니다. 예컨대 일본이 말레인[17]을 통일할 때는 과감하게 손을 쓸 수 있지만, 조선인과 내지인처럼 가까운 사이는 그렇게 할 수 없습니다.

차재정 그건 전적으로 맞는 말씀입니다. 조선인을 인도네시아인, 필리핀인, 만주인, 지나인 대하듯이 할 수 없기 때문에 신중해야 하고 기초를 정말로 굳게 다져야 할 필요가 있습니다. 하지만 문제는 오늘날이 그러한 점진

---

17) 말레이시아, 싱가폴, 인도네시아, 필리핀 등 동남아에 거주하는 인종을 가리킨다.

적인 방식을 무한정 허용할 수 있는 역사적 단계도 순간도 아니라는 데 있지 않을까요? 과거에는 단지 점진주의 외에는 다른 방법이 없었을 뿐이었습니다. 조선의 민도나 그 밖의 문제 때문에 점진주의로 나아간 것 자체에는 정당성이 있겠지만, 그것이 지나치게 느긋한 방식으로 된 것은 식민지적인 측면이 더욱 강하게 작용했기 때문이 아닐까요. 말씀하신 대로 조선의 민도는 뒤처져 있고, 또 개인적인 악조건도 여럿 있지요. 이를 단시일 내에 적극적으로 극복하기 위해서는 역시 용감하게 하나의 선상에 서서 서로 받쳐주면서 모든 일을 함께 해나가야 합니다. 그런 과정에서 비로소 그것이 극복되지 않을까 합니다.

저는 자주 이런 예를 듭니다. 예컨대 헤엄을 가르치는데 '너는 아직 헤엄칠 줄 모르니 갑자기 물에 들어가면 안 된다, 물에 빠질 것이다, 따라서 판자 위에서 헤엄치는 폼을 연습해서 기술을 익히고 잘 하게 되면 물에 들어가라'고 지도하는 선생이 있다면, 그건 우스꽝스러운 노릇이지요. 헤엄의 첫 단계는 물에 뜨는 것입니다. 따라서 제일 먼저 물에 뜨는 기술부터 익혀야 하지요. 그런데 판자 위에서 연습한다면 백년 몸부림쳐도 뜨지 못합니다.

그러므로 그것은 결국 하나의 이론일 뿐, 언제까지나 점진주의를 취해야 할 정당한 이유로 결코 인정될 수 없습니다. 진심으로 빨리 헤엄을 배우게 할 정성스런 마음이 있다면, 함께 물에 들어가야 합니다. 만약 물에 빠지게 되면 곁에서 바로 구해준다는 마음으로 가르쳐 줄 필요가 있습니다. 그렇게 함으로써 판자 위라면 백 년 걸리는 일도, 한두 시간 안에 배우게 할 수 있을 것이라고, 저는 그렇게 적극적으로 생각해봅니다.

궁극의 목표

이시다 그러면 좀 더 단적으로 내선문제에 대해 이야기해보지요. 이번의 처우개선 문제가 아니라, 우리의 이상에 대해서 말입니다. 우리의 이상은 어디에 있을까요?

하세가와 내선의 구별을 없애는 것이겠지요. 내선이라는 말을 더 이상 쓰지 않는 단계로까지 이끌고 가는 것입니다.

다보하시 구체적으로는 말한다면 어떤가요?

하세가와 이번 일로 정치처우나 사회처우와 같은 말들이 신문에 나오고 있지만, 그런 처우문제보다도 더 중대한 문제는 언젠가 신가이新貝 씨가 조금 언급하셨듯이, 내지인과 조선인의 구별을 한 번에 없앨 수는 없더라도 법률적으로 내지인도 될 수 있고 조선인도 될 수 있는 길을 열어야 하는 것이 아닐까요.

다보하시 맞아요. 지금의 민법을 근본적으로, 대대적으로 개정하는 거죠.

이시다 결국 전적轉籍 문제인 거군요.

다보하시 맞아요. 그밖에 양자결연養子結緣 등등의 모든 것이 포함되죠.

하세가와 정말로 일체가 된다면 조선인이든 내지인이든 상관없지만, 그 과정에 대해서 역시 여러모로 생각해볼 수 있습니다. 우선 전적轉籍을 허용해야 합니다. 현재 얼마나 내지에 가 있는지 정확한 숫자는 모르겠지만, 아무래도 2, 3백만 명은 훨씬 넘지 않을까 합니다. 앞으로 전쟁이 끝나고 그쪽에서 거주하는 사람들이 이쪽으로 돌아올 수 있을까요. 그렇게는 안 될 겁니다. 계속 수백만 명의 사람들이 내지에서 계속 거주하게 되겠지요.

다보하시 지금 내지에서는 그런 점을 상당히 문제시하고 있지요.

하세가와 그쪽에 있으면 정치적 지위에는 차이가 없습니다. 대체로 내지인과 조선인의 차별은 법률적인 것 외에 다른 것도 있기 때문에 문제가 되는 겁니다.

다보하시 그건 그렇지만, 가령 영국에서는 식민지 사람들이 본국에 오면 아이리쉬Irish나 스카치Scotch 등으로 구별해서 부릅니다. 하지만 법률적으로나 사회적으로 아무런 구별이 없습니다. 흡사 '저 사람은 오사카 출신이다, 도쿄 출신이다'라는 것과 같아서 사회생활에서나 법률적으로나 아무런 차별이 없습니다. 하지만 아이리쉬나 스카치라는 말을 씁니다. 그걸로 충분하지요. 조선인이라는 말을 써도 법률적, 사회적으로 아무런 차별이 없는 거니까요.

이시다 다만 제도 개혁만으로는 해결되지 않는 문제가 여전히 남습니다. 하지만 그것을 위해서는 양 민족이 긴 세월에 걸쳐 공부해야 하기 때문에 지금 여기서 크게 문제 삼을 필요는 없겠군요.

다보하시 영국도 스카치, 아이리쉬, 웨일스Wales를 동화시키는 데 약 3백 년이 걸렸으니까요. 내지에 건너간 조선인은 내지인과 완전히 동떨어진 생활을 합니다. 경제적 사회적으로 여러 가지 사정이 있기 때문이겠지요. 서로 타개해나가는 것 외에는 방법이 없습니다. 오늘날 많은 조선인이 내지로 건너가지만, 조선인 사회가 만들어져 거의 대부분이 내지인과 유리遊離되어 생활합니다. 이 점은 물론 내지인도 반성해야겠지만 조선인도 크게 반성해야 합니다.

이시다 실제로 경성에도 그런 점에 있어서 더욱 노력해야겠지요.

다보하시 가령 결혼도 마찬가집니다. 그렇게 유리되는 상황이 해결된다면, 젊은 사람들이니까 내선결혼을 억지로 장려하지 않아도 될 겁니다.

이시다 역시 사회 전체가 그렇게 되지 않으면 안 되겠네요.

차재정 한마디로 말해 정치, 경제, 문화, 사회 모든 방면에서 전면적인 무차별이 바람직합니다. 말도 안 되는 이야기처럼 들릴지 모르겠지만, 그것이 바로 내선일체가 아닐까요. 대동아전쟁 발발 이후 일반 조선인의 사고방식은, '조선인은 소외되고 있으니 어쨌든 우리는 먹고 살 수만 있으면 된다, 모든 의무로부터도 제외되어 있다, 우리는 결국 적극적으로 국민적 권리를 주장할 수 없다'는 것이었죠. 그래서 전쟁에 대해서도 소극적인 마음을 가졌던 것이 사실입니다. 그런데 전쟁이 심각해짐에 따라 그 부담이 전면적으로 가해졌고 모든 사람이 멍하니 있을 수 없게 되었습니다. 그래서 명실 공히 일본을 조국으로 삼고 생사를 걸 각오를 하게 되었지요. 또 국민적인 소질에 관해서도 적극적인 태도를 취하게 되었습니다. 이런 게 사람의 마음인 거죠.

당국자가 말하는 황민화운동은 정신적이고 고상하고 매우 좋은 것임에 틀림없습니다. 그러나 2천 6백만 명은 결국 천차만별의 민중입니다. 그런 사람들을 극도로 고상한 관념으로만 훈련시키려 한다면 아마도 어렵지 않을까요. 따라서 역시 실천을 통해서 그들에게 국민적인 자격과 내용을 부여해야 합니다. 이번 처우문제에 대해서 무엇이 논의되고 결정될지 우리는 잘 모릅니다. 하지만 실제로 대大전쟁이 전개되고 있으며, 게다가 지금은 역사의 전환기입니다. 내선관계는 당연히 올바르게 준비되어야 하는 단계에 있습니다. 그래서 일본의 역사와 내선관계 모두 비약해야 합니다. 전후戰後 반세기나 한 세기 동안 국민적 조건에 제약을 가하는 것은, 그런 비약을 이루게 만드는 방법이 아닙니다.

기자 그럼, 이쯤에서 마치겠습니다. 대단히 감사합니다.

사상전의 현단계

정담(鼎談) | 1945년 2월

참석자

고토 중좌 後藤 中佐[1] ———— 조선군 보도부
나카야스 요사쿠 中保與作[2] ———— 경성일보 주필
이시다 고조 石田耕造[3] ———— 본지주간

——— 적敵의 전쟁 목적 동요

이시다 오늘은 사상전의 현단계에 대해서 자유롭게 말씀해주십시오.

1) 고토 중좌(後藤中佐) : 조선군 보도부 소속 일본군인.
2) 나카야스 요사쿠(中保與作, 1897~?) : 『경성일보』 주필을 지냈으며, 저서로는 『최근지나공산당사(最近支那共産黨史)』(1939), 『대동아공영권의 기본이념(大東亜共栄圏の基本理念)』(1941), 『한국독본(韓国読本)』(1960) 등이 있다.
3) 최재서의 창씨개명이다.

고토 사상전은 중요하지요.

나카호 결국 전쟁의 목적에 대한 이야기가 되겠군요.

이시다 예.

나카호 확실히 이번 달 4일로 기억하고 있습니다. 섬너 웰스[4]라는 아메리카[5]의 전 국무차관이 이렇게 말했습니다. "금년에 우리들은 대단히 불안한 새해를 맞이했다. 미국의 전쟁목적이 크게 동요되었기 때문이다. 또 반反주축진영의 정치 목적도 크게 동요되었기 때문에, 결국 반주축진영은 물론 미국의 여론 역시 크게 동요해서 진주만사건 이래 불안한 사태에 직면하게 되었다"고 고백했습니다. 이것은 황국이 처음부터 일관되게 대동아의 해방, 대동아 10억 동포의 구제라는 위대한 전쟁 목적을 갖고 있었던 것과, 독일이 서구의 신질서건설이라는 큰 목표를 향해 나아가고 있는 것과는 아주 다릅니다. 그들이 얼마나 정당하지 못한 전쟁목적을 가지고 있는지 지금 한층 더 분명히 폭로된 거지요. 요컨대 그들의 전쟁은 자국의 번영, 즉 타국의 희생을 통해 자국의 물욕을 충당하고자 하는 전쟁입니다. 그 때문에 많은 미영米英의 젊은이들이 전장에서 개죽음 당하고 있으니, 정말 유사 이래로 가장 비참한 사실일 것입니다.

일본은 황국을 시작으로 하여 대동아의 여러 민족들이 일어나 진정한 인류의 유구한 평화를 염원하고, 우리의 5천년 문화를 재건하고자 하는 커

4) 섬너 웰스(Benjamin Sumner Welles, 1892~1961) : 미국의 외교관, 정치가이다. 프랭클린 루스벨트 정권에서 1937년부터 1943년까지 미국의 국무차관을 지냈다.
5) 아메리카(アメリカ,米國) 사용은 본문의 표기에 따름.

다란 이상에 불타고 있습니다. 그렇기 때문에 많은 사람들이 기꺼이 일신一身을 바치고, 자신을 던져 적함敵艦을 물리치고, 정신挺身하여 돌진할 수 있는 거지요. 그 증거를 들어보면, 자바, 수마트라, 보르네오, 그리고 필리핀에서도 의용군이 활약했고, 자바에서는 최근에 원주민이 산골짜기에서 나와 특공대에 넣어달라고 지원하기도 하는 모양입니다. 이렇게 일신을 바쳐 뒤돌아보지 않겠다는 마음을 갖게 된 것은, 전쟁목적이 하나로 분명해졌기 때문입니다.

고토 확실히 그렇습니다. 아메리카의 전쟁목적은 민주주의의 옹호였지요.

나카호 네.

이시다 하지만 루스벨트[6]가 대서양헌장[7]을 부인함으로써 그들 스스로 그것을 부정했지요.

나카호 양심에 비추어보면 분명 부끄러울 것입니다. 전 세계를 속인 셈이지요. 루스벨트의 변명은 완전히 궤변으로, 도장을 찍지 않았으니 승인하지 않겠다는 식입니다.

---

6) 프랭클린 루스벨트(Franklin Delano Roosevelt, 1882~1945) : 미국의 제32대 대통령(재임 1933~1945). 강력한 내각을 조직하고 경제공황을 극복하기 위하여 뉴딜정책을 추진하였다. 외교면에서는 호혜통상법, 선린외교정책을 추진하였으며 먼로주의를 주장하였다. 제2차 세계대전 중에는 연합국회의에서 지도적 역할을 하였다.

7) 대서양헌장(大西洋憲章, Atlantic Charter) : 제2차 세계대전 중 1941년 8월 14일 영국의 처칠 총리와 당시 비교전국이었던 미국의 루스벨트 대통령이 북대서양에서 5일간의 선상회의 끝에 발표한 공동선언. 대서양 선언이라고도 한다.

이시다 그것을 아메리카 국민에게 좀 더 알릴 방법은 없을까요?

고토 펄 벅[8]이 활발하게 쓰고 있지요. 『동맹주보同盟週報』에 연재된 논문에서 말입니다.

이시다 「아메리카의 인종문제」 말입니까?

고토 네, 그런 제목이었지요. 아메리카 정부의 제국주의화를 잇달아 폭로하고, 미국은 전쟁목적을 잃어버렸다고 분명하게 쓰고 있습니다. 특히 흥미롭게도 아메리카의 민주주의를 동양 여러 민족과 관계없이 적용할 수 없다고 말하더군요.

이시다 요컨대 아메리카의 민주주의는 지나에서는 완전히 실패했습니다. 아메리카는 지나에서 동정은커녕 오히려 반감을 사고 있다고 거듭 비난하고 있지요.

고토 그 말씀 그대로 입니다.

---

8) 펄 벅(Pearl Buck, 1892~1973) : 미국 소설가. 장편 처녀작 『동풍 · 서풍』을 비롯해 빈농으로부터 입신하여 대지주가 되는 왕룽(王龍)을 중심으로 그 처와 아들들 일가의 역사를 그린 장편 『대지』 등이 대표 작품이다. 또 미국의 여류 작가로서는 처음으로 노벨문학상이 『대지』 3부작에 수여되었다.

——— 월가의 음모

나카호 이번 전쟁을 실제로 지도하고 있는 것은 월가의 재벌입니다. 예를 들어 제1차 구주대전歐洲大戰으로 결국 미국에서 실질적으로 돈을 번 것은 모건[9] 등 둘 셋의 대재벌이었습니다. 경제의 중추인 월가는 서른 명 정도의 부호가 지배하고 있는데, 그 중에서도 중심인 모건은 제1차 구주대전에서 아메리카 구주에 뿌린 전쟁비용만큼, 아니 그 이상을 벌어들였습니다. 이번에도 역시 루스벨트를 지지하고 전쟁을 추진한 것은 이들 재벌이고, 이번 전쟁에서 전리품을 취하는 것도 결국 그들입니다. 이번 전쟁을 계기로 아메리카의 전권주의全權主義, 자본주의, 제국주의가 다시 한층 격해지는 것은 불가피하겠지요.

이시다 아메리카 국민도 그런 월가의 음모나 제국주의적인 야망을 알게 된다면 잠자코 있지 않겠지요. 전쟁 때문에 그만큼이나 희생해야 한다는 것에 대해서 …….

나카호 그렇습니다. 그것이 문제입니다. 자신의 아이와 남편을 내보내며 희생하고 있다는 점을 겨냥하여 일본은 그 점을 적극적으로 사상전으로 전개해야 합니다. 시기적으로 지금이 절호의 기회입니다. 아시다시피 섬너 웰스가 전쟁목적이 동요하고 있고 그 동요가 확산되고 있다고 말한 것은, 확실히 그들이 전쟁의식을 상실했음을 의미합니다. 이 때 실상을 알려주면

9) 모건(Morgan) 재벌 : 미국의 금융 재벌이다. 은행가였던 J. S. 모건(1813~1890)이 1861년에 창설하였으며, 국제금융업으로 성공하였다. 2대인 J.P. 모건과 3대인 J.P. 모건 2세의 시대를 통하여 각국 정부의 외채 인수, 유럽 자금의 대미 민간투자(19세기 후반), 미국 자금의 대유럽 투자(1920년대) 등에서 활약하였다.

미국인들은 아연실색하겠지요. 이 시기에 일본은 사상전에 입각해서 대공세로 나가야 합니다.

이시다 미국과 소련이 접근한 것을 계기로 아메리카 내의 공산세력이 준동蠢動한 흔적은 없습니까?

나카호 이번 의회에서 루스벨트의 의사에 반대해서 다이스위원회10)를 존속시키기로 결정했는데, 이것은 사상전이라는 측면에서 중요한 의미가 있습니다. 일찍이 미국에서 다이스 위원회는 공산당을 맹렬하게 배척했습니다. 이번 의회에서 이 위원회를 존속하기로 했다는 전보를 받고, 이것은 그들이 또 속내를 드러낸 것이며, 결국 공산주의 세력이나 미국 이외의 사상을 배척하는 운동을 전개할 필요를 느낀 것이겠다고 여겼습니다.

이시다 미소 접근을 기회로 삼아서 아메리카의 공산주의자들이 발호跋扈하거나 준동하지는 않을까요?

나카호 다이스위원회는 그것에 반대하고 있었습니다. 그래서 미국공산당은 일시에 해산한 거죠. 코민테른이 재작년 5월말에 해산했는데, 미국공산당은 그 전에 이미 해산했습니다. 미국인들은 극도로 현실적이며 뿌리 깊은 사상을 갖고 있지 않아서, 그들이 동요하게 되었을 때 일본 쪽에서 힘

---

10) 다이스위원회(Dies Committee) : 정식명칭은 하원비미활동위원회(House Un-American Activities Committee, HUAC)였다. 1938년 국내 파시스트와 공산주의자의 활동을 조사하는 임시위원회로서 설립되었으며, 초대 위원장인 M.다이스의 이름을 붙여 '다이스위원회'라고 불리었다. 1945년에 이것이 상임위원회로 되었는데 주로 '뉴딜정책'의 입안자나 제2차 세계대전 중 소련에 대한 협력자를 소환하여 신문하고, 전후에는 하원을 대상으로 '적색분자 토벌'의 기관이 되었다.

써 교육해주면 좋겠지만, 우리는 지금까지 그런 적극적인 활동을 한 적은 없었던 것 같습니다.

——— 지나에서의 미소米蘇관계

나카호 사상전이라는 측면에서 보면, 앞으로 미국과 소비에트가 어떤 식으로 타협해 갈지가 문제입니다.

고토 아메리카는 지금 적극적으로 옌안延安 정권에 손을 뻗치고 있는데, 소련과의 관계는 어떻게 될까요. 이 방면은 나카호 씨가 잘 아시겠죠.

나카호 아니요, (웃음) 그렇지 않습니다. 제가 보기에 옌안 정권에 교태를 부려 그들과 손을 잡으려는 까닭은, 단적으로 말해 충칭重慶 정권을 포섭하려는 수단으로 이용하기 위해서입니다. 황군皇軍의 샹꾸이湘桂작전[11]으로 중국 내 미국의 공군기지는 황군에게 초토화되었으므로, 충칭 정권도 서북으로 가지 않을 수 없습니다. 그런데 충칭 정권이 서북으로 이동하는 것에 대해서 옌안 정권은 극심히 반대합니다. 자신들의 세력권이 침략 당할까봐 우려하기 때문에, 어떻게든 옌안을 사수하려는 것이지요. 이것이 하나의 이유입니다. 그리고 만약 충칭이 자신들의 말을 듣지 않으면 미국은 옌안과 손을 잡고 충칭을 쳐부수겠다는 일석이조의 책모를 갖고 있기 때문에 옌

11) 샹꾸이(湘桂)작전 : 일본은 1944년 4월 17일부터 12월 10일에 걸쳐 중국 대륙에 대한 대규모 공격 작전(대륙타통작전, 大陸打通作戰)을 시행했다. 일본 측의 정식 명칭은 이치고작전(一號作戰)이며, 중국에서는 위샹꾸이회전(豫湘桂會戰)이라고 부른다.

안 정권에 아부하는 것이지요. 이것이 어디까지 발전할지 주목할 만하죠. 그런데 충칭 정권이 최근 충칭에서 란저우蘭州로 이동할 것이라는 이야기도 있어서, 미국은 최대한 충칭을 이용해서 신쟝성新疆省과 닝샤성寧夏省 방면을 중심으로 해서, 인도나 이란 부근으로 항로를 개척하려는 꿍꿍이가 있는 것 같습니다. 이것은 외신이 보도한 내용인데, 고토 씨의 적확한 정보와는 많이 다를지도 모르겠네요.

고토 아니요, 맞는 말씀입니다.

나카호 여기서 또 하나의 사상전이 발생한다고 생각합니다. 민주주의라는 점에서 충칭과 루스벨트 정권 간에 다소 공통점이 있다고 보는 사람이 있습니다. 그러나 충칭 정권은 현재 엄청난 독재정권입니다. 너무 독재주의적이기 때문에 옌안과도 다툼을 벌이고 있지요. 그리고 사상적인 내부 항쟁의 또 다른 원인은, 역시 신쟝성에서의 소비에트 연방과의 세력다툼에서 기인합니다. 이전에 영국이 신쟝성을 장악했을 때에도, 영국과 소련 간에 여러 차례 문제가 있었습니다. 영국이 신쟝에서 물러나자, 그 대신에 이번에는 미국이 들어왔습니다. 그런데 신쟝성에는 예전부터 오랫동안 소비에트가 손을 뻗치고 있었습니다. 성스차이盛世才[12] 등 그 지역의 군대나 정부는 소비에트화된 교육을 받았지요. 그런데 최근 성스차이를 쫓아내고 후임이 오기까지, 주샤오량朱紹良[13]이 지휘하는 충칭 직할 군대가 관할한다는

12) 성스차이(盛世才, 1892~1970) : 중국의 신장(新疆)지구의 정치가, 군인이다. 1933년부터 1944년에 걸쳐 신장을 사실상 독립국처럼 통치했다. 그 독재적인 치세로 인해 '신장왕(新疆王)'이라고 불리기도 했다. 1939년에 소련을 방문하여 스탈린과 회담하고 소련 공산당에 입당했다. 1941년 독소(獨蘇)전쟁 개전 후, 소련 측의 전황이 악화되는 것을 보고 국민당 정부로 돌아섰다. 1944년 중국 국민당 정부의 농림부장(農林部長)이 되어 신장을 떠났다.

13) 주샤오량(朱紹良, 1891~1963) : 중국의 푸젠성(福建省)의 푸저우(福州) 사람이다. 일본육군사

이야기를 들었습니다. 이들은 무기나 탄약을 미국에서 조달하고 있다고 합니다. 결국 여기에서도 미국과 소련의 사상 대립과 세력 대립이, 흡사 발칸에서의 영국과 소련의 대립을 상기시키는데, 이를 어떻게 보십니까.

고토 스틸웰[14] 문제로 충칭의 독재 시정是正, 옌안과의 타협, 군사상의 노후 군벌 도태 등 세 가지 요구가 불거졌습니다. 그 중 노후군인이라고 할 때 가장 문제시되는 것은 허잉친何應欽[15]과 관련된 일이라고 할 수 있습니다. 허잉친은 공산당을 공격했고, 또 일본의 사관학교를 나왔기 때문에 친일적인 색채가 의심되어, 결국 장제스도 허잉친을 해고했다고 하죠. 이런 식으로 옌안은 엄청나게 문제시되고 있습니다. 그런데 그것에 관해서 소비에트와는 전혀 대화하지 않는다는 점이 재미있습니다. 거기에는 소비에트와는 별개의 문제가 있는 겁니다. 결국 허잉친을 해고하고, 옌안에 있던 병력의 대부분을 지금 꾸이양貴陽으로 내려보냈습니다. 내려보냈다기보다는 꾸이양을 지키기 위해서 이동시킨 거죠, 일본군이 점점 밀어닥치고 있어서 꾸이양이 지금 위험하기 때문입니다. 어쨌든 당장 일본을 공격하기 위해 모든 세력을 그곳에 집중시키는 것을 중요한 목표로 삼고 있습니다. 공산당에 대한 미국의 진짜 감정은 그들이 지금 말하고 있는 그런 것이 아닐 겁

관학교를 나온 그는 1910년 중국동맹회에 가입, 북벌전쟁과 공산당 토벌에 참여했던 중화민국 국민당 군 고위 장교였다. 1949년 국민당이 대만에 건너갔을 때, 국민당 중앙당사위원회 회원 등을 역임했다.

14) 조지프 스틸웰(Joseph Warren Stilwell, 1883~1946) : 미국의 군인이다. 1942년에 중국 정부의 요청으로 중국에 파견되어, 육군 중장으로서 인도 · 미얀마 · 중국 전역(戰域)의 미국군 총사령관이 되었고, 미국 · 영국 · 중국 · 네덜란드의 연합군 합동참모본부의 참모총장으로서 중국군을 도왔다.

15) 허잉친(何應欽, 1889~1987) : 장제스의 참모로 활동하며 반(反)장제스 세력을 격파한 데 이어 대중공전(對中共戰)을 지휘하였다. 만주사변 후 일본과의 타협을 모색하여 1935년 허잉친－우메즈(梅津)협정을 체결하였고, 그 이듬해에 발생한 시안(西安) 사건에서는 무력해결을 주장하였다.

니다. 하지만 목표를 위해 지금 당장은 그런 식으로 일을 그저 착착 밀어붙이고 있습니다. 장제스가 그것을 몹시 싫어하고 있지요.

나카호 그렇게 옌안에 잘 보이려는 이유 중 하나가 옌안 세력권 내에 비행기지를 확보하고 싶어서겠지요.

고토 그렇습니다. 꾸이린桂林을 잃었을 때 미국은 몹시 비관했었으니까요. 그 때 이미 스틸웰 문제가 발생했던 거죠. 꾸이린의 중앙 직계 6개 군이 대단히 우수하다고 믿고 있었지만, 지금까지의 잡군雜軍보다 힘을 발휘하지 못했습니다. 이에 대해서 저희는 강연에서, 좋은 무기를 줬기 때문에 오히려 약해졌다, 무기가 없을 때는 정신력에 의지해서 열심히 했지만, 이번에는 무기에 의존했기 때문에 오히려 약해졌다고 말했습니다. 이것은 확실한 진리죠. 그런데 또 다른 이유는 지나의 주요 군벌이 미국에 대해 커다란 애증을 갖게 됐다는 점입니다. 그래서 성실하게 일할 마음이 들지 않았던 거지요. 우리는 적어도 3개월은 걸릴 것이라고 예측했는데 단 38시간 내로 정리되어 버렸습니다. 꾸이린은 공격을 준비하고 나서 함락시키기까지 적어도 3개월은 걸리는 진지입니다. 상대 쪽은 6개월이라고 생각하고 있었던 것 같습니다. 그런데 38시간이라는 터무니없이 짧은 시간에 함락되어서 이쪽에서도 깜짝 놀랐습니다. 요컨대 미국과 소비에트의 관계보다도, 미국과 현재 지나의 관계가 매우 기묘하고 어려운 상황입니다. 스틸웰을 소환함과 동시에 부대통령 월레스[16]를 파견한 것을 보면, 지금 지나에 철저하게 힘

16) 헨리 아가드 월레스(Henry Agard Wallace, 1888~1965) : 월레스는 1940년 11월에 프랭클린 루즈벨트 대통령의 동반후보자로 선출되어 1941년 1월 20일부터 1945년 1월 20일까지 부통령직을 수행했다. 1944년 6월 20일에 월레스는 장제스와의 회담을 위해 충칭을 극비 방문했다. 이 때 일본군은 월레스의 탑승기를 공격할 계획을 세우기도 하였다.

을 기울여 정치사상 방면의 전부를 해결하려는 것 같습니다. 나쁘게 말하면 이 기회에 우위를 차지하고 싶다는 거죠.

나카호 이렇게 경제계도, 정부도, 그곳에 공장을 만들기 위해 막대한 자금을 쏟아 부어서 전쟁 이후에 그곳을 착취하려는 거지요. 유럽은 더 이상 상품시장이 아니기 때문이지요. 정말 성급한 이야기지만 실제로 그렇게 계획해서 진행하고 있습니다.

고토 씨, 그런데 옌안은 사상적으로는 어떻든 간에 미국 쪽에 붙으려고 할 것 같습니다. 이점에 대해서는 이쪽에서 옌안 측에 잘 설명해줘야 합니다. 만약 옌안 정권이 재벌을 배후에 둔 독재적 전권주의, 자본주의적 제국주의인 미국과 손잡는다면, 그것은 옌안의 자살입니다. 적어도 사상적인 자살입니다. 그러면 지금까지 그들이 지나의 민중에게 말해왔던 것이 얼마나 기만적인 일이 되겠습니까. 그러므로 그들은 절대로 손을 잡을 수 없습니다. 옌안의 간부들에게 일말의 양심이라도 있다면 그것은 불가능하지요.

고토 확실히 그렇습니다. 지나에 파견된 월레스가 장제스에게 지원한 물자의 일부를 옌안에 나눠주라고 하자, 장제스는 그건 힘들다고 했습니다. 옌안에 무기를 주면 주도권을 빼앗길 수도 있는 구체적인 사안이었던 거죠. 그래서 그는 매우 경계했던 것입니다. 그러나 미국은 어떻게든 그것을 강요해야 하는 상황입니다. 옌안과 손을 잡으려는 이유가 사상적인 문제보다도 서북지역에 B29의 기지를 확보하고 싶기 때문입니다. 그곳은 옌안 지역이기 때문에 옌안 정권에게 어느 정도 점수를 따려는 것이 미국의 속셈입니다. 따라서 현재 미국은 일본에 대한 공격을 목표로 삼아, 우선 효과적인 일부터 진척시켜 나가는 방법을 취하고 있습니다. 그런데도 옌안은 그걸 마뜩치 않아하죠. 역시 옌안은 내심 미국을 싫어하고 있는 것 같습니다. 사실 옌안은 스탈린도 싫어하죠. 하지만 지금으로서는 서로 이용하려는 마음이 있으니 협조하겠지요. 결국 다들 너구리인거죠.

——— 의 모략[17]

이시다 일본에 대한 워싱턴이나 충칭의 모략에 대해서 고토 중좌께서 한마디 해주시지요.

고토 지금 확실히 눈에 띄는 것은 레이테섬[18] 상륙과 대만 공습 전후의 활동이지요. 레이테섬에 맥아더가 가장 먼저 상륙했다고 방송하고 있습니다. 하지만 아마 맥아더는 상륙하지 않고 그의 대변인이 상륙했겠지요. 그런데도 "제군들이여, 3년 전에 온다고 약속했는데 마침내 왔다"고 떠들고 있습니다. 레이테섬은 타갈로그족[19]의 발상지로, 사상적으로 가장 다루기 쉽고 비교적 깨인 자들이 있습니다. 또 근처에 작은 섬이 많아서, 전술적으로도 상륙작전에 편리한 곳입니다. 그곳을 발판으로 삼아 비행기지를 확보해 주로 항공작전을 펼치기에 대단히 좋은 장소입니다. 지금 상륙해서 차

---

17) 원문에서 단어가 누락되어, "の謀略"으로 기재되어 있다.

18) 레이테(Leyte)섬 : 필리핀 중부 비사얀 제도 동부에 있는 섬이다. 제2차 세계대전 때 이 섬을 둘러싸고 미국과 일본 간에 전투(레이테만 전투)가 벌어졌다. 전투는 1944년 10월 20일 미군이 필리핀 중부 레이테 섬에 대한 상륙 작전으로 시작되었고 일본군은 쇼고(捷號) 작전으로 대응했다. 미군은 이 전투에서 승리하여 필리핀을 탈환하고 태평양 전쟁 승리의 발판을 마련하였다.

19) 타갈로그(Tagalog)족 : 세부인(Cebuano)에 이어 필리핀에서 2번째로 큰 문화언어집단이다. 타갈로그족은 500년 이상을 중국인 · 스페인인 · 미국인들과 교류하면서 그들의 외래문화를 받아들여 자신들의 기본적인 인도말레이 문화양식에 동화시켰기 때문에 필리핀 전역에서 현대화를 이끄는 역할을 했다.

근차근 해나가는 모습이 사상 작전을 겨냥한 것으로 보입니다. 그 증거로 링가옌[20]에 상륙해서 또 "제군들이여! 3년 전에 온다고 약속했는데 오늘 왔다"고 말한 것을 들 수 있죠. 이렇게 점차 장악하고 있습니다. 사실 레이테섬에서도 루손섬 남부에서도 일부 사민士民들이 봉기했던 것 같습니다. 그만큼 열심히 모략한 것이 사실로 드러나고 있습니다. 그리고 충칭이 일본에 대해 전개한 활동은 조선에까지 상당히 영향을 미치고 있습니다.

이시다 조선에 어떻게 손을 뻗치고 있는 것입니까. 괜찮으시면 말씀해주십시오.

고토 조선에는 김일성金日成이라는 남자가 있습니다. 그런데 그자가 옌안에 있는 듯합니다.

나카호 그런가요, 하바로프스크에서 간부를 양성하고 있다고 들었는데요.

고토 다만 궁금한 것은 최근에 일어난 고려공산당운동에 대해서입니다. 이 고려공산당은 원래 블라디보스토크에 본부가 있습니다. 옛 공산당의 계통에는 화요파, 서울파, 고려공산당 이렇게 세 파가 있었습니다. 화요파는 김찬이 이끌고 있었는데 김일성은 그것과 관계가 있는 것 같습니다. 김찬은 일본의 사관학교를 나온 남자로, 지금 군사령부에 있는 가바蒲 중좌보다 일 년 선배입니다. 화요파는 그가 만들었는데, 그것을 개명한 것이 아닐까 합니다.

---

20) 링가옌만(Lingayen Gulf) : 필리핀 루손섬 중서부 해안에 있는 만. 제2차 세계대전 때에는 미·일 양군의 상륙 지점이었다. 1941년 12월 22일 일본이 상륙하였고, 1945년 1월 9일에 미군이 상륙하였다.

당시 이 남자가 큰 힘을 갖고 있었는데, 그 영향을 이은 사람이 가타야마 센片山潛[21]이었습니다. 그래서 도쿄성에 가타야마의 딸이 나와 있었던 거지요. 그 때 저는 마오산茂山에 있었기 때문에 이 방면의 일을 알고 있습니다. 당시 상하이에서 마침내 중국공산당이 만들어졌을 때 왕자오밍汪兆銘[22]의 개입으로 서울파가 만들어졌죠. 그런 창생創生의 시대여서, 서울파는 확실하지 않았습니다. 그래서 저는 고려공산당을 가장 주목하고 있는 것입니다.

나카호 그것도 오랜 역사가 있군요.

고토 시베리아에 조선인이 많아서, 고려공산당은 모두 구舊 니코리스크주州에 적을 두고 있었습니다. 그런데 최근에는 그 사람들을 러허熱河에까지 데리고 갔습니다. 그래서 김일성은 지금의 고려파가 아닐까 생각합니다. 그들은 지금 활발하게 공작하고 선동하고 있습니다. 어떻게 선동하는지 살펴보면, 그 방법은 그다지 치밀하지는 못한 듯합니다. 반도에서의 사상운동은 모두 다 그렇죠, 다이쇼 9년1920 무렵에도 그랬었는데, 중학생을 비롯하여 학생 계급을 몹시 선동했지요. 그때와 같은 방법으로 지금 활발하게 선동하고 있습니다. 게다가 더 어리석게도 그 운동은 지금 ○○[23]로 돌입하고 있지요.

---

21) 가타야마 센(片山潛, 1859~1933) : 일본의 노동운동 지도자. 직공의용회(職工義勇會)를 조직하여 일본에서의 근대적 노동조합운동을 이끌었다. 도쿄 시전(市電) 파업의 배후인물로 지목되어 체포되었다가, 미국으로 망명 후 러시아혁명 성공의 영향을 받아 공산주의자가 되었다. 아시아 여러 민족의 공산주의 운동과 일본공산당의 결성을 지도하였다.

22) 왕자오밍(汪兆銘, 1883~1944) : 중국의 정치가이다. 국민당의 혁명지도자 쑨원(孫文)을 도와 함께 일했다. 국민당의 요직에 있으며 좌파의 중심인물로 활약하였고 국민정부 행정원장, 국민당 부총재를 지냈다. 1920년대 말에서 1930년대 초에 국민정부의 지배권을 놓고 장제스와 경쟁관계에 있었다. 중일전쟁 후, 일본군 점령하의 난징에서 일본과 제휴하여 괴뢰정권을 수립하였다.

23) 원문 그대로의 표기이다.

——— 내선 이간을 노린다

고토 또 걱정되는 일은 요즘 중학생들 사이에서 내선 불화가 점점 많이 나타나고 있다는 겁니다. 우리 아들은 중학교 1학년인데, 경성중학교에서 걸어오다 보면 어디선가 조선학생이 별안간 불쑥 나타나서 아무 말 없이 딱 때린다고 합니다. 벌써 세 번이나 얻어맞았습니다. 그런 피해사례가 굉장히 많습니다. 일반인에게도 여러 방법으로 손을 뻗치고 있는데, 가장 졸렬한 방법은 장정壯丁의 가족에게 거짓 편지를 보내 장정들을 동요시키는 것입니다.

이시다 요즘 중학교에서 상급학생과 하급학생의 싸움이 빈번해진 것 같습니다. 하긴 원래도 좀 있기는 했지만 만주사변 이후 그런 일이 없다가 최근 들어 꽤 많아져서 모두 몹시 걱정하고 있습니다. 이것은 내선 이간은 아니지만, 결국 내부 분열의 한 종류가 아닐까요.

고토 그런 일 때문에 반도는 전반적인 처우문제 등에 대해서도 상당히 경계를 받고 있고 손해를 보고 있습니다. 내지인 중에서는 마음이 약한 자는 공포를 느끼고, 기가 센 자는 역시 조선인은 안 된다는 탐탁지 않은 분위기를 풍기고 있습니다. 이것 자체가 그들의 모략이 성공했다는 것이겠지요. 그것이 그들이 노린 바였으니까요. 따라서 우리는 그런 분위기를 대대적으로 계몽하고자 합니다.

이시다 그런 것에 대해서 내선의 지식인이나 유식자有識者는 의연한 태도로 나아가야 합니다. 중학생들 간의 싸움은 매우 어리석습니다. 그것은 가정에 곧장 영향을 주기도 하고, 서로 원인을 모르기에 대수롭지 않은 일로 여기고 말지요.

고토 최근에는 육군 관사 지대에 들어와서 소학교 학생까지 때리고 있습니다. 그런 식으로 선동하고 있습니다. 방금 이시다 씨가 말씀하셨듯이 부모의 감정을 자극하는 게 목적입니다. 그런 선동 공작은 교묘하지요.

나카호 요즘 사이판에서 내선을 이간하는 허위 방송이 빈번한 것 같습니다.

고토 지금 대단히 놀라운 허위정보demagogy가 유포되고 있습니다. 우리는 그런 유언비어가 만들어지고 유포되는 양상이 서투르다고 생각합니다만, 무지한 사람에게는 효과가 있을 법한 악질적인 허위 방송입니다. 한편에서는 선동하고 다른 한편에서는 허위 정보를 유포합니다. 이것은 사상전이 대륙에서 이쪽으로 유입되고 있는 실제적인 문제라고 생각합니다. 매우 주의해야 합니다.

이시다 카이로 회담에서 장제스가 내선이간의 모략을 제의하자, 루스벨트가 그것을 채택하여 지금 미국이 적극적으로 행하고 있다는 이야기가 있습니다. 조심하지 않는다면 그들의 계략에 빠질 것입니다. 예를 들어 작년 가을 쯤 조선 쪽 유력자가 모닝코트morning coat나 프록코트frock coat를 엄청나게 많이 마련하고 있다는 유언비어가 있었습니다. 그건 완벽한 허위정보였지만, 그런 것도 유포되면 …….

고토 역시 내선이 이간되겠지요.

나카호 저는 본사의 어떤 회의에서, 광고에도 엄밀히 주의해서 적어도 공공성에 어긋나는 것은 절대로 취급하지 말라, 예전처럼 돈을 쥐어주며 내달라고 해서 광고를 실어 주어서는 안 된다, 광고의 속뜻까지 꿰뚫어보아야 한다고 말했습니다. 지금 언급된 모닝코트를 산다는 광고도 허위 정보의 하나였을지 모릅니다. 광고를 이용하는 것이 사상전의 한 방법이니까요.

이시다 저는 마침 어젯밤에 한 내지인 친구로부터 조선 출신 특공대에 대한 이야기를 듣고 놀랐습니다. 조선 청년이 특공대로서 전사하는 것은 애국지정 때문이 아니라 오히려 일본에 대한 반항심이 그런 위태로운 형태로 나타나는 것이라는 해석이 있는데, 그것에 대해 어떻게 생각하느냐는 것이었습니다. 우리가 듣기에는 어처구니없는 이야기지만, 만약 어떤 내지인이 그런 이야기를 듣고 어쩌면 그럴 수도 있겠다고 해석한다면 이미 적의 계략에 빠진 것입니다. 평상시라면 도저히 생각할 수 없는 일이라도 전쟁 중에 약점을 잡히면 그만 걸려들고 맙니다. 따라서 이런 경우 서로 냉정을 유지해야 합니다. 특히 내선관계에 대해서 뭔가 불쾌한 이야기를 들었을 때에는 먼저 적의 모략일 수도 있다고 알아챌 수 있을 정도의 이지理智가 있었으면 합니다.

나카호 마쓰이松井 소위 등의 일기를 보니 참 순진한 마음이 나타나있더군요.

고토 그렇습니다. 어제도 그의 부모님을 뵈었는데 훌륭하신 분들이었습니다.

나카호 저도 어젯밤 조선호텔에서 그의 부모님과 함께 식사를 했는데,

좋은 분들이었습니다. 그런 신동을 낳은 만큼 훌륭하신 분들이었습니다.

이시다 처우개선 문제에 대해서도 지도자는 상당히 신중하게 다루어야 하지요.

나카호 그렇습니다. 반도 출신으로 만주에서 돈을 어느 정도 모은 사람들이 있는데, 그 중에 점차 처우개선이 된다고 하니 앞으로 선거운동을 하겠다는 말을 퍼뜨리는 자가 있다고 합니다. 이것은 오히려 좀 더 깊이 생각하면, 중의원의원 선거법이 개정될지 안 될지 모르는 상황에서, 그런 것을 예측하고 퍼뜨려서 발표된 것의 허를 찌르려는 역이용의 선전으로도 생각할 수 있습니다. 그 정도까지 깊이 생각했는지는 모르겠지만 말이죠. 아울러 반도 출신으로 만주에 있는 이들의 이야기에 따르면, 마쓰이 소위의 등장에 재만주 반도인들은 상당한 자부심을 느끼고 있다고 합니다. 어제도, 만주인들 앞에서 으스댈 수 있게 되었다, 지금까지 만주인에게 멸시 당했지만 조선에서 훌륭한 사람이 나와서 의기양양해졌다는 편지를 받았습니다.

이시다 얼마 전에 가네코金子 소장 각하에게서 이런 얘기를 들었습니다. 공습이 발발하면 간토대지진 때처럼 내선 투쟁이 다시 반복될 거라는 허위 정보가 퍼져 일부에서는 걱정했었는데, 실제로 겪어보니 그 허위 정보를 분쇄할 만한 사실이 속속 드러났다고 합니다. 그 중 한 사례를 말씀드리자면, 후카가와구深川區의 어느 공장지대의 토나리구미隣組[24] 조장이 조선 출신 청년이었는데, 공습이 발발하자 반원을 모두 대피소에 피난시킨 다음 자신도

24) 토나리구미(隣組) : 제2차 세계대전 당시에 일본이 국민을 통제하기 위해 만든 최말단(最末端) 지역 조직이다.

들어가려던 순간에 폭탄이 떨어져 그 자리에서 즉사했다고 합니다. 근처에 있던 내지인들은 그것에 굉장히 감동 받아서 그런 불안감이 일소一掃되었다고 합니다. 그런 일이 같은 날 세 번이나 있었다더군요. 그런 이유로 도쿄에서는 그런 하찮은 걱정 따윈 하지 않게 되었습니다. 만주에서도 그런 일이 있었는데, 낙하산으로 내려온 적의 항공병에 대한 대응은 정말로 훌륭했다고 합니다. 조선계 부락에서의 처치 말입니다. 그러므로 이제 그런 것은 문제없을 듯합니다.

——— 적의 선전방책

고토 아메리카가 일본에 대해 본격적으로 선전전을 개시한 것은 사실입니다. 최근에도 버지니아대학에서는 일본에 갔다 온 적이 있는 학자, 선교사, 실업가 전부를 동원하고, 선전을 담당하는 육해군장교 약 120명을 모아 데이비스 정보국장의 직접 지휘 하에 일본에 대해 철저하게 연구하도록 했습니다. 그들은 논의한 결과 중산계급을 선전대상으로 삼았는데, 일본 중산계급에 대해 이런 식으로 말했습니다. 무인으로서의 경험이 없다, 즉 일본의 무사도는 상당히 중요한데 그런 무사도적인 교양이 없다는 것이죠. 또 중산계급은 새로운 문화생활을 가장 많이 받아들였다, 일본적인 사상이 아니라 다른 외국 사상을 받아들였기 때문에 상당히 동요하기 쉽다, 무지한 사람은 오히려 크게 동요하지 않는다, 경거망동할지라도 크게 동요하지는 않는다, 중산계급이 가장 동요하기 쉽다, 그리고 가장 공리적이다, 공리적이며 개인주의자가 많다, 중산계급은 돈을 벌려고 혈안이다 등을 말했습니다. 이런 이유로 중산계급을 표적으로 삼은 것이죠. 그렇기 때문에 중산계급을 노린 방송이나 활동이 많습니다. 대만에 뿌려진 삐라도 중산계급을 노린 것입니다. 그래서 우리는 계몽을 자주 활용하는데, 선전에서 주의해야 할 것은 아메리카가 목표로 삼는 것이 중산계급이라는 것입니다.

나카호 그것이 적이 노리고 있는 급소이지요. 중산계급은 지금 거의 무너지고 있으니까요.

이시다 그것을 겨냥하고 있는 거지요.

고토 이런 조직적인 선전방법으로 새로운 선전심리학을 만들어내고, 그것에 기초해서 합리적으로 실행하도록 진척시키고 있습니다. 따라서 최근에는 방송에도 상당히 능숙해졌습니다. 미국의 선전은 처음에는 어설프고 미숙했지만, 최근에는 상당히 치밀해졌습니다. 요즘에는 매우 진실에 가까운 방송을 하려고 주의를 기울이고 있는 것 같습니다. 영국과 독일은 전적으로 진실을 말한다는 입장이지만, 미국은 그렇지 않았습니다.

나카호 그렇습니다. 예전부터 히틀러의 선전방책은 어디까지나 진실을 말한다는 방침을 가지고 있었고, 진실을 말하는 것이 선전의 요체要諦였다고 합니다.

이시다 견실하군요. 얼마 전에 번역되어 나왔는데 『이십세기』의 주편主編이 쓴 「아메리카 제국주의의 폭로」도 정말 잘 쓴 논문이지만, 그런 식으로 해서 과연 대중이 따라갈 수 있을까요?

나카호 그것은 그것대로 괜찮습니다.

이시다 그리고 아메리카가 돈을 들여서 뿌리고 있는 삐라가 이쪽으로 들어오지는 않습니까?

고토 미국 쪽 삐라는 별로 적발되지 않습니다. 그러나 대륙 쪽 삐라는 꽤 많이 적발되고 있습니다. 그러나 최근 대륙 쪽의 미국 선전기구도 슬슬 모습을 드러내고 있습니다. 그리고 최근에 미국의 선전기구에서 일해 온 지나인이 부산에서 일하고 있는 게 발각됐죠.

나카호 유대인은 백금을 매점買占해서 봉공하는 것 같은 모습을 하고 지나로 가져갑니다. 그리고 물물교환을 해서 많은 돈을 벌어들입니다. 겉으로는 봉공하는 듯한 얼굴을 하죠. 그리고 ××[25] 방면으로는 상당히 많은 불순분자가 들어오고 있는 것 같습니다.

고토 연해주에는 조선인이 많으니까요. 공산계의 경우 특히 주의해야 합니다. 선량한 지식인이 자주 이용되니까요. 가령 전쟁목적과 관련해서도 이쪽의 사상계에서 활동을 하는데 선동이나 방송 형식을 채택하지 않고, 그대로 일본의 전쟁목적을 훼손하여 그것의 방향을 확 바꾸려고 하는 선동이 있습니다.

나카호 공산당이 하는 방식이군요.

---

25) 원문 그대로의 표기이다.

고토 말이라는 것은 원래 복잡한 것이어서 마음만 먹으면 쉽게 이용할 수 있습니다. 일본이 전쟁목적을 표현하는 방식은 스케일이 큰 말을 사용하죠. 훌륭하고 큽니다. 그렇기 때문에 얼마든지 이용할 수 있습니다. 그래서 아시아 해방이라고 말하면 바로 조선의 독립운동으로 갖다 붙일 수 있습니다. 그것을 대단히 주의해야 합니다. 그렇게 결부되면 오히려 무시무시해지지 않을까요. 선동해서 마구 뒤숭숭하게 만드는 것은 오히려 미숙한 방식입니다.

나카호 정면 돌파는 1935년 이전의 공산당의 전술이고, 그 후에는 방식이 변했습니다. 공산당의 전술이 전환한 이래로 때에 따라서는 상대편의 말을 역이용하거나 상대편 속으로 들어가서 내부에서 폭발을 일으키는 방법을 썼습니다. 이것이 가장 경계해야 할 사상 선동이지요.

고토 특공대 문제에서도 자주 그것을 역이용하고 있습니다. 이 쪽에서 특공대의 아름다운 사실을 포착한 시기를 전후하여 처우문제가 불거져 나왔으니 지금이 좋은 기회다 라고 하면, 상대는 그것을 바로 역이용하려 했습니다. 특별공격대가 만들어졌다, 일본을 위해서 죽는 것은 안타깝다, 자숙해 달라는 식으로 말이죠.

나카호 어쨌든 조선에는 그런 종류의 허위정보가 많습니다. 확실히 모략의 수법을 펼치고 있습니다.

이시다 그러면 우리가 취할 수 있는 방법에 대해 이야기해주십시오.

——— 무찌를 방법은 무엇인가

고토 이것은 신문사 사장들이 모인 자리에서 논의됐던 내용인데, 우리 국가의 숭고한 징병 문제에서만은 그런 일이 일어나서는 안 된다, 그러므로 징병에 있어서만큼은 그런 수상한 허위정보나 선전이 유입되지 않도록 노력해달라는 것이었습니다. 제가 보기에는 그 방법이 큰 문제인데, 결국은 황민문제입니다. 그러므로 이는 군에 한정된 일이 아니며, 오히려 일반 교육교화 부문에서 확실히 해 주셔야 합니다. 그런데 학교 교육은 어느 정도 범위가 한정되어 있기 때문에 결국 반도에서는 반도의 전반적인 의견이 가장 효과적입니다. 결국 여론이지요. 여론을 확실히 끌어들여야 합니다. 모두 협동해서 이런 일을 차근차근 해나갔으면 좋겠습니다. 지금 여러 가지 방법을 시도하고 있지요. 연맹에서는 이동극단을, 『매일신보』에서는 교화 선전부대를 파견하고 있지요. 그런데 보급이 매우 힘들어서 문제입니다. 조선은 아무것도 하지 않는 것이 아니냐는 식으로 비난하는 분들도 있습니다.

이시다 민간 언론인이 총궐기하고 일치단결해서 그것을 담당해야 합니다.

고토 반도인이 훌륭한 황국민이 될 수 있는 유일한 방법은 징병제라고 봅니다. 지금처럼 허위정보가 난무해도 그것에 개의치 않고, 반도출신의 훌륭한 병사가 천황의 신하股肱로서 복무하고, 나아가 3기나 4기가 되어 재향군인이 된다면 훌륭할 것입니다.

나카호 군대에 찾아가는 위문단에 연극 등을 넣어서 외부로부터도 협조를 요청한다면 어떨까요.

고토 조선의 폐습은 가족주의라고 생각합니다. 가족이라는 것과 징병의 대상이 되는 젊은이壯丁의 마음이 잘 맞물려서 가족사상이 강해지는 것이지요. 우리의 선전대상은 미국과 마찬가지로 중산계급이었습니다. 중산계급은 달리 말하면 인텔리인데, 이제 선전대상을 바꿔야 합니다. 왜냐하면 젊은이를 전장에 내보내는 것은 산간벽촌의 시골 가정인 경우가 많기 때문입니다. 그런 사람들을 계몽하는 일이 중요합니다. 실제로 징병문제에 정공법으로 접근하려면 중산계급뿐만 아니라 오히려 대중에게 손을 뻗어야 합니다. 얼마 전에도 그림연극 전시를 했는데, 그 취지는 문학자도 훌륭한 예술작품을 만들자는 것이었습니다. 그림연극의 각본도 우리 손으로 쓰자는 것이었는데, 우리 일이 아니라는 식의 태도를 취하면 좀 곤란합니다.

이시다 그 점은 대부분 시정되어 왔습니다. 얼마 전 B29가 나타났을 때, 길을 걸어가다가 벽 앞에 사람들이 모여 있어서, 무슨 일인가 하고 살펴보니, 문인보국회에서 붙인 격문이 있었습니다. 그것은 정말로 효과적이더군요. 그 옆의 것은 이미 알고 있어서 그런 것인지는 몰라도 아무도 관심을 갖지 않았는데, 문인보국회의 격문 앞에는 사람들이 많이 모여 있었습니다. 조선 어디에서나 문인이 이런 방면에서 활동하고 있으므로, 산간벽지에서의 계몽활동도 훌륭한 기획 아래 지도된다면 결코 문인은 그것을 피하지 않을 겁니다.

고토 결론은 그런 방면에서 활동해 달라는 것입니다. 잡지 쪽에서도 그런 활동을 해주십시오.

나카호 요컨대 우리들은 선전의 대도大道를 받들고, 언론의 총력을 결집하여 적의 모든 선전모략을 분쇄해야 합니다.

부록

① 『국민문학』 좌담회 목록
② 『국민문학』 좌담회 내용
③ 좌담회 참석자 리스트

부록 ①『국민문학』좌담회 목록

	좌담회명	수록호	참석자
1	조선문단의 재출발을 말한다	1941.11	辛島驍, 寺田瑛, 白鐵, 芳村香道, 李源朝, 崔載瑞
2	일미개전(日米開戰)과 동양의 장래	1942.01	黑木剛一, 倉島至, 白山青樹, 鈴木武雄, 沈明燮, 古川兼秀, 兪鎭午, 崔載瑞
3	문예동원을 말한다	1942.01	辛島驍, 嶋元勸, 寺田瑛, 津田剛, 長崎祐三, 白鐵, 古川兼秀, 本多武夫, 星野相河, 松本泰雄, 失鍋永三朗, 八幡昌成. 林和, 崔載瑞
4	대동아문화권의 구상	1942.02	秋葉隆. 辛島驍, 津田剛, 森田梧郎, 崔載瑞
5	반도 기독교의 개혁을 말한다	1942.03	葛城弘基, 全弼淳, 沈明燮, 丹羽清次郎, 原口貢, 松本卓夫, 松本泰雄, 崔載瑞
6	반도 학생의 여러 문제를 말한다.	1942.05/06	木山炳奎, 古川兼秀, 本多武夫, 堀內朋, 東原寅燮, 松月秀雄, 增田道義,崔載瑞
7	군인과 작가, 징병의 감격을 말한다	1942.07	淺井, 馬杉, 牧洋, 青木洪, 木下俊, 田中英光, 崔載瑞, 金鍾漢
8	북방권 문화를 말한다	1942.10	鳥山喜一, 藤田亮策, 末松保和, 河野六郎, 崔載瑞
9	국민문학의 1년을 말한다	1942.11	森浩, 兪鎭午, 白鐵, 杉本長夫, 宮崎清太郎, 田中英光, 牧洋, 崔載瑞, 金鍾漢
10	내일의 조선영화를 말한다	1942.12	森, 高井, 中田晴康, 李軒求, 吳泳鎭, 西龜元貞, 安夕影, 崔載瑞, 金鍾漢
11	국어문제회담	1943.01	近藤時司, 寺本喜一, 李無影, 琴川寬, 牧洋
12	평양의 문화를 말한다	1943.01	小泉顯夫, 高橋知也, 田中, 高峰暉, 深井民次, 朴相億, 延原崇寧, 崔載瑞, 居世三徹
13	시단의 근본문제를 말한다	1943.02	佐藤清, 金村龍濟, 寺本喜一, 趙宇植, 杉本長夫, 崔載瑞, 金鍾漢
14	신반도문학에의 요망	1943.03	菊池寬, 横光利一, 河上徹太郎, 保高德藏, 福田清人, 湯淺克衛, 崔載瑞
15	의무교육이 될 때까지	1943.04	松月秀雄, 高橋濱吉, 野中齊之助, 咸尙勳, 崔載瑞
16	농촌문화를 위하여	1943.05	李家英竹, 岡田順一, 柳致眞, 須志田正夫, 崔載瑞
17	전쟁과 문학	1943.06	上田廣, 井上康文, 辛島驍, 兪鎭午, 牧洋, 杉本長夫, 宮崎清太郎, 崔載瑞, 金鐘漢

18	영화〈젊은 모습〉을 말한다	1943.07	丸山定夫, 黃澈, 龍岐一郎, 韓相稷, 岩井金男, 崔載瑞, 金鐘漢
19	국민문화의 방향	1943.08	加藤武雄, 福田淸人, 立野信之, 古谷網武, 兪鎭午, 李無影, 寺本喜一, 崔載瑞, 金鐘漢
20	문학 정담(鼎談)	1943.09	牧洋, 金鐘漢, 吳禎民
21	결전미술의 동향	1944.05	山口長男, 三木弘, 遠田運雄, 日吉守, 片山坦, 江口敬四郎, 戶張幸男, 寺本喜一
22	군과 영화	1944.06	川崎, 林, 諸留, 池田, 井上, 西山, 野崎, 西龜元貞, 方漢駿 , 嶺
23	총력운동의 신구상	1944.12	伊藤憲郎, 安興晟換, 末松保和, 鵜飼信成, 柳光烈, 石田耕造
24	처우개선을 둘러싸고	1945.01	田保橋潔, 長谷川理衛, 車載貞, 俵文夫, 石田耕造
25	사상전의 현단계	1945.02	後藤, 中保與作, 石田耕造

부록 ② 국민문학 좌담회 내용

	좌담회명	수록호	내용
1	조선문단의 재출발을 말한다	1941. 11	내지측 인사들과 조선의 문인들이 참석해서 조선문학 혁신의 목표를 논의한 『국민문학』의 첫 좌담회이다. 이 좌담회에서는 국민문학을 건설하는 과정에서 조선적 특수성을 어떻게 바라볼 것인지에 대해 참석자들 사이의 입장 차이가 극명하게 드러난다.
2	일미개전(日米開戰)과 동양의 장래	1942. 01	일본이 진주만 공격에 성공하면서 태평양 전쟁의 서전을 장식한 후 개최된 좌담회이다. 참석자들은 전쟁에 나선 미국의 결함을 거론하면서 일본과 사상적, 인종적인 비교를 한다. 여기서 일본은 태평양 전쟁이 단순한 전쟁이 아니라 '사상', '문화' 간의 전쟁이라고 표현하고 승리를 위해서는 정신적, 문화적인 부문만이 아니라 '과학'이 필요함을 역설한다. 물론 일본은 두 가지를 모두 가지고 있는데, 그것은 팔굉일우로 나타나는 일본의 근본정신인 '국체'와 태평양 전쟁의 서전을 통해서 확인된 '과학의 힘'이다.
3	문예동원을 말한다	1942. 01	국민개로운동이 전개되고 총후에서의 동원이 본격화되는 가운데, 고도국방국가건설을 위한 문예동원에 대해 논의한 좌담회이다. 당시 문예동원을 둘러싼 조선문단의 상황, 문예동원의 방식 및 목표, 국가와 문예와의 관계, 문예동원을 기획하고 실행할 조직 등에 대한 방안을 내놓았다.
4	대동아문화권의 구상	1942. 02	대동아공영권에 대한 정치적 · 경제적 구상을 넘어 '대동아문화권'을 실현하기 위해 어떤 문화정책을 수립할지를 토론한 좌담회이다. 참석자들은 기본적으로 대동아공영권의 지도원리가 황도(皇道)이고, 대동아문화권 건설의 중심이 일만지(日滿支)임을 확인한 후, 남방공영권까지 확대시킬 수 있는 다양한 방법을 논의한다. 구체적으로는 종교, 일본어의 재편성, 문학을 비롯한 신문, 라디오, 토키 등을 통해 일본문화를 확대시킬 수 있는 방안을 내놓았다.
5	반도 기독교의 개혁을 말한다	1942. 03	기독교의 이식성과 외래성을 극복하여 일본적 기독교를 확립하는 한편, 기독교적 감화력으로 조선인의 황국신민화를 달성하자는 취지를 표명한 좌담회이다. 조선 기독교계의 재정, 교리, 교육, 지도자, 교파 통합 문제 등이 논의되었다.
6	반도 학생의 여러 문제를 말한다	1942. 05/06	조선인 학생들의 학업, 의식과 사상, 취직 문제 등을 전반적으로 검토하면서 대동아공영권 건설의 주체 창출에 필요한 사항들을 논의한 좌담회이다. 학생 문제와 더불어 교육자가 지녀야 할 자세와 덕목도 점검되고 있다.

7	군인과 작가, 징병의 감격을 말한다	1942. 07	1942년 5월에 조선에서 징병제 실시 발표가 난 후, 조선군 참모 2명과 작가들이 모여 '징병제 시행에 대한 감회'와 '징병제와 문학의 관계'에 대해 의견을 나눈 좌담회이다. 조선인 작가들은 징병제가 실시되면 조선인도 내지인과 함께 훈련하는지, 국어를 몰라도 입대할 수 있는지 등 구체적인 질문을 던졌고, 조선군 참모들이 거기에 대해 답변했다. 특히 군참모들은 지원병 실시에 대한 조선인들의 불안감을 작가들이 전쟁문학 등을 통해 해소시켜야 한다고 말한다.
8	북방권 문화를 말한다	1942. 10	정치적 · 경제적 중요성을 띠게 된 북방권의 문화적 측면에 대해 논의한 좌담회이다. 북방문화권의 범위와 특질에 대한 고고학적 논의가 주를 이루고 있다. 특히 북방문화가 유입되면서 발생한 조선과 일본의 공통점과 차이점에 대해 집중적으로 다루고 있다.
9	국민문학의 1년을 말한다	1942. 11	『국민문학』창간 1년을 회고하면서 개최한 좌담회로 조선문학의 지위에 관한 논의가 주를 이루었다. 전반부에서 일본인 참석자들은 작가의 윤리적 생활문제라든지 작가의 태도 등을 문제 삼고 있으나, 후반부에서 조선인 참석자들은 근본적이긴 하지만 추상적인 문제들보다는 다소 직접적인 조선문학의 지위에 관한 문제, 즉 로컬컬러와 문학적 특수성에 관련된 문제들을 제기했다.
10	내일의 조선영화를 말한다	1942. 12	1942년 9월에 조선의 모든 영화회사가 강제 통폐합되어 조선영화제작주식회사(朝映)가 창설되는데, 이를 계기로 하여 조선영화계의 현 상황을 점검하고, 앞으로의 진로를 모색한 좌담회이다. 조영의 설립 경위 및 포부, 영화인의 연성, 국책영화, 조선영화의 성격과 상황 및 전망 등이 논의되었다.
11	국어문제회담	1943. 01	'국어문제특집호'에 실린 회담으로 조선과 일본의 작가와 교육자에게 국어창작에 대한 작가의 태도와 국어교육의 문제점 등을 물었다. 국어상용을 위한 제도적 장치와 더불어 개인의 노력이 필요하다는 의견이 제시되었다.
12	평양의 문화를 말한다	1943. 01	평양 지역 인사들이 참여해 도시의 역사와 특색 및 사상경향 등을 논의한 좌담회이다. 참석자들은 기독교가 널리 보급되어 있고 국어상용 수준이 낮은 평양에서의 내선일체 문제를 어떻게 다룰 것인지에 대해 이야기하고, 그 해결책을 순수한 선조(祖先)의 사상과 감정에서 찾았다.
13	시단의 근본문제를 말한다	1943. 02	시인 사토 기요시와 그의 제자들이 참여해 반도 국어시단의 현황 및 조선에서 새로운 국어시단이 확립되기 위한 방안 등을 논의한 좌담회이다. 이 좌담회에서는 일본적 보편성과 조선적 특수성의 문제가 다시 제기되었고, 어두운 면과 밝은 면을 문학이 어떻게 처리할 것인지가 논의되었다.

14	신반도문학에의 요망	1943. 03	국민문학 체제가 성립됨에 따라 일본문단과 조선문단의 관계 역시 전환되어야 한다는 인식 아래 개최된 좌담회이다. 조선문학 번역문제와 일본어 창작 문제에 대한 의견이 교환되었다. 또한 향토색 문제를 중심으로 해서 조선문학의 특질을 규명하려는 논의도 활발히 이루어졌다.
15	의무교육이 될 때까지	1943. 04	징병제와 의무교육의 관계 및 의무교육의 목표 등이 논의된 좌담회이다. 참석자들은 내지의 의무교육제 확립 과정을 조선의 경우와 비교하고, 의무교육 실시의 필요성 및 그 의미를 언급했다. 더불어 조선의 의무교육 시행의 현실적인 문제들도 지적했다.
16	농촌문화를 위하여	1943. 05	이동극단과 이동영사대를 통해 조선민중에게 국책을 알려야 한다는 취지하에 열린 좌담회이다. 민중에게 국책을 알리는 동시에 각 지역의 특색을 살릴 수 있는 공연을 해야 한다는 점과 내지와 조선극단의 차이점이 논의되었다.
17	전쟁과 문학	1943. 06	전쟁문학이 기존의 문학 형태와 정신에 가져온 새로운 척도를 논의하면서, 새로운 국민문학의 탄생과 출발을 검토한 좌담회이다. 이 과정에서 고전 읽기와 시의 산문화 경향 및 문학의 효용성에 관한 의견들이 제기되었다.
18	영화 〈젊은 모습〉을 말한다	1943. 07	징병제와 내선일체를 다룬 선전영화 〈젊은 모습〉의 촬영 개시를 알리고, 스토리와 제작 과정, 관계자들의 포부 등을 소개한 좌담회이다. 서양 영화와 변별되는 일본 영화만의 가능성과 미래를 타진하는 논의로 결론을 맺고 있다.
19	국민 문화의 방향	1943. 08	일본문학의 전환에 관한 발언으로 시작되는 이 좌담회는 일본을 비롯한 조선도 대대적 전환이 필요한 시기임을 역설한다. 영미적 세계관이나 유교적(중국적) 세계관을 버리고 '원시'로 돌아가야 한다는 주장과 함께 부여와 신라가 부각되었다. 한편 국어 문제가 언급되는데, 조선작가들의 소극적인 국어 수용방식과 사용방식을 문제 삼으면서 국어의 표현이 풍부해지기 바란다는 견해가 개진되었다.
20	문학 정담(鼎談)	1943. 09	3명의 조선 문인들이 참여해 조선작가의 생활 문제, 평론계 상황, 조선적인 것의 취급, 작품평, 앞으로의 작품 활동 계획 등 문학 전반에 걸친 다양한 주제들을 논의한 좌담회이다. 조선적 아름다움을 어떻게 할 것인지를 두고 참석자들 간의 의견 충돌이 생기고 있음을 확인할 수 있다.
21	결전미술의 동향	1944. 05	전시하 조선미술계의 역할과 앞으로의 전망에 대해 논의한 좌담회이다. 미술계가 결전체제로 전환됨에 따라, 전시하 미술의 소재와 수법에도 변화가 있어야 한다는 공통된 인식을 보여준다.

22	군과 영화	1944. 06	조선의 징병제 선포 이후 조선군 보도부에서 만든 〈병정님(兵隊さん)〉의 상영을 알리고 영화의 제작과정과 관계자들의 소감 등을 소개한 좌담회이다. 국책영화의 나아가야 할 방향, 관객동원과 언어의 문제 등이 논의되었다.
23	총력운동의 신구상	1944. 12	전시하 총력운동의 의미를 "전쟁에서 이기기 위한 고도의 사회적 결성"에 두고, 총력운동의 역사성과 외국 총력운동의 사례를 들었다. 특히 일본적 특징은 "아래의 사정을 파악하고, 아래쪽의 마음과 위쪽의 의사가 혼연일체 되어, 최선(最善)의 근원인 천황에 귀일하여 천황을 받든다는 점"에 있다고 구별한다. 참석자들은 국민총력운동의 중개기관과 위정당국자들의 지도이념, 언론의 역할, 민중의 적극성 등이 합치할 때 상의하달(上意下達)과 하정상통(下情上通)의 총력운동이 가능해진다고 보고 있다.
24	처우개선을 둘러싸고	1945. 01	일본에 병합된 이후, 조선인의 처우개선이 어떻게 이뤄져왔는지 그 경과를 검토하면서, 처우개선에서 나타난 일본적 방식이나 내선문제 및 황민화 등 궁극적인 목표에 대해서 논의하는 좌담회이다. 내선의 구별과 차별을 점진적으로 없애느냐, 일거에 없애느냐, 그러기 위해서 구체적으로 민법에서의 전적(轉籍) 문제나 내선결혼 등을 어떻게 볼 것이냐등이 논의의 쟁점이 되었다.
25	사상전의 현단계	1945. 02	1944년 말과 45년 초, 일본은 중국에서 여전히 지배력을 행사하고 있었지만, 필리핀이 미군에 점령되면서 미군에 의한 일본 본토침공을 눈앞에 두고 있었다. 이런 상황에서 선전전과 사상전에 대한 현황과 대응 방법을 논의한 정담(鼎談)이다. 미국, 중국 등의 정세, 일본에 대한 모략과 선전방책, 내선이간(離間)에 대한 대응방책 등이 논의되었다.

부록 ③ 좌담회 참석자 리스트

가라시마 다케시(辛島驍, 1903~?) : 경성제국대학 법문학부 교수. 조선문인협회(1939) 핵심간부, 조선연극문화협회(1942) 초대회장, 조선문인보국회(1943) 이사장 등으로 활동했다.

가와사키 대좌(川崎大佐) : 조선군 보도부 소속 일본군인.

가와카미 데쓰타로(河上徹太郎, 1902~1980) : 평론가. 도쿄제국대학 경제학과를 졸업한 후 상징주의적 문학관에 입각한 평론을 썼다. 『문학계(文學界)』의 편집책임자였으며, 제2차 세계대전 중에는 일본문학보국회(1942)의 심사부장을 지냈다.

가타야마 다이라(片山坦) : 일본화 화가로, 전쟁기에는 군사우편에 전쟁이나 총후의 모습을 그리기도 했다.

가토 다케오(加藤武雄, 1888~1956) : 소설가. 가나가와(神奈川) 현 출생으로, 고등소학교를 졸업하고 소학교 훈도로 있었으며, 1919년 농촌을 묘사한 자연주의적 단편집 『향수(郷愁)』로 이름을 알렸다. 이무영(李無影)이 그의 문하에서 4년간 문학을 배웠다.

갈홍기(葛弘基)=**가쓰라기 히로키**(葛城弘基, 1906~1989) : 1937년에 창영교회 초대 담임목사, 1943년에 일본기독교 조선감리교단 연성국장을 지냈다. 심명섭(沈明燮)과 더불어 대표적인 친일 목회자로 꼽힌다.

고노 로쿠로(河野六郎, 1912~1998) : 언어학자. 경성제국대학 조선어과 조교수로 재직했으며, 저서로는 『조선방언학시고(朝鮮方言學試攷)』(1945)가 있다.

고이즈미 아키오(小泉顯夫, 1897~1993) : 고고학자. 총독부 고적조사위원회(古蹟調査委員會)에서 『古蹟調査報告(고적조사보고)』 작성에 관여하였고 1943년 1월호 좌담회 참석 당시 평양박물관 과장을 지냈다. 해방 후 일본으로 돌아가 『낙랑한묘(樂浪漢墓)』(1974), 『조선고대유적의 편력(朝鮮古代遺跡の遍歷)』(1986) 등의 저작을 남겼다.

고토 중좌(後藤中佐) : 조선군 보도부 소속 일본군인.

곤도 도키지(近藤時司) : 일본 국문학자. 경성제대 교수를 지냈으며 저서로 『사화전설조선명승기행(史話伝説朝鮮名勝紀行)』(1930) 등이 있다.

교세이 산테쓰(居世三徹) : 인문사(人文社) 평안남도 지사장을 지낸 인물.

구라시마 이타루(倉島至) : 조선총독부 정보과장을 지냈으며, 편저로 『전진하는 조

선(前進する朝鮮)』(1942)이 있다.

구로키 고이치(黑木剛一) : 해군대좌. 1941년 국민총력 조선예수교장로회 총회연맹 여자부 결성을 기념한 시국강연회에서 「세계 대세와 아(我) 해군」이라는 제목의 강연을 했다.

기노시타 슌(木下俊) : 조선에서 활동한 일본인 작가.

기야마 헤이케이(木山炳奎) : 휘문중학교 교장을 지낸 인물.

기쿠치 간(菊池寛, 1888~1948) : 극작가이자 소설가. 「진주부인」, 「두 번째 키스」 등 50여 편의 통속소설을 썼으며, 신현실주의를 주장했다.

김동환(金東煥)=**시로야마 아오키**(白山青樹, 1901~1958) : 시인으로 아호는 파인(巴人)이다. 주요 작품으로 「적성(赤星)을 손가락질하며」(1924), 「국경의 밤」(1925) 등이 있다. 1929년 종합잡지 『삼천리』를 창간했다. 1940년에 국민총력조선연맹(1940) 문화위원, 1943년에 조선문인보국회 상임이사를 지냈다. 6.25전쟁 때 납북되었다.

김용제(金龍濟)=**가네무라 류사이**(金村龍濟, 1909~1994) : 시인이자 비평가. 일본 주오(中央)대학 중퇴 후 프롤레타리아 시운동에 투신했으나, 1930년대 후반에 전향했다. 일본어 시집 『아세아시집』으로 제1회 국어문학총독상을 수상했다.

김종한(金鍾漢, 1914~1944) : 함경북도 경성 출생의 시인이자 언론인. 니혼(日本)대학 예술과를 졸업했으며 『매일신보』 기자로 근무했다. 일본어 시를 다수 발표했고 『인문평론』과 『국민문학』에 활발히 참여했다.

나가사키 유조(長崎祐三) : 일본 교토대학을 졸업하고 검사가 된 후 조선에서 보호관찰소장을 지낸 인물로, 사상범으로 검거된 조선인을 대화숙(大和塾)에서 전향교육 하는 일에 종사하기도 하였다.

나카야스 요사쿠(中保與作, 1897~?) : 『경성일보』 주필을 지냈으며, 저서로는 『최근지나공산당사(最近支那共産黨史)』(1939), 『대동아공영권의 기본이념(大東亜共栄圏の基本理念)』(1941), 『한국독본(韓国読本)』(1960) 등이 있다.

나카타 하루야스(中田晴康) : 극작가로 조선영화제작 주식회사에서 상무이사직을 맡고 있던 인물이다.

노나카 세이노스케(野中齊之助) : 교육자로 덕수고등학교 교장(1923~1926)을 역임했다.

노자키(野崎) **제작부장** : 조선영화사에서 제작부장을 지낸 인물.

노창성(盧昌成)=**야하타 마사나리**(八幡昌成, 1898~1955) : 방송인. 도쿄 공업고등학교를 졸업한 후 1920년대에 경성방송국 설립에 참여했다. 중일전쟁 이후에는 국민총력조선연맹, 조선임전보국단(1941) 등에 가담했다. 해방 후 제1 공화국의 대한민국 공보처 방송관리국장에 임명되었다.

니시야마(西山) **홍보과장** : 국민총력조선연맹에서 홍보과장을 지낸 인물.

니시카메 모토사다(西龜元貞) : 고려영화주식회사(1935) 문학부 소속 시나리오 작가로, 고려영화협회의 로비 활동에 중요 역할을 수행했다. 1939년부터 총독부 경무국 도서과의 촉탁을 겸했으며, 영화 〈수업료〉 기획, 〈승리의 뜰〉, 〈집없는 천사〉, 〈풍년가〉, 조선군 보도부 작품 〈병정님〉 등의 각본을 썼다.

니와 세이지로(丹羽淸次郞) : 일본 YMCA 운동가. 조합교회의 조선 전도에 적극 참여했고 1909년 서울의 일본인 YMCA 총무가 되어 1931년까지 근무했다. 1938년 조선기독교연합회를 결성하고 회장을 맡았으며, 일본기독교청년회의 경성지부라고 할 수 있는 경성기독교청년회에서 활동했다.

다나카(田中) **교장** : 함남초등학교 교장을 지낸 인물.

다나카 히데미쓰(田中英光, 1913~1949) : 소설가. 와세다(早稲田)대학을 졸업한 후 1935년에 요코하마 고무주식회사에 입사, 경성에서 근무했다. 1940년 〈올림포스의 과일(オリンポスの果実)〉(1940)로 제7회 이케타니상(池谷賞)을 수상하여 문단에 데뷔했고, 1948년 경성체류 경험을 바탕으로 〈취한 배(酔いどれ船)〉를 발표했다. 다자이 오사무(太宰治)가 자살한 이듬해 그의 묘 앞에서 자살했다.

다보하시 기요시(田保橋潔, 1897~1945) : 역사학자. 1927년 경성제국대학교수가 되었으며, 1933년에는 조선총독부에서 조선사 편수(編修)를 담당했다. 『근대일본외국관계사(近代日本外國關係史)』(1930), 『메이지외교사(明治外交史)』(1934), 『근대일선관계 연구(近代日鮮關係の研究)』(1940) 등을 저술했다.

다와라 후미오(俵文夫) : 1945년 1월호 좌담회 「처우개선을 둘러싸고」 참석자로, 1944년경에 조선으로 건너와 식민정책에 관여했던 인물로 추정된다.

다카미네 아키라(高峰暉) : 『매일신보』 평안남도 지사장을 지낸 인물.

다카이 군촉탁(高井軍囑託) : 조선군 촉탁으로 있던 일본군인.

다카하시 도모야(高橋知也) : 평안남도 학무과장을 지낸 인물.

다카하시 하마키치(高橋濱吉) : 조선총독부 학무국장을 지낸 인물로, 1942년에 연희전문 교장을 잠시 맡았다고 한다. 저서로 『조선교육사고』(1927)가 있다.

다테노 노부유키(立野信之, 1903~1971) : 일본의 작가. 1928년 군대경험을 바탕으로 쓴 〈표적이 된 그 녀석(標的になった彼奴)〉으로 데뷔하였다. 초기에 프롤레타리아 문학에 경도되어 반전(反戰)적인 작품을 발표했으나, 1930년 치안 유지법 위반으로 검거되어 전향하였다.

데라다 아키라(寺田瑛) : 『경성일보』 학예부장을 지낸 인물로, 조선문인보국회애서 상무이사로 활동했다.

데라모토 기이치(寺本喜一) : 시인. 경성제국대학 법문학부 영문과 출신으로 사토 기요시(佐藤清)의 제자이다. 『조선시인선집』을 펴내기도 했다. 일제말기 국민문학계를 주도했으며 국민총력조선연맹에서 문화과장을 지냈다.

도다 가즈오(遠田運雄, 1891~1955) : 도쿄미술학교 출신 화가. 1921년에 경성으로 이주했고 1923년 원산중학교 도화교사로 근무했다. 1925년경 용산중학교(현 용산고등학교)로 근무지를 바꾸고 1929년 프랑스로 유학을 떠날 때까지 도화를 가르쳤다. 유학을 마치고 돌아온 후 1939년부터는 숙명여자전문학교에서 강사로 근무했다.

도리야마 기이치(鳥山喜一, 1887~1959) : 동양학자. 1928년 경성제국대학 교수로 부임하여 1945년까지 법문학부장으로 재직했다. 한만사(韓滿史)를 연구했으며 저서로는 『발해사고(渤海史考)』(1915), 『동양사관(東洋史觀)』(1926) 등이 있다.

도바리 유키오(戶張幸男) : 일본의 조각가.

류키 이치로(龍岐一郞) : 일본의 영화배우

리노이에 히데타케(李家英竹) : 조선 이동극단 제2대 소속했던 단원.

마루야마 사다오(丸山定夫, 1901~1945) : 연극배우. 쓰키지소극장(築地小劇場) 제1기 멤버로 신극 발전에 공헌한 것으로 평가받고 있다.

마스기(馬衫) **소좌** : 조선군 참모.

마스다 미치요시(增田道義) : 경성법학전문학교 교장을 지낸 인물.

마쓰모토 다쿠오(松本卓夫, 1888~?) : 교육자이자 신학자. 연희전문학교 부교장, 조선신학원(현 한신대학교) 교수와 이사장직을 역임했다. 1929년에 『신약인물고(新約人物考)』(1928)를 발표했고, 1942년 『국민문학』에 「일본 기독교의 탄생」이라는 글을 게재했다.

마쓰모토 야스오(松本泰雄) : 총독부 보안과에서 근무했고, 1942년 『국민문학』 신년호에 「성지순배기(聖地巡拜記)」라는 글을 발표했다.

마쓰즈키 히데오(松月秀雄) : 문학박사로 도쿄이과대학(東京理科大学) 학장과 경성제국대학 법문학부 부장을 역임했다. 『신세기』와 『조광』에 농촌교육에 관련한 글들을 발표했다.

모로토메(諸留) **조사관** : 조선총독부 정보과 소속의 일본관료.

모리(森) **도서과장** : 좌담회 「내일의 조선 영화를 말한다」(1942년 12월호)에 참석했던 인물로, 시기와 직위로 보아 아래 모리 히로시(森浩)와 동일인물로 추정된다.

모리 히로시(森浩) : 총독부 경무국 보안과 사무관과 총독부 도서과장을 역임했으며, 1938년 『조광』에 「사변 하에서의 기독교」란 글을 발표했다.

모리타 고로(森田梧郎) : 1931년 경성제국대학 법문학부 수료했다. 조선총독부 학무국 편집과 촉탁으로 있다가, 경성제국대학 법문학부 문학 전공으로 재입학하여 1934년 경성제국대학 본과를 졸업했다. 도키에다 모토키(時枝誠記)의 제자로 그의 영향을 받아 국어문제에 관심을 갖게 되었다. 총독부 편수서기와 편수관을 역임했다.

미네(嶺) : 『경성일보』 편집국 차장을 지낸 인물.

미야자키 세이타로(宮崎清太郎) : 작가. 경성에서 일본어와 영어 교사로 재직한 경력이 있다. 조선에서 문학활동을 시작했고, 사소설의 변형인 신변소설을 썼다. 『국민문학』 1944년 4월호에 「그의 형(その兄)」이란 소설을 발표했다.

미키 히로시(三木弘) : 신고전주의의 영향을 받은 서양화가. 1927년 9월부터 1년 동안 파리에서 신고전주의의 대가 피세르로부터 수학하면서 『경성일보』에 파리 생활을 연재기고했다. 1928년 8월에 귀국했으며, 1930년 선전에 〈습작〉을 출품하여 특선을 수상했고, 일본의 니카텐(二科展)에 출품하여 세 차례 입선했다.

박관수(朴寬洙)=**고토가와 히로시**(琴川寬, 1897~1980) : 교육자. 경상남도 울산 출생으로 일본에 유학, 1919년 히로시마(広島) 고등사범학교를 졸업하고 도쿄제국대학에 입학했다. 귀국 후에는 교사로 임관되어 대구사범학교에서 재학 중이던 박정희를 가르치기도 했다. 이후 조선총독부 학무국에서 시학관(視學官)으로 오래 근무했고 경기고등여학교 교장으로 재직 중이던 1941년 조선임전보국단 발기인이 되었다.

박상억(朴相億) : 조선막대소공업조합연합회(朝鮮莫大小工業組合聯合會) 이사장을 지낸 인물.

박영희(朴英熙)=**요시무라 고도**(芳村香道) : 시인, 소설가, 문학평론가. 프로문학의 대표적 이론가로 활동하다가 전향한 후 1938년 전향자대회에 참가했다. 이후 조선문인협회 간사로 활동했고, 일본 북지파견군에 종군했다. 6.25전쟁 때 납북된 것으로 알려진다.

방한준(方漢駿, 1906~?) : 본명은 백운행(白雲行). 1935년에 조선중앙영화주식회사의 창립 작품인 〈살수차(撒水車)〉의 각본과 감독을 맡아 데뷔했다. 1938년 각본 및 감독을 맡은 반도영화사의 창립 작품 〈한강〉은 조선일보영화사에서 발성영화 부문의 우수영화로 뽑혔다. 일제말기에 지원병제도를 홍보한

〈승리의 뜰〉(1940)을 비롯하여 〈풍년가〉(1942), 〈병정님〉(1944), 〈거경전(巨鯨傳)〉(1944) 등을 만들었다.

배상하(裵相河)=**호시노 소고**(星野相河, 1906~?) : 녹기연맹(1933), 조선언론보국회(1945) 등에서 활동했던 인물로, 『국민문학』 1942년 4월호에 「생활철학개론을 읽는다(生活哲學概論を讀む)」라는 글을 썼다.

백철(白鐵, 1908~1985) : 문학평론가. KAPF에서 활동하다가 전향한 후 조선문인협회에 참가하고, 국민연극연구소에서 강사를 맡았으며, 조선문인보국회의 평의원으로 가담했다. 해방 후에는 교수로 재직하면서 미국의 신비평이론 등 외국의 문학이론을 소개하는 계몽적인 글을 주로 발표했다.

사토 기요시(佐藤淸, 1885~1960) : 시인, 영문학자. 경성제국대학 법문학부 영문과 교수를 역임했으며 최재서의 은사이다. 1942년 인문사에 여섯 번째 시집 『벽령집』을 출간했으며 경성제대 은퇴 후 1945년 2월 일본으로 돌아가 도요(東洋)대학 영문학과 교수로 취임했다.

스기모토 나가오(杉本長夫, 1909~?) : 시인. 경성제국대학 법문학부를 졸업했으며, 사토 기요시(佐藤淸)의 제자이다. 시가(滋賀)대학 교관, 일본시인구락부(日本詩人クラブ) 회원, 시잡지 『Poet's School』의 편집자, 『詩声』의 동인 등을 지냈으며, 대표 시집으로는 『돌에 밀려와서(石に寄せて)』가 있다.

스시다 마사오(須志田正夫) : 『국민문학』 1943년 9월호에 「조선영화의 현상」이라는 글을 기고했다.

스에마쓰 야스카즈(末松保和, 1904~1992) : 역사학자. 1927년 도쿄제국대학 문학부 국사학과를 졸업하고 조선총독부 조선사편수회에서 역사편수관으로 지내면서 『조선사』 등의 편수사업에 참여했다. 1933년 경성제국대학 조교수로 부임, 1939년부터는 교수로서 재직했다. 주로 조선고대사와 고대한일관계사를 연구했으며, 저서로는 『근세의 북방문제의 진전(近世に於ける北方問題の進展)』(1928), 『조선역대실록일람(朝鮮歷代実録一覧)』(1941) 등이 있다.

스즈키 다케오(鈴木武雄, 1901~1975) : 경성제국대학 교수로 대륙병참기지론을 전개했다. 전후에는 대장성(大藏省, 재무부에 해당) 재외재산조사회에서 중심적인 역할을 했다.

시마모토 스스무(嶋元勸) : 『경성일보』 편집국장을 역임한 인물로, 1941년에 『조선재계의 사람들(朝鮮財界の人人)』, 『조선농업의 도(朝鮮農業の道)』 등의 저서를 발표했다.

심명섭(沈明燮, 1898~1950) : 소설가 심훈의 둘째 형이자 감리교회 목사. 선린상업학교를 졸업했고 1920년 서울에 처음 생긴 백화점의 시초인 동아부인상회 경영에 참가했다. 일본 아도야마학원 신학부에서 목회 수업을 받은 후 34년 목사 안수를 받았다. 충남 예산교회 및 아산교회 전도사, 경성부 창천교회 및 중앙교회 담임목사, 기독교신문협회 이사 겸 기독교신문 편집위원 등을 역임했다. 개신교 교파의 합병 작업에 참여했으며 친일 논설을 남겼다. 한국전쟁시 납북됐다고 알려진다.

쓰다 쓰요시(津田剛) : 녹기연맹 주간, 국민총력조선연맹 홍보부장 등을 지낸 인물로, 저서 『생활철학개설』(1941년)이 있다.

아사이 중좌(淺井中佐) : 조선군 참모.

아키바 다카시(秋葉隆, 1888~1954) : 사회학자이자 민속학자. 1921년 도쿄제국대학 사회학과를 졸업하고, 1924년 경성제국대학 예과 강사 시절, 런던 대학에 유학하여 웨스터마크와 말리노프스키, 뒤르켐 그리고 모스의 세미나에 참여하면서 문화인류학을 수학하였다. 1926년 11월 경성제국대학 조교수로 부임한 후, 최초로 문화인류학 방법론을 적용한 필드워크 방법론을 사용하여 조선의 민속조사를 실시하였다. 당시 필드워크에는 조선인 민속학자 송석하, 손진태 등이 동행하였다. 『조선무속의 연구(朝鮮巫俗の研究)』(1938), 『조선 무속의 현지연구(朝鮮巫俗の現地研究)』(1950) 등의 저서를 남겼다.

안석영(安夕影, 1901~1950) : 화가이자 영화인. 나도향, 이무영, 박종화의 글에 그림을 그려서 한국삽화의 선구자로 불린다. 1937년 〈심청전〉을 연출해 감독으로 데뷔하였으며, 1941년에는 어용영화 〈지원병〉의 시나리오를 쓰고 연출했다.

야나베 에이자부로(失鍋永三朗) : 국민총력조선연맹 문화부장과 조선문인보국회 회장을 지낸 인물로, 조선작가들의 동원에 주력했다. 1941년 3월호 『조광』에는 조선문화와 조선어에 대해 임화와 나눈 대담이 실려 있다.

야마구치 다케오(山口長男, 1902~1983) : 일본 추상화의 선구자. 1921년에 동경으로 가서 태평양연구소 입소, 이듬해 도쿄미술학교 서양화과에 입학했다. 1931년 조선으로 귀국한 후, 1935년에는 조선재주자 이과전(朝鮮在住者二科展)에 출품했고 1938년에 결성된 구실회(九室會)에 참가하여 김환기를 비롯한 조선인 화가와도 교류했다. 1946년 일본으로 갈 때까지 경성에 살면서 니카텐(二科展)에 거의 매년 출품했다.

야스타카 도쿠조(保高德藏, 1889~1971) : 소설가. 와세다대학 영문과 졸업 후 『요미우리신문(讀賣新聞)』에서 기자로, 박문관(博文館)에서 편집자로 일했다. 1933년 동인지 『문예수도(文藝首都)』를 창간하여 김사량, 장혁주 등의 조선

작가들을 내지에 알렸다. 석탄수입을 하던 아버지를 따라 조선에 머물렀던 경험을 바탕으로 〈어느 시대의 거류민〉, 〈길〉 등의 소설을 발표했다.

에구치 게시로(江口敬四郎) : 조선에서 활동한 일본인 화가. 평양고등여학교(1933~1935)와 경성여자사범학교(1936~1941)에서 근무하였다. 1941년 2월 조선미술전람회 추천작가들로 결성된 구신회(九晨會)에 참가하였다. 이 단체는 일본화부, 양화부, 조각부로 나누어져 있었는데 김기창(金基昶), 이마다 게이치로(今田敬一郎), 나카우치 도시히코(中內利彦)와 함께 일본화부에 소속되어 있었다.

오영진(吳泳鎭, 1916~1974) : 극작가. 1937년 『조선일보』에 평론 「영화예술론」으로 데뷔하였으며, 희곡 〈배뱅이굿〉(1942)과 〈맹진사댁 경사〉(1943)를 발표하였다.

오정민(吳禎民) : 일본에서 활동한 조선 연극인. 조선예술좌, 조선연극협회에서 활동했다. 1938년 일본의 좌익계열 연극 탄압으로 전향한 후, 조선문인보국회 간사를 지내며 '국민연극'을 지지하는 평론을 발표했다.

오카다 준이치(岡田順一) : 조선총독부 관료로 경무국 도서과에서 근무하였다. 1940년 1월 조선영화령이 공포된 후 조선영화협회가 영화인에 대한 기능심사위원회를 설치했는데, 여기에 간사로 참여하였다. 『경무휘보(警務彙報)』에 「축음기 '레코드' 단속에 관하여(蓄音機'レコード'取締に就いて)」(1933), 「개정 출판법의 개요(改正出版法の概要)」(1934), 「영화검열의 개황(映畵檢閱の概況)」(1936), 「조선영화령의 개설(朝鮮映畵令の概說)」(1940) 등을 썼고, 『문장(文章)』에 「조선영화령개설(朝鮮映畵令概說)」(1941)을 게재하였다.

요코미쓰 리이치(橫光利一, 1898~1947) : 작가. 와세다대학을 중퇴했으며 1923년부터 가와바타 야스나리(川端康成)와 함께 『문예시대(文藝時代)』를 발행했다. 신감각파로서 작가생활을 시작했다가, 이후 심리주의로 옮겨갔다. 1930년대 말부터는 일본정신의 우위를 강력히 주장했다.

우에다 히로시(上田廣, 1905~1966) : 쇼와 12년(1937) 『문예수도』의 동인으로 추천받았다. 중일전쟁 발발과 동시에 북지(北支)를 전전하면서 「황진(黃塵)」과 「포경향(鮑慶鄕)」을 썼다. 이후 히노 아시헤이(火野葦平), 히비노 시로(日比野士朗)와 함께 '군인작가(兵隊作家)'라고 불렸다.

우카이 노부시게(鵜飼信成, 1906~1987) : 법학자. 1930년 도쿄제국대학 법학부를 졸업한 후, 이듬해 경성제국대학에서 강의를 시작하였으며, 1943년에 교수로 임용되었다.

유광렬(柳光烈, 1889~1981) : 언론인. 1919년 방정환(方定煥)과 함께 『신청년』을

발행했으며, 『매일신보』『동아일보』『조선일보』 등에 재직하였다.

유아사 가쓰에(湯淺克衛, 1910~1982) : 재조일본인 2세로 조선을 소재로 작품을 많이 썼다. 대표작으로는 「간난이(カンナニ)」, 「불꽃의 기록(焰の記錄)」, 「대추(棗)」, 「이민(移民)」 등이 있다.

유진오(兪鎭午, 1906~1987) : 소설가, 법학자, 정치가로 호는 현민(玄民)이다. 경성제대 법문학부를 졸업하고, 동반작가로서 「갑수의 연애」, 「여직공」 「빌딩과 여명」 등을 발표했다. 해방 후 제헌헌법을 기초하고, 초대 법제처장, 국회의원 등을 역임했다. 대표작으로는 「김강사와 T교수」, 「창랑정기」, 「화상보」 등이 있다.

유치진(柳致眞, 1905~1974) : 연출가이자 극작가. 극예술연구회(1931)에 참여했으며, 1931년 〈토막〉을 시작으로 〈버드나무 선 동리 풍경〉, 〈소〉와 같은 사실주의극을 발표했다. 전쟁기에는 〈북진대〉, 〈흑룡강〉, 〈대추나무〉를 발표하면서 총독부 정책에 협조하였다.

이노우에 야스부미(井上康文, 1897~1973) : 시인. 가나가와(神奈川)현 출신으로 도쿄약학교(東京薬学校)를 졸업하였다. 직공, 신문기자 등을 하면서 『표현(表現)』, 『시와 평론(詩と評論)』에 시를 발표하였다. 1918년 후쿠다 마사오(福田正夫)가 창간한 『민중(民衆)』에 가담하여, 주요 동인으로 편집에 종사하면서 다수의 시를 발표하였고, 이후 민중시파의 시인으로 활약하였다. 시집 『사랑하는 사람에게(愛する者へ)』, 『독백(独白)』 등이 있고, 평론집 『현대의 시사와 시강화(現代の詩史と詩講和)』 등이 있다.

이노우에(井上) **영하계** : 조선총독부 정보과에서 영화 관련업무를 맡고 있던 인물.

이무영(李無影, 1908~1960) : 소설가. 본명은 용구(龍九)로 충청북도 음성 출신이다. 1920년 휘문고등보통학교에 입학하였으나 중퇴하고, 1925년 일본으로 건너가 세이조중학교(成城中學校)를 다녔다. 이 때 가토 다케오(加藤武雄)의 집에서 기숙하면서 4년간 작가 수업을 받았다. 1929년 귀국한 후 『동아일보』 기자로 근무하면서 소설과 희곡을 발표하였다. 극예술연구회, 구인회 동인으로 참가하였고, 『조선문학』 주간으로 활동하기도 하였다. 1939년 시골로 내려가 농사를 지으면서 「제1과 제1장」(1939), 「흙의 노예」(1940) 등과 같은 농민소설 창작에 전념하였다. 1943년 『청기와집(靑瓦の家)』으로 제4회 조선예술상문학상을 수상하였다. 『국민문학』에 「토룡(土龍)」(1943), 『매일신보』에 「향가(鄕歌)」(1943)를 발표하였으며, 이태준과 함께 『대동아전기(大東亞戰記)』를 간행하였다.

이석훈(李石薰)=**마키 히로시**(牧洋, 1908~?) : 평양 정주 출생의 언론인, 극작가, 소설가로, 호는 금남(琴南)이며 극예술연구회동인으로 활동했다. 일제 말기 일본어 소설을 다수 발표했으며, 1950년에 납북되었다.

이성환(李晟煥)=**야스오키 세이칸**(安興晟煥, 1900~?) : 천도교 계열의 농민지도자로 『조선농민사』 운동을 주도했지만, 이후 조선총독부 학무국장 시오하라 도키지로(鹽原時二郞)의 참모 격으로 활동하면서 조선임전보국단 상임이사, 국민동지회 간부, 국민동원총진회 이사장 등을 지냈다.

이숭녕(李崇寧)=**노부하라 다카시**(延原崇, 1908~1994) : 국어학자. 경성제국대학 법문학부 조선어학과에서 고바야시 히데오(小林秀雄), 오구라 신페이(小倉進平) 등에게 수학했다. 1933년 졸업 후 평양사범학교에서 재직하다가 해방과 더불어 경성대학 예과 교수가 되었다. 1943년 1월호 좌담회에는 노부하라 수네이(延原崇寧)라는 이름으로 등장하지만, 그는 1941년 이후 노부하라 다카시(延原 崇)로 창씨개명한 것으로 알려져 있다.

이와이 카네오(岩井金男) : 영화배우 겸 감독. 1943년 당시 조선영화주식회사(朝映) 소속했으며, 전후에는 닛카쓰(日活)로 들어가 수많은 영화제작에 참여하였다.

이원조(李源朝, 1909~1953) : 문학평론가이자 언론인. 일본에서 유학생활을 마친 후 기자로 활동했으며 조선문인보국회에 참여했다. 해방 후 조선문학건설본부(1945)와 조선문학가동맹(1945)에서 활동하다 월북했다. 한국전쟁 때 서울로 내려와 종군했으며, 1953년 남로당계열 숙청재판에서 징역 12년을 선고받고 복역하다 옥사한 것으로 알려진다.

이케다 통역관(池田通譯官) : 조선총독부 보안과 소속의 일본관료.

이토 노리오(伊藤憲郎, 1892~?) : 법조인. 1918년에 도쿄제국대학 독일법률학과를 졸업하고 조선총독부 사법관시보(司法官試補)로 조선에 건너왔다. 1920년부터 조선총독부 판사로 근무했으며, 1924년 경성제국대학 예과 강사 촉탁을 거쳐, 1927년 조선총독부 검사에 임명되었다. 1929년에는 경성지방법원에서 열린 여운형의 1차 공판에 담당검사로 임하기도 했다. 1944년 당시 국민총력조선연맹 총무부장을 지냈으며, 1945년 대화동맹(大和同盟) 상무이사, 조선문인보국회 이사장으로 활동하였다.

이헌구(李軒求, 1905~1983) : 불문학자. 함경북도 명천 출신으로 보성중학교를 졸업한 후 일본에 유학하여 와세다대학 불문학과를 졸업했다. 1926년 김진섭, 이하윤, 정인섭 등과 함께 해외문학연구회를 조직하여 서구문학을 소개하는 데 힘을 기울였다. 1931년에는 극예술연구회를 창립하고 1936년부터 『조선일보』 학예부 기자로 근무했다. 일제 말기에 조선문인협회와 조선문인보국회에 참여하였다. 해방 후에는 해외문학파 중심의 중앙문화협회(1945)를 결성하고 1946년 전조선문필가협회 창립을 주도하였다. 이후 『민주일보』 편집국장, 『민중일보』 사장, 공보처 차장, 전국문화단체총연합회(1947) 대표, 예술원 회원, 이화여자대학교 문리과대학장 등을 역임하였으며, 1973년에 예술원상을 수상하기도 하였다.

임화(林和, 1908~1953) : 시인, 문학평론가, 사회주의 문예운동가. 본명은 인식(仁植)이고, 청로(靑爐), 임화(林化, 林華), 성아(星兒), 김철우(金鐵友), 쌍수대인(雙樹臺人) 등의 필명을 사용하였다. 1925년 보성중학교를 중퇴한 후 1926년부터 시와 평론을 발표하기 시작했으며, 영화와 연극 분야에서도 활동하였다. 1928년에 조선 프롤레타리아 예술가동맹(KAPF, 1925)에 가입해 중앙위원이 되었다. 1930년에 도쿄로 건너가 무산자사(無産者社)에서 활동했으며, 1931년 귀국하여 1932년 KAPF의 서기장이 되었지만 1935년 김남천과 함께 KAPF 해산계를 제출하였다. 이후 해방까지 임화의 삶은 폐결핵, 출판사 학예사 운영, 『조선신문학사』 저술, 시집 『현해탄』 간행, 일제신체제문화운동에의 협조 등으로 점철되었다. 해방 이후 1945년에 조선문학건설본부를 조직하였고, 조선프롤레타리아문학동맹(1945)과의 대립 속에서 두 단체를 통합하여 조선문학가동맹을 결성하였다. 1947년말 월북하여 조소문화협회(朝蘇文化協會, 1945) 중앙위원회 부위원장을 지냈다. 한국전쟁 때에는 북한의 종군작가단으로 참여하였고, 휴전 후 1953년 남로당 계열이 숙청될 때 미제간첩 혐의로 사형을 선고받고 처형당하였다.

전필순(全弼淳, 1897~1977) : 장로교 목사. 1922년 고베신학교(神戶神學校)에 유학, 1926년 연동교회 전도사로 부임했으며, 1927년 묘동교회 전도사, 1931년 『기독신보』 기자로 일했고, 1943년에는 일본기독교 조선혁신교단의 통리(統理)를 맡았다.

정인섭(鄭寅燮)=**히가시하라 인쇼**(東原寅燮, 1905~1983) : 문학평론가, 번역문학가, 영문학자로 어린이 운동에 활약하였다. 1922년 색동회에 발기인으로 참가하고 잡지 『어린이』에 동시와 동화를 발표하면서 창작활동과 문예운동을 시작했다. 1920년대에는 해외문학연구와 평론활동을 펼쳤고, 1940년대에는 조선문인협회의 간사, 상무간사 등을 지냈다.

조우식(趙宇植) : 비평가, 화가. 1938년부터 문필활동을 시작했고, 1939년에 파스텔화가로 알려진 박성규와 2인전을 열었다. 1941년에는 「예술의 귀향－미술의 신체제」라는 글에서 미술가가 전체주의 국가정책에 복종해야 한다고 주장했다. 보도반 미술가로 활동한 것으로 추정되며, 해방 이후 행적은 알려지지 않는다.

차재정(車載貞, 1903~?) : 서울청년회와 전진회에서 활동하면서 사회주의 운동에 참여했다. 1929년 광주학생운동을 주도한 혐의로 체포되었으며, 출감 이후 대동민우회(大東民友會)의 이사로서 내선일체를 주장하는 강연활동을 벌였다.

최재서(崔載瑞)=**이시다 고조**(石田耕造, 1908~1964) : 문학평론가이자 영문학자. 경성제대에서 영문학을 전공했으며 영미 모더니즘 이론을 조선문단에 소개함으로써 평론 활동을 시작했다. 『인문평론』과 『국민문학』의 주간을 맡았으며, 조선문인보국회 이사를 지냈다. 평론집으로는 『문학과 지성』(1938), 『전환기의 조선문학』(1943)이 있다. 해방 후에는 교수로 재직하며 셰익스피어를 번역 등 영문학 연구에 매진했다.

하라구치 미쓰구(原口貢) : 조선총독부 경무국 보안과 사무관을 지낸 일본관료.

하세가와 리에이(長谷川理衛, 1899~1977) : 일본 치바(千葉)현 출신으로 도쿄제국대학을 졸업했다. 경성제대 법학부 교수를 역임했으며 에스페란토어에도 관심을 가져 경성에서 강습회를 열기도 했다.

하야시 중위(林中尉) : 조선군 보도부 소속 일본군인.

한상직(韓相稷, 1915~?) : 극작가. 서울에서 출생, 배재고보를 졸업한 후 1938년 연희전문을 졸업했다. 극예술연구회에 가입하여 연극활동을 하면서 희곡을 발표하였다. 1934년 『삼사문학』에 〈풍파〉를 발표하고, 1937년 『조선일보』 신춘문예에 희곡 〈만경(晩景)〉이 당선되어 정식으로 데뷔하였다. 이밖에도 이광수의 〈마의태자〉의 일부를 각색한 〈장야사(長夜史)를 1939년 『조광』에 발표하였으며, 연극대중화와 관련하여 라디오드라마의 필요성을 언급한 평론 「극예술과 방송극」(1934)을 발표하기도 하였다. 1943년 당시 『매일신보』 기자로 활동했다.

함상훈(咸尙勳, 1904~1977) : 언론인이자 정치가. 와세다대학을 졸업한 후 『동아일보』와 『조선일보』에서 기자생활을 했으며 『조광』의 필진으로 활약했다. 해방 후 한국민주당 선전부장과 조사부장을 지내면서 정치활동을 시작했고, 이후 대한문필가협회 부회장과 민주국민당 선전부장을 역임했다.

호리우치 도모(堀內朋, 1898~?) : 교육자. 1918년에 조선공립중학교 교사가 되어 조선에 건너왔다. 1930년대에 조선공립실업학교, 강경상업학 등에서 교장을 지내다가 1942년 당시에는 경복중학교 교장으로 재직했다.

혼다 다케오(本多武夫, 1905~?) : 규슈(九州) 제국대학 법무학부를 졸업한 후 관료가 되어 1932년 조선에 건너왔다. 충청북도, 함경남도 등에서 학무과장을 지냈으며, 1942년 당시에는 조선총독부 경무국 도서과장 및 학무국 학무과장으로 재직했다.

홍종우(洪鐘羽)=**아오키 히로시**(青木洪, 1908~?) : 소설가. 황해도 황주 출생. 10세 때 아버지를 잃고 소학교를 중퇴했으며, 극도로 빈곤한 농촌생활을 하다가 간도로 이주하여 여러 직업을 전전했다. 이후 도일하여 미장이 일을 하며 글을 쓰기 시작했다. 체험에 근거한 사실주의적 경향의 작품을 썼으며,김사량, 장혁주 등과 함께 주로 일본에서 작품 활동을 했다. 그의 자전적 장편소설로 「耕す人々の群(밭가는 사람들)」이 있고 그 외의 작품으로는 「ミインメヌリ(민며느리)」가 있다.

황철(黃澈, 1912~1961) : 연극배우이자 연출가. 임선규 작 〈사랑에 속고 돈에 울고〉에서 홍도의 오빠인 철수 역을 맡아 유명해졌다. 1932년 조선연극사에서 연기수업을 받았으며, 1935년 이후 동양극장의 전속극단인 청춘좌(青春座)에서 활동했다.

후루야 쓰나타케(古谷綱武) : 평론가. 1933년 동인지 『해표(海豹)』의 발행인으로 활동했다.

후루카와 가네히데(古川兼秀) : 총독부 도서과장으로 출판물의 검열에 관여하다 경무국 보안과장으로 취임했다. 이후 내선일체의 구현에 앞장섰다.

후지타 료사쿠(藤田亮策, 1892~1960) : 고고학자. 1923년에 조선박물관 협의위원이 되었으며 1924년 조선총독부 편수관을 지냈다. 1926년에 경성제국대학 법문학부 조교수가 되었고 1941년에 법문학부장이 되지만, 1943년에 해임되었다. 빗살무늬토기의 시베리아 기원설을 최초로 주장했다.

후카이 다미지(深井民次): 평안남도 경찰부 고등과장이었던 인물.

후쿠다 기요토(福田清人, 1904~1995) : 문학자. 도쿄제국대학 국문과를 졸업했다. 문예잡지 『신사조(新思潮)』에 참여하면서 문학활동을 시작했고, 전쟁기에는 도쿠토미 소호(德富蘇峰)를 회장으로 설립된 일본문학보국회에서 기획과장을 지냈다. 전후 아동문학 관련 단체를 설립하여 아동문학가로 활동했으며, 1962년에는 일본근대문학관을 설립하여 상임이사로 취임하였다.

히요시 마모루(日吉守, 1885~?) : 도쿄미술학교 출신의 화가. 1906년에 관립 한성사범학교 도화강습과(圖畫講習科) 교사로 부임했다. 1909년에 설립된 경성중학교(현 서울고등학교) 도안과(圖案科) 교사를 지냈고 1923년부터는 조선미술심사위원회의 서기를 역임했다. 해방 전까지 경성중학교에 재직했다.

:: 역자 소개

문경연
경희대학교 국어국문학과 대학원에서 「한국 근대 초기 공연문화의 취미(趣味)담론 연구」(2008)로 박사학위를 받았다. 오랜 동안 식민지 근대의 대중문화와 연극예술에 심취해 있었고, 최근에는 해방공간의 문화계 연구로 관심을 확장하는 중이다. 역서로 『포스트콜로니얼 드라마』(소명출판, 2006), 『취미의 탄생』(소명출판, 2008) 등이 있다. 공저로 『신여성－매체로 본 근대여성풍속사』(한겨레신문사, 2005), 『토털 스노브』(박문사, 2010)가 있고, 공역으로 『연기(演技)된 근대』(연극과인간, 2007)가 있다. 국민문학세미나를 함께 하면서 발표한 일제말기 연극관련 논문으로 「일제말기 김영팔의 만주활동과 연극 〈김동한〉의 협화적 기획」, 「1940년대 국민연극과 친일협력의 논리－유치진을 중심으로」, 「일제 말기 국민연극의 기호학적 고찰」, 「1930년대 말 〈신협〉의 '춘향전' 공연관련 좌담회 연구」 등이 있다.

서승희
이화여자대학교 국어국문학과 대학원 박사 과정을 수료했다. 1930~40년대 문화 담론의 추이와 미디어의 경합에 관심을 가지고 있으며 현재 최재서와 비평의 근대를 주제로 박사학위 논문을 쓰고 있다. 국민문학 관련 논문으로 「'전환'의 기록, 주체화의 역설－정인택 소설의 변모 양상과 그 의미」, 「1940년대 '국민문학'과 좌담회의 문화정치」를 썼다.

양승모
인천대학교 국어국문학과 대학원 박사 과정을 수료했다. 국민문학 세미나를 하면서 현재 3,40년대 담론과 몇몇 작가와 관련자 논문을 준비 중이다.

이경미
일본 토카이대학(東海大學) 문학부를 졸업하고 서울대학교 외교학과 대학원에서 「제국 속의 문명개화사상－식민지시대 말기 윤치호의 대일협력」(2007)으로 석사학위를 받았다. 현재 동대학원 박사과정을 수료했으며, 최근에 근대한국외교문서 편찬위원회 연구원으로서 『近代韓國外交文書』(2009) 편찬사업에 참여하였다. 넓게는 근현대 동아시아 정치사상, 좁게는 제국-식민지 공간에서 형성된 민족담론에 관심을 가지고 박사학위 논문을 준비 중이다.

이종호

성균관대학교 국문학과를 졸업하고 동대학원 박사과정을 수료했다. 웹저널 『자율평론』과 '연구공간 L'에서 활동하며 자율주의적 맑스주의를 공부하고 있다. 현재 1940년대, 일제 말 전시체제기와 해방기를 중심으로 연구하며 박사학위논문을 준비 중이다. 주요 논문으로는 「일제시대 아나키즘 문학 형성 연구－『近代思潮』, 『三光』, 『廢墟』를 중심으로」, 「출판신체제의 성립과 조선문단의 사정」, 「해방기 이동의 정치학－염상섭의 단편소설을 중심으로」, 「가난한 자(貧者)들의 공통된 이름, 다중(多衆)」 등이 있고, 지은 책으로는 『민중이 사라진 시대의 문학』(공저, 2007) 등이 있다.

임미진

한신대학교 국어국문학과를 졸업하고 서울대학교 대학원에서 「장용학 소설의 담론 연구－식민지체험과 언어의식을 중심으로」로 석사학위를 받았다. 현재 동대학원 박사과정에 재학 중이며 일제말기에 등단한 조선인 신인작가에 대해 관심을 갖고 공부하고 있다.

전지니

이화여자대학교 국어국문학과를 졸업하고, 동 대학원에서 「국민연극의 이중성 연구」(2008)로 석사학위를 받고 박사과정을 수료했다. 현재 한국 역사극의 계보에 관심을 가지고 근대역사극을 보면서 박사학위 논문을 준비하고 있다. 논문으로는 「전시동원체제 프로파간다 영화의 가족 담론 연구」가 있다.

정실비

서울대학교 국어국문학과를 졸업하고 동대학원 박사과정에 재학 중이다. 논문으로는 「이효석 문학에 나타난 산문적 세계의 시화와 몽상」, 「이효석 소설에 나타난 타자 인식과 모방 양상」이 있다. 현재 와세다대학교에서 교환학생으로 식민지 시기 문학 / 문화 번역에 대해 관심을 갖고 공부 중이다.

최정옥

고려대학교 중어중문학과 대학원에서 「만주국 문학의 연구」(2008)로 박사학위를 받았다. 역서로 『일본, 영상, 미국－공감의 공동체와 제국적 국민주의』(사카이 나오키 저, 그린비, 2009), 『문학에서 본 '만주국'의 위상』(오카다 히데키 저, 역락, 2009)이 있으며, 공역으로 『시간의 비교사회사』(소명출판, 2005), 『아시아라는 사유공간』(창비, 2005) 등이 있다.